中国·固始
GUSHI·CHINA

固始与闽台
渊源关系研究

张新斌　金　平　崔振俭　主编

人民出版社

图书在版编目（CIP）数据

固始与闽台渊源关系研究 / 张新斌 金平 崔振俭主编.
–北京：人民出版社，2009
ISBN 978-7-01-008122-9
Ⅰ.固… Ⅱ.张… Ⅲ.①固始县–关系–文化史–福建省–研究
②固始县–关系–文化史– 台湾省–研究
Ⅳ. K296.14 K295.7 K295.8
中国版本图书馆 CIP 数据核字（2009）第 138212 号

固始与闽台渊源关系研究
GUSHI YU MINTAI YUANYUAN GUANXI YANJIU

作　　者：张新斌　金　平　崔振俭主编
责任编辑：张秀平
装帧设计：徐　晖
版式设计：陈　岩

人民出版社 出版发行
地　　址：北京朝阳门内大街 166 号
邮政编码：100706　www.peoplepress.net
经　　销：全国新华书店
印刷装订：北京昌平百善印刷厂
出版日期：2009 年 9 月第 1 版　2009 年 9 月第 1 次印刷
开　　本：1/16
印　　张：40.00
字　　数：600 千字
书　　号：ISBN 978-7-01-008122-9
定　　价：128.00 元（精）

根亲纽带连闽台

血脉移梁贯古今

二〇〇九年六月

罗豪才

▲十届全国政协副主席罗豪才题词

固始与闽台

渊源关系研究

▲ 固始与闽台渊源关系研讨会开幕式现场

▲ 固始与闽台渊源关系研讨会全体与会人员合影

▲ 固始县陈集陈氏将军祠门楼

▲ 固始县安山森林公园内的云霄庙

炎黄血脉
连两岸
河洛风韵
润三地

陈义初
二○○九年六月六日

▲ 九届河南省政协副主席陈义初题词

▲ 根亲博物馆

目　　录

固始与闽台文化研究

固始与闽台人物研究

固始寻根资源开发与研究

序一

　　大家知道,河南为什么叫河南呢? 就是因为"河南"管辖的范围大部分都在黄河以南。我们通常说"立竿见影",就是因为河南郑州有一个地方,中午的时候在山头上,立了竿子就不见影,所以河南是全国最中间的地方,又简称"中原"、"中州"。这几年,河南在中央和省委的领导下,认真地贯彻科学发展观,努力构建社会主义的和谐社会,全省的经济社会事业,都有了很大的进步,保持了经济社会平稳较快发展的良好势头。河南 2007 年的经济总量,在全国位居第 5 位,国内生产总值是 15900 亿元,也就是说,第一是广东,第二是山东,第三是江苏,第四是浙江,第五就是河南。2008 年的发展势头在受美国金融危机的影响、多数省份出现经济回落的情况下,1—8 月份,河南的经济发展的速度一直未减。1—8 月份河南 GDP 增长的速度超过 13%。可以预见,2008 年河南全年国民生产总值可以达到两万个亿,财政收入可以达到两千亿。河南作为农业大省,这几年一直在为全国作贡献。河南的粮食生产连续五年超过了 1000 亿斤。同时我们围绕着文化强省的建设目标,继续推进文化体制改革,加大文化服务功能,不断繁荣文化事业,大力发展文化产业。我们成功地创造了一批文化精品,全方位地展示中原传统艺术特色和当代河南文化的风采,积极开展大型文化交流活动,取得了比较好的效果。

　　好多专家,特别是两岸的专家、学者,通过考证得出结论,就是:台湾同胞的祖根 500 年前在福建,1300 年前在河南。这几年,河南的统战工作实践告诉我们,作为中华文化组成部分的河洛文化和根亲文化,是联系两岸同胞的精神纽带,同样也是做好对台工作很重要的方面和基础性的工作。这几年,不断兴起的"省亲"热潮,许多的台湾同胞,海外侨胞、华人,回大陆寻根问祖,拜祭先贤,而且相当多的人都认可根在中原,根在固始。因此,我们要加大根亲文化的研究和交流的力度,要充分利用根亲的纽带,加强联系,进一步密切亲情乡谊,增强爱国之情,增强文化的认同感和民族的凝聚力,为开展文化交流活动创造条件,提供契机,构建平台,为实现祖国统一大业和中华民族的伟大复兴,携手并肩,共同行动。

(本文是中共河南省委常委、统战部长刘怀廉在"固始与闽台渊源关系研讨会"开幕式上的致辞)

2008 年 10 月 21 日

序二

　　固始位于河南省东南部,豫皖两省交界处,北临淮河,南依大别山,县域面积 2946 平方公里,辖 32 个乡镇 601 个村街,是河南第一人口大县、农业大县、劳务大县,是中国柳编之乡、中国书法之乡、国家级生态示范区,同时又是中共河南省委书记徐光春的工作联系点和全省五个规划建设的区域性中心城市之一。

　　固始根亲文化底蕴丰厚。固始历史悠久,上溯西周时期,固始属英、蓼、蒋、番诸国地,秦汉时期先后为蓼、期思、阳泉、寝等县地。东汉建武二年(26),光武帝刘秀取"事欲善其终,必先固其始"之意封开国元勋、大司农李通为"固始侯",从此,便得名"固始",并沿袭至今。据专家考证,闽台与固始同根同祖,历史上因朝代变迁、战争纷乱、生活逼迫,固始人有四次较大规模的人口南迁。晋怀帝永嘉二年(308),衣冠之族借水运之便入闽者有林、黄、陈、郑、詹、邱、何、胡八姓。唐高宗总章二年(669)固始籍将领陈政率府兵 3600 人赴泉、潮二州平乱安抚,陈政子陈元光后来开建漳州,被誉为"开漳圣王"。唐僖宗光启元年(885),王审知三兄弟在黄巢起义影响下,率农民义军 5000 多人入闽,创建闽国,被封为"闽王";北宋末年至南宋末年,固始乡民为避战乱,纷纷南迁投亲靠友。历次入闽的固始人不仅在闽台之间流动,而且渐次南迁东南亚诸国。因此,固始成为部分海外侨胞的乡关祖地,并造就了"台湾访祖到福建,漳江思源溯固始"的根亲文化现象。

　　固始是河南面向华东的窗口。固始背靠中原,面向华东,宁西铁路、沪陕高速、312 国道、204 省道、216 省道穿境而过,既处于信阳、六安、阜阳三市小经济圈的内腹地,又处于郑州、武汉、合肥三大经济圈辐射的交汇地,方圆150 公里内没有大中城市,具备发展中心城市的区域条件。近年来,县委、县政府大力实施城镇化战略,特别是 2004 年被确定为全省加快发展的区域性中心城市以来,城市建设突飞猛进,城区面积达 35 平方公里,城市人口达 33万,初步拉开了中等城市框架,城市的辐射力、拉动力、影响力不断增强,先后被评为"河南省卫生县城"、"中国人居环境范例奖"。城市建设成为固始最亮丽的明片,擦亮了信阳乃至河南面向华东的窗口。

固始经济发展潜力较大。固始拥有丰富的农业资源、生态资源和劳动力资源。2008 年年初以来,县委、县政府把粮食生产及加工、畜禽养殖及加工、劳务经济及回归工程确定为县域经济的三大支柱产业,强力推进开发力度。粮食生产连续 5 年夺得丰收,2008 年粮食总产量达到 26 亿斤,占到全省的五十分之一、全市的五分之一,在国际粮食危机加深的背景下,为国家的粮食安全作出了我们应有的贡献。固始常年在外务工创业者达 50 多万人,年创收入 50 多亿元。劳务大军已成为固始最大的资金库、人才库、项目库,劳务经济实现了由务工潮到创业潮再到回归潮的三大跨越,创造了备受社会各界关注的"固始模式"。三大支柱产业开发,加快了固始的工业化、城镇化、农业产业化进程,增强了县域经济实力,县域经济基本竞争力连续 5 年跻身中部六省百强县,在全国 2800 多个县市中排第 341 位。

固始魅力日益彰显。近年来,我们坚持"一手抓经济,打造硬实力;一手抓和谐,提升软实力"的工作思路,统筹经济社会又好又快发展,积极建设魅力固始。坚持以人为本,文化、教育、卫生、就业和社会保障事业健康发展,信访稳定工作连续多年受到省、市肯定和表彰。特别是 2008 年以来,在市委、市政府的坚强领导下,县委、县政府大力实施"让根亲文化扬名固始"工程,坚持用根亲文化建设贯彻落实科学发展观,用根亲文化建设统领经济社会发展大局,用根亲文化建设打造硬实力、提升软实力。这次研讨会,就是我们根亲文化建设的一次群英会,也是一次问计会,在今后工作中,我们将按照"政府主导、市场运作、宗亲主办、社会参与、内外联动、促进发展"的思路,加强根亲文物的保护、开发,全力把"根"留住;加强根亲文化的整理、研究,继续挖"根"溯源;加强恳亲联谊,实现生"根"开花;加强根亲资源开发,达到"根"深叶茂,坚定不移地推进根亲文化建设,把根亲文化这台大戏唱成精彩纷呈、永不落幕的大戏,让根亲文化充分彰显固始魅力。

（本文是中共信阳市委常委、固始县委书记方波在"固始与闽台渊源关系研讨会"上的县情报告）

2008 年 10 月 21 日

固始与闽台文化研究

光州固始的历史文化解读

张新斌

张新斌(1960—)男,汉族,河南沁阳人。1981年毕业于郑州大学历史系考古专业。曾任新乡市文物管理委员会办公室主任,现为河南省社会科学院历史与考古研究所所长、省河洛文化研究中心执行主任、研究员。主要兼职有中国先秦史学会理事,中国太平洋学会黄河文化专业委员会副会长兼秘书长,省炎黄文化研究会副会长,省中原姓氏历史文化研究会副会长,省科技史学会副理事长等。主要从事先秦史与考古、黄河文化、姓氏文化、河南历史文化资源开发利用等研究。主持或承担国家与省级社科基金项目4项,参与省委省政府重大项目10多项。出版专著或编著9部,发表论文和报告130多篇,获省级社科奖及其他奖项10多次。

"光州固始",一个将豫、闽、台三地,永远联结在一起的历史地名,一个闽台人心目中的圣地,一个南北文化交流的永远的历史印记。

一、从历史地理的角度看"光州固始"

1."光州固始"与沿革地理

"光州固始"联称,始于唐代。固始,为光州的属县,这种关系一直延续到民国建立。

关于固始之名,《括地志辑校》卷2云:"光州固始县,本春秋时蓼县,偃姓,皋陶之后也。《左传》云:子燮灭蓼。《太康地志》云:蓼国先在南阳,故县今豫州郾城县界,故胡城是也。"又,"光州固始县,古蓼国,南蓼也。春秋时蓼国,偃姓,皋陶之后"。皋陶,为传说之中的东夷族首领,舜时为掌管刑法之官,他的后人受封于蓼。《左传·文公五年》:"冬,楚子燮灭蓼。"蓼,即廖姓,可见固始县也是廖姓的一个重要源头。

固始之名,始于东汉。《后汉书·郡国志》载:固始,"侯国,故寝也。光武中兴更名"。该书《李通传》:"建武二年(26),封固始侯,拜大司农。"可见,这时不仅有固始县,也有固始侯。在此之前,秦与西汉时固始为寝丘邑。自东汉之后直到唐代,除梁时固始改称蓼县外,均以固始名县。但是早期的固始县治,在今固始东北,隋开皇年间正式移治今县。

固始之属光州,时间较晚。固始位于三省交界之地,隶属变化极为复杂。秦时属九江郡;西汉时分属于汝南郡、六安国、庐江郡;东汉时分属汝南、庐江二郡。三国时,域地内分置6个县,分属于汝阴、弋阳、安丰、庐江四郡;两晋时,分置6县,分属4郡;南北朝时,政区变化频繁,亦分属于新蔡郡、安丰郡、弋阳郡、边城郡等。隋朝建立后,固始县属弋阳郡;唐代时,光州与弋阳郡互有替代,但《旧唐书·地理志》云:武德三年(620),改弋阳郡置光州。光州治所,早期在光城县(今河南光山县),太极元年(712)移治定城县(今河南潢川)后,直到明清没有变化。

2."光州固始"与地理环境

固始县,位于河南省东南部,属信阳市管辖。总面积2946平方公里,人口达163万。固始县有如下特点:一是人口多。固始县为河南第一人口大县,也是全国人口数量较多的县之一。二是面积大。固始县域总面积,甚至超过了河南的省辖市面积,如鹤壁、济源,因此固始也是河南面积较大的县之一。三是地形多样。固始境内丘陵、平原洼地分别占全境面积的40%以上,山地面积占全境面积的十分之一。全县最高峰,为位于县南的曹家寨,主峰高度为海拔1025.6米,最低的地点则在县域北部淮河之滨的三河尖,海拔高度仅有23米,也是河南最低的地点。四是三省交界。固始东部与安徽西部的六安市金寨县接壤,南部隔商城与湖北省黄冈麻城相望,为三省交界之地与结合部。五是中原水乡。固始地处江淮之间,属亚热带向暖温带过渡的季风湿润性气候,气候湿润,雨量丰沛,四季分明,年降雨量达1066毫米。固始县物产富庶,有"固始鸡"、"固始鸭"、"固始笨蛋",有水牛、茶叶、板栗、腊味等名优特产,境内水渠纵横,鸭鹅成群,稻谷飘香,可以称为"中原江南"。有"南方人见了亲,北方人见了新"之感觉。

从以上的论述中可知,"光州固始"尽管在唐代以后,已成为习惯性联称,但以唐代开端最具意义,尤其是该概念中的核心词"固始",最具意义。固始人口多,面积大,过渡特征明显,区位优势突出,无疑应为南方与北方的结合点。

二、从史料文献的角度看"光州固始"

1. 唐高宗时期固始人陈政、陈元光父子开漳入闽,使闽南发展步入新阶段

唐高宗总章二年(669)诏命玉钤卫翊府左郎将、归德将军陈政为统领岭南行军总管,率府兵3600人,到闽粤交界处平定"蛮獠啸乱",其子元光随父出征。陈政大军入闽后,势如破竹,但在与"蛮獠"酋领苗自成的决战中受挫,后退守九龙山。陈政母亲魏太母,以及陈政的两位兄长中郎将怀远将军陈敏、右郎将云麾将军陈敷率中原58姓将士前往增援。陈政的两位兄长,在前往闽南途中相继因病身亡,魏太母代为挂帅领兵,在九龙山与陈政会师。陈政大军,在当地边垦种边休整,使兵力得以恢复。尔后南下夺取盘陀岭,挥师云霄,并对这里的清澈江水感叹而发:"此水如上党之清漳也"(见《闽书》卷28)。漳水实则在今河南的林州一带,由中原之水,而形成了闽南的漳江、漳州。

仪凤二年(677),陈政在讨伐陈谦之乱时,不幸病故。陈元光正式接掌父印,经过数百战,彻底平定了东南蛮獠之乱。永淳二年,诏命元光为正议大夫、岭南行军总管。陈元光以闽南为大本营,正式向皇帝奏请建州立县,从根本上对闽南地区进行治理。垂拱二年(686),正式设置漳州,及漳浦、怀恩二县,陈元光为漳州刺史兼漳浦县令,晋升为中郎将、右鹰扬卫府怀化大将军。陈元光在当地不仅设置行台与堡所,以保障行政的推行;还将随行而来的中原将士,量才而用,使当地得以政通人和。他对当地蛮民采取了安抚与感化政策,以唐朝廷的"恩惠"感化蛮民,以中原的先进文化开化蛮民,提倡汉蛮通婚,促进了族群间的融合。陈元光还以军垦强化军队的实力,发展农业,鼓励工商业的发展,首创了松州书院,教化民众,使当地的社会风气,在元光主政漳州的 26 年间有了明显的变化。

陈元光之后,自开元十三年(715)至元和四年(819),元光之子陈响、元光之孙陈丰,陈丰次子陈谟均接任漳州刺史,为漳州的发展作出了贡献。

陈氏家族在闽南的事迹,几乎不见于正史,但元光的《请建州县表》一文,收录在《全唐文》卷 164,陈元光的诗文则辑录在《龙湖集》中。在地方文献中,如《闽书》、《福建通志》、《广东通志》、《漳州府志》、《云霄县志》中,均有较多的保留。从《光州志》中可知,陈氏家族与祖籍地固始还保持着较多联系。该志卷之六载,陈元光的孙子陈泳,已被称为闽人,曾受命为"光州司马"与"光州团练使"。陈泳的儿子陈章甫,后代称为"光州司马",陈泳死后,"章甫扶柩归葬于漳"。可知在当时,陈氏家族已将漳州作为故里。该志卷之八亦载,陈元光的孙子陈鄞(丰),为辰州宁元令,到京师(今西安)进见权贵李林甫、杨国忠时,专程"访弋阳旧第,川原壮丽,再新而居之数年"。他不仅回到了祖籍地,而且将旧居翻新后居住了一段时间,后又到闽南任漳州刺史,为当地民众所爱戴。

陈元光的故乡固始,至今还有在旧居基础上建造的"陈将军祠"、陈氏祖茔,以及敬奉魏太母的太山奶奶庙。陈元光被福建人奉为神祇,明初封为"威惠开漳圣王"。因此,云霄县的威惠庙称之为"开漳圣王祖庙",漳州也有保持完好的"陈元光墓"。开漳圣王庙,不仅在福建有较多的分布,在台湾亦有 70 余座遍布全岛。每年农历二月十五日的陈元光诞辰日,闽台两地居民,同祀开漳圣王,以表达对陈氏父子的崇敬之情。

　　2. **唐末王潮、王审知兄弟建立闽国,为福建的发展奠定了基础**

　　唐末黄巢起义后,中原陷入了一片混乱。中和元年(881),寿州屠夫王绪聚众而起,先后攻下寿、光二州。光州之民响应者甚众,固始农民王潮、王审邽、王审知三兄弟,亦加入到义军之中,因才干举为"军校"。在义军南下江、洪、吉、诸州的过程中,王绪因猜疑杀戮,而遭抛弃,王潮因才干出众,以"拜剑选帅"的仪式而成为"将军"。王潮义军入闽后,攻克泉州,勇克福州,风卷建州与汀州。乾宁二年(895),唐廷封王潮为武威军节度使、检校尚书左仆射。

　　乾宁四年(897),王潮病故,王审知自称"节度使留后"。光化元年(898),唐廷正式任命王审知为武威军节度观察留后、刑部尚书,后为节度使兼三司发运使。王审知主政后,采取了一系列措施,稳定局势,发展经济。首先,王审知采取与周邻的杨行密的吴国、钱镠的吴越、刘隐的南汉交好的方略,积极向中原王朝纳贡,以取得正统王朝的认可。当时的唐廷,名存实亡,无论从政治上与经济上都看重王审知的纳贡。后梁建立后,对王审知的进贡更为看重。开平四年(910),朱全忠正式晋封王审知为闽王,并专门派大臣赴闽主持册封仪式。其次,选拔人才,兴办教育。王审知招抚流亡的儒士,如韩偓、李洵、王涤、杨赞图等,均委以重任,他还重视本地人才的选拔,浦城章仔钧,被委任为高州刺史、检校太傅;仙游郑良士,被授予四门学士、御史中丞。王审知十分注重吏治的整肃,兴办儒学,强化礼制,使偏居东南的闽地,文化上有了大的发展。再次,发展农业,稳定民心。王审知在任时,招抚流民,安置他们开垦荒地,兴修水利,因而粮衣丰足,民心稳定,将中原动荡之时,变为福建发展的黄金时机。最后,外贸繁荣,国库充盈。王审知利用福建的沿海优势,发展海外贸易,使泉州港成为当时对外贸易的重要口岸。尤其是铸行铁钱后,市场更加繁荣,财源充足。可以说,闽国建立的数十年间经济文化的发展,为福建后来的崛起,创造了较好的条件。

王潮、王审知兄弟的事迹,见于正史。如《资治通鉴》在《唐纪》中,提到了光、寿二州举义之事等。《新唐书·僖宗皇帝纪》亦有简述。《新五代史》与《旧五代史》有《王审知传》、《闽世家》。《全唐文》中,收录有相关碑文。在地方文献中,《十国春秋》成书较早,记述的史实较为丰富。《福建通志》、《福州府志》等方志,亦多有记载。王潮、王审知的墓园,至今在福建还有保留。1991 年在《文物》杂志上公布了王审知夫妇合葬墓的清理情况的报告,出土的《大唐故扶天匡国、珝佐功臣、武威军节度、观察处置三司发运等使、开府仪同三司、守太师兼中书令、福建王都督府长史、食邑一万五千户、实封一千户闽王墓志并序》中,专门记载王审知曾祖王友则,居家于光州固始的情况。

从以上的记述可知,陈政、陈元光父子,王潮、王审知兄弟为代表的两次固始移民活动,在正史上有所记载,但以地方文献记载为主。他们为发展当地的经济和社会作出了较多的贡献,他们所带来的中原文化,对于当地的文化提升,族群融合,均具有积极意义。他们都经历了由人到神的转化过程,在闽台都有以他们为神祇的庙宇,成为古今民间文化的重要组成部分。陈氏父子与王氏兄弟,所代表的"光州固始",实际上亦是中原文化的象征,是福建文化发达的代名词。

三、从家乘谱牒的角度看"光州固始"

家乘谱牒,是家族历史的反映。在闽台的家谱中,保留了较多的"光州固始"的印痕。据研究,随陈氏父子入闽的固始姓氏为 84 姓,随王氏兄弟入闽的固始姓氏为 83 姓,去掉重复的姓氏,入闽的固始姓氏达 116 个。而据我们查证家谱方志资料,入闽的固始姓氏,至少有王、陈、杨、郭、叶、廖、何、萧、罗、高、詹、魏、孙、曹、傅、蒋、姚、唐、石、汤、欧、邹、丁、韩、钱、柳、刘、黄、李、郑、许、方、曾、吴、谢、尤、沈、施、余、颜、吕、龚、柯、蔡、彭、宋、潘、康、涂、苏、赖、卢、董、洪、戴、庄、张、侯、林等 60 个。

家谱中可见随陈氏父子入闽的姓氏。如《浯阳陈氏族谱》:"太始祖讳政公,原系汝宁府光州固始县籍也。"《太平康陈氏公谱》:今晋江东石镇平坑陈氏始祖陈九郎,为光州固始人。也就是说,入闽的固始陈氏,有的属陈政的直系后代,有的仅为固始陈氏。《台湾通志》引《杨姓大族谱》:始祖杨胄,亦为随陈元光入闽的固始人。《台湾通志》引《何姓族谱》:固始人何嗣韩,从陈元光入闽,因家焉。《云阳方氏族谱》:始祖方子重,系光州固始人,随陈氏父子入闽,侨居漳州。《桃源潘氏族谱》记载,今永春西达埔一带的潘氏先祖,亦为随陈元光入闽的光州固始籍人。另外,《漳浦县志》(康熙本)卷19,在谈及随陈氏父子入闽的将校时,涉及姓氏20余个。如"婿卢伯道、戴君胄,医士李始,前锋将许天正,分营将马仁、李伯瑶、欧哲、张伯纪、沈世纪等五人,军谋祭酒等官黄世纪、林孔着、郑时中、魏有人、朱秉英等五人,府兵校尉卢如金、刘举、涂本顺、欧真、沈天学、张光达、廖公远、汤智、郑平仲、涂光彦、吴贵、林章、李牛、周广德、戴仁、柳彦深等一十六人"。以上这些人物,不但在其他方志中得到印证,也为某些家谱所认可。

　　家谱资料中更多的姓氏与唐末王氏兄弟入闽有关。如,《晋江风头王氏族谱》所载晋江城东镇风岭村的王氏为王审知之后。《福清陈氏宗谱》云:唐僖宗光启二年,祖随王潮入闽,开漳,而家福清之南阳村。《塘滨刘氏九耀公派斯谱》载:今晋江英林镇的塘滨刘氏,先祖刘存及侄刘昌,于唐末自光州率部入闽,开基福州风岗一带,后又分居长东、福清,其裔孙于宋末元初由福清徙居晋江塔头,历经十世后又分居塘滨。《东石檗各氏族谱》:今晋江东石镇黄氏的开基祖为黄龙,黄龙的祖父黄岸的祖先,系唐末由光州固始避乱居闽。《芙蓉李氏族谱》云:今南安梅山镇芙蓉李氏,先祖为光州固始人,于五代从王潮入闽,其子孙因家于武荣(南安)芙蓉乡。《铭山周氏族谱》云:今德化(铭山)赤水镇铭爱村周氏先祖周默林,于唐中和三年自固始从王潮入闽,居于仙溪之东乡,后迁居延平郡之周田(今大田)。《诗山古宅吴氏族谱》云:今南安诗山古宅岭兜吴氏先祖,唐僖宗时随王审知由光州固始入闽,宋代吴氏定居今泉州鲤城浮桥镇一带(古武荣黄龙江),称"黄龙吴氏"。明初吴大冶适居南安古宅,遂称"古宅吴氏"。《颜氏续修族谱》载:今永春达埔镇中村的"蓬莱颜氏",先祖颜泊,于唐末由固始入闽,居德化顾杰泗滨,又徙居今永春达埔。《沙堤蓬莱龚氏家谱》云:今石狮永宁镇沙堤村龚氏因王潮自固始入闽,遂卜居于龚山。《虹山彭氏族谱》云:今泉州市鲤城区虹山乡彭氏,又称"山顶彭",先祖于唐僖宗广明元年,由河南光州固始迁闽之泉州,复迁城西之南安,宋初移居鲤城虹山,虹山开基祖为彭枨。《双翰苏氏族谱》云:今德化县春美乡、大铭乡等地分布的苏氏,先祖苏益以都统职随王潮入闽,宋初苏奉礼肇居于德化石城,其族人出洋者达200余人。从目前收集到的家谱资料看,随王氏兄弟入闽的姓氏较随陈氏父子入闽者要多,也有的姓氏分别记述了这两次迁徙,或者说与这两次有关。

家谱资料中,甚至也有记载西晋末年的入闽活动与固始有关。如,《金墩黄氏族谱序》云:"晋永嘉中,中州板荡,衣冠入闽,而我黄迁自光州之固始,居于侯官。"《崇正同人系谱》卷2云:"林氏,系出比干之后。……秦汉以降,聚族于河南光州。东晋永和三年,林世荫守晋安,因家焉。晋安,今闽侯也,是为入闽之始。"从目前见到的方志资料可知,西晋末年中原姓氏入闽者有8姓,林、黄、丘、何等,均为入闽的早期姓氏,但从正史及其他资料中,还找不到这次入闽与固始的关系,家谱所记,则应另当别论。

从以上的情况可以看出,福建的族群对"光州固始"是十分认可的。一方面说明,唐代的两次移民活动,对福建的影响非常大。闽台家谱,实际上最早的先祖为入闽始祖,入闽之前的世系,则有更多的虚构成分,但入闽始祖之后的族系,应该说是基本可信的。另一方面,"光州固始"之移民,在当时均处于上层社会,社会的认知度也高,不排除当地的一部分居民,包括西晋末年的"入闽八姓",甚至土著,攀附而上。这种风气,其实由来已久,宋代史学家郑樵在《家谱》后序中所云:"吾祖出荥阳,过江入闽,皆有沿流,孰谓固始人哉? 闽人称祖皆曰自光州固始来,实由王潮兄弟,以固始之众,从王绪入闽,王审知因其众克定闽中,以桑梓故,独优固始人,故闽人至今言氏族者皆曰固始,其实滥谬。"当然,郑樵的话不无道理,但有些言重了。中国传统的家族文化,有弃恶扬善,攀附名人之风,所体现的更多的是文化认同,"光州固始"实则是中原文化的化身,也是中国正统文化的代表,这可能是族谱认同的本质所在。

"光州固始"作为一个较长时段的行政建置,尤其是唐代始有联称之名,因两次大规模的入闽活动,因而对闽台族谱文化与方志文化,有着深深的印痕。直到今天,"光州固始"已成为豫闽台一脉相连的纽带。它所体现的象征性、根亲性与神圣性,已深深地植根于两岸三地地域文化之中。毫无疑问,在闽台人的心中,"光州固始"就是唐山,就是原乡,就是中原,是他们永远的根。

高墩子与北山口

——固始古都文化浅析

马世之

马世之(1937—)男,汉族,河南温县人。1960 年西北大学历史系考古专业毕业后,先后在陕西省博物馆、河南省文化局文物工作队、河南省博物馆从事田野考古与历史文物研究工作。曾任河南省博物馆副馆长兼《中原文物》主编,河南省社会科学院考古研究所所长兼《黄河文化》主编。2000 年获准享受国务院津贴,2004 年被河南省政府聘为河南省文史研究馆馆员。现为河南省社会科学院历史与考古研究所研究员、中华伏羲文化研究会顾问、中国太平洋学会理事、河南省炎黄文化研究会副会长、河南省传统文化促进会副会长等。已发表论文 300 余篇,出版《史前文化研究》、《中原楚文化研究》、《中原古国历史与文化》、《中国史前古城》等著作多部。

固始的得名始于东汉建武二年(26),汉光武帝改寝县为固始县,封李通为固始侯,取"坚固初始"之意。固始县位于河南省东南边陲,东南依大别山与安徽金寨县毗邻,北临淮河与安徽阜南县隔河相望,东与安徽霍山县交界。西、西北、西南与潢川、淮滨、商城县相连。山川秀丽,文物荟萃。享有"汝南人文,固始为最"的赞誉。明嘉靖《固始县志·形胜志》称其"下湿硗角,土地宽广,峰峦峭拔,控扼荆楚,襟带史淮,中州之势,是邑称首。望穷吴会,路入燕云,鉴彻淮江,屏开荆镇"。自古为兵家必争之地。先秦时期,固始先属蓼,后归番,为淮域古国。高墩子与北山口两处考古发现,是固始古都文化的重要标识。

高墩子蓼国大型夯土基址

高墩子西周文化遗址,位于固始县东南,陈琳子镇高墩子村南,东距淮河支流史河约 1.5 公里。2003 年 9 月至 2004 年 6 月,为配合国道安徽叶集至河南信阳高速公路建设,在高墩子遗址上发现一处西周时期的蓼国大型夯土基址。该基址现保存于地表以上的面积约 2000 多平方米,高出地表约 1.5 米。是河南省目前发现面积最大的西周时期的夯土基址。

夯土基址的平面形状为圆角方形,东西长约 64 米,南北宽 62 米,高 2 米。台基中间为一大型房基(编号 F1),平面形状为方形,东西长 32 米,南北残宽 5～30 米,复原面积约为 960 余平方米。

夯土台基的外面为一周环壕,壕宽 14～16 米,深 2.5 米,壕内出土大量西周时期陶片。在台基及环壕的北部和南部都发现有西周时期的文化层。依据目前在高墩子村较高地方钻探结果,整个遗址面积至少有 3 万余平方米。

在台基上发现一片西周时期的墓地和一些西周时期的灰坑。发掘墓葬 7 座,均为长方形竖穴土坑墓,形制都较小,一般随葬 1～3 件陶器,随葬品的组合为一件鬲或鬲、豆、罐。

在打破居住面的灰坑内,出土有青铜刀以及铸造青铜镞的陶范。在灰坑和居住面内出土大量陶器,主要有鬲、甗、罐、深腹盆、簋、豆等。这些墓葬和灰坑出土陶器的年代约为西周中期,个别单位为接近西周晚期,它们均打破夯土基址,因此基址的年代约在西周中期或略早于西周中期[①]。

根据文献记载,西周时期的河南固始,属蓼国地域范围。明嘉靖《固始县志》载:"固始地在昔黄帝受命,披山通道,南至于江,乃在江北为南境,高阳氏封子庭坚于安,复分蓼。"《汉书·地理志》六安国"蓼"县下班固原注说是蓼之"故国"。《左传·文公五年》杜预注:"蓼国,今安丰蓼县。"汉晋蓼县的位置,《水经·决水注》云:"决水自(安丰)县西北流,迳蓼县故城东,又迳其北。"决水即今固始县的史河。今天发现的高墩子遗址西周大型夯土基址正在史河南岸,固始县城的东南部,与安徽的六安隔史河相望,因而应与古蓼国有关。

蓼国位于淮河上中游南岸,北与蒋国为邻,西与黄国相望,东南不远即偃姓的六国和英氏,南以大别山为限,据有史、灌河上中游两岸丘陵和冲积平原。《左传·文公五年》载:"冬,楚公子燮灭蓼。臧文仲闻六与蓼灭,曰:'皋陶、庭坚不祀忽诸。德之不建,民之无援,哀哉!'"蓼于公元前622年为楚所灭。关于蓼国都城所在,一般认为在今固始县城。另据《寰宇通志》载:"蓼国城在凤阳府寿州安丰乡。"《大清一统志》将"古蓼国、古蓼县"定位于固始县东北35公里之蓼城岗。杨守敬《水经注疏》亦说:"[蓼县]故城在今固始县东北七十里。"上述诸说均无确凿证据。现在高墩子遗址发现了西周中期的蓼国大型夯土台基及大型房基,以及类似于护城河的环壕。因台基周围地势较低,并且全部为水田,无法进行大面积钻探,故而尚未找到城垣。但是有关重要发现,却为探索蓼国故城提供了新的线索。

北山口番国故城

北山口古城址即番国故城,位于固始县城及城北一带,是一座规模巨大的春秋战国城址,该城址平面略呈南北长方形,南北长约3500米,东西宽约2500米,系由内城与外城组成,内城位于外城内的东北部。内外城垣大部分保存尚好,有些地段还相当完整,有些地段已被夷平,但城基及四周轮廓清晰可辨。城墙系夯土筑成,下有基础槽。内城周长6.5公里,外城周长13.5公里。外城东、西、北三面还保存大部分城墙及护城河。外城北垣如同一座东西延伸的山岭,当地群众称之为"长山",中段有一个宽72米的缺口,历来谓之"北山口",是固始通往临淮四乡及安徽阜阳的咽喉要道。城内外出土春秋战国遗物较多,过去一般都把该城址称为固始县北山口春秋战国古城。

外城城垣大都保存较好。西垣长3775米,基宽15~20米,高1~5米,顶宽8~11米。夯土层厚25~30厘米,夯窝为圆形,直径8厘米。护城河明显存在,宽约60米以上,大部分被改建为水塘或小型水库;北垣长2325米,中部最宽的一段墙基宽50米,高6米,顶宽30米。夯窝为椭圆形,直径10

厘米。城北侧护城河宽达 60 米,其中最长的一段长约 600 米,现已改为水库;东垣依史河两岸形成的自然地形构筑,长 5800 米,墙基宽 30～35 米,高 4～5 米,顶宽 10～15 米,夯土层和夯窝与北垣同。史河为其天然屏障;南垣位于现在的固始县城内,城垣大部分被夷平建为房屋。城垣长约 1600 米,东西两端数百米的夯土基础清晰可辨。护城河大部分依然存在,群众称之为"护沿沟"。

内城位于外城的东北部。内城的东、北两垣即外城东、北城垣之一段,合计长度为 3630 米;西垣长 1950 米,墙基宽 20 米,高 3.8 米,顶宽 4 米。夯土层厚 15～20 厘米,夯窝圆形,直径 8 厘米;南垣长 920 米,墙基宽 29 米,高 5 米,顶宽 13 米。夯层与夯窝与西垣同。内城没有发现护城河痕迹[②]。

外城城内东南角的万山,是一处重要墓葬区。外城城内的东南部和西南部,各有一处春秋战国时期的文化遗址。在城址内外,经常发现春秋战国时期的陶器残片,其中以鼎、鬲、豆、盆、罐等为多。1974 年 12 月,在古城南半部出土 3 枚楚国金币——"郢爰"。1980 年 2 月,在万山发现春秋铜鼎、铜盆各 1 件。1978 年春,在故城东南 1.5 公里的侯固堆一号春秋大墓陪葬坑内,出土一套编钟,上面铸有"鄱子成周"的铭文,表明该城址为东周时期的番国故城。该城址发现于 1978 年,1986 年 11 月 21 日,被公布为河南省文物保护单位,2001 年 6 月,被公布为全国重点文物保护单位。

番,或作潘、鄱,周代己姓国。己姓为祝融之后,同姓国尚有昆吾、苏、顾、温、董等。根据西周及其以前己姓诸国在黄河中下游两岸活动的情况,推测番国应在这一带的温县附近地区。约于西周末年南迁至淮河上游的信阳一带,春秋早期以后,再次徙都,东迁至固始、淮滨一带[③]。

宋洪适《隶释》著录之汉延熹三年(160)楚相孙叔敖碑铭云:"子辞,父有命,如楚不忘臣社稷……而欲有赏,必于潘国,下湿硗埆,人所不贪,遂封潘乡,即固始也。"天一阁本《固始县志》卷 2 云:"固始县,古潘国。"潘即番,加邑为鄱。楚相孙叔敖的故里及其子封地,原为固始,今属淮滨,淮滨县系 1952 年由固始、潢川、息县三县析置,古代为期思邑。因而番国应在今河南固始、淮滨一带。

春秋时期,楚国崛起于江汉地区,并不断向北方扩展其势力。约于春秋晚期,番已纳入楚国势力范围,并完全沦为楚之附庸。《左传·昭公十二年》载:"楚子狩于州来,次于颍尾,使荡侯、潘子、司马督、嚣尹午、陵尹喜帅师围徐以惧吴。"此"潘子"即番国之君,被楚驱使到前线同吴军作战。

《左传·定公六年》载:"四月己丑(十五日),吴太子终累败楚舟师,获潘子臣、小惟子及大夫七人。"臣是潘君之名。又《史记·楚世家》载此次战事云:"吴复伐楚,取番。"可见这次吴伐楚时,不仅俘获了番国之君,而且还一度攻占了番地及其都城。在固始侯古堆一号墓陪葬坑内随葬的鄱子成周钟,有可能就是吴太子终累的战利品。

鲁定公六年(公元前504年)以后,番国不再见于文献记载。"或因番君被俘、番邑为吴所取,使得本来就十分衰弱的附庸番国,再也无法维持其国祀和君统,最终并入了楚国"④。但番国故城却被沿用下来。

结语

固始地域辽阔,历史悠久,大别山与淮河水孕育了古老的人类文明。历史上蓼与番两个著名的古国先后建都于斯,使得这里的古都文化特别辉煌灿烂。

古都是特殊范畴的城市,《释名》云:"都者,国君所居,人所都会也。"《广韵》曰:"天子所宫曰都。"《左传·庄公二十八年》载:"邑有宗庙先君之主曰都,无曰邑。"这些记载表明,都城是一个国家的政治中心,君主居住并行使权力的宫庙建筑是古都的核心和主体。蓼与番作为周代的重要诸侯国家,其都城在中国古都文化中似应占有重要的历史地位。

关于蓼都高敦子,虽然尚未找到巍然高耸的城垣,却发现了类似护城河的环壕与可能属于宫庙建筑的西周大型夯土基址。

关于北山口番国故都,发现了一座规模巨大的春秋战国城址及重要墓地,出土有鄱子成周钟等珍贵文物。

通过高敦子与北山口的考古发现,极大地开阔了人们的视野,使对蓼国与番国的历史有了更加深刻的了解。蓼城与番城成了河南固始乃至整个豫南地区古都文化的一个亮点。

注释：

①　袁广阔：《河南固始发现西周大型夯土基址》,《中国文物报》2005 年 3 月 18 日。

②　赵青云、詹汉清：《固始古潘国城址的调查报告》,载《固始侯古堆一号墓》,大象出版社,2004 年版。又见朱泽勤：《固始地方文物与历史人物考辨》,中国广播电视出版社,2005 年版,第 15—20 页。

③　徐少华：《周代南土历史地理与文化》,武汉大学出版社,1994 年版,第 133—134、521 页。

④　徐少华：《周代南土历史地理与文化》,武汉大学出版社,1994 年版,第 133—134、521 页。

光州固始：蒋国古都

何光岳

何光岳（1939—）男，汉族，湖南岳阳人。湖南省社会科学院研究员。曾任湖南省岳阳县农业局农技员、岳阳市文化馆干事、湖南省社会科学院历史研究所副所长、湖南省社会科学院炎黄文化研究所所长等职。社会兼职主要有湖南炎黄文化研究会会长、湖南中国古代史研究会副理事长、湖南省民族学会副会长、中华伏羲文化学会副会长、中国汉民族学会副会长、河南省中原姓氏历史文化研究会顾问等职。1985 年获全国总工会职工成才金牌奖，1992 年起享受国家政府特殊津贴，1998 年被评为湖南省十大优秀社会科学家。主要从事中华民族源流史、中国姓氏源流史、炎黄文化等研究。出版《炎黄源流史》、《中原古国源流史》等专著 37 部，发表学术论文 422 篇，共计 200 万字。此外还编写《中华姓氏通书》等 5 部编著。享有"农民历史学家"、"史学奇才"、"模糊史学创始人"等美誉。

周成王时，周公旦平定了霍、管、蔡三监和武庚的叛乱之后，为了镇压商朝遗民的反抗，曾屯驻大军于商故都朝歌周围，让六个儿子分别统领这些军队，建立了凡、蒋、邢、茅、胙、祭六国，长子伯禽则随着周公旦东征徐、奄、淮夷等东夷 17 国，留镇东夷盟主奄国故地，建立鲁国。周公旦则仍回宗周辅助周成王。蒋国为周公旦第三子就商朝贵族蒋国故地所建，仍称蒋国，这与周朝所封姬姓亲族 50 多国中，几乎都因袭和占领商朝故国的国土和名称，全属同一事例。今河南获嘉县西北有蒋河，乃蒋国所在地。后来，因周昭王、周穆王曾南征荆楚、淮夷和于越，为了加强对南方的控制和防守，便把姬姓之国移封一部分于淮汉之间，隔断了楚与越、淮夷之间的联系，这些地方多为土壤肥沃的平原和低矮丘陵地带，如随、唐、蓼、曾、应、霍、蔡等国，构成了汉阳诸姬的诸侯国，对巩固周朝对南方的统治起了重大的作用，同时也杜绝了徐夷、淮夷从淮水上溯观兵黄河、进逼洛邑之患。为此，蒋国才从黄河以北南迁至淮水上游的蒋乡，离今固始县城 70 里。蒋国大约受封于周成王四年（公元前 1060 年），公元前 617 年为楚穆王所灭，共立国 444 年。蒋国一直是一个小国，在西周和春秋的历史记载中十分缺乏，其作用也微不足道。但是，作为延续到春秋的一个小侯国，且其后裔的蒋姓，在中国历史上曾起过很大作用，也出现过许多名人，所以仍有研究的价值。

一、蒋名释义

蒋就是菰，属禾本科茭白属，古名芯①、雕菰②、雕蓬③、雁膳④、菰米⑤，今名茭笋、菰笋、菰菜⑥、茭瓜、茭白等，是一种多年生的水生草本植物，原产于我国，分布自东北到华南一带的沼泽地带。菰的嫩苗可食，茎基部膨大部分为茭白，是甜美的菜疏，根叫葑，叶可编席和盖茅屋。如茎基部不膨大，到秋季便抽穗结实，叫做菰米或茭米，米白而滑腻，煮饭香脆。这种蒋米是原始社会先民采集食用的良品。5000 多年前，黄河中下游两岸的川河萦回，当泽罗布，雨量充沛，正是菰的繁衍地区。所以，河南修武、获嘉境内的蒋河，正是因丛生蒋草而得名，商代的蒋国因采集这种菰实为食而作为图腾崇拜，并用作氏族部落的名称，后来发展为国家。

采茭米为食，历史多有记载。《玉篇》称"蒲葫，茭实"。《类篇》谓"蔽，草名，菰蒋也。其米谓之蔽葫"。《周礼·天官·食医》："鱼宜芯。"郑注："芯，蔽胡也。"《西京杂记》："太液池边皆雕胡芯之有米者，长安人谓之雕胡。"宋玉《讽赋》云："主人之女，为臣炊蔽胡之饭。"注："蔽胡，草名，味香。"《晋书·皇甫谧传》："况以糠麸，糅之雕胡。"据此，茭草之米叫雕胡、蒲葫，皆书写稍异，其音则同。所以司马相如《子虚赋》有"东蔷雕胡"，张揖注："雕胡,菰米也。"又有"莲藕觚芦",郭璞注:"苽蒋也。"则雕胡又名觚芦,沈约咏菰诗有"结根布洲渚垂叶满皋泽。匹彼露葵羹,可以留上客"。又云:"雕胡方自炊。"《吴都赋》亦有"稻秀菰穗",又有"菰穗雕胡,菰子作饼"。则更说明菱草抽穗结实,子实可以作饼。子实为黑色,如唐代诗人庾肩吾诗:"黑米出菰叶。"杜甫诗:"波漂菰米沉云黑",又"秋菰民黑米"。傅巽《七海》也说:"雕胡,菰子。"用菰米作的饭叫菰食,也称为菰饭⑦。因此在唐代以前大概是生产菰米的历史阶段⑧。不论天子、诸侯、贵族和士民百姓,都食菰米饭。由于菰的花期过长,子粒分批成熟,要分期收采,这就影响了菰的发展。所以,到唐以后,因菰米产量很低,而不为人们所重视,但直到清代,仍为度荒之粮,如吴仪溶《本草从新》便说菰"实名雕胡,岁饥可以当粮"。因此,古代把菰籽列入六谷或九谷的行列。如《周礼》注六谷有菰。《楚辞·大招》有"五谷六仞,设菰粱只"。王逸注:"楚国土地肥美,又有菰粱之饭,芬香且柔滑也。"蒋为楚国之地,当以栽培蒋草著名,故楚国之菰米闻名于当世。郑敦曜《九谷考》对菰的考证最为翔实,他说:"其芦之未解叶者曰紫箨,菰之有首者曰缘节(即菱白),菰之有米者曰雕胡,一名菱米,一名雕蓬,一名蒋。至秋结青实,长寸许,霜后采,大如茅针,皮黑褐色,米白而滑腻,做饭香脆……柳诗:香春胡米饭,皆苽也。《尔雅》䅟雕蓬,荐黍蓬。黍蓬即菱白之不结实者,惟堪作荐(编席);一说黍蓬乃蛙蓬,实如黍,恐另是一种。"⑨这种菰米饭吃起来香喷喷,且又滑腻,自达官贵人以至庶民百姓都喜欢吃。齐思和《中国史探研》一书中,有一篇《毛诗谷名考》谓:菰米"乃是一种泽生水草的米,极为珍贵稀少。至郑玄始列之于九谷之内,实并非普通的谷类"。也未曾言过其实。至今固始一带湖荡里尚产这种菰米,粒大香浓,为别处所无。这恐是蒋国培植菰米的传习,也可知在周代时,菰米已被培植成为家生品种了。

菰蒋之草可以编席,《庄子》曾谓"孔子之楚,舍于蚁丘之蒋"。即孔子往楚国去,宿在蚁丘的蒋席上,可见当春秋时,楚国已盛行以蒋草编席了。《韩非子·十过》云:"缦帛为茵,蒋席缘额。"这正是韩、魏人民用蒋席的见证,修武、获嘉的蒋河一带,正是战国时魏国的境土,也盛产蒋席。王褒《僮约》有"编蒋织蒲"之句,也可知汉代编蒋席是家喻户晓的家庭手工业和家用床席,是不可少的卧具,当时种蒋是非常普遍的。故贾思勰《齐民要术》引《广志》:"菰可食,以为席,温于蒲,生南方。"《艺文类聚》卷82草部(下)菰,也引《广志》相同。蒋席确比蒲席要温暖些。蒋草还可饲马,"秣马甚肥"[10]。但不是饲牛的好草料,如《淮南子·诠言》云:"菰饭犉牛,弗能甘也。"

在唐代以后,发现在菰茎底节寄生和菰分蘖后的新苗发展成畸形肥大的菌瘿,称为"茭郁"。菰感染这种病害,不能再抽穗开花,从此菰退出了谷类行列,成为蔬菜栽培来利用了。因为那种因病瘿刺激而形成肥大的茭笋细嫩味美,为人们所喜食[11]。早在司马相如《上林赋》中就有"蒋芧青蘋",张揖注:"蒋,芘也。"《尔雅翼》云:"芘即菰蒋之类曰菰首者,今之茭白也。"王世懋《学圃杂疏》称苏颂所说同。徐锴《说文系传》说:"生谓之芘蒋,枯谓之乌茭。"元代已有人将菰逐年移栽,所生长出的茭白不变黑斑,即病菌孢子不能成熟,由此既有白净的茭笋可食,又可防止和缩小茭郁病的蔓延[12],于是就可以有计划地固定生产茭白了。到明代,茭白已成为人们的普通蔬食,且白净味美而多汁,成为蔬中之佳品。李时珍《本草纲目》说:"春日生白茅如笋,即菰菜也。"吴仁杰《离骚草木疏》本草菰根注云:"蒋,草也,江南人呼为茭草。李时珍曰:南方呼菰为茭,以其根交结也。《九谷考》曰:吾歙(今安徽歙县)业茭塘者云,茭草有牝牡茭。"把茭分为雌雄根,并说明皖南已有专业种茭白者。汪士铎以为菰"根曰葑,今茭芘,八月食者;茭草之茭,四五月食者"[13]。

茭笋和菰根都可入药,如茭白"甘冷滑,利五脏,去烦热,除目黄,解酒毒,利二便"。又"根名菰根,冷利甚于芦根"[14]。

由于菰系分蘖丛生繁殖,适应性很强,又是多年生草本,往往在池塘沼泽中成片蔓延滋生,浮游于水面上。左思《蜀都赋》就有"攒蒋丛蒲",《江赋》有"泛泛之游蒋",《淮南子·原道训》云:"浸潭芘蒋。"大概在晋代时,农民便利用茭根盘结浮于水面,上积肥种植水稻,既不需耕薅灌溉,且能获得丰收,便称为葑田。《晋书音义》云:"菰草丛生,其根盘结,名曰葑田。"在宋代时,江东河网地带,人烟稠密,农民纷纷发展了葑田。所以宋代的《广韵》和《集韵》都称:"葑,菰根也。今江东有葑田。"杭州西湖沿岸一带也被开垦成葑田,如《宋史·河渠志》云:"临安守臣言:'西湖冒佃侵多,葑菱蔓延,西南一带,已成平陆,而濒湖之民,每以葑草园里,种植荷花,骎骎不已,恐数十年后,西湖遂废,将如越(绍兴)之鉴湖,不可复矣。'"到明代时,农民又在葑田的基础上进行改进,即以木架上放上茭根葑泥,再于其上种庄稼,这样,葑田面积便可扩大,更可避免风浪冲击而分散,这是我国当时先进的农业技术和独特的耕种方法,是世界上绝无仅有的农田——葑田制。王祯《农书》载:"葑田者,以木缚架为曲田,系封水田,以葑泥附木架上。葑即菰根也,根最繁而善纠结,以土泥着上,刈去其蔓,使可耕种。江东、淮南二处皆有之。"只因这些木架用木材较多,这在人烟稠密而缺少木材的平原河网地区不易到手,且费用高,不经济,所以采用木架葑田的较少。到清代时,仍以旧式葑田较为流行。

二、蒋国的建立与南迁

蒋国最早见于文献记载是《左传·僖公二十四年》:"凡、蒋、邢、茅、胙、祭,周公之胤也。"指出六国皆周公旦之子所建。当周成王二年,周武王之弟管叔、霍叔、蔡叔等三监,因不满周公旦在朝廷中掌握大权,便和商纣王之子武庚一同发起了叛乱。周公旦奉成王之命,兴师东伐,作《大诰》,经两年时间的平叛战争,杀了管叔、武庚,流放了蔡叔、霍叔,重新收抚了商朝的遗民,另封武王幼弟康叔于卫,封武庚的伯父于宋⑮,又将商都朝歌附近畿内的三监故地分封给自己的六个儿子,留驻分辖六支平叛的周朝精锐部队。其中,凡国为伯爵,在今河南辉县西南20里的凡城。邢国为侯爵,在今温县邢丘。茅国,应是伯爵,在今修武县。胙国亦应是伯爵,在今延津县北35里胙城。祭国为伯爵,在今长垣县东北祭城,即蔡叔所建的蔡国故地⑯。这五国都在商都朝歌(今淇县)附近。蒋国的始封地,当在今获嘉县西北30里的蒋河之滨。蒋河发源于修武县北陆真山下的蒋村泉,东流入卫河,旁有蒋村,或即蒋国故城。周公旦平叛三监之乱后,重新分配封地,虽也把小弟康叔封于卫(商都故地),一则怕他年幼势弱,压不住商的遗民;二则防备他可能会走三监的老路。这便使周公旦不得不慎重考虑,一方面他把长子伯禽封于鲁,以镇抚商的同族东夷；另一方面则封自己的六个儿子于商畿之地，即可督促卫同仇敌忾，共同管辖商民，又可以随时随地地限制商民的非法活动，一旦发生了商民叛乱，便能立即镇压。周公旦的深谋远虑，对维护周王朝对中原的统治起着重大的作用。同时，又经营洛国所在的洛邑，建为成周，作为周朝的陪都，使周天子能随时前来巡视，作为卫和六国的坚强后盾。从此，商民再也不敢起来叛乱。

蒋国乃周公旦第四子伯龄封地。《史记·索隐》："周公元子就封于鲁，次子留相王室，代为周公。其余食小国者六人，凡、蒋、邢、茅、胙、祭也。"周公旦在彻底摧毁商朝的残余势力后，即于旧蒋国之地改封给他的四子伯龄，仍叫蒋国。在周所封的姬姓 53 国中，几乎全都是就商代旧诸侯国之原地和原名建立新国的，自然蒋国也不例外，可惜史籍缺载罢了。据《水经注·晋水》载山西榆次县的涂水，"出阳邑东北大嶕山涂谷西南，经萝蘑亭南，与蒋谷水合。水出县东南蒋溪，《魏土地记》曰：晋阳城东南一百一十里至山，有蒋谷大道"。可见这个蒋溪、蒋谷水、蒋谷地名来源古老。与商代蒋人因故地为姬姓所占，被迫北迁于此，是有其内在的关系的。

姬姓蒋国即就商末蒋国故地而立国。但这一带姬姓诸侯国林立，显得土地日益逼隘，到了西周中叶，周王朝的统治已经巩固，商遗民也全都服从周王朝的管辖，加之人口繁衍，商都附近各姬姓小国便不得不考虑迁移的出路了，如邢北迁于邢台，茅东迁于金乡，祭西迁于新郑等。蒋国地邻卫国，卫国因有殷民七族，国势强盛，也是蒋国南迁的原因之一。恰逢周昭王、周穆王多次南征，扩拓疆土，为了镇抚南蛮，并控制荆楚及淮夷、于越，隔断他们之间的联系，于是便移封一部分姬姓小国于淮汉之间，随、唐、应、霍、蓼、曾等国便南迁到这一地方，而蒋国也南迁于淮水上游的期思故国故地的东部，即杜预所说的"蒋在弋阳期思县"⑰。史籍多认为楚灭蒋后为期思邑，其实是先为期思国，其东部后为蒋国所灭，楚灭蒋成为蒋乡，便仍改为期思邑，蒋乡属期思邑。笔者有另文《期思考》，这里便不再赘言了。

蒋国的所在地，《汉书·地理志》称："汝南期思县蒋乡，古蒋国，楚灭为斯思。"《清一统志》卷 176 光州："蒋乡，在固始县东。"而《路史·国名纪戊》

罗苹注:"期思故城在固始西七十（里）。"《读史方舆纪要》卷50光州固始县:"期思城,县西北七十里,古蒋国。"按:楚国往往灭掉小国,就小国都城所在建为邑县,楚国既灭蒋国建为期思县。今固始县东北20里有地名蒋家集,即古之蒋乡,位于史河东岸,乃古蒋国故地。期思未为蒋所灭而是灭于楚。《中国历史地图集》第一册,春秋、楚、吴、越图中也列蒋国于期思,即采用《路史》罗苹注及《读史方舆纪要》之说,即在固始县北70里的今淮滨县期思乡,显然有误。《汉书·地理志》明明指出了汝南郡期思县蒋乡古蒋国,并没有认为期思县城即古蒋国。所以,《清一统志》所说的固始县东蒋乡为蒋国是对的。

蒋国由获嘉、修武之间的蒋河、蒋村一带迁到固始的蒋乡,也并非一口气迁徙千余里,而是逐渐南移的。其间原武县有蒋庄,尉氏县西50里有故蒋城[18],当为蒋国南迁时曾经停留过的地方。

在蒋国的史河西岸为蓼国,蒋国的疆域西以史河为界,北到淮水与胡国接界,东到穷水(今安徽霍邱县的澧河)与淮夷接界,方圆不过百里,是个小国。所以在春秋时没有参加诸侯的盟会,也不见于其他记载,可见蒋国是一个弱小的国家,无足轻重。直到楚国兴起,逐渐蚕食江淮诸国,连"汉阳诸姬,楚实尽之",公元前623年,楚穆王灭江子国,次年又灭六子国、蓼子国,从南面和西面包围了蒋国。到公元前617年,楚穆王迫陈、郑到息国[19],当在这时灭了蒋国[20],然后才策划北伐宋国,田猎于孟诸泽。后来,宋朝于故蒋国西面的潢川县置蒋州。

三、蒋国后裔的分布

蒋国亡后,子孙以蒋为氏,有一部分遗民被楚国迁到今贵州东部,故唐大历五年,于今贵州东部的岑巩、镇远、玉屏一带置奖州,也称蒋州。因蒋、奖古通用,如《杨信碑》有"蒋历甲兵",蒋历即奖历。

一部分仍留居蒋国故地,成为楚的臣民,汉代有蒋诩、蒋郎。其后裔名人辈出,固始在南朝宋时属乐安郡,故蒋氏以乐安郡为郡望,蒋诩第十代孙蒋休,自安乐徙居义兴阳羡县(今江苏宜兴县)。休十一代孙蒋元逊,为陈左卫将军,堂侄曾孙蒋俨,为唐蒲州刺史,子安遇,鄞州刺史。俨再从侄岑,为司农少卿,生晁,为御史。岑堂弟勉巳之子至,为著作郎。俨族人蒋挺,为国子司业[20]。

义兴蒋氏一支名人辈出。唐代的蒋子慎,蒋炼、蒋镇兄弟,镇为工部侍郎,宋有蒋捷,著有《竹山词》,蒋堂礼部侍郎,蒋静显谟阁侍郎,侄蒋之奇为观文殿学士。明初有蒋贤,以粮食助明太祖定天下,其孙贞知宜兴州。蒋子成,善山水人物画。清初有翰林编修蒋锡震。蒋永修为潮广提学副使。宜兴蒋氏又分迁于常熟、长洲及江浙各地,成为大姓。奉化溪口的蒋氏,亦它的分支,即蒋介石的祖先。

蒋氏有一支由固始东迁今山东东莱郡胶东,有三国魏太尉蒋济,其后裔有唐大理卿蒋钦绪,生七子,长子澈为凤州刺史,生郁、郡,次子演为兵部员外郎,生邘,为殿中丞御史,邦为大理评事。三子漾为咸阳令。四子溢为长安丞,生郐、廊,为施州刺史。五子溶为安州刺史,生鄱。六子沇为刑部侍郎,生郅,为监察御史。七子清为东京留守判官。东莱这一支蒋氏,在唐代也盛极一时。

自楚灭蒋国之后,有一支蒋人被迫南迁湖南湘乡一带,其后裔有三国蜀汉丞相蒋琬,其子斌为绥武将军,显为太子仆,今湘乡县南95里有地名蒋士街,乃蒋家故地。东汉泉陵人蒋晋,为交州刺史。至今蒋氏遍布湘南、湘中40多个县,成为人数众多的大族,尤以湘乡、零陵、耒阳为最多。耒阳素有"蒋、资、梁、谢四大姓"之称。

注释:

① 《礼记·曲礼》及《月令》,《周礼·膳夫》。

② 许慎:《说文解字》。

③ 《尔雅·释草》。

④ 戴望:《管子校正》。

⑤ 杜甫:《秋兴八首》。

⑥ 吴仪洛:《本草从新》。

⑦ 《周礼·内则》。

⑧ 李璠:《中国栽培植物发展史》二七《菰》。

⑨ 郑敦曜:《亦若是斋随笔》卷2。

⑩ 《开宝本草》。

⑪ 胡先骕、孙醒东:《国产牧草植物》。

⑫ 吴攒、张福:《种艺必用反补遗》。

⑬ 汪士铎:《汪梅村先生集》卷1,谷释名。

⑭ 吴仪洛:《本草从新》。

⑮ 《史记·鲁世家》。

⑯ 何光岳:《蔡国史考》,《贵州史学丛刊》1986年第1期。

⑰ 《左传·僖公二十四年》杜预注。

⑱ 罗泌:《路史·国名纪戊》。

⑲ 《左传·文公十年》杜预注。

⑳ 《左传·文公十年》杜预注。

㉑ 林宝:《元和姓纂》;邓名世:《古今姓氏书辨证》卷27《蒋》。

光州固始与中原汉人的南迁入闽

程有为

程有为(1944—)男,汉族,河南洛宁人。1969 年武汉大学历史系本科毕业,1981 年河南大学中国古代史专业研究生毕业,获历史学硕士学位。现为河南省社会科学院历史与考古研究所资深研究员,主要从事中国古代史、河南地方史与中原文化研究。曾任河南省社会科学院历史研究所所长。国家有突出贡献享受政府特别津贴的专家,兼任河南省历史学会、河南省宗教文化研究会副会长,中国魏晋南北朝史学会、中国河洛文化研究会、中国汉民族研究会理事,《史学月刊》编委。主持国家、河南省社会科学基金重大、重点项目多项,发表论文近百篇,独著有《中国古代人才思想史》、《中华姓氏谱·程姓卷》、《河洛文化概论》等,主持编写有《河南通史》、《河南通鉴》、《中华通鉴·河南卷》、《黄河中下游地区水利史》、《中原文化通史》等,获河南省、人事部一、二等奖和荣誉奖多项,《河南通史》入选国家新闻出版总署首届"三个一百"原创作品。

在中国古代,包括"光州固始"在内的中原地区汉人多次大批南迁江左,其中不少人入居闽越,成为闽人。及至宋代,"闽人称祖皆曰从光州固始来"。这既是一种历史真实,也是一种文化现象。本文试图对此作些阐释,以就教于方家。

"光州固始"的由来及其自然人文环境

"光州固始"这一地名由来已久,我们从政区沿革说明它的由来以及这一地区的自然人文环境。

1. "光州固始"的由来

"光州"是中国古代的一个州(郡)级政区,"固始"则是一个县级政区,前者比后者范围要大,二者属于统辖和隶属的关系。古代的光州位于大别山和淮河之间,包括今淮河支流小潢河、白露河、史灌河流域,辖境相当于今河南潢川、光山、新县、固始、商城等县及安徽金寨县西部地。

要弄清"光州固始"的由来,必须考察这一地区的政区沿革。我们首先依据诸正史之地志资料,考述这一地区的政区演变情况。

先秦时期这一地区小国林立。西周时有蓼(一作缪,今固始东北,夏东夷人皋陶之后)、蒋(今固始西北,今淮滨东南期思镇,姬姓国)、黄(今潢川西北隆古集,嬴姓国)和弦(今光山)等国。春秋时又有番国(今固始县城,据说是祝融八姓昆吾之后),春秋中晚期,楚灭诸国,设置有蓼、黄、蒋(后改为期思县)等县邑。此外,又有雩娄(今固始县南),为吴国城邑。战国时期此地属楚,有曾(今光山西南,又称西阳)、期思、雩娄等县邑。

秦朝国家统一,在地方实行郡县制,此地处衡山郡东北、九江郡西北一隅。九江郡有安丰县(治今固始东南),衡山郡有期思(治今固始西北,故蒋国)。西汉分九江、庐江二郡置六安国(今安徽六安东北),辖六县(治今安徽六安)、蓼县(今固始东北)、安丰(今固始东南)及阳泉、安风等五县。又有雩娄县(治今固始县东南),属于庐江郡。东汉六安国除,所辖五县统属庐江郡。两汉时,其西部有期思(治蒋乡)、弋阳县(治黄亭,今潢川西北),属于豫州汝南郡。

三国时曹魏分汝南、江夏二郡置弋阳郡,以弋阳县(今潢川县西北)为治所,西晋因之。东晋仍置弋阳郡,南朝宋因之,领期思、弋阳、安丰、乐安、茹由五县。又有新蔡郡,领鲖阳、固始、新蔡、东苞信、西苞信五县。宋文帝元嘉年间另置边城(今固始东南)、光城(今光山)二左郡,领七县蛮民。萧齐又在弋阳县(今潢川西北)置弋阳郡,光城置光城左郡,固始置北新蔡郡,边城(今固始东南)置边城左郡。总之,南朝宋、齐时今光山县已有光城县和光城郡之名称。南朝梁置光州光城郡于今光山县。可见"光州"这一地名始于南朝梁时,其前身为光城郡。北朝的北魏、东魏置东新蔡郡,领固始、铜阳、苞信、汝阳四县;又置新蔡郡,领苞信、长陵二县;弋阳郡,领弋阳一县。此外还有梁所置长陵郡,领长陵、苞信、安宁三县,魏因之。北朝齐时置光州光城郡于今光山县,又置南郢州弋阳郡于今潢川县,东光城郡于今商城县西南。总之,"光州"这一地名出现在南北朝时期。

隋大业初,改光州光城郡为弋阳郡,统光山、乐安、定城、殷城、固始、期思六县。唐武德三年(620),又改弋阳郡为光州,治所在光山县(今光山县),置总管府,领光山、乐安、固始三县。贞观元年(627),以定城、殷城二县来属。天宝元年(742),改为弋阳郡。乾元元年(758),复为光州。太极元年(712),州治由光山移定城县(今潢川县),领定城、光山、仙居、殷城、固始五县。

北宋设光州(光山军),属于淮南西路,州治定城(今潢川县),领定城、固始、光山、仙居四县。元代光州属河南江北行省之汝宁府,领定城、固始、光山三县。明代属河南省汝宁府,有光州(散州)、光山、固始、息县、商城五县,清代从汝宁府分置光州(直隶州),辖上述五县(散州)。

总之,从政区沿革看来,光州之名源于光城,由光城郡改为光州。从南朝萧梁开始,北齐、唐、宋、清诸朝代均设有光州。而光州之地域,则以隋代的弋阳郡为基础而有所损益。

再说"固始"县名的由来。考诸正史之地志,"固始"作为地名,起始于两汉。西汉初改固陵县(治今太康县南)置固始县,属淮阳国。这是"固始"得名之初。东汉时废。西汉汝南郡又有寖县(治今安徽临泉),战国时为寖丘,是孙叔敖之子所邑。东汉建武二年(26)光武帝取"事欲善其终,必先固其始"之意,封开国元勋李通为"固始"侯,拜大司农,以寖县为封邑,隶属于汝南郡。但是汉代的"固始"县和"固始"侯国距今固始县境土较远,与今固始县没有什么关系;只是今"固始"县名的来源。

今固始县境土,西周属蓼国,春秋时期属于番(潘)国,春秋后期至战国属楚国,秦朝属九江郡。西汉属于扬州刺史部的六安国,其南部为安丰县,北部为蓼县。东汉属扬州庐江郡。三国西晋时属安丰郡,在其南北分设蓼县和安丰县。东晋属豫州弋阳郡,南朝宋因之。北魏属新蔡郡。东魏武定八年(550)固始成为财州治。北齐废州置苞信县。

南朝宋泰始年间侨置固始县(治今固始县东北),属新蔡郡,取汉固始县为名。梁改为蓼县。北齐复为固始县,为北建州治,后为新蔡郡治。隋开皇初年移治今固始县城,属光州。大业初属弋阳郡。唐武德三年(620)属光州。总之,人们常称之"光州固始",主要是以隋唐时代而言。

2. 光州固始的地理人文环境

光州固始一带地方位于今河南省东南部,南靠大别山,北临淮河,东部与安徽省相临。就地貌而言,南部为山区和丘陵,北部为淮河及其支流冲积平原,地势平坦。有决水、灌水(今合称史灌河)、黄水(今称小潢河)等河流从大别山发源,北流入淮。河网密布,水系发达。既利于灌溉,也利于水上交通。

光州固始一带地处淮河以南,气候四季分明,光照充足,雨量充沛,温暖湿润,是中原地区重要的水稻产区,鱼米之乡,因而有"北国江南"之誉。

战国时期楚国令尹孙叔敖在淮河支流决河上兴建期思陂,建均济闸,设三孔闸门,开渠两道,引河水入众多小陂塘,以灌溉农田,这是一项大型水利设施。工程后代几经重修,历史上曾发挥巨大作用。今固始县黎集镇南园村有其遗址,现改建为一座桥梁,称"东大桥"。县内今尚存明代《均济闸池塘浇灌之图碑》。固始县水利发达,《河南通志》称"固始水利甲中州"。

"光州固始"所在的史灌河流域通过淮河干流与华东地区连通,是中原地区进入华东的咽喉要地。它在春秋时期处于吴、楚两国交界处,秦汉以降时而属于中原地区的"豫州",时而属于东南部的"扬州",因而有"吴头楚尾"、"豫南扬北"之称。它是南北交会之地,东西连通之区,地理位置十分重要,历来为兵家所必争。

光州固始一带也是民族交会、融合的重要地区。先秦时期这里就有华夏、苗蛮和东夷人居住,有多个部族的封国存在。魏晋南北朝时期南部山区又有众多蛮民居住。宋文帝元嘉二十五年(448),宋朝廷就以豫部蛮民立十八县,可考者有蕲水、东安、建宁、浠水、阳城等,属西阳郡。另说设有茹田、乐安、光城、零娄、史水、开化、边城七县,属弋阳郡。孝武帝孝建二年(455)又以蛮族民户立南陈左郡太守,分赤官左县为蓼城左县,领县二①。西阳蛮首领田益宗被南齐封为征虏将军,后又投奔北魏,被署为东荆州刺史。当时这一地区的南部山区设有管理蛮民的"左郡县",北部平原则为汉族区的一般郡县。

"光州固始"在中原汉人南迁中的地位

在中国古代,由于战乱和灾荒,中原地区的汉族人民不断背井离乡,辗转迁往南方。其中规模最大的有三次,一是西晋末的永嘉年间,史称"永嘉南渡";二是唐代天宝年间的"安史之乱",大批汉人南迁;三是北宋末"靖康之难",金兵攻陷开封,又有大批汉人随宋室南迁。这些南迁士人多渡淮渡江,到达江南的江、浙、赣、闽和岭南地区。在此我们主要讨论中原汉人由"光州固始"南迁闽越的情况。

光州固始人入闽较早。据有关家谱资料记载,东汉末有光州固始人黄道隆曾任会稽县令,后避乱入闽,成为锦田黄氏之祖。此后,随着中原汉人的三次大规模南迁,中原地区的汉民大批到闽地生活。中原汉人的大批南迁,不仅增加了闽地的劳动人手,而且带去了先进的生产技术,对闽地的经济开发起到了促进作用。

魏晋南北朝陆续有固始汉民移居闽地。西晋永嘉年间的"永嘉南渡",有不少中原汉人从光州固始一带辗转入闽。史称:"永嘉二年,中原板荡,衣冠始入闽者八族,林、黄、陈、郑、詹、丘、何、胡是也。"②又说:河洛"衣冠入闽者八族,所谓林、黄、陈、郑、廖、丘、何、胡是也"③。永嘉之乱,"中原士族林、黄、陈、郑先入闽。今闽人皆称固始人"④。三者记载大同小异。詹椌的诗称:"永嘉乱,衣冠南渡,流落南泉,作《忆昔吟》:'忆昔永嘉际,中原板荡年。衣冠坠涂炭,舆辂染腥膻。国势多危厄,宗人苦播迁。南平频洒泪,渴骥每思泉。'"⑤

但是,中原汉人的大规模进入闽地,发生在有唐一代。唐代中原汉人两次大规模入闽,极大地促进了闽越地区的经济开发和文化进步。

首先是唐高宗总章二年(660),光州固始人陈政奉命率58姓入闽开漳。据《云霄县志》记载,是岁"泉、潮间蛮獠啸乱,民苦之。咸乞镇帅有威望者,以靖边方。朝廷以政刚果敢为,而谋猷克慎,进朝议大夫,统岭南行军总管,镇绥安"。于是陈政带领府兵3600人,将吏120人,"前往七闽百粤交界"处"开屯建堡"。稍后,又有58姓将校携家眷前往增援。陈政病死,其子陈元光任鹰扬将军,身经百战,方平定啸乱。遂屯垦云霄山下,致力农桑,推广文教。武则天时,在闽南设置州县,以陈元光为漳州刺史。从中原入闽的7000余名将士纷纷落籍闽南。陈元光率领中原移民烧荒垦植,兴修水利,务农积粟,惠工通商。"由是北距泉兴,南逾潮惠,西抵汀赣,东接诸岛屿,方数千里无烽火之警,号称乐土",陈元光也获得了"开漳圣王"的美名。

其次是唐末爆发黄巢起义,寿州(今安徽寿县)人王绪起兵响应,攻陷固始,引军入闽。史称:"王审知,字信通,光州固始人也。父恁,世为农。兄潮,为县史。唐末群盗起,寿州人王绪攻陷固始。绪闻潮兄弟材勇,召置军中,以潮为军校。"⑥"蔡贼秦宗权以为光州刺史,寻遣兵攻之,绪率众渡江,所在剽掠,自南康转至闽中,入临汀,自称刺史"⑦。有众数万。由于王绪性多猜忌,滥杀无辜,被将士处死,兵众推王潮为帅。先后攻克泉州、福州,尽有闽、岭五州之地。随王绪从光州固始入闽的中原汉人大多落籍闽地。王"潮乃创四门义学,还流亡,定租税,遣吏巡州县,劝课农桑,交好邻道,保境息民,人皆安焉"⑧。对闽地进行大规模的开发。于是唐朝廷以王潮为威武军节度使,福建管内观察使。王潮病死,其弟王审知代立。及五代第一个中原王朝——后梁建国,封王审知为闽王,建立了割据一方的地方政权,成为"十国"之一。

五代时期中原政权更迭频繁,战乱不断,又有不少光州固始人辗转到达闽地,投奔王审知。宋金元时期,也有不少中原士人从固始一带南迁入闽,不再详述。

唐代中原汉人的两次大规模入闽浪潮和对闽地的经济开发是福建历史上的重大事件,它极大地促进了福建古代经济和社会的发展。同时,数量众多的中原汉人辗转南迁到福建南部定居,形成"福老系"。他们不忘自己的祖根,自称"河洛郎"。

总之,唐代从光州固始出发进入闽地的两次中原移民,不仅规模巨大,而且影响深远。由于光州固始人陈元光、王审知先后成为"漳州"和闽地的统治者,带领迁入的中原汉人和当地土著居民,进行大规模的经济开发,推行中原的先进文化,极大地促进了闽地的经济社会和文化的发展。因此,在中原汉人的南迁,特别是中原汉人的南迁闽地中,"光州固始"移民无疑具有十分重要的地位。

"闽人称祖皆曰从光州固始来"的分析

唐代由光州固始到闽地的两次移民浪潮,增加了闽地的人口数量,改变了当地居民的民族结构和文化素养,移入的中原汉人成为当地居民的重要组成部分,促进了中原汉人与当地土著居民的融合。光州固始人陈元光、王审知及其子孙成为唐、五代时期闽越地区的统治者,随迁的中原汉人在当地也有较高的地位。于是宋代以后,不少福建人谈及自己的祖先时,都说是从"光州固始"迁来。明清时期又有不少福建人迁至台湾。从而形成了闽、台人民对光州固始的祖根认同,闽台一些宗庙祠堂里镌刻"宗由固始,将军及泽"匾额。

据有关闽台"移民资料"介绍,先祖来自河南固始的族谱有 16 部之多,分布于福建晋江、泉州、南安、安溪、永春、漳州、龙海、仙游、长乐、诏安等地。[⑨]在台湾省陈、黄、丘、宋、林等 18 部大姓族谱上都记载着其"先祖为光州固始人"。

据 1953 年台湾户籍统计,当时户数在 500 户以上的 100 个大姓中,有 63 个姓氏的族谱上记载其先祖来自"光州固始"。这 63 个姓氏的户数,占台湾总户数的 80.9%,表明每 5 户台湾居民中有 4 户祖地在固始。

对于这种"闽人称祖皆曰从光州固始来"现象,南宋史学家郑樵以为,五代时王审知据有闽地,优待同乡,一些原本并非来自"光州固始"的闽人冒充固始籍,是造成这种现象的原因。我们认为,虽然不能排除有部分"冒籍"现象,但是众多中原汉人从光州固始迁至福建,并在这里生息繁衍,则是基本的历史事实,不容否认。当然,迁入闽地的中原汉人不可能全是固始籍人,也不可能全是光州籍人,但是应以"光州固始"及其附近人居多。

总之,在中国古代,一方面有许多光州固始籍人氏南迁入闽,另一方面,光州固始由于它的区位优势,又成为中原人南迁的聚集地或中转站。中原汉人的南迁,大多由淮河支流汝颍河东南下进入淮河,或者从淮河上游沿河而下。这些非光州固始籍的中原汉人在固始集结、中转、出发。因为"光州固始"是他们离开故土、走向异乡的最后一站,给他们留下了难以磨灭的印象。他们将这种记忆传给后世子孙,从而形成了"闽人称祖皆曰从光州固始来"这一现象。正如明代山西大批人民迁移到河南等地,他们虽然来自山西各地,但是都在洪洞县的一棵大槐树下集结出发。于是这些山西移民后裔都称自己祖先来自洪洞"大槐树",有民谣说:"要知祖先来何处,山西洪洞大槐树。"因此我们认为,"闽人称祖皆曰从光州固始来"既是历史事实的一种真实反映,也是一种文化现象。

注释:

① 《宋书》卷36。

② 何乔远:《闽书》。

③ 路振:《九国志》,引自乾隆《福州府志·外记》。

④ 《闽中记》。

⑤ 《全五代诗》卷87。

⑥ 《新五代史》卷68。

⑦ 《旧五代史》卷134。

⑧ 吴任臣:《十国春秋》卷90,中华书局,1981年版。

⑨ 庄为玑、王连茂:《闽台关系族谱资料选编》,福建人民出版社,1984年版。

光州固始人南迁略考

陈朝云

陈朝云(1965—)女,汉族,河南南阳人。历史学博士。郑州大学历史学院教授,河南省教育厅学术技术带头人、省级优秀中青年骨干教师、河南省高等学校创新人才培养对象。主要从事先秦史和宋元考古学的教学、研究工作,主持或参与河南省社科规划办及河南省教育厅的科研项目12项,其中7项获奖。出版《南北宋陵》、《商代聚落体系及其社会功能研究》等专著5部,在《学术月刊》、《文史哲》等公开刊物上发表专业学术论文30余篇。

河南固始地处大别山北麓,史称其地为沃野,古有"百里不求天"之称,为中原罕有而又独特的优良环境,故为历代统治者所青睐。而它的地理位置又有"吴头楚尾、豫南扬北"之称,是南来北往、东西沟通的交通要道,自古以来属兵家必争之地。因此在中国古代,中原每遇大动乱,兵燹匪祸必殃及固始,故此固始人只好南向逃入大别山、逃向江东及逃向人口稀少尚待开发的闽、粤、赣一带,从而使固始人与闽广、台湾等地区联系紧密。

从史料记载看,固始与闽越人产生联系可上溯至西汉武帝时期。史载,西汉曾有过三次大规模的攻打闽越国的活动,最著名的是西汉元封元年因闽越余善刻玺称帝,因之汉武帝四路出兵攻闽,终致余善因内变被杀、越军归汉。闽越国被灭后,《史记·东越列传》载:"天子曰:'东越狭多阻,闽越悍，数反复.'诏军吏皆将其民徙处江淮间，东越地遂虚。"此处"处江淮间"的地点即今长江以北淮河流域的河南境内，南朝宋裴骃《史记·集解》称之为"家庐江郡"的。《后汉书·郡国志》称"庐江郡"十四城有零娄侯国（今固始东南部）、……蓼侯国（固始），安丰有大别山（固始南）、阳泉侯国、安风侯国等。可见汉武帝把闽越人迁徙到固始一带，首开了后代固始与闽地交通的先河。但这时的人口交流是闽粤人北迁至固始，并不是南北两地交往联系的主流。

从历史记载看，固始与闽越发生联系的主要事件是历史上数次固始人的南迁入闽。史料记载大规模而又有代表性的固始人入闽前后可分为四次。

第一次是在西晋末年。（唐）《闽中记》说，永嘉之乱，中原士族林、黄、陈、郑四姓先入闽，使"今闽人皆称固始人"。乾隆《福州府志·外纪》一引路振《九国志》云："永嘉二年，中州板荡，衣冠始入闽者八族，林、黄、陈、郑、詹、邱、何、胡是也。以中原多事，畏难怀居，无复北向，故六朝间仕宦名迹，鲜有闻者。"今天我们从志书族谱可以看到从中州包括固始举族入闽的姓氏有：林姓，林颖随司马睿南渡，次子林禄于晋太宁三年入闽，任晋安（福州）太守，后封为晋安郡王。此姓应为入闽始祖。

黄姓，以固始毗邻的潢川封邑为姓。《台湾省通志》载晋代从中原入闽者，其中第二大姓即为黄姓。浦城西溪《黄氏族谱》记黄裳两晋之际从固始入闽，落籍邵武和平乡鹳平林。

郑姓，据南湖系石狮市龟湖郑氏谱牒手抄本记，晋永嘉元年，固始人郑庠出仕为东安太守镇丹阳，次子郑昭字符质率兵入闽，先任建安太守，后为晋安郡（侯官）太守，死后率葬长乐。

邱氏，在《崇正同人系谱》以及宁化、梅县、台湾《丘氏族谱》中均载有西汉平帝二年，邱茂千迁入汀州上杭。后十世陈朝又有陈俊郎自光州固始迁居江西抚州藤桥，唐天宝年间后裔再入闽。

胡氏，其发源地在固始毗邻的淮阳县，永嘉之乱南迁，唐末入闽。民国《武平县志》称"南唐金陵胡霸，任吉州刺史，封庐陵郡开国侯，赣胡氏多以为始祖,历九世铨,五传为万九郎,由赣入闽汀"。

上述诸族均是有谱记载的举族迁入,不排除当时还会有成百上千的移闽者,只是由于谱系失据,未能存史。就在刘宋以后至隋唐之际,也有中原包括固始人零星入闽者,尤其是宦居、谪戍者留住在福建。

第二次大规模入闽活动的肇始者是唐初陈政、陈元光的举族南迁。陈政是从岭南入闽的,陈元光与其祖母魏氏是从固始南下的。固始人随其迁入闽西者达40余姓。

唐代潘存实于咸通十一年为陈元光五世孙陈则修谱作序称:"霸汉,为太邱高帝霸先之族兄……事隋司徒尚书户部度支事……炀帝不从,谏之以死,郡人立祠岁祀,咸服忠臣,封忠烈。公生四子。犊(霸汉孙、果仁子,字克耕)事神宗(唐太宗),为左右令大将军。子政,奉戍闽,福、兴、泉、漳之望族。"

陈霸汉之祖上世居光州固始浮光山。史载,陈克耕是唐朝开国元勋、陈朝皇族,在光州固始自有巨大号召力。唐初实行的府兵制主要征招的是六品以下官员子弟、有产业的富裕农民,其任务是以宿卫京畿为主,屯边征戍则靠临时募兵。后来府兵因"既惮劬劳,咸欲避匿",要想在中原征召府兵远屯闽南极为困难,因此陈政只能靠招募职业兵扩充实力。唐制规定,将士出征,家属一律留居原籍而不得随军,"事解辄罢,兵散于府,将归于朝"。从文献记载看,当时陈政募戍泉潮的将士,大多是家属随军,而且全家落籍迁播,由此形成了一次军事性的集体移民。据槟城刊印宋代《开漳世谱》记载,当时随从入闽者有许、马、李、朱、欧、张、沈、林、卢、刘、涂、廖、汤等共58姓,并多记有名讳。此外还有其妻眷姓氏。后来因战争及治理当地有功,不仅将士受封,陈克耕母亲叶氏及其他女性有多人受封为夫人,将士之妻多名荫封孺人。这批人不仅成为戍守闽南的核心力量,而且还成为在泉、潮、漳创业开基的基本力量。他们及其子孙与当地土著大力开发沿海平原,向山区拓展,兴修水利,种植水稻、麦作,栽培果树、茶叶,建立书院兴教,把中原农耕文明带到闽南地区,促进了闽浙地区经济文化的发展。尤其是陈氏世守漳州,招抚流亡,鼓励将士与土著通婚,不仅促进了当地民族的大融合,而且还为闽地社会生产的发展作出了巨大贡献。另据史载,初唐陈元光开漳之后,陆续还有固始人迁居闽南。据统计,固始在隋大业年间有人口六万多,而至天宝年间却只有五万多,唐末也仍为五万多,人口减少应与南迁有密切关系。

不过,目前学术界有一部分学者认为,陈氏家族最迟不晚于陈元光祖父辈已在粤东任官,此后陈家久居岭表,所以唐玄宗时人张文成的《朝野金载》一书称陈元光为当时的岭南首领,陈元光的一大部分部属的祖籍为光州固始。这些情况,在明万历之后漳州一带众多的私家谱牒和据谱牒而书的方志中都有记载。这也从另一方面说明固始与闽粤关系悠久。

第三次固始人大规模南迁是唐末王潮、王审知等率 5000 人马入闽。

唐末黄巢过闽,造成闽中政治权力的真空,唐朝委任的官员风闻黄巢大军将来纷纷逃窜,而建州土著陈岩乘势依靠自己组织的九龙军最终成为福建实际的掌权者,牢牢地控制着建州与福州。唐僖宗光启元年(885),来自北方光州与寿州的一支移民队伍强势进入福建。据方志记载,这支队伍的首领原为寿州人王绪,但其部下以光州固始人为多。其后,此支移民队伍在南安发生了兵变,固始人王潮与其兄弟王审知控制了这支移民队伍,他们一举攻下泉州,并以此为根据地不断发展。陈岩死后,王氏兄弟又于唐昭宗景福二年(893)攻下福州,从而统一了福建。王氏兄弟在夺取政权之后,以安民除暴为主要政策,从而使福建保持了 30 多年的安定,并使福建进入了一个新的、稳定的发展时期。在动乱中无法安居的周边地区民众,纷纷进入福建避难,这就导致了福建人口的大幅度增长,随之使福建的农业、手工业、商业都在这一时期达到很高的水平,文化也有了很大的发展,福建从此成为可与中原地区相媲美的发达区域。

后唐同光三年(925)王审知去世。次年,其子建立闽国,从此福建又进入了一个政治上的动荡期,宫廷政变转化为王氏兄弟之间的内战,内战的结果削弱了其本身的力量,使其不久被南唐灭亡,而吴越国也乘机侵入闽土,直至北宋王朝于公元 978 年统一福建。

明嘉靖《固始县志》卷 7 记王潮"字信臣,固始人,世以赀显,初为县吏……王绪、刘行全合群盗据寿州（今安徽寿县）。未几，众万余，自称将军，陷固始，劫豪雄置军中。潮自县吏署军正，主廪庚，士推其信。绪附秦宗权，赋不如期，权切责。绪与行全，拔众南走，略浔、赣，取汀州，自称刺史。道险粮少，约军中无得以老幼自随，犯者斩"。王潮本是县吏，他入闽原因一是避乱，二是在军中掌管粮食，光、寿一带无粮可筹。后来刘行全抓了王绪，才被推为将军，审知为副，入闽后又被推为泉州刺史，再为福州观察史。入闽后，《固始县志》记王潮"观农桑，定租税，交好邻道，保境息民，闽人安之"，深得民心。

据固始县史志研究室编《历史姓氏》、《随"三王"入闽诸姓考》等对5000多将佐兵士、缙绅平民考订有众多姓氏，可见当时南迁人众。此外有姓名者还有萧宝、卓禄、何现、孙叔、缪济、赵杰、高贤、施文化等。他们南渡时除带领了一支5000人的武装外，还裹挟了光、寿两州大部分吏民随行。其后他们逐渐在当地确立了政治、经济、文化各方面的优势地位，这些军民虽然后来大多成为福佬民系的成员，但也有一些落籍客家住地而成为客家民系的分子。所以自五代以降，先有一部分来自江淮的移民为了与皇族桑梓攀上关系，将祖籍地改为固始，后来并非来自江淮的汉族移民也冒称固始人，流风所被，最后连闽粤土著后裔也编造或改窜族谱，将祖宗伪托为固始人。现在南方的福佬族称其先民都是由光州固始南迁的，甚至因此将福佬解为"河老"，说是祖宗由河南来。福建人喜欢冒籍光州固始的现象，宋代即已盛行。当时福建各地的大族修谱、志墓，纷纷伪托祖宗自光州固始来。如当时莆田籍的著名史学家郑樵、文学家方大琮指出：光州固始人王审知在唐末入闽建立了闽国，"以桑梓故，独优固始人，故闽人至今言氏族者皆云固始"。如《崇正同人系谱·氏族·吴氏》云：（吴氏）世居渤海，散处中州，其后有随王潮入闽而入于粤之潮、嘉等处。邓迅之《客家源流研究》考张氏云："张天觉，河南光州人……及朱温篡唐，乃弃官避乱入闽，兄弟五人，其后繁衍，遍及闽境。"归根一句话，福佬人皆言来自光州固始，与整个中华民族自认炎黄子孙的现象一样，是一种文化理念的建构，也是汉文化由中原向周边地区传播和扩展的历史实证。这也从另一方面证明历史上的固始人对闽粤开发所发挥的巨大作用,也说明固始人在当地社会影响的巨大。

另外史料还证明,固始人传播中原文化、在闽粤推行汉化政策功绩卓著。五代十国时期,闽国创始者王潮据有岭南部分。王夫之在《读通鉴论·僖宗》中,称"王潮约军于闽海,秋毫无犯……非王潮不能全闽海之一隅"。由此可见,闽国初期,王潮的势力范围还据有赣南与粤东北一部。王氏称王后,他们非常重视文化建设。据《新五代史·王审知传》记载:"审知好礼下士……唐时知名进士,皆依审知仕宦。"因而当时除不少外地移民入徙闽地以外,还有许多文人学士依附闽君仕宦。正如清末同光体诗人、福建省修志总纂陈衍在《补订〈闽诗录〉叙》中云:"文教之开兴,吾闽最晚,至唐始有诗人,至唐末五代,中土诗人时有流寓入闽者,诗教乃渐昌。"此外,闽国创始者初入闽地时,占据其域除如攻福州、泉州等地动用武力外,许多州县都是和平而获,其中汀州便是刺史谭全慕投降而取,并且汀州在唐末以前的土著"蛮"人,在闽国未立时就被王潮趁其二万人围州城之际,派部将李承勋一并将其驱逐并击败于浆水口(今闽北顺昌县境),使当地的山越土著遭到毁灭性的打击,从而扫清了当地进一步汉化的障碍。

由于五代客家迁徙是承袭唐末大动乱时北方移民大南迁之余绪,因而其迁徙规模稍逊于唐末,并且这时一般移民的来源主要出于闽国北部附近地区。另外,由于闽国重视文教建设,特别是广取文士为吏,这使得五代时期流寓福建而成为客家人氏的北方文人有相当的比重。这些现象构成了五代十国时期客家迁徙的重要特色。

第四次是北宋时期固始人流寓闽粤地区。

犹如唐初至唐末的固始移民现象少有人重视一样,北宋时期的固始人南迁也基本没受到以往研究者的关注,事实上在这一时期却有相当一部分固始的移民流寓闽粤赣地区。

如前所述,在北宋时期,中华大地特别是中原及其边地常遭战火的威胁,即使在难得的和平之际,人民也饱受北宋政府及其所赖以支持的剥削阶级的残酷压榨,以至于不少农民田园被占、家破人亡。可是,这些悲惨的社会现象在闽粤赣地区却相对微弱。加之这里由于进入汉化社会不久,特别是宋初以前,地广人稀,如赣南地区,其中建县于三国时期的宁都县,其所建村庄在宋以前才占现在的 8.7%,人口密度只有每平方公里 17 人。而闽赣边区汉化较迟的粤东地区,这种现象更为突出,所谓"(州)土旷民稀,而业农者鲜,悉籍汀、赣侨寓者耕焉。故人不患无田,而田每工力不给废"。加之这里优越的自然条件,使得很少有严重的灾荒出现。因此,罗香林先生等人把古代闽粤赣地区誉为荒乱之年人民的"世外桃源"。正是由于这些原因,闽粤赣边区在北宋时期对于其他地区饱受战乱与经济压迫的人民就有相当的吸引力,甚至对一些向往长久平安的宦者也有一定的诱惑。所以,在这一时期便有相当数量的移民涌入该地。

据《闽粤赣客家黄氏江夏渊源谱》记载:"黄氏(原居河南光州而迁闽北邵武)传至一百一十九世峭山公,生于后晋天福元年(936),宋初登进士第,授江夏太守,官至侍制直学士兼刑部尚书。公有三妻二十一子,子孙二百余人,以生选繁励,留妻三各一长子侍养故里,其余皆命择胜地而分居各处州县乡里焉。公于六十六岁时辛丑年(1001)正月初二,命子吟八句诗而别……其子散处江浙、豫章、岭南诸郡……其中一百二十世化,生子五:道、佑、华、孝、杰,住福建汀州府宁化县石壁村。"

宁化县客家研究会《客家流迁中徙居宁化播衍各地的部分姓氏》记邱氏:"邱氏三郎(法言)于北宋太平兴国元年至景德年间(976—1007),由河南固始县迁入宁化石壁乡,后裔迁往闽西、广东、海南等地。"

宋代以后仍陆续有固始入闽的氏族,同时也常有在闽固始人返居固始故地。如陈酆,陈元光嫡孙,世袭漳州刺史,后任辰州宁远令,因不满李林甫、杨国忠擅权,返固始。于天宝六年倡立并亲兴土木,建"陈氏将军祠"祀祖陈元光,于雄峻秀美的浮光山顶建奶奶庙祀元光祖母魏氏。后居之数年才奉诏返漳主事。千年古祠历经沧桑,屹立至今,其柱石属唐代古朴的纹形,祠前仍有十几亩的月牙塘。陈氏后裔回光州者还有数人。郑氏后裔回迁固始居住的也不少,根据新编《固始县志》记载民族英雄郑成功身葬故里固始县内,这更说明了固始人返迁的历史。另外还有王彬,入闽后第三代返居固始。椐《宋史·王彬传》记载:"王彬,河南固始人也,祖彦英,父仁品,从族人潮入闽。"清《光州志》记他"淳化三年进士及第,后在雍丘、抚州、荆湖、汴京等地为官,返居固始建安乡临泉村"。

上举回迁固始例证仅属从史志中查核一二所得,事实上从闽地回迁固始的姓氏历代都有,因为两地均属鱼米之乡,环境气候、族称血缘都很接近,认同感强,和平时期中原迁闽的固始人迁回故居是正常的。据有学人所作的固始社会调查可知,元明之际尤其是明末张献忠掠取固始,烧杀甚剧,原固始人大都流亡外地,至今固始南部不少族谱仍记有祖上是从江西瓦潇坝等地迁入的。

从文化的本质意义上考察可知,闽文化的基本特点是移民文化,是唐宋时期中原文化的延伸。从历史记载看,从汉代到隋代,福建正式的人口长期在一万户上下。这一万多户人口并非纯粹的闽越人后裔,其中已经有不少汉人的成分。福建人口显著增长是在唐代,这种人口增长与中原人口南迁有关。另外,北方人口陆续入闽改变了福建人的血缘构成,其中唐末光州与寿州数万民众入闽,对福建的影响最大。在闽国统治期间,闽人形成了以固始籍贯为荣的习惯,造成闽人不说自己是闽越后裔而自称为固始移民,闽人族谱迄今仍然大都认为固始为自己祖先的籍贯。这种局面的出现,应与固始移民在福建的繁衍有关。就目前来说,现代的闽文化也呈现出北方与南方结合的两方面特点,一方面保存了北方中原文化的主要传统,另一方面又延续了南方文化的许多内容。闽粤经济、文化的高度发展,与固始移民是息息相关的。

中原士族与客家文化的形成

顾　涛

顾涛(1970—)男,汉族,安徽临泉人。2002 年毕业于广西师范大学,获历史学硕士学位,2008 年毕业于中国美术学院,获美术学博士学位。现为洛阳师范学院河洛文化研究中心成员,主要从事河洛地区历史文化与古代美术理论的研究和教学工作,主持和参与多项科研项目,发表学术论文 10 余篇。

士族形成于春秋战国时期,在汉魏南北朝时期不断成长并逐渐成为社会的重要力量。特别在东晋建立前后,士族的势力得到极大发展,在南朝甚至成为社会的支柱势力,在某种程度上决定着社会的生存和发展的方向。在客家先民南迁的过程中,士族是南迁的组织者和核心力量。士族在地方有较大的影响力,在社会动荡时期,他们不仅团结带领本家族,保护家族生存,而且还能够凝聚当地民众,形成一支有相对实力的队伍,实为本家族和地方群体的领袖,并且成为后来客家地方文化的灵魂。

一、固始士族在南迁中的作用

过去曾有学者认为"客家先民的主体是中原士族"。清代中叶徐旭曾先生说:"今日之客人,其先乃宋之中原衣冠旧族,忠义之后也。"《福州通志》卷75 载:永嘉二年(308),中州板荡,衣冠始入闽者八族:林、黄、陈、郑、詹、何、胡是也。这些观点和记载证明了中原士族在客家形成中的地位和重要性，我们从固始王氏和陈氏士族的南迁也可看出这一点。

王潮、王审知是福建历史上的重要人物，他们建立了五代十国之一的闽国，首府为福州。管辖范围包括福州、建州、汀州、泉州、漳州等，大约是今天福建全境范围。王潮和王审知都是光州固始人。他们也是固始士族的代表。他们家族世代为官，精通儒术，文武兼备，《重修固始县志》对其家族有比较详细的记载："王华，王潮五世祖，为固始令，民爱其仁因留家焉。"记载王潮为"王潮，字信臣，光州固始人，五代祖华为固始令"。"初为县吏，寿州人王绪陷固始以潮为军校，绪为秦宗权所攻，率众南奔，自南唐入汀州漳浦，绪性忌多杀，潮与其前锋将执绪杀之，推潮为主"。《光州志》也有记载："王潮，字信臣，固始人，世以资显，初为县吏。"王审知为王潮弟，先与兄同在军中，后为节度使，封闽王，凡18年。王审邦，也是王潮弟，《重修固始县志》载：王审邦，字次都，固始人，潮弟，为泉州刺史，喜儒术，通晓春秋，善吏治。《光州志》也有类似的记载。据族谱记载，王潮家族为周灵王太子姬晋之后，与王氏望族"琅琊派系"同出一支。

同样，关于陈政、陈元光家族也有许多记载。唐高宗时期受命入闽平乱的陈政、陈元光父子也是固始士族的优秀代表，由于他们对福建开发作出的巨大贡献，被后人尊称为"开漳圣王"。《光州志》"忠义列传"载，"陈元光，……从其父政将兵五十八姓以戍闽。父麇，代领其众，宋孝宗加封为灵著应昭烈广济王，命有司春秋祀之。……汉建武间有祖名孟连者，为固始侯，麇葬于浮光山之麓，子孙因留家焉"。陈氏家族世代官宦辈出，多见于记载。陈丰，"因祖元光戍闽有功，世守漳州，遂为闽人。父珦举明经及第，授翰林承旨。珦生丰，德性温恭，幼耽经史。天宝六年，举秀才，授辰州宁远令"。陈泳，"字，正雅，旧为光州人，因祖元光戍闽有功，世守漳州刺史，遂为闽人。……复补光州司马，寻加本州岛团练使"。其子陈章甫，字尚冠，建中初举明经。贞元四年，转光州司马，寻加本州岛团练。这样的例子还有不少，说明正是士族是南迁的领导者和组织者，以及客家形成发展的核心力量和精神支柱。

二、从客家祠堂看中原士族的核心作用

士族重视家族历史和荣誉,从祠堂上也反映出来。其堂号和堂联能集中反映他们的价值观念和故土意识。祠堂文化在客家文化中较为引人注目,而堂号与堂联又是其祠堂文化必不可少的组成部分,它是客家先民及其后裔在不断南迁的历史过程中,在闽、粤、赣、桂等地定居后,出于寻根念祖、怀念故土的心理需要和精神诉求,继承华夏传统文化独特的楹联和牌匾艺术,并结合其祖先南迁及在定居地艰苦创业的经历而逐渐形成的一种文化形式。

客家人由于注重崇先报恩,尊祖敬宗,所以特别重视修谱牒、建祠堂、祭祖先,而祠堂的堂号、堂联最好地表达了客家人思念祖先、弘扬祖德的情感。堂号作为祠堂的名号,是某姓的标志,取名一般有两种情况:一种取自祖先的发祥地、望出地;还有一种是为纪念祖先的官衔、勋绩、德行。由此可以看出,堂号代表着族源和血统、历史和荣誉。堂联采用中国传统的对联形式,对仗工整,特点鲜明,一般都有"家声"、"世泽"等专用语,而且大部分强调祖先功业和祖居地名。中原地区,特别是河南一带是历次南迁的大多数客家先民的祖居之地,史不绝书的记载和诸多的遗迹,从不同角度几乎都能证明这一点,而堂号和堂联则是最为有力、最为直接的证据。客家学学者邓迅之先生在《客家源流研究》一书中指出:"客家每姓必有堂号,此种又称为郡号、地望的,多半是河南地方之名……这表示客家人纵使飘萍万里,仍然数典记祖,不忘中原故乡。"事实的确如此,客家的堂号、堂联清楚地指出了客家与中原士族的关系。让我们走进客家祠堂去感受一下历史的真实吧:

丘姓,堂号河南堂,堂联:鸿胪世第,枢密家声。丘氏望出河南光州固始,故以河南为堂名。"河南",汉代郡名,在今河南省新郑、洛阳、临汝之间。

许姓,堂号高阳堂,堂联:高阳世泽,洛水家声。周武王封炎帝后裔孙伯夷后代姜文叔于许(今河南许昌),曾散居高阳郡(今河北高阳县东)一带,后复迁回河南上蔡、洛阳、宝丰等地。

陈姓,堂号颍川堂,堂联:颍川世泽,大史家声。陈姓为虞舜之后,周武

王时封于陈国（今河南淮阳），后属颍川郡，故名颍川堂。

郑姓，堂号荥阳堂，堂联：家传诗教，声响蓬莱。郡望出于河南荥阳，祖先姬姓，封国号郑，子孙为姓，世属中州。

杨姓，堂号弘农堂，堂联：四知世第，三相家声。杨姓起源于山西，但后来迁居各地，以河南弘农（今河南灵宝北）人数为最多，乃以弘农为堂名。

钟姓，堂号颍川堂，堂联：高山流水，舞鹤飞鸿。

谢姓，堂号东山堂，堂联：东山世第，西晋家风。谢氏先祖为炎帝之嗣，至周宣王时封其后人申伯于谢（今河南汝南谢城），故以谢为氏，世居陈留，其后随晋东渡，衍族江左，后由南迁至宁化等地。

赖姓，堂号颍川堂，堂联：颍川世德，东晋家声。古时汝南褒侯县有赖亭，即故赖国，以国为氏。

廖姓，堂号汝南堂，堂联：万石家声远，三洲世泽长。廖氏系黄帝之后，商王封其地在汝南郡（河南汝南），以国为姓。

程姓，堂号安定堂，堂联：重黎聪哲，休父疏支；玉色金声，祥云瑞日。程为颛顼后裔，后代休父在周宣王时被封为大司马，以功封于程地（河南洛阳），以封地为姓。

蔡姓，堂号济阳堂，堂联：理学传程朱之脉，著述授谷梁之书。周文王弟王子叔度，被武王封于蔡（今河南上蔡），子孙以封地为姓，发祥于济阳郡（今山东、河南交界一带）。

韩姓，堂名南阳堂，堂联：南阳望族，北斗高名。韩姓源出于周武子，武子辅佐晋献公，有功封于韩原，以封地为姓，是南阳、颍川望族。

叶姓，堂号南阳堂，堂联：介节如山，清平似水。春秋后期，楚昭王封沈尹戍儿子诸梁于叶（今河南叶县），子孙以封地为姓，后为南阳望族，因名"南阳堂"。

……

无需一一列举，从客家各姓的堂号、堂联可以明显地看出：客家人的祖先大多源于中原，源自河南，这是毋庸置疑的。而这个"根"不仅仅是血统的，更是文化的。虽历经数百年风雨沧桑，屡遭动荡和迁徙，客家人不忘故土,不忘先人功业,仍较完善地保存了中原文化的精神,传承并保留了中原古风,这从其祠堂文化包括堂号、堂联就得到了证明。同时,客家的祠堂在客家社会中具有重要地位,崇拜自己的祖先,这是传统中国宗法制社会的重要特征。祠堂不仅是祭祖的场所,更是客家人公共生活的中心,是客家精神生活的灵魂,而堂号、堂联首先就能让人感受客家文化的这一特点。在客家聚居的地区,每个家族必有祠堂,祠堂必有堂号、堂联,所谓"俗重宗支,凡大小族莫不有祠,一村之中聚族而居,必有家庙,亦祠也。州城则有大宗祠,则并一州数县之族而合建者"。这些祠堂,一般都规模甚大,建筑材料以砖木为主,结构讲究,以中轴线为基准,左右对称,与古代中原祠堂形制大体相同。祠堂内都立有神台,供奉祖先牌位。每逢祭期,合族而祭,宰牛割牲,每家都派男丁参加。然后合族聚餐仪式,并按族俗、辈分、功名、男丁分配祭品。所有的堂号、堂联,凝聚了一个家族的骄傲,浓缩了一个家族的历史;所有的祭祀程序、仪式雍雍穆穆,庄严而隆重。客家人如此尊亲孝祖、隆礼重仪的祠堂文化,以及以此为核心而形成的礼仪风俗在堂号、堂联上都得到了体现。

荦荦大观的客家祠堂文化记录了客家历史的光荣与过去,记录了客家后裔对故土的留恋与怀念,同时也寄托了客家人对美好家园的憧憬与渴望,更重要的是它证明古代中原士族在客家形成历史中的重要地位和贡献。源远流长、博大丰厚的中原文化通过士族这一载体在客家的形成和发展中得到了很好的传承,并不断发扬光大。作为客家文化的源头和核心至今仍哺育着世世代代客家子孙,并将成为他们永不枯竭的文化之源、精神之源。

正如客家山歌所唱:"客家来自黄河边,水有源来树有根。"情系中原,根系黄河,这永远是一代又一代客家人割不断的文化情结。

三、结语

中原士族在客家的形成和发展中是重要的核心力量,这是历史事实所证明的。士族的文化价值观和良好的道德规范在客家文化中也是其核心的内容,在代代相传的过程中,中原士族的这些优秀传统和当地文化有机地结合在一起,成为当地客家文化活的灵魂和客家人世代恪守信奉的精神圭臬。我们相信,在今天传统文化越来越受到关注和发扬的今天,中原士族的优秀的精神财富也必将重新焕发出新的光彩。

"闽人称祖皆曰自光州固始来"
之人地关系分析

宋豫秦　常　磊

宋豫秦（1953—）男，汉族，河南郑州人。北京大学环境科学与工程学院教授、博士生导师，兼中国第四纪科学委员会环境考古专业委员会副主任委员、中国科学院自然与社会交叉科学研究中心学术委员、北京大学古代文明研究中心副秘书长等。主要研究方向为城市生态、环境变迁、土地荒漠化。代表性成果有《驻马店杨庄——中全新世淮河上游的文化遗存与环境信息》、《中国文明起源的人地关系简论》、《淮河流域可持续发展战略初论》、《西部开发的生态响应》、《历史时期我国沙尘暴东渐原因分析》、《从"两条主线论"考察中国文明进程》、《城市复合生态系统健康评价方法在生态城市研究中的应用》等。

　　据族谱和方志记载，闽台客家祖籍多源自今河南省的"光州固始"。学术界对此虽认知有异，但无大的分歧。据1953年台湾官方的户籍统计，每五户台湾居民中有四户先民来自"光州固始"。有人曾形象地说，台湾之根500年前在福建，1300年前在河南，台、闽、豫1300年前是一家。因此，探讨固始与闽台的关系，既是研究豫、闽、台三省社会发展史的重要内容，也是研究中国的文明化进程的重要命题，同时还关乎众多海内外华夏儿女的寻根情、故乡梦。

　　本文基于固始所处地理位置及其历史时期的景观生态系统特征，结合历史上固始人南迁时期的社会政治背景,以人地关系理论的新视角浅析何以"闽人称祖皆曰自光州固始来"。

一、光州固始的"隙地"效应

光州固始位于大别山区,长期处于中原文化区和荆楚文化区之过渡带。至近代以前,当地与外界的交通、信息条件长期处于相对闭塞的状态。田野考古发现的古文化遗址的数量、密度、规模等表明,光州固始一带虽地近中原却"地广人稀"。换言之,这里实际上属于中原和荆楚两大文化区之间的一片"隙地"。

自夏商以降,以河洛地区为中心的中原大地因占据政治、经济、军事、文化的制高点,一方面对全国的社会经济发展发挥着辐射与拉动作用,另一方面其社会政治局面也长期处于动荡状态。据张秀平等主编的《影响中国的100次战争》记述,北宋灭亡之前全国所发生的47次重大战争,有34次发生在今河南境内。东汉末年和三国时期"白骨露于野,千里无鸡鸣"的诗句,生动描述了中原地区久经战乱后极端悲惨之景象。当中原地区烽火迭起之时,光州固始的社会环境却往往得以保持相对的安定,因此,这里堪称中原达官士族和流民百姓的躲避战乱的理想之地。

二、光州固始乃中原政权抗拒游牧民族南下之前沿

淮河以南地区与北方草原地区相距可达1000—1500公里,前者属于亚热带,后者属于寒温带。两地在气候条件上间隔着暖温带,在地理空间上间隔着华北大平原,在经济形态上间隔着旱作农业区。两地的民族文化更存在十分显著的差异,因此,习惯于半干旱生存环境和游牧业生产方式的北方少数民族,很少南渡淮河征战。

光州固始地处淮河南岸(图1),历史上自然成为中原政权对抗北方入侵民族之前沿地带,故而这里曾有"淮南重镇"之谓。这就在客观上需要当地屯聚大量兵丁、人丁,以抗拒北方入侵之敌。这是光州固始一带历史时期以来人口众多、并不断南迁闽地的另一个主要原因。

图1　光州固始地理区位图

三、优越的环境承载力是人口聚集的保障

在地形方面,光州固始处于我国二级阶梯向三级阶梯的过渡带,向东、向西的延展空间十分广阔。在生态方面,光州固始处于 800mm 降水线和 0℃等温线,属北亚热带和暖温带的过渡型气候,水热条件优越,少见大规模毁灭性自然灾害,非常适宜传统旱作与稻作农业的发展。景观方面,地貌类型众多,山地、丘陵、平原相间,河流、湖泊、陂塘等景观镶嵌块(Patch)相间,景观异质性强。资源方面,生物多样性丰富,种群密度高,生物"金字塔"基宽,食物链长,并且蕴藏着多种有色金属和非金属矿藏。可见,固始景观生态系统优越,具有多重过渡性特征及多重边缘效应(Edge-Effect),系统的抗干扰能力和自调节能力良好,生态适宜性和环境承载力强。

在当前的大农业时代,固始显著的"边缘效应"(Edge effect)对本地区的社会经济发展未必成为显著优势。但在古代,人们除了从事农业生产之外,还必须将采集、捕捞、狩猎作为获取食物的补充手段。固始自古至今既可粟可稻、又可渔可狩,这决定了固始具备承载相对众多的人口生存的生态优势。

固始地处淮河流域。淮河流域的人口密度自古位居全国各大流域之首(图2),这与淮河流域南北过渡带的气候条件和平原广袤、水系发达等地理条件密切相关,但与淮河流域历史上军事地位特殊、需要囤积大批人口也许不无关系。

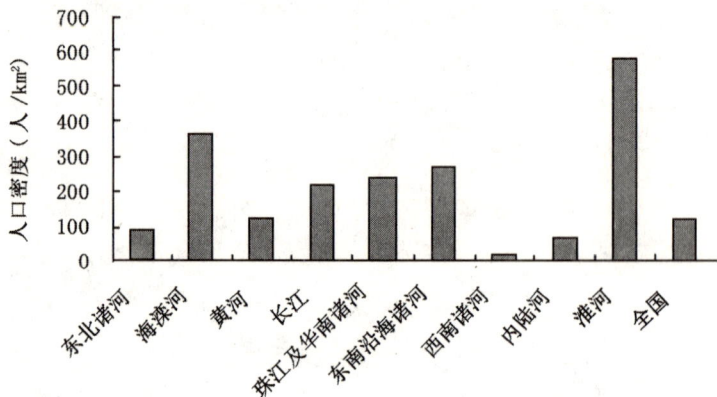

图2 淮河流域与其他大江河流域人口密度比较图(1993年)

目前固始的国土面积不足3000平方公里,但人口高达165万,数量名列河南省第一。固始蒋集镇国土面积76平方公里,目前人口达近7万之众,平均每平方公里高达921人,竟超过了长江三角洲和珠江三角洲这两个我国人口密度最大的地区。这一现象当与光州固始自古人口便极为密集的历史背景相关。

四、固始先民南迁之两大动因

首先,我国的奴隶社会和封建社会都最早出现于中原地区。中原文化长期处于我国传统文化的制高点,长期是中华民族先进生产力、先进文化、先进社会制度的代表。例如,"孔孟老庄"是对后世影响最深的先秦哲学家,他们的故里或祖籍多在以河南商丘为国都的宋国境内或宋之邻境。固始先民具有中原文化先进的社会制度、思想文化、生产技术、生活方式,因而他们在迁移到荒蛮之地后,不仅能够迅速立足,而且有能力不断拓展自身的生存空间,优化自身的生存环境,包括成功地向海外发展。

其次,人口压力是固始先民因循南迁的直接原因。在宗族关系严密、注重人丁兴旺的中国古代社会,达官士族和百姓流民不断地涌入光州固始,加之本地区人口的自然增长,必然导致固始人口基数持续激增,从而在客观上迫使固始先民必须不断开拓新的生存家园。而闽南地区耕地虽少,但人口密度甚小,加之气候条件优越,很适合固始先民前去拓展。宋代以后,福建"土狭人稠,田无不耕",所以固始人又开始聚族向"土旷人稀"(4.5 人/平方公里)的潮汕地区、进而跨海向台湾地区迁移。

从民间信仰看闽台文化的光州固始印迹

唐金培

唐金培(1967—)男,汉族,湖南邵阳人。河南省社会科学院历史与考古研究所助理研究员,硕士。主要从事中国近现代史、民俗文化、中共党史等研究。2004 年以来,先后在《红旗文稿》、《河南日报》、《文化时报》、《求索》、《求实》、《寻根》、《中州学刊》等省级以上报刊公开发表学术论文 30 多篇。先后主持并完成河南省社会科学院院级课题两项。参与完成《中华通鉴·河南卷》,参与《河南文化通史》、《中原民俗文化当代变迁与新农村和谐文化建设研究》等河南省社会科学基金重大项目和重点项目研究。

"独具特色的中国民间信仰,是中国多民族文化史发展的固有根基或根源,是中国多民族民间文化史的活泼生动的百科全书,是各民族祖先创造积累下来的文化财富"[①]。广义上的民间信仰是指民间的一切拜神活动,狭义上专指佛教、道教、伊斯兰教、基督教等正式宗教以外的各种民间拜神活动,如对天地神明、雷电风云、水火山石以及动植物等自然物和自然力的崇拜,对神、鬼、精灵等幻想物的崇拜,对神人、仙人、圣人、巫师等附会以超自然力的人物崇拜等等。限于篇幅,本文仅对闽台民间神人崇拜与"光州固始"的历史渊源作些简要分析。在分析"光州固始"与闽台民间信仰的历史渊源与互动关系的基础上,进一步探讨当代闽台民间信仰交流频繁的原因,及其对增进固始与闽台民众的相互了解与彼此之间的情感,促进固始与闽台经济文化的交流与合作等方面的重要现实意义。

一、闽台民间信仰的"光州固始"印迹

台湾移民的祖根在福建,福建移民的族源地在光州固始。闽台地区的民间信仰文化中无处不彰显着深深的中原印记和绵绵的"光州固始"情结。

1. 台湾民众普遍尊奉的观音、关帝、土地公等神祇信仰主要是从中原经由"光州固始"这一肇始地和中转站"一传"到福建,再从福建等地"二传"到台湾。我国的道教、儒教都起源于中原,佛教的最先传入地也是中原。作为儒道释混合体的传统民间信仰文化也发轫于中原。

观世音全称尊号为"大慈大悲救苦救难观世音菩萨",其梵文的意思是"观照世间众生痛苦中称念观音名号的悲苦之声"。唐朝时因避唐太宗李世民的讳,略去"世"字,简称观音。观世音的名字蕴涵了菩萨大慈大悲济世的功德和思想。观音菩萨与文殊菩萨、普贤菩萨、地藏菩萨一起,被称为四大菩萨。观音菩萨在佛教诸菩萨中,位居各大菩萨之首,是我国佛教信徒最崇奉的菩萨。在闽台地区信众多,影响大。

在福建、广东、台湾等地,对关帝爷的信仰也相当普遍。福建、广东等不少地方的台商企业和餐馆都可以看到供奉着关帝爷的神位。近年来,无论是台湾还是福建等地城乡的关帝庙数量都呈上升趋势。关帝爷既是道教之神,即玉皇大帝的近侍,又是佛教之神,即护法伽蓝,同时还是儒教之神,即文昌帝(文教守护神)。以"忠勇仁义"著称的关帝爷,经过历朝褒封,成为一个神通广大、有求必应的神明。据 1960 年调查,台湾供奉关帝的庙宇共有192 座之多。

土地公是最基层的地域神,又称福德正神。相传土地公原名张福德,自小聪颖至孝,担任过朝廷总税官,为官清廉正直,体恤百姓之疾苦,做了许多善事。102 岁辞世。死了三天其容貌仍未改变,有一贫户以四块大石围成石屋奉祀,过了不久,即由贫转富,百姓都相信是神恩保佑,于是合资建庙并塑金身顶礼膜拜。人们相信"有土就有财",于是被奉为财神和福神。据统计,现今台湾以土地公为主神的祠庙多达 669 座[②]。在福建等地城乡尤其是农

村至今仍有不少人家把土地公迎进家里逢初一和十五祭拜。家中没有供奉土地公的,也在每月的初二和十六,在自家门前设香案、烛台、供品祭拜。

2. 闽台民间信奉的神祇中不少是有功于国,有恩于民的历史人物的神格化。这些历史人物有的本身就是固始移民,如陈元光、王审知等;有的是固始移民的后裔,如郑成功、施琅等。

"开漳圣王"陈元光,河南固始人,因唐代开创闽漳郡县,置立社稷,去世后,漳州人纷纷建庙纪念陈元光,"庙祀遍境内"。在开发台湾的过程中,"随漳人来台为守护神,后建庙塑像祀之"③。由于跟随陈政、陈元光父子入闽的将士与后援的58姓军校及其家眷万余人,多是光州固始县人。经过千余年的繁衍,后裔遍布闽、粤、台湾和海外,他们都尊崇陈元光为"开漳圣王",奉其父子为神灵,设神庙祠堂常年祭祀。据不完全统计,仅福建漳浦县至今仍有"开漳圣王"庙102座,比较著名的有云霄威惠庙、漳浦威惠庙、燕翼宫、漳州威惠庙、天宝威惠庙、泉州威惠庙等。台湾有300多座,比较著名的有桃园县福仁宫、桃园景福宫、基隆市奠济宫、宜兰县永镇庙等。东南亚诸国有30多座④。唐宋以后,历代对陈元光不断封赠谥号,加上方志家谱对其形象的神化,历代州官、县官每年都要率当地士绅到威惠庙举办春祭、秋祭,仪式庄严而隆重。除陈元光外,漳州市的漳浦、云霄等地还供奉魏夫人、陈正以及陈元光父子的手下部将。其中,辅胜将军李伯瑶、辅顺将军马仁、武德侯沈世纪、顺应候许天正等都来自"光州固始"。据统计,仅漳浦一县,就有"辅胜公"(李伯瑶)庙24座,"马公"或"马王爷"(马仁)庙6座,"许元帅"(许天正)庙2座,"沈祖公"(沈世纪)庙1座,"王妈"(种夫人)及柔懿人(陈怀玉)庙13座,"王子"(陈珦)庙3座⑤。

唐朝末年,出生于光州固始的王潮、王审邦、王审知兄弟带领乡民入闽。王审知开发闽地有功,被后梁朱温封为闽王。据文献记载,福清县、南平县、沙县、长汀县、清流县、福鼎县等地,各建有忠懿王庙、白马王庙、白马庙、闽王庙,奉祀闽王王审知。此外,福州和泉州分别有奉祀王潮的"水西大王庙"和"王刺史祠"。建州有多处奉祀王审知养子、建州刺史王延禀的英烈王庙、白渚灵感庙等。随王潮、王审邦、王审知兄弟入闽的固始人籍部将属下,只要有功于百姓,在各地也都有专庙祭祀,如沙县有奉祀崇安镇将邓光布的卫灵庙、奉祀摄县事曹朋的曹长官庙,闽县有奉祀榷务使张睦的榷务庙,龙岩奉祀宣府校尉邹馨的通灵庙,惠安县有奉祀监仓陈国忠、郑济时的灵应庙,福安县有奉祀江州司户罗汉冲的忠惠庙,永福县有奉祀张大郎、李大敷的协济庙等等⑥。

祖籍今河南固始的郑成功和施琅,因为统一祖国有功,而被闽台一带奉为神明。郑成功去世后,台湾人民在清初即建"开山圣王庙"作为纪念。清乾隆时在原来基础上扩建,道光二十五年(1845)重建。光绪元年(1875)清廷赐郑成功延平郡王称号。据统计,今天台湾共有郑成功庙五六十座。施琅原为郑成功部属,后投清任水师提督,有功于朝廷,封靖海侯。在福建石狮市、晋江衙口和台湾澎湖县都有施琅祠(施琅庙)。

3. 原产福建的神祇不少是古代南方闽越族传统信仰和中原汉族传统信仰相撞击、汇合、交融,以儒、释、道三家互补为基本框架,结合当地生活特点塑造出来的。他们几乎都有人物原型,而且这些人的姓氏和生活习尚都与固始移民不无关系。

被尊为海上保护神的妈祖是闽台地区最广泛的民间信仰对象之一。关于妈祖来历的传说有很多,具体细节不一,但一般认为妈祖是福建莆田人,原名林默,闽王部下固始籍人林愿的女儿。自宋至清,历代朝廷先后褒封妈祖多达 36 次,封号由"夫人"、"妃"、"天妃"直至"天上圣母"乃至"天后",使她成为闽台地区的最高祭典。据不完全统计,目前全世界共有妈祖庙近5000 座,信奉者近 2 亿人。其中,台湾就有大小妈祖庙 800 多座,信仰人数超过台湾总人口的 2/3。近年来,每年专程从台湾到湄州妈祖庙朝拜的民众均在 10 万人以上⑦。

被奉为洁白公平之神的清水祖师,相传俗姓陈,名应(一说为陈昭或陈昭应),法名"普足",宋仁宗庆历四年正月初六诞生于福建省永春县小姑乡。陈应自幼在大云院出家,因不堪寺院的虐待,于是到高太山结茅筑庵,闭关静坐,后经大静山明松禅师指点,参读佛典三年,终于悟道。在安溪清水岩圆寂后被民众奉为神灵,并多次受到朝廷褒封。如今台湾有清水祖师庙 100

多座,仅台北地区就有 60 多座⑧。

被称为保生大帝或吴真人的吴夲,原本是宋代泉州同安县拜礁乡(属今漳州龙海县)的一名行医济世、德艺双馨的医生。他也是从固始避乱南迁人的后代。据统计,全台奉祀"保生大帝"的庙宇"多至 112 所","年中信徒膜拜不绝"⑨。

被尊为妇幼保护神的临水夫人(又称大奶夫人或顺懿夫人),原为福州下度一位名叫陈靖姑的农村妇女。传说她做过斩蛇和保护妇女生产之类的事,被福建和台湾等地民众奉为地方守护神和送子娘娘,并立庙奉祀。据姓氏谱牒研究表明,台湾陈姓来自福建,福建陈姓祖根在"光州固始"。

二、闽台民间信仰交流频繁的时代动因

闽台地区民间信仰大致相同。改革开放以来,特别是近年来,闽台民间俗神庙宇之多、香火之盛、活动之频繁,实为新中国成立半个多世纪以来所少见。究其原因主要有以下几个方面。

1. 两岸民间信仰文化交流合作的环境越来越宽松。从新中国成立至改革开放前夕,由于众所周知的原因,台湾与大陆民间信仰文化之间的交流一度中断。福建和台湾虽然隔海相望,近在咫尺,可是连亲生骨肉都不能彼此相见和相互往来,同根同源同民间信仰的普通同胞只能望洋兴叹了。改革开放以来,特别是近年来,随着两岸关系的日趋缓和与经济文化交往的不断增多。我国在加大传统民间文化挖掘和整理力度的同时,积极倡导和平解决台海关系,争取早日实现中华民族的伟大复兴。台湾各党派尽管在一些重大问题上政见不一,但在对待妈祖等民间信仰问题上的态度却相当接近。这给两岸特别是闽台民间信仰文化的融合与繁荣提供了一个宽松的环境与比较和谐的氛围。

2. 两岸同胞的民族意识和文化认同感越来越强烈。闽台民间信仰文化蕴涵着丰厚的中华民族传统文化积淀,具有鲜明的民族品格和强烈的民族意识。一方面在心理上能够给那些在他乡谋生或创业的人以更大的寄托和保障;另一方面,在观念上能够起到维系人们对故土和祖先的认同。台湾同胞和海外侨胞在某种程度上正是以妈祖崇拜等民间信仰文化为纽带,在年复一年的迎神、祭神、娱神等民间庆典活动中进一步强化了自己民族意识和归属感。富有认同感的闽台民间信仰已经开始成为海峡两岸团结合作的基石、桥梁和纽带。

3. 台胞及海外侨胞认祖归根的愿望越来越迫切。由于当今台湾绝大多数民众都是福建移民的后裔,台湾众多的民间信仰几乎都是通过分灵、分香、漂流等途径原版移植到台湾的,闽台两地民间信仰崇拜的对象、时间、程序、仪式等都如出一辙。许多福建的神灵化历史人物,在台湾各地都广为奉祀,特别是从福建祖庙分灵到台湾的妈祖、保生大帝、关帝、临水娘娘等"桑梓神"更是受到特别敬奉。据考证,台湾现存各神庙中供奉的神祇多达 300 多种,其中 80% 以上是福建先民开台时带去的。从 1989 年 5 月 6 日,224 名台胞冲破台湾当局禁令直航抵达湄洲朝拜妈祖后,每年都有大量台胞到福建四大祖庙进香朝拜⑩。据统计,截止到 2004 年,仅赴福建莆田市眉洲岛朝拜妈祖的台胞累计达 130 多万人次,使湄洲岛成了台湾同胞到大陆旅游、观光、朝圣的一个集中点⑪。近几年更是有增无减。

4. 包括民间信仰在内的地域文化交流在经济发展中的作用越来越明显。民间信仰不仅以"神圣"名义保存和承载丰富的传统文化基因,而且拥有数量不菲的信众。相当部分民间信仰及其表现形式和外在实体已被列入了文物保护对象和非物质文化遗产,开始成为发展观光旅游业和文化产业的重要载体。改革开放后,宗教信仰自由政策真正得到落实,港澳台民间信仰文化与内地的交流与往来越来越密切。一些台湾同胞、海外侨胞及其他信众纷纷捐资翻修民间宗教场所。在地方政府的支持和引导下,各地积极组织开展各种形式的民间宗教活动。这些民间宗教活动的开展,一方面吸引了海外和内地众多的参与者,为当地土特产品走向市场甚至走出国门提供了便利渠道;另一方面,为地方政府招商引资,繁荣发展地方经济搭建了重要平台。

三、固始与闽台民间信仰互动的现实意义

改革开放以来特别是近年来,固始在挖掘本地历史文化资源,推进与闽台地区民间信仰等传统文化交流与合作等方面做了大量工作。这对进一步增进固始与闽台地区的"同根同源"的了解与认同,促进固始与闽台的经济交流与合作,弘扬优秀传统民间文化,促进精神文明建设和固始社会的和谐与安定都有重要现实意义。

1. 通过固始与闽台民间信仰互动,进一步加深闽台地区对固始祖根地的认同,增强固始人与闽台人的亲和力和凝聚力。固始不仅是"开漳圣王"陈元光、"开闽圣王"王审知的家乡,而且是"开山圣王"(或"开台圣王")郑成功和"平台大将军"施琅等人的祖籍地。在这块古老的土地上,既有浮光陈氏家庙,王堂村闽王故里,修复一新的云霄庙(魏敬庙),还有郑成功故里真墓葬等遗迹。通过这些遗迹进一步增进闽台对固始这块祖根地的认同。固始不仅是闽台地区共同的"祖源",而且是闽台地区共同的"神源"。民间信仰活动仪式在地方民间具有区域认同、社会整合的功能,可以起到加强内部团结和外部联系的作用。浮光山顶的云霄殿的修复就曾得到福建漳州民间信仰组织和有关人士的捐助。通过这些活动不仅有助于强化海外华侨的地域、家族认同意识,而且有助于加强海内外华人的社会联系和经济合作。

2. 通过固始与闽台民间信仰互动,进一步加强固始与闽台地区的经济交流与合作。充分利用固始有关民间信仰方面的传统文化资源,吸引更多的福建、台湾、广东、港澳及海外侨胞到固始寻根问祖和观光旅游,通过举办研讨会、文化节等各种形式的活动,邀请相关人员到固始来走一走、看一看,有利于促进和带动固始地方经济的发展。一是发展以"寻根游"为龙头的旅游经济。从1987年福建云霄县首次组团到固始寻根迄今为止,固始县先后接待闽台人士 2600 多人,其中台胞 300 多人。二是吸引福建、台湾等地人士到自己的祖籍地投资兴业。据统计,固始县现有台资企业 15 家。其中固定资产过亿元人民币的台资企业 2 家。这些企业为固始地方经济发展注入了新的活力。同时,通过开展民间信仰中的庙会等文化活动形式还可以促进物资交流,发展商贸经济。

3. 通过固始与闽台民间信仰互动,进一步弘扬优秀传统民间文化,丰富群众精神文化生活。民间信仰作为民间文化的重要组成部分,具有一定的艺术价值与美学价值,它在发展民间文化、丰富人民群众的精神文化生活等方面具有一定的积极作用。许多民间寺庙就像一座艺术宫殿,一些民间祭祀的物器本身就是一件精美的艺术品,而那些民间信仰的神化传奇故事、活动仪式等都包含有丰富的文学艺术与美学价值。在当前农村文化生活仍然比较单调的情况下,通过一些民间的祭祀、表征仪式,来开展一些有地方特色的文化活动,或者通过将民间信仰的传奇、神话故事改编成富有地方特色的文艺节目等等,不仅可以彰显民间信仰的文化内涵,提升民间信仰的文化品格,而且可以使广大群众体会民间信仰活动的文化情趣,丰富群众业余文化生活。

4. 通过固始与闽台民间信仰互动,进一步推进精神文明建设,实现固始和谐与安定。优秀的民间信仰是人们生活的精神支柱。民间信仰所宣扬的一些世代相传的良风美德和传统优秀道德价值观念,不仅能够约束人们的行为,而且能够规范人们的生活方式。深入挖掘民间信仰的积极成分,如对创世神的崇拜、对英雄祖先的崇拜、对爱国志士的崇拜等,使之成为社会主义精神文明建设的宝贵思想资源,不仅能占有舆论,而且还能起到一些法律、法规所起不到的作用,有利于维护社会的和谐与稳定。通过科学管理和正确引导,使民间信仰在满足一部分信仰者精神需要的同时,挖掘和发扬其中的积极成分,克服和清除其中的封建糟粕,充分调动广大民间信仰者建设和谐家园与社会主义新农村的积极性,为构建平安固始、和谐固始、富裕固始贡献自己的力量。

注释:

① 乌丙安:《中国民间信仰》,上海人民出版,1996 年版,第 13 页。

② 黄伟华:《同根同源的闽台民间信仰》,《佛学研究网》(http://www.wuys.com) 2008 – 5 – 2.

③ 丁世良、赵放:《中国地方志民俗资源汇编·华东卷》(下),书目文献出版社,1995 年版,第 1826 页。

④ 徐朝旭:《论儒学对民间神明信仰的影响——以闽台民间神明信仰为例》,《宗教学研究》2007 年第 2 期。

⑤ 转引自李乔、许竞成:《固始与闽台》,河南人民出版社,2007 年版,第 314 页。

⑥ 李乔、许竞成:《固始与闽台》,河南人民出版社,2007 年版,第 177—181 页。

⑦ 赵新社:《河洛文化与妈祖》,《统一论坛》2006 年第 1 期。

⑧ 洪荣文:《闽台民间信仰的传承与交流》,《泉州师范学院学报》2008 年第 1 期。

⑨ 丁世良、赵放:《中国地方志民俗资源汇编·华东卷》(下),书目文献出版社,1995 年版,第 1782—1783 页。

⑩ 黄建铭:《闽台民间信仰在海峡两岸交流中的作用》,《中国宗教》2003 年第 5 期。

⑪ 王美香:《闽台民间信仰,同根同源》,《中国新闻网》(http://www.chinanews.com.cn)2004 - 9 - 24.

闽祖光州并非相传之谬

李 乔

李乔(1968—)男,汉族,河南省西峡人。现任河南省社会科学院文学研究所副研究员,河南省中原姓氏历史文化研究会常务理事,主要从事中原文化研究。现已发表《固始移民入闽对闽文化形成的影响》《古代河南移民福建史略》《唐末五代固始入闽姓氏考》《东晋南朝陈郡殷氏研究》等论文20余篇,出版《固始与闽台》《中原文化大典·著述典》《萧姓史话》《百姓堂联》等著作20余部。

历史上几次固始大规模移民入闽运动,不仅对闽地政治、经济、文化产生了重要影响,而且对闽地人口的影响也很深远,直到现在,不少闽人族谱上都记载其先祖来自河南光州固始。但自宋代开始,对"闽人称祖皆曰自光州固始来"的质疑就没有停止过,有人甚至直白地说"闽祖光州,相传之谬也"。由于这个问题直接关系到豫闽台渊源关系存在的基础,因此,很有必要加以澄清。

一、对"闽祖光州"的质疑

宋代文史学家郑樵首先发难,他说:"闽人称祖皆曰自光州固始来,实由王潮兄弟以固始之众,从王绪入闽,王审知因其众克定闽中,以桑梓故,独优固始人,故闽人至今言氏族者皆曰固始,其实滥谬。"[1]与郑樵同时代的方大琼追随郑樵,主张闽人伪托固始籍贯是为了换取闽国统治者的优待,他说:"曩见乡人凡诸姓志墓者佥曰自光州固始来,则从王氏入闽似矣。又见旧姓在王氏之前者,亦曰来自固始。诘其说,则曰固始之来有二:唐光启中,王审知兄弟自固始,诸同姓入闽,此光启之固始也;前此,晋永嘉乱,林、王、陈、郑、丘、黄、胡、何八姓入闽,亦自固始,此永嘉之固始也。非独莆也,凡闽人之说亦然。且闽之有长材秀民,旧矣。皆曰衣冠避地远来,岂必一处,而必曰固始哉?况永嘉距光启相望五百四十余年,而来自固始,前后吻合,心窃疑之。及观郑夹漈先生集,谓王绪举光、寿二州以附秦宗权,王潮兄弟以固始之众从之。后绪拔二州之众,南走入闽,王审知因其众以定闽中,以桑梓故,独优固始人。故闽人至今言氏族者皆云固始,以当审知之时尚固始人,其实非也。然后疑始释,知凡闽人所以牵合固始之由。"②他在另一篇文章中又说:"衣冠避地而来,岂必来自一处?⋯⋯王氏初建国,武夫悍卒气焰逼人,闽人战栗自危,谩称乡人,冀其怜悯,或犹冀其拔用。后世承袭其说,世祀邈绵,遂与其初而忘之尔。此闽人谱牒,所以多称固始也。"③陈振孙《直斋书录解题》称,唐林谞《闽中记》言永嘉之乱,中原仕(士)族林、黄、陈、郑四姓先入闽,可以证闽人皆称光州固始之妄。④

到了明代,对闽祖光州的质疑更加直白。洪受在《光州固始辩》中开门见山地指出:"闽祖光州,相传之谬也。盖亦有之,而未必其尽然也。⋯⋯夫审知未入闽之初,闽之人民盖亦众矣,是故有刺史焉,有观察使焉,所以治之也。及审知之既入闽也,至于漳浦,始云有众数万,则前此之众,未盛可知矣。今全闽郡县,上至大夫,下至黎庶,莫不曰光州固始人也,不亦诬乎?间有之者,亦审知之子孙与士卒之余裔耳,然保大之际,且迁于金陵矣。"⑤安溪《陈氏族谱》所载清康熙二十一年陈时夏所作《重修族谱序》曰:"谱闽族者类皆出自光州固始,盖以五代之季王审知实自固始中来也。⋯⋯而必谓闽中族氏皆来自固始者,诞甚!"⑥

今之学者对"闽祖光州"也多有异议,陈支平在《近500年来福建家族社会与文化》、《福建族谱》、《福建六大民系》等著作中都表达出这样一个思想,即为换取闽国统治者优待,伪托固始籍贯是造成闽人称祖皆曰光州固始的原因。"许多与王氏兄弟入闽毫不相干的家族,为了在社会上取得一席之地,亦纷纷借托祖籍光州固始,以夸耀门庭"⑦;"福建的其他族姓纷纷仿效,在修撰族谱时把自家的入闽时间,扯到唐末五代;或是把自家的中原居地,与河南光州固始县联系起来"⑧;"随王氏兄弟入闽的固始同乡,大多成为闽中的统治者,门阀宗族的夸耀尤成必要。于是,其他一些不是来自河南光州固始的姓氏,亦相继附会。故自宋代以来,福建民间的许多族谱,往往记述自家的渊源为河南固始县,其中显然有不少是漫为标榜,而并非来自河南固始"⑨。杨际平认为,陈元光籍贯光州固始之说与王审知入闽后,"闽人称祖皆曰自光州因始来"有关,"极为有趣的是,不仅《颍川陈氏开漳族谱》说陈政、陈元光来自光州固始,甚至连《白石丁氏古谱》也说,早在陈政、陈元光入闽之前,曾镇府与丁儒即已来自光州固始,镇守该地区,而后定居于漳州。如果说这是巧合,也实在巧得离奇。有的学者独疑《白石丁氏古谱》,而不疑《颍川陈氏开漳族谱》。笔者却以为,无论是曾镇府、丁儒,还是陈政、陈元光,都不是来自光州固始。只是因为王审知独优固始人,故曾镇府、丁儒、陈元光的后裔才自称来自光州固始。以后更相沿袭,遂为其族谱与某些地方史志所采用"⑩。谢重光说,福建人喜冒籍光州固始的现象"虽经有识者如郑樵、方大琮等的揭露抨击,仍相沿不替,且越演越烈,明末以降,连唐初就在闽南建立了赫赫功业的陈元光及其一部分部将的后裔,也未能免俗,将祖籍改为固始";"固始现象"有着很深的社会原因,那就是"五代闽国及一大批将士来自光州固始,在社会上确立了政治、经济、文化各方面的优势地位,所以自五代以降,先有一部分来自江淮的移民为了沾皇族桑梓的光,将祖籍地改为固始,后来并非来自江淮的汉族移民也冒称固始人,流风所被,最后连闽粤土著后裔也编造或改窜族谱,将祖宗伪托为固始人"⑪。与上述学者一概否定相比,徐晓望对"闽祖光州"现象的态度则显得要客观得多。他认为"闽人族谱中自称祖籍固始的占多数,其中虽有冒充的成分,但从总体而言,闽人中有相当一部分人是固始人是可信的",但"从明代以前的史志记载来看,陈元光为河东人……其部队的核心应为北方人,但没有史料证明他们是固始人"⑫。

所有对"闽祖光州"的质疑,归纳起来主要集中在两个问题上,一是对陈元光是光州固始人存有疑问,二是认为出于获得闽国统治者优待的目的,冒充固始籍贯的大量出现是造成闽人称祖皆曰固始的原因。

二、陈元光籍贯辨析

陈元光籍贯主要有河东说、揭阳说、固始说三种,下面结合有关史料,分别对其加以辨析。

1. 河东说

说陈元光为河东人者,主要文献依据有:

唐代林宝《元和姓纂》陈氏条云:"诸郡陈氏,司农卿陈思门(注:"门"当为"问"),左豹韬将军陈集原,右鹰扬将军陈元光,河中少尹兼御史中丞陈雄,河东人。"⑬《威惠庙记》记载:"陈元光,河东人。家于漳之溪口。唐仪凤中,广之崖山盗起,潮泉响应。王以布衣乞兵,遂平潮州。以泉之云霄为漳州,命王为左郎将守之。后以战殁,漳人哭之恸,立祠于径山。有'纪功碑'、'灵应记'见于庙云。"⑭

嘉靖《龙溪县志》:"威惠庙,城北门外,祀唐将军陈公元光。公河东人,父政。以诸卫将军戍闽,出为岭南行军总管,平广寇,创漳州,以左郎将领州事,后战没于阵,漳人至今思之。"⑮

上述文献中,由于《元和姓纂》是太常博士林宝奉诏撰成的一部官书,有较高的史料价值和权威性,因此,成为认定陈元光为河东人也最为可靠的依据。其实《元和姓纂》所说的"河东"是陈元光家族的郡望而已,并不是陈元光的籍贯。

隋唐尽管开始实行开科取士制度,但士族仍然矜夸门第,崔、卢、李、郑、王等旧时大族彼此互结婚姻,自矜高贵,人们习惯于以姓氏、郡望标明出身门第贵贱和社会地位的影响。清代王士祯《池北偶谈》云:"唐人好称族望,如王则太原,郑则荥阳,李则陇西、赞皇,杜则京兆,梁则安定,张则河东、清河,崔则博陵之类,虽传志之文亦然,迄今考之,竟不知为何郡县人。"⑯称韩愈为韩昌黎就是最好的例子。《旧唐书》上说:"韩愈,字退之,昌黎人。"韩愈本人又往往自称"昌黎韩愈"。后代人给他编订诗文集,也称之为《韩昌黎集》。然而,韩愈实际上是河阳(今河南孟州市)人,与昌黎(治今辽宁义县)没有任何关系。《元和姓纂》所列举的四名河东陈氏人物中,除司农卿陈思问、河中少尹兼御史中丞陈雄的籍贯限于资料无法断定外,左豹韬将军陈集原,新旧《唐书》可都明明白白地写着"陈集原,泷州开阳人也"[17]。由此可见,河东并不一定就是陈元光的籍贯。

　　另外,持河东说者还会搬出《福建通志》、《漳浦县志》、《粤闽巡视纪略》等有关记载所说漳江、漳浦、漳州得名与上党的清漳有关来证明陈政为河东人。雍正《福建通志·陈政传》曰:"(陈政)尝渡云霄江,谓父老曰:'此水如上党之清漳。'故以漳名。"[18]《漳浦县志·方舆》谓:"昔陈元光之父至漳,曰'此水如上党之清漳'。故漳浦名县,漳州名郡,皆本此矣。"[19]《粤闽巡视纪略》载:"或云,陈将军谓此水(漳江)如上党之清漳,故名。"[20]持此观点者,犯了一个常识性的错误,殊不知河东郡与上党郡,一个在今山西省西南部,一个在今山西省东南部,两地相距近 300 公里,中间有绛郡、长平郡、临汾郡相隔,据此怎么能够认定陈政就是河东人呢? 实际上,陈政率领府兵来到闽地之前,曾跟随父亲在今山西一带征战,因此,当陈政率领这批在上党清漳边战斗过的将士们,从中原来到闽地,看到清浊合流的河水自然会联想到清漳,遂以漳江名之,这怎么不可能呢? 而且,对于漳江的来源,史志还另有说法,《福建通志·山川志》载:"漳江,在八都,水出自西林,由铜山海门而下,清浊合而成漳,故名。"[21]《漳浦县志·方舆》说:"漳江,溪水自西林而出,海水自铜山海门而入,清浊合流成章,故名。"[22]《粤闽巡视纪略》也说:"漳江,自西林出,海水自铜山来迎之,清浊合流而成章(漳),故名。"[23]其他以"漳"命名河流也都与两江汇流有关,宋代科学家沈括在《梦溪笔谈》中说:"水以漳名、洛名者最多……余考其义,乃清浊相蹂者为漳。章者,文也,别也。漳谓两物相合,有文章,且可别也。"[24]沈括虽然没有亲眼看到漳江,但漳江的实际情况却符合"清浊合流而名"之义。漳江,横贯云霄全境,由发源于博平山脉平和县大峰山的干流(习称"北溪"),和发源于乌山山脉的南溪,在县城以北五华里的西林村汇合而成,南清北浊,漳江因之命名。

由此可见,说陈元光为河东人,当事出有因,并无真凭实据。

2. 揭阳说

说陈元光为揭阳人者,文献依据主要有:

嘉靖《广东通志》:"陈元光,揭阳人,先世家颍川。祖洪,丞义安,因留居焉。父政以武功著,隶广州扬威府。元光明习韬钤,善用兵,有父风,累官鹰扬卫将军。仪凤中,崖山剧贼陈谦攻陷冈州,城邑遍掠,岭左闽粤惊扰。元光随父政戍闽,父死,代为将,潮州刺史常怀德甚倚重之。时高士廉有孙琔嗣爵申国公,左迁循州司马。永隆二年,盗起,攻南海边鄙,琔受命专征,惟事招慰,乃令元光击降潮州盗。"㉕乾隆《潮州府志》:"陈元光,揭阳人。父政,以武功隶广州扬威府。元光习韬钤,善用兵,累官鹰扬卫将军。父死,代为将,统兵镇闽。仪凤二年,崖山剧贼陈谦攻陷冈州,随陷潮阳,潮州刺史常怀德檄光讨之。"㉖

乾隆《揭阳县志》:"陈元光,先世家颍川。祖洪,为义安丞,因留居为揭阳人。父政以武功隶广州扬威府。元光明习韬钤,善用兵,累官鹰扬卫将军。父死,代为将,统兵镇闽。仪凤二年,崖山剧贼陈谦攻陷冈州,随陷潮阳,潮州刺史常怀德檄元光讨之。"㉗

细加分析,上述说法疑点不少。首先,关于揭阳地名问题。揭阳县是秦始皇三十三年(公元前214年)时所设,治所在今揭阳县西北,辖境相当于今赣南、闽西南和粤东地区。东晋咸和元年(326),分南海郡立东官郡。义熙五年(409),分东官郡揭阳县地立义安郡,辖闽南的绥安、海宁和粤东的海阳、潮阳、义昭五县。隋开皇九年(589),省义安郡为潮州,大业三年(607),复为义安郡(治海阳)。唐武德四年(621)又复称潮州,但此时的潮州或义安亦不再辖及闽南,且无揭阳县。隋唐既无揭阳之名,为何却称陈元光为揭阳人,而不称其为义安人、潮州人或海阳人呢?其次,陈政"隶广州扬威府",代父为将的陈元光怎么一会儿听从潮州刺史常怀德的调遣,一会儿又听从循州司马高琔的调遣呢?广州、循州、潮州为唐初岭南道互不相属的三州,隶属于广州扬威府的陈元光不可能听从其他州的派遣。循州司马高琔仅为一正六品下的司马,怎么会有权让陈元光越界到潮州去击盗呢?如果不是唐朝中央朝廷的旨意,"隶广州扬威府"的陈元光又怎敢越界到属于江南东道的闽南呢?

温廷敬在编辑《广东通志列传》"陈元光传"时已发现此前方志存在的问题,因此加按语说:"元光,《漳州府志》谓光州固始人,陈氏诸族谱亦同,其子孙来潮实在宋代。"然而,民国《新修丰顺县志》又确切地说陈元光是丰顺八乡贵人村人,"陈洪,八乡贵人村人。……乡人以陈氏数世贵显而附从为偏裨将校,因之而官贵者,咸为闾里光,故称其所居里曰贵人村,称其村西南大山曰贵人山……"并加按语曰:"(贵人村)为八乡中之最大村,八乡居民向以陈、许、魏三姓族为大,自昔皆以剽悍著称。隋唐之际,岭南群豪皆收集土著之众以立功名,如冯盎、宁长真、邓文进、区泽、陈集原诸酋豪,皆屡世承袭,若陈洪亦其一也……《朝野佥载》称陈元光为岭南酋家,尤为政父子习用土著之明证。"㉘文中说陈洪为岭南豪酋之一,仅为推测而已,并无史料根据。实际上隋唐之际在潮州、循州确有一叫杨世略的地方豪族,唐高祖武德五年(622)降唐,被授予循州刺史,使持节总管循潮二州军事。丰顺《志》列举冯盎、宁长真、邓文进、区泽、陈集原等与本地干系不是很大的岭南豪酋,却将本地一位有名的渠帅给漏掉了,不知是志书编纂人的疏忽,还是有意地回避。当陈谦攻陷潮州时,据有此地的豪酋杨世略为什么不抵御,却要从远在闽地调陈元光入潮呢?另外,文中用来说明陈元光为土著的《朝野佥载》系唐人张鷟所作的一部笔记小说,其文曰:"周岭南首领陈元光设客,令一袍裤行酒。光怒,令曳出,遂杀之。须臾烂煮,以食诸客。后呈其二手,客惧,攫喉而吐。"陈元光如此性情暴戾,是"岭南首领这一点决无可疑"。其实,张鷟被流放岭南,写《朝野佥载》时,陈元光早已去世,他所记述的只是道听途说的传闻。潮学研究专家饶宗颐《潮州志》和民国《福建通志》都认为《朝野佥载》"抑小说家言,固不足信欤"!洪迈《容斋续笔》也评论说:"《佥载》记事,皆琐尾摘裂,且多媟语。"㉙可见,该笔记小说所说,是不能引以为据的。

陈元光为揭阳人的文献依据均来自广东方志,很可能是修志先人出于"扬善颂贤"的感情而给予立书传世的做法,其说服力明显不足。

3. 固始说

说陈元光为固始人者,文献依据最多,如:

成书于康熙年间的《粤闽巡视纪略》记载:"将军山,在云霄城西,与大臣山隔溪列峙,唐戍将陈元光居此。元光,字廷炬,固始人。"[30]

康熙《福建通志》:"陈元光,光州固始人,以鹰扬卫将军随父政戍闽。父死,代之。永隆初,击降潮州盗,请创置漳州镇抚,遂乃命光。久之,以讨贼战殁,庙食于漳。"[31]

《全唐诗》陈元光诗前小传:"陈元光,字廷炬,光州人,高宗朝以左郎将戍闽,进岭南行军总管,奏开漳州为郡,世守刺史。"[32]

雍正《河南通志》:"陈元光,字廷炬,光州人。年十三领乡荐第一,总章间从其父政领将兵五十八姓以戍闽。"[33]乾隆《福建通志》载:"陈政,字一民,光州固始人。太宗朝从父克耕攻克临汾等郡。高宗总章二年,泉潮间蛮獠啸乱,进政朝议大夫,统岭南行军总管事,出镇绥安。"同卷,"陈元光,光州固始人,以鹰扬卫将军随父政戍闽"[34]。

上述引文中,如果说《河南通志》可能会有感情因素在里面,可信度不是很高外,其他三种则完全可以让人信服。《粤闽巡视纪略》所记乃工部尚书、秀水(今属浙江)人杜臻奉诏巡视闽粤时的所见所闻,与"摭拾舆记者固异"[35],具有较高的可信度。《全唐诗》是康熙年间由彭定求等一批翰林学士奉敕所编纂的一部唐代诗歌总集。关于陈元光的里籍,其时已有河东、揭阳之说,包括彭定求等在内的饱学之士们不会不闻,可他们不从旧说,却选择晚出的固始之说,其中必定有一定道理。《福建通志》乃陈元光开漳之地的史志,他们对陈元光的里籍不会不慎重。

我们还可以从唐初全国形势、军事制度以及固始人口状况来分析陈元光的里籍为光州固始的合理性。

唐代前期的主要军队为府兵和募兵。府兵是一种固定的兵制,有固定的兵员和编制。"凡三年一检点"[36],"成丁而入,六十出役"[37],一经检点入军,原则上到老才能从兵籍上除名。从府兵制特点来看,兵额有限,能够用于出征的数量不会太多。府兵从 21 岁到 59 岁,都在兵籍上,本身免除租庸调和杂役。府兵数量过多,就要严重影响政府的财政收入。因此,兵额必须严加控制。据文献记载,府兵兵额最多为 60 多万。府兵的主要任务是:番上宿卫,保卫皇帝、保卫京师;征行;在镇戍防守。放在第一位的是宿卫。除了宿卫和戍守,能用于出征的数量不多。遇到大规模的战争,需要数量众多的兵员时,不得不求助于其他各种兵源,募兵就是主要的一种。募兵不是一种固定的兵制,平时没有固定的兵员和编制,有事征募,事罢即回到家乡,或就地恢复民丁的身份。正因为募兵具有开支小的特点,在唐代前期,被广泛采用。如贞观十八年(644),唐太宗第一次对高丽的战争,虽然是御驾亲征,但统率的军队多数是募兵,府兵只是一小部分。[38]唐太宗自己说是接受了隋炀帝失败的教训[39],这只是次要原因,更重要的原因是府兵兵员不够。贞观二十二年(648),唐太宗准备第二次进攻高丽,主力也是募兵。这从太宗“遣陕州刺史孙伏伽召募勇敢之士”[40],以及房玄龄反对这次战争的疏文“罢应募之众”[41],可以得到证明。唐高宗时,灭百济、高丽时亦大量使用募兵。

唐朝初年,朝廷的边防重心在西北的吐蕃和东北的百济、高丽,由此我们完全可以断定,当陈政所率府兵遇到阻力,唐廷无法派出增援的府兵时,自然会让陈政家乡光州固始县征集、差发募兵,前往增援。同时,当时固始的人口众多,又完全能够征集足够的募兵。据《元和郡县图志》记载,开元二十年(732),光州“户二万九千六百九十五”[42]。当时光州领有定城、殷城、固始、光山、仙居5县,其中固始为上县,人口应该高于平均数6000户。再从唐代“量户口定州县等第例”,即“至开元十八年三月七日,以6000户以上为上县,三千户以上为中县,不满三千户为中下县”[43]来看,固始当时的人口亦当在六千户以上。若以每户出一丁算,便可征集到6000名兵士。

由此可见,从唐初全国形势、军事制度以及固始人口状况来看,陈元光里籍是光州固始都最具合理性。

三、冒充固始籍说于史无据

后世否认“闽祖光州”者,都会搬出郑樵的王审知“以桑梓故,独优固始人,故闽人至今言氏族者皆曰固始”推测性的言论作为论据,除此之外拿不出其他的证据来。其实,从文献记载来看,王审知以及后来的闽国统治者“独优固始人”是不存在的。

首先从官位来看,王审知及闽国统治者没有"独优固始人"。进入闽地后的王审知深知,对于一个外来户想要在当地扎下根,必须与当地人搞好关系,因此,他很重视提拔任用当地人才。在《十国春秋》所载人物传中,闽人被任为要职者比比皆是:

伍梦授(宁化人),"事太祖,官左仆射";陈峤(莆田人),"太祖兄弟入闽,辟为大从事,迁搭理评事兼监察御史。已,奏授大理司直兼殿中侍御史";黄滔(莆田人,一云侯官人),"受太祖辟以监察御史里行,充武威军节度推官";翁承赞(福唐人),"既依太祖,太祖待之殊厚,遂以为相";章仔钧(浦城人),献"战、攻、守三策",太祖"奏授高州刺史、检校太傅、西北面行营招讨制置使";徐寅(莆田人),"太祖掌辟书记";郑良士(仙游人),"应太祖辟命,转左散骑常侍"等等。而固始人职位显赫的仅有张睦、邹勇夫两人,张睦,"太祖封琅琊王,授睦三品官,领榷货务";邹勇夫,"太祖封闽王,勇夫官仆射"。

王审知去世后,王延翰自称"大闽国王",便将节度使的地方官制,改变成为国家官制,宰相称为"同中书省平章事",也称为"平章事",加有"参政事"或"判三司"者,则为副宰相。从文献记载来看,除王氏族人外,先后出任闽国宰相者有李敏、叶翘、王倓、蔡守蒙、李真、杨沂丰、余廷英、李仁遇、李光准、潘承佑、杨思恭等11人。11人中,有5人籍贯不详,剩下的6人,闽籍有5人,而无一人是固始籍。

对于非固始籍的北方人才,王审知也都给予礼遇。他在福州、泉州等地设"招贤院",收抚唐朝流亡的知识分子,并委以重任。京兆人韩偓唐末任翰林学士,因忤触权臣朱温,被贬濮州司马,于是弃官南下,"挈族来依太祖(王审知)",受到王审知的优待。此后,许多贤良之士,纷纷应募入闽。比较有名的有右省常侍李洵、中书舍人王涤、右补阙崔道融、大司农王标、吏部郎中夏侯淑、司勋员外郎王拯、刑部员外郎杨承休、宏文馆直学士杨赞图及王倜、集贤殿校理归传懿、郑璘及郑戢等,而这些人都不是固始人。

其次从赋役来看,王审知及闽国统治者也没有"独优固始人",相反,闽国政府对闽人却有极大的优待。这一点仅从"伪闽王延钧弓量田土,第为三等,膏腴上等以给僧道,其次以给土著,又次以给流寓"⑭,就可看出。

闽国统治者没有"独优固始人",非固始籍者也就没有必要冒充固始籍了。

假使闽国统治者真的"独优固始人",当有人冒充固始籍时,固始人是不会接受的。人们都有受尊重的需要,希望自己地位比别人高,当自己的优越地位受到威胁时,本能地就会想办法维护自己的优势地位。因此,当有人冒充固始籍时,固始籍人自然就会向官府举报。而非固始籍的人也不能容忍冒充固始籍现象的存在。本来真正固始籍的人就已经占去了一些资源,倘若再有人以固始籍的名义瓜分剩下有限的资源,对于他们来说机会就会更少。因此,当有人冒充固始时,他们也会向官府举报。闽国统治者在户籍管理方面有着严格规定。例如,后晋天福二年(937),闽王继鹏曾下诏:"民有隐年者杖背,隐口者死,逃亡者族"。⑮年龄、人口不能隐瞒,祖籍更不可篡改。因此,一旦官府查证冒籍属实,冒籍者将会受到严厉惩罚。

再退一步说,即便闽国统治期间真有个别冒充固始籍者,在闽国灭亡之后也会改回原籍。中国人历来有尊宗敬祖的传统,祖籍作为认宗的依据万不得已是不会改换的。从后唐景福二年(893)王潮被任为福建观察使算起,到天德三年(945)为南唐所灭,前后不过53年时间,冒充固始籍的多数当事人可能还在世,他们对自己真正祖籍是清楚的,当他们冒充固始籍得不到好处时,有谁愿意被人指为数典忘祖的人呢?因此,他们自然要改回原籍。

从文献记载来看,随王潮、王审知兄弟入闽的光州固始人的数量是很大的,《资治通鉴》载王绪军南迁之始,"悉举光、寿兵五千人,驱吏民渡江"⑯;元代文学家陆文圭也说"唐季王潮昆弟者,挟百八姓自固始转战入闽"⑰;《新五代史》称,当王绪军队进入福建之时已有数万人,"自南康入临汀,陷漳浦,有众数万"⑱。这数万义军中除起事时数百人为寿州人外,绝大多数应该是自光州固始随军南下的将士及随军家属。关于这一点,从军队遇到供应困难时王绪下令"无得以老弱自随"一事便能得到证实。不过,王绪的命令并没有得到执行,反而因此丢掉了性命,王潮在固始籍乡人的拥护下,从王绪手中夺取了兵权。由此推测,入闽官兵中固始籍当不在少数。至于到底有多少固始人随王审知兄弟入闽已无从考知,但唐末固始人入闽对福建人口产生了巨大影响是可以肯定的。唐元和年间,福建人口仅有74467户[49],唐末,黄巢入闽"焚室庐,杀人如薙"[50],使福建人口又有所减少,人口不过数万户而已,而入闽的光、寿移民又达数万人,若以一户五口为计,仅仅这一批以固始人为主体的中原移民,可能就占了福建总人口的五分之一。[51]不仅如此,王潮、王审知兄弟建立闽政权后,又有大批固始人投亲靠友进入福建,使固始人的比重进一步增加。与中原战事纷扰不同,闽地社会安定、富裕,因此,入闽固始籍军兵远在固始老家的亲朋好友、左邻右舍源源不断涌向闽地。

另外,我们从唐末至宋初福建人口变化情况(见下表)也可看出固始移民对福建人口的影响。

唐末宋初福建人口变化情况一览表

单位:户

时间 地区	元和五年(810)[52]	太平兴国五年(980)[53]		
	户口	户口	增长	年增长率(%)
福州	19455	94475	75020	2.3
泉州	35571	130288	94717	1.7
建州	15480	194043	178563	6.8
漳州	1343	24007	22664	10.0
汀州	2618	24007	21389	4.8
总计	74467	466820	392353	3.1

从上表可以看出,在从元和五年到太平兴国五年的171年间,福建人口由74467户增长到466820户,增长了5倍有余,年增长率高达3.1%,如果从后唐景福二年(893)王潮被任为福建观察使算起,人口增长率还会更高。而我国古代人口从公元2年的近6000万到1850年的4.3亿,人口平均年增长

率仅为 0. 10% ,就是社会安定和经济发展较快的西汉前期、盛唐时期,人口平均年增长率也不过 1% 。唐末宋初福建人口增长率奇高、不符合常规现象的形成,很重要的一个原因就是大批追随王审知兄弟的固始籍人入闽以及闽国建立后创造的和平、安定的发展环境,再次吸引大量固始籍人进入闽地造成的。

因此,我们可以说"闽祖光州"并非以讹传讹,应基本符合历史事实。

注释:

① [乾隆]《福建通志》卷 66,《杂记·丛谈二》。

② 宋·方大琮:《铁庵集》卷 32,《题跋叙长官迁莆事始》。

③ 宋·方大琮:《跋方诗境叙长官迁莆事始》,载《莆阳文献》卷 7。

④ 宋·陈振孙:《直斋书录解题》卷 8,《谱牒类》。

⑤ 明·洪受:《沧海纪遗》。

⑥ 转引自陈支平:《福建族谱》,福建人民出版社,1996 年版。

⑦ 陈支平:《近 500 年来福建家族社会与文化》,三联书店上海分店,1991 年版。

⑧ 陈支平:《福建族谱》,福建人民出版社,1996 年版。

⑨ 陈支平:《福建六大民系》,福建人民出版社,2000 年版。

⑩ 杨际平:《从〈颍川陈氏开漳族谱〉看陈元光的籍贯家世:兼谈如何利用族谱研究地方史》,《福建史志》1995 年第 1 期。

⑪ 谢重光:《南方少数民族汉化的典型模式:"石壁现象"和"固始现象"透视》,《中共福建省委党校学报》2000 年第 9 期。

⑫ 徐晓望:《论隋唐五代福建的开发及其文化特征的形成》,《东南学术》2003 年第 5 期。

⑬ 唐·林宝:《元和姓纂》卷 3,《上平声·十七真》。

⑭ 宋·朱翌:《威惠庙记》,载《舆地纪胜》卷 91。

⑮ [嘉靖]《龙溪县志》卷 3,《祠祀》。

⑯ 清·王士祯:《池北偶谈》卷 22,《族望》。

⑰ 《旧唐书》卷 188,《孝友·陈集原传》;《新唐书》卷 195,《孝友传》。

⑱ [雍正]《福建通志》卷 30,《名宦》。

⑲ [康熙]《漳浦县志》卷 2,《方舆志上·江》。

⑳ 清·杜臻:《粤闽巡视纪略》卷 4。

㉑ [雍正]《福建通志》卷 3,《山川》。

㉒ [康熙]《漳浦县志》卷 2,《方舆志上·江》。

㉓ 清·杜臻:《粤闽巡视纪略》卷 4。

㉔ 宋·沈括:《梦溪笔谈》卷 3,《辩证》。

㉕ [嘉靖]《广东通志》卷 55,《潮州府·人物》。

㉖ [光绪]《潮州府志》卷 29,《人物·武功》。

㉗ [乾隆]《揭阳县志》卷 6,《人物志·贤达》。

㉘ [民国]《新修丰顺县志》卷 19,《列传一·仕宦》。

㉙ 宋·洪迈:《容斋续笔》卷 12。

㉚ 清·杜臻:《粤闽巡视纪略》卷 4。

㉛ [康熙]《福建通志》卷 33,《名宦·漳州府》。

㉜ 《全唐诗》卷 45,《陈元光小传》。

㉝ [雍正]《河南通志》卷 63,《忠烈》。

㉞ [乾隆]《福建通志》卷 30,《名宦·漳州府》。

㉟ 《四库全书总目》卷 58,《史部十四·传记》。

㊱ 《唐六典》卷 5,《兵部》。

㊲ 《通典》卷 29,《折冲府》。

㊳ 《旧唐书》卷 3,《太宗本纪下》。

㊴ 《资治通鉴》卷 197,《唐纪十三》。

㊵ 《册府元龟》卷 135,《帝王部·好边功》。

㊶ 《旧唐书》卷 66,《房玄龄传》。

㊷ 唐·李吉甫:《元和郡县图志》卷 9,《河南道五》。

㊸ 宋·王溥:《唐会要》卷 70,《量户口定州县等第例》。

㊹ [乾隆]《福建通志》卷 12,《田赋》。

㊺ 《资治通鉴》卷 281,《后晋纪二》。

㊻ 《资治通鉴》卷 256,《唐纪七十二》。

㊼ 元·陆文圭:《墙东类稿》卷 12,《清河令王公(友迪)墓志铭》。

㊽ 《新五代史》卷 68,《闽世家》。

㊾ 唐·李吉甫:《元和郡县图志》卷 29,《江南道五》。

㊿ 《新唐书》卷 225 下,《黄巢传》。

(51) 徐晓望:《闽台汉族籍贯固始问题研究》,《台湾研究》1997 年第 2 期。

(52) 唐・李吉甫:《元和郡县图志》卷 29,《江南道五》。

(53) 宋・乐史:《太平寰宇记》卷 100—102。漳州、汀州两州户数相同,恐有误,暂难考订。

再论唐初中原移民入闽
与闽南文化之形成

汤漳平

汤漳平(1946—)男,汉族,福建云霄人。1968 年毕业于复旦大学中文系。曾任河南省社会科学院研究员,《中州学刊》杂志社社长、常务副主编,享受国务院特殊津贴专家;2002 年调入漳州师范学院,现为漳州师范学院教授,《漳州师院学报》(哲社版)主编,闽台文化研究所所长,《闽台文化交流》主编,中国屈原学会副会长。主要研究方向:先秦文学,区域文化。

2001 年,笔者曾撰写了一篇《论初唐中原移民入闽与闽台文化之形成》(《许昌师专学报》2001 年第 1 期),谈了我对唐初由陈政、陈元光父子带领中原府兵与固始 58 姓氏民众入闽后,对闽南文化的形成以及此后播迁至台湾的历史进程所产生的巨大影响。

近年来,随着闽南文化研究的深入,尤其我国首个闽南文化生态保护区的建立,作为其重要的理论问题之一——关于闽南文化的形成期问题,再次引起学界的普遍关注,这其中,可以看到的大体有几种看法:

一是认为自西晋的八王之乱后,中原士族衣冠南渡,已到达今泉州乃至漳州地区,因而具备了形成闽南文化的基本条件。

二是认为唐初中原移民入闽后,改变了闽南的历史进程,因而奠定了闽南文化的基础。

三是认为唐初中原移民入闽虽是闽南开发史的重要事件,但规模尚不够大,取得的成绩也有限,应属闽南文化的孕育期,而其成熟应在五代十国的闽王王审知时期。

四是认为闽南文化成熟期应至南宋,因为此前虽陆续有大量中原民众入闽,但真正的文化成熟则在南宋。

上属四种观点,虽在形成与成熟之间有所差别,但因后两种观点将此前的闽南文化都定位为孕育期,而后即是成熟期,可见成熟和形成在这里含义大体相同。笔者是持第二种观点的,并一直认为,闽南文化的形成期应当是在唐初,是陈政、陈元光父子入闽带领以固始为主的众多中原民众入闽,并在平定当地的"蛮獠啸乱"后,创造了一个安定和谐的社会环境,奠定了闽南文化的基础,此后又历经了150多年的认真治理,在中晚唐时期闽南文化得以形成。而后,从宋元至明,闽南人逐渐迁居台湾与东南亚,尤其是明末清初开始的大批播迁,使闽南文化传播至台湾与东南亚,从而形成地域广大而人口众多的闽南文化圈。

一

闽南文化形成期的讨论,离不开对闽南地区开发史的研究,而作为"闽"的一部分,闽南文化的形成与发展与整体的闽地开发也是密不可分的。

虽然我们在追溯闽地发展史时,可以追溯到新、旧石器时代的古人类活动,追溯到春秋战国前的"七闽",乃至之后的"闽越"国的活动,等等。但是,同样不容置疑的是,闽地的发展并不是连贯向前的,而是有过长时间的中断过程的。

秦汉时期,闽越国曾在闽立国近百年,但汉武帝时,闽越王余善屡次反叛朝廷,汉武帝派兵入闽,击败闽越,尽徙其民,置之江淮间,闽地遂虚。虽然不久后,尚有少量遗民聚集于沿海,建立了冶县,隶属于会稽郡,但其人数应当是极少的。

三国东吴时期,吴国曾派兵入闽,并始设建安郡,辖九县。但其中八县均在闽北、闽东,闽南仅有东安一县(在今南安)。西晋统一中国后,在闽设二郡:建安郡与晋安郡,共辖15县,闽南地区仅有新罗(据考或在龙岩)、同安两县。当时全闽二郡仅有 8300 户,县均 500 余户,则广阔的闽南地区也不过千户左右,人数不会超过 5000。

　　闽地的开发,大抵是自北而南,逐步进行的,闽地在全国的沿海地区是开发最晚的地区,而闽南又是闽地开发最晚的地区,这是基本历史事实。闽地的开发与发展,和全国其他地区相比,是十分缓慢的。从汉武帝迁徙闽人至江淮间起,直到隋统一中国,期间长达近 700 年,全国南方大部分开发速度远远快于闽地,这从各地州郡的设置和人口的数量统计可知。而闽地直到此时,却并为四县,总计仅 12420 户,总人数当不过五万人左右。以全闽之地而仅有区区五万民众,其荒凉可知! 在闽地开发史上,唐以前为第一个时期,此时闽南人丁稀少,其居民一部分为闽越人后代,一部分为南迁的中原人,"没有发达的本土文化,当然也不会有区域文化了"①。只能算是闽南文化的孕育期。所谓孕育期者,尚未成形之谓也。

二

　　毫无疑问,唐代是福建开发史上最重要的时期,也是闽文化形成的重要时期。徐晓望先生认为,"闽文化形成与中原文化南传有相当的关系,在福建文化中,保留有许多中原文化的传统,而且构成闽文化的主流。从这一角度来说,福建文化是唐宋中原文化南传的结果,而且基本定型是在五代的闽国时期"②。这一看法,如果指的是以福州为中心的闽东文化形成期的话,大抵是不错的。但是,闽文化是一个特别复杂的区域,其闽北、闽东、闽中、闽南均有各自形态特点不同的次文化,闽西南的龙岩地区还有客家文化,不仅其方言有很大差异,其民俗也有很大不同,这一现象是因其形成期的先后而造成的。因此,我们应根据其不同的形成历史分别加以研究。闽南的早期开发虽然晚于闽北与闽东,但唐初的一次有组织的中原移民入闽,却改变了原有的历史发展进程。

　　唐代初期闽南及粤东地区发生的"蛮獠"之乱,导致唐朝廷于总章二年(669),派遣左郎将陈政以岭南行军总管事,率领中原府兵 3600 人及将领 123 员入闽平乱。之后,又由其母魏妈及其兄长陈敷、陈敏带领中原 58 姓援兵及亲属入闽。他们一边平定"蛮獠"啸乱,实行教化;一边开屯建堡,发展农工。陈政病故后,其子陈元光代领其众,继续其未竟之事业,并最终平息这场啸乱。垂拱二年(686),陈元光上奏朝廷,获准在泉、潮间增设漳州,以控岭表,并推行民族和睦政策,创办学校,实行教化。为安定边境,陈元光在州郡的四境设立四个行台和 36 个堡所,时时巡视,使得"东距泉建,西逾潮广,南接岛屿,北抵虔抚"的"方数千里"广阔范围内,几十年间无桴鼓之惊,从而成为一方乐土。

尽管陈政、陈元光父子此次入闽的事件在《唐书》中未曾记载,但其事件本身却是个不争的史实。纵览 20 世纪 90 年代以来,关于开漳史事和陈元光问题的讨论,我想有几点大多数人应当是有共识的:一是闽南(包括粤东的潮汕)开发史,和陈政、陈元光父子带领的数十姓中原民众入闽有着最为密切的关系;二是入闽的原因,与唐朝廷的平定岭南的"蛮獠"之乱有关(虽然有部分学者认为陈政、陈元光所平的为潮州一带的"蛮獠",而不是今漳州境内的"蛮獠");三是漳州的设置确为陈元光奏请唐朝廷,获准于垂拱二年所建。《旧唐书·地理志》载:"漳州,垂拱二年十二月九日置。"一个州的建置,竟然连月、日都写得如此清楚,查阅其他州郡的设置,有的有日期,有的没有日期,而有日期的,也不过写到"年",像漳州的建置连月、日都写上,可为绝无仅有的,显然,这件事在唐人眼中是比较引人注目的,因而才有这样的记载。

我曾经多次提到,唐初的中原移民入闽,和前后的几次中原移民入闽相比,有其显著的特点:一是由朝廷直接下达命令,有组织有计划的一次向南方的大移民,而且目的十分明确,在平定"蛮獠啸乱"的同时,要"相视山原,开屯建堡",作长期扎根的准备。这和唐末王绪在危机情况下,驱赶民众南下的状况显然不同。至于西晋末年的"八王之乱",民众零星迁徙南下,其状况更是不可同日而语。二是人数众多。据载,首批由陈政率领入闽的有府兵 3600 人及部将 123 人,第二批援兵 58 姓,人数应当更多,两批合计 87 姓,总人数应不下万人。历来史书记载中多写到姓氏迁徙,如晋末入闽,有 4 姓、8 姓、12 姓之说,唐末王潮、王审知入闽,有 18 姓、34 姓之说,唯有唐初这次移民,记载的姓氏竟达 87 姓。三是有坚强的领导核心,虽入闽者达 87 姓,但他们始终是统一于陈政、陈元光父子的指挥之下。这和唐末王绪驱赶中原民众入闽时,上下相互猜疑乃至自相残杀的状况更是迥然不同。四是持续时间长。如果不算陈政的母亲魏妈,陈政、陈元光父子之后,陈氏后裔又有三代人连续治漳(元光之子珦,孙酆,曾孙谟相继任漳州刺史),五代人治漳时间长达 150 年之久,这在历史上是罕见的。自陈元光战死,陈珦率兵为之复仇之后,泉潮一带,直至唐末的 200 年间,基本上是安定的,没有发生大的骚乱的记载。而唐末王审知建立闽国,虽也曾为闽带来 30 余年安定的局面,但自王审知死后,闽国便四分五裂,将领相互争权夺利,兵戎相见,使民众又再度陷入苦难之中。两者相比较,情况确有极大的不同。

我以为,正是有唐一代,在承平的气氛中,形成了闽南文化的主要特色。

在对闽文化的整体研究中,学术界已形成了这样的共识:闽文化中的几种形态,是由不同历史时期的北方移民入闽时间的先后而形成的。由于闽地山峦起伏,交通不便,当大批移民聚居于某一地区之后,他们保存了由原居地带来的语言、风俗习惯,从而在这一新的区域中形成了自己的移民文化。有的学者已指出,从中原入闽的各姓,往往是聚姓南下,而后又以村落的形式,聚族而居,形成了闽南的村落家族文化,"也是在这个基础上,闽南文化的一些初始特征开始形成,不仅形成了共同的语言与习俗,而且带有地域文化特征的共同观念形态亦渐次形成"③。史料记载中所说的由魏妈及陈敏、陈敷所带领的 58 姓中原援兵,实际上也就是 58 姓家族的聚族南迁,因为是奉旨南征,他们在迁徙过程中,虽然也遭遇到疾病、瘟疫的困扰,但行程总体应是比较顺利的。

语言学家在论及方言的形成时,曾经提出几种重要的条件:一是大规模的人口迁徙,到新的居住地形成了优势的地位;二是地理位置比较偏僻,如山川阻隔、交通不便;三是政治上的强大影响力。初唐的这批中原移民,正具备了这样的条件,试想,原来人口稀少的闽南地区,一下子来了上万人的移民,对当地所形成的冲击是可以想见的,而且这批人马又带着朝廷给予的使命来安定和开发这一地域,自然在政治上有极大的影响力。

至于闽南方言和闽东方言(福州话)的形成,向来是使我感到困惑的问题,为什么同是一省民众,方言差别到如此之大? 我一直寄希望于语言学界能对此作出回答。近日读到福建省社会科学院黄英湖先生的大作《中州移民的入闽和河洛话的传播》④,不觉豁然开朗。文中认为:唐朝初年,"陈政和他母亲从中州带入福建的军队,总数共有6500人,还有众多眷属也随军南下。这些移民在闽南定居后,也必然会把家乡的河洛话传到闽南,并和那里的原有的语言交汇融合。史家认为,闽南方言,就是在唐代中叶定型的"⑤。记录五代时期泉州禅宗和尚语录的《祖堂集》中,一些用词和句型与现在的闽南话基本相同。……由此可见,唐代闽南方言定型后一直流传至今,并没有太大的改变。

而关于闽东方言,则与唐朝末年王潮、王审知的入闽有关,文中说:

> 王审知的军队入闽后,成为福建的统治阶级。所以,他们和随后入闽的中州移民,大多定居在省会福州和周边肥沃的闽江下游平原。随着他们的到来,古代河洛话也在福州为中心的闽东地区传播,并和当地原有的语言结合,形成闽东方言。专家认为:"这次移民时间短,批量大,主要定居地是福州一带。现在的闽东方言显然就是那个时候形成的。"⑥

方言的形成与族群文化的形成应当大体是同步的,方言是族群文化的重要标志之一。我今年8月间在厦门举行的闽南文化论坛会的发言和同时写成《进一步拓宽两岸和谐交流的渠道》一文中,都谈到一个看法:

> 虽然,我们通常将福建文化称之为八闽文化,但这是一个比较大的地域文化概念,八闽文化是特别复杂多样的,它在不同的地域有不同的次方言与次文化。……我认为,一种地域文化的形成,应与大批移民与政治上的权威的形成有直接关系,这与一种方言的形成大致相似。楚人自中原南迁荆楚,而后楚族兴起统一南方,从而在两湖地区形成具有鲜明地方特色的楚文化。而唐初与唐末两次中原移民入闽,应是分别形成闽南文化与闽东文化的基础。因此,虽然以福州为中心的闽东,在

福建是开发得较早的地区,然而,闽东文化的形成主要是在唐末至五代时期,而闽南文化,则应早于闽东文化,在唐的中后期已形成。这种影响的最重要原因,即在于唐初陈政、陈元光率领的中原移民入闽所致。⑦

唐初中原民众随陈政、陈元光入闽,在平定"啸乱"的同时,尤其特别注重对原住地的"蛮獠"实行教化。"教化"说源于上古三代的传统,尤其是周代,周公制礼作乐,用以教化四方之夷狄,以夏变夷,《诗经》《尚书》中反复谈到这一点。陈元光在继承了他父亲的职务后,尤其重视教化的工作,他在给朝廷所上的奏表中明白指出:"兹镇地极七闽,境连百粤,自来极为难治。现元恶已诛,余凶复起,法随出而奸随生,功愈劳而效愈寡,抚绥未易,子育诚难。……诛之则不可胜诛,徙之则难以尽徙。"他认为"兵革徒威于外,礼让乃格其心",而治理的办法,"其本则在创州县,其要则在兴庠序。盖伦理谨则风俗自尔渐孚,治法彰则民心自知感激"(《请建州县表》)。

在州县获准建立之后,陈元光设置了唐化里,教化民众,至今其名尚存,他还创立了我国有史记载的第一座书院——松州书院,大力推行教化。以正统强势中原文化来教化边陲的民众,辅之以政治上的力量,使之得以顺利推行,原本人口不多且处于弱势的闽越文化,吴楚文化便退居次要地位,或消失,或融化于中原文化之中,乃是顺理成章之事。2007 年国家建立闽南文化生态保护实验区,肯定其比较完整地保存了古汉文化,唐初由陈政、陈元光所率领的中原移民入闽,其功甚伟,绝不可等闲视之。

三

近来,读一些学者论及唐初中原移民入闽这一事件对闽地文化的影响时,往往都认为,以往对这一事件的影响估计过大,其依据,则多举建漳之后,漳州人口在一段时间内未见明显增加为证。我以为,这样的评价是不合事实的。这些年来,在闽南史和闽南文化研究中,为闽南文化奠定了根基的唐初中原移民开发闽南的史实,在一定程度上被搞得模糊不清,他们的功绩和影响不是被夸大了,恰恰相反,是被大大地缩减了。造成这样的状况,关键与研究者的不太科学的研究方法有关,为此,有必要作一番比较深入的探讨。

我曾经开玩笑地说,陈元光到宋代被封为"开漳圣王",既是他的荣幸,也是他的不幸。所谓荣幸,是说他地位的提高,从原来"侯"的封号晋升为"王",确实又上了一个台阶;所谓不幸,是因为"开漳圣王"的称号,把他的作用缩小了,后代人往往只注意他"开漳"的功绩,即在漳建州县、兴文教等方面的工作,而不是从整个闽南乃至粤东这一广阔领域的开发和奠定闽南文化的基础的角度来进行评价。其甚者,如有篇文章提到,在台湾的泉州籍移民和漳州籍移民发生械斗时,漳州籍移民将开漳圣王请出来作为自己的保护神,而泉州籍的移民则将开漳圣王像抢出来加以羞辱的怪事⑧。不知道陈元光原也曾是泉州人信奉的保护神。

而有关陈政、陈元光籍贯的争论中,论者也往往各执一词,如徐晓望先生在《福建通史》中认为,"所谓陈政是'岭南土著''义安人'诸说都是可以否定的",他并据宋代的《仙溪志》记载,枫亭有"威惠灵著王庙二,在枫亭之南、北。按漳浦《威惠庙记》云:陈政仕唐副诸卫上将,武后朝戍闽,遂家于温陵之北,曰枫亭,灵著王乃其子也。今枫亭二庙旧传乃其故居"⑨。从而他认为:"根据这条史料,陈政于武则天时期入闽,居于仙溪县境内,当时仙溪县属于泉州。若这条史料可信,陈氏家族主要活动于福建境内,而不是广东,他平定泉潮间的叛乱,应是从泉州出兵,而不是从广东北上。"⑩

但是,有的学者根据宋《舆地纪胜》卷91《循州·古迹》所载:"朱翌《威惠庙记》云:'陈元光,河东人,家于漳之溪口。唐仪凤中,广之崖山盗起,潮泉皆应。王以布衣乞兵,遂平潮州。'"认为,陈元光从父驻兵绥安,家于漳江入海口。

还有学者据明嘉靖《广东通志》卷515"陈元光"条记载:

> 陈元光,揭阳人。先世家颍川。祖洪,丞义安,因留居焉。父政,以武功著,隶属广州扬威府。光明习韬钤,善用兵,有父风,累官鹰扬卫将军。仪凤中,崖山剧盗陈谦攻陷冈州城邑,遍掠夺岭左,闽粤惊扰。元光随父政戍闽,父死代为将。潮州刺史常怀德甚倚重之。时高士廉有孙定嗣为申国公,左迁循州司马。永隆二年,盗起攻南海边鄙,定受命

专征,惟事招抚。乃令元光击潮州盗,提兵深入,伐山开道,潜袭寇垒,俘馘万计,岭表悉平。还军于漳,奏请创制漳州……诏从之,就命元光镇抚。久之,残党复帜,元光力战而殁。事闻,上旌其忠,初赠右豹韬大将军,诏立庙漳浦。

这些学者根据上述的记载,至今仍坚持陈元光的籍贯应是广东揭阳,属当地的土著,他并未从中原带领 87 姓民众入闽,其军队应当是在当地招募的。

上述的三种记载和依据这三种记载得出的结论是如此的不同,其原因何在? 我以为,关键在于研究者未能用整体分析的观点来看待和认识这些问题。他们只注意到陈元光开漳建漳、任漳州刺史的行政职能方面工作,而忽视了他身为岭南行军总管,担负着闽地(包括潮州在内,因当时潮州和闽全省,均属江南道所管辖)的军事重任。陈元光在上奏朝廷的《请建州县表》中,开头即自称"泉潮守戍、左玉钤卫翊府左郎将臣陈元光言",泉指泉州,为今福州所在地,潮为潮州。由是,我们知道,陈元光和他父亲陈政所担任的"岭南行军总管"一职,实际上是全闽中地区的最高军事长官。当时闽中居民数量不多,而陈元光拥有上万人的军力,承担这样一个区域的军事任务,在正常情况下是可以的。既然陈元光军队防守区域甚广,那么,上述三项记载陈元光的故居地,都是可能的,因为都在陈政、陈元光的防守区域之内。史料载,陈元光建漳后,"立行台于四境:一在泉之游仙乡松州堡,上游直抵苦草镇;一在漳之安仁乡南诏堡,下游直抵揭阳;一在常乐里佛潭桥,直抵沙澳里大母山;一在新安里大峰山,回入清宁里庐溪堡,上游直抵太平镇。或命参佐戍守,或时躬行巡察。由是东距泉建,西距潮广,南接岛屿,北抵虔抚,方数千里威望凛然,间无桴鼓之惊,号称治平"⑪。《漳浦志》其本传作:"由是北距泉兴、南逾潮惠、西抵汀、赣,东接诸岛屿,方数千里无烽火之惊,号称乐土。"上述两文所举四行台之出处甚详,其中所涉及的地理位置,既有在泉州之内的(如游仙乡),也有在潮州之内的(如揭阳),正符合他的管辖范围⑫。而许天正的传中,记载他"历官泉潮团练副使",皆可证明其管辖范围。而且,据史料记载,学者们都一致认同陈元光的主要作战地区是在潮州,假如潮州不属他的军事职守范围,他又何须前后几十年,身经百余战,乃至最后以身殉职去平潮寇? 因而,陈元光的几十年征战,保卫的是整个闽地的安全,只不过当时闽北、闽东比较安定,战事频频发生于南境的漳潮,因而他驻守漳州,"以控岭表",潮州告急时,他即可率兵南下平乱。这样,时时巡视四境的陈元光,在温陵(即今泉州)之北的枫亭有故居,在揭阳有遗迹,岂非十分正常的事吗? 而"溪口",在今云霄县,其地名尚存。这里也确有他的居处。

至于许多学者以漳州人口在开元、元和间数量仍然不多,以证明初唐入漳的人数并非如传世史料所说的那么多,则是缺乏作进一步分析得出的结论。既然陈元光所管辖的范围那么广,他的 4 座行台和 36 堡分居各地,自然就要把人马也分散到各地去,不可能都聚集在漳州一地。而且,我们从各姓的族谱资料中发现,随陈政、陈元光开漳的将士,也并非都留在漳州,有的返回了中原故地,有的调往他省,有的移居泉、潮,当然不是局限在漳州,因此,漳州人口在此后发展不快,与唐初中原移民数量并无直接关系。这方面的资料甚多,只是限于篇幅,这里就不展开论述了。

由是可知,将开发闽南、粤东大片地域的陈政、陈元光及其所率的中原将士、移民的作用仅仅局限在漳州一地,就事论事地评论其功过,甚至以为连开漳的事迹也有夸大之嫌,未免太冤枉古人了。

当然,为陈元光的历史功绩鸣不平的人还是有的。如贝闻喜在《潮汕历史文化的主要开拓者陈元光》一文中,对陈元光一生为潮汕地区的社会安定与经济发展,文化的昌盛所作出的贡献作了比较实事求是的分析与评价,他认为:"陈元光是唐高宗时的名将、政治家和诗人。……他留居潮州、漳州共 41 年,比常衮、韩愈治漳时间长得多。陈元光身经百战,多次平定潮州贼寇之乱和畲汉纷争,促进民族团结,安定社会秩序,发展潮州经济,传播中原文化","使泉潮两州人民得到安居乐业,使战乱频仍和荒芜落后的潮、泉经济得到迅速发展,出现了'人物辐辏,文化渐开,帆船如云,鱼盐成阜'的繁荣景象",从而他认为,"不能将前人治潮之功毕集于治潮八月的韩愈一身"[13]。我完全同意贝氏在此所作的评价。

对于历史上作出重要贡献的人,民众是不会忘记他们的。陈元光的事迹,虽然正史无传,但闽、粤两省通志,诸多府、县志均记载有他的事绩,广大的闽粤大地,曾建有众多祭祀他的庙宇,由这次开发而形成了从闽南到粤北的闽南文化核心区,而后又随台湾的开发和历代移民的迁徙,将闽南文化播迁到全国的广大地域乃至世界上的许多国家。许多地方民众争以有其人而感到光荣和自豪并将其载入本地的方志之中。这便是历史作出的最公正的评价。

四

下面,我想简单介绍一下闽南民系的播迁情况。

闽南民系的大本营在唐代已经形成,其区域除了今日的厦漳泉三地外,其北部应包括今日的莆田、仙游地区,这个地区原属泉州管辖,宋代的《仙溪志》记载,陈政戍闽时,家于温陵(今泉州)北的枫亭,后人在其故居建成了两座威惠灵著王庙⑭。其南在今潮州,揭阳一带,其范围是"东距泉建,西逾潮广,南接岛屿,北抵虔抚"的"方数千里"的广阔地域,今闽西的龙岩、漳平当时直属漳州,直至清代才从漳州分离出去的,而今日闽西的龙岩所属的西部客家居住的县,原也应属陈元光的军事管辖区,这里较之闽南,人烟更加稀少,自然生活环境也比较恶劣,因而后来成为了客家先民的聚居地。今日在闽南、潮汕这一闽南民系的核心区居住有3000多万人。潮州原归属福建管辖,唐中期以后才归广东管辖。但潮州人向来有"潮州福建祖"之说。从众多族谱记载可知,宋、元、明各代仍有大批闽南人移居潮汕惠一带。

闽南人向海南省外迁是在元朝之后,历经明清二代而人数剧增,目前海南人中多使用闽南话,人数达400余万。

明末清初,闽南人开始大批向台湾移民,至乾嘉时期达到高潮,目前台湾人口中,大多数为闽南人的后裔,总人口约有1800万之多。自宋以来,闽南的泉州港、漳州月港先后成为中国与海外贸易的主要通商口岸,因而闽南人随着贸易的商船,一批批地前往南洋乃至世界各地,目前仅东南亚各国,闽南籍华人便有1200万以上。

此外,还有部分闽南人外迁福建省的其他地区及省外的浙江、江西、四川、江苏、广西、河南等地。

目前,全世界的闽南民系总人口应在 8000 万左右[15]。

注释:

① 徐晓望:《福建通史·隋唐五代》第二卷,福建人民出版社,2006 年版,第 12、17 页。

② 徐晓望:《福建通史·隋唐五代》第二卷,福建人民出版社,2006 年版,第 12、17 页。

③ 苏黎明:《闽南村落家族文化与闽南文化》,《闽南文化研究》(上),海峡文艺出版社,2004 年版,第 128 页。

④ 黄英湖:《中州移民的入闽和河洛话的传播》,《闽台文化交流》2007 年第 4 期。

⑤ 李如龙:《福建方言》,福建人民出版社,2000 年版,第 26、30 页。

⑥ 李如龙:《福建方言》,福建人民出版社,2000 年版,第 30 页。

⑦ 汤漳平:《进一步拓宽两岸和谐交流的渠道》,《闽台文化交流》2007 年第 4 期。

⑧ 吴云山:《试论台湾的开漳圣王信仰》,《闽台文化交流》2007 年第 2 期,第 26 页。

⑨ 宋·黄岩孙:宝祐《仙溪志》卷 3,福建人民出版社,1987 版,第 65 页。

⑩ 徐晓望:《福建通志》第二卷,福建人民出版社,2006 年版,第 26—27 页。

⑪ 欧阳詹:《忠毅文惠公行状》,《开漳史参考资料》,云霄县开漳历史文化研究会编印,第 81 页。

⑫ 欧阳詹:《忠毅文惠公行状》,《开漳史参考资料》,云霄县开漳历史文化研究会编印,第 81 页。

⑬ 贝闻喜:《潮汕历史文化的主要开拓者陈元光》,《岭南文史》1999 年第 4 期。

⑭ 宋·黄岩孙:宝祐《仙溪志》卷 3,福建人民出版社,1999 年版,第 65 页。

⑮ 参见郭锦桴:《闽南人外迁及其方言文化的传播》,《闽台文化交流》2008 年第 1 期。

台湾传统文化之源在光州固始

吕清玉

吕清玉(1947—)男,汉族,福建省南安市人。毕业于福建师范大学。曾任中学教师、三明地区新华书店业务科副科长、外文书店常务副经理、三明市地方志编辑。兼任中国河洛文化研究会理事、福建省翻译协会理事、省民俗学会会员、市作家协会会员、市科普协会会员、市水利局编辑组长等。主要从事中原河洛文化研究、地方志、客家学等研究。主编《三明市志·人物志》。先后为《人民日报》、三明市媒体、侨报、福建史志等撰写稿件100多篇。

固始在河南省东南部,台湾则在海峡之东滨,相距千里,有何关系? 两者文化有何联系呢? 中原文化源远流长,博大精深,具有强大的辐射性和传承性,台湾文化有同源性、包容性,能够吸纳各种优秀文化。中原文化通过固始移民从闽传到台湾。台湾传统文化是中原文化的延伸,两者的关系是亲戚关系。以下从血缘、地缘、文缘、俗缘、神缘、史缘等方面展开论述。

一、从移民史看固始人与台湾人的血缘关系

原台湾文献委员会主任林衡广写道"淡江水连闽江水,龟山云接鼓山云"。据《福建省志·人口志》记载:宋代是北方人口南迁福建最多的时期。宋代以前,以北方人口迁入为主,宋代以后逐渐演变为向国外和台湾省迁出

人口为主。①"靖康之乱,中原涂炭,衣冠人物,萃于东南"②。宋皇族许多人
"移西处于福州,南处于泉州以避难"③。《三明市志》也有相关记述:"客家
先民祖居中原河洛,从晋朝开始辗转南迁。"④沙迳县之迁县先祖邓光布将军
祖籍在河南光州。笔者在今年9月版《河洛文化与闽台关系》一书中发表
"闽台姓氏大多数来自中原"一文论证136姓中80%以上的闽人是从中原迁
来,58.82%的移民来自固始,比如梁、吴、吕姓等跟随王审知而来,闽人有
3500多万,固始籍者有1000多万。台湾的固始籍人也很多。

　　固始等地的晋朝子民们到闽后为江河取名为"晋江",以寄托他们对故
园的思念,叫泉州××区为洛江区,又在惠安建造洛阳桥。南安眉山乡吕姓
聚居的田内村有"磻溪小学",磻溪乃姜太公(吕尚)钓鱼处。泉州市原称晋
江地区,现我省经济总量第一名,晋江市名列第四,名列全国百强县前茅。
晋江的石狮镇已发展为市,名闻中外。《泉州府志》记载:泉州家谱中大多数
姓氏根在中原或北方,大都记载祖先出自光州固始。中原文化绿化泉州大
地,融合成海滨邹鲁。

　　西晋末年,"永嘉之乱"时中原难民南迁上百万。隋代闽人才12000余
户,到唐开元、天宝年间(713—756)跃为93535户。增加6倍。唐总章二年
(669)陈政父子率军5600人58姓入闽平乱,陈母、陈元光又领1万人支援。
陈元光成为"开漳王",漳州设庙奉祀。台湾有46座"开漳(州)圣王"庙,香
火甚盛。唐末固始人王审知兄弟部队入闽,以后成立闽国。闽王王审知,福
州、厦门等地树雕像纪念他。台湾也有王审知庙。宁化人口自唐开元年间
的5000人至南宋宝祐年间暴增至11万余人。中原与固始移民至闽者特多。

　　从原住民南迁至国民党驻台,从闽等地迁台者特多。台湾人口2300多
万,全讲国语(汉语),讲闽南话的有80%多,客家人有500万,外省人占
5%,原住民仅占2%。迁台闽南人中泉州籍占44.8%,漳州籍占35.2%,闽
南籍共83%多。台湾闽南人、客家人都自称"河洛人"、"河洛郎"、"唐山
人"。台湾哥仔戏横幅标语上写道:"河洛大舞台"。因为迁台者多数是河南
人、河洛人、固始人,比如王、黄、李、林、张、刘等姓。台湾民间常说:"我们祖
先是从唐山来的。"唐山指唐朝统治过的中国山川。在台有国姓爷(郑成功,

南安人,祖籍固始)庙 100 多座。因为郑成功驱赶荷兰侵略者,收复台湾有功。他带 3 万多军民赴台,绝大多数是闽南人。他们在那里生根开花结果。

二、族谱证实固始人与台湾人的血缘关系

族谱是血缘关系的铁证,在发现 DNA 以前更是如此。宋楚瑜访问大陆时说得好! 我们是堂堂正正的中国人,无须 DNA 检验。中国族谱历史悠久,已有 3200 多年历史。它与正史、地方志构成历史文献的三大支柱。美国犹他州、晋江、四川等地都有谱牒研究会。上海图书馆存 11170 种,北京图书馆存 2770 多种族谱。当代不修谱,后代人忘祖。孙中山曾说,由宗族的大团结扩大为民族的大团结是中国特有的良好传统观念。1958 年毛主席在成都大会上说:"研究家谱,族谱,可以知道人类社会发展的规律,也可以为人文地理,聚落地理提供宝贵的资料。"中国人崇祖敬宗,热爱宗族、民族,提倡忠孝,忠于祖国,忠于民族,"精忠报国"(岳母为岳飞刺字)。"三代不修谱,是为不孝"。血缘体现在姓氏,姓氏群落史记在族谱中。中原姓氏上千种,河南是李、王、张等 200 多个大姓的发源地。比如:燧人氏在商丘市,黄帝轩辕氏在新郑,下属姓:公孙、姬、熊。蚩尤氏墓在台前县,是黎、苗、郑等 10 多姓的远祖,颛顼(高阳氏)墓在内黄县,后代有江、蒋、陆等 10 多姓,帝喾(高辛氏)墓在内黄县,有邹、唐等多姓,帝尧(陶唐氏)之子丹朱在河南范县留下刘、赵等 10 多姓。帝舜(有虞氏)生于南阳姚墟,后代有陈、胡、田等多姓。200 多个姓人口上亿人,主要有李、王、张、陈、杨、黄、周、孙、胡等。上述姓氏南迁于秦朝,有 50 万大军越岭南,唐初陈政率 3600 人 58 姓入闽平乱。唐末王潮、王审知(固始人)率大军 3 万人 34 姓入闽建国。宋朝有 500 多万迁至闽赣。元、明、清时期,迁台者渐多,比如:郑成功(祖籍固始)率 25000 人入台驱赶荷兰侵略者,主将中有冯、马、杨、刘、陈、曾、施等姓。1683 年清朝统一台湾后掀起移民高潮,大部分从闽过去。1926 年台湾汉人 375 万,闽人310 多万,占 83% 强,其中泉州人占 44.8%,漳州人占 35.2%,广东人次之。闽客家人赴台有 200 多姓,现有 500 万,绝大部分是中原汉人后代,宁化县方志办于 20 世纪 90 年初到全国收集 100 多部族谱,证实宁化石壁是客家人祖

居地。广东客家人由此迁出,又到台湾去。所以台湾很多人到石壁寻亲谒祖。

1956 年台湾户口统计,500 人以上的 100 多个姓氏中有 63 个姓的族谱记载其祖先来自河南。63 个姓共 670512 户,占全省总户数的 80.9%,所以台湾有《唐山过台湾》的故事,有《根——台湾的过去和现在》的文物图片展览,有电影《源》等。

1981 年,台湾国学文献馆成立,盛清沂编辑文献馆族谱目录,整理闽人赴台资料等。1984 年 11 月 20 日,国家档案局、教育部、文化部专门发文"关于协助编好《中国家谱综合目录》的通知",广泛收集族谱。同年,福建人民出版社出版的庄为玑、王连茂编辑的《闽台关系族谱资料汇编》记载 100 多部族谱简况,都与台湾有关,泉州图书馆已上网传布。1987 年,赵振绩主编《台湾地区族谱目录》共 10613 种族谱,其中陈氏 1084 种,李氏 570 种,苏氏 93 种,数量超过一些省、市。族谱都记载从闽迁台的历史。台湾人口居多的八大姓(刘、陈、张、黄、林、徐、邱、李)祖先都是从宁化石壁辗转入台。石壁人是中原来的,所以台湾人的祖先来自中原一带。同安县政协文史资料委员会编辑出版《同安姓氏专辑》,记述同安 71 个姓氏的源流及迁居台湾与海外的概况。近年来,族谱正在起越来越大的作用,比如证明闽台亲人关系,为海外华侨华人寻根谒祖提供可靠资料,解决了菲律宾前总统阿基诺到闽寻根问题等。目前大陆已出现许多文章探讨修谱问题,但尚未发现系统理论著作或正式的修谱方案。而台湾已在 20 世纪 70 年代后期至 80 年代后期,由学术界拟制了两种新族谱编写方案。说明他们很重视中华民族文化传统,很重视历史研究。研究成果证明其祖先来自中原闽南等大陆省市。98% 是汉人,2% 是原住民也是早朝的中国人。

三、固始、福建与台湾同属中国领土,地缘相连,地名相似

中原是中华文化的发祥地,处于中国的心腹地带。台湾虽在海峡东岸,但地质学家证明:台湾是大陆地形的一部分,位于我国东南海的大陆架上,与闽相连,曾属闽辖。台湾原住民是我国北方的南亚蒙古人。公元 230 年,

吴王孙权曾派卫温、诸葛直率领1万多水兵到台湾(称夷洲)。元朝加强对台湾管理。荷兰、日本曾入侵,郑成功、施琅、国民政府先后收复。1945年回归祖国至今。联合国与绝大多数国家与人民公认台湾是中国合法的神圣领土。

地名是历史地理文化的活化石。中国人取地名是有历史根据的,有人缘关系的依据,有着浓厚的社会文化背景、时代意义与地缘要求,并寄托人们美好的愿望与记忆。比如:泉州厝就是泉州人到台湾的聚居地。台湾是较晚开发的新拓地,地名寓意更深刻、更鲜明。

闽人先祖到闽时为了纪念故乡取名"晋江"、"洛江区"、"洛阳桥",泉州设李(耳)太老君观光区等。闽人到台后也是如此,搬用许多故乡的地名。台湾许多地名都与大陆移民先祖及祖地有关。与拓垦者的姓氏有关的地名有台南县的胡厝、孙厝、谢厝寮等。闽南话叫房屋为"厝"。客家人叫"屋",如苗栗县的头屋,桃园县的宋屋等。与拓荒者的祖籍有关的地名有彰化县的泉州厝,嘉义县的南靖(吕秀莲故乡),云林县的龙岩等。闽籍移民用祖籍地府、州、县名称呼的在台湾多达50多个。与拓垦者的户数有关的地名有高雄市的三块厝、台中县的四块厝、嘉义县的五间厝等。与拓垦者的防卫设施有关的地名有台南县的土城子、台中县的土牛沟、台北市的石牌(清代官府在汉番交界处所立的标志)等。与郑成功军事建制有关的地名有台南的将军、左镇、新营、五军营、前锋、后协等。与开基人有关的地名有南投县的国姓乡(指国姓爷郑成功,固始人)、将军乡(施琅将军管庄所在地)、台南市的本渊寮(纪念开发始祖黄本渊)等。与政治教化有关的地名有仁化里、永晋里、新和里等。漳化县是原名半线,普社,为了"彰显王化",官方命名"彰化"。

四、中原、固始与台湾的文缘甚深

中原文化起步最早,创造文字语言等,两地文字都用汉字,语言也受中原影响。

1. 两岸文字一样。中原在60万年前就有猿人文化,从远古到夏商周时期,文化比较发达。活动中心在新郑。黄帝时期发明了文字、音律、算术等。当然语言发明更早。中原成为中华语言文字的发祥地。河南郾城人许慎(58—147 年),是东汉著名文字学家、著名经学家,著《说文解字》,是中国首部字典,可见中原文化水平之高。

台湾人热爱中华文化,历代都用汉字,自古流传篆、隶、楷、草书等。文体也与大陆差不多,从古文发展到白话文。荷兰、日本入侵时期,进行殖民教育,开展"皇民化运动",打击中华文教,但台湾人坚持斗争,仍然学习、使用汉文,讲汉语。台湾光复后在学校开国语课发扬中华文化。台湾的大学生、留学生比例比大陆一些省份还高,培养了大批人才。马英九等人都是哈佛大学毕业的高材生。70 年代,大陆实行文字改革后用简化字,台湾人仍执着地坚持使用古老的繁体字(毛笔书法用繁体字更丰满、更飘逸),对简化字不太感兴趣。1987 年两岸开放交流后为了交际与生意,他们也渐渐熟悉简化字,好多人已适应。

2. 两岸语言相通。大陆流行普通话,台湾人叫国语,表达他们对祖国语言的认同。他们叫孙中山为"国父",也是热爱国家领袖的一种表达,他们仍坚持"三民主义"。近年来,连原住民、少数民族也讲国话或闽南话,竞选时人们都要用各种语言与选民沟通。有的人会讲国语、闽南话、客家话等。台湾有 90% 以上的人讲闽南话,连客家话里也夹杂一些闽南话。闽南话俗称"福佬话"。福佬指福建闽南人。闽南话是古代河洛话的延伸与发展,带上古、中古音。用闽南话朗诵唐诗、古诗,语音、语调更加确切。在第四届国际河洛文化研讨会上有位台湾学者上台朗诵时赢得热烈掌声,我们听了很亲切。台湾大学生和大陆大学生辩论多次,他们的国语不亚于一些名牌大学生,多次获奖。近日北京小学的和平使者赴台交流,好像回家一样讲话、参观、旅游,其乐无穷!

清代官书记载(《台湾笔记》):台湾"土音啁啾,出莫能辨;呼内地人曰外江郎(人)";吃烟曰"脚荤",茶曰"颠",饭曰"奔",走路曰"强",土娼曰"摘毛官",玩耍曰"铁拖"。外省人听不懂,台湾人却听得懂那是闽南话。客家人说,"宁卖祖家田,不卖祖家言"。他们到台湾仍坚持讲客家话。所以该话成台湾第二方言。若认真研究闽南话与客家话也有相通的词汇,比如"日头"等,因为都是中原古音。

五、台湾传统民俗承袭中原、固始古风

民俗习惯是区分一个民族、民系最重要标准之一。固始古风与闽台民俗大同小异。因时代的变迁,地区差异或受外界影响,稍有异变。从岁时节庆、婚姻等方面来比较看看。比如:

1. 岁时节庆基本相同。固始岁时节庆起源很早、已于先秦成雏形,成熟于秦汉,至唐代趋于完备、稳定。其俗主要与农业生产,生活密切相关,有农作文化特点。也与敬神崇祖相结合,又离不开食俗,固始人以食为天,过年过节花样特多。食俗是最具特点的表现形式。俗话说,宁省一日,不省一节。人们平时省吃节用,过年过节就放开了,慷慨大方。节日成为改善生活的好机会。娱乐节目当然也更配套,中原节庆共60多个,大节有春节、元宵节、清明节、端午节、中秋节、重阳节、祭灶节和除夕。其次有二月二、冬至、腊八等。

台湾传统节日与中原大致相同,与闽一样。春节有"开春"拜年之礼,元宵节吃元宵、赛花灯、猜灯谜等,端午节吃粽子,赛龙舟,中秋节一家团圆吃月饼瓜果,赏月畅谈,重阳节登高致远,除夕全家团圆吃年夜饭,围炉守岁。还有特俗:鞭炮轰好汶汉等。

2. 婚嫁习俗原则一致。固始古俗乃闽台习惯之源。固始旧时遵从"父母之命,媒妁之言",奉行门当户对,夫唱妇随,毫无自由,遵循传统的"六礼",纳彩、问名、纳吉、纳征、请期、亲迎。最重要的是订婚与结婚。台湾虽有闽南人、客家人之分,却都遵从"六礼"习俗,1949年大陆解放后移风易俗,简化婚礼。在台湾仍比较传统化,尤其是农村,仍坚持古风。

台湾人坚持同姓不婚,就连"周、苏、连"、"陈、胡、姚"等也不通婚,认为生于同一祖先,通婚不得。他们结亲的第一步是"相亲",通过媒人认识对象。男方满意则到茶杯上放大红包,女方同意,就请吃芝麻、红枣、花生泡茶。相亲即告成功。旧时还有大妻、小妻、内婚。成婚那天,大体与闽南风

俗一致。特习有：新娘上轿时，女家泼一碗水在轿上，表示"泼出去的水"，要求婚姻美满，安心在男家。轿旁系一根带根叶的青竹（称"踏脚青"）以示新娘是初嫁，到婆家后家福人康。花轿后边须挂一个米筛，以避招祸。出门不远，新娘要丢折扇或手帕之类，以表不留恋娘家，决心到婆家。花轿到男家还要过米筛、踩破瓦、过火盆等。然后拜天地、高堂、入洞房、迎宾客等等。

六、中原、福建与台湾的宗教、民间信仰大同小异

道教与中原文化关系密切。鲁迅说过："前曾言，中国根底全在道教，此说近颇广行。以此读史，有许多问题可以迎刃而解。"中原习俗无不打上道教烙印。道教奉老子为教主，他是河南鹿邑县人，是古代哲学家、思想家、宋真宗封为"太上老君混元上皇帝"。河南成为道教理论的发源地。从中原南迁的闽台先民都信仰道教，泉州设太上老君观光区，供人瞻仰。

佛教最初传入的地区是中原，自汉至北宋，中原成为佛教发展基地，活动的主要舞台。南下的官员王审知等人信道教与佛教，投入大量物力财力，福建成为庙宇较多的地方。郑芝龙也是信道与佛，造成道佛不分的原因之一就是跟上层人物的信仰分不开。

中原福建与台湾的民间信仰大同小异，共同信仰的有最高至上玉皇大帝（即天公），诞辰是正月初九。这天全民共庆，多方祈福。逢年过节办喜事，也要拜天公、敬祀天公。近年来，闽台掀起"妈祖热"，年年共庆妈祖诞辰等。台湾信徒有上千万人，一些忠实信徒不顾当局阻挠直航到湄洲拜谒进香，打破两岸海运不通的僵局。台湾庙宇多达一万多个，香火特旺，庙产富裕。当妈祖金身渡海巡台时，万人空巷朝拜，轰动一时。佛舍利抵台时也是热闹非凡。过年过节庙宇香火特旺，善男信女纷纷捐款，庙宇经费充裕。

金门俗话：有庙宇，有祠堂才能成乡里。这说明台湾人普遍信仰道教或佛教，并产生宗教文化的混杂。"道冠儒履释袈裟，三教原来是一家"。台湾庙宇供奉道、佛、儒诸神，三教神灵和平共处。当今台湾信民的风尚信念是：见神就拜，见庙就磕头。人云：有烧香有保庇。香火特旺。

台湾人敬祖崇英，人物崇拜也很普遍。比如：关帝庙甚多，妈祖庙到处

是,也有陈元光庙、王审知庙、郑成功庙、吕洞宾庙、城隍庙等。我省民俗学会曾和台湾有关单位联合召开妈祖、玉皇大帝、城隍学术研讨会,并出论文专集。两岸文化交流越来越多,促进相互了解,增进同胞情谊。

七、台湾戏剧来自闽,闽戏受中原影响大

戏曲的故乡是中原。河南地方戏曲品种较多。富有鲜明特色的有:豫剧、曲剧和越调。还有大平调、二夹弦、宛梆、汉二簧等。由南迁的官员、艺人与平民传到闽。比如五代泉州太守王延彬(固始人)常请中原艺人表演节目。经过上千年与当地文化交融后产生了泉州南音、莆仙戏、梨园戏、四平戏、闽剧、高甲戏、话剧等。用的方言有闽南话、莆仙话、福州话等。这些方言中保存大量古音古调,成为古音"活化石"。

台湾戏剧绝大部分由闽传入,也有外地戏。因民俗欣赏习惯不同,叫法不一,内容一致。比如,梨园戏叫"下南腔",下南即泉州、漳州。"七子班"(即前台只有生、旦、净、末、丑、贴、外)、南管戏(即南音)。明代时叫"泉腔",在妈祖宫前唱。漳州四平戏在台湾叫"四棚戏"。闽剧(讲福州话)在台叫福州戏。闽南高甲戏叫"交加戏"。"乱弹戏"即汉剧、京剧一类。唱皮黄声腔系统的则叫"正音戏"(台湾以国语为正音,方言叫土音)或"文化戏"。越剧则叫"绍兴戏",这与闽早期叫越剧为"绍兴文戏"有关。台湾歌仔戏是吸收大陆传入的锦歌、车鼓、车采茶等艺术形式后创造的,客家采茶戏在桃园、苗栗、新竹一带流行。还有豫剧、京剧、粤剧、布袋戏、傀儡戏、江淮戏、晋剧等。玄奘(河南偃师人)西游记、包公戏、杨家将等较受欢迎。少林武术团赴台演出,轰动一时。

台湾的传统戏剧往往与宗教、民间信仰相结合,在神佛圣诞,寺庙庆典,祭祖祈愿等活动时演出,成为一种仪式行为,表达某种意愿。又是一种群众文艺活动。

八、台湾传统教育深受中原、福建影响

中原教育,首屈一指。轩辕氏在新郑一带活动发明了教育之本:文字,

从两万多年前的安阳小南海文化发现当时教育内容是教人们使用石器工具、畜牧等。夏朝在河南产生学校教育，主要有"明人论"。国学设东序、西序。两周设"大学"，首都洛阳是文教中心。李斯（河南人）发明小篆，笔画更简。商鞅（河南人）、韩非（河南人）对教育影响很大。贾谊（河南人）提出仁义为治国之本，主张建立礼制，提倡教化，官学教育发达起来。东汉中原地区又成为全国文教中心，私学遍布中原。隋朝在洛阳设太学、书学、律学等校，中原设府、州、县学。唐朝中原科教相当普及。宋代中原教育制度更完善，重文轻武，尊师重教，书院大发展。元代中原社学义学相当普及，书院并肩发展，著名书院有 9 所。明清时期，以程颢、程颐理学为指导思想崇儒尊经，尊师重教，府、州、县学遍布中原。最大书院是丽泽书院。还办社学、义学等。中原著名教育家有伊尹、墨子、贾谊、韩愈、二程、许衍、王延相等。

入闽官员陈元光、王审知、李椅、陈珦等大抓教育，程颢、程颐的学生杨时传授罗从彦，李侗、朱熹等。朱熹创办、合办 28 所书院，弟子满闽。他创立"朱子学"等，还到金门等地授课。台湾教育深受朱熹等人的影响，闽台被视为共同文化区。郑成功入台后大抓教育，闽籍官员、教师胡焯猷、薛士中等人大办书院、义学，教育事业蓬勃发展。光绪十九年（1893）台湾书院共 60 所。150 多名学者，800 多文人赴台教授传播朱熹闽学，有"朱子门人半天下"之说。

台湾书院大多祭朱熹（今日福建师范大学有朱熹语录）。连横在《台湾通史》中指出：台南风俗纯古，多沿紫阳（指朱熹）治漳（州）之法。数十年前妇女出门，必提纸盖障面，谓之"含蕊伞"。可见朱熹影响之大。清朝还在原住民区办"义学"，播下中华文化种子。台湾人学国学，讲国语，排除荷兰、日本等外侵者的文化迫害，发扬了中华文化。新儒学为台湾等"四小龙"腾飞提供了理论依据。台湾的大学生、留学生、博士生的比例很大。马英九、吕秀莲等人都是哈佛大学毕业的。

九、中原与台湾的史志编修各有千秋

治国者以史为鉴，治郡者以志为鉴。中华文化中史志是很重要的组成部分,史、志、族谱是构成历史文献的三大支柱。地方志占中国古籍书的1/10,史书也很多。江泽民曾指出:"修志是承上启下,继往开来,服务当代,有益后世的千秋大业。"中原史志编纂历来在我国占有领先地位,因为中原曾是全国政治、经济、文化中心,为史学工作者提供大量素材与研究条件。

秦汉后史学发展了。汉代中原史学主要是正史研究。褚少孙(禹州人)曾补《史记》之缺十篇。应奉著《汉事》,王隐著《晋书》,干宝著《晋纪》,江淹著《齐史十志》。卫辉市文物是史学四大发现之一。评论家有张辅、蔡谟、周兴嗣等。沈约著《宋书》、萧子显著《南齐书》、李延寿著《南史》、《北史》,魏徵等著《隋书》、吴兢著《贞观政要》。韩愈是著名史学家、文学家。刘仁规著《河洛行年纪》,刘昫等著《旧唐书》,司马光著《资治通鉴》为毛主席所赏识。

清代史学家章学诚说过:"志乃史体。"河南编修方志具有悠久历史,河南编修方志在全国前列。司马光曾为宋敏求《河南志》作序。公元25年,汉光武帝刘秀(南阳人)建都洛阳,诏撰《南阳风俗志》是方志发展的早期形式。各地仿效,修《陈留志》、《豫章旧志》等。清顺治年间,河南巡抚贾汉复修《河南通志》,通令全省12州95县修志,渐次报竣。新中国第一轮修志时河南率先完成任务,成为先进单位。竣县郑永立成为全国"铁心修志的楷模"、"敬业奉献的模范",中指组号召向他学习。河南省方志委副主任杨静琦成为新方志学专家、评论家,提出方志学理论"五分法",在《中国地方志》上发表许多评论文章。2005年6月,河南省方志委主任许还平在第二轮修志试点单位方志理论与编纂研修班上介绍河南修志经验。河南项城市成为五个重点修志试点单位之一。中指组秘书长秦其明高度评价河南经验。2003年新版《商丘地区志》获梁滨久、来新夏等名家的好评。

福建省很重视编史修志,正在开展续志工作。台湾的史志编纂在全国也是名列前茅,他们非常重视编史修志。连横(连战的祖父)著《台湾通史》是史志结合的典型之一。史中有志,志里有史。台湾府志、省志、通史一套又一套出版,市、县、乡镇志也陆续出版。大部分乡镇志已问世,比大陆一些省份更先进。台湾学者陈捷先在《清代台湾方志研究》中指出:方志"为全世界文化中的一项特有瑰宝"。台湾史志学家到北京、广东、福建等地作报告,介绍经验,交流信息,为史志界理论建设作出成绩,为弘扬中华优秀文化尽力尽职,令人可敬可颂。福建省方志委主任刘学沛访台时,台湾史志界送了一套《台湾府志》,内容十分丰富,放在主任室存阅。

《福建省志·人口志》指出:"从两晋南北朝到唐宋,中原大批移民辗转入闽,带来先进文化和生产技术。"中原文化和闽台文化都是中华文化的组成部分。中原与固始的文化历史悠久,丰富多彩,辐射力强,特色鲜明,带动与影响闽台文化等。台湾传统文化是中原、固始文化的延伸,有所创新,有其特色。两种文化是亲戚关系,而闽文化则成为重要的桥梁与纽带,闽台文化相当一致。我们要加倍爱惜优秀民族、民系文化,加强交流,继续弘扬文化传统,与"文化台独"等斗争到底,拓展"五缘六求"⑤,为祖国和平统一与两岸人民幸福安康而团结奋斗!

注释:

　　① 福建省地方志编纂委员会编:《福建省志·人口志》,方志出版社,2002 年版,第65 页。

　　② 朱熹:《晦庵文集》卷 93,《跋吕仁甫诸公贴》。

　　③ 《文献通考》卷 259,《帝系考》。

　　④ 三明市地方志编纂委员会编:《三明市志》,方志出版社,2002 年版,第 10 页。

　　⑤ 福建省委于近年提出的口号。"五缘"(血缘、地缘、文缘、商缘、法缘)、"六求"(求紧密经贸联系、求两岸直接三通、求旅游双方对接、求农业全面合作、求文化深入交流、求载体平台建设)。

浅论台湾人与固始的渊源关系

林永安

林永安（1941—）男，福建省漳州市诏安县人。现任《台湾源流》杂志主编、台中市公共艺术审议委员会委员。曾任行政院顾问、台湾省政府顾问、台中市议员（连任四届）、东海大学政治系地方自治副研究员。东海大学社会科学院公共事务硕士。主要研究方向为地方公共事务。主要学术成果：1.《利益团体对都市发展的影响》，硕士论文 2006 年 6 月；2.《漳州移民与台湾发展之关系》，《闽台文化交流》（季刊），2008 年第 2 期。

前言

历史是人类文明的记录，每一个民族无不珍视其历史文化，否则人类将永久留在蛮荒，而无以文明。中华民族有五千年历史，文明光芒四射，成为亚洲各民族的文化泉源，尤其与台湾的历史渊源更为直接密切。进言之，中华文化又始于中原中国，仍是所有华人所必需珍视的。

台湾族群的历史源流，连雅堂《台湾通史》开辟纪载："历更五代，终及两宋，中原扰荡，战争未息，漳、泉边民，渐来台湾；而以北港为互市之口。故《台湾旧志》，有台湾亦名北港之语。……蒙古崛起，侵减女真，金人泛海避乱，漂入台湾。宋零丁洋之败，残兵义士，亦有至者，故各为部落，自耕自瞻，同族相扶，以资捍卫。"①有史学研究者认为连氏此文，所据为何，有待探讨。

唯笔者搜寻文献,可资佐证《台湾通史》记载为实者不胜枚举。兹略举两位现代学者的研究为例,不仅证实连氏记载,也证实台湾文化始于中原中国。

1. 台湾魏萼教授在《闽南人、客家人,同根同源——汉越一体论的缘起》研究论文指出:可以确认的是隋唐以后,中原人士"衣冠南渡"大量迁移民至闽、粤之地则是历史的事实。闽南人、客家人等汉民族族群本是一家人,来自中原中国[②]。换言之,台湾人口闽、客占绝大多数,根源同样在中原中国也是事实。

2. 中国方言学专家黄典诚教授,在其《寻根母语到中原》论述指出:历史上闽台人民与中原包括河南固始一带的"四次人口大交流",此中尤以第三、四两次南迁的人口最多、影响最大,而且都以河南固始人为首。第三次为:唐总章二年,河南固始人陈政、陈元光父子率58姓军校开辟漳州郡。第四次为:唐末五代,河南固始人王潮、王审知率数万农民起义队伍占领福建全省,并于后来建立"闽国"[③]。值得一提的,黄氏强调:台湾同胞"寻根的起点是闽南,终点无疑是河南"。这句话成为寻根探源研究者的名言,其实这句话不只是对台湾人而言,应是对全球各地的华人后裔一体适用。

从上引述,绝多数台湾人根在闽粤,源在河南,是历史的事实。唯在台湾,因政治上统独意识强烈分歧,导致台湾人族源认同也产生歧异,这是两岸迈向和平的重要课题。今逢举办2008"光州固始"与闽台历史渊源关系国际研讨会,故笔者以"浅论台湾人与固始的渊源关系"为题做探讨,期有助于研究两岸历史渊源关系之参考。

一、台湾历史发展的特性

每一个人的生命是由一连串的人生实现价值历程所构成,进而建构生命的特性。而人是生活在特定的家庭和家族中,于是人、家庭、家族、社会形成无法分割的整体,亦即是社会历史的特性。回顾台湾历史的发展,我们可发现台湾具有世界上少有的特色。

台湾有部分历史学者研究指出:一般都认为台湾历史仅有短短的三四百年,这样的观点是基于汉人中心主义的思考,如果撇开汉人中心主义的想法,台湾南岛语系原住民在台湾可溯到数千年。然而,17 世纪前台湾有多少原住民?是否有社会制度的建立?学者的研究似乎并未有数据与发现。至于 17 世纪荷兰人占据台湾,也仅限于台湾南部地区,且在台湾的荷兰人也仅约 2000 人④。从公元 1662 年荷兰人被郑成功驱逐出台湾迄今,台湾人口的主体即是汉人,文化的主体也是汉文化,是无可置疑的。因之,以汉人中心主义思考台湾历史乃是务实的⑤。

1. 移民拓垦的历史特性

虽有台湾学者研究指出,在汉人未移民台湾之前的台湾原住民,是很早以前已来到台湾定居的族群,属于南岛语系的民族。但也有学者研究指出,《淮南子》记载"越人习水便舟",是一个善于航海的民族,有一部闽越族渡过台湾海峡,直接进入台湾⑥。

1661 年郑成功攻打台湾荷兰人,结束荷兰人 38 年的统治,当时他带去的官兵眷属均为福建人。郑氏三代统治台湾 23 年,1683 年清朝将台湾收入版图,设台湾府,隶属福建省台湾厦门道。之后,清朝统治台湾 213 年,期间福建人移民到台湾络绎不绝,台湾开发端赖福建人。闽台隔海相望,300 多年来闽台经贸关系密切⑦。

台湾汉人有闽南语系的漳州人、泉州人;有客家语系的四县人(长乐县、兴宁县、镇平县、平远县)、海丰、陆丰人等等。这些人,从福建、广东,陆续来到台湾以后,开垦出一个以汉人为多数的社会。他们从台湾的南部向北部推移,由西部向东部拓展,成为岛屿上主要的族群。自 1945 年,当时中华民国政府从中国大陆迁来的人,台湾称之为外省人,或者说是新的移民,这些人也相继拓展台湾。所以从原住民到汉人,各个族群先后来到台湾,都付出心血,使台湾成为今日的形貌。以上所说的这些人,都是外来者,原乡都不是台湾,因之,台湾是由各种不同的族群、不同梯次的移民,所开垦出来的社会⑧。

综上引述,台湾由封闭的孤岛到全面发展,乃是汉人移民拓垦奠定下的农业基础,换言之,也是建立在先来及后到的中国族群相继拓展的特性。

2. 政权变动频繁的特性

台湾的政治发展自 1624 年迄今,共经历荷兰、西班牙、明郑、清领、日治、台湾当局等六次政权更迭；荷兰占领（1624—1662）：占领台湾南部38年，1662年被郑成功驱逐。西班牙占领（1626—1642）：占领台湾北部16年，1642年被荷兰人驱逐。明郑时期（1662—1683）：从郑成功在1661年来到台湾之后，历经三代统治台湾21年，到了1683年被清朝打败。清领时期（1683—1895）：1683年明郑被清朝打败，台湾纳入清朝版图，清朝统治台湾共计212年。日治时代（1895—1945）：甲午中日战争，清朝战败，1895年割让台湾给日本。日治统治台湾50年。光复迄今：1945年太平洋战争爆发，日本战败，台湾回归祖国。

台湾在这短短的300多年历史之中，不仅前后六次政权变动，而且每个治台政权之民族亦不同，荷、西时期是欧洲人，明郑时期是汉人，清代是满洲人，日治时期是日本人，光复以后则为中国各族群人。台湾政权统治者之复杂，发展变动之快，是世界少有之特例。

由于主权变动频繁，加上统治者之国族有异，对台湾人之人格塑造与文化发展影响极大。因统治者经常变动，造成台湾人国族认同的分歧，加上长期以来，后来者与外来者大多位居政治高位，掌握政经优势，先来的台湾人反而屈居劣势，自卑感油然萌生，导致抗争时起。

从1945年台湾光复60多年来，台湾已走向民主现代化，但族群抗争仍然不断。如国民政府接收初期政策的不当，酿成1947年的"二二八事件"，伏下官民长期敌对之祸根。继之党外组织为争取政治权，1979年发生高雄美丽岛事件。1986年党外组织突破戒严政治禁忌，正式宣布成立民主进步党。

2000年台湾大选，民进党陈水扁抨击国民党李登辉金权政治做选举诉求，高举"终结黑金，政党轮替"旗帜，以39.3%低得票率赢得政权，并于2004年再获连任。唯民进党执政8年，同样仍迷失在贪腐的黑洞里，因陈水扁家族及幕僚陆续传出多起弊案，并经起诉或判刑。2006年8月间，前民主进步党主席施明德发起红衫军"百万人民倒扁"事件，并持续到10月10日，倒扁总部在当天发动"天下围攻"，等等事件。今年（2008）8月间，陈水扁夫妇贪腐弊案终于正式暴发，陈水扁于8月14日不得不公开承认"做了法律不容许的事",并向台湾人民道歉,而进入司法侦办。但绿色社团却逆向发动"830呛马挺扁"游行事件。

台湾虽走向了民主政治,并已政党轮替,但由于选举的频繁,族群对立并未消失,尤其每逢大选,"统独"、"正名"、"去中国化"等问题,势必成为政客操控选举利器,而加深台湾族群分裂。这都印证主权变动及选举频繁的悲哀与无奈,这是台湾政治的特色,也是历史悲情特性。

3. 多元文化融和的特色

由于台湾是个移民社会,且政权更替又频繁,地方虽小,历史又短,却吸收融入多元而丰富的文化,除了主体的汉文化外,尚有高山族、平埔族、荷兰、西班牙、日本,以及欧美等文化,最后融合为台湾文化。因此,台湾是缘自多族群、多元性文化地区特色。

汉文化有组织有系统地进入台湾,是在郑成功收复台湾后。汉民族移民到台湾之后,为了生存,为了寻找新的天地,他们在开垦过程中,慢慢建立了祖先传承的文化系统。台湾的关帝庙、妈祖庙、三山国王庙、开漳圣王庙、清水祖师庙等等民间信仰,都是从大陆带来台湾。但是,在台湾的开垦过程中,也创造了新的信仰,如:开台圣王庙(延平郡王)属于台湾的,在台湾就有66座,而台南市的"延平郡王祠"就是最具代表性的。还有拜石头公、大树公、有应公,或者是拜祭一些孤魂野鬼,这些属于神秘的东西,在台湾却都受到拜祭。上述的各种信仰形成了台湾文化的特色。

另在习俗方面,如:民俗节气,台湾重要的节日有春节、元宵、清明、端午、七夕、中秋、重阳、冬至、送灶、除夕;还有春节拜年,元宵节吃元宵、赛花灯、猜灯谜,端午吃粽子、赛龙舟;中秋赏月吃月饼,除夕合家团圆等,这都印证台、闽的习俗是相同的。

最值得回顾的是,明末清初台湾人为对郑成功的崇拜,于郑成功逝世后,由地方乡民集资兴建"延平郡王"庙(明室赐封郑成功为延平郡王),用来祭祀郑成功。但因明郑王朝灭亡,民众在清朝的统治下,对郑成功只能暗中祭祀。因此庙宇改称为"开山王庙"。1874年,清钦差大臣沈葆桢因牡丹社事件来台,基于民间对郑成功的景仰及提倡鼓励忠君思想,于是力表"郑氏明之孤臣,非国朝之乱贼",奏请朝廷改建,以追念这位明朝孤忠。于是清政府将开山王庙扩建成一栋福州式的建筑,改称为"明延平郡王祠",追谥"忠节",并编入祀典,成为台湾唯一纪念民族英雄的专祠。尤其沈葆桢大臣为追念郑成功的境遇与贡献,更于延平郡王祠头门内悬挂亲撰一幅对联:

> 开千古得未曾有之奇,洪荒留此山川,作遗民世界
>
> 及一生无可如何之遇,缺憾还诸天地,是创格完人

从对联充分描述了郑成功一生的境遇与贡献,有史学研究者认为,从民族大义的角度来看,这也是清朝皇帝了不起的地方。虽然清廷为郑成功建祠堂、封谥号,背后有其政治目的,但康熙皇帝的怀柔远见让人钦佩,且更加确立了郑成功的历史地位。郑成功生前明朝皇帝给予赐姓,死后清朝皇帝又给他追谥,能于不同的两代皆受到当朝肯定的,于中国历史上除了郑成功外,迄今无第二人[⑨]。

4. 商业主导经济的特质

16 世纪台湾仍是一相当封闭的孤岛,自 1624 年荷人据台后,由渔猎与初级农业经济转向农商经济,经明郑至清代,台湾几已全面开发,接着日治时期的近代化建设,国民政府的快速工业化,尤其是电子业的发展,今日的台湾已蜕变为世界先进经济体之一。换言之,台湾的经济发展史,是建立在重要产业不断转换,机动而迅速,并源于高度商业性,而此也是发挥岛屿经济的特性。台湾在短短不到 400 年内,乌鸦变凤凰,堪称是世界经济奇迹,形成台湾经济发展的特质。

值得一提的是,光复初期,虽在政治面有不少瑕疵,然而,台湾能蜕变为世界先进经济体之一,国民党政府乃功不可没,国民党政府治台后前 30 年间财政依赖美援,但 1965 年美援终止,对外资的需求迫切,加上台湾因科学落后,先进技术不易普及、知识的成长也受限于基础技术不足。台湾面临的问题包括外汇短缺、财政赤字、都市化、失业与工业现代化,这一连串环环相扣的政经与社会危机,经济政策便成当务之急。出口是赚取外汇的捷径,而劳力密集的加工业也是唯一能在短时间创造大量就业机会、利用现成的农村剩余劳动力并缩短城乡发展差距的产业选择,不但可引进资金及技术,也能

创造就业机会,并与国际市场接轨,加入国际经济分工体系,带动台湾的发展,成为世界电子产品重镇,并曾列为亚洲四小龙之一[⑩]。

台湾闽南人中的漳州人具务农特性,比较倾向于安土重迁的乡民性格,其民族文化性所表现出来是爱护乡土,在台湾的漳州人一旦定居在台湾以后,就是以乡土为主,因为落地生根、爱乡爱土,有时也会因此而失去理性。在台湾政治发展史上的一些事件,大体上皆是由漳州人带头的。而泉州人具经商特性,以经商为主业的民族文化性格。

回顾台湾300多年经济发展,或因占绝大多数的闽南人因兼具务农及经商性格相辅而行,由早期拓垦奠下农业经济,再转向农商经济,进而转向工业化、科技化,总之,台湾的经济发展乃是中国各个族群先后来到台湾所付出的心血。

二、台湾与中国大陆的历史渊源

从上章台湾历史发展特性的探讨,可概略了解台湾的发展与大陆的渊源关系。探讨固始与台湾之渊源,则需先探讨台湾与大陆之渊源关系,方能与固始渊源接轨。

1. 台湾早期住民与大陆的关系

地理环境:从海底地形来看,台湾海峡海底河谷有向南及向北两大河系,这种海底河谷地形是台湾海峡还是陆地的时候,由陆上河谷侵蚀形成的。最深处不过100公尺,过半地域深度只有50公尺。从海底河谷看出台湾与大陆原本联成一体。台湾就在中国东南沿海的大陆架上。由于台湾与大陆紧密相连,因此在地形、海域、气候和植被等方面与隔海相望的福建十分相似[⑪]。

早期住民:台湾早期住民的成分比较复杂,有属于尼格利佗种的矮黑人,也有属于琉球人种的琅峤人,但大部分属于南亚蒙古人,他们是直接或间接从中国大陆移居台湾的。南亚蒙古人发源于中国北方,一支从东部沿海南下,散居在东南沿海一带,古称百越;另一支从西北南下,散处于中国西南山地,则称百濮。百越族又分许多支,有东瓯、闽越、南越。其中,闽越主要居住在今浙江南部和福建东部沿海,《淮南子》称"越人习水便舟",是一个善于航海的民族,有一部闽越族渡过台湾海峡,直接进入台湾。

又早期住民除大部分从大陆直接移居之外,还有一部分是从南洋群岛移居来的南岛语族。据人类学家研究,古代有几支越人和濮人经过中印半岛到达南洋群岛,他们分别与古印度奈西安种人相融合,成为原马来人,其中大部分与原住与当地的尼格利佗种人结合。另一些则未同尼格利佗人结合,其中的一支经由菲律宾群岛进入台湾,这些人是现在鲁凯人、排湾人、雅美人、阿美人、卑南人的祖先[12]。

从上引述,台湾早期不仅地理环境与大陆紧密相连,且早期住民族源亦有来自中国大陆,应该是可以认定的事实。

2. 台湾族源与中国大陆的关系

民国初年的思想家章炳麟在连雅堂《台湾通史》章序:"台湾在明时,无过海中一浮岛,日本、荷兰更相夺攘,亦但羁縻不绝而已,未足云建置也。自郑氏受封,开府其地,子遗士女,辐辏于赤嵌,锐师精甲环列而守,为恢复中原根本,然后屹然成巨镇焉。郑氏系于明,明系于中国,则台湾者实中国所建置。其后属清、属日本,视之若等夷。台湾无德于清,而汉族不可忘也。"[13]

台湾著名史学家连雅堂于《台湾通史》自序:台湾固无史也。荷人启之、郑氏作之、清代营之,开物成务,以立我丕基,至于今三百有余年矣。夫台湾固海上之荒岛尔,筚路蓝缕以启山林,至于今是赖。顾自海通以来,西力东渐,运会之趋,莫可阻遏。于是而有英人之役、有美船之役、有法军之役;外交兵祸,相逼而来,而旧志不及载也。草泽群雄,后先崛起,朱、林以下,辄启兵戎,喋血山河,藉言恢复,而旧志亦不备载也。续以建省之议,开山抚番,析疆增吏,正经界、筹军防、兴土宜、励教育,纲举目张,百事俱作,台湾气象一新矣。洪维我祖宗渡大海,入荒陬,以拓殖斯土,为子孙万年之业者,其功伟矣[14]。

从以上两位史学家、思想家对台湾300多年历史的陈述,即可见中国大陆与台湾之渊源是无可切割的。就如连雅堂在《台湾通史》载"'夫台湾之人,闽粤之人也,而又有漳、泉之分也''台湾之人,中国之人也,而又闽粤之族也.'"连氏之论述,说明台湾族源是来自大陆,台湾人也是中国人,是无可置疑的。

3. 台湾人对族源认知的分歧

从第一章之探讨,台湾300多年来,由于主权变动频繁,及统治者之国族有异,对台湾人之人格塑造与文化发展极大影响,不仅造成台湾人国族认同的分歧,在台湾历史上,台湾与大陆的关系也始终是分分合合。在国民党主政50多年来也没例外。尤其20世纪80年代成立的民进党,强调国民党政府是外来政权,该党第二任主席姚嘉文即公然声称:"没有任何力量可以禁止台湾独立。"因之,台湾一直在"统独"争论中度过悲情的岁月,不仅使台湾政体定位模糊,甚至造成台湾不知何去何从? 这就是台湾族源认知的差异特色。

台湾政治家或政客等就趁此"统独分歧"的环境玩弄政治伎俩,以求最大的政治利益,这是台湾政治的最大特色。特别是随着台湾的民主化,这种统独的分歧更在台湾的民主政治发展过程中展现出来。尤其是近20年李登辉及陈水扁执政期间,所表现的特色更为突出。台湾学者魏萼就指出:"台湾民主发展史"是一部台湾统独斗争史。这句话虽有语病,但却有相当的意义。这也是台湾悲情的主要来源[15]。实质上台湾的民主化,部分政治人物(政客)是具有台湾独立的倾向,其政治活动,除带给台湾人的悲情,也带给大陆人的痛苦。

就以目前进行中的两岸交流政策为例,民进党则指称马英九政府系"卖台"集团,反之,民进党主张台湾独立,对台湾人的利益又在哪里? 却无法交代清楚。其实,两岸交流是两岸人民的共同愿望,这不仅符合两岸人民的利益,也符合中华民族振兴的需要。

三、固始与台湾发展之关系

1. 中国历代与台湾的关系

台湾之名始于何时? 虽是学者争论的问题,但在正式的古书典籍中,起自三国时代,其后经历代,台湾有不同朝代之不同命名,其变迁如下:

三国时的《临海水土志》,把台湾叫做"夷州"。该书描述当时"夷州"的地理位置、气候、岛上"山夷"的生活及风俗习惯等情形,与台湾大致相合。因此有人认为该书记载的"夷州",应该就是今天的台湾。三国时代吴国,曾于黄龙二年(230)春,派遣将军卫温、诸葛直率甲士万人,出海探夷州⑯。

到了隋朝台湾开始叫"流求"。《隋书·流求传》记载:隋大业四年(608)隋炀帝派人前往流求"慰抚",流求不从。隋大业六年(610)隋末将陈棱,襄安(今安徽巢县)人,率万余人由义安(今广东潮州)出海前往流求,流求拒服,隋军诉之武力,在流求中部西海岸(今鹿港附近)登陆,几度激战,隋军击破原住民的抵抗,焚其寨栅,掳男女数千人而归。

到唐朝,张鹭的《朝野金载》称台湾为"留仇"或"流"。但其后的韩愈《送郑尚书序》、柳宗元的《岭南节度使飨军堂记》、赵汝适《诸蕃志》和《宋史》则继续称台湾为"琉求"。

到了元朝,《元史》把台湾改作"求"。其实求、留仇、流都是同音异写,自隋至元,前后使用了七八百年。元朝汪大渊著《岛夷志略》是最早流传的游台见闻,他出航的第一站是澎湖,其次是琉球之(台湾),然后是三屿(菲律宾)。汪所提之"翠麓、重曼、斧头、大崎",与大肚溪北岸之"沙辘、牛骂、虎头、大肚"诸山的读音位置均颇相同。因此这里所指的琉球应为大肚溪以北之台湾。

到明朝洪武年间,把一千多年即有往来接触的台湾称之为小琉球。小琉球一名,在明代官书中使用很久,一直到嘉靖后期,仍名之为小琉球。

到了1662年郑成功逐走荷兰人,以赤嵌为中心,设置封县,名之为东都。郑经后来改名为东宁。1683年施琅灭明郑,结束台湾的独立,统一于大中国之下,设立了台湾府,自是"台湾"一词逐渐成为全岛的名称。1884年中法战争,次年清廷有感于台湾的重要,乃建立台湾省⑰。

2. 台湾族群与固始的渊源

从上节中国历代与台湾的沿革,台湾始于三国时代已与中原中国有渊源关系。又隋大业六年(610)隋朝登陆台湾的末将陈棱,因系襄安(今安徽巢县)人,其率万余人登陆流求(台湾)中部西海岸,当可推论其率万余人中应有固始人。

又 1979 年《台湾区姓氏堂号考》曾对台湾前 100 大姓的姓氏起源、姓氏播迁、渡台始祖作了考证；前 100 大姓的人口数，占台湾总人口的 96.42%[18]。而记载其祖先来自光州固始者，计有 66 姓，另有 10 姓记载泛来自中原或光州固始[19]。从该书引证数据，台湾人多数的祖籍源头是中原或光州固始，应是无疑的。

就台湾第一大姓陈姓为例，根据 2007 年台湾"内政部"统计资料，台湾地区的陈姓人口数，共有 2500657 人，约占台湾地区总人口数的 11.06%。而绝大多数的陈氏族谱，也都以 1600 多年前东汉桓帝时的名士陈实公为始祖，并以"颍川堂"作为共同的郡望。又依据各姓族谱及《台湾陈大宗祠德星堂纪念特刊》一书分析，其后子孙繁衍分支台湾各地，支派与渊源虽然很多，但大体言之，仍以开漳圣王派、太傅派、南朝派为三大主流[20]。

3. 固始与台湾发展之关系

从上节引述，可明显得知台湾族群大多源自中原，且部分源自固始乃是可以确定的。

台湾学者张炎宪研究即指出，台湾大多数的汉人是来自于福建省、广东省的闽南人与客家人。其中有的人是早先从中国的中原迁到南方，再由南方迁移到台湾。在辗转迁移过程中，他们已经吸收许多不同的文化，有中原文化，也有东南地区少数民族的文化，更有福建、广东的少数民族的文化。这些民族从福建或广东迁到台湾之后，面临台湾的自然环境，为了生存，为了寻找新的天地，他们在开垦过程中，在台湾慢慢建立祖先传承的文化系统[21]。另台湾学者魏萼在论文中也指出：中原人士南迁至越人之地则是历史变局中的重要产物。闽南人、客家人本是同根生，但因闽南人与客家人所遭遇到的越地本土环境不同，因此产生的文化变迁也有些不同。……在辗转迁移过程中，他们已经吸收许多不同的文化，有中原文化，也有东南地区少数民族的文化，更有福建、广东的少数民族的文化[22]。

又豫台渊源网为文指出：历史上移民台湾的汉族包括祖籍中原河洛的移民，两种类型：一是迫于生计前来台湾进行垦殖开发的经济型移民；二是由于政权更迭或其他原因而来台避难或待机发展的政治型移民。因此他们无论是为生计而来，还是政治流亡而来，他们目的的实现都是在大陆。他们不是以离开自己的家乡为目的，而是以重返自己家园为归旨的。这就赋予了台湾社会十分普遍而强烈的祖籍观念和民族意识。[23]笔者认为上述移民目的是以重返自己家园为归旨的，与台湾移民后裔"落地生根"性格似有探讨空间。然而，多数移民后裔具祖籍观念和民族意识，则是不争的事实。

总之，台湾人口的主体是汉人，文化的主体是汉文化，汉文化又源自中原或固始，因之，台湾发展与固始有密切渊源关系，是无可置疑的。

四、结语

综上各章节探讨，除了大多数台湾人族源，是由光州固始或中原地区一步步到闽、粤南部，再由闽、粤渡海到台湾的。在文化方面，又是与河洛文化一脉相承的，是有充分史实根据的。虽有台湾学者指出：台湾由于政权更迭频繁形成多元性的文化，不是中国大陆所有，但台湾文化与中原河洛文化有着深厚的不可分割的渊源关系，却是不能否定的。若说台湾文化与中原河洛文化的关系如同母与子的关系，河洛文化是母，台湾文化是子，仍是追溯历史而来。台湾有人称"母亲是台湾"，但仍不能否定台湾是汉人拓垦奠基的，否则岂非忘本背祖？

台湾从明郑时期至今300多年的岁月，如果把它放在历史的长河里，它是短暂的，但是在海峡两岸历史演变史页里，却是相当重要。诚如前述台湾先贤连雅堂先生在《台湾通史》自序开宗明义指出："台湾固无史也。荷人启之、郑氏作之、清代营之，开物成务，以立我丕基，至于今三百有余年矣。"文中并强调："夫史者，民族之精神，而人群之龟鉴也。故凡文化之国，未有不重其史者也。"连氏之言，除了告诉我们，台湾的发展乃是早期汉人奠下的基础，也期望台湾人后代不要忘记祖先拓垦台湾的贡献。

回顾台湾人的祖先，为了生存，无奈地必须要在"大陆"与"海洋"的纠葛中作出最大利益的考虑。渡大海移民到台湾，为争取得生活空间，不免因利害矛盾而发生汉蕃冲突；又因原籍地之相异，分成不同族群相斗，如闽客、漳泉械斗等;为争耕地、田界、水源、田租等利益而冲突;又随着政权的"六度更迭",台湾似乎永远都不平静。

世界已扁平化,国际村已形成,何况"闽台本一脉,两岸是同根"。然而,台湾内部却有"去中国化"之言行,"统独"意识愈益分歧,族群对立似在恶化,致人民不得安宁。又两岸分隔已超过半世纪,两岸对立仍然存在。两岸领导人,若不以历史做龟鉴,人民将持续受害。唯期待两岸领导人发挥大智慧,以两岸同胞福祉和中华民族根本利益为重,推动两岸关系和平发展,带向"花开两岸,合作双赢"境界,共同实现中华民族伟大复兴,则两岸同胞是幸。

适逢两岸正加速交流之际,光州固始与闽台历史渊源关系研讨会的召开,不仅在学术上有重要意义,在政治生活上,对海峡两岸人民长期处于对峙和相互隔绝的不正常状况,将会有很大的帮助。

注释:

① 连雅堂:《台湾通史》(上),台北黎明出版社,2001年版,第46页。

② 魏萼:《闽南人、客家人,同根同源——汉越一体论的缘起》,中国网:http://big5.china.com.cn/overseas/txt/2001-08/10/content_5050133.htm.

③ 黄典诚:《寻根母语到中原》,《河南日报》1981—04—22。

④ 林季娴:《台湾人地关系初探》,前卫出版社,2007年版,第15页。

⑤ 林永安:《漳州移民与台湾发展关系》,《闽台文化交流》(季刊)2008年第2期。

⑥ 陈孔立:《台湾历史纲要》,人间出版社,2005年版,第4—5页,

⑦ 魏萼:《中国国富论——经济中国的第三只手》,时报文化,1989年版,第239页。

⑧ 张宪炎:《台湾历史发展的特色》,http://content.edu.tw/local/changhwa/dachu/main.htm.

⑨ 林永安:《漳州移民与台湾发展关系》,《闽台文化交流》(季刊)2008年第2期。

⑩ 林永安:《漳州移民与台湾发展关系》,《闽台文化交流》(季刊)2008年第2期。

⑪ 林朝棨:《从地质学说台湾与大陆关系》,台北文献会,1971年版,第199—222页。

⑫ 陈孔立:《台湾历史纲要》,人间出版社,2005年版,第4—6页。

⑬ 连雅堂:《台湾通史》民国七年(1918)章序:http://www.dk101.com/Discuz/

viewthread. php？ tid = 94574.

⑭　连雅堂：《台湾通史》民国七年（1918）自序：http://www. dk101. com/Discuz/
viewthread. php？ tid = 94574.

⑮　魏萼：《中国国富论——经济中国的第三只手》，时报文化，2000 年版，第 254 页。

⑯　吴密察监修：《台湾史小事典》，远流台湾馆，2000 年版，第 6 页。

⑰　魏吉助：《台湾心蕃薯情》，台中市文化基金会，2007 年版，第 5—6 页。

⑱　杨绪贤：《台湾区姓氏堂号考》，台湾省文献会，1979 年版，第 15 页。

⑲　杨绪贤：《台湾区姓氏堂号考》，台湾省文献会，1979 年版，第 177—372 页。

⑳　陈永瑞：《台湾陈姓渊源》，《台湾源流》第 37 期，2006 年版，第 22—28 页。

㉑　林永安：《漳州移民与台湾发展关系》，《闽台文化交流》（季刊）2008 年第 2 期。

㉒　林永安：《漳州移民与台湾发展关系》，《闽台文化交流》（季刊）2008 年第 2 期。

㉓　豫台渊源网：http://big5. huaxia. com/ytsc/zywh/ytyy/2008/06/996762. htm.

开漳圣王文化与侨民社会

陈宽成

　　陈宽成（1938—）男，汉族，新加坡人，原籍福建省安溪县中都。1960年在中正中学高中毕业后即加入父亲的保险经纪有限公司，专门经营水险、火险与其他杂险业务。专心主持、改进服务质量，赢得股东、客户的信赖。积极参与社会慈善工作，主持保赤宫（奉祀开漳圣王）事务。发起并主持新加坡首届国际开漳圣王文化联谊会，为弘扬开漳圣王文化，推进开漳将士后裔大团结，多次奔波于中国大陆、港澳台地区和东南亚各国。

　　新加坡保赤宫建庙已有132年了，祀奉开漳圣王陈元光。千百年来，光辉灿烂的圣王文化，开拓奋进的圣王精神，是我们海外华人的精神支柱和感情桥梁。

　　在唐代开发漳州历程中，陈政、陈元光父子于闽粤之交大片流移地上谱写了一曲壮怀激烈、光耀千秋的不朽史诗。他们通过对闽南、粤东、闽西的开发与经营，发展了这一地区的经济和文化，促进了民族融合与发展，启动了闽南开发史，从而繁衍到港澳台和东南亚各国。

　　在这漫长的史河中，我们的祖先从中原大地出发，越过千山万水，来到这蛮荒之地建功立业，把华夏文明与当地文化相融合，铸就了独具特色的闽南开漳文化。中原文化在这里根深蒂固，枝繁叶茂，千百年来盛传不衰。

　　由来自固始的中原军校兵士群体组成的先后两批将士，连军眷人数逾万,可考者 86 姓。他们在闽南辛勤劳作,生息延续,族裔遍布闽粤两省。唐末黄巢之乱蔓及闽粤,这些原府兵将士后裔为避乱之计,不少人泛海播迁台澎及南洋一带。继至明清两代又有更多漳民迁往台湾、东南亚及世界各地,在海外形成独特的"唐人文化圈"。既扩大了华夏文化的影响,又辐射着璀璨夺目的唐山民俗文化之光。

自陈氏父子于唐初平定闽粤,在漳江流域始建漳州后,唐山文化逐步在中国东南海疆打开了传向海外的渠道。唐五代时期福建贸易港兴起,漳州、泉州、福州成为当时对外贸易的主要港口。据早期阿拉伯史学家记载,中国对外海港即包括广州、漳州(指古漳州所在地)在内。宋元时期,海外贸易空前繁荣,泉州在对外文化交流中占居全国之首,先后开辟了 6 条对外交通航线,与 40 多个国家有贸易往来。不少福建商人、水手开始侨居东南亚各国。受东南沿海地区对外开放环境氛围的影响,加上本地生存空间窄迫,闽南部分中原将士后裔已将目光投向海外。他们秉承开漳先贤开疆拓土的创业精神,勇于对外开拓事业,开始新的筚路篮缕的创业历程,极大地促进海外居住地社会经济的发展。这些早期漂泊海外的闽南漳籍侨民,因其先祖多系唐朝中原将士而自称作"唐人",成为华人之通称;祖居地也因称"唐山",后又衍化为对祖国的泛称。而唐山之称,世代相传即指安葬南下府兵统帅陈政的云霄将军山。由于云霄县是唐代"漳州发祥地",这座山陵也被视为"唐人祖地"纪念地。随着唐府兵将士后裔的播迁,故有"唐山过台湾"、"唐人遍天下"和"唐人街"遍布海外的事实。

明清期间福建海上交通持续拓展,以郑和七下西洋为契机,福建沿海与东南亚各国经济文化交流进一步展开,因而有更多的闽南人移居海外。到 19 世纪末,漳州出国华侨数目为 20 万人。至 1988 年,旅外漳籍华人达 70 多万人,主要旅居印度尼西亚、马来西亚、新加坡、菲律宾、泰国、缅甸及欧美等 20 多个国家。而远涉南洋各国的部分开漳将士后裔们,与当地民众一起种植经商,共同开发与建设南洋。由于出洋者绝大多数是单身男子,在异国久居就业后,即娶当地女子为妻,一边开拓事业,一边繁衍生息,以致有"汉人错居番社,多娶番妇为妻","有唐山公,无唐山妈"流传海外。华夏文化不断被当地文化所吸纳和交融,形成相对独立并颇具闽南特色的文化族群。特别是1821年厦门航船直达星洲后,大批闽南人侨居于此。他们在荒原、沼泽和丛林里辟良田,凿运河,修公路,开矿藏,从事中介商业和零售商业,使僻静的山村成为喧闹的都市,寂寞的荒岛成为繁荣的商埠,成为推动当地经济文化发展和反对殖民掠夺压迫的主力军。这些移民,不仅成为开发海外的骨干力量,也成为唐人文化和闽南文化的传播者。

然而,源自中华民族的血脉传承、民间神缘和语言习俗衍播,都无法淡化海外侨民们浓烈的乡土情缘和中华情结。他们既怀念久别的家园,又眷恋着海外流洒过血汗的金色土地,遂将祖居地崇拜的地方神祇、家族宗祠和观念意识移植到新居住地,使华夏宗教信仰和宗族传承文化落籍海外,架设了海内外民俗交流最直接的亲缘纽带与神缘桥梁,具有很强的宗教文化号召力和民俗文化凝聚力。开漳圣王陈元光民间信仰,伴随着漳籍华人移居海外的足迹,播迁东南亚和世界各地。目前南洋诸岛,共有圣王庙约20余座,在祖国宝岛台湾区,也有300余座。这些落籍东南亚和海外各地的闽南移民,不少是开漳圣王陈元光及其将士的后裔。他们不忘祖先艰苦卓绝的奋斗业绩,把漳州一带开漳圣王庙的分灵,按祖籍地庙宇格式营建开漳圣王庙,寄托对开漳先贤和故国热土经久不息、延绵不绝的缅怀和眷念,把开漳圣王庙祀民俗移植到海外世代相传,发扬光大。这种移民和移植现象,既是移垦者对祖先荣誉的珍惜,又是中华民族的优秀传统文化从祖国大陆向海外的衍播和融合。

长期以来,在海外漳籍移民生生不息的奋斗和开拓史上,早已把开漳圣王当作安邦护土的保护神。即使此时血缘宗祠不复存在,但故土情思和本源情感,使他们结成协调共济的地缘关系组织,去直面创业与发展的艰辛。团结合作的漳籍同胞在侨居地的辛勤劳作,以及他们从事的公益活动或回报家乡的义举,对侨居国和祖籍国社会政治经济的发展,都发挥着不可忽视的作用。

历史进入21世纪,由海外华人组成的进香朝圣团络绎不绝。开漳文化寻根之旅方兴未艾,盛况感人至深!保赤宫、舜裔宗亲联谊会,印度尼西亚苏北省棉兰颍川宗亲会,以及马来西亚陈氏宗亲总会等华人会馆社团,先后多次组成朝圣团前来祖地晋谒开漳祖庙,并欣然赠送"寻根梦圆"、"相约棉兰,促进宗谊"等锦幛,表达了海外唐人后裔崇贤尚德、追功报本的良好风范。2006年金秋十月,新加坡保赤宫隆重举行的首届国际开漳圣王文化联谊大会,中国云霄连续两年举办国际开漳圣王文化节,台湾宜兰今年五月也召开第二届国际开漳圣王文化联谊会,这次我们荣幸参加了"固始·光州"与闽台历史渊源关系国际研讨会。来自世界各地的炎黄子孙、漳籍华人一道,讴歌开漳业绩,弘扬开漳文化,光大开漳精神,共叙漳籍后裔的骨肉深情。可见,开漳文化在新的历史时期,弘扬开漳文化对于扩大中华文化对海外侨民社会的影响,增进中华民族的团结与发展,具有远大的前景。

从《恭陈台湾弃留疏》
看施琅的地缘战略卓识

陈桂炳

陈桂炳(1953—)男,汉族,福建泉州人。现为福建省泉州师范学院教授,专门史硕士生导师。兼任泉州师院人文学院副院长、泉州师院泉州学研究所所长、泉州师院闽南文化生态研究中心(福建省高校人文社科研究基地)常务副主任。长期以来致力于区域历史文化研究,已出版著作5部(包括合著),发表论文近百篇。2004年应邀赴台进行学术文化交流。

施琅(1621—1696),福建省泉州府晋江县人,其祖自唐代由光州固始入闽。清康熙二十二年(1683),施琅率领清军扬帆东征,统一了台湾。

台湾回归后,清廷内部在台湾弃留问题上,意见不一。朝中不少达官显贵认为:"此一块荒壤无用之地耳,去之可也。汉刘安《谏伐闽疏》曰:'得其地不足以耕,得其人不足以臣。'即此之谓矣"[①]连在进取台湾问题上曾大力支持过施琅的李光地,起初也主张放弃台湾,说:"台湾隔在大洋以久,声息皆不相通",地位并不重要,因而认为可"空其地,任夷人居之,而通款纳贡,即为贺(荷)兰有亦听之"[②]。在朝廷一片弃台声中,康熙帝于台湾回归三个月后,也对朝中大臣谈了自己的看法:"台湾仅弹丸之地,得之无所加,不得无所损。"[③]康熙二十二年十二月初一日,施琅赴福州参加有关台湾弃留问题的会议,当时"众以留恐无益,弃虞有害,各议不一"[④]。主持会议的礼部右侍郎苏拜和福建巡抚金宏等人因未到过台湾,情况不详,去留未敢进决。而施琅是坚决主张留台的,于会议之际"谆谆极道","难尽其词",又于"会议具疏之外,不避冒渎,以其利害自行详细披陈"⑤,这就是有名的《恭陈台湾弃留疏》。

施琅《恭陈台湾弃留疏》经议政王、贝勒、大臣、九卿、詹事、科道会议准行,并于康熙二十三年(1684)正月二十一日康熙帝于乾清门听政时,上报了留台的意见。是时汉大学士李蔚、王熙等也对留台的主张表示赞同。于是康熙帝即改变了以前的看法,曰:"台湾弃取所关甚大,镇守之官三年一易,亦非至当之策。若徙其人民,又恐致失所;弃而不守,尤为不可。"命李蔚、王熙等"会同议政王、贝勒、大臣、九卿、詹事、科道、再行确议具奏"⑥。6 天后,康熙帝批准了议政王大臣等官员经再次详议后所上报的意见,最后作出留台的决断,把台湾正式纳入清朝的版图,设府置县,屯兵镇守。

施琅的《恭陈台湾弃留疏》近 2 千言,是一篇十分重要的历史文献,它不仅对促使康熙帝决断留台起了关键性作用,而且也丰富了中国古代的边防思想,为发展中国的海防思想作出了杰出的贡献,显示了其地缘战略的远见卓识。本文拟就后者谈点肤浅看法,以就教于方家。

所谓海防,《辞海》的释义是"为保卫国家主权、领土完整和安全,防备外来侵略,在沿海和领海内所采取的一切军事措施"。同时我们也应看到,海防是人类社会发展到一定阶段的产物,而在不同历史阶段的海防,其内涵也略有差异。我国是个濒海大国,现拥有 1.8 万多公里的大陆海岸线,海防的重要性是显而易见的。但是,由于自秦以来的封建统一王朝国力强大,海疆曾长期未遭外敌骚扰,故海防在封建社会前期不受重视。宋元时期,随着我国经济重心南移的完成,东南一带海上贸易活动日益兴旺,海盗⑦从海上袭击海商以及不利于沿海地区封建统治秩序稳定的活动也增加了,东南海防才开始引起地方和中央政府的重视,史籍中也出现了关于东南沿海设防的记载。如宋嘉祐四年(1059),知福州守蔡襄即奏请沿海地方教习舟船,以备海盗;靖康元年(1126),辅臣李纲奏造沿海水军战舰;绍兴年间(1131——1162),福建沿海数次设置水军;元末在澎湖设置巡检司,以加强对沿海岛屿的管辖。明代中期,由于倭患为害甚烈,沿海防务一度得到加强。但随着倭患的平息和明王朝军事重心的内移,东南沿海的防务,出现逐渐削弱的趋势,澎湖、台湾等沿海岛屿也被视为"汛地"、"弃地"而疏于治理。直至清初统一台湾后,欲把台湾弃而不守的言论仍颇为流行,天朝的落后意识,使雄才大略的康熙帝也一度认为"台湾仅弹丸之地,得之无所加,不得无所损",差一点犯了历史性的大错误。大陆文化的沉重积淀,使中国封建王朝的统治者对海防的认识是被动而迟缓的。纵观中国历史,历代封建统一王朝的政治中心及其边防重点,大都在北方,这可从长安、洛阳、开封、北京等著名古都的嬗递大体上由西向东、从南向北的趋势,以及历代万里长城的修筑和发展等方面得到说明。近代李鸿章说:"历代备边,多在西北。"⑧这话指出了长期以来封建统治者的一种根深蒂固的传统边防观念。

自少年起即已事戎于海上的施琅,"为沿海计万全,为斗争的产物",海防是要受到各历史时期经济、政治形势的影响和制约。施琅指出:"东南膏朝廷治安"⑨,在《恭陈台湾弃留疏》中力主留台,以保证政府在东南沿海的长治久安。"历代备边,多在西北"的传统边防观念必须修正,东南海防必须加强。作为客观军事腴田园及所产渔盐,最为财赋之数,可资中国之润,不可以西北长城塞外风土为比。随着全国经济重心的南移,传统的边防观念也必须加以适当的调整。就台湾而言,"臣(施琅)奉旨征讨,亲历其地,备见野沃土膏,物产利薄,耕桑并耦,鱼盐滋生。满山皆属茂树,遍处俱植修竹。硫磺、水藤、糖蔗、鹿皮,以及一切日用之需无所不有,向之所少者布帛耳,兹则木棉盛出,经织不乏。且舟帆四达,丝缕踵至,饬禁虽严,终难杜绝。实肥饶之区,险阻之域。逆孽乃一旦凛天威,怀圣德,纳土归命。此诚天以未辟之方舆,资皇上东南之保障,永绝边海之祸患,岂人力所能致"?台湾"实肥饶之区",物产丰富,这既让人们看到留台的经济意义,又能为日后台湾的海防建设提供可靠的物资保证。但施琅主张留台,主要还是从当时清政府的政治形势方面考虑。"郑芝龙为海寇时,以(台湾)为巢穴。及崇祯元年,郑芝龙就抚,将此地税与红毛为互市之所。红毛遂联络土番,招纳内地人民,成一海上之国,渐成边患。至顺治十八年,为海逆郑成功攻破,盘踞其地,纠集亡命,挟诱土番,荼毒海疆,窥伺南北,侵犯江、浙。传及其孙克塽,六十余年,无时不仰廑宸衷"。施琅站在清朝统治者立场上所讲的这段话告诉我们,台湾问题对祖国大陆的安全环境影响极大。施琅还认为,造成上述"六十余年,无时不仰廑宸衷"这种被动局面的原因,与清朝统治者的消极防御战略有关。"如我朝兵力,比于前代,何等强盛,当时封疆大臣,无经国远猷,矢志图贼,狃于目前苟安为计,画迁五省边地以避寇患,致贼势愈炽而民生颠沛。往事不臧,祸延及今,重遗朝廷宵旰之忧"。

　　东南沿海的防务只能加强,不能削弱。要加强东南海防,就必须留台,这是由台湾极其重要的战略地位所决定的。对于这一点,施琅在《恭陈台湾弃留疏》中不止一次地加以强调:"窃照台湾地方,北连吴会,南接粤峤,延袤数千里,山川峻峭,港道纡回,乃江、浙、闽、粤四省之左护";"盖筹天下之形势,必求万全。台湾一地,虽属外岛,实关四省之要害"。台湾北接东海,南连南海,西靠大陆,处于大陆海防线的中央,是我国东南沿海的天然屏障,可作为主要的战略点对我国沿海防御起到骨干支撑作用。当代有的学者曾从地缘政治、地缘战略角度,以美国、日本和中国为视点,对台湾的战略地位及其对我国安全的作用进行透视,指出台湾的战略意义,首先就是直接关系到祖国大陆的安全状况。"台湾岛雄峙于我国东南海疆,是我国东南近海的唯一大岛。台湾岛对我国大陆东南沿海地区具有极好的掩护作用,是大陆'腹地数省之屏蔽'。……拥有台湾,大陆安全环境可靠。相反,假如台湾被敌对势力控制,则台湾将沦为针对大陆的基地,华东、华南,特别是沿海地区将直接暴露在外部的威胁之下,安全环境恶化"⑩。能从地缘战略角度看到台湾对祖国大陆安全的重大意义,在中国的历史上,施琅是较早的一位。施琅在300多年前提出的留台主张及其所表现出来的地缘战略眼光,远高于同时代人,是值得我们充分肯定的。在世界格局已发生巨大变化的今天,台湾在地缘战略上的价值已是十分突出,就其对我国的战略意义而言,除了直接关系大陆的安全状况外,至少尚有另外两方面的战略意义:一是关系到我国南北两大海区的战略联系;一是关系到我国海权的维护和发展。就台湾在亚洲和太平洋范围的战略地理格局而言,也处于特殊而有利的地理位置,并因此受到一些外国势力的青睐和干预⑪。所以,无论是从维护国家主权还是地缘战略方面考虑,台湾都是中国领土不可分割的一部分,台湾是我国海防建设的重中之重。

外国势力对台湾的觊觎由来已久。难能可贵的是,施琅在考虑祖国大陆的安全环境时,已敏感地意识到,外敌入侵并占台湾以托足,将构成一个新的危险因素。他说,如果清政府在平定郑氏后即放弃台湾,荷兰殖民者势必卷土重来,再度窃据台湾,"一为红毛所有,则彼性狡黠,所到之处,善能蛊惑人心。重以夹板船只,精壮坚大,从来乃海外所不敌。未有土地可以托足,尚无伎俩;若以此既得数千里之膏腴复付依泊,必合党伙窃窥边场,迫近门庭。此乃种祸后来,沿海诸省,断难晏然无虞。至时复勤师远征,两涉大洋,波涛不测,恐未易再建成效"。这充分表现出一位"夙谙兵事,久历军行"的杰出军事家的高瞻远瞩。明代中叶以后,世界历史正处在变化的重要时期,西欧国家正由封建时代进入资本主义兴起的时代。随着15世纪末叶美洲新大陆的发现和东方新航路的开辟,从16世纪起,处在资本原始积累阶段的西欧某些国家,积极向东方进行殖民扩张,葡萄牙、西班牙、荷兰、英国等西方殖民者先后来到中国,对广东、福建、浙江等沿海地区进行骚扰,乃至武装袭击沿海城市。明朝后期,台湾曾先后为西班牙和荷兰殖民者所侵占。施琅之所以能在外敌对幅员辽阔、资源丰富的中国虎视眈眈之际,极力强调台湾地位的重要,主要得益于施琅与荷兰、英国等西方人有过接触,对西方殖民者的"涎贪"本性比较了解。同时,由于明嘉靖(1522—1566)年间的倭患给施琅的家乡泉州造成很大的灾难,这就使施琅对外寇持有较高的警惕性,并吁请清廷重视来自外部的威胁。对于这个问题,可参阅施琅研究专家施伟青教授《施琅评传》中的有关论述。由于施琅能够清醒地看到西方殖民者东来的企图,故尽管荷兰人曾于康熙二年(1663)派军舰,协助清军攻取被郑军占据的厦门、金门两岛,但作为统师征台的主帅,他从未要求联合荷兰人进攻台湾。在平定台湾之后,又对英国东印度公司驻台湾商馆"十一二年以来,与台湾匪徒勾结,以火药、枪械及其它武器供给之,违反一切国家之惯例及平等之原则"一事进行详细的调查,认为这是一种罪行,即派人严责这些英国人"为满清皇帝之阴险敌人",使英商馆的工作人员"甚为惶恐,不知应如何应付"⑫,捍卫了国家主权的尊严。在海防建设中,能从国际的角度来认识台湾的重要性,清朝的文武大臣中,仅施琅一人而已。如起初曾主张放弃台湾的李光地,即说"而纳款通贡,即为贺兰有亦听之"。姚启圣也主张保留台湾,但他纯是从国内的角度去考虑,说"台湾若住荷兰之人,臣岂敢妄议与举"⑬。显然,"施琅在同时代人中,对台湾问题看得最远"⑭。施琅在《恭陈台湾弃留疏》中所特地指出的西方殖民者东来的威胁,绝非危言耸听,一个半世纪后,施琅所担心的"沿海诸省,断难晏然无虞",不幸成为现实,漂洋过海而来的西方"夷番",恃其坚船利炮,打开天朝帝国闭关自守的门户,1840 年爆发的鸦片战争,使封建的中国从此逐步沦为半殖民地半封建社会。施琅当年提出的在防内的同时也要注意防外的海防观,确是远见卓识。

　　有研究闽台海防史的学者在探索明清以来海防削弱的原因时指出:"海防建设的强弱与海防策略的制定、战略思想的指导有着至关重要的关系。封建统治者对海防建设的着眼点是'守',这种保守的近岸防守的军事策略,直接或间接地影响了海防建设。"⑮康熙帝即位之初,清政府为了对付郑成功的抗清斗争,强迫江南、浙江、福建、广东沿海居民分别内迁 30 至 50 里,并拆毁过去用于防倭的城塞,沿新界线建筑新城塞、墩台和哨位。这次迁界,是中国封建社会后期海防建设的一次大倒退。早在"迁界"令出台时,湖广道御史李之芳就疏言:"自古养兵,原以卫疆土,未闻弃疆土以避贼也";"今中左弹丸之地,不思征讨,遽迁以避,如天朝体统何"⑯?当时施琅对这种保守的海防策略,也是持否定意见的。"康熙元年(1662)间,兵部郎中党古里往闽公干,臣备将逆岛可取之势,面悉代奏,复上疏密陈,荷蒙俞旨,仰藉天威,数岛果一鼓而平。逆孽郑经逃窜台湾,负嵎恃固。去岁朝廷遣官前往招抚,未见实意归诚。从来顺抚逆剿,大关国体,岂容顽抗而止?伏思天下一统,胡为一郑经残[孽]盘踞而拆五省边海地方画为界外以避其患?自古帝王致治,得一土则守一土,安可以既得之封疆而复割弃"⑰?当他统师平台后,即上《恭陈台湾弃留疏》,恳求留台,以"永固边圉"。施琅认为,保留台湾,即可在东南沿海形成一道严密的海防线,这对彻底扭转以前海防因消极防御而造成的被动局面,具有十分重要的意义。他说:"(台湾)隔离澎湖一大洋,水道三更余遥。查明季设水澎标于金门所,出汛至澎湖而止,水道亦有七更余遥……如仅守澎湖而弃台湾,则澎湖孤悬汪洋之中,土地单薄,界于台湾,远隔金、厦,岂不受制于彼而能一朝居哉?是守台湾则所以固澎湖。台湾、澎湖,一守兼之。沿边水师,汛防严密,各相犄角,声气关通,应援易及,可以宁息。况昔日郑逆所以得负抗逋诛者,以台湾为老巢,以澎湖为门户,四通八达,游移肆虐,任其所之。我之舟师,往来有阻。今地方既为我得,在在官兵,星罗棋布,风期顺利,片帆可至,虽有奸萌,不敢复发。"在台湾的驻军问题上,施琅向康熙帝建议:"且海氛既靖,内地溢设之官兵,尽可陆续汰减,以之分防台湾、澎湖两处。台湾设总兵一员、水师副将一员、陆师参将二员,兵八千名;澎湖设水师副将一员,兵二千名。通共计兵一万名,足以固守,又无添兵增饷之费。其防守总兵、副、参、游等官,定以三年或二年转升内地,无致久任,永为成例。在我皇上优爵重禄、推心置腹,大小将弁,谁不勉励竭忠?然当此地方初辟,该地正赋、杂饷,殊宜蠲豁。见在一万之兵食,权行全给;三年后开征,可以佐需。抑亦寓兵于农,亦能济用,可以减省,无庸尽资内地之转输也。"后来李光地又建议:"以万人戍而三年一更番归省,一番三千人。"[18]这样就避免了因兵卒"孤身永戍"和换将不换兵而造成的各种弊端。于是康熙在综合他俩意见的基础上,扬长避短,著为定例,这就是后来台湾的班兵制。实践证明,班兵制是切实可行的,在国防上具有战略意义。同治(1862—1874)年间,左宗棠为改变台湾武备废弛的状况,巩固东南海防,就建议恢复三年更戍的"班兵"旧制,使台湾防兵定期换防,以提高战斗力。

《海洋中国》的作者在评价李鸿章的海防战略思想时指出:"就李鸿章的海防战略思想而言,它是李对近代中国国防体系重建的一大贡献。而这一重建是中国增强实力的一个重要步骤。李鸿章高于晚清其他政治家的重要之处,就是在他增强实力的实践中,逐渐审时度势,转变观念,将国防重点从对内转向对外,从陆防转向海防,从中完善了他的战略体系",并称李鸿章首先转变了中国传统的重陆轻海的国防观念[19]。或许可以说,这种传统国防观念的转变,滥觞于明代的俞大猷。同施琅一样,俞大猷也是泉州府晋江县人,颇知水道,在抗倭斗争中锻炼成一代名将。多年的战争实践,使他提出了御海洋、御海岸、御内河、御城镇的多层次、有纵深的防御战略。这套海防战略的最大特点，就是强调水上防御，"倭贼之来必由海，海舟防之海，其首务也"。[20]"俞大猷这种大力加强海军建设，御敌于海的思想，是对海防思想的重大贡献，值得后人注意。"[21]笔者认为，就此而言，施琅的海防思想具有承上启下的历史地位。而在海洋观已成为热门话题、台湾问题举世瞩目的今天，施琅的海防思想更是具有很大现实意义，值得我们认真地加以研究和总结。

注释：

① 施琅：《靖海纪事》（下），《恭陈台湾弃留疏》附录《八闽绅士公刊原评》。

② 李光地：《榕村语录》续集卷 11。

③ 《汉文起居注选录》康熙二十二年十月十一日条，见《康熙统一台湾档案材料选辑》，福建人民出版社，1983 年版。

④ 《清圣祖实录》卷 112。

⑤ 施琅：《靖海纪事》（下），《恭陈台湾弃留疏》。按：以下引文凡出自该篇者，不再注明出处。

⑥ 《汉文起居注选录》康熙二十三年正月二十一日条。

⑦ 根据有关文献记载，宋代频繁活动于东南沿海及海上的"海盗"、"海贼"、"海寇"，虽也有少数番国夷民，但主要为原沿海地区的渔民。

⑧ 《筹办夷务始末》同治朝卷 99。

⑨ 施琅：《靖海纪事》（下），《恭陈台湾弃留疏》附录《八闽绅士公刊原评》。

⑩ 陆俊元：《地缘战略中的台湾及其对大国安全的作用》，《台湾研究》1996 年第 1 期。

⑪ 陆俊元：《地缘战略中的台湾及其对大国安全的作用》，《台湾研究》1996 年第 1 期。

⑫ 台湾银行经济研究室编印：《十七世纪台湾英国贸易史料》，转引自施伟青：《施琅年谱考略》，岳麓书社，1998 年版，第 187 页。

⑬ 《忧畏轩奏疏》，康熙二十二年八月十七日姚启圣题，转引自施伟青：《施琅评传》，厦门大学出版社，1987 年版，第 258 页。

⑭ 施伟青：《施琅评传》第六章《对台湾的贡献》，厦门大学出版社，1987 年版，第 248 页。

⑮ 卢建一:《福建古代海防述论》,载唐文基主编,程镇芳、陈元煦副主编:《福建史论集》,福建人民出版社,1992 年版,第 269 页。

⑯ 江日升:《台湾外纪》卷 5。

⑰ 施琅:《靖海纪事》卷上《尽陈所见疏》。

⑱ 李光地:《榕村语录》续集卷 11。

⑲ 倪健中主编:《海洋中国》,中国国际广播出版社,1997 年版,第 765 页。

⑳ 俞大猷:《正气堂集》卷 7《论水陆战备事宜》,福建人民出版社,2007 年版,第 197 页。

㉑ 范中义:《俞大猷军事思想述论》,载蒋夏雨主编,黄德鹏副主编:《俞大猷研究》,厦门大学出版社,1998 年版,第 89 页。

西　　林
——陈元光始建漳州的州址

张待德

张待德(1945—)男,汉族,福建云霄人。1963 年 8 月云霄一中高中毕业后,在本县桥头小学任教,1965 年 12 月参军入伍,1970 年 2 月退伍后在县广播站任机线员、编播员,1976 年 8 月毕业于福建师范大学中文系。先后任云霄县广播站站长、书记、县委宣传部副部长兼文联主席、县司法局局长、县委宣传部副部长等职。1994 年 5 月云霄县成立开漳历史研究会,任副会长、秘书长,主编《开漳圣王陈元光与云霄》、《云霄文史资料》等,校点出版《云山居士集》、《龙湖集》、《林偕春诗集》等。

公元 669 年,唐归德将军陈政、陈元光父子率领的以固始人为主体的 87 姓将士(两批、含家眷),奉诏自中原南下,筚路蓝缕,历尽艰辛,平定闽粤,并在西林奏置州郡,屯垦定居,厉行法治,劝课农桑,通工惠商,大兴庠序,把中原的文明带到闽南,并由此而繁衍到闽、粤、台、东南亚和世界各国,创建了远播中外、功耀古今的不朽业绩。

千百年来,几千万的海外中华儿女,心系故土,希望了解自己如何与悠久的祖先历史连接起来。他们远涉重洋来到闽南寻根问祖,来到漳州发祥地云霄西林古城址,寻找先贤的足迹,缅怀他们开发漳州的伟绩丰功。

但近几年来,有的学者专家,对陈元光建置州郡的地点,提出异议,有古楼驿说、有葛布山说、有狸仔坑说和李澳川说等。云霄县的文史工作者经过反复考察、研讨,作出较为客观、科学的结论,应该说,这是开漳史研究的一个成果。

西林,是享誉中外的开漳发祥地,是开漳史上一颗熠熠发光的明珠。它是一座连接历史与现实的桥梁,一座琳琅满目的开漳历史博物馆。

一、当年"即屯所为州"之首选地

据《云霄县志·建置沿革》载:"唐垂拱二年,元光请于泉潮间建一州,以抗岭表。朝廷以元光父子入牧兹土,令其兼秩领州,并给告身,即屯所建漳州。故城在梁山脚下,今云霄西林村。"陈元光奏准"即屯所为州",在"漳水之北"西林建置州县。从地理位置看,漳江的主干道,从平和峰山、灵通山发源经云霄马铺、下河,流入西林成北溪;并与发源于乌山山脉的南溪交汇,激滟成章。

据《云霄厅志》载:"西林城在(云霄)城治北七里,唐时郡城。"《漳浦县志》云:"浦属云霄西林溪与海水合,清浊相间,厥名漳江,唐垂拱间始建州治于此。"《云霄县志》亦云:"西林城在西林,旧有石城……考其由来,实建自唐高宗年间。"《福建通志》还说:"故漳州城,唐嗣圣初置于漳浦南八十里,即今漳浦县之云霄驿也。"

今考云霄西林村故城,不仅有军营、炮台旧址,而且一些地方仍含有古城址特征,如东门瓮、壕沟、水门、演兵坛、点将台等,使人们感受当年大乱初定、建城安民的场景。陈元光于此"地极七闽,境连百粤"的要地建置州治,得益于这里优越的地理位置。在这南北两溪汇合之处,有一块宽敞的冲积平原地带,水陆交通便捷,且前后有梁山、乌山为障,确属兵家屯扎的必选之地。

陈政、陈元光率兵进驻云霄后,分兵驻上营于岳坑、中营驻西林、下营在今县城西面。陈元光就把州治设在驻扎军队"开屯建堡"的营地里,置于军事力量的保护之下,以确保州治指挥中枢的安全和政令的畅通。

二、琳琅满目的开漳历史博物馆

从陈元光垂拱二年始建州治,至开元四年迁址李澳川,西林作为州治时达 30 年之久,形成整个闽南的政治、经济、文化中心,至今仍留下大量故城遗址。

1. 古城墙

古漳州城基址仍然在西林残存着。有些地段,如南城段和西北城段还有部分城墙。城基底层砌石,中、上层为三合土夯筑。整座西林城以西林村为中心,分布于下楼至菜埔村的濒江狭长地带,城周长约 8 里多,总面积约 1.5 平方公里。

2. 古渡口

城南临漳江地段,原有三处下水道,而今保存一处。西林隔江南岸,残存一处古渡口,今存石砌的古码头遗址。通往渡口的东城门今还湮没在沙土里,尚可见东城门内土地庙基址。

3. 指挥台

城西北内侧残存一座古指挥台,当地人也称“土楼”。该台分三层由原始土夯筑,周围壕沟环绕,外层高 3 米,长 54 米,宽 45 米;中层筑在外层之上,高 1.5 米,长 26 米,宽 15 米。在中层上面夯筑上层,上层才是地面建筑物,基长 20 米,宽 9 米,残存一堵墙高 5 米多,三层夯土均 1 米厚。

4. 军营山

军营山在指挥台之南百米处,山丘形似覆锅,中心突出,周围约 15 米。南北直径约 600 米,东西约 400 米,平面椭圆形,总面积约 2 万平方米。军营山四周也有壕沟与外界隔离,今沟痕尚存。

5. 演兵坛

位于西林东北角,位于城外近墙处,一个平坦的开阔地,平面呈六角形,其四周砌石为界。

现在城外尚存两座并列的古基址,相传为“县衙”和“郡衙”所在地。基址南北各长 120 米,东西各宽 40 多米。基址北面后院有“花园”地,东面有“牢房”,正面大门两侧各有值班室。基址散布大量铺地石板,印证当年该建筑颇具规模。

城内目前保留的古迹,还有“军营巷”、“粮仓”、“盐馆”、“五街厝”、“总兵寨"、"尚书府"等等。其中"蔡总兵寨"的基址保存完整,仅残存一堵条石砌就的厚墙。此外,还有当年挖掘的水井遗址和将士喂马石槽。

在西林村,至今天仍分布诸多宫庙,展现丰厚文化承传和精湛建筑艺术,发挥了古漳州西林作为观光朝圣和对外文化窗口的特殊作用。

1. 五通庙——开漳将士的保护神

五通庙,也称广平尊王庙,相传唐朝以前原住民所建。《云霄厅志》载:"建庙必在开屯之先,云霄宫庙唯此最古。"原来五通庙内的石柱有盘、蓝、雷氏捐舍字样,考为土著"蛮獠"所建。可见陈将军入闽时,此地已形成畲族村落。开漳将士从中原携带汉代名将周亚夫香火至此,塑像供奉于庙中。元代至元年间(约1278年),漳州路总管同知、宣武将军"南胜伯"陈君用驻扎西林城,又于庙内增祀"五方之神"五显帝,悬匾"五通庙",成为庙中主神。清康熙七年,里人吴镛募众重修。清同治三年历太平军战火后,再次维修。庙前后两进,前殿面阔五间,进深三间,单檐歇山顶,抬梁式结构,面积700多平方米。五通庙高踞于漳江之畔,庙前榕荫盖瓦,江水流缓。庙貌台基高筑,屋檐低垂,颇具特色。殿内石质梭柱粗糙古朴,是始建原物。今漳州共有五通庙17座,以此庙始建最早。明末清初有香火传至台湾,称五通宫等。

2. 旧府衙——陈元光首建州治的"指挥所"

位于西林村西南面的旧府治,相传为陈元光建州治时的办公场所。衙署三开间,由大堂、大埕、仪门及吏、户、礼、兵、刑、工六科分列的耳室组成,右侧置狱司监房、经历司和更舍,左侧是内衙,占地1200平方米。据载,元代漳州总管同知陈君用在西林城办公时,曾做过维修。现已多数倒塌,但遗址尚存。

3. 天津道张佐治第——张氏家庙孝思堂

明代天津兵备道张佐治故居地处西林村南面村道、漳江西畔,坐西北向东南。清顺治间,改为张氏家庙孝思堂,祀奉开漳将领张虎的后裔张元甫及后代五世神主。祠埕占地1008平方米,建筑面积428平方米。1993年春民间鸠工兴修,翻盖屋顶,更新梁架,瓷塑龙脊,镂柱刻楣,悬挂张氏历代进士及职官匾额多方。十几年来,海内外张氏后裔络绎不绝,前来寻根问祖,拜祭列祖列宗。

4. 上林圣宫——漳江有庙祀将军

上林圣宫,位于西林村北面,前殿祀奉开漳圣王陈元光,后殿祀南海观音,宫庙占地面积1600平方米,建筑面积480平方米,历代均有重修,2005年民间进行修建,庙寺焕然一新,庙埕宽敞亮丽,与照壁、戏台连成一体。据《云霄厅志·宫庙》载:"上林圣宫在西林,载和邑志,不知建自何年,中祀观音大士。"但从西林有下林圣宫情况分析,应同为元代所建。元代汀漳道总管同知陈君用重建西林城时,配建上、下林圣宫于村内,并于村口广平尊王庙中增祀五显大帝,开西林夺庙祈盛之先。上林圣宫原建为佛寺,后增建开漳圣王殿于前,故当地有先建佛殿、后建圣王殿的传说,尽展"漳江有庙祀将军"史实。

5. 下林圣宫——漳州古郡城观光游览圣地

又称慈云宫、慈济宫,位于火田镇西林村东面,为漳州古郡城一处观光游览圣地。宫宇坐西北向东南,始建于元代,明清有过多次维修。据《云霄厅志》云:"下林圣宫即慈云宫,在西林,台基高出两廊,祀吴真人(保生大帝)。载此宫有陈君用遗像,想系陈公筑城,人思其德,因塑像祀之此宫,兴建亦在前明以上。"宫二进一殿,左右两廊,中留天井,单檐歇山顶。大殿面阔五间,配左右寝室,进深三间,抬梁式木石结构,整体建筑宽16.6米,深23.4米,面积388平方米。殿内石柱雕刻粗糙,柱础覆盆式连方形底座。大殿中祀保生大帝吴夲,左配祀陈君用,又配觐仙姑,虎王公;前左祀吴三舍公,右祀伽蓝爷,两廊及前厅配祀佛像、观音、关帝等。大门前有大埕,戏台及宫前塘一口,埕左植榕树一株,门神彩绘精美,外壁绘水墨人物,形象生动,古朴大方,2002年6月民间发起重修,保存明代建筑风格。今宫庙主体气势宏伟,金碧辉煌,体现了闽南传统装饰的高超艺术。前来拜祭这位消灾赐福、护国佑民的保生之神者纷至沓来。

6. 龙章褒锡坊——父恩子贵、光宗耀祖的显示

在西门水阁内,高10米,宽6米,3间3楼4柱,花岗石仿木结构。正楼梁枋隔三层嵌装正匾和镂雕花板,双面分镌"龙章褒锡"、"天宠貤封"及"为

明敕赠承德郎户部山西员外郎叶元浩立"字样。叶元浩是西林村叶期远的父亲,叶期远是嘉靖三十二年(1553)进士,曾任湖北黄州知府。古代官吏常报请朝廷,将自己的封诰移授父母及长辈,使叶元浩荣奉恩诏,得了个赠户部员外郎虚衔,并按封敕隆重地起建这座牌坊,以示父恩子贵、光宗耀祖。

在当时西林周边,如菜埔(当时为唐府兵蔬菜基地),至今尚存不少古迹,贞德垂芳坊、紫阳书院遗址、菜埔堡、"一巷三尚书"、张士良故宅等,这都说明西林作为古漳州府,对后来政治、文化、经济等方面的发展所带来的积极影响。

三、志书有关西林的载录

西林村,作为古漳州府,不但有大量现存古迹文物,在历代志书上边有明确载录。

《新唐书·地理志》:"漳州郡,下。垂拱二年析福州西南境置;以南有漳水为名,并置漳浦、怀恩二县。"

《旧唐书·地理志》:"漳浦垂拱二年十二月,与州同置州治所。"

《元和郡县志·江南道·五》:"漳州本泉州地,垂拱二年折龙溪南界置,因漳水为名,初置于今漳浦县西八十里。"

宋吴与《漳州图经序》:"皇唐垂拱二年十二月九日,左玉钤卫翼府左郎将陈元光,平潮州寇,奉置州县,敕割福州西南地置漳州,初在漳水北,因水为名。"

《八闽通志·地理志·建置沿革》:"……析福州西南境置漳州,并于其地置漳浦县以属。""漳浦县……在漳水之北,今名云霄"。

《福建通志·地理·沿革》:"漳州府……因南有漳水为名……其治在古云霄镇。"

《漳州府志》:"漳州……在漳水之北,即今云霄。"

《云霄厅志》:"陈元光平潮寇,开屯漳水之北,后即屯所为州。"

《云霄县志·建置沿革》:"……中宗嗣圣三年(按即垂拱二年),元光请于泉潮间建一州,以抗岭表。朝廷以元光父子久牧兹土,令其兼秩领州,并给告身,即屯所建漳州。"

《平和县志》、《云霄厅志》:"西林城在西林,旧有石城,相传泉州路同知陈世民筑。又癸酉志谓元陈君用筑,考其由来,实建自唐高宗年间。"

《云霄厅志·建置》:"今考西林村,其地有故城,有军营、炮台旧迹,相传以为系故郡治。地在梁山之西,漳水之北,与《残记》(按即《白石丁氏古谱》)所称梁山西岭下合。"

《读史方舆纪要》:"漳浦故城,在县南八十里,唐初置县于此,属漳州治。在梁山之下,地名云霄,其南漳水出焉,因名漳浦。"

1999 年新编《漳州市志》第一章"建置"载:"西林,唐垂拱二年(686)建州,州署建于西林。西林原为陈元光屯军中营驻地。陈元光为军事长官兼领州刺史,遂以屯所为州署。"第二节"隶属"载:垂拱二年(686)十二月九日,建置漳州,州治在西林,属岭南道;辖漳浦、怀恩 2 县。开元二十九年(741),撤怀恩县(因该县土地兼并,农户逃亡,户口未能达到立县邑标准),地入漳浦县。同年,析泉州(治所在晋江)龙溪县来属漳州(《旧唐书》:龙溪,旧属泉州;圣历二年即 699 年,属武荣州;景云二年即 711 年,还泉州;开元二十九年即 741 年,属漳州)。地漳州遂辖漳浦、龙溪 2 县,仍属岭南道。天宝元年(742),诏命改州为郡,漳州易名为漳浦郡,割属江南东道。天宝十年(751),漳浦改属岭南道。乾元元年(758),漳浦郡复名漳州。上元元年(760),漳州改属江南东道。大历十一年(776),观察使皇甫政请析汀州龙岩县属漳州;翌年获准,时漳州辖漳浦、龙溪、龙岩 3 县。贞元至元和间(785—820),漳州隶属江南道,辖龙溪、漳浦、龙岩 3 县。光启元年(885),光州刺史王绪南走入闽陷汀、漳 2 州;至唐末,闽南(含漳州)为王绪部将王潮等所据。

唐张登诗:"境旷穷山外,城标涨海头。"(《八闽通志·地理·漳州府》)。

明洪武州判王炜《清漳十咏》:"……试上南楼望,羁暑觉易消,两溪遥合港,大海暗通潮。"

清吏部主事林镇荆《西林城怀古》:"雉堞迷榕荫,鸠工肇李唐……"

由此可见,漳州、漳浦地名发源于漳江这条流经云霄东洲入海的开漳文化母亲河。陈元光请建州县时,建议以江名命州,以慰怀乡之念。漳州、漳浦发祥治所,就在火田西林一带。至明正德以前,这里还是漳南政治、经济和文化中心。由于古漳州深厚的历史文化积淀,西林村曾建有文庙、学舍等,曾造就大批治国安邦的肱股之才,涌现出明代三部尚书蔡思充、户部左侍郎、正议大夫吴原,天津兵备参政、宁波知府张佐治及河南副使、宁波知府张士良等。

四、结语

在西林村,现存的故城残垣、郡衙大门,石牌坊都会引发许多动人的历史故事和民间传说。西林村以曾经作为陈元光开发闽南建州立郡的指挥中心,在开漳历史上享有重要地位。历代志书上的记载,现存的古漳州遗迹和世代相传的口碑都充分说明,西林是开漳历史上一颗熠熠发光的明珠。开发和利用西林村文物古迹,是探索漳州开发历史,推进开漳圣王文化研究,加强闽台、中外学术文化交流,促进海峡两岸和平与发展的一项有益工作。

当前,管理、维护、开发、建设漳州古城,得到各级领导的重视。社会各界热心人士正酝酿筹资维修古漳州史迹。如重修旧府衙,新建陈列室,塑造蜡像馆;保护旧城墙,修建郡衙门;重建点将台、烽火台、古渡口、演兵场……使西林展现当年开漳的历史风貌,成为海内外 5000 多万唐府兵后裔寻根谒祖、开展文化交流的重要窗口,让西林这颗开漳史上的明珠更加光彩夺目。

陈元光《龙湖集》真伪考

陈隆文　王　琳

陈隆文(1969—)男,汉族,河南开封人。2004 年毕业于陕西师范大学中国历史地理研究所。现为郑州大学河南省中青年骨干教师,副教授、博士后、硕士生导师。主要从事历史经济地理、中国货币史和中原历史环境变迁研究。在《考古》、《中国国家地理》、《人文杂志》、《史学月刊》、《中国历史地理论丛》等刊物发表论文 40 余篇。出版了《春秋战国货币地理研究》、《中国历史地理简编》、《先秦货币地理研究》等专著。获河南省社科优秀成果二等奖一项和郑州市社科优秀成果奖多项。博士论文获陕西省优秀博士论文,并入选参评全国百篇优博评比。

一

陈元光(657—711),字廷炬,号龙湖。河南光州固始人。唐开漳刺史,正议大夫,岭南行军总管。陈元光出生名门望族,祖父陈犊,字克耕,为唐开国元勋。父陈政,字一民,以功累升为戍卫左郎将,归德将军。陈元光自幼聪明好学,少时并好骠骑,因受家庭环境教育的熏陶,唐高宗总章二年(669)陈元光 13 岁领乡荐第一。是年,因泉潮间"蛮獠啸乱",随父母率众南下平抚"蛮獠啸乱"直至殉职,始终坚守闽南戍地,长达 42 载。唐高宗仪凤二年(677)陈政终因积劳成疾,殁于住所。陈元光时年 21,袭职任左郎将,代领父众。适群寇乘机结蛮复乱。陈元光采取威惠并济的政策,区别对待的措施。提兵平乱,大获全胜。遂还军于屯营地,立行告于四境,方圆数千里无桴鼓之惊。事闻朝,进正议大夫,岭南行军总管,时年 25 岁。唐高宗永淳二年(683)陈元光上奉《请建州县表》,至唐武则天垂拱二年(686)获准如请于泉潮间增置一州,因治所于云霄屯营地漳江畔,遂名漳州,下设漳浦,怀恩两县。诏令陈元光兼任刺史,其时年 30 岁。在漳州执政期间,开辟村落,兴农重教,通惠工商,发展地方经济同时又发展教育立学校,使漳州变荒榛为乐土,百姓安居乐业,功勋著漳,功垂千世。由于政务之余,亲自倡导诗教,写下不少诗篇,其遗著现存《龙湖集》一卷 54 首,其中选入《全唐诗》及其续编和补遗者共 7 首,均记载陈元光亲自经历的战争生活和辖区境内的社会经济发达状况。特别是当时府兵自中原南下筚路蓝缕的经历和将士开疆守土过程中披荆斩棘之艰辛。流传至今已有千余年,是一部不可多得的开漳史诗。它是一部研究开发闽粤早期历史的重要文献。可是近年来在召开陈元光的学术讨论会中,有些否认陈元光的《龙湖集》,认为是伪作,是后人的伪造。

最近谢重光先生在《福建论坛》(人文社会科学版)1989 年第 5 期发表《〈龙湖集〉的真伪与陈元光的家世和生平》一文。谢先生认为"《龙湖集》中更突出的纰漏是提到人物,事件,地名,制度等多悖于唐代史实和唐人习惯,倘若此集是陈元光所作是不可能出现此类错误的。因此,这些纰漏是该集系后人伪托的铁证"[①]。文章发表后,《福建论坛地方史志研究》(人文社会科学版)1991 年第 7 期又发表欧谭生、卢美松两位先生合作写的《〈龙湖集〉真伪与陈元光祖籍》(与谢重光同志商榷)的文章提出:"陈元光所著《龙湖集》应进一步考实订正。"但是,目前尚无确凿证据予以全盘否定。谢先生文章所罗列的《龙湖集》中所谓人物,事件,地名,制度等纰漏,有很多经不起推敲。有的属于断句之误,有的被误识曲解,特析,商榷。欧谭生等先生提出的意见,我表示完全同意,不在此赘述。我从另一角度提出陈元光《龙湖集》不是伪书,只是个别词句有后人转抄的一些错误,在所难免,还需稽考,但不能说明《龙湖集》是后人伪托的作品,此话实难说通。

清末民初纂成的若干《陈氏族谱》,刊载了题为陈元光所作的《龙湖集》,

内收古赋两篇,五言诗 34 首,七言诗 14 首,多为《全唐诗》、《全唐诗外编》及其他传世文献所未载。近年来何池先生的《龙湖集校注与研究》②和信阳师范学院中文系徐伯鸿先生的《龙湖集编年注析》③,此两种整理和校注我认为是下了一定功夫的。大家都肯定陈元光《龙湖集》不是伪书,我表示同意外,今再补一些看法。

二

如何认识《全唐诗》与《全唐诗外编》所搜集陈元光的诗作。一些人认为《全唐诗》和《全唐诗外编》都晚出,此两书所录《示响》等诗也是来自《陈氏族谱》与采其说的地方史志,从史料角度看,应是出自同源,这一点是应该承认的,但我们不能就此认为《全唐诗》、《全唐诗外编》所录 7 首与《龙湖集》另外 43 首在思想内容上与艺术风格上的一致性,认为"充其量也只能证明这些诗出于一人之手,不能证明这些诗都是陈元光诗"④。为何不能证明不是陈元光诗,杨先生没举出任何证据,我认为这正是可证实杨先生所说出于一人之手应是陈元光所作的诗。因为诗的内容与陈元光一身的活动经历是相吻合的。应是出于一人之手的诗,只能是陈元光,而不是其他人,其他人是不可能写这些内容的诗篇。

《汕头大学学报》(人文科学版)1992 年发表贝闻喜、陈惠国两位先生合写的《释陈元光〈祀潮州三山神题壁〉诗三首》。其中谈到《龙湖集》中有《祀潮州三山神题壁》三首,"是迄今为止所发现的抒写三山神庙最古老的诗篇,与初唐四杰(杨炯、卢照邻、王勃、骆宾王)同时,摆脱六朝的绮靡浮艳,有陈子昂之风骨,读韵味盎然"。又说"从诗三首中'龙骨敕碑铭','赡庙开明觇'与'九重颁岁祭','万古帝王饮'诗句看,御封三山国王应在唐而非宋,故疑志秉诸文的误载"。从而进一步肯定诗作应为陈元光说,"陈元光炬肇迹于隋的三山神庙仅百左右年,时近事鲜,对考究汕神的历史渊源来龙去脉,陈元光诗中所言应是最可信的了"⑤。此说明陈元光《龙湖集》不应是伪作。值得注意的是诗中还有这样的诗句"三山耀神德,万岁翊唐灵"。这诗意思是说"三山圣地光耀首神功德,三山神灵千秋万世辅助大唐"。诗中表明此诗应是初唐的诗。这正与陈元光的时代相吻合,不应为伪作。

三

从《龙湖集》诗的特点来看,应是陈元光的诗作。《龙湖集》诗歌题材涉及征战生活,此类诗歌数量最多,其次就是思亲和怀乡,教化百姓,记行、赠答等内容。在他的笔下,有战争的硝烟,有征战的艰难困苦,有将士思乡的凄情,有江山的美丽多娇,有故乡的美丽多姿,有闽潮之地的野蛮落后的原始习俗,有人与人之间的知心友情,有对獠民和从属的殷切教诲以安,这一切风云变幻,都形象真切地展现在你眼前,完全摆脱初唐时梁陈宫体诗的影响,从而形成自己独特的风格,这怎么能说陈元光诗是伪作呢?

我们把《龙湖集》诗作内容与陈元光的身世结合起来考察,不仅符合当时陈元光的历史实际,不仅不是伪作,而且可以看出诗作的历史价值和贡献。

陈元光有长达 17 年的征战生涯,诗人的身世经历有太多的激情感动,也有太多的牺牲和艰难,也有泪水。在长达 26 年的执政经历中,诗人的喜怒哀乐,辛酸和坎坷,付出的太多,这一切萦绕于陈元光的内心之中,成为他割舍不断的牵挂,所以在他的笔下,涌现着这种燃烧的激情,诗歌成为他抒发这种情感散曲的体裁。打开《龙湖集》首先感到的是诗人平息战乱的壮志豪情和征战过程中的艰难困苦和胜利的喜悦,以及戍守中的凄凉思乡之情,还有交往中人与人之间的友爱与关切,教化民众的拳拳殷切之心。同时还表达对朝廷感激之情,在诗歌中表达出爱憎是那样的分明,情感在诗中得到充分的表露,完全没有宫体诗的浮艳和脂粉的气息,这些证实只有陈元光的身世和他个人的经历才能写出这样的诗篇,绝对不是后人能伪造得出来的。

如果我们把陈元光的诗歌放在唐初特定的历史背景下进行考察,则完全可以看出陈元光的诗作有特殊的价值。

就战争诗而言,他的《侯夜行师七唱》、《题龙湖》、《晓发佛谭桥》、《南獠纳欵》等诗篇,不仅真实地记录了他从出征到平息叛乱胜利的全部过程,以及征战生活中的种种见闻和经历,而且数量之多在整个初唐诗坛中都是极其罕见的。值得注意的就是《南獠纳款》曰："南熏阜物华,南獠俨庭寔。野味散芬芳,海殽参茂密。胸篆飞瑞烟,蟓珠媚炎日。掩嫣笼白鹇,盐章闷鹦鹏。归化服维新,皇朝重玄质。筮辰贡龙颜,表子躬逢日。"这首诗头二句交待事情发生的缘由,接下来具体描写了平叛乱后所进献的物品,有山珍海味,有地方特产,还有音乐和稀有的珍禽,最后四句是表示对叛乱者的劝慰,另一方面表示要挑选良辰吉日之后把进献之物贡给朝廷,这首诗记述叛乱者进献财物以表示投诚的诗篇,不仅为唐初其他诗人在战争中所没有,也是唐初边陲诗歌中不多见的。像这样的诗作怎么能说是后人伪作呢?

在就陈元光教化诗而言,初唐诗坛有少量的作品,但都针对大臣而言,陈元光《龙湖集》中也有不少这方面的作品,主要是针对民教化而言的。如《教化祭蜡》、《恩义操》、《忠烈操》、《修文语土民》等,这些诗作都是从应该具备什么样的道德操守到如何祭祀等方面作具体的要求和描述,作为一个州的最高行政和军事长官,陈元光把诗歌的教化功能发挥得淋漓尽致,为根本上改变落后地区的面貌而作出了不可磨灭的贡献,像这样的诗作只能是陈元光才能写得出来,怎么能说此诗为后人伪作呢? 实属不可思议。

四

从陈元光《请建州县表》与《漳州刺史谢表》看,《龙湖集》并非伪作。《全唐文》卷164录有陈元光《请建州县表》及《漳州刺史谢表》,《龙湖集》作《谢准请表》,论者或以其叙职不类而疑真伪者,《厦门大学学报》编辑部柯兆利先生认为:"纵观两《表》所申言,亦皆凿凿有据。"[⑥]此两表可以说明陈元光开发建设漳州的总纲与《龙湖集》所叙述诗的作品内容完全是一致的,因此,我认为可以相互印证说明《龙湖集》不应为伪作。

创置州县。7世纪以前,漳州未设郡治。陈元光入闽后,于垂拱二年向唐王朝上《请建州县表》,建议于泉潮间建州县,以利于加强对漳州地区的统治。有的同志提出来陈元光《请建州县表》的时间应在唐垂拱四年(688)[⑦]。一些人根据康熙《漳浦县志》认为"旧志载'仪凤二年,陈元光开屯漳水北,垂拱四年,疏请建州于泉潮间……诏可知即屯所为州治。'"很明显这里所记垂拱四年上疏时间是有误的,因此不能以垂拱四年作为陈元光《请建州县表》的准确时间,事实上这个建议得到当时宰相侍从官裴炎、娄师德、裴行立、狄仁杰等人的支持,同年便诏准创置一州二县,即名漳州,乃因以当地有漳江而得名。州领漳浦、怀恩二县⑧。应以垂拱二年为准。

作为一代名将的陈元光,深知"兵革德威其外,礼让乃格其心"(《请建州县表》)的道理,要在这里能长治久安,"其本在创州县"。陈元光《请建州县表》的奏章,很快就得到批准,不用拖到垂拱四年。漳州创建,这很快改变了长时期以来中央政府对这里"鞭长莫及"之苦和政令不通达的状况。州县建立后陈元光施行了一系列的民族融合,建立学校,通惠工商,发展地方经济的政策。

首先,实施"畿荒一德,胡越和同"的民族融合政策。陈元光从父平乱看到所施政策有些弊端,在《请建州县表》认为:"元凶既诛,余凶复起,法随而奸随生,功俞劳而效俞寡","诛之则不可胜诛"。针对这种情况他们采取首恶与胁从重点打击首恶分子,"落剑唯戎首,游绳系胁从"⑨。

陈元光为使漳州建设成为"安仁之区","治教之邦"(《请建州县表》),十分重视招抚畲族,陈元光对盘陀诸山峒的畲族,"乃开山取道,剪除荆棘,遣土人诱而化之"⑩。并实行"且耕且战"的军屯。在九龙江北溪浦南一带辟为"唐化里"。在云霄漳江北建"火田村",开荒生产,营建村宅,安置军眷,做到粮食自治,兵不扰民。

值得注意,陈元光进一步提出民族平等畿荒一德的主张,在《请建州县表》中说:"胡越百家,愈无罅隙,畿荒一德,更有何殊。"这是说无论是北方的胡人,还是南方的百越,应和好而无间隙。首都京畿与边疆荒服之地本质一样,没有什么特殊差异。在《明王慎德四夷咸宾赋》中也提出加强各民族友好往来,诗云:"通九夷兮扩四疆,重九泽(按各民族间的语言翻译互通)兮浮于航(海上交通),纳和好兮仰化光。"这怎么能说陈元光《龙湖集》是伪作呢?

陈元光"畿荒一德"的民族政策深深影响后代,唐以降在对待土著民族方面皆循此制,故宋刘克庄在《漳州喻畲》一文中指出:"畲民不悦(役),畲田不税,其来久矣。"其"久"当是指陈元光的这一史事。

　　陈元光《侯夜行师七唱》云："屹然一镇云霄末,渐尔群合花柳春;男生女长通蓄息,五十八氏交为婚",说明随陈元光父子入闽的 58 姓都落籍漳州,汉族农民负未耝,皆望九龙江而来⑪。使这一地区变成为"民僚杂处"畲汉交错而居,民族融合得到发展。正如陈元光在《谢准请表》中所说:"庶荒僚之俗为冠带之伦。"黄惠《龙溪县志》卷 24《艺文》:"变椎髻而复伦序。"⑫

　　其次,建立学校。陈元光重视教育,注意传播封建文化,在《请建州县表》指出,欲使漳州成为治教之区,"基本则在创州县,其要在兴庠序"。他创办"松州书院"并将自己的儿子送去学习。陈元光让其子陈珦在该书院主持讲授,众生徒 40 人,成为漳州学校教育的源头。书院的创办,不仅达到"民风移丑陋,土俗转醒醇"⑬之目的,而且使漳州迈进封建科举制度的轨道。陈元光重视教育,对以后漳州教育的发展,影响是很深远的。尤其是给以后宋、元、明诸代,使兴办书院成为社会的好风气。仅以漳州的诏安来说,宋代就有"丹诏安书院"、"石屏书院"、"渐山书院"、"傍江书院"和"九侯书塾",明代又有新成立的书院和"东瀛书院"等。清康熙《诏安县志》记载,自唐代经宋、元,历明、清都重视教育文化之风气已成习俗,这种现象的出现是与陈元光首先重视教育分不开的,这样的评估应该说是不过分的。

　　再次,主张执政清廉,通惠工商,发展漳州地方经济。陈元光在《请建州县表》中明确提出"不少有宁处",为了长治久安,他上表朝廷"倘欲生金,儿置刑错,其本则在创州县,其要则在兴庠序",并提出"镇地安仁,诚为治教之邦,江临漳水,实乃建名之本"。请示很快得到武后的批准,并命他为首任刺史。陈元光受命之后,立足于实际,在政治、经济、文化等各个方面都采取了多项措施。首先是实行开明的民族政策,然后就是讲究执政要清廉与无私奉国的思想。他在《谢准请表》中说:"持清净以临民重修前志,守无私以奉国,再砺于衷。"在《龙湖集·漳州新城秋宴》中说:"婵娟争泼眼,廉洁正成邻。"《喜雨次曹泉州》:"诰敕常佩吟,酒色难湎惑",《语州县诸公敏读二首》:"移孝为忠吉,由奢入俭宁","寅协无他式,清勤慎不矜","饮露知蝉洁,欢颜觉鉴虚。潜光同隐豹,出宰必县鱼"。凡此可见陈元光无私奉国,"万古清漳水,居官显孝廉"的高尚情操,以及"勤劳思国命"的报国精神。到

《至人行》、《真人操》、《恩义操》、《忠烈操》的写作时,陈元光已将自己的思想境界推向最高峰。将《龙湖集》的诗与《谢准请表》对照,怎么能说《龙湖集》是伪作呢?它完全是一脉相承。

值得注意,陈元光不仅注意为政的清廉而且主张通惠工商发展地方经济,教育儿子和部属要"日阅书开示,星言驾劝农"⑭。漳州人民在陈元光鼓励农桑政策的感召下,大量开垦土地,种稻,种茶,养蚕,发展多种经营。如《龙湖集·侯夜行师七唱》、《观雪篇》所言:"较齐开林驱虎豹,施置截港捕鱼虾",反映了当时军民开发山地,经营水域,发展山林、渔村的情况,所以在漳州大地上,一片荒野变成良田,"火田黄稻俱世昌,纲水金鱼给醉醺","农郊卜岁丰,师间和民悦"等诗句反映了当地农业生产的可喜现象。此外手工业技术在这里也得到发展,晒盐,造船,制瓷,冶陶,冶铁,染织,农具等在漳州也得到发展。所以在《龙湖集·落成会咏》等诗中所说:"海船近通盐。"既道出了当时造船技术的发展,同时也反映了漳州地区的经济发展。

叶国庆先生在《平闽十八洞研究》绪言中指出"元光父子开建漳郡,功绩既伟,崇礼亦隆……每逢诞辰,居民必演戏娱神,备牲献祭……家家宰鹅杀鸡,宴请亲友里人谓此曰过小年,其影响于风俗者如此"⑮。由上可见陈元光父子在当地的影响是不能低估的,从这里可以看出陈元光《龙湖集》并不是伪作,如果是伪作,他一生的活动与诗作内容是会出现很多矛盾的,怎么会像现在密切配合得如此一致呢?因此,我说《龙湖集》不应是伪作。

(附记)感谢信阳师院中文系徐伯鸿先生惠寄大作《龙湖集编年注析》。

注释:

① 谢重光:《〈龙湖集〉的真伪与陈元光的家世和生平》,《福建论坛》(人文社会科学)1989 年第 5 期。

② 何池:《龙湖集校注与研究》,厦门鹭江出版社,1990 年版。

③ 徐伯鸿:《龙湖集编年注析》,光明日报出版社,2004 年版。

④ 杨际平:《也谈〈龙湖集〉真伪,重评陈元光〈龙湖集〉校注研究》,《福建学刊》1992 年第 1 期。

⑤ 贝闻喜、陈惠国:《释陈元光〈祀潮州三山神题壁〉诗三首》,《汕头大学学报》1992

年第 4 期。

　　⑥　李乔、许竞成:《固始与闽台》,河南人民出版社,2007 年版,第 359 页。

　　⑦　俞北鹏:《漳州创建时间与陈元光卒年考》,《福建论坛地方史志研究》1991 年第 6 期。

　　⑧　林登虎:《漳浦县志》卷 19《杂志》。

　　⑨　许文正:《和陈元光平潮寇诗》,《漳州府志·艺文》(光绪)。

　　⑩　林登虎:《漳浦县志》卷 19《杂志》。

　　⑪　《古今图书集成·职方典》卷 1106《漳州府志·艺文》。

　　⑫　薛凝度:《云霄厅志》卷 11《宦绩》正如丁信所说的"土音今听惯,在俗如知谆",《古今图书集成·职方典》卷 1104《漳州府志·艺文》。

　　⑬　陈元光:《龙湖集·题龙湖诗》。

　　⑭　陈元光:《龙湖集·示饷观雪诗》。

　　⑮　叶国庆:《笔耕集》,厦门大学出版社,1996 年版,第 65 页。

多元开放与一元整合的民间信仰

——以闽台开漳圣王信仰与闽王信仰研究为例

蔡登秋

蔡登秋(1970—)男,汉族,福建大田人。福建三明学院副教授,硕士;主要研究方向为现当代文学、民间文化。主要学术成果:主持省、市和校级课题各一项,在国内和台湾各大刊物发表论文10多篇。

信仰,作为人类深层意识的一个主要层面,有着自身的产生、发展和演变的历史过程,当然一种信仰的形成与民系特殊的形成史和发展史有很大的关系,但其决定因素是人类的对外界的认知水平。远古时期,人类依附于自然而生活,生产力水平极低,思维发展水平也很低,如在"神话时代",人们头脑中还没有"类"的概念,人们在认识宇宙时,采取"由己推物"的办法;在人们的头脑中,人与自然界的各种事物混融一体,没有什么区别。这时人们已察觉到意识的存在,这种意识是冥冥中存在着,故而称为"灵魂",这就是原始的灵魂观念。进而人们由己推物,认为自然界中任何事物都有灵魂的存在,于是就有了"万物有灵"的观念。灵魂观念的出现,就意味着人类信仰的出现成为可能。

人类对于神灵的信仰是一个极为复杂心理现象。在人与自然界关系中,这种复杂性与人的生存状态不稳定因素有很大的关系。开发闽台地区时期,福佬系先民的生活不稳定因素比北方汉民要大得多,这里人们的信仰也比北方复杂得多。由于开发闽台距今较短,各种信仰保留至今也较多些,这也许是造成今天闽台地区民间信仰种类繁多原因之一吧。据考证,台湾现存各神庙中供奉的神祇有300多种,其中八成是福建先民开台时带去的,加上闽地的地方性神祇,这里神祇的数目可谓庞大。因此,无法逐一去讨寻其原委,我们仅以固始籍的"开漳圣王"陈元光和"闽王"王审知的信仰为例,就闽台祖灵信仰状态作些探讨,并初步发现其民间信仰体系的独特性。

一、开漳圣王和闽王民间信仰的主要形态

闽台的信仰,一方面是对中原汉民信仰的继承,另一方面是在民系的形成过程中形成和发展起来特殊的信仰体系,开漳圣王与闽王信仰大致属于后者。

"开漳圣王",又称"陈圣王",或称"广济王",或称"灵著王"。陈元光,字廷炬,号龙湖,光州固始人(一说河东人,《元和姓纂》持此说;一说揭阳人,顺治《潮州府志》、《广东通志》执此说,关于其祖籍地已有相当论者论及,但大体可以认为他是光州固始人)。陈元光出生于唐高宗显庆二年(657),死于唐睿宗景云二年(711)。开漳圣王是漳籍闽人对陈元光开漳功绩怀念而进行奉祀,祭祀开漳圣王的信仰习俗,盛行于今闽南地区、潮汕地区和台湾地区。开漳圣王信仰,根据祭祀场所的不同,主要分为三大类:庙祭、墓祭和家祭。家祭是指陈姓后裔在家庙里祭祀其先祖,属于祖先崇拜系统;庙祭则属于民间信仰的范畴。就庙祭来说,每年农历二月十五日,是开漳圣王的生日;十一月初五是开漳圣王的忌日;正月十五是"走王日"(见下图)。

王审知(862—925),字信通,号祥乡。唐僖宗光启元年(885),黄巢义军王绪占光州,王审知与兄王潮、王审邦带固始5000乡民从义军入闽。乾宁五年(898)朝廷任王审知为武威节度使。天复元年(901),昭宗封王审知为琅琊王。梁开平三年(909),梁太祖封王审知为闽王,闽正式建立。从现在闽王信仰来看,主要对闽王公祀,时间为农历二月十二日。如同安北山岩是闽南地区祭祀闽王的主要庙宇,每年农历二月十二日,"王公"圣诞,同安、厦门、金门、安溪、南安、晋江等地的香客数以万计,同时还有宋江阵、车鼓弄、

南音队、歌仔阵、布袋戏等民间文艺活动,组成了"游北山,拜王公"的民俗庙会活动,对闽王的祭祀活动甚为不凡,气势也颇为宏大。又如 2005 年农历二月十二日,金门闽王祠主办的闽王圣诞祭奠典礼,台北、新竹、彰化、高雄、台中大甲等地王氏宗亲代表组团赴金门参加祭祖活动。2008 年 1 月 8 日,福州王审知研究会应金门王氏宗亲会邀请,组成"闽王王审知金身赴金门巡安暨宗亲文化交流访问团"共 60 多人,在福州莲花山王审知墓举行起驾仪式,次日自厦门和平码头搭乘客船直航金门,开展 3 天的香会活动,表达了对"八闽人祖"的崇敬心情。在 3 天时间内,闽王金身到东沙、尚义、后浦、田埔、山后、洋山、吕厝、何厝、中兰、后宅、珩厝、后盘山等 13 家王氏家庙接受换香、祭祀。所到之处,万人同游,显示了两岸闽王祭祀活动的盛况。

由上观之,开漳圣王信仰状态更多表现为漳籍人对开漳先祖的崇拜而形成的信仰,信仰徒众多为漳籍人。而闽王信仰状态多数为王氏对祖先祭拜活动,当然也有非王氏对闽王信仰,信仰徒众更多为王氏后裔。在闽地,这种开漳圣王信仰并不是最主要信仰,但它是某一地域最主要信仰,如漳州地区最主要信仰对象可能要数开漳圣王了,在台漳籍集中地区也是其主要信仰的对象。而对于闽王信仰也是如此,这里不逐一说明。

二、从先贤的怀念到民间保护神,成为区域性主要的信仰形式

据清同治十年间的《福建通志》卷 121 载:"陈元光,字延炬,光州固始人。父政,当(唐)高宗时,统岭南行军总管,进屯梁山外之云霄镇渡云霄江。……卒官,元光代领父众。中宗嗣圣三年(686),疏言:'周官七闽,宜增为八,请建一州泉、潮间。'得旨建漳州漳浦郡,令元光世守刺史。元光疏部曲许天正、马仁等干略,请授为司马等职,从之。乃率仁等剪除荆棘,营农积谷,奏立行台,四境无枹鼓之声。后以讨潮贼蓝奉高,战死。百姓相与制服,权葬于绥安溪之大峙原。诏赠右豹韬卫大将军,立庙漳浦。开元四年(716),进封颍川侯,谥昭烈。贞元二年(786),徙州治龙溪,改葬州北高陂山,春秋飨祀。"陈元光不仅开漳州立下汗马功劳,而且在任时保境安民,仁爱百姓,为地方修建道路等来造福当地百姓,所以死后漳州百姓奉祀不辍。

此后,随着漳州人入台而传入台湾,成为漳州入台人们的主要奉祀对象。从现在台湾不同地区入台的人们信仰基本状态来看,泉州籍的信奉妈祖,漳州籍的信奉陈圣王,客家人信奉三山国王。清道光年间周玺的《彰化县志》卷5《祀典志·祠庙》威惠王庙条载:"漳人礼之,渡台悉奉香火。乾隆二十六年,建庙于县城西。"在台湾,对于陈圣王的信仰形式主要表现为祖籍式信仰,据1992年版台湾省文献委员会主编的《重修台湾通志》卷3《住民志》的《宗教篇》、《民间信仰及道教等寺庙概况表》统计显示:台湾现有的71座主祀开漳圣王庙宇中,台北地区4个县有39座,占55%,若包括邻近的桃园县,则有52座,占73%,其他地区稀疏分布,东部连一座开漳圣王庙也没有,这种分布特点是由漳籍人在台湾聚居特点所决定的①。从福建省信仰状态来看,漳州以外地区信仰开漳圣王的人很少,甚至没有,所以开漳圣王信仰基本上可认为地方较强的祖灵信仰。而这种信仰形式主要是家族式和区域性信仰,是当地民众对祖先或前辈光辉业绩的怀念和感恩而形成的信仰。又由于陈元光是位将军,被唐宋两代赐封为"广济王",在漳州地区有着强大感召力和护佑功能。所以对于漳州人来说,既是祖灵的崇拜,也是地方保护神。漳州地区和台湾的漳籍移民聚居区,陈元光就是他们的保护神,也是他们的主要奉祀对象。

在闽台广大区域内,闽王信仰分布较广,可以说遍及闽台大部分地区。后梁开平三年(909)加授王审知中书令、福州大都督府长史,又封为闽王。后唐同光三年(925)去世,谥号"忠懿",葬于福州北郊,后移莲花山麓。五代动乱时期,909—925年在位,在位期间政绩良好,爱护百姓,任人唯贤,严律刑罚,减免赋役,创立学校,发展海上贸易,闽国的经济得到快速的发展,对福建开发与发展有着不可取代的作用,后被誉为"开闽王"。在历史的进程中王审知由先贤的崇拜上升为神的崇拜。由先贤上升为神的过程是一般信仰的发展过程,在祭拜时序中,由于口传的不确定性特征,对崇拜对象的不断追加和增补,往往会使本来没有的事变成有的事,本来很平凡的事变得神乎其神。如对王审知的崇拜,到了清代就有这样的记载:"顺治六年二月,郭寇攻宁,城几陷。夜漏三下,或见铠袍白马持枪西来者,势其锐,贼以为援兵至,宵遁。邑人谓是白马神也。"(李世熊《宁化县志》)这种传说的作用一方面提升了俗神的神性,一方面也有利于威慑敌人,提高自身的自信心。王审知在客家居住区的庙宇是"白马庙"和"闽王庙",当然在一些地方也叫"蛤蝴公王庙"。道光版《清流县志》载:"闽王庙,在嵩口。神姓王,名审知。唐封为忠懿王,梁封为闽王。第七子延升徙居清流,遂为王氏祖,其子孙立庙于嵩口以礼祀焉。"在客家地区民间闽王信仰不是主要神位,而是呈现庞杂状态。通观客家的民间俗神的信仰可见,客家人对民间俗神的诉求涉及生活的方方面面,只要是其生活之所需,就可能把它列入信仰对象中。而闽王信仰在泉州地区和福州地区则是主要信仰对象,尤其王姓对闽王信仰则是不可替代的信仰对象,闽王信仰对于非王氏人们来说则表现为一般性信仰对象。闽王王审知与其兄王审潮、王审络合称"开闽三王",其中王审知还被尊为"八闽人祖"和"开闽王"。目前,闽台和海内外"三王"的子孙宗亲共有200多万人,其中台湾岛内就有50多万人,金门也有1万多人。所以,在闽台地区王氏家族式祖灵信仰是闽王信仰的主要形式,非王氏信仰基本是一种泛信仰形式,往往表现出"信则灵,不信则不灵"的态势。

从开漳圣王与闽王信仰总体来审视,对之信仰民众构成中,虽都可视为民间泛性信仰,也有一定的地域性特征,但比较言之,开漳圣王信仰除了陈氏家族式信仰之外,还有大批非陈氏百姓奉之为主要信仰对象,尤其以漳州籍为最。而在闽王信仰中,非王氏家族式信仰大体表现为一般性信仰,即前所称之为泛信仰。王氏信仰特征与陈氏对开漳圣王信仰有很大类似性,也表现为祖灵信仰,王氏祖先祭祀活动比民间信仰一般性活动更突出,正如前所述一年一度的祀王活动的盛大场面,这与中国人重视对祖先祭典的传统有很大的关系。

三、民间信仰多元开放性和家族式信仰的一元化

闽台地区属复杂性多信仰地区,就漳州地区而言,除了开漳圣王信仰之外,还有其他诸多信仰对象,如天神信仰:太阳星君、三官大帝、玄天上帝、雷公电母、风神雨师、二十八星宿;又如地祇信仰:土地公、城隍神、阎罗王、地

基主、石头公、海龙王;还有动植物神:榕树公、花神、谷神、牛神、马爷、虎爷、狮神、龟神等等形式,所以漳州有句俗语:"头上三尺有神明",其他地区都有类似的特征,这恰是闽台地区的信仰复杂性的体现。

闽台民间信仰是一个相当复杂的多功能兼容型的信仰,这种存在状态与当地特殊的地理位置和人群结构有着一定的联系。这里山海阻隔,交通闭塞,往往一山一水之隔,便"鸡犬之声相闻,老死不相往来",形成较为封闭的宗族制社会,极易产生各自宗族的神祇。闽台又属于移民地区,一方面从各自祖居地带来了各自的神祇,另外一方面又融合了当地原有的信仰,还有各地的神祇之间的互相融合。由此民间信仰不仅有本地的神祇,也有从中原来的,同时又受到古老闽越族原始宗教的影响。所以,这里的民间信仰相当复杂丰富。正如《重纂福建通志》云:"照得闽人好鬼,习俗相沿,而淫祀惑众……从未有淫污卑辱,诞妄凶邪,诸象祀,公然祈报,如闽俗之甚者也。"②又曰:"自城邑至村庐,淫鬼之有名号者不一,而所以为庙宇者,亦何啻数百所。……一庙之迎,动以十数像。"③自古以来闽地神祇复杂多样,地方性信仰很多。闽台多元民间信仰原因与复杂的地理条件有着很大关系。

闽台地区是移民区域,古时为苗蛮之地,当地土著为原住民。对于新移民初到此地,无疑生存是第一要旨,而生存在新的地方是一件极其艰难的生命活动。在没有完全拓荒之前的闽地,丛林茂密,荆棘广布,炎热潮湿,北方来的移民对于自然水土适应要有相当长的一段时间。而进台开发的闽人所遇景况大致如此,如清代官员杨廷理于《出山漫兴诗·注》载:"……芦草丛生,坚状如竹,溪水泛溢,道路泥淖,几欲没脚,小径隐隐,生番往来,仆夫缩头。"④因此,自然界对移民至闽台地区百姓的威胁往往使人猝不及防,人们生活的不稳定因素也就大大提升。与此同时,闽地的苗蛮土著对新来的北方移民的进犯也是时有发生,这样不免增加了生活的不稳定因素。民间信仰产生的重要因素之一是人们对生活的不稳定因素规避,其办法之一是寻求神灵的护佑。所以,只要能够为人们生活带来庇护的神灵都可能成为他们信仰的神祇。这样往往成就了闽台地区信仰的多样性和开放性特征。

入闽的中原汉人和进台的闽人,往往以族聚而居,族群力量往往是其生存的基本保障。他们来到一个陌生的地方,需要通过一定手段来维系内部的团结,壮大自己集团的实力,利用宗族的血缘关系,把祖先作为力量内核和权威指向,精神支柱和行为动力。"漳人党漳,泉人党泉,粤人党粤"⑤,作为保证族群力量维系要素之一的信仰必然要有一定程度的统一性,所以入闽开发漳州地区的百姓急需有一个统一的家族式的信仰对象,作为开漳最大领袖,陈元光就自然被升格为信仰对象。而开闽王王审知则成为泉州和福州等地家族式信仰对象。

闽台地区多数人与中原汉民有血缘关系,有着中国传统的根深蒂固的祖缘观念,即"落叶归根"和"入土为安",这种观念往往表现为对祖先的崇拜和信仰,从而产生了对祖先的强烈崇拜感。因此,闽台地区的人们对祖先的功业尤感骄傲,心理底层存在着荣宗耀祖的潜意识,祖先成为他们心中最亲的神灵,在日常的行为中期待着得到祖先的护佑。所以在艰难的处境中,祖先成为其崇拜最重要的对象,也是闽台福佬民系和其他民系(如客家民系)形成后较为基本的信仰状态,祖灵往往也成为其一元化民间信仰的神祇。固始籍的开漳圣王陈元光信仰和闽王王审知信仰,成为闽台信仰的开放性体系和一元化地域性信仰中的重要组成。

注释:

① 林国平、吴云同:《开漳圣王信仰与台湾社会的变迁》,《漳州职业大学学报》1999年第4期。

② 《重纂福建通志》卷55,《风俗志》,道光版。

③ 《重纂福建通志》卷55,《风俗志》,道光版。

④ 周宪文:《台湾经济史》,台湾开明书店,1980年版,第214页。

⑤ 《台湾文献丛刊》第83种《中复堂选集》,台湾中华书局1973年版,第2页。

闽国建立与河洛文化南传

薛瑞泽

薛瑞泽(1962—)男,汉族,河南灵宝人。河南科技大学学报编辑部主任,教授,历史学博士,硕士生导师,主要从事秦汉魏晋南北朝史研究,发表学术论文120余篇,出版学术专著多部,主要有《汉唐间河洛地区经济研究》、《嬗变中的婚姻——魏晋南北朝婚姻形态研究》和《河洛文化研究》。

　　唐末黄河流域的战乱,使河洛文化的发展受到很大影响。由于战争的破坏,造成人口不断外迁,有的甚至不远万里迁居遥远的北疆南土。随着人口的外徙,河洛文化也随之得以传播。五代十国时期,黄河流域以外的楚、南汉、闽、前蜀等均为河南人所建立。本文试以王潮、王审知兄弟所建立的闽国为例,探讨河洛文化的南传。

一、王潮、王审知兄弟入闽

　　文化传播的方式是多种多样的,有的是在和平环境下进行的,有的是在战乱状态下发生的;有的是官府有意为之,有的是民间私人行为;有的是主动进行,有的则是被动实现。在唐末五代十国的混乱状态下,河洛文化的外传时或依靠流民进行,时或依赖战争状态的强力推进。

　　王潮、王审知兄弟入闽的过程是在唐末战乱的情况下出现的,与当时的社会大环境有关。王潮为光州固始人,从其五世祖为固始令开始定居此地。

《新唐书》卷190《王潮传》称其家"世以赀显",而《新五代史》卷68《世家·闽世家》云其家"世为农"。综合考察可知,王氏家族在当地应当属于富有的地主。王潮在县为吏,其家族的社会地位并不高。

在唐末封建割据中,王潮兄弟显露头角与波及其家乡的战乱密切相关。唐僖宗中和元年(881)八月,寿春人王绪、刘行全聚众500人攻占寿州(今安徽寿县),一个月后,队伍发展到万余人,并攻占了光州。王绪"闻潮兄弟材勇,召置军中,以潮为军校"①。王潮"自县史署军正,主稟庾,士推其信"。当时蔡州刺史秦宗权正在征集士兵,乃以王绪为光州刺史,"召其兵会击黄巢"。王绪乃"提二州籍附秦宗权"②。王绪以寿州、光州二州的民众依附秦宗权。根据相关材料记载,光州"开元户二万九千六百五十九。乡六十一。元和户一千九百九十。乡六十二"③。《旧唐书》卷40《地理志三·淮南道条》"光州"云:"旧领县五,户五千六百四十九,口二万八千二百九十一。天宝,户三万一千四百七十三,口十九万八千五百八十。"之所以出现户口的差异变化与区划的变革有一定的关系。"光州领光山、乐安、固始三县。武德七年,改总管为都督府。贞观元年,罢都督府,省弦州及义州,以定城、殷城二县来属。又省谷州,以宋安并入乐安。天宝元年,改为弋阳郡。乾元元年,复为光州"。如果除去唐末战乱所造成的人口减少,到王绪控制光州时,光州仍当具有一定的人口规模。寿州的户口,"旧领县四,户二千九百九十六,口一万四千七百一十八。天宝领县五,户三万五千五百八十二,口十八万七千五百八十七"④。从唐朝盛世二州的户口数和人口数来分析,至唐末,这里的人口当仍然具有一定的规模。王绪以寿州、光州二州的人口依附于秦宗权,极大地壮大了秦宗权的势力。

但是,在军队汇聚的过程中,王绪未按期而至,秦宗权发兵进攻王绪,王绪裹挟民众南逃,"略浔阳、赣水,取汀州,自称刺史,入漳州,皆不能有也"。虽然史书没有记载跟随王绪南迁的寿州、光州民众的数目,但在中原地区战乱频仍的情况下,当有不少民众随之南迁。有的甚至扶老携幼而行,最为典型的就是王潮兄弟在行军时还带着自己的老母亲。《新唐书》卷190《王潮传》云:

初以粮少,故兼道驰,约军中曰:"以老孺从者斩!"潮与弟审邽、审知奉母以行,绪切责潮曰:"吾闻军行有法,无不法之军。"对曰:"人皆有母,不闻有无母之人。"绪怒,欲斩其母,三子同辞曰:"事母犹事将军也,杀其母焉用其子?"绪赦之。会母死,不敢哭,夜殡道左。⑤

这里明确记述王潮兄弟携带有家属,说明当时有部分人是举家而迁。刚入闽的王绪嫉贤妒能,"潜视魁梧雄才,皆以事诛之"。光启元年八月,军队在南安发生兵变,囚禁王绪,共推王潮为主。随后王潮攻陷岭南,谭全播攻王潮,夺取其虔州,天复二年,又夺取王潮的韶州⑥。

从固始南迁福建的人还有不少,光州人李盈"自光州从王潮徙闽,遂家建安"⑦。光州人李仁达,"仕闽为元从指挥使,十五年不迁职"⑧。光州固始人王彬"祖彦英,父仁侃,从其族人潮入闽。潮有闽土,彦英颇用事,潮恶其逼,阴欲图之。彦英觉之,挈家浮海奔新罗。新罗长爱其材,用之,父子相继执国政",到宋太宗淳化初年王彬方才"以宾贡入大学"⑨。黄伯思"其远祖自光州固始徙闽,为邵武人"⑩,此事可能就发生在王潮等人入闽之时。这里所列的仅仅是我们可以看到的几条材料,在当时的环境下,中原地区遭受兵燹之火,民众如果不跟随王绪的大军南迁,就有可能再受秦宗权的骚扰,为了避免累受灾难,所以出现了跟随王绪乃至王潮兄弟南迁入闽的现象。

二、王潮兄弟对闽地的经营与闽国的建立

南迁的寿州、光州民众拥戴王潮为主,王潮于是开始了对闽地的逐步占领。他从南安南下,首先包围了泉州。当时泉州刺史廖彦若"贪暴"待民,泉州百姓闻听王潮治军有方,"故州人奉牛酒迎潮",经一年有余,光启二年八月,"王潮陷泉州,刺史廖彦若死之"⑪。《旧五代史》卷143《王审知传》云:"时泉州刺史廖彦若为政贪暴,军民苦之,闻潮为理整肃,耆老乃奉牛酒,遮道请留。潮因引兵围彦若,岁余克之。又平狼山贼帅薛蕴,兵锋日盛。"《新五代史》卷68《闽世家第八·王审知世家》云:"是时,泉州刺史廖彦若为政贪暴,泉人苦之,闻潮略地至其境,而军行整肃,其耆老相率遮道留之,潮即引兵围彦若,逾年克之。"《读史方舆纪要》卷97《福建三》云:"光启初,群盗王潮自南安引兵北还,至沙县,泉州人张延鲁等以其刺史贪暴,请潮留为州将,潮因引兵围泉州,寻陷之。"王潮占据泉州后,福建观察使陈岩上表唐朝廷任命王潮为泉州刺史。景福元年,陈岩亡故,其女婿范晖自称留后。《资治通鉴》卷258《唐纪七十四》云:"福建观察使陈岩疾病,遣使以书召泉州刺史王潮,欲授以军政,未至而岩卒。岩妻弟(与其他史书"婿范晖"记载不同——引者注)都将范晖讽将士推己为留后,发兵拒潮。"当时陈岩"旧将多归潮,言晖可取",王潮派遣其从弟王彦复率领军队,其弟王审知监军进攻福州的范晖。因为范晖"骄侈失众心","民自请输米饷军,平湖洞及滨海蛮夷皆以兵船助之"⑫。范晖坚守福州,战争经历了一年多时间,王潮抱着必胜的决心,下令曰:"兵尽益兵,将尽益将,兵将尽,则吾至矣。"在王彦复军队的猛烈攻击下,范晖逃到海上,最后被追杀。"建、汀二州皆举籍听命,潮乃尽有五州地"⑬,甚至"岭海间群盗二十余辈皆降溃"⑭。对于此次进攻福州之战,《新唐书》卷10《昭宗本纪》记载的时间非常准确。景福元年三月,"庚午,泉州刺史王潮寇福州"。次年五月庚子,"王潮陷福州,范晖死之,潮自称留后"。这一年"建州刺史徐归范、汀州刺史钟全慕叛附于王潮"。王潮占有了福建五州之地后,景福四年四月初一,唐王朝"就加福建节度使王潮检校尚书右仆射"⑮。王潮随后对福建境内进行了经营,乾宁元年,"黄连洞蛮二万围汀州,福建观察使王潮遣其将李承勋将万人击之;蛮解去,承勋追击之,至浆水口,破之。闽地略定。潮遣僚佐巡州县,劝农桑,定租税,交好邻道,保境息民,闽人安之。"乾宁四年,王潮死后,其弟王审知继立,唐昭宗"诏审知检校刑部尚书、节度观察留后"。王审知"厚事朱全忠",唐王朝乃以福州为威武军,拜王审知节度使⑯,累迁同中书门下平章事。远在凤翔的唐昭宗在朱温的挟持下,"赐审知朱诏,自三品皆得承制除授。天祐初,进琅邪郡王"⑰。风雨飘摇的唐王朝虽已是自身难保,然对难以控制的王审知的一系列任命却使他通过合法的手段实现了在福建地区的割据,特别是获得了三品以下官员的任命权,为其实现政治上的独立创造了条件。但是,王审知也深深知道,在政局动荡的环境下,要想真正的独立是很困难的,所以,当唐王朝灭亡后,他并未宣布独立,而是接受了梁太祖朱温的任命,并极力与朱温搞好关系。"唐亡,梁太祖加拜审知中书令,封闽王,升福州为大都督府。是时,杨行密据有江淮,审知岁遣使泛海,自登、莱朝贡于梁,使者入海,覆溺常十三四"^⑱。后梁王朝对王审知也极尽拉拢,乾化元年五月,朱温对各地的割据政权,"诸道节度使钱镠、张宗奭、马殷、王审知、刘隐各赐一子六品正员官"^⑲。尽管说王审知仅仅是诸道节度使之一,但后梁武帝此举仍然表明了对其重视有加。后唐庄宗同光二年五月,"以福建节度使、闽王王审知依前检校太师、守中书令、福建节度使"^⑳。同光四年二月,任福建节度使的王延翰上奏后唐朝廷,"节度使王审知委权知军府事"^㉑,可见获得黄河流域封建政权的认可是王审知提高政治地位的重要手段。对这一阶段福建境内的政权变更,还有民谣流传。宋人吴处厚《青箱杂记》卷7云:"光启中,陈岩为福建观察使,童谣曰:'潮水来,山严没;潮水去,矢口出。'其后王潮果代岩,而审知袭位,乃其应也。"王审知继立后,便对当地土著割据势力进行了平息,实现了当地的稳定发展。《王审知德政碑》云:

> 闽川以南,地惟设险,人尚争雄,或因饥馑荐臻,或以刻剥为苦,萑蒲易聚,巢穴难探。公感之以恩,绥之以德,且曰:"吏实为虐,尔复何辜。"示以宽仁,俾之柔服。遂数十年之氛祲,遽致廓清。一千里之封疆,旋观昭泰,张网单车,入垒虞诩用绛缕擒奸,以古况今,彼亦怀愧。

平弭福建各地割据势力,对稳定当地的社会起了积极的作用。

后唐庄宗同光三年,王审知卒,其子王延翰继立。同光四年,唐庄宗被杀后,河洛地区混乱不堪,王延翰借闽越王无诸曾在闽称王,对将吏说:"闽,自古王国也,吾今不王,何待之有?"于是军府将吏上书劝进。这一年十月,王延翰建国称王,为了表明继承唐朝的正朔,"犹禀唐正朔"。然而,是年十二月,王审知的养子建州刺史王延禀和王延翰之弟泉州刺史王延钧进攻福州,杀王延翰。王延钧继立,并改名王鏻。后唐王朝"即拜鏻节度使,累加检校太师、中书令,封闽王"。随后王延禀与王鏻内讧,王延禀兵败被杀。长兴三年,王鏻请求后唐王朝授其尚书令,后唐没有答应,王鏻"遂绝朝贡"。长兴四年正月,王鏻受道士陈守元的蛊惑,在宝皇宫受册,改元龙启,国号闽。"追谥审知为昭武孝皇帝,庙号太祖,立五庙,置百官,以福州为长乐府"。王鳞立 10 年被杀。其长子王继鹏继立,并改名昶,改元通文(936),王昶在位四年,被王延羲(王审知少子)之子王继业所杀。王延羲继立后,改名王曦,改元永隆(939)。永隆六年王曦被杀。因王审知的另一个儿子王延政与王曦不和,永隆五年(943)王延政在建州建国称殷,改元天德。此后闽国内讧不断,南唐乘机灭闽国。

从王潮、王审知兄弟进入福建建立政权开始,到其后人所建立的闽国,前后经历了 60 余年。在这期间王潮兄弟在位时可以看作与中原王朝关系密切的时期,且能通过朝贡等方式与后梁和后唐保持良好的关系。而闽国建立后,因为朝廷内争连绵,经济发展受到了严重的影响,对外也处于弱势,最终走向了灭亡的道路。

三、河洛文化的继续南传

汉魏六朝以及隋唐时期,随着中国经济重心的逐步南移,福建地区因地理环境相对闭塞,虽然较内地仍然落后,但也得到了发展。唐末五代时期,王潮、王审知兄弟进入福建建立政权,使河洛文化得以南传到了遥远的东南海疆。

王潮兄弟首先带来了黄河流域河洛文化的政治理念,以效忠封建王朝作为政权建立的根本。王潮兄弟的政权在建立之始就以得到唐王朝的认可作为存在的根本,所以唐王朝的册封在他们看来就显得尤其重要,而唐王朝对王潮兄弟也经历了一个认同的过程。《新唐书》卷 9《僖宗皇帝纪》记载,光启元年八月,"光州贼王潮执王绪"。这里称王潮为"光州贼",到了次年八月,称"王潮陷泉州,刺史廖彦若死之",这里虽然没有称为"贼",但仍以王潮杀刺史为不道行为。而王潮占据泉州的过程,主要是因为泉州刺史的贪暴行为引起了民众的怨恨,故而当王潮取得泉州后,福建观察使陈岩上表唐朝廷任命王潮为泉州刺史。通过陈岩的上表和唐王朝的任命,王潮获得了合法的身份,这就为他在福建的进一步发展提供了有力的依据。而陈岩死后灭范晖,又使他获得了福建节度使的身份。此后王审知所获的认知也同样如此。鉴于当时特殊的条件,王潮兄弟保持了与唐、后梁、后唐等北方王朝良好的关系,派遣使节到北方朝贡,因此得到史家的褒扬。在夺取王绪的权力后,王潮曾下令军中曰:"天子蒙难,今当出交、广,入巴、蜀,以干王室。"并且准备"悉师将行",只是因进攻泉州刺史廖彦若而稽迟下来。王审知继承其兄之位后,继续与唐朝保持了良好的关系。梁朝建立后,当时隔在梁朝与闽之间的还有杨行密在江淮所建立的吴,"故闽中与中国隔越",王审知为了与中原王朝取得联系,"每岁朝贡,泛海至登莱抵岸,往复颇有风水之患,漂没者十四五。后唐庄宗即位,遣使奉贡,制加功臣,进爵邑"②。《王审知德政碑》亦云:"虽甸服之近,江汉之中,或遇阻艰,亦绝输赋,唯公益坚尊奖,慎守规程。松柏后凋,风雨如晦,地征旁午,天库充盈,共仰勤劬,咸知佳戴。"㉓就连建造一座寺院也要请梁太祖朱温题写匾额,开平四年十二月,"福建节度使王审知奏,舍钱造寺一所,请赐寺额。敕名大梁万岁之寺,仍许度僧四十九人"㉔。由于王审知与后梁王朝保持着密切的关系,所以梁末帝在贞明二年四月初一,对"威武军节度使、守太傅、兼中书令、闽王王审知赐号忠勤保安兴国功臣,余如故"㉕。将"忠勤保安兴国功臣"的封号赏赐给王审知,足见后梁王朝对他的认可。到后唐时期王审知与其依然保持良好的关系。梁太祖朱温与出身沙陀部落的李克用长期为敌,李克用天生盲一目。福建人徐寅登第归闽中,途经大梁,为了讨好朱温,献梁太祖《游大梁赋》,文有"一眼胡奴,望英威而胆落"。不料此文辗转传到李克用手中。李克用大怒。当后唐庄宗李存勖灭梁后,"四方诸侯以为唐室复兴,奉琛为庆者相继"。王审知也派遣使节前往,李存勖对使者说:"汝归语王审知,父母之仇,不可同天。徐寅指斥先帝,今闻在彼中,何以容之?"王审知闻听后认为:"如此则主上欲杀徐寅尔。今杀则未敢奉诏,但不可用矣。"也许慑于后唐的威势,"即日戒阍者不得引接,徐寅坐是终身止于秘书正字"㉖。王审知此举包含有对君王不尊重的惩戒,将忠君理念传到这一地区,为宋代以后对福建地区的统治奠定了良好的基础。然而,马端临在评价五代时期奉中原王朝为正统的做法时说:"(唐代)末年,方镇擅地请节,于是或以侍中、中书令、同平章事、王爵命之,如钱镠、马殷、王审知之徒,盖名为奉正朔,而实自为一朝廷矣。"㉗

其次,王审知以博大的胸怀,发展了福建地区的对外贸易。"招来海中蛮夷商贾。海上黄崎，波涛为阻，一夕风雨雷电震击，开以为港，闽人以为审知德政所致，号为甘棠港"㉘。《王审知德政碑》云："闽越之境，江海通津，帆樯荡漾以随波，篙楫崩腾而激水。途经巨浸，山号黄崎，怪石惊涛，覆舟害物。公乃具馨香黍稷，荐祝神祇，有感必通，其应如响。祭毕，一夕震雷暴雨，若有宥助，达旦则移其艰险，别注平流，虽画鹢争驰，而长鲸弭浪，远近闻而异之。"王审知发展海外贸易使更多的南下民众移居海外，促进了河洛文化的进一步发扬光大。

王潮兄弟到闽地站稳脚跟以后，又大力发展当地的农业经济，使黄河流域的重农思想在福建地区得以进一步实践。《旧五代史》卷143《王审知传》云："审知起自陇亩，以至富贵，每以节俭自处，选任良吏，省刑惜费，轻徭薄敛，与民休息，三十年间，一境晏然。"显然王审知重视农业经济的发展与他早年"起自陇亩"有很大的关系。正因为王审知体谅百姓的艰辛，所以在唐哀帝天佑三年闰十二月初一，"福建百姓僧道诣阙，请为节度使王审知立德政碑"，对此善政，朝廷"从之"，顺民意为其立碑㉙。从现存王审知德政碑所留存的内容可以看出，自王审知开始，闽地的经济、社会发展发生了很大变化。此前战事连绵，"曩以运属艰虞，人罹昏垫。农妇失末，工女下机"，王审知继立后，社会经济得到很大程度的恢复，"一年而足食足兵，再岁而知礼仪，方隅之内仰止攸同"。王审知还推行了黄河流域行之已久的儒家治理天下之理念，"公既统藩垣，励精为理。强者抑而弱者抚，老者安而少者怀，使之以史，齐之以礼"，治理有方，"故得污莱尽辟，鸡犬相闻。时和年丰，家给人足。版图既倍，井赋孔殷，处以由庚，取之盍彻"㉚。

王潮兄弟进入闽地后，更重视文化教育事业的发展，传播了黄河流域已经成熟的儒家文化，加速了河洛文化在福建地区的影响。《新五代史》卷68《闽世家第八·王审知世家》云："审知虽起盗贼，而为人俭约，好礼下士。王淡，唐相溥之子。杨沂，唐相涉从弟。徐寅，唐时知名进士，皆依审知仕宦。又建学四门，以教闽士之秀者。"关于王审知在闽地发展教育的情况，《王审知德政碑》云："常以学校之设，是为教化之源，乃令诱掖童蒙兴行敬让，幼已佩于师训，长皆实于国庠，俊造相望，廉秀特盛。"王审知收留的黄河流域南去的士人很多;如唐哀帝的重臣韩偓,因受朱温的迫害被赶出朝廷,虽然天祐二年,朝廷复召为学士,还故官。但韩偓不敢入朝,"挈其族南依王审知而卒"③。关于王潮、王审知兄弟二人及其后代在闽地的活动,典籍也有不少记载。《文献通考》卷200《经籍考·史》云:"《闽中宝录》十卷,陈氏曰:周显德中,扬州永贞县令蒋文恽记闽王审知父子及将吏、儒士、僧道事迹,末亦略及山川土物。《闽王列传》一卷,陈氏曰:秘书监晋江陈致雍撰。二世七主,通六十年。《闽王事迹》一卷,陈氏曰:不知何人作。末称光启二年至天圣元年,一百三十八年。所记颇详。"这些著作虽然是后人或者其他地区的人所作,但通过这些记述无疑可以窥见闽地在王氏家族统治下的发展。宋王尧臣等编《崇文总目》卷2《伪史类》亦云:"《闽中实录》十卷,蒋文怪撰。《闽王审知传》一卷,陈致雍撰,原释阙。"《宋史》卷204《艺文志三》亦云:"蒋文怪《闽中实录》十卷。"大概都是反映闽地情况的。

通观唐末五代时期王潮兄弟对闽地的经营可以看出,随着河洛地区陷于战乱,因特殊情况进入闽地的王潮兄弟在政权稳定后,积极发展当地的经济文化事业,使福建地区迅速沁润到河洛文化的雨露得以发展,可以说王氏家族对福建地区的发展作出了极大的贡献,为宋代以后当地的经济发展奠定了坚实的基础。

注释:

① 《新五代史》卷68,《闽世家第八·王审知世家》。

② 《新唐书》卷190,《王潮传》。

③ 《元和郡县图志》卷9,《河南道五·光州》。

④ 《旧唐书》卷40,《地理志三·淮南道条》。

⑤ 宋·周辉《清波杂志》卷10《王绪军法》云:"时又有大将王绪,令军中无得以老弱自随,犯者斩。王潮兄弟独扶其母,绪责之曰:'军皆有法,未有无法之军。汝违吾令而不诛,是无法也。'三子曰:'人皆有母,未有无母之人,将军奈何使人弃其母!'绪怒,命斩其母。三子曰:'潮等事母如事将军,既杀其母,请先母死。'将士共为之请,方舍之,亦以其辞正也。或免或不免,系于一时。未几,绪为潮所擒。"

⑥ 《资治通鉴》卷256《唐纪七十二·僖宗惠圣恭定孝皇帝下之上》及胡三省注。

⑦ 《宋史》卷 300,《李虚己传》。

⑧ 《资治通鉴》卷 284,《后晋纪五·齐王中》。

⑨ 《宋史》卷 340,《王彬传》。

⑩ 《宋史》443,《文苑传五·黄伯思传》。

⑪ 《新唐书》卷 9,《僖宗本纪》。

⑫ 《资治通鉴》卷 259,《唐纪七十五》。

⑬ 《新唐书》卷 190,《王潮传》。

⑭ 《资治通鉴》卷 259,《唐纪七十五》。

⑮ 《旧唐书》卷 20 上,《昭宗本纪》。

⑯ 《全唐文》卷 818,张元晏《授王潮威武军节度使制》。

⑰ 《新唐书》卷 190,《王潮传》。

⑱ 《新五代史》卷 68,《闽世家第八·王审知世家》。《旧五代史》卷 4《梁书·太祖纪第四》记载,开平三年四月十九日,梁太祖朱温制曰:"福建节度使王审知封闽王。"

⑲ 《旧五代史》卷 6,《梁书·太祖纪第六》。

⑳ 《旧五代史》卷 32,《唐书·庄宗纪第六》。

㉑ 《旧五代史》卷 34,《唐书·庄宗纪第八》。

㉒ 《旧五代史》卷 143,《王审知传》。

㉓ 《金石萃编》卷 118,《唐七十八》。

㉔ 《旧五代史》卷 5,《梁书·太祖纪第五》。

㉕ 《旧五代史》卷 8,《梁书·末帝纪上》。

㉖ 宋·陶岳《五代史补》卷 2,《徐寅摈弃》。

㉗ 《文献通考》卷 52,《职官考六》。

㉘ 《新五代史》卷 68,《闽世家第八·王审知世家》。

㉙ 《旧唐书》卷 20 下,《哀帝本纪》。

㉚ 《金石萃编》卷 118,《唐七十八》。

㉛ 《新唐书》卷 183,《韩偓传》。

王潮、王审知兄弟治闽
与中原文化的南传

李志坚

李志坚(1977—)男,汉族,河南濮阳人。现为信阳师范学院历史文化学院讲师,硕士。主要从事移民文化及生态文化研究。曾发表论文《漫漫豫闽路:唐末固始人移民福建的路线选择》(《寻根》2006 第 6 期)等;主持河南省教育厅人文社会科学研究项目《明代皇木采办研究》(2005 – ZX –418);参与河南省软科学研究计划项目《豫南寻根文化产业发展战略研究》(0613032900)等。

移民与文化存在密切的联系。"人口在空间的流动,实质上也就是他们所负载的文化在空间的流动。所以说,移民运动在本质上是一种文化的迁移"①。移民作为文化的重要载体,使得移民成为文化交流和发展的重要动力。一方面,随着移民的流动,造成原来文化区域的扩大;另一方面也会因为移民所带来的文化与当地文化的融合而成就新的文化。中国移民史上著名的三次人口大迁移无不是文化的迁移过程。

以王潮、王审知兄弟为首的固始人移民福建是隋唐五代时期人口迁移的重要组成部分。作为十国中的移民政权,王氏兄弟秉承中原文化来到福建,通过对闽地的治理、开发,促进了闽地社会经济的发展,同时更促进了中原文化的南传。

一、王氏兄弟入闽前的福建

在唐代的二三百年间,福建的经济文化得到了一定的发展。但以尊尊亲亲为核心的儒家文化还不像中原地区那样普遍、深刻,更多的是宗教文化和本土文化为主。因此刘禹锡对福建有这样的评价:"民悍而俗鬼"、"风俗剽悍"、"岁比饥馑"。②当时的福建存在较多的落后现象。如比较普遍地以子为宦现象。唐顾况的《哀囝诗》对此有形象的描述:"囝生闽方,闽吏得之,乃绝其阳。为臧为获,致金满屋,为髡为钳,如视草木。天道无知,我罹其毒,神道无知,彼受其福。郎罢别囝,吾悔生汝,及汝既生,人劝不举,果获是苦。囝别郎罢,心摧血下,隔地绝天,及至黄泉,不得在郎罢前。"③当时较多未"汉化"的少数民族的存在也是其文化落后的重要表现。这在有关文献中有较为普遍的记载。《资治通鉴》卷 259 乾宁元年条载:894 年"黄连洞蛮二万围汀州,福建观察使王潮遣其将李承勋将万人击之;蛮解去,承勋追击之,至浆水口,破之"。《资治通鉴》卷 259 景福元年条载:"王潮以从弟彦复为都统,弟审知为都监,将兵攻福州。民自请输米饷军,平湖洞及滨海蛮夷皆以兵船助之。"相应地在文化方面,福建属于中原文化的边缘地带,其明显例证就是进士人数极少。进士是儒家文化的重要载体,一个地区进士的多少,直接说明了当地儒家文化的发展程度。《淳熙三山志》云:"唐自神龙迄后唐天成二百二十有三年,州擢进士者三十六人,何才之难耶? 岂其出有时将山川风土使然,抑教化涵养之未至也。"④正是由于当时福建受到中原文化的较少熏染,使得以儒家中原文化为取舍标准的进士较少出自福建。

总之,王氏兄弟到来之前,和全国其他地区相比,福建所受中原文化的影响还不够深刻全面,随着王氏兄弟的到来,这种状况很快就得到了较大的改变。

二、王氏兄弟对闽地的治理

893 年王氏兄弟攻克福州。王潮先后受封为福建观察使、威武军节度使。898 年王潮去世。唐政府任命王审知为威武军留后、检校刑部尚书。

904 年四月,王审知被封为琅琊王、检校太保。后梁太祖朱温封其为闽王。925 年王审知卒。王潮、王审知兄弟前后主政福建 30 多年,对闽地进行了卓有成效的治理。

王闽政权是移民政权,具有和当地不同的文化背景,文化是人们行为的重要指南。相对于当时其他割据者,王氏兄弟对闽地的治理具有明显的文化意义。

1. 创设稳定的政治环境

王闽政权奉行"保境安民"的政策:一是顺从中原政权,一是交好邻国。这为闽地发展创造了一个安宁的外部环境。

王审知曾说:"我宁为开门节度使,不作闭门天子。"⑤后梁时使用后梁年号,每年由海路北上至登州、莱州登陆向后梁进贡;后唐时,同样向后唐纳贡。

闽臣徐寅曾写词讽刺李克用,后唐庄宗让闽使者传话王审知"父母之仇,不可同天,徐寅指斥先帝,今闻在彼中,何以容之"? 审知"即日戒阍者不得引接,徐寅坐是终身止于秘书正字"⑥。

对于周边政权,王审知尽量与之友好。贞明三年(917)闽与吴越结为婚姻。"王为子牙内都指挥使延钧娶越王岩之女"⑦。

王氏兄弟为闽地经济文化的发展提供了稳定的政治环境。文化的发展和政治环境密切相关。一般说来,动乱的政治环境对文化的新旧更替和创新较为有利,而稳定的政治环境对于文化的传承、发展较为有利。对于五代时期的福建而言,稳定的政治环境是中原文化传播发展的必要条件。

2. 积极发展闽地经济

王氏兄弟十分注意对当地的建设,致力发展当地经济。王氏兄弟采取轻徭薄赋、与民休息的政策,调动百姓的生产积极性。王氏兄弟刚据有泉州时,王潮就"招怀离散,均赋缮兵,吏民悦服"⑧。王审知和王潮一样,奉行利于经济发展的政策。"(王审知)起自陇亩,以至富贵。每以节俭自处,选任良吏,省刑惜费,轻徭薄敛,与民休息。三十年间,一境晏然"⑨。

王氏兄弟还采取许多具体措施积极推动农业发展。兴修水利就是其十分显著的举措。

梁开平四年(910)王审知疏浚侯官县西湖,将其扩大至40里,灌溉民田无算。这一工程从根本上改善了福州平原的水利系统,"天时早旱,则发其所聚,高田无干涸之忧;时雨泛涨,则泻而归浦,卑田无淹浸之患"⑩。

除了传统的农业外,王氏兄弟还大力发展海外贸易。《琅琊王德政碑》载:"公(审知)则尽去繁苛,纵其交易,关讯廛市,匪绝往来,衡麓舟鲛,皆除守御,故得填郊溢郭,击毂摩肩,竞敦廉让之风,骤睹乐康之俗。闽越之境,江海通津,帆樯荡漾以随波,篙楫崩腾而激水,途经巨浸,山号黄崎,怪石惊涛。"⑪

王审知以张睦"领榷货务,当抢攘之际,雍容下士,招徕商贾,敛不加暴,用日以饶"⑫。

甘棠港的开辟便利了福建的海上交通,出现了"外域诸番,琛赆不绝"的局面。同时闽国的商人也大量从这里扬帆出海,随波逐利。时人黄滔有《贾客》诗咏其事:"大舟有深利,沧海无浅波。利深波也深,君意竟如何,鲸鲵齿上路,何如少经过。"⑬

在王氏兄弟的努力下,福建的海外贸易十分繁荣,王闽政权和三佛齐、占城、日南、新罗等国存在较为频繁的贸易关系。当时福州中外商贾云集,交易繁盛,一片繁华的景象。王闽政权也从中获得巨额的财政收入,也为福建文化事业的发展提供了足够的物质基础。同时,经济的发展,特别是农业的发展过程也是中原文化尤其是农业技术文化的传播过程。

3. 大力延揽各方人才

王氏兄弟十分注意对人才的吸引,使得大批的文人、儒士以及官宦参与到王闽政权。当时福建所聚集的人才,主要包括三部分:一是从外地流入的士人;二是本地士人;三是南下的固始士人。对于士人,无论是福建本地还是外地流入,王氏兄弟都持欢迎态度。对文人士大夫大力招揽,尊崇有加。王氏兄弟在闽,"颇折节下士,开四门学馆以育才为意。凡唐宋士大夫避地而南者,皆厚礼延纳,作招贤院以馆之"⑭。

在王氏兄弟的努力下,大批的文人士大夫汇集于王闽政权。"王淡,唐相溥之子;杨沂,唐相涉从弟;徐寅,唐时知名进士,皆依审知仕宦"。[15]

　　"右省常侍李洵、翰林承旨知制诰兵部侍郎韩偓、中书舍人王涤、右补阙崔道融、大司农王标、吏部郎中夏侯淑、司勋员外郎王拯、刑部员外郎杨承休、弘文馆直学士杨赞图、王倜、集贤院校理归传懿等皆入闽"[16]。王审知对义存、师备、神晏等宗教界名人也很尊重。这些人才的到来为王闽政权的巩固和发展发挥了重要的作用。

三、王氏兄弟治闽之文化意义

　　王氏兄弟对闽地治理的措施大大便利了中原文化在福建的传播,极大地提高了福建的文化发展水平,具有重要的文化意义。

　　1. 稳定的政治环境的创设为文化的传播和发展提供了重要的前提。随着王闽政权的建立,中原的政治文化在福建被复制、发展。政治是文化传播发展的重要条件,也是文化的重要内容。王氏兄弟在福建建立了比唐代福建更为系统的政治体系,在更大程度上把福建社会纳入到传统社会之中。福建原属唐朝的边远地区,随着王氏兄弟的到来,各项政治制度不断得到加强和完善,按照传统封建政治治理闽地,使福建更多地受到中原政治文化的影响。后人对此有这样的评价:"民惟道化,吏以法绳,此可以称善为政矣。"[17]

　　2. 尊崇儒学,设立学校。王审知"令诱掖童蒙,兴行敬让。幼已佩于师训,长皆置于国庠。俊造相望,廉秀特盛"[18],为了巩固发展王闽政权,王氏兄弟仿照中原模式尊崇儒学,设立学校,培养人才。王审知根据翁承赞的建议,"建四门学校,拔闽士秀者"[19]。"四门学校"聘黄滔、陈郯等担任"四门博士",培养拔萃人才。在王审知的倡导下,当时州县均有相应的学校,即使在乡村也设有私塾。"夫学校者,所以长育人才,而风纪之司又所以敦劝其教者也"[20]。这些以儒家思想为指导的学校为王闽政权培养了大批的儒士,同时更是中原传统文化的传播过程。

　　3. 经济的发展为文化提供了必要的物质基础,同时也促进了中原物质文化的传入。在发展经济的过程中,中原的许多生产技术被传播到闽地。

茶叶技术就是一个典型。

唐代福建的茶叶生产水平不是很高,因此陆羽的《茶经》对福建茶叶"未详",没有具体的评价。光寿地区的茶叶种植、加工技术具有较高水平。"淮南以光州上。生光山县黄头港者与峡州同。义阳郡舒州次,寿州下"[21]。

随着王氏兄弟带领光、寿移民的南下,茶叶技术相应的传入福建,福建的茶叶生产很快就发展起来了。如鼓山的半岩茶,还有著名的北苑茶园。

淮南茶叶技术以福建北苑为中心渐次发展、传播。北苑是当时著名的茶园,掌管北苑的张晖为光寿移民,精通淮南茶叶技术。[22]北苑茶叶从王审知时期开始发展,使闽国成为著名的贡茶产地,并历经宋、元、明等不同时期。

4. 对人才的招揽和任用,为中原文化在福建的传播、发展提供了重要的渠道。王闽政权具有浓厚的唐中央政治色彩。唐代中央政治有两个重要特点:一是关陇本位,一是文人政治的形成。这些特点基本上为王闽政权所继承。在王闽政权,关陇本位表现为对固始人的重视,文人政治表现为对文人的重视。

王氏兄弟将固始人视为依靠。随王氏兄弟入闽的大批固始人在王闽政权中担任了许多重要职务,这些秉承中原文化的固始人也是中原文化传播的另一重要途径。

当王氏兄弟南下时,就有不少的士大夫与之同行,"一时浮光士族,多与之俱南"。王氏兄弟比较依靠于固始人,大批的固始人担任王闽政权的要职,帮助王氏兄弟治理闽地,传播中原文化。

"王审邽,权泉州事……在政十二年,为人喜儒术,通《春秋》,善吏治,流民还者,假以牛犁,兴完庐舍"[23]。"张睦,光州固始人……领榷货务。睦,抢攘之际,雍容下士,招徕蛮裔","邹勇夫,光州固始人……勇夫招集流亡,完葺宅舍……(归化镇)人物蕃阜,勇夫实有力焉"[24]。

对于其他的文人,王氏兄弟礼遇有加,如任福清县翁承赞为相,莆田县徐寅掌书记、莆田县黄滔为节度推官,莆田县黄璞为幕府,仙游县郑良士掌管文牍和军令等。

士人是中国传统文化的主要承载者,是传统文化的主要创建者,更是主要的传播者。尤其是在政治混乱的时期,士人对于文化传承和传播的意义更加明显。王审知兄弟对人才尤其是士人的重视,使这些深受传统文化浸染的文人,任职于王闽政权,把中原传统文化在更深程度上传播于福建。

虽然闽国在王审知死后不久就陷入政治混乱,且国运短促,但王氏兄弟所开创的举措为后世所继承。政治斗争主要地局限于上层,对社会影响不大,中原文化在福建的传播、发展比较顺利。

王氏兄弟对闽地的治理正如钱昱在《忠懿王庙碑文》中所评价的那样:"悬知五典之书,暗合万人之敌。远近服其义勇,邻里推其孝弟。……兴崇儒道,好尚文艺。建学校以训诲,设厨馔以供给。于是兵革之后,庠序皆亡,独振古风,郁更旧俗。岂须齐鲁之变,自成洙泗之乡。此得以称善教化矣。怀尊贤之志,宏爱客之道。四方名士,万里咸来。至有蓬瀛谪仙,鸳鸯旧侣,或因官而忘返者,或假途而借去者,尽赴筑金之礼,皆归簪珥之行。"㉕中原文化在福建更深层次得到发展。到了宋代,王氏兄弟对于福建文化的贡献得到了充分的显现。有学者根据《宋史》之《儒林传》和《道学传》统计出中有闽人 17 位,居全国第一;两宋进士总数约为 28900 多人,福建进士近 1/5,居全国第一;《宋元学案》立案学者 988 人,福建 178 人,居全国第一;《全宋词》福建北宋词人 14 人,居全国第三位;《宋诗纪事》福建诗人 128 位,居全国第二位……

在王氏兄弟的治理下福建具有了浓郁的中原文化色彩,不仅为国内所认可,在海外也有相当的影响。"公示中外,致其内附,虽云异俗,亦慕华风"㉖。

四、结语

王氏兄弟对闽地的治理之所以能够成为中原文化南传的重要途径不是偶然的,而是必然的,因为王氏兄弟具备传播中原文化的充分条件。

1. 长于中原文化重地,深受中原文化熏陶。固始为中州重地,具有浓郁的中原文化色彩。嘉靖《固始县志·舆地志》云:"固始县,古潘国……控扼荆楚,襟带史淮,中州之势,是邑称首。"㉗王氏兄弟具有较高的中原文化素养,"父恁,世为农。兄潮,为县史。唐末群盗起,寿州人王绪攻陷固始,绪闻潮兄弟材勇,召置军中,以潮为军校"[28]。王氏兄弟出身农家,具有深深的传统文化的烙印。他们南下冒死不忘其母表明他们具有深刻的孝道观念。王潮"志尚谦恭,誉蔼乡曲,善于和众,士多归之"[29],具有儒家传统的品格,他还担任过"县佐史",对吏治有丰富的经验,熟悉一般的封建政权的运作方式。王审邦"善儒术,通《春秋》,明吏治"[30]。王氏兄弟的儒学素养为中原文化传播发展于福建提供了先决条件。

2. 移民队伍结构完整,承载文化完整。以王氏兄弟为首的固始移民是庞大而复杂的队伍。这是一个包括王、陈、林、刘等50多个姓氏5000多人的移民队伍。可以说,这些南下的人们是固始所有百姓的完全代表。这支移民队伍不仅有青年,还包括大量的老人、妇女儿童;有下层民众,也有社会其他阶层;有农民,也有其他从业者,人口结构完整,可以说是社会的转移,这为固始本地社会文化在闽地的复制成为可能。

王氏兄弟对闽地的巨大功绩为后世所敬仰。开宝七年(974)宋太祖在福建重修了忠懿王祠,并亲题"八闽人祖"的庙额以表审知对王德政的敬仰。这是对王审知的认同,同时更是对中原文化在福建发展的认同。即使是普通民众,也怀有类似的心情。当时以固始籍贯为荣的风气集中地表明了这一点。因为,这不是对血缘的认可,而是文化认同的表现。

王氏兄弟的治闽成为福建经济文化发展的重要一环。福建进一步接受了中原文化,中原文化进一步加深了在福建的存在,同时更是为福建以后的发展奠定了坚实的基础。

注释:

① 葛剑雄、吴松弟、曹树基:《中国移民史》(第一卷),福建人民出版社,1997年版,第102页。

② 刘禹锡:《唐故福建团练观察使薛公神道碑》,《刘禹锡集》卷3,中华书局,2004年版。

③ 顾况、囝一章:《全唐诗》卷264,中华书局,1960年版。

④ 梁克家:《淳熙三山志》,《四库全书·史部·地理类》卷26。

⑤ 张梯、葛臣:《嘉靖固始县志》卷17,上海古籍书店,1963年版。

⑥ 薛居正:《旧五代史》卷317,北京中华书局,1976年版。

⑦ 吴任臣:《十国春秋》,《四库全书·史部·地理类》卷90。

⑧ 司马光:《资治通鉴》卷256,中华书局,1985年版。

⑨ 薛居正:《旧五代史》卷134,北京中华书局,1976年版。

⑩ 梁克家撰:《淳熙三山志》,《四库全书·史部·地理类》卷4。

⑪ 吴任臣:《十国春秋》,《四库全书·史部·地理类》卷90。

⑫ 郝玉麟、谢道承:《福建通志》,《四库全书·史部·地理类》卷29。

⑬ 李调元:《全五代诗》卷84,巴蜀书社,1992年版。

⑭ 郝玉麟、谢道承:《福建通志》,《四库全书·史部·地理类》卷66。

⑮ 欧阳修:《新五代史》卷68,中华书局,1978年版。

⑰ 吴宜燮、黄惠、李畴纂:《乾隆龙溪县志》卷23,上海书店,2000年版。

⑱ 郝玉麟、谢道承:《福建通志》,《四库全书·史部·地理类》卷73。

⑲ 王应山:《闽都记》,海风出版社,2001年版。

⑳ 苏天爵:《滋溪文稿》,中华书局,1997年版。

㉑ 陆羽:《茶经》,《四库全书·子部·谱录类》。

㉒ 徐晓望:《闽国史》,五南图书出版有限公司,1997年版,第236页。

㉓ 郝玉麟、谢道承:《福建通志》,《四库全书·史部·地理类》卷17。

㉔ 吴任臣:《十国春秋》,《四库全书·史部·地理类》卷15。

㉕ 吴任臣:《十国春秋》,《四库全书·史部·地理类》卷90。

㉖ 邢址、陈让:《嘉靖邵武府志》,上海古籍出版社,1964年版。

㉗ 张梯、葛臣:《嘉靖固始县志》卷76,上海古籍书店,1963年版。

㉘ 欧阳修:《新五代史》卷68,中华书局,1978年版。

㉙ 郝玉麟、谢道承:《福建通志》,《四库全书·史部·地理类》卷29。

㉚ 张梯、葛臣:《嘉靖固始县志》卷76,上海古籍书店,1963年版。

唐五代光州固始军事移民
对开发福建的历史作用

廖开顺

廖开顺(1952—)男,汉族,湖南洪江人。本科汉语言文学专业毕业、硕士研究生课程班、中国文化书院比较文化研究班结业。现任三明学院本科教学评建办主任、三明学院政治法律系主任、三明学院客家文化研究所长、福建省高校人文社科研究基地三明学院生态文化研究中心副主任及学术委员会主任。福建省客家研究联谊会理事、三明市客家与华侨研究会副会长。长期从事南方少数民族文化和客家文化研究,出版《侗族文化论纲》等专著。发表论文 60 余篇。其中,由人大书报资料中心期刊全文转载 7 篇,台湾《历史月刊》全文转载 1 篇,其他报刊转载 10 余篇。主持"客家新移民研究"、"石壁客家历史与文化"、"原生态文化研究"等研究课题。

　　福建为移民社会,众多姓氏自称来自"光州固始"。可以将进入福建的中原汉人移民分为"官府移民"和"民间移民"两大类,军事移民是官府移民的一种主要形式。唐五代时期以光州固始人为主体的军事移民进入福建,发挥了民间移民所不能发挥的文治武功作用。以陈元光、王审知为代表的军事移民首领以武功维护了国家统一和社会安定,建立和巩固了福建地方政权,为实施文治打下基础,也为大批民间移民进入福建创造了安定的社会环境条件。光州固始军事移民发展经济、兴办教育、实施教化的文治功不可没。在开发福建的过程中,陈元光、王审知完成了由军事集团首领到军事移民首领到福建地方政权首脑的转换,并在身后成为福建民间信仰中的神祇。他们在福建民间的造神运动中被神化,反映了闽台民间对中原文化的认同。唐五代时期进入福建的军事移民对福建的开发发挥了极其重要的历史作用。

一、唐代之前朝廷对福建的军事行动

福建地处祖国东南一隅,最早称为"闽",是古七闽部落的居住地,"七闽"是被称为"蛮"的南方原住族群。后越族入闽,与七闽族群融合,闽越族由此形成。在唐代以前,福建经济社会的发展远较中原落后,为了加强对闽越的统治,朝廷对闽越多有军事行动,其中包括军事移民。唐代之前对闽越较大的军事行动有:

西汉时期的军事行动:公元前202年,汉高祖封无诸为闽越王,后来因为无诸的后人作乱,汉武帝在平定南越以后的元鼎六年(公元前111年)派大军进攻闽越,于元封元年(公元前110年)灭闽越国,并且,由于"闽越悍,数反复,诏军吏皆将其民迁处江淮间"[①],也就是将闽越上层和部分军队、老百姓迁徙到江淮一带居住,从此结束了闽越国长达92年的统治。但当时闽越、东瓯的人口可能达到100万左右,不可能全部迁徙江淮,为了加强对闽越的统治,汉武帝设"都尉"治闽越。汉武帝对闽越的军事行动虽然不是军事移民,但是,平定了与朝廷抗礼的闽越以后,闽越进入了一个相对安定的时期。

三国两晋南北朝时期的军事行动:其中,东吴从建安元年开始,在62年间5次出兵平闽,终于使闽中归于孙吴政权。为了加强对闽中的统治,东吴于吴永安三年(260)撤销南部都尉,设置建安郡,下属建安(今福建建瓯一带)、汉兴(今福建浦城一带,古代为福建要塞之一)、南平(今福建南平一带)等5个县,都是闽地土著"山越"所居之地。撤都尉设郡治是福建以文治政权取代军事集团统治的开始。三国两晋南北朝时期进入福建的移民主要有三类人:一是属于民间移民的流民(难民),这个历史时期发生了西晋末年因"永嘉之乱"引起的第一波中原汉人移民大潮,历时100多年。少数中原流民到达今属客家大本营地区的赣南、闽西地区。如,在清代康熙年间李世

熊所编撰的《宁化县志》中,记载廖氏在隋朝以前迁居宁化(宁化连山庙供奉有廖氏神像)。广东梅县《丘氏族谱》载:"河南丘氏,先世自东晋五胡之扰,渡而南,入闽西而汀之宁化石壁。"江西石城龙岗《唐氏族谱》载:"唐景松,字淮卿,世居山东唐县,奉陶唐氏为祖。西晋永嘉之乱迁于江西。至唐末,再迁福建宁化。"石城龙岗《巫氏房谱》载:"东晋末年,遏公由平阳避乱兖州,转徙入闽。"梅县《陈氏族谱·陈氏重修家谱原序》载:"肇于虞思,衍于敬仲。南北朝,星落九野,一支流入闽之宁化。"仅宁化县,"据族谱和有关文献记载,此时期迁入宁化的北方移民有:管、邓、钟、许、陈、巫、罗、刘、雷、廖等姓氏"[②]。这个时期也有少部分中原流民从闽北山区辗转到达福建沿海地区。二是流士,如,唐人林谞在《闽中记》中记载:"永嘉之乱,中原士族林、黄、陈、郑四姓先入闽。"路振的《九国志》记载:"永嘉二年,中原板荡,衣冠始入闽者八族,林、黄、陈、郑、彦、丘、何、胡是也。"[③]这就是福建历史上著名的"八族入闽"。三是军事移民,三国两晋南北朝时期福建已经成为华南地区的主要屯军地之一。《三国·贺齐传》载:"侯官既平,而建安、汉兴、南平复乱。齐进兵建安……洪明、洪进、苑御、吴免、华当等五人率各万户,连屯汉兴(今福建浦城),吴五六千户别屯大潭(今福建建阳西)、邹临六千户屯盖竹(今福建建阳南),同出余汗。"研究者认为"这是汉族大规模迁入福建的第一次记载"[④],也是对进入福建的大规模军事移民的第一次记载。

唐五代以前福建的政治有这样几个特点:第一,长期实行闽越人自治。自春秋后期江南越人入闽与土著"七闽"融合为闽越族以后,曾有无诸自立为闽越王,成为闽越族首领。秦始皇占领闽越后虽然废除了无诸的王号,降为君长,但仍留在闽中。虽然闽中郡是朝廷对福建最早实施的行政建制,但当时只是在名义上设郡,并没有真正实施像其他郡治一样的中央集权统治。公元前202年,汉高祖因无诸在楚汉相争中有功,封无诸为闽越王,闽越重新立国。汉武帝灭掉闽越国以后,也只设"都尉"治理闽越地。第二,武人集团长期统治闽越,直至东吴设置建安郡才开始建立文治政权。第一次大规模的军事移民进入福建也是从东吴时期开始,但是,东吴的屯军主要集中在福建内陆的建安一带,而且是以军事为主,对整个福建的开发和汉化的影响远不及唐五代时期的军事移民。第三,朝廷对闽越的军事移民远远晚于南越岭南地区。如,秦灭楚后,即派大军远征岭南,大量的军人及其家属留在南越成为军事移民,较早促进了岭南地区的汉化。第四,唐代之前虽然有发生于西晋末年的第一波中原汉人南迁大潮,但真正进入福建的汉人移民并不多,因此唐代之前的福建经济社会发展极其缓慢。

二、光州固始籍军事移民首领的文治武功

唐宋时期福建经济社会得到较快发展,促进福建发展的最重要因素是中原汉人移民大量进入福建。唐宋时期发生了中原汉人第二、第三波南迁大潮,第二波南迁大潮由唐后期的"安史之乱"以及王仙芝、黄巢发动的大规模农民战争引起的,第三波南迁大潮由北宋"靖康之难"时开始,延伸到南宋。在两波汉人南迁大潮中,大量的中原汉人流民进入福建,福建人口激增。流民移民属于民间移民,军事移民则属于官府移民(王潮、王审邦、王审知率部入闽虽然是起义军入闽,但后来得到朝廷的任命与加封,也可视为官府移民)。两大类移民共同促进了福建人口的快速增长和汉化过程,加快了福建经济社会发展进程以及闽文化特征的形成,但是,两大类移民开发福建的历史作用又有所区别,由于军事移民是官府行为,因而发挥了民间移民难以发挥的文治武功作用。

唐五代时期大规模、有组织地进入福建的军事移民首领和主要骨干是中原光州固始人。

唐五代时期中原对福建第一次大规模的军事移民发生于唐代前期。唐高宗总章二年(669),江南道泉州、潮州一带"蛮獠"(旧史书对闽越原住族群——"山越"人的蔑视性称呼)起兵反唐,唐高宗诏令固始人、归德将军陈政为岭南行军总管,率府兵3600人,副将许天成以下军校123人入闽平叛。陈政初战失利,退守九龙山,并请朝廷派兵增援。次年,朝廷再派陈政之弟陈敷、陈敏率固始58姓军校入闽增援。[⑤]这两批军队,一说大约为7000余人,另一说认为随陈氏父子戍闽的中原将士、眷属共8000余名[⑥]。在进军途中的浙闽交界地,陈敷、陈敏患瘟疫而死,陈政之母魏氏携陈政之子陈元光

继续南下,与陈政会师。仪凤二年(677)四月陈政病逝,陈元光代父领兵,继续平乱。陈政、陈元光父子平息了泉州、潮州地区的叛乱,维护了国家的统一和福建的安定,其"武功"功不可灭,然而,他们对于开发福建的功绩更体现在"文治"上。垂拱二年(686),武则天同意陈元光的请求,在潮州、泉州之间设置漳州,任命陈元光为漳州刺史,并赋予陈元光对州、县两级部分官员的任免权。陈元光由军队首领转换为地方长官,同时也是军事移民首领,并且其后人"世代领州事",陈氏子弟和所率领的光州固始部下从此定居福建,陈元光身后被誉为"开漳圣王"。

唐五代时期中原对福建的第二次大规模军事移民是固始人王潮与其弟王审邦、王审知的率部入闽,史称"三王入闽"。其背景为:唐僖宗入蜀以后,江淮大乱,寿春(今安徽寿县)人王绪率众夺取光州,固始人王潮自主一县军政事并依附于王绪。光启元年(885)正月王绪、王潮进入福建汀州、漳州地区。八月,王潮、王审邦、王审知兄弟在福建南安发动兵变,囚禁王绪而自立为首领,控制了军队。次年攻占泉州,景福二年(893)占领福州,控制了福建全境。此后,王潮和其弟王审知先后得到唐朝的承认和册封,后来王审知的儿子建国称王,即五代史上的闽国,以福州为都城。⑦这一次来自光州固始一带的大规模的军事移民以及中原随迁的移民,"估计迁入的移民数量在二三万左右当不至于离事实太远"⑧。

唐五代以及唐五代之前进入福建的军事移民对于开发福建的历史功绩首先为"武功"。其一,维护了国家的统一。闽越族群的体质特性、语言、生活方式都与中原汉族有很大的区别,而福建又地处偏远的东南沿海地区,与内地有重重大山阻隔,比较容易脱离中央朝廷的统治。军事移民完成了平叛任务,加强了朝廷对闽越的控制。其二,维护了社会安定。如,唐末黄巢起义以后,全国大部分地区发生了争夺权力的战争,老百姓流离失所。黄巢起义军多有滥杀行为,入闽后"杀人如蚁"⑨。当时的福建地广人稀,唐元和年间仅有 74467 户⑩,黄巢军队的滥杀进一步减少了福建人口。王潮兄弟在夺取福建政权之后则以安民为主要政策,维护了福建的社会安定,使福建成为"唐末五代南方重要的北方移民迁入区之一","由于唐末五代移民较多,福建人口迅速增长,北宋太平兴国时户数较唐开元增加三倍多"⑪。"三王"入闽后,来自中原光州、寿州的军事移民在福建定居、繁衍。当时福建人口不过数万户,而仅仅这一批北方移民就有数万之众,有可能达到当时福建总人口的1/5。其三,军事移民官派的权威和所拥有的武力,以及军事移民首领向地方政权首领的转化都促进了福建文治政权的建设。

"文治"是唐五代光州固始军事移民开发福建最重要的历史作用。"文治"需要优秀的政治家,陈元光、王审知虽然是军队首领,但具有优秀政治家素质。对于政治家,古今中外历来有一定的标准,有人就陈元光是否具备政治家素质而归纳出五条参照标准:"1. 能够根据实际提出一个以上人类或人们普遍赞成或拥护的公平、正当的思想行为原理或准则。有,则可以成为政治家;无,则不是。2. 要有动员、号召、影响、吸引人们实现其公平、正义思想原理或行为准则的实践活动过程。有,可为政治家,无,只能是思想或理论家而不是政治家。3. 能运用包括暴力在内的行政法律手段教育、改造违背公平正义原理和准则的人改过自新、回到公平正义上来。有,是成功的政治家;无或没成功,则是失败或半失败的政治家。4. 能得到当时或后代民众的肯定和纪念,有,是真正的政治家;无,则不是或是欺世盗名的政客。5. 有记录其思想行为的著述留给后人和人类。有且多,是大政治家;少或无,是小政治家或草莽英雄。"⑫这样的标准虽然带有浓厚的现代资产阶级民主思想色彩,但是,从历史的标准来看,陈元光、王审知完全符合中国封建社会优秀政治家标准:首先,他们具有以民为本的文治思想,重教化,主张民族融合。陈元光出身于中原望族,深受王道仁政思想的影响,进入福建平叛后,即提出"畿荒一德、胡越和同"的治乱思想,而不是把自己仅仅当成朝廷的军事工具。《请建州县表》是陈元光政治思想的代表作。他认为,对化外的"蛮獠",即使征伐10年,也会"元凶既诛,余凶复起。法随出而奸随生,功愈劳而效愈寡,抚绥未易,子育诚难",为此,他在平叛中采取以抚绥为主的策略,区别首恶与胁从,重点打击首恶分子。他认为"兵革徒威于外,礼让乃格其心","蛮獠"之乱的根本原因是"良由职方久废,学校不兴",政府若把"蛮獠"编入版籍,看作子民,授予土地,施以教化,让他们得安生,"则民心自知感激"。

陈元光提出设置州县和兴教化的主张，认为"其本则在创州县，其要则在兴庠序。盖伦理讲，则风俗自尔渐孚，法治彰，则民心自知感激"，这样才能实现"胡越百家，愈无罅隙，畿荒一德，更有何殊"。他认为，如果想要"蛮獠"诚心归附，就要在政策上一视同仁，才能使中原移民与本地土著和睦相处，共同开发闽南。陈元光也是按照自己的政治思想去实践的，建立了不朽的文治武功。王审知也具有优秀政治家素质和抱负，他率部进入汀州、漳州时所作的一首诗充分表现了他的思想与抱负："将略生平非所长，也提戎马入汀漳。四方斜日旌旗远，一道春风鼓角扬。勿以二师能出塞，深知充国善平羌。疮痍到处无从补，翻忆山中旧草堂。"王审知崇尚教化，认为"学校之设，为教化之原"，接任威武军节度使以后，他在福建"广设庠序"，[13]"教闽士之秀者"[14]，实施他的教化与文治。第二，以政治家的睿智审时度势，及时完成由军事集团向文治政权的转换。陈元光在战事基本平定后的垂拱二年（686）即上书武则天，请求在泉州、潮州二者之间增设一州，他认为要使这里长治久安，"其本在创州县，其要在兴庠序"。王审知则在乾宁三年（897）以优秀的军政素质取得其兄王潮的信任，在王潮临终时继承军政大权，并自称节度使留后。光化元年（898）三月，他被朝廷封为武威军节度使观察留后、刑部尚书，同年八月被正式任命为节度使，兼任三司发运使[15]。王氏在闽越执政达 60 年，王审知本人执政达 29 年之久。陈元光、王审知分别完成了从军队首领、移民首领到地方政权首领的一系列转换，为实现其文治抱负奠定了政权基础。第三，具有良好的执政能力和外交能力。如，王审知执政的"闽国"虽然号称为"国"，实质上却是偏远一隅的弱小地方政权，为此，王审知对中原朝廷坚持"宁为开门节度使，不作闭门天子"[16]的原则，主动向朝廷进贡，借朝廷的力量遏制邻国，赢得"闽国"的和平发展环境。第四，关注民生，发展经济。如，陈元光派人传授汉人先进的耕作技术，重视发展手工业和行商走贩，军队实行"且战且耕"等；王审知重视水利建设，在连江县围海造田，轻徭薄赋，让农民耕作"公田"，其税"什一"，"敛不加暴"，"莫有出征之役"，等等，都推进了福建的经济发展。第五，重视文化教育事业。如，陈元光在州郡职官中设专司教育的"文学"一职，主持乡校事宜，并在漳南创办松州书院,该书院是全国较早创办的书院之一。王审知除"广设庠序"外,还在福州兴"四门学",聘请"四门博士",以"教闽中之秀者"。以当时的教育层次,"四门学"相当今天的高等学府,传授儒家经典,性质与国子学、太学同,可见王审知对教育的重视程度以及当时"闽国"教育发展的水平。福建本是我国东南开发最晚的地区,然而,在王审知治闽期间,"选任良吏,省刑惜费,轻徭薄赋,与民休息,三十年间,一境晏然"[17]。由于唐五代军事移民首领的武功和文治为福建创造了较为安定的社会环境,因而,"唐末五代进入福建的北方移民甚多","仅次于蜀而占第二位"[18]。

三、中原军事移民首领被神化的文化意义

进入福建的光州固始军事移民首领因其卓越的文治武功而被民间神化。陈元光于景云二年(711)十一月在与"蛮獠"的作战中阵亡,时年55岁。陈元光身后引起朝野巨大反响:一是民间的隆重悼念与纪念,"百姓哀悼,相与制服哭之,权葬于绥安溪指大岬谷"[19]。各地还纷纷建庙祭祀陈元光。二是唐朝廷以及后来的历代朝廷对其不断加封,列入官方祭典。三是被民间神化,成为民间神祇"开漳圣王"。王审知也被民间神化为"开闽王"。千百年以来,陈元光、王审知成为连接福建、台湾、河南以及中华民族一段历史、一种文化的民间神祇,祭祀活动从古至今连续不断。如,在台湾各地,凡是有闽南籍人聚居的地方都有"开漳圣王"庙。"全台湾现有登记的祀奉开漳圣王的宫庙已达300多座,他们为联络情谊与开展工作,特组织了台湾区开漳圣王庙团联谊会,已加入庙团联谊会的宫庙现有70余座。自台湾当局允许台胞回大陆探亲以来,他们多次组团结队,横渡海峡到闽南各地祖庙追源寻根,进香谒祖。开漳圣王的庙祀文化已成为超越姓氏、族群,超越地域、时空的一种民间信仰"[20]。"开闽王"王审知的祭祀活动也同样连续不断。从宋代开始,厦门集美一带百姓即为缅怀"开闽王"而塑像建庙,每年的正月十五日至十七日被定为集美大社传统庙会。2007年3月4~6日,厦门侨乡集美大社举办传统庙会,来自东南亚的海外侨胞和台湾同胞以及集美大社乡亲欢聚一堂,共祭"开闽王"谢天地。同安县北山岩是闽南地区祭祀闽王的主

要庙宇,每年农历二月十二日"王公"圣诞,来自同安(包括现在的金门、厦门本岛和岛外集美、翔安以及龙海市角美等地)、安溪、南安、晋江等地的香客数以万计,同时还伴有宋江阵、车鼓弄、南音队、歌仔阵、布袋戏等文艺形式,形成一种"游北山,拜王公"的民俗庙会活动。在隔海的金门,王审知除被王氏宗亲奉为"祖神"以外,也是金门全社会的民间信仰,金城镇东门里闽王祠每年二月十二日都要举办忠懿王春祭大典。"闽王信仰"成为联结两岸同胞乡谊、亲情的桥梁和纽带。

陈元光、王审知作为军事移民首领和"开漳"、"开闽"的地方政府首领,身后既被历代朝廷封赠,又被民间千百年祭祀,而且神化为民间神祇,反映了福建文化以中原文化为主导的本质特点。今天所指的"福建文化"或"闽文化"是在唐宋期间基本形成的,是中原文化与古老闽越文化的融合,而中原文化是福建文化的主导和内核。"福建文化"的形成与唐宋时期中原移民大量进入福建有直接的关系。一种地域文化的形成首先需要人口集聚与文化传播,唐五代之前,福建地广人稀,晋朝为 8600 户,隋朝为 12420 户,是当时中国南方人口较稀疏的区域之一,几乎平均 10 平方公里才有一户人家。由于缺乏人口聚居和文化传播,难以形成新的地域文化。诚然,福建自有其古老的闽越文化,但闽越文化只是一种土著文化,与先进的中原文化难以对接。中原文化是中华文化的主体,唐宋时期中原汉人移民大批进入福建,传播中原文化,今天意义上的福建文化才得以形成。从福建民间信仰的发展历史来看,曾经在晚唐至宋代出现了一个民间造神运动。"在晚唐至宋代这一时期,福建地区出现一个造神高潮。这里所说的造神,是指将福建本地或与福建有关的人物和自然物神化,并首先在福建祭祀的行为,它不包括首次立庙供奉外地传入的神灵"[21]。在福建的造神运动中,由官吏神化的神就有80 余位,其中包括"开漳圣王"陈元光和"闽王"王审知。在福建民间的造神运动中,陈元光、王审知完成了由军事组织首领到军事移民首领到地方政权首领再到神的转换,为此,他们进入的不仅仅是唐五代时期的福建现实社会生活,如平叛、发展经济文化等,而是作为中原文化基因参与了福建文化的开创。陈元光、王审知被神化,从表层原因来看,是他们的文治武功,而深层原因则是中原文化对福建乃至台湾、东南亚以及世界华人的吸附力和凝聚力：第一，陈元光、王审知的文治武功始终是维护国家统一和进行中华主流文化的传播，他们的文治武功活动在他们的生前身后始终得到了民众和朝廷的认可，反映他们所传播的中原文化的凝聚力。第二，作为移民首领，他们当年所率领的移民姓氏遍布福建，他们作为开山始祖被纪念，实际上是一种血缘与文化的寻根，寻根既是民族认同的主要途径之一，也是民族认同的表现。尽管唐五代进入福建的军事移民不一定都是光州固始人，今福建人自称先祖来自光州固始也并非完全真实可靠，但"光州固始"因唐五代时期的军事移民及其开发福建的历史功绩而成为文化寻根、民族认同的一个符号。"光州固始"这个符号既有历史的真实、血缘的真实，更是文化的真实和民族情感、民族归依感的真实。第三，晚唐至宋代是福建民间造神运动高潮时期，尽管民间所造之神的体系极其庞杂，但通过梳理，可以发现其中的有序性，如，造神始终不忘"慎终追远"，在这样的观念指导下，将先祖、优秀官吏塑造为神，是为了"崇本报先，启裕后昆"，为此，所造之"神"具有维系中华文化的文化符号意义。

注释：

① 《史记·东越列传》，也可参考《汉书·西南夷两粤朝鲜传》。

② 刘善群：《客家与石壁史论》，方志出版社，2007年版，第19页。

③ 汤漳平：《初唐中原移民入闽与闽台文化之形成》，《许昌师专学报》2002年第1期。

④ 徐杰舜：《雪球——汉民族的人类学分析》，上海人民出版社，1999年版，第98页。

⑤ 据漳州《颍川开漳族谱》卷121，《陈元光传》。

⑥ 文汇：《浅谈豫南与闽台的脉源关系》，载内部资料《豫闽台姓氏源流》，河南中原姓氏历史文化研究会编，转引自任崇岳：《中原移民简史》，河南人民出版社，2006年版，第79页。

⑦ 据《新唐书》卷190，《王潮传》；《资治通鉴》卷72、75。

⑧ 任崇岳：《中原移民简史》，河南人民出版社，2006年版，第302页。

⑨ 欧阳修等:《新唐书》卷 225 下,《黄巢传》,上海古籍出版社,1986 年版,第 699 页。

⑩ 梁方仲:《中国历代户口、田地、田赋统计》,上海人民出版社,1980 年版,第 104 页。

⑪ 吴松弟:《中国移民史》第三卷,福建人民出版社,1997 年版,第 303、305 页。

⑫ 王治功:《陈元光的政治思想及其实践》,《汕头大学学报(人文社会科学版)》2002 年第 2 期。

⑬ 五代·于兢:《琅琊忠懿王德政碑》,载《全唐文》卷 841,转引自李乔、许竞成:《固始与闽台》,河南人民出版社,2007 年版,第 140 页。

⑭ 《十国春秋》卷 95,《翁承赞传》,转引自李乔、许竞成:《固始与闽台》,河南人民出版社,2007 年版,第 140 页。

⑮ 李乔、许竞成:《固始与闽台》,河南人民出版社,2007 年版,第 132 页。

⑯ 李乔、许竞成:《固始与闽台》,河南人民出版社,2007 年版,第 132 页。

⑰ 《旧五代史》卷 134,《王审知传》,中华书局,1976 年版,第 1792 页。

⑱ 吴松弟:《中国移民史》第三卷,福建人民出版社,1997 年版,第 303 页。

⑲ 明·何乔远:《闽书》卷 41,《君长志》。

⑳ 引自《台湾"开漳圣王"香火知多少》,《政协天地》2006 年第 6 期,第 21 页。

㉑ 颜章炮:《晚唐至宋福建地区的造神高潮》,《中国古代宗教研究》1998 年第 3 期。

光州固始的儒学精神与客家民系传承

龚国光

龚国光（1945—）男，汉族，江西省南昌市新建县人。1987 年毕业于中国艺术研究院戏曲理论研究班。现为江西省社会科学院文化研究部研究员、江西省文史研究馆馆员、中国戏剧家协会会员、中国河洛文化研究会理事、江西省"样式雷"建筑文化研究会常务副会长等。出版专著《江西戏曲文化史》、《赣地艺术、民俗、建筑》等；合著《赣文化通志》、《江西艺术史》、《中国戏曲志·江西卷》等；执行主编《中国十大集成志书江西卷编纂纪事》以及撰写论文近百篇。参加日本、韩国、中国台湾等一系列国际学术研讨会。多次荣获国家和省级社会科学优秀成果奖。

"光州固始"作为北民南移之始，客家民系之根，在中国大移民史上具有举足轻重的地位和特殊的意义。那么，一个在中国版图上很不起眼的州县，何以如此受到国人和港澳台及海外客属侨胞的关注与顶礼？为什么"光州固始"被誉为著名的"河洛奥区"，并最终成为大批士族由河洛中心移居于此的"衣冠始集"之地？客家民系在形成过程中，又何以把儒学"心魂"作为其精神支柱而贯穿始终，并创造出一种独特的客家文化？这的确是个值得探究的问题，我们仅从"光州固始"的地理形势与环境、儒学精神的孕育以及客家民系的传承等方面作一简略分析。

一、"光州固始"的地理形势与环境

豫东的地理形势很特别,其东北乃商丘永城,东南则为光州固始,二者分别向东延伸,颇像铁钳的两头,直插安徽境内,而安徽的涡阳与阜阳却像一个巨大的楔子嵌入钳内。这种特殊的地理形势,使得豫东南的"光州固始"与安徽结下不解之缘。谭其骧说:"淮域诸支流皆东南向,故河南人都由东南迁安徽,不由正南移湖北也。"①就是说,古时某一地区的地理形势是否优越,流域的发达是考察者首选的第一要素,而"光州固始"恰恰在这点上,满足了大批量的中原士族民众"南下"的举措,因为淮河流经至此,才能始行大舟,为其直流南下提供了便利。罗香林在论述客族这一民系南迁时曾说:

> 大约永嘉乱后,司、兖、豫三州的流人,多数徙入江南。……成帝侨立豫州于江淮之间,居芜湖。时淮南入北,乃分丹阳侨立淮南郡,居于湖口。……此等流寓江南的民族,其后沿鄱阳湖流域及赣江向今日江西的东北和福建的西北,逐渐南迁。②

司州,治所洛阳东北,辖区今山西霍山以南,河南濮阳、朱仙镇以西,陕西黄河、华山以东,河北邢台、任县以南等地;兖州,约今山东西南部;豫州,淮河以北河南全境。"司、兖、豫三州",实际所指就是整个中原地区。中原民众由豫达皖,并直线南下入赣,继而入闽,而作为它的起始地源于何处?根据罗香林的上述分析,则非"光州固始"莫属。时隔近百年,其论点仍如此鲜明,令人感慨。

"光州固始"的地理环境也很特别。清初顾祖禹《读史方舆纪要》论及"光州固始"时说:"州控三关,为全楚之襟要。襟带长淮,控扼颍蔡,自古戍守重地也。……建安(固始县卫城,位于县东),淮南重镇,彼此(指豫皖之境)要冲,得之义阳可图,不得则寿春难保。"③固始县距光州东140里;北至安徽颍州110里;东至安徽霍邱140里;东南至安徽六安180里。县西北建"期思城";县东则筑著名的"建安城"。境内有安阳山、鳌山和青峰岭;朱皋镇关与安徽颍州接界,有巡司戍守,乃皖、赣、闽的重要通道。又有淮水、史河、曲河、春河、澒水等河流穿城或绕城而过。固始县地处偏僻,山水相依,

具有极其丰富的生态资源,加之地处豫境东南最边端,从而成为中原动乱时期流民避难的首选之地。任崇岳根据谭其骧《晋永嘉丧乱后之民族迁徙》所列河南人迁徙情况表格,作如下分析:

> 从以上表格可以看出,流民进入江苏者不多;而安徽境内的侨民大多数来自河南;湖北、黄梅一带的侨民多来自河南,襄阳一带也有一些河南人;……而河南省除了一部分人在本省范围内流动,比如除由平舆迁信阳,由新蔡迁固始外,还有从陕西、甘肃、河北等地迁入河南的。④

这段话是专指西晋末年永嘉之乱流民迁移的大致情况,颇为重要。它说明以下几个问题:

首先,晋末中原流民迁徙的路程并不很远,进入江苏的人数寥寥无几,亦即材料中所谓"进入江苏者不多",而大部分的流民则集中在安徽境内。这一情况说明早在汉、晋,"光州固始"便成为豫、皖由北而南的重要通道,因此我们可以说,晋末"八王之乱"造成的流民迁徙,凡河南人离豫入皖者,大多从"光州固始"起步。

第二,就在中原民众入皖的同时,陕西、甘肃、河北的民众又纷纷迁入河南。这一事实纠正了我们在认识上的一个误区,即:中原的每次板荡而出现的迁徙活动,并不是只有"北民南移"单一运动,而是以中原为中心的全方位的大迁徙,虽然在时间上有先有后,呈不规则状,但它东南西北中的动态走势却是明显的。这种大变动格局,其实际效果是加速了中华民族的大整合和大融合。

第三,在晋末动乱中,有相当一部分豫人是在"本省范围内流动",而且其"流动"的方向与目标也很明确,这就是"由平舆迁信阳,由新蔡迁固始"。清乾隆《光州志·略序》载:"光州北枕汝颍,东护淮河,南带齐安,西接申唐,盖河洛之奥区,战守之要壤。"因此,"光州固始"作为豫地民众向往的"河洛奥区",已成为一种历史必然。它吸引着河南中心地区的士族向这里迁徙,它不仅为流民提供了理想的寄托之所,而且还作为"北民南移"的始发之地提供了必要的物质准备。就是说,"光州固始"从地理走势看,具有一种天然的"调节器"功能,它不仅具有强大的吸纳力,而且还具有极大的输出力,在人居流动上,它始终保持着一种良性循环的生态平衡。

二、"衣冠始集"之地与儒学的孕育

"光州固始"作为豫境理想的"河洛奥区",起始很早,只要中原稍有变局,人们便会默默地自觉地向这个温馨的"港湾"靠拢。只是后来随着"北民南移"大潮的出现,有关它的战略地位与历史价值才被突显出来。许竞成指出:

> 西汉末年,王莽乱时,"穷治党羽","死者无数",有士族由河洛中心地区移居河洛奥区;东汉末年及三国又有士族由河洛中心地区移居此地。河洛奥区的固始县,南有大别山,北有淮河水,有孙叔敖起修的驰名水利灌区,宜于士族转为耕读世家,是河洛中心区域南徙士族乐于择居的地方。⑤

这段话给了我们两个信息:一是"光州固始"作为"衣冠始集"之地的开发很早。《读史方舆纪要》就有"汉置固始县"的记载,这与许竞成所分析西汉末年便有河洛中心地区士族向固始迁徙的说法是一致的。但这种迁徙仅局限于中原内部的流动,即是说,河洛中心区域士族的转移,是把"光州固始"作为其最终休养生息的目的地,几代下来,这个庞大的士族群体便都成了"固始人"。此后,中原士族向河洛奥区一波接一波的迁徙,便不断产生一代接一代新的"固始人"。为什么闽台各大姓氏族谱在其追溯祖源地时,无一不是标明着"光州固始人"或"世居光州固始"等字样,其奥秘即在此。

第二个信息是"光州固始"孕育了"耕读世家"的诞生。河洛中心地区的士族原先是只耕不读的。此前"耕"与"读"的联系也有,但都是个体行为,并多以"隐匿"为前提,"耕"在这里不过一种象征和陪衬,著名例子莫过于陶渊明的"采菊东篱下,悠然见南山"。而作为一种群体的自觉行为,一边辛勤劳作,一边系统读书,却是"光州固始"的首创。它彻底改变了中国读书史"两耳不闻窗外事,一心只读圣贤书"的学习模式,这种带有革命性的创举,关键就在于它开始注意到儒学的"实践"功用,在后来的发展中,客家民系一直延续"耕读并重"模式,并最终成为客家文化的内核与灵魂。

我们知道,《论语》是有关中华民族传统文化的某种"心魂"所在。那么,在"光州固始"这个庞大的"耕读世家"的儒学群体中,他们对于《论语》的认识如何?对于儒学"心魂"又是如何系统把握?缕析清楚这些问题,对于我们正确理解什么是"光州固始"的儒学精神所在,是有很大裨益的。这里姑且用最直接的方式从《论语》中剔出三章孔学言语加以简略说明:

第一章:子曰:"唯仁者能好人,能恶人。"《正义》集解:"若夫仁者,情得其正,于人之善者好之,人之不善者恶之。好恶咸当为于理,斯惟仁者能之也。"[6]意思是只有仁爱的人才能喜欢好人,憎恨恶人。孔子把"仁"作为伦理道德的总纲,作为人类最根本的行为准则。这里的"仁",不能等同朱熹那种近似冷酷的"天理",也不能与"才能"画等号,恰恰它是充满着一种心理活动的人性的情感。历史常映照这样一种现象:许多有才能的人,诸如李林甫、秦桧、严嵩等,位高权重,但并不能说明他们就是"仁者";而不少"山野小民",例如王潮、王审知等,他们虽"学未开化",却"仁"之大矣。有则清代的资料说:"王氏据有全闽,虽不知书,一时浮光士族,与之俱南,其后折节下士,开四门学,以育才为急。凡唐宋士大夫避地南者,皆厚礼延纳,作招贤院以馆之。闽之风声,与上国争列。"[7]这段话的精核就在"虽不知书",其文笔的真实、生动、深刻与分量,全从此四字透出。因此,我们实在没有必要去细究王氏兄弟"知书"或"不知书",是否士族之家,是否书香门第,是否接受过良好教育等等。孔学的"仁",用于政治是"仁政";用于教育则是"仁教",换言之,王氏兄弟即使"虽不知书",他们却用昂扬和积极的儒学精神与行为,完成了教化闽地的惊天之举。此即孔子所提倡的"仁者"。从这个意义看,王氏兄弟可算孔门之"大儒"。

第二章:曾子曰:"士不可以不弘毅,任重而道远。仁以为己任,不亦重乎?死而后已,不亦远乎?"《正义》集解:"仁为己任,授手援溺,振民于难。期舒民于仓卒也,是德被群生为仁。……孟子谓士志仁义,大人之事备。此言士弘毅,亦是谓士之志,任重故贵能弘,道远故贵能毅也。"[8]意思是作为一个真正的知识分子,要达到任重道远,仁为己任,锄强扶弱,死而后已的人生最高目标与境界,就必须具备一种宽广的胸怀和刚毅的品格。这种胸怀和品格不是一蹴而就所能达到的,它要求必须从小节做起,树立起刚强不屈的伟大人格。这种道德行为也不是凭一时的勇敢,而是从小处做起长期锤炼的结果。孔子说"岁寒知松柏之后凋"指的即是此意。值得回味的是,康有为对曾子的语言一般是指斥的,唯独对上面"士不可不弘毅"这段话给予充分肯定,并由衷感叹说:"此乃真孔子之学也。"唐代中叶陈政、陈元光父子和唐末王潮、王审知兄弟的两次具有移民性质的率军入闽,是"光州固始"儒学精神在迁徙过程具体事务实践中的大体验和大检视,他们身体力行,勤政为民,前仆后继,惟恐不及。"敦伦开野叟,勤学劝生儒",陈元光初定叛乱,便建立庠序,推广教育,创办松州书院,使其子陈珦于书院讲学,据《漳州府志》载:"时州治初建,俗尚莽鄙,响开引古义,于风教多所裨益。……方数千里,无桴鼓之惊,号称乐土。"王潮、王审知同样以儒学治理闽地,史载:"审知虽起盗贼,而为人俭约,好礼下士。王淡,唐相溥之子;杨沂,唐相涉从弟;徐寅,唐时知名进士,皆依审知仕宦。又建学四门,以教闽士之秀者。招来海中蛮夷商贾。……开以为港,闽人以为审知德政所致,号为甘棠港。"⑨他们把儒学精神中的健康与积极元素发挥得淋漓尽致。

第三章:子曰:"以不教民战,是谓弃之。"《正义》集解:"兵者,守国之备。兵者凶事,不可空设,因搜狩而习之。凡师出曰治兵,入曰振旅,皆习战也。四时各教民以其一焉。"⑩意思是不对人民进行军事训练,等于是抛弃他们,这不仅是一项使国家免于灭亡的具体措施,而且也是提高民众素质的重要方法。孔子还说过:"善人教民七年,亦可以即戎矣。"意思是好人教导老百姓7年,也就可以去应付战争了。由此看出,孔子非常强调练兵习武的必要性。在《论语》中,这是孔子极不起眼的但恰恰是最有价值的两段话,在后世大儒们对《论语》各式各样的注释版本中,从不提及这个内容,尤其程朱理学,他们似乎的确是"自觉地"把"练兵习武"排斥在儒学之外而完全抛弃。所幸的是,"光州固始"唐代两次入闽的伟大实践,正是牢牢吸取了孔学这一光辉思想,他们爱兵、教兵、强兵、固兵,终于促使福建这个鸿蒙未开的"化外之地",成为"今世之言衣冠文物之盛,必称七闽"的富足之地。⑪它的现实意义也是显而易见的,清末我国任人宰割的屈辱历史,至今国人仍记忆犹新,追根溯源,就是丢掉了孔学原始形态中的这个至宝。毛泽东提出"全民皆兵"的这个著名论断,实际上就是孔子"以不教民战,是谓弃之"思想的发展与创造,今天它已成为我国强兵富国的一项基本国策。

光州固始人在唐代两次带有移民性质入闽的历史开拓中,正确、全面而勇敢地实践了孔学的精髓和这种儒学精神。他们长途跋涉,艰苦卓绝,文武同修,富民一方,他们正是在这个基点上继承了孔学积极健康的一面,他们发现"义"和"利",道德和经济必须合一,这就是"光州固始"的"耕读世家"带给人们一种新的观念和新的思维。这种普世性的儒学精华,在其实践中得到发扬光大。这无疑是后世客家民系的一份极其珍贵的,用之不竭的精神财富。

三、客家民系儒学精神传承与现代特征

孔学的基本教义是变,是创新,是拓展,而不是保守。孔学的精髓在情感不在性理,在活人不在符号。客家民系在其后千百年漫长的动态行程中,无论流向那里,"光州固始"的儒学精神却始终相伴相随,并不断与诸多文化元素融合。从本质上看,客家民系代表着中华民族在精神领域一种新的冒险和试验以及在认识上的一次飞跃,代表着中华传统文化一次有益的尝试和探索。同时,在不断实践中确已具备了某种意蕴深厚的现代特征。

1. 适应性。对于生存来说,适应性是其先决条件,这是任何一个物种都不能逃避的一条生命规律。适应性更为强调的是环境的变化。它来自以下两个因素,一是"压力",压力是应付生活的基本条件,适应是由人们在某种极端强迫性的条件继续活动的能力所决定的。高百之指出:"一个族群到了一个新而且多瘴疠的环境中时,其后代必须适应,产生免疫力,否则即被淘汰。"[⑫]根据这一定律,高百之认为,陈政入闽后 9 年即病故,死时大约 40 出头,说明到多疾病的闽南,若无可抗拒当地疾病的免疫力,当疾病发生时必被淘汰。而陈政子陈元光及其部属,则挺住了这个"压力"并完成了这种适应;二是"群体凝聚力",客家民系是一支特殊的具有很强适应能力的民系。他们经历了一个独特的生存、发展和衍变的历史,从而奠定了客家民系的人

群基础。廖开顺说："客家的历史是不断迁徙,开创新的生存环境的历史,更需要以血缘、地缘关系维系生存和保障发展。"[13]这段话形象概括了客家作为"群体凝聚力"那种与生俱来的超强的适应性。

2. 进取性。进取性原动力来源于意志行动。客家民系的意志力是超常的。客家先民被迫南迁,面临一个未知世界,唯一明白的是一步一个脚印走下去。这是一支名副其实的动态民系,具有浓厚的"拓荒"型的个性色彩,积淀了一种奋发、开拓、创新的精神内质,造就了他们独一无二的性格特征。周菲菲说:"客家人千百年来经历的苦难和游移转徙的艰苦生活境遇,更强化了儒家的人文精神,如重视教育、固守伦理、提倡孝道等。……凡遇外敌来侵,客家人均能奋起反击,一致对外。这种精神、气质的直接产物,就是客家人义无反顾的革命精神。"[14]王审知随兄入闽转战福建汀州、漳州等地时,曾写了一首诗,其中两句是:"疮痍到处从无补,翻忆山中旧草堂。"这是作者在荡平敌寇之后面对满目疮痍的景象所发出的感叹,不禁油然想起自己家乡那温馨的"旧草堂"。这里我们看到客家民系不仅具有超凡的承受力,而且心理结构也更为复杂与丰富。王审知入闽后就再未回故乡,在其治理福建漫长的岁月里,把闽南推向了鼎盛与繁荣,其间又经历了多少艰难困苦和酸甜苦辣,他们对故乡的思念又何止一朝一夕和一时一地。由此我们认为,"天行健,君子以自强不息",身体力行,义无反顾,贯彻始终者,莫如客家民系。

3. 可塑性。客家民系的特殊经历,导致这一最为变动不居的文化形态具有很强的可塑性。从某种意义看,客家文化的构成,是一次对中原传统文化的重塑。我们知道,客家民系注意崇文重教与道德实践的结合,凡客家聚居之男女老幼,对于儒家古训均能耳熟能详。这里,仅举客家围屋门楼的对联为例:"教子读书,纵不超群也脱俗;督农耕稼,虽无余积省求人。"对联写得极好,它真切反映出客家民系"耕读并重"的心理诉求与愿景。对联的内容无疑是"光州固始"所首创的"耕读世家"模式的延续,但值得注意的是,它明显对"耕读世家"的内涵与外延进行了重塑。首先,"光州固始"以家族为单位的"耕读世家"模式,已经扩展为整个客家民系的自觉意识,所谓"凡客家聚居之男女老幼,对于儒家古训均耳熟能详",所指即此意;其次,读书的目的非常明确,它彻底打破了"十年寒窗无人问,一举成名天下知"的科举桎梏,而是"教子读书,纵不超群也脱俗",其读书目的是守德、知礼、诚信、举义和脱俗。它集中体现在对旧儒学的"修正"而具有某种新儒学的特征意味。对于教育以多元功用为目的,瓦解了"唯科举是读"这种"独木桥"式的教育模式,使其在中国读书史上得到一次知识"能量"的释放。从而在中国历史上第一次出现了诸如儒将、儒商、儒医、儒伶等新的称呼。

4. 创造性。所谓"创造性",是指当我们在目前处境和某一企求目的之间遭遇障碍或鸿沟,并感到单靠重复以前学会的方法无济于事时,就产生了解决问题的过程。心理学家认为:"在地球上的人类生存的自然界中,通过文字记载的历史所已经观察到的极大多数变化,更多的是突出环境改变的结果,而不是遗传因子的结果。"[15]客家民系正是由于这种环境的彻底改变而大大激发了创造性思维的活跃。我们仅从赣南采茶戏这一点来窥探一下客家文化是怎样一个天才的全新的创造。据《赣州府志》载:"赣之为郡,处江右上游,地大山深,疆隅绣错,握闽楚之枢纽,扼百粤之咽喉,汉唐以前,率以荒服视之。"我们知道,闽粤赣边界地区是客家民系自"光州固始"南徙过程中的第二个"大本营",俗称"金三角"。这里崇山峻岭,层峦叠嶂,俗谚所谓"逢山必有客,无客不住山",形象地勾勒出客家民系身处的地理环境。客家人面对重重大山,改变了中原一马平川、豪爽雄放的生活习性,更多注入了生动活泼、婉转明丽的内在气质。《宋史·食货志·茶》说:"山泽有产,天资惠民。"茶,是客家赖以生存的物质基础;茶歌、茶舞,是客家须臾不可或缺的精神需求。清曾燠《江西诗征》说:"江西妇女春日采茶,编歌联臂唱和,诸郡间有异同。"明代安远县九龙山的茶业很盛,每年阳春三月,闽粤赣茶商云集采购春茶,其间必表演一种称之"采茶灯"的灯彩组合。表现姐妹二人上山采茶,手提茶篮,边唱边舞,另有茶童手摇纸扇,穿插其间。当"采茶灯"在内容上一旦摆脱以"茶山采茶"为唯一表述方式时,便出现了大批反映民间生活的剧目,诸如《卖杂货》、《大劝夫》、《上广东》、《补皮鞋》等等。于是,赣南采茶戏,就在这样一种浓烈的采茶歌舞中诞生了。其舞台用语系赣南、闽西、粤东北及桂南一带通行的客家话,故流传极广,可以这么说,凡有客家聚居之处,就有采茶戏流行。台湾赵广晖说:"采茶戏流行于台湾客家族群中,乃以'客家山歌'与'平板'为基调,演唱时添加有趣味之歌词并编排情节而演出。它源出于江西、福建、广西与湖北等地,尤以江西最为盛行,而江西乃客家族群南迁后的大本营。"⑩民国初年,采茶戏随大陆客家先民来到台湾,当时称之为"三脚班",进不了剧场,只能以摆地摊的形式演出,俗称"落地扫",是一种"卖艺兼卖药"的表演形态。2005 年,笔者有幸在台湾苗栗县观看了台湾客家采茶剧团演出的新编民间传奇戏《大宰门》,实在是今非昔比。艺术总监为台北大学著名教授曾永义,演出均由一批基本功扎实的青年演员担纲。文辞质朴而优美,有儒学"乐而不淫,哀而不伤"之遗风。音乐改革成功,它摒弃"三脚班"简陋体制,吸收广东粤剧音乐元素,采用大型民乐规模,这是采茶戏在台湾地区的一种独特的新的发展与创造。

在客家民系的形成过程中,也标示着中华民族的形成、发展和壮大。客家文化的健康成长,无不沐浴着"光州固始"儒学精神的浸润与普施而走向成熟,这就是客家民系为什么把"光州固始"作为根性文化"精魂"的原因所在。这对于客家文化在适应现代化的文化重构,无疑具有特殊的寻根固本的意义。

注释:

① 谭其骧:《晋永嘉丧乱后之民族迁徙》,《长水集》(上册),人民出版社,1987 年版,第 221 页。

② 罗香林:《广东民族概论》,《民俗》第 63 期,1929 年版,第 21 页。

③ 清·顾祖禹:《读史方舆纪要》卷 50,载《传世藏书·史库·地理》,海南国际新闻出版中心,1995 年版,第 1037 页。

④ 任崇岳:《中原移民简史》,河南人民出版社,2006 年版,第 51 页。

⑤ 许竞成、杨爱民、陈学文:《河洛文化是台湾的根》,《根在河洛》,大象出版社,2004 年版,第 324 页。

⑥ 刘宝楠:《论语正义》卷五,《里仁第四》,《诸子集成》(第一册),中华书局,1954 年版,第 75 页。

⑦　清·陈云程:《闽中摭闻·八族入闽》,引自李乔:《固始移民入闽对闽文化形成的影响》,载《黄河科技大学学报》2008 年第 4 期。

⑧　刘宝楠:《论语正义》卷 9,《泰伯第八》,载《诸子集成》(第一册),中华书局,1954 版,第 160 页。

⑨　《新五代史》卷 68,《闽世家·王审知》,载《传世藏书·史库·二十六史》第十册,海南国际新闻出版中心,1995 年版。

⑩　刘宝楠:《论语正义》卷 16,《子路第十三》,载《诸子集成》(第一册),中华书局,1954 年版,第 299 页。

⑪　清·林尚仁:《江湖小集·端隐吟稿序》,载文渊阁《四库全书》卷 33。

⑫　高百之:《分子人类学亦证明闽南及客家人源自河洛》,《河洛文化与闽台文化》,河南人民出版社,2008 版,第 7 页。

⑬　廖开顺:《论客家河洛姓氏寻根对客家文化重构的意义》,《河洛文化与闽台文化》,河南人民出版社,2008 年版,第 53 页。

⑭　周菲菲:《源和流——论河洛文化对客家文化和日本文化的不同影响》,《河洛文化与殷商文明》,河南人民出版社,2007 年版,第 200 页。

⑮　(美)克雷奇等:《心理学纲要》(上册),文化教育出版社,1986 年版,第 22 页。

⑯　(台湾)赵广晖:《河洛文化与闽台文化——以台湾的传统音乐与戏曲为例》,《河洛文化与殷商文明》,河南人民出版社,2007 年版,第 74 页。

中国古代社会移民观念探析

孙　炜

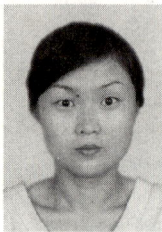

孙炜(1980—)女,汉族,河南偃师人。信阳师范学院历史文化学院讲师,历史学硕士。主要研究方向为移民史、先秦史。主要学术成果:论文《由人到神:陈元光形象变迁的文化解读》(《寻根》2007年第6期);参与河南省社科联调研课题《中原寻根文化资源及其产业转化研究》。

谈到中国古代社会移民观念,一般都认为大多数中国人是安土重迁的。其原因在于中国古代社会是以小农经济为主的农业社会,而农业文明是安土重迁观念产生的重要基础。如葛剑雄教授在《中国移民史》第一卷导论部分写道:"汉族及其前身的华夏系诸族较早选择了农业生产,以后又形成了长期延续的小农经济,安土重迁的观念根深蒂固。"[①]对此,笔者认为应该辩证分析:中国古代社会的确是以小农经济为主的农业社会,但是,移民的进行、移民观念的形成非常复杂,和中国古代社会的气候、地理、政治、经济、文化等各种因素都密切相关,简单地用"安土重迁"解释中国古代社会的移民观念是不确切的。

一、"安土重迁"一词的辨析

"安土重迁"是一个成语,意思是留恋故土,不肯轻易迁移,该成语的出处是《汉书·元帝纪》:"安土重迁,黎民之性;骨肉相附,人情所愿也。顷者有司缘臣子之义,奏徙郡国民以奉园陵,令百姓远弃先祖坟墓,破业失产,亲戚别离,人怀思慕之心,家有不安之意。是以东垂被虚耗之害,关中有无聊之民,非长久之策也。……今所为初陵者,勿置县邑,使天下咸安土乐业,亡有动摇之心。布告天下,令明知之。"[②]

这是汉元帝刘奭在永光四年(公元前 40 年)针对西汉的陵邑移民制度颁布的一道诏书。西汉自汉高祖刘邦始,为了加强对帝陵的管理和保护,特地用移民的方法在陵墓附近建立居民点,或者扩大原来的居民点,以形成新的行政机构:陵邑。至皇帝死后葬入陵墓,陵邑即升格为县级政区,成为陵县。所以,在元帝以前,汉朝多次从关东移民到关中的诸陵附近。其实,陵邑移民只是西汉"强本弱末"移民政策的一个方面而已。

公元前 202 年西汉建立,定都长安。经过四年的楚汉战争,关中残破,人口稀少。为了提高政治中心的综合力量,汉高祖采取一系列政策迁徙人口以充实关中,名之为"强本弱末"。无疑,这一政策在西汉初期关中人口稀少的情况下是有积极意义的。但是,经过汉高、惠、文、景、武、昭、宣七帝的长期统治,关中早已发展成为全国人口密度最大的地区之一,人地矛盾也随之突出。在这种情况下继续往关中移民已经不必要了。因此汉元帝即位后,为缓和社会矛盾,提出"黎民之性,安土重迁",颁布了如上废止陵邑设置的诏令。

由此看来,汉元帝诏书中提出的"安土重迁"是从人性角度得出的结论,并非是对中国国民性或民族性的概括。留恋故土,不肯轻易移民本来就是人们的天性,农耕社会中,土地是人民的生存之本和生活之源,因此,传统社会重视土地是不言而喻的,但是,"重视土地"却不一定"安土重迁"。况且,和现在的迁徙模式不同,传统社会的迁徙大多是离乡不离土。也就是说,迁徙只是离开原来的生存之地,却基本不会变更生产生活方式,即仍然大多从事农业生产。那种认为因为土地的原因人们不愿意迁徙的结论是不能成立的。

既然"安土重迁"的原意不是对民族性格的界定。那么,能影响中国民族性格的传统文化是否提倡安土重迁观念呢? 回答也是否定的。以儒家思想为例,《论语·里仁》里虽然说到"父母在,不远游",但是也马上提到"游必有方"。可见儒家是以一种积极进取的精神,主张好男儿志在四方,鼓励其在现实社会里创一番事业。就连民间,也有"树挪死,人挪活"的智慧。

分析中国古代社会的移民观念,本文拟从统治阶级和普通大众两个层面进行。之所以这样划分,是因为两者是古代社会的两大基本阶层,他们所处地位不同,考虑问题的角度不同,因此,他们的移民观念有比较大的差别。

二、古代统治阶级:倡导"安土重迁",基本反对移民

在中国移民史上,有很多次大型的移民活动是政府组织的。其类型多种多样,既有政治移民也有军事移民,既有"强本弱末"移民到统治腹地,也有"徙民实边"充实边疆力量。这很可能给人一种假象,认为统治者对待移民比较开放,允许人口流动。其实,部分地组织人口移动是古代统治者进行人口管理的方式之一,他们本质上是限制人口迁移的。限制人口迁移的方式有很多,包括户籍制度,关卡制度、严惩流亡等。

中国自古就重视户籍的设置和管理。据《周礼·秋官·司民》记载:"司民掌登万民之数,自生齿以上皆书于版,辩其国中及其郊野,异其男女,岁登下其死生。及三年大比,以万民之数诏司寇。司寇及孟冬祀司民之日,献其数于王。王拜受之,登于天府。"③可见,当时已经设立了掌握户籍的官职"司民",并规定了户口统计和上报的具体程序。

春秋战国时期,各诸侯国为了扩大兵源,增加赋役,纷纷建立严格的户籍登记制度,即"书社制度"和"上计制度"。前者是户口统计,后者是户数上报。此后,随着封建制度的日趋成熟,户籍登记制度日趋完善,户籍管理也日趋严格,历朝历代的法律法规中都有专门的户口统计和户数上报的法令,如汉律中的《户律》,唐律中的《户令》,清朝的《大清会典事例·户部》等。统治者依靠户籍的设置掌握统治区的人力资源,并据此收取赋税,征发徭役。为了保证这些统治行为的顺利进行,统治者必须尽可能地限制人口的流动。为此,统治者制定了许多严禁脱户漏户、限制人口流动的法律法规,也制定了一套相应的惩罚措施。以下列举一些统一朝代关于户籍方面的事

例和法规,以见一斑。

秦国自商鞅变法后就严格户籍管理,不准民众随便迁徙,准备迁居的人要向官府申请,由官府办理"更籍"手续后,才能合法迁移,否则要受到各种处罚。如出土秦律《游士律》规定:"游士在亡符,居县一甲,卒岁责之。有为故秦人出,削籍,上造以下为鬼薪,公士以下列为城旦。"

在汉朝,即使是诸侯王,擅自离开封地也要被施以重罚。《汉书·淮南厉王刘长传》中,薄昭根据汉文帝的旨意致淮南王的一封信中指出:"亡之诸侯,游宦事人,及舍匿者,论皆有法。"《汉书·王子侯表》也记载,"嗣阳邱侯偃,孝景四年坐出国界,耐为司寇","祝兹侯延年,坐弃印绶出国,免";在《功臣表》里,"邗侯李寿坐为卫尉,居守擅出长安界,送海西侯至高桥,诛","嗣终陵侯华禄,坐出界耐为司寇"。

隋唐时期是中国又一个长时间的统一时期,对户口的管理也很严格。《隋书·裴蕴传》记载"于时犹承高祖和平之后,禁网疏阔,户口多漏,或及成丁,犹诈为小;未至于老,已免租赋。蕴历为刺史,案知其情,因是条奏,皆令貌阅。若一人不实,则官司解职,乡正里长,皆远流配"。

唐律也严禁漏报户口。凡漏报户口的,处一至三年徒刑。里正和州县长官,也依所辖区脱漏户口的多少,处笞刑到三年徒刑不等。如果里正和主管官司有意脱漏户口以谋取私利的,以枉法论,处徒、流直至加役流④。

此外,唐《捕亡律》规定:"诸非亡而浮浪他所者,十日笞十,二十日加一等,罪止杖一百;即有官事在他所,事了留住不还者,亦如之。若营求资财及学宦者,各勿论,阙赋役者,各依亡法。"⑤表明即使主观上不是逃亡,只是无正业而外流者也要受笞杖之刑。求学、求事的虽然不以浮浪论,但如果这些人缺赋役也要按逃亡之法,依情况论罪。

明朝建立后,非常重视人口管理。开国皇帝朱元璋多次颁布诏令,不许百姓四处游走,命令人民务必各守本业,乡邻之间互相监督,倘若有不事本业而四处游走,或者隐匿他乡的,都要受到各种处罚。秉承统治者意图的明律中,也有很多对迁徙的限制和对流亡的处罚。如《明会典》卷19《户部六》规定"凡民邻里,互相知丁,互知务业,俱在里甲。农业者,不出一里之间,朝出暮入,作息之道互知焉。甲下或有他郡流徙者,即时送县官,给行粮,押赴原籍州县复业"⑥。

清朝实行保甲制度,把保甲职责当作州县官职责的一种延伸,由保甲协助地方官员处理地方的一切事物。其中,管理人口,不准人口擅自迁移就是保甲长最基本的职责之一⑦。

以上所列举的,是统一封建王朝的部分法律法规,从中可以看出,统治者通过设置户籍制度,加强对人们的监管,试图用严刑峻法把人们固定在本乡土地上,基本不允许人口脱籍流动。至于分裂时期,从统治者来说,为加强自身的力量,当然也希望控制更多的人口,对人口的控制有时更加严格。如《三国志·高柔传》记载魏国情况:"时天下草创,多逋逃,故重士亡法,罪及妻子。"⑧若丈夫逃亡,则妻子罪至弃市。

当然,在现实生活中,人们不可能永远固守在一个地方,必然会有各种各样原因的地域流动,这是统治者不能避免的。为了解决这个问题,统治者在交通要道设置关卡,检查过往流动人口是否履行了一定的程序,防止民众擅自迁徙。

关卡最初属于军事设施,后来扩充至经济领域,供统治者检查行人、征收商税。《史记·商君列传》记载,"商君之法,舍人无验者坐之",表明在秦国即使一般的外出也必须持有官府的凭证,以便旅途中随时检查核对。商鞅逃亡时就是因为没有凭证而被店主拒之门外,只得仓皇外逃⑨。

汉朝初年实行"关禁政策"。限制关中人口流往关东。当时,出入关口的人员都必须持有官府的文书"传",否则就不许通过。入关的人还必须保留符传,作为日后出关的凭证。

而唐制,在水陆要冲之处设置关津,行人须持官府颁发的"过所"才能合法通过。否则就是非法度关津,可分私度(无证出入)、越度(即无"过所",又"关不由门,津不由济度")、冒度(冒名请"过所"而度)三类,以情节轻重,处徒刑或杖刑等⑩。

明朝《大明律》规定在基层实行里甲制或保甲制,任何人离乡百里,都必须持"路引",即离乡的证明。若没有,就会被当作流动人口进行遣返。清朝也有类似规定。

很显然,统治者通过各种制度限制人口的流动。其原因何在呢?《吕氏春秋·上农》的一段话把统治者的心态揭露的淋漓尽致:"民农则重,重则少私义,少私义则公法立,力专一。民农则其产厚,其产厚则重徙,重徙则死其处而无二虑。舍本而事末则不令,不令则不可以守,不可以战。民舍本而事末,则其产约,其产约则轻迁徙,轻迁徙则国家有患,皆有远志,无有居心。"[①]

可见,在统治者看来,民从事农业、公法立、不轻易迁徙、战斗力强是一个良性的因果循环,也是国家统治得以建立的重要基础。与此相对立的,是民从商,重私利,经常流动等不良社会行态,这些不利于封建统治,因而统治者要极力避免。

从根本上说,中国古代是一个传统的农业国家,人口的多少是衡量一个国家综合国力的重要标尺。而中国地大物博,又时而处于分裂时期,因此,对统治者来说,实际控制的人口和全国人口的多少不是一个意思。他们必须尽可能多地实际控制更多的人口才能真正壮大自己的力量。而控制人口的最有效方法就是把人民固定在土地上,让其从事农业生产。这样,农民有了安身立命之所,不至于四处迁徙。而统治者也才能有固定的人力资源和物质基础。这也就是历朝历代都重视户籍设置并限制人口流动的根本原因。

综上,虽然统治者曾多次组织移民,但是他们为了稳定统治,实质上倡导安土重迁,并利用国家权力制定各种制度限制人民迁徙。因此他们的移民观念是保守的。

三、普通大众:移民以生存为主要目的,积极开拓创新

虽然统治者采取各种措施限制人口迁移,但是,古代移民行动如火如荼,非常频繁。其中的原因,汉朝重臣晁错认为:"民贫则奸邪生,贫生于不足,不足生于不农,不农则不地著,不地著则离乡轻家。民如鸟兽,虽有高城深池,严法重刑,犹不能禁也。"[②]

晁错说出了古代统治者用高城深池、严法重刑限制人口迁移的基本思

路,指出这种思路不能解决人口流徙问题,并认为古代人口迁移的原因是"不地着",即无土地不能进行农业生产,这是正确的。但是他又认为普通民众"不地着"的原因是"不农","不农"的原因是民贫而"不足",则是颠倒因果的错误说法。在马克思主义唯物史观的指导下,我们已经可以了解,古代农民不是不愿意从事农业,而是被现实环境逼迫的无地可耕,因此才"不地着"。

那么,人口迁移的原因到底是什么呢? 丁金宏等学者在《中国人口迁移的区域差异与流场特征》一文中指出:"从地理学意义上看,人口迁移是来源地与目的地空间相互作用的一种直观的社会表达,它映射着区域经济水平、投资强度及其关联的就业机会的区域差异……它还反映着社会福利政策的区际差别。"⑬

这段话用了很多现代词汇,指出人口迁移的经济原因,包括区域经济差别、社会福利政策区际差别等。显然,这里讲的是现代人口迁徙,但是这一分析同样适用于古代的人口迁移,即经济因素是影响人口迁徙的最大原因之一。

在古代社会中,普通大众大多依靠土地维持基本的生活。但是土地私有制决定土地经常会集中在少部分人手中,普通大众经常会因各种因素沦为无地者。一旦失去土地,他们也就失去了唯一的生活来源。加上徭役繁重,天灾人祸不断,为了基本的生存,他可能就要选择背乡离井,迁徙到地广人稀,即生存条件比较好的地区。所以,传统社会中普通大众的迁徙类型虽然多种多样,但是最基本的模式是从地窄人稠区迁徙到地广人稀区。通过迁徙个人可以获得比较多的土地。同时,在地广人稀区,因为经济发展落后,政府赋税水平往往比较低,这也进一步有利于移民的发展。

虽然在古代社会里,普通大众曾多次迁徙,但是从主观愿望上,他们是不愿意迁徙的。其原因,除了"安土重迁"——人本性上的不愿意流动外,在古代社会中还有许多特殊的因素使之然。

第一,从农业生产自身特点看,在古代生产条件下,农业开发困难大,经济收益报效速度慢。前面已经讲过,古代迁徙是离乡不离土。也就是说,迁徙后的基本生活方式不会有很大的变动,仍然是从事农业生产。但是,古代生产条件有限,普通大众用简单的生产工具重新开发大片土地要花费大量的人力和物力。以北方人口南迁为例。众所周知,北方人口南迁是中国历史上影响社会进程最大的移民行为,而此类迁徙在唐宋以前并不突出,从唐宋以后才大具规模。这是因为,唐宋以前,就生产工具和生产技术来说,当时的生产力还不足以大规模开发南方。唐末五代以后,中国大陆气候普遍转寒,有利于原来多沼泽、涂泥密布的南方的土壤熟化,变得适合人类发展生产。而生产工具中铁农具、梨耕、提灌工具等的大量使用,使南方地区开发沼泽涂泥为水稻田进而使水稻田熟化成为可能。正是这些看似和移民无关的生产特点,影响着人们移民的方向和速度。

第二,交通条件的影响。古代交通条件很差,大部分移民只能靠双脚跨越千山万水。路途中,不仅需要花费大量的盘缠,而且还有可能遇到天气灾害、个人疾病、甚至强盗威胁等各种天灾人祸。因此,很多移民者可能还没有找到新的居住地就丧失了生命。这是古人不愿意轻易移民的另一个重要原因。

第三,对迁移地的恐惧。古人地理知识困乏,所了解的可能只是本乡的一方水土。对远方迁徙地因无知而恐惧也可能导致对迁徙活动望而却步。如北方人一般认为南方环境湿热,而且毒气盛行。"江南卑湿,丈夫早夭"几乎是北方人一致的看法,因此都不愿意迁往此处。如文帝时贾谊被任为长沙王太傅,以为是极大的不幸,心情忧郁,虑无善终。

第四,观念的影响。在中国人的观念里,华夷观念很早就形成了。而且长期以来,一直认为中原是文明中心,其他地方均属于化外,是野蛮人居住的地方。若非特殊原因,是不愿意迁到周边地区的。如汉景帝子刘发因"无宠"被封于长沙,直到百多年后,刘发的后代春陵侯刘仁等人还自愿减少封户迁往南阳[14]。

第五,政府法律法规的限制。本文第二部分已经论述了历朝历代政府基本都不允许人们迁移他处,这在很大程度上也会影响人们的思想和行为。

所以,在中国古代社会中,人们不愿意迁徙既是人的本性决定的,也是受各种因素影响的,并非单纯"安土"所致。何况,生活在古代社会里的普通大众,受环境所迫,在丧失生产资料的情况下经常进行迁徙,并没有因为不愿意迁徙而死守故土,因此不能简单地以"安土重迁"概括他们的移民观念。

实际上,中国古代社会的普通大众不仅不断地迁徙,而且他们的观念也不断地发生变化:移民行为由被动到主动,由谋生存到积极寻求发展。以下不妨以福建移民为例,简单述之。

在中国移民史上,福建是一个极具代表性的地方。从移民方向看,既接受过大量北方人的移入,也向台湾等地移出了大量人口。从移民方式看,既有政府组织的政治移民、军事移民,也有流民的自主迁入或移出。福建的移民再移民虽然多次发生,但有一定的规律可循:明清以前,福建接受外来人口比较多,即以人口移入为主;之后,福建的移民主要以移出为主。为什么会发生这一转变呢? 除了和福建的开发程度有关外,和移民观念的变化也有密切的关系。

明清以前,北方人大量向福建移民的原因是"汉晋以至五代……以避乱以及拓边戡乱的突发性移民为主……宋代……常规性移民所占的比重则有所加大。所谓常规性移民,是指那种在非战乱时期主动迁徙入闽的移民"⑮。而主动迁徙入闽的原因,则是中原地区土地关系日趋紧张所致。所以说,不管是五代以前还是在宋朝,往福建迁徙的移民或被生活所迫,或被命令所迫,都属于被动的,以生存为目的的迁移。这种迁移以移出地的推力为主要动力。

明清以后,随着福建省的开发和发展,福建的人地关系也紧张起来,开始了对外移民,移入地包括浙江、广东、台湾、海外等地区。必须注意到,在福建省向外的移民大潮中,除了生存型移民外,发展型移民也逐渐多了起来。所谓发展型移民,指受移出地的吸引,以获得更好生活条件为目的的移民。比如向台湾的移民,明清时期台湾成为福建移民的一个主要去向。有关研究者认为,福建人移居台湾,有一个很大的特点,即注重家族性。表现之一,是在移民形式上,往往先由某个或若干个族人先行前往尝试,若获得成功,或举族迁移,或带领同族其他人前往扩展业务,两边发展⑯。很明显,这样的移民形式,已经不同于前期的生存型移民,而是带有一定目的性,有计划有安排的求发展型移民。这一类型移民的动力,主要是移入地区的拉力或吸引力。

其实,发展型移民在中国移民史上还有很多。诚如葛剑雄先生在《中国移民史·导论》中分析得那样,"这类移民主要是官僚、地主、商人、士大夫、知识分子以及一些衣食无忧的平民"⑰。其实,不管移民方式是谋生存还是求发展,移民活动本身就表明,移民者的精神内核是积极谋求发展,追求开拓创新的。

综上所述,本文从统治阶级和普通大众两个层面初步分析了中国古代社会的移民观念。其实,中国古代社会的移民观念非常错综复杂,并非一篇小文所能讲清。但是,只用"安土重迁"一词概括中国古代社会的移民观念,却是对这一问题的简单化。既不符合中国古代社会的实际情况,也不利于对移民这一社会行为的分析和评价。

注释:

① 葛剑雄:《中国移民史·导论卷》,福建人民出版社,1997 年版,第 50 页。

② 班固:《汉书》,中华书局,1962 年版,第 292 页。

③ 李学勤:《周礼注疏》,北京大学出版社,1999 年版,第 942 页。

④ 长孙无忌:《唐律疏议》,中华书局,1983 年版,第 231—235 页。

⑤ 长孙无忌:《唐律疏议》,中华书局,1983 年版,第 536 页。

⑥ 高飞:《明朝户籍制度中的身份法和迁徙法》,中国政法大学,2003 年版。

⑦ 王晓琳、吴吉远:《清代保甲制度谈论》,《社会科学辑刊》2000 年第 3 期。

⑧ 裴松之:《三国志注》,中华书局,1998 年版。

⑨ 司马迁:《史记》,中华书局,1982 年版,第 2236,2942 页。

⑩ 长孙无忌:《唐律疏议》,中华书局,1983 年版,第 172—177 页。

⑪ 许维遹:《吕氏春秋集释》,北京市中国书店,1985 年版。

⑫ 班固:《汉书》,中华书局,1962 年版,第 1130 页。

⑬ 丁金宏、刘振宇、程丹明、刘瑾、邹建平:《中国人口迁移的区域差异与流场特征》,《地理学报》2005 年第 1 期。

⑭　范晔:《后汉书》,中华书局,1965 年版,第 354 页。

⑮　林国平、邱季端:《福建移民史》,方志出版社,2005 年版,第 39 页。

⑯　陈支平:《福建向台湾移民的家族外置与联系》,《中国社会经济史研究》2004 年第 2 期。

⑰　葛剑雄:《中国移民史·导论卷》,福建人民出版社,1997 年版,第 50 页。

唐五代时期的固始

陈习刚

陈习刚(1967—)男,汉族,湖北黄冈人。河南省社会科学院历史与考古所副研究员,史学硕士,主要从事隋唐五代史、科技史、历史地理和河南地方史研究。近年在葡萄文化史的研究方面,取得了一定成果,并在国内国际上产生了一定影响。主持或参与《汉唐关津与河南城郡关系研究》等院、省(部)级研究项目9项。编著《浠水名优特新产品概览》(副主编)、《郑州与黄帝文化》,参与撰写《河南通史》等。在《古今农业》、《农业考古》、《中国国家地理》等刊物上发表论文50余篇。应邀参加了"国际葡萄与葡萄酒学术研讨会"等国际学术会议。

固始位于豫、鄂、皖交界的河南省东南隅,北枕淮河,南依大别山,东有安阳山。固始属淮河上游的西南流域,有史河、灌河、白露河流经其境。今天的固始县面积有2946平方公里,人口有165万多,是河南人口最多的县。历史上固始面积达4000多平布公里,版图曾包含今天淮滨县西南的期思镇一带及商城县东边的土地。唐代,固始属光州。《旧唐书》卷40《地理志三》载:淮南道光州,"紧中,隋弋阳郡。武德三年,改为光州,置总管府,以定城县为弦州,殷城县为义州,以废宋安郡为谷州,凡管光、弦、义、谷、庐五州。光州领光山、乐安、固始三县。武德七年,改总管为都督府。贞观元年,罢都督府,省弦州及义州,以定城、殷城二县来属。又省谷州,以宋安并入乐安。

天宝元年,改为弋阳郡。乾元元年,复为光州"。《新唐书》卷41《地理志五》载:"光州弋阳郡,上。本治光山,太极元年徙治定城。土贡:葛布、石斛。户三万一千四百七十三,口十九万八千五百八十。县五:定城,光山,仙居,殷城,固始。"属光州的固始,进入五代时期,在后梁、后唐时属吴,后晋、后汉时则属南唐,之后属后周。本文拟对唐五代时期固始的政治、军事、经济、社会文化状况及历史地位作一探讨,不当之处,敬请专家学者赐教。

一、固始是唐末五代时期的重要战争地

在唐五代时期,固始是重要的战争地区。历史上,固始具有重要的军事战略地位。《读史方舆纪要》卷50《河南五》光州条载:"(光)州襟带长淮,控扼颍、蔡,自古戍守重地也。萧齐永元二年寿阳降魏,魏将宇文福曰:'建安(原注:见固始县),淮南重镇,彼此要冲,得之则义阳可图,不得则寿春难保。'遂攻建安,建安降。胡氏曰:'魏兵南来,齐兵北向,建安皆当其冲要。魏得建安,则西南可图义阳(原注:齐司州治义阳);若齐增建安之兵,北断魏援,东临寿春,则寿春难保矣。'又魏宣武时,田益宗议取义阳曰:'请使扬州之兵顿于建安。'扬州谓寿春也,则自光州东至寿春四百余里,道路险阨。唐元和中平吴元济,以濠、寿之兵胁其光州。其后朱温侵淮南,不能得志于光州,而杨吴之势遂成。周世宗用兵淮南,亦遣偏师争光州。盖有事淮、蔡,未有不从事光州者。……光州岂为淮西之藩蔽,不且扼全楚之襟喉欤?"①固始县"建安城在县东。萧齐所置戍守处也"②。《(重修)固始县志》③卷3《山》载:"前令张邦伸按:县境自大步山以南峰峦峻起,联络不绝,与商城之金刚台、罗田之鹤高峰、六安之帽顶山具属犬牙相错,最易藏奸。"可见固始及固始所在的光州在历史上具有重要的战略地位。

(一)特殊的自然地理环境,使固始成为中原藩镇之乱的重要地区。如吴元济、秦宗权之乱,固始是重要的基地。

唐宪宗元和九年(814)闰八月,淮西镇吴少阳死,其子吴元济自领军务,不听朝命。次年朝廷命宣武等16道进军讨伐。《资治通鉴》卷239宪宗元和十年(815)二月条载:"寿州团练使令狐通为淮西兵所败,走保州城,境上诸栅尽为淮西所屠。"同年十一月,"寿州刺史李文通奏败淮西兵","丁丑,李文通败淮西兵于固始"。元和十一年(816)三月条载:"寿州团练使李文通败淮西兵于固始,拔鳌山。"同年十一月,"辛卯,李文通奏败淮西兵于固始,斩首千余级"。《旧唐书》卷7《宪宗纪》载:元和十年(815)"十一月壬申,李光颜、乌重胤及吴元济战于小溵河,败之。丁丑,李文通又败之于固始"。《新唐书》卷214《吴少诚传附元济传》载:"元和十一年,诸军大合。光颜壁掌河。文通败贼于固始,拔鳌山。"淮西镇领蔡、申、光三州,而寿州与固始比邻。淮西镇以蔡、申、光三州作为对抗唐朝廷的基地,固始成为唐朝廷讨伐淮西镇的交战区。《(重修)固始县志》④卷2载有唐万胜冈故城,在县西北90里枣林冈,距霍邱180里,为平吴元济而筑,唐人沈亚之有《万胜冈新城记》。同书卷3《山》亦载:"县东四十五里曰安阳山,上有白龙池。""《旧志》:'大山在县东四十五里,一名安阳,一名大阳石,可为坊,唐兵平蔡,常屯其上。'有元大山民砦存"。

黄巢起义期间,固始先后为农民军和秦宗权攻陷。《旧五代史》卷134《王审知传》载:"王审知(《王审知传》,《永乐大典》仅存一条,今考《册府元龟》所引《薛史》,考其事迹,前后排比成篇,谨附识于此。(影库本粘签)),字信通,光州固始人。父恁,世为农民。(《册府元龟》卷219)唐广明中,黄巢犯阙,江、淮盗贼蜂起,有贼帅王绪者,自称将军,陷固始县。审知兄潮,时为县佐,绪署为军正。蔡贼秦宗权以绪为光州刺史,寻遣兵攻之,绪率众渡江,所在剽掠,自南康转至闽中,入临汀,自称刺史。"《新五代史》卷68《闽世家第八·王审知世家》亦载:"唐末群盗起,寿州人王绪攻陷固始,绪闻潮兄弟材勇,召置军中,以潮为军校。是时,蔡州秦宗权方募士以益兵,乃以绪为光州刺史,召其兵会击黄巢。绪迟留不行,宗权发兵攻绪。绪率众南奔,所至剽掠,自南康入临汀,陷漳浦,有众数万。"王绪受秦宗权攻击,被迫离开固始向南发展,固始成为秦宗权"僭称帝号"根据地的组成部分。《旧唐书》卷20上《昭宗纪》载:文德元年(888)"十二月甲子朔,蔡州牙将申丛执秦宗权,挝折其足,乞降。诏中使宣谕,便以丛权知留后。比中使至,别将郭璠杀申丛,篡宗权,絷送汴州。蔡、申、光等州平。诏赐蔡州行营兵士钱二十五万贯,令度支逐近支给"。

（二）固始是五代王朝与十国吴、南唐之间的争战地区。如后梁与吴之间、后周平淮南的战事。

唐、五代之际,固始是朱全忠与淮南杨行密争锋之地。《新五代史》卷1《梁本纪第一》载:"（天佑元年（904））十一月,攻淮南,取其光州,攻寿州,不克而旋。"《旧五代史》卷2《太祖纪第二》载:"（天佑元年（904））十一月辛酉,光州遣使来求援,时光州归欵于帝,寻为淮人所攻,故来乞师。戊寅,帝南征渡淮,次于霍丘,大掠庐、寿之境,淮人乃弃光州而去。"《旧唐书》卷20下《哀帝纪》载:天佑二年（905）十一月乙卯朔,"（朱）全忠平荆襄后,遂引军将攻淮南。行次枣阳,阻雨,比至光州,道险涂潦,人马饥乏。休止十余日,乃趋固始。进军距寿州三十里,寿人闭壁不出,左右言师老不可用。是月丙辰,全忠自正阳渡淮而北,至汝阴。全忠深悔此行无益。丁卯,至大梁"。《新五代史》卷21《梁臣传第九·敬翔传》载:"太祖已破赵匡凝,取荆、襄,遂攻淮南。翔切谏,以谓新胜之兵,宜持重以养威。太祖不听。兵出光州,遭大雨,几不得进,进攻寿州,不克,而多所亡失,太祖始大悔恨。"朱全忠侵淮南以失败告终。后周世宗三次进军江淮,光州固始也是重要的争战之地。显德二年（955）,后周世宗进军江淮,次年下滁、扬、光、舒等州。《旧五代史》卷129《齐藏珍传》载:"齐藏珍,少历内职,累迁诸卫将军。前后监押兵师在外……世宗在西班时,与藏珍同列……及即位,自流所征还。秦、凤之役,令监偏师,及淮上用兵,复委监护,与军校何超领兵降下光州。"《（重修）固始县志》⑤卷3《山》载:"曾力行按:邑东南塔儿冈西峰庙等处,类多土山,戴石冈迤南有山,其上有清游观,又有饮马池,冬夏不涸。相传宋太祖饮马于此。周显得三年（956）太祖从征淮南,岂其古迹欤?"

二、经济恢复发展的局限性

唐五代时期,固始的经济发展,因地理条件与战乱影响,是很有限的。人口锐减,田地荒芜,经济生产未能得到恢复。

（一）唐后期固始人口严重下降，五代时也无起色

唐五代时期，中原人口大量南迁。如随黄巢起义军南下，避秦宗权之乱逃向南方，避契丹铁骑的蹂躏而奔向南方等。安史之乱后，北方人口大量南迁，"但元和年间，江淮大部地区户口数比开元时期还是有所下降，程度最严重者为泗、黄、光三州"，"光州开元（713—741）户为二万九千六百九十五，元和（806—820）户为一千九百九十，下降程度几达百分之百"⑥。光州是人口下降最多的州。宋初光州户口达到18581⑦。而《宋史》卷88《地理志四·两浙路》也载："光州，上，弋阳郡，光山军节度。本军事州。宣和元年，赐军额。绍兴二十八年，避金太子光瑛讳，改蒋州。嘉熙元年，兵乱，徙治金刚台，寻复故。崇宁（1102—1106）户一万二千二百六十八，口一十五万六千四百六十。贡石斛、葛布。县四：定城，上。固始，望。光山，中下。同上避讳，改期思，寻复故。仙居。中下。南渡无。"说明五代期间，光州户口稍有所恢复。可见唐后期至五代时期，固始人口有较大幅度的下降。

唐后期、五代时固始人口的严重下降，其原因主要有两大方面：一是长期的战乱导致人口减少与南迁。这在唐前期的军事行动上的调遣就有所反映。唐高宗总章二年（669）在闽、粤之交的区域发生了"獠蛮啸聚"，时任玉铃卫左郎将的陈政，受朝廷之命以岭南行军总管的身份率府兵3600人，及副将123人入闽平叛。陈政所部一度曾陷入困境之中，陈政之兄陈敏、陈敷率58姓军校前来增援。在征战途中陈敏、陈敷病死，陈政之子陈元光率军南下与父会合。这部分人口主要来自固始。唐后期的黄巢起义及秦宗权之乱等，致使人口纷纷南迁，固始人口锐减。二是经济萧条也致使人口南迁。《资治通鉴》卷240宪宗元和十二年（817）二月条载："淮西被兵数年，竭仓廪以奉战士，民多无食，采菱芡鱼鳖鸟兽食之，亦尽，相率归官军者前后五千余户；贼亦患其耗粮食，不复禁。"《旧唐书》卷20上《昭宗纪》载："（龙纪元年（889））二月癸亥朔。己丑，汴州行军司马李璠监送逆贼秦宗权并妻赵氏以献，上御延喜门受俘，百僚称贺，以之徇市，告庙社，斩于独柳，赵氏笞死。初，自诸侯收长安，黄巢东出关，与宗权合。巢贼虽平，而宗权之凶徒大集，西至金、商、陕、虢，南极荆、襄，东过淮甸，北侵徐、兖、汴、郑，幅员数十州。

五六年间,民无耕织,千室之邑,不存一二,岁既凶荒,皆脍人而食,丧乱之酷,未之前闻。宗权既平,而朱全忠连兵十万,吞噬河南,兖、郓、青、徐之间,血战不解,唐祚以至于亡。中书奏请以二月二十二日为嘉会节,从之。"

(二)固始是北来人口中转基地

人口的移入和移出频繁,使固始有人口中转地的特征。固始正是由于战乱"每每徙其治,每每虚其地",成为中原人南迁的中转站。唐末黄巢起义军与唐军在淮西南周旋达300余日,各藩镇势力抢占地盘,相互兼并,致使中原士民向南迁移。如秦宗权在蔡州(今河南汝南)称帝,大肆掠夺烧杀,造成"极目千里无人烟,车载盐尸供寇粮"的惨相。在固始的寿州(今安徽寿县)人王绪无奈南移入闽,光州数万吏民也就随从南逃。同时中原流亡江南吏民必经固始。黄滔《福州峰山故真觉大师碑铭》记载,入闽"僧尼士庶"一天就有5000多人⑧。但战乱一平息,一些故邑的人又返回家乡,他邑的人又有迁入的,固始又很快聚居成邑。正如马祖常《建县治》所说:"不四十年,陈、蔡、曹、宋、吴、楚、瓯、越之民,杂耕于地,交居于郛,今称沃壤。"

(三)这一时期,固始的经济发展有局限性,农业生产在唐后期至五代期间未能得到有效恢复与发展

《资治通鉴》卷270《后梁纪五》均王贞明四年(918)七月条载:徐知诰执吴政时,进行了一些改革,如"悉蠲天佑十三年(916)以前逋税,余俟丰年乃输之。求贤才,纳规谏,除奸猾,杜请托",蠲丁口钱,"自余税悉输穀帛,绸绢匹直千钱者当税三千",并取得了一定成效,"由是江、淮间旷土尽辟,桑柘满野,国以富强"。表明固始的农业生产有所恢复。但长期的战争的破坏,五代时期的南北交战地,致使固始的经济始终未能得到较好的恢复。唐五代时,固始经济上值得一提的有茶业和纺织业。

唐五代时固始已有茶业和纺织业。北宋淮南蕲、庐、舒、寿、黄、光等州产茶,《宋史》卷183《食货下五》载:"官自为场,置吏总之,谓之山场者十三,六州采茶之民皆隶焉,谓之园户。岁课作茶输租,余则官悉市之……又民岁输税愿折茶者,谓之折税茶。"十三场的茶叶,有的通过岁课,有的通过官市,全部由官方经营。《宋史》卷184《食货志下六·茶下》载:崇宁元年(1102),

"俄定诸路措置茶事官置司:湖南于潭州,湖北于荆南,淮南于扬州,两浙于苏州,江东于江宁府,江西于洪州。其置场所在:蕲州即其州及蕲水县,寿州以霍山、开顺,光州以光山、固始,舒州即其州及罗源、太湖,黄州以麻城,庐州以舒城,常州以宜兴,湖州即其州及长兴、德清、安吉、武康,睦州即其州及青溪、分水、桐庐、遂安,婺州即其州及东阳、永康、浦江,处州即其州及遂昌、青田,苏、杭、越各即其州,而越之上虞、余姚、诸暨、新昌、剡县皆置焉,衢、台各即其州,而温州以平阳。大法既定,其制置节目,不可毛举。四年,京复议更革,遂罢官置场,商旅并即所在州县或京师给长短引,自买于园户。茶贮以笼篰,官为抽盘,循第叙输息讫,批引贩卖,茶事益加密矣"。固始有茶园户、茶场,置有茶司管理。除此之外,民间还有小型的茶园,可以自产茶输税。这虽是北宋时的情况,但唐五代时光州固始当已有茶业。《资治通鉴》卷239宪宗元和九年(814)闰八月条载:"(吴)少阳在蔡州,阴聚亡命,牧养马骡,时抄略寿州茶山以实其军。"杜牧《上李太尉论江贼书》也说:"许、蔡、申、光贼,多劫荆襄、鄂岳等道,劫得财物,皆是博茶,北归本州岛货卖,循环往来,终而复始。"⑨这说明唐代比邻寿州的固始,其茶叶贸易是比较兴隆的。

固始纺织的历史也悠久。《新唐书》卷41《地理志五》载:"光州弋阳郡,上。本治光山,太极元年(712)徙治定城。土贡:葛布、石斛。"土贡葛布,表明光州的纺织业有一定的基础。宋代淮南上贡有绢、绫、纱等丝织品。《建炎以来系年要录》卷119绍兴八年(1138)载:"淮南桑麻之富,不减京东。"《文献通考》卷二〇《市籴一》载宋代光州折科官绅。唐五代时,固始应有丝织业。南北朝时,固始就有石斛入贡。《(重修)固始县志》⑩卷3《山》载:"又南一百五十里曰大苏山,金水出焉,其上有苏仙遗迹,其下多竹。陶宏景《仁图》云:'霍山及牛山出药草,其山东南角有伏石似牛,复与霍山相接,山中出石斛入贡。'(洪)亮吉按:此则大苏山,又名牛山。"陶宏景是南朝梁著名医学家。由此可见,固始还有经济作物诸如药草的生产。

三、向乖戾风俗的转变

社会文化上,固始在中晚唐后也发生了明显的变化,由南北文化的交汇地向胡化特征转型。

（一）固始是南北文化的交汇地

如前所述，固始正是由于战乱"每每徙其治，每每虚其地"，成为中原人南迁的中转站。战乱一平息，故邑之民返居，他邑之民迁入，固始又很快聚居成邑。人口的中转与迁移，也决定了固始文化的多元化。而中晚唐后，固始风俗的胡化也反映出南北文化的汇流、交融及相互作用、影响与转化（详下）。

（二）中晚唐以后，风俗发生剧变，胡化风气与固始原有的地域文化有机结合起来，使固始风俗变得乖戾，主要特征是胡化特征突出

中晚唐时，固始风俗犷戾过于夷貊。《资治通鉴》卷240《唐纪五十六》宪宗元和十二年（817）十一月条载："初，淮西之人劫于李希烈、吴少诚之威虐，不能自拔，久而老者衰，幼者壮，安于悖逆，不复知有朝廷矣。自少诚以来，遣诸将出兵，皆不束法制，听各以便宜自战，故人人得尽其才。韩全义之败于溵水也，于其帐中得朝贵所与问讯书，少诚束以示众曰：'此皆公卿属全义书，云破蔡州日，乞一将士妻女为婢妾。'由是众皆愤怒，以死为贼用；虽居中土，其风俗犷戾过于夷貊。故以三州之众，举天下之兵环而攻之，四年然后克之。"胡三省注说："考之《汉志》，汝南户口为百郡之最，古人谓汝、颍多奇士，至唐而犷戾乃尔，习俗之移人也。"从胡三省的注来看，申、光、蔡为中心的淮西地区汉以来就是奇才辈出的地区，是崇文尚教、儒家文化昌盛的地区，到唐代风俗为之一变，变得犷戾。

这种犷戾风俗始于"安史之乱"。杜牧《罪言》说："国家天宝末，燕盗徐起，出入皋、函、潼，若涉无人地，郭、李辈常以兵五十万，不能过邺。自尔一百余城，天下力尽，不得尺寸，人望之若回鹘、吐蕃，义无敢窥者。国家因以畦河修障戍，塞其街蹊，齐、鲁、梁、蔡，被其风流，因亦为寇。"[11]这种犷戾风俗的特点就是摒弃文教，崇尚武力。杜牧《上李太尉论江贼书》略云："许、蔡、申、光贼，多劫荆襄、鄂岳等道，劫得财物，皆是博茶，北归本州岛货卖，循环往来，终而复始。……盖以倚淮介江，兵戈之地，为郡守者，罕得文吏，村乡聚落，皆有兵仗，公然做贼，十家九亲，江淮所由，屹不敢入其间。"[12]《资治通

鉴》卷239《唐纪五十五》宪宗元和十年（815）五月条载考功郎中、知制诰韩
愈的话说："闻陈、许、安、唐、汝、寿等州与贼连接处，村落百姓悉有兵器，习
于战斗，识贼深浅，比来未有处分，犹愿自备衣粮，保护乡里。"居民不仅习于
攻守战斗，而且"村乡聚落，皆有兵仗"，武器装备也有。

　　元和平淮西镇后，固始的犷戾风俗有所改观。《旧唐书》卷157《马摁
传》载："裴度宣慰淮西，奏为制置副使。吴元济诛，度留（马）摁蔡州，知彰义
军留后。寻检校工部尚书、蔡州刺史、兼御史大夫，充淮西节度使。（马）摁
以申、光、蔡等州久陷贼寇，人不知法，威刑劝导，咸令率化。奏改彰义军曰
淮西，贼之伪迹，一皆削荡。"《新唐书》卷163《马摁传》载："吴元济禽，为彰
义节度留后。蔡人习伪恶，相掉讦，犷戾有夷貃风。摁为设教令，明赏罚，磨
治洗汰，其俗一变。"但这种改观是很有限的，从上引杜牧《上李太尉论江贼
书》所载可见一斑。"国运式微下社会秩序的混乱以及民生的艰辛更是助长
了淮西地区的尚武风尚，再加上唐廷的盐茶专卖政策，这些都在客观上促使
这一地区更多的人拿起武器，聚众为寇。"[13]淮西地区成为"唐后期诸如私盐、
私茶贩子等各种盗贼的重要来源地和活动地区，是唐后期社会秩序动荡不
安的重要策源地"[14]。其实这也是唐后期至五代时期固始的社会风俗写照。

　　**四、在固始乃至河南的发展史中，唐五代时期的固始具有重要的历
史地位**

　　"光州固始"成了东南地区移民后裔心目中永久的根脉所在，而固始在
闽台地区及海外华人中的巨大的影响奠基和形成于唐五代时期。

　　（一）固始在军事上的影响是重大的

　　固始在军事上重大影响，不仅体现在淮西镇的长期割据上，也体现在唐
后期至五代时期固始军人的南征北战上。如元和平淮西镇后的忠武军被认
为是淮蔡军人的承续与发展，而忠武军南征北战，在会昌年间（841—846）讨
伐藩镇昭义，大中朝（847—859）平定岭南，咸通年间（860—873）平定浙东裘
甫起义及在西川抵御南诏、吐蕃入侵和平定党项的动乱，镇压僖宗乾符至中
和年间（874—884）王仙芝、黄巢起义等军事行动中，发挥了重要作用，是唐

王朝手中的重要军事力量⑮。这其中有固始军人的重要作用。农民战争中,固始民众也有重要影响。《资治通鉴》卷251《唐纪六十七》懿宗咸通九年(868)十月条载懿宗时庞勋起义后,光、蔡等州"群盗""皆倍道归之,阗溢郊郭"⑯。唐代,包括固始军民在内的淮西军民的大量南下,成为唐末五代南方割据战争的主导力量,直接建立了蜀、楚、闽三政权,为吴、吴越政权的建立立下了赫赫战功,奠定了荆南的割据基础⑰。特别是陈政父子对闽南"蛮獠啸乱"的平定,王氏(王潮三兄弟)闽政权的建立,在历史上影响深远。

(二)固始在文化的传播上起到重大而深远的作用

固始与闽人风俗语言十分接近,如语言方面,千年以来固始方言影响着闽语的形成,闽语的古老层与固始方言有着惊人的相同之处⑱。"以固始为主体的唐代中原士民的两次南迁活动,在闽台地区及海外华人中的影响是巨大的。陈氏父子、王氏兄弟及其移民,带去了以固始为主体的中原文化、语言、风俗,带去了中原人吃苦耐劳、诗书传家的风尚。'光州固始'成了东南地区移民后裔心目中永久的根脉所在,在他们的眼中固始是中原的代名词,是他们永远的祖地。固始,是闽台与中原无法割舍的重要纽带。"⑲

(三)固始人才的影响广泛而巨大

唐五代时期,固始军民几乎遍于南方各地。唐初随陈政、陈元光进入闽西,可能达40余姓。他们不仅成为戍守闽南核心力量,而且成为在泉、潮、漳创业开基的基本力量。王潮兄弟入闽,则使福建的经济和社会的发展达到了前所未有的水平,也产生了巨大而深远的历史影响。宋代史学家郑樵在《荥阳郑氏家谱序》中指出:"今闽人称者,皆曰光州固始。实由王绪举光、寿二州,以附秦宗权。王潮兄弟以固始之众以之。后绪与宗权有隙,遂拔二州之众入闽。王审知因其众以定闽中,以桑梓故,犹固始。故闽人至今言氏谱者,皆云固始。"固始人还经海路远至域外。如《宋史》卷304《王彬传》载:"王彬,光州固始人。祖彦英,父仁侃,从其族人潮入闽。潮有闽土,彦英颇用事,潮恶其逼,阴欲图之。彦英觉之,挈家浮海奔新罗。新罗长爱其材,用之,父子相继执国政。"王彬父、祖辈能在新罗执掌国政,的确贤能。新罗属今天的朝鲜。

　　综上所述,固始是唐末五代时期的重要战争地。特殊的自然地理环境,是中原藩镇之乱的重要地。如吴元济、秦宗权之乱,固始是重要的因素。固始也是五代王朝与十国吴、南唐之间的争战地区。如后梁与吴之间、后周平淮南的战事。唐后期固始人口严重下降,五代时也无起色。唐前期的军事行动上的调遣,尤其是唐后期藩镇之乱,致使人口纷纷南迁,固始人口严重下降。经济萧条也致使人口南迁。战争的破坏,五代时期的南北交战地,使生产始终未能得到恢复。固始是北来人口中转基地,人口的移入和移出频繁,有人口中转地的特征。固始的经济发展有局限性,农业生产在唐后期至五代期间未能得到有效恢复与发展。纺织业、茶叶贸易有一定地位。固始是南北文化的交汇地,中晚唐以后,风俗发生剧变,胡化风气与固始原有的地域文化有机结合起来,使固始风俗变得犷戾,胡化特征突出。在固始乃至河南的发展史中,唐五代时期的固始具有重要的历史地位。固始在军事上的影响是重大的,固始在文化的传播上起到重大而深远的作用,固始人才的影响广泛而巨大。

注释:

　　①　顾祖禹:《读史方舆纪要》,贺次君、施和金点校,中华书局,2005 年版,第 2382 页。

　　②　顾祖禹:《读史方舆纪要》,贺次君、施和金点校,中华书局,2005 年版,第 2382 页。

　　③　谢聘纂修,曾力行增补:《(重修)固始县志》,乾隆五十一年(1786)刊。

　　④　谢聘纂修,曾力行增补:《(重修)固始县志》,乾隆五十一年(1786)刊。

　　⑤　谢聘纂修,曾力行增补:《(重修)固始县志》,乾隆五十一年(1786)刊。

　　⑥　任爽:《南唐史》,东北师范大学出版社,1995 年版,第 61 页。

　　⑦　任爽:《南唐史》,东北师范大学出版社,1995 年版,第 62 页。

　　⑧　《全唐文》卷 826,第 3858 页。

　　⑨　杜牧:《樊川文集》卷 11,上海古籍出版社,1978 年版。

　　⑩　谢聘纂修,曾力行增补:《(重修)固始县志》,乾隆五十一年(1786)刊。

　　⑪　杜牧:《樊川文集》卷 5,上海古籍出版社,1978 年版。

⑫　杜牧:《樊川文集》卷11,上海古籍出版社,1978 年版。

⑬　曾现江:《唐后期、五代之淮蔡军人集团研究》,四川大学 2002 年硕士学位论文,第 33 页。

⑭　曾现江:《唐后期、五代之淮蔡军人集团研究·论文摘要》,四川大学 2002 年硕士学位论文。

⑮　曾现江:《唐后期、五代之淮蔡军人集团研究》,四川大学 2002 年硕士学位论文,第 27 页。

⑯　司马光:《资治通鉴》,第 8128 页。

⑰　曾现江:《唐后期、五代之淮蔡军人集团研究·论文摘要》,四川大学 2002 年硕士学位论文。

⑱　郭启熹:《固始与闽西人关系溯源》,《闽西职业大学学报》2004 年第 1 期。

⑲　张新斌:《论固始寻根》,《中州学刊》2002 年第 3 期。

分蘖与聚合

——闽南对中原文化的历史记忆与族群认同

郑　镛

郑镛(1959—)男,汉族,福建省漳州市人。曾任漳州市政协文教卫体委员会副主任。漳州师范学院副编审、副教授。现任《漳州师范学院学报》编辑部主任,漳州市历史学会会长。长期从事闽台历史文化研究、宗教文化研究,著有《闽南民间诸神与官庙》、《漳州史稿》、《国学概说》等,在省级以上学术刊物发表论文近百篇。

美国著名人类学家菲利普·汉·博克在《多元文化与社会进步》一书中,论及人类社区的增长时认为有三种选择方式:稳定、分裂和聚合。至于选择何种方案取决于自然和文化力量的影响。①以其理论观照研究汉晋以降中原地区向闽粤边地的移民,以及明清时期闽粤向台湾和东南亚地区的移民当有启发意义。

与其采用"分裂"表述人类社区变化,笔者以为不如用"分蘖"一词更为确切。由此地向彼地进行规模性的人口移徙,可认定为族群分蘖。分蘖一词源于生物学,指禾本科植物在地下或近地面处发生的分枝,通常在稍膨大而贮有养料的分蘖节上产生。中古时期中原地区向东南沿海地区尤其是今闽南地区的人口移徙可视为典型意义的分蘖。在漫长的历史长河中,由分蘖——稳定——分蘖在不同的空间中往复发生,但文化上的族群认同却一步步地走向聚合,并在聚合中产生了富有标识意义的文化符码——光州固始。

一、分蘖——在移徙中完成

就整个中国传统文化的渊源及结构考察，中原文化一直具有特殊重要的地位和作用。

中原或称中州尤其是其间的河洛地区在历史上被称为"天下之中"。李学勤先生在为《河洛文化与殷商文明》一书所作的序言《河洛文化与中原文化》中指出："中原地区在中国历史上之所以重要，一个重要原因就是它在地理位置上占全国的中心，从文化内涵上能吸收和容纳周围甚至边远地区的文化因素。"从文化学意义上可以这样理解：吸收、容纳和凝聚各种文化因素是一种"聚合"，而文化的向外传播辐射和影响则为"分蘖"。换言之，分蘖是文化的有效扩散，聚合是文化的群体性认识。当然，在传统社会中文化的"分蘖"与"聚合"主要还是由移民的规模运动来完成的。

今福建地区原为西汉王朝藩属闽越国的领地，居住着"百越"中的一支——闽越族。汉武帝元封元年（公元前 110 年），统治闽越的余善起兵反汉失败后，汉武帝以"东越狭多阻，闽越悍，数反复，诏军吏皆将民徙处江淮间，东越地遂虚"。这一地旷人稀的空间气候温湿，四季常青，溪河纵横，冲积平原土地肥沃，海岸线绵长，富有海盐之利，是人类理想的生存之所。因此，遂有北方汉人陆续南下。

西晋末年，中州发生"永嘉之乱"，此后兵连祸结，动荡不安。许多门阀士族纷纷举族南下至今苏、浙、皖、鄂、湘、赣等地散居。有一部分先至浙江后再迁闽北，然后由闽江上游、中游而到达下游的侯官，再由侯官往南迁至木兰溪流域、晋江流域和九龙江流域；其中可能也有一部分是从江西直接进入闽西，然后再到达闽西、闽南九龙江流域。[②]诚如路振的《九国志》所说："晋永嘉二年（308），中州板荡，衣冠始入闽者八族：林、黄、陈、郑、詹、邱、何、胡是也。以中原多事，畏难怀居，无复北向，故六朝间仕宦名迹，鲜有闻者。"宋代陈振孙《直斋书录解题》所引的唐代林谞《闽中记》也说："永嘉之乱，中原士族，林、黄、陈、郑四姓先入闽。"

　　2002 年春,漳州市漳浦县博物馆抢救发掘了五座墓葬,出土了数十件随葬品并发现了具有典型风格的两晋南朝墓砖。其中有"泰元十一年"、"泰元十九年"、"泰元二十一年"三种纪年砖,应为东晋孝武帝之"太元"年。故可推断墓群的修建年不迟于东晋太元二十一年(396)。这一墓群为家族墓地,应是南下避乱的北方人一路迁徙进入闽南的鹿溪流域定居后而选择的安息处。这一家族的背景信息现不明晰,但从他们随葬的金银器、铁剑、瓷砚、铜镜等判断,决非籍籍无名之普通流民,更可能是中原士族。而从墓砖的数量和纪年的种类看,附近应有专营的砖厂,有相当数量的熟练技术工人,说明鹿溪流域已聚居一群自成社区的汉人,有一个稳定的生活生产空间和商业网络。与历史文献相印证,永嘉年间,确有一波中原移民潮。至义熙九年(413)在今漳浦一带根据人口增长状况,设置了绥安县也就在情理之中。③

　　至唐代前期,九龙江流域已聚居了相当数量的汉人,但留居、出没于丘陵山野间尚有为数不少的原土著闽越族的后裔和从岭南一带涌进的"蛮獠"民族。在这一区域的早期开发中,汉族移民与土著居民、"蛮獠"居民有较多接触,同时也产生许多矛盾。南朝时,土著居民与汉族移民的矛盾、土著居民与官府的矛盾已经呈现。唐初,矛盾激化,爆发所谓"蛮獠啸乱"。其时,中央政府已经在龙溪及闽西的新罗设立县级政权机构。为了确立唐王朝在九龙江流域的统治,唐高宗麟德年间(664—665),朝廷派曾镇府领诸卫将军衔由中原率部镇闽,驻扎九龙江东岸。总章二年(669),朝廷复派归德将军陈政与曾镇府更代,统岭南行军总管事,出镇泉、潮二州之间的故绥安县地(今漳浦、云霄一带)。当时,陈政率府兵 3600 多名,从征将士自副将许天正以下 123 员入闽。陈元光以鹰扬卫将军的身份,随同父亲陈政领军赴闽。

　　仪凤二年(677),陈政病故于军中。其子元光以玉钤卫翊府左郎将衔代领兵众,时年 21 岁。同年,元光率轻骑收复为"潮寇"、"土蛮"所攻陷的潮阳。永隆二年(681),元光潜师入潮州突袭"蛮獠"营垒,"俘获万计",后又在盘陀岭打败"蛮獠"主力,泉潮间的"啸乱"日趋平定。④

　　陈政、陈元光的率兵入闽,是一次具有移民性质的进军,对汉民在闽南地区的开发作用甚巨。根据近人的统计,先后两批府兵共约 7000 余人,可考姓氏计有 60 余。⑤这些姓氏是否全部都是来自北方的汉民,还有待于进一步的探讨。如有的族谱记载称陈政入闽后,"乃募众民得五十八姓,徙云霄地,听自垦田,共为声援"⑥。但就整体情况而言,以上所统计当时开发九龙江流域的近 90 种姓氏,大部分应是从北方随军移民而来的。这数十姓府兵将士及其家眷,蕃衍生息,形成了唐代开发九龙江流域的骨干力量。

为了更有效地开发和统治闽南地区,陈元光上书朝廷,请求在泉、潮之间新置一州。垂拱二年(686),朝廷准元光之请,在泉、潮之间置漳州,并以漳浦、怀恩(今云霄一带)二县归隶之,委陈元光任漳州刺史。漳州建立之后,为进一步稳定局势,陈元光"奏立行台于四境,四时亲自巡逻,命将分戍",把所属军队分布于闽南各地。这四境是:"一在泉之游仙乡松州保,上游至苦草镇;一在漳之安仁乡南诏堡,下游至潮之揭阳县;一在常乐里佛潭桥,直至沙澳里太武山而止;一在新安里大峰山回入清宁里卢溪保,上游至太平镇而止。"⑦于是,北至泉州、兴化,南逾潮州、惠州,西抵汀州、赣州,东接沿海各岛屿,均为陈元光部属的守戍地和开发地。陈军将士所到之处,且守且耕,招徕流亡,就地垦殖,建立村落。从漳州建州到唐末的 200 余年间,虽然中原地区有过不少战乱,但福建一带尚属安定,这给陈元光及其部属的后裔们在漳州各地繁衍生息提供了良好的社会环境。因此到了唐代后期,汉民在漳州的开发取得了很大的成效,逐渐缩小了与泉州等地社会经济发展上的差距。

唐代前期陈政、陈元光父子率领府兵入闽守戍开漳,是北方汉民迁移福建的一个高潮。但并不是说唐代的其他时期就没有北方汉人入迁闽中。事实上,从唐初直到唐代后期,北方汉人入闽几乎是不间断的。随着福建与北方地区联系的加强,唐代其他各个时期都有不少汉民迁移而来,只是数量有多有少,规模不如唐前期陈政、陈元光率众入戍那样集中,迁居的地点比较分散而已。⑧

唐代后期,中原战乱加剧,军阀各据一方,民不聊生,北方士民再次南迁,形成了汉人入闽的又一次高潮。其中尤以王潮、王审知兄弟率部入闽的数量为巨。

　　王潮、王审知原为河南光州固始县的农民,王氏兄弟乘黄巢起义之机组织乡兵渡江南下,转战于江西、广东。光启元年(885),王氏部队进入闽西、闽南,次年八月占领泉州。景福二年(893),王氏部队攻进福州,闽中各地纷纷降服。当时的唐朝中央政府实际上已经失去了对各地的有效控制,唐昭宗李晔只得任命王潮为福建观察使,尽领闽中五州之地。王潮死后,其弟审知继任。公元907年,唐朝灭亡,王审知被后梁太祖朱晃封为闽王。审知死后,其子延钧于公元933年正式称帝,改国号为闽。

　　闽国是中原移民在福建建立的第一个地方性割据政权,对于促进北方汉民的入闽影响很大。

　　闽国建立后,王潮、王审知的部属绝大部分都定居于福建。宋人陆游撰《傅正议墓志铭》云:"唐广明(880—881)之乱,光(州)人相保聚,南徙闽中,今多为士家。"⑨杨时在《龟山集》中便记载了闽北的一些追随王氏兄弟入闽的家族。如建州的郑氏,"讳毂,字致刚,姓郑氏,其先光州固始人,唐僖宗时避乱,从王潮入闽,居建城南乡之龙池,故今为建州人"。⑩又如浦城的章氏,"仔钧仕王氏官至太傅,仔钊为泉州团练副使,兄弟俱有功于闽"。⑪一些地方志和族谱中也有这类记载。《崇安县新志·氏族志》记述:丘氏,唐僖宗时有丘祯、丘祥、丘福兄弟三人由固始随王潮入闽,居崇安之黎阳。张氏,"唐广平(明)间,张威偕兄感,弟咸由固始入闽,威居建阳,感居三山,咸居浦城。威孙义赘于本邑会仙里……遂留居于此。其子孙散处于下梅吴屯及大浑之西山"。⑫福州一带尤多原属王审知部下的后裔。如,陈姓,"随王氏入闽……陈岩观察福州,居闽";詹氏,"唐光启间……有詹敦仁者亦随王氏来闽";张氏,"唐季张睦自固始随王氏入闽";吴氏,"唐末有吴文卿者,自固始随王氏入闽,卜居井关外";郭氏,"其裔于咸通中从王氏入闽"。⑬再如福州闽县的李、王二姓,也是王氏入闽之时部属的后裔,《福建通志》载云:"李相,本寿州人……王绪未起时,从媪赊酒,数负责,又醉毁媪酒舍,相怒欲殴之,媪蹑之曰:'天下方乱,此壮士也。'遂与为刎颈交。王绪起兵,相从之。王潮杀绪,相匿其孤建齐于山中,以其少子与建齐易名而呼。居三日,潮果索建齐,其少子应曰诺,遂见杀。卒与建齐俱从军,居福州闽县,冒姓李。至其曾孙荣,乃复故姓,两家以兄弟数。宋时子孙咸至大官矣。"⑭这班追随王氏兄弟入闽的部属,因王氏在福建的得势,大多也成了一方新贵。他们利用政治上的优势,各自在福建寻找合适的地点定居下来,从而成为地方上的显姓。

众多北方的政客、士子、文人也随之入闽。闽国作为五代十国时期一个独立割据的政治群体,为了与邻国对抗,取得生存的权利,王潮、王审知兄弟在福建建立了比较完善的政治体制。这不仅需要军队作为地方政权统治的支柱,同时也需要政治、文化等多方面的人才。因此,他们也十分注重延揽其他各方面的人才,礼贤下士,发展文化。于是,当时随王氏兄弟入闽的中原人士,除了军队之外,还有众多落难的政客、士子、文人等。而另一方面,中原朱晃后梁政权滥杀世家缙绅,士子、文人四处逃散,远离中原的福建便成了战乱中较为理想的避难场所。当时中原有名的文人、学者,如李洵、王涤、崔道融、王溧、夏侯激、王拯、杨承休、杨赞图、王倜、归傅懿等,"皆以文学之奥比偓、商,侍从之声齐袁、白,甲乙升第,岩廊韫望,东浮荆襄,南游吴楚,谓安莫安于闽越,诚莫诚于我公(指王审知)"。⑮《新五代史》亦记载:王审知"好礼下士。王淡,唐相溥之子(王溥为朱晃所害),杨沂丰,唐相涉从弟,徐寅,唐时知名进士,皆依审知仕宦"。⑯再如唐末著名诗人韩偓,字致光,京兆万年人,仕至翰林承旨、兵部侍郎,也曾触忌于后梁太祖朱晃,险些丧命,于是挈族入闽,依傍王审知。这班文人才子相聚于福建,有了安身之地和发挥才能的空间,故五代是福建文教发展的一个重要时期,清末陈衍曾评这一时期福建的文化事业说:"文教之开兴,吾闽最晚,至唐始有诗人,至唐末五代,中土诗人时有流寓入闽者,诗教乃渐昌,至宋而日益盛。"⑰这一评述反映了福建地区的正统封建文化教育发轫于唐代前期,至唐末"中土"士人大量南来,渐成规模,至宋而兴盛的基本史实。

由于王审知父子所建立的闽国在福建全境设立了比较完整的政治体制,因此,这一时期入闽的北方汉民,在福建地域上的分布要比以往几次更为广泛,可以说基本上遍及福建各地。同时,在汉晋以来的移民大多占据自然条件比较优越的闽江下游流域、九龙江流域、晋江流域等沿海地带的情况下,这一时期入闽的汉民,有逐渐向偏僻山区拓展的趋向。

　　至赵宋全国性政权建立的960年，北方汉人特别是人口较稠密的中原地区汉人已完成较有规模的向福建的移民，这一移民过程也是中原文化向中国东南沿海的传播过程。东晋南迁汉人带来的中原文化与生产技术可从出土文物得以证实。陈政、陈元光率军平乱更是注重恩威并施，特别是"创州县，兴庠序"，建置了中国最早的书院之一——松州书院，聚生徒而教之，此后"民风移丑陋，士俗转醇醇"。至唐贞元八年(792)龙溪周匡业明经及第；唐元和十一年(816)其弟周匡物进士及第，越二年，漳浦潘存实又登科，时距漳州建州已有130年，实现了当年陈元光"缦胡之缨化为青衿"的预定目标。

　　唐末五代闽国建立后，除大量文人士子来附外一大批僧侣也慕闽国主好佛之名纷来沓至，佛教在闽地广为传播，至南宋人称泉漳二州为"佛国"，谓"此地人称佛国，满街皆是圣人"。

　　以上史实说明族群文化分蘖后，离开母本的分株异地植根、生长、开花、结果需要一个较长的周期，然后再衍发为一种既保留母本的若干文化基因又有别于母本的新的文化生态。

二、聚合——在认同中强化

　　其实，自东晋到唐末五代时期，迁徙入闽北方汉人虽以中州士民为主体，但并非全都是中原人士，更不是全来自光州固始，而混杂了其他北方各地的四民百姓，"王彦昌，其先琅邪人，自东晋肃侯彬迁于闽，居龙溪后析龙溪置漳浦，遂为漳浦人"[18]。琅邪为西晋时山东胶南县名，可知王氏的一支是由山东入闽。陈政入闽后，也在泉、潮之间"乃募众民得五十八姓，徒云霄地，听自垦田，共为声援"[19]。这五十八姓应是唐代前期之前陆续入闽定居的各地汉人，甚至可能含有被同化的当地土著。唐末五代亦复如是："自五代乱离，江北士大夫、豪商、巨贾，多避乱于此，故建州备五方之俗。"[20]宋人杨时在《龟山集》中记载了一些闽北的汉族居民，其中便有不少是在唐末五代时入迁而并非河南籍者。如在《翁行简墓志铭》中称：崇安翁氏，来自中原京兆，"其先京兆人，唐末避地，子孙散居七闽。公之六世祖，徙家建州之崇安白水乡，故今为崇安人"。邵武泰宁邹氏，"先生讳某，字尧叟，姓邹氏，其先出于鲁国之郏,唐季之乱,避地闽中,故今为邵武军泰宁人"。福州陆氏,"其先吴郡人,六世祖权,唐末为建安县丞,值中原乱,不克归,因家福州之侯官,故今为侯官人"。邵武李氏即南宋宰辅李纲的祖先,原籍江南人,《李修撰墓志铭》云:李纲之父,"字斯和,其先江南人,唐末避乱,徙家邵武,故今为邵武人。曾祖讳待,仕闽以武力显"。浦城周氏,其先为遂昌人,《周宪之墓志铭》云:"公之远祖,避唐乱,自遂昌徙浦城,故今为浦城人。"沙县张氏,"高祖照仕南唐,摄汀州幕官,遭乱退居沙县,故今为南剑沙县人"。当时甚至连李唐宗室,也有避乱入闽者。如李撰,"字子约,姓李氏,本唐诸王苗裔,其先恭王明以太宗子国于曹。……子孙蕃延与唐始终,今班班可纪。世居陈留,至公之七世祖澄为温州永嘉令,始迁福州之连江"[21]。其他如安溪周氏,"周朴,字太朴,吴兴人,唐季避乱,初隐于安溪县小溪场南山下,所居有塘,因名周塘"。厦门陈氏,"陈黯,字希孺颍川人,十岁能诗,早孤,事母至孝……黄巢之乱,黯奔盾终南山,后隐同安之嘉禾屿"。建阳江氏,"江文蔚,字君章……其先济阳考城人也,徙籍建安,世为大姓"[22]。以上这些姓氏,均非来自河南固始[23]。

至于陈政、陈元光的籍贯,学界争论不休,自有其史料上的稀缺不全,也有认识的各执一端。目前,有三说,一是"岭南首领"说,导源于唐人张鹭的笔记小说《朝野佥载》和明人黄佐的《广东通志》。前者云"周岭南首领陈元光设客……"[24],后者直称陈元光为广东"揭阳人",但后面一句是"先世家颍川"[25],值得治史者玩味。

二是"河东说"。最早、也较可靠的史料见诸唐人林宝的《元和姓纂》,该书"诸郡陈氏"曰:"司农卿陈思问、左豹韬将军陈集原、右鹰扬将军陈元光、河中少尹兼御史中丞陈雄:河东人。"[26]宋人王象之《舆地纪胜》"循州威惠庙"条载:"朱翌《威惠庙记》云:陈元光,河东人,家于漳之溪口。"[27]明人林魁等所纂修的《龙溪县志》中也沿用"河东说"云:威惠庙"在城北门外,祀唐将军陈公元光。公河东人。父政,以诸卫将军戍闽"[28]同一时期的萧廷宣所撰《长泰县志》也云"威惠庙,勅灵著顺应昭烈广济王,姓陈氏,讳元光,系出河东"[29]。崇祯初梁兆阳主修的《海澄县志》"儒山庙"更引宋本《淳祐清漳志》

曰"灵著顺应昭烈广济王,姓陈氏,讳元光,系出河东"[30]。

三是"光州固始说"。明末何乔远《闽书》卷41"君长志"记陈元光为光州固始人。魏荔彤康熙间主修的《漳州府志》载:"陈政,字一民,光州固始人。父克耕从唐太宗攻克临汾等郡,政以从征功,拜玉钤卫翊府左郎将,归德将军。"[31]嘉庆间董浩总裁的《全唐文》曰"元光字廷炬,光州人"[32]。明清间的诸多姓氏宗族谱也都认为陈氏一脉来自河南光州,颍州为之郡望,如漳州地区的《颍川开漳陈氏族谱》、广东海阳宋朝人许君辅所编《韩山许氏族谱》皆载陈元光为"光州固始"人。

南迁汉人为抬高门第附会冒籍的做法由来已久,五代北宋时出于功利的需要,相当一部分姓氏攀附王潮、王审知光州固始籍,这一现象被南宋的福建莆田人方大琮所诟病,说:"王氏初建国,武夫悍卒,气焰逼人。闽人战栗自危,漫称乡人,冀其怜悯,或犹冀其拔用。后世承袭其说,世(祀)邈绵,遂与其初而忘之尔,此闽人谱牒,所以多称固始也。"[33]著名史学家郑樵亦说:"今闽人称祖者,皆光州固始。实由王绪举光、寿二州,以附秦宗权。王潮兄弟以固始之众从之。后绪与宗权有隙,遂拔二州之众入闽。王审知因其众以定闽中,以桑梓故,独优固始。故闽人至今言氏谱者,皆云固始。其实谬滥云。"[34]至明代同安洪受甚至还写了篇颇有影响的文章《光州固始辨》[35],力议闽南族群并非来自光州固始。说明南宋末起,这种否定性的观点甚有影响。

其实陈政、陈元光一脉的陈氏家族并不屑于攀附王氏。陈氏军功世家,自陈政起,后陈元光、陈珦、陈酆、陈谟五代守漳,自总章二年(669)到元和十四年(819)经营闽南达150年之久,家族、部众势力之强,门第之显赫众所周知,入漳时间又远早于王审知家族。陈氏子孙完全没有理由去攀附王氏而改其籍贯。

根据陈政、陈元光家族唐初的移徙变迁,陈氏籍贯的三说均有采信的理由,可综而析之。据《元和姓纂》陈政一脉"系出河东"应无歧义。此为祖籍地,而光州固始则为陈政父陈克耕从唐太宗平天下后奉命率部驻扎之地,并由此出镇潮泉之间。岭南首领说也不能轻易否定。这是几乎与陈元光同一时代的文人对其南下后身份的认定。据两《唐书·地理志》和《元和郡县志》以及宋人吴舆的《漳州图经序》载因陈元光奏请建置的漳州很长一段时间划归岭南道。漳州自初建至天宝元年的50多年间隶于岭南道。天宝十载,漳、潮二州又从福州都督府治下分出,划归岭南通。张鹭将陈元光当作"岭南首领"——汉人军事集团的领袖人物也是可以理解的。笔者赞同清代康熙年间学者庄亨阳等所纂《龙溪县志》对祖籍、出生地、生活区域的处理方法。该志"唐列传"首列"陈珦"曰"陈珦,字朝佩,先固始人,祖政,父元光,开漳因家焉,遂为漳州人"[36]。陈珦既可称"漳州人"。陈元光长年率军赴潮平寇称为"岭南首领"也无不可,但"岭南首领"决不能误认为是"岭南土著"。

概言之,笔者认为陈氏家族的籍贯三说可以并存统合:河东是其祖籍地,光州固始是其驻扎家居、奉诏出征地,岭南为其征战戍守地。

唐以来陈元光的后人为何在自家宗族谱上认定是光州固始人? 陈氏随行部将后裔亦大都认光州固始籍,如漳州龙海洪岱蔡氏祠堂楹联曰:"济阳衍派,上溯周姬分固始;鸿山发迹,遐思祖泽启清漳。"漳州方姓奉随陈政入闽的队正方子重为肇基始祖。云霄县阳霞村建有"昭德将军方子重祠"楹联曰:"辅王师,出固始,万里戎机安闽粤;传衍派,播漳州,千秋业绩启云阳。"诚如清乾隆《龙溪县志》所指出的:"陈元光,光州固始人,王审知,亦光州固始人,而漳人多祖元光与泉人多祖审知,皆称固始。"[37]甚至渐被同化的闽越土著后裔也追随入闽汉人改称自己的祖先来自光州固始,即所谓"闽自汉武迁其民于江淮之间,尽墟其地,故后世氏族半属中州,然《路史》谓闽乃蛇种,若黄、林是其土著,余考二氏谱牒,又似不尽然……皆曰光州固始"[38]。这是值得关注的社会文化现象,其中蕴藏着族群迁徙、文化传播若干密码。

通常情况下,由分蘖而迁徙的族群习惯于对先辈遗传下的历史文化信息进行筛选,而后进行重新组合和认同。闽南的陈氏家族以及其他相当一部分氏族不论是否为唐初随陈政、陈元光入闽,大都在族谱上郑重标明是来自中原(中州),来自光州固始,并非全然受唐末王潮、王审知入闽建国的时尚影响,而更重要的是反映一种典型的族群认同,更确切地说是对中原文化的认同。造成这一认同的原因有三:

其一,中原在中国的特殊地位。中原在很长时间里一直是中国的政治中心。汉代班固说:"崤、函有帝王之宅,河、洛为王者之里。"从中国文明形成的唐虞,到夏、商、周三代王朝,都城大都在这一地区。其实司马迁在《史记·货殖列传》中已经比较细致地讲过:"昔唐人都河东,殷人都河内,周人都河南。夫三河在天下之中若鼎足,王者所更居也,建国各数百千岁。"现代考古学的田野工作对此做出了证明,经发掘研究有可能属于唐虞的山西襄汾陶寺,可能属于夏初的河南登封王城岗,夏代的偃师二里头,商代的偃师尸乡沟、郑州商城等遗址,都在晋南豫北,环绕河洛地区。周人本立都于陕西关中,沣水沿岸的丰镐,伐商后在今洛阳建立东都,形成宗周、成周两都相峙的局面,以及横贯中原的王畿区域,为此后汉、唐的长安与洛阳两京奠立了基础。中原也是北宋以前中国经济的中心。中州素为"天下之大凑",是贸易往来、通达四方的枢纽。同时,中原地区是文化的中心。洛阳、开封等均是中古时期文化荟萃之地,河图、洛书,学术、巫术,交融激荡,辐射八方,蔚为大观。

其二,程朱理学的价值取向。明清时期的家谱、族谱多为族中的文人士子所编纂,在有关族源史料稀缺的情况下,其文化价值取向关乎氏族来源。中华文化主干儒家学说至宋演化为理学,广义上说有濂、洛、关、朔、蜀、闽和陆九渊的心学。源于河南洛阳的二程的洛学代表理学正脉。朱熹在系统整理二程遗说的基础上,加以创造性阐发,同时又博采周敦颐、张载、邵雍等部分思想精华,建立了完整的闽学体系。闽学或确切地说是朱子学在闽南学人中被尊为正统。朱子曾任职过同安主簿、漳州知州,被称为"大儒过化之地"并渐为"海滨邹鲁",从学缘上看,从洛学到闽学是中原文化播迁、演进的结果。学术上的道统经知识分子的传播、转型成为闽南族群的"族统"认同。族统是一个或多个族群对其族源的共同认知和集体记忆,在闽南具体表现为:在修纂族谱、家谱时有意识地如实记载或"矫正"族源出处,并集中地指向中州大地。明清时期这种情况普遍发生。族统在某种程度上往往超越血统,成为族群的共同历史记忆,成为族群的精神纽带,并长期、广泛地产生影响。

其三,陈元光将军的神化。北宋庆历年间曾任漳浦县令的吕璹《威惠庙》诗云:"当年平贼立殊勋,时不旌贤事忍闻? 唐史无人修列传,漳江有庙祀将军。乱萤夜杂阴兵火,杀气朝参古径云。灵贶赛祈多响应,居民行客日云云。"③传递出唐代漳江畔已有庙祀陈元光将军的信息。北宋余靖《武溪集》中《宋故殿中丞知梅为陈公墓碣》文中载陈坦然曾于天圣年间(1023—1031)任漳浦县令,"邑西有陈将军祠者,郡图云:仪凤中勋府中郎将陈元光也,年少强魂,邦人立庙享祠甚谨,日奉牲币无算。岁大旱,遍走群望弗雨。公(陈坦然)乃斋洁诣祠下,祷云:'政不修者令之负,祷无验者神之羞。国家崇祀典所以祈民福也。祀苟不应,何用神为。'即鐍扉与神约曰,七日不雨,此门不复开,纵祠为烬矣。行未百步,霾风拔巨树,仆于道。俗素信鬼,及是,吏民股战神之怒。公徐曰,民方蓺,何怒之为? 乃援锸截树而去。果大雨,田收皆倍。邑人刻词以纪其异"④。这一史料的发现说明北宋初漳浦即有陈将军祠,且香火鼎盛,信众甚多。可与南宋绍熙元年(1190)知漳的章大任所撰《威惠庙记》相印证。该记曰"灵著顺应昭烈广济王庙食于漳,历年数百,祭皿未尝一日干也……"④自宋代起,被当地土著酋首袭杀而殁的陈元光将军屡屡"显灵"并很快转化为一尊官民共祀的保境安民之神。所以素信神鬼的漳人"多以为祖",祈求庇佑。这一闽南民间习俗至明清还衍化为男性婴幼儿认神明为义父求其护佑的民俗。民间信仰的最大特点是襄灾祈福。与神明的同族、同源当是百姓的精神慰藉的需求,是重血缘、亚血缘关系的生动体现。由敬仰陈元光的开漳之功,进而崇拜陈将军神灵,再到攀附陈元光的族源出处,便成为文化聚合的一种消除地域差异,实现天地神人和谐的独特景观。

经历了1300多年的风霜雪月的磨洗,许多历史信息在传递中消隐、失真,而一些具象征意义的文化符码却逐渐浮现、凸显。至迟到明清时期,光州固始在闽南族群中已成为了无可替代的文化符码。文化符码的浮显与确认在某种程度上比局部的历史真实更为重要,因为有了符码,族群的文化基因方可遗传,历史记忆才不会在岁月长河中流失。特别需要指出的是,随着闽南族群向台湾的迁徙,"光州固始"的文化符码被进一步放大,可以说,当今约 1800 万祖籍闽南的台湾同胞,原乡为福建闽南,祖地则是河南光州固始。正因为族统观的影响与作用,中华民族的文化聚合也在族群认同中得到不断强化,并转化为生生不息的民族凝聚力。

注释:

① 菲利普·汉·博克:《多元文化与社会进步》,辽宁人民出版社,1988 年版,第118 页。

② 林国平主编:《福建移民史》,方志出版社,2005 年版,第 30 页。

③ 王文径:《从石榴镇东晋墓群的发掘看开漳前的闽南》,《闽台文化交流》2006 年第 1 期,第 101—105 页。

④ 参见何乔远:《闽书》卷 41;光绪《漳州府志》卷 22。

⑤ 参见民国《云霄县志》,《台湾省通志·氏族》;又参见陈嘉音:《漳州开发史考辨》,《唐初戍闽府兵的来历》(未刊稿)。

⑥ 《白石丁氏古谱》卷上。

⑦ 光绪《漳州府志》卷 23。

⑧ 林国平主编:《福建移民史》,方志出版社,2005 年版,第 32 页。

⑨ 陆游:《渭南文集》卷 33。

⑩ 杨时:《龟山集》卷 37。

⑪ 杨时:《龟山集》卷 35。

⑫ 民国《崇安县新志》卷 4。

⑬ 光绪《侯官县乡土志》卷 5。

⑭ 道光《重纂福建通志》卷 170。

⑮ 黄滔:《黄御史集》卷 5。

⑯ 《新五代史》卷 68。

⑰ 陈衍:《补订闽诗录叙》。

⑱ 道光《重纂福建通志》卷 170。

⑲ 《白石丁氏古谱》卷上。

⑳ 黄仲昭:《八闽通志》卷 3"风俗"。

㉑ 以上均见杨时:《龟山集》卷 30、卷 31、卷 32、卷 34、卷 36、卷 37。

㉒ 道光《重纂福建通志》卷 170。

㉓　陈支平:《福建六大民系》,福建人民出版社,2001 年版,第 47—48 页。

㉔　张鹫:《朝野金载》卷 2,唐宋史料笔记丛书本,中华书局,1979 年版,第 78 页。

㉕　嘉靖《广东通志》卷 515。

㉖　林宝:《元和姓纂》卷 3。

㉗　王象之:《舆地纪胜》卷 91。

㉘　嘉靖《龙溪县志》卷 3。

㉙　嘉靖《长泰县志》卷下。

㉚　崇祯《海澄县志》。

㉛　康熙《漳州府志》卷 19。

㉜　《全唐文》卷 164。

㉝　郑岳:《莆阳文献》卷 7。

㉞　郑樵:莆田《南湖郑氏家乘·荥阳郑氏家谱序》。

㉟　《同安县志》"艺文志"。

㊱　康熙丁酉版《龙溪县志》卷 7。

㊲　乾隆《龙溪县志》卷 21。

㊳　惠安《峰城刘氏族谱》卷首。

㊴　康熙《漳浦县志》卷 18。

㊵　余靖:《武溪集》卷 20,《四库全书》集部。

㊶　嘉靖《龙溪县志》卷 3。

试析庐陵文化与中原移民

施由明

施由明(1963—)男,汉族,江西南康市人。江西省社会科学院历史所副所长,研究员,学士。主要研究方向:明清史与江西地方史。主要学术成果:专著《明清江西社会经济》,19万字,江西人民出版社2005年版;与人合撰《江西通史》、《江西经济史》、《中国古代文化会要》等;发表《论清代江西农业的发展》、《论清代江西农村市场的发展》等70余篇论文。

一、引言:关于庐陵与庐陵文化

庐陵即当今江西中部的吉安地区的古称。庐陵之得名,源自于秦始皇一统天下之后设置郡县制,秦王朝在当今江西的中部设置了庐陵县,直至三国吴时期设置庐陵郡,辖分置在赣中西至赣中南、赣中北的10县,隋初废庐陵郡设吉州,后立废更迭,唐时复名吉州,宋时又复称庐陵郡,元为吉安路,寓"吉泰平安"之意;明初改称吉安府,辖9县。清乾隆八年增置莲花厅。2000年撤地设市,吉安市辖吉州区、青原区、吉安县、吉水、泰和、安福、永丰、永新、峡江、万安、遂川、井冈山市,总人口近500万。

古代的庐陵所内含的地域比当今吉安市所辖地域更大,不仅包括了今吉安市所辖所有县区,还包括了今抚州、赣州、萍乡三市一部分地区及今新淦县全部。

尽管赣中区域自元代已改名吉安,但直至当代,人们仍然习惯于称吉安地区的古、近代文化为庐陵文化,其中的重要原因在于:一是赣中地区以庐陵为行政区名比以吉安为行政区名的时间要长得多,二是不仅宋代庐陵的文化人自称为庐陵人,如欧阳修称自己为"庐陵欧阳修也",而且明清时代吉安府的文化人也仍然称自己为庐陵人,如解缙、杨士奇等人,吉安府的文化人士们以宋代有欧阳修、文天祥这样的同乡先贤而自豪,以自称为庐陵人而自豪。因而,用庐陵文化一统赣中区域的古、近代文化不仅古人愿意、今人愿意,而且这种命名更为恰当。

庐陵文化在自唐至清的一千多年里,特别是宋明两代,是中国很突出、很辉煌、声名远播、具有显著特征的一种地域文化,其突出表现在:

一是科举辉煌。这就是直至当代的吉安人乃至江西人都引以为自豪的:自唐至清吉安地区产生了 2823 位进士①,作为一地区(明清时为一个府)这是全国之冠,学者们常常拿庐陵与科举文化名区苏州相比,自唐至清苏州所产生的进士不过是 1771 人。不仅如此,庐陵地区还前后产生了 18 位状元、16 位榜眼、14 位探花这样的科举奇迹,甚至于产生了在明代建文二年(1400)的庚辰科和永乐二年(1404)的甲申科,鼎甲 3 人都是吉安人这样惊人的科举成果。所以谈到庐陵文化,或者说谈到吉安的古代与近代文化,人们必然想到的是这里曾有过的科举之盛。

二是名人文化辉煌。自唐至清,庐陵地区曾产生了一大批彪炳史册的全国一流的文学家、史学家、思想家、农学家等,以及享誉古今的忠臣义士。光绪元年刊本的《吉安府志》卷 1《地理·风土》②是这样概述的:

> 自唐颜真卿从事吉州、铿訇大节、诵慕无穷,至欧阳修一代大儒开宋三百年文章之盛,士相继起者必以通经学古为高,以救时行道为贤,以犯颜敢谏为忠,家诵诗书,人怀慷慨。……正嘉之际,新建伯王守仁倡明理学,一时游其门者数十余人,独传于吉安,至今称盛。又云言忠义,自颜真卿而杨邦乂,又文天祥抗金元之节。言理学自王守仁而邹守益、罗洪先衍性命之传。言文章自欧阳修,言相业自周必大而杨万里、士奇、解缙、彭时诸缙绅,代有兴起,蒸酿成风,五尺童子稍知诗书,慨然

有志。

上文中所述颜真卿、王守仁虽非庐陵本地人,但却是对庐陵文风、士风影响很大的文化名人。实际上,上述人物仅是最为著名、最有影响的庐陵人,历史上名垂青史的庐陵人还远不止这些,如第一个提出杀秦桧谢天下的胡铨,辞章饱含悲愤的刘辰翁,唯物主义者罗钦顺、爱民如子的官员周忱、外交家陈诚、地理学家罗洪先、天文科学家曾民瞻、写中国第一部农书的农学家曾安止等。

文化名人在庐陵的产生不仅以有代表性、单个的影响力大为特点,还以数量多、群体性产生为特点。如以重要的官员为例,自唐至清,庐陵地区产生过8位宰相(全江西产生过28位)、9位副宰相以及众多的尚书、巡抚等官员。再以文学家和哲学家为例,《全宋词》中的作者1397人,江西作者174人,占12.5%,而庐陵的作者有52人,占全国的3.7%,占江西的29.9%。庐陵在古代就被称为"人文荟萃之区",是名副其实的。

正是相继而起的文化名人,形成了庐陵区域名人文化的辉煌。

三是教育文化辉煌。造就科举文化、名人文化辉煌的必定是教育文化的辉煌,特别是在中国的古代,私塾、学校、书院所组成的教育网络是培养人才的主要途径。

庐陵教育文化的辉煌首先是表现在古代的庐陵地区形成了非常浓厚的读书风气。无论地方官员还是世家大族甚至平民百姓家都非常重学。前述光绪元年刊本的《吉安府志》卷1《地理·风土》中对古代和近代庐陵的读书、重学之风有这样一些概述:"吉安府由六一公之乡里,家有诗书,以数万户之井廛,人多儒雅,此州之君子皆颜鲁公之流风遗俗也。""家有诗书,塾序相望"。"虽极贫苦者皆知教子孙读书"。"俗喜诗书而尊儒雅,不独世业之家延师教子,虽间阎之陋,山谷之穷,序塾相望,弦诵之声相闻"。

庐陵教育文化的辉煌的另一重要表现是教育机构发达。庐陵有中国最早的私人创建的书院,这就是唐贞元年间(785—795)创办的皇寮书院。庐陵还有江西省四大书院之一的白鹭洲书院,这是与江西境内的白鹿洞书院、鹅湖书院、豫章书院齐名的书院,在宋淳祐元年(1241)由知吉州军江万里创建,宋理宗曾赐以亲自书写"白鹭洲书院"匾。这所著名的书院在吉安的历史上曾培养了众多的文化人才和著名的士大夫,如宋代的"刘辰翁、文天祥、邓光荐皆出其门"③。至于那些理学们更是不少从这所书院走出,因为程大中、邵雍、周敦颐、张载、程颐、朱熹、王阳明等大儒都曾在此书院讲学,从者云集。这所书院创办之后,带动了庐陵区域大办书院的热潮。

四是忠义精神与刚正品格的光芒久久闪光。庐陵在中国古代之所以声名远播:所谓"江西望郡"、"文章节义之邦"④,还因为伴随科举文化辉煌、名人文化辉煌、教育文化辉煌的还有那文化名人和忠臣义士的忠义精神和刚正的品格,成为中华民族的精蕴。

一代文宗欧阳修以"道德文章"成为"百世之师表"⑤。他在文学、史学、目录学、金石学、经学、谱学方面的成就,成为"一代冠冕"⑥,他还是支持改革的著名改革家。

民族英雄杨邦乂进士及第,官至建康府通判,抗金失败被俘后宁死不屈,写下血书:"宁作赵氏鬼,不为他邦臣!"⑦其民族气节千古闪光。令人钦佩的还有他在年轻时就有坚定的取名节的志向:他和族人杨杞入书院读书时就相勉励:"爵禄不必力取,当力取名节耳!"⑧这正代表了庐陵士人的一种精神追求。

南宋名臣胡铨,坚决主张抗击金兵,曾写下《戊午上高宗封事》,要求高宗赵构砍下主张议和的秦桧、王伦、孙近三奸贼之头,金人看到这篇"斩桧书"后连呼"南朝有人",从而金人20年不敢向南。后在孝宗时又写下《上孝宗封事》,反对议和,力主抗战。他的爱国情怀得到后人高度评价。

南宋末的名相文天祥以其压倒一切的正气,以其"人生自古谁无死,留取丹心照汗青"的大无畏精神,光照日月,永远激励后人报效国家、报效民族。

此外,自唐至清,庐陵区域还有一系列的名臣、文士,如周必大、杨万里、解缙、李时勉、杨士奇、刘辰翁、刘球等,以其刚正不阿,以忠义节烈,名载史册。

忠义节烈、刚正不阿的精神和品格,在宋明时代的庐陵文人士大夫中显得尤为突出。

庐陵文化还远不止这些,还有那辉煌的青铜文化,新干太洋洲出土的商代青铜器数量之多、艺术之精美,曾令世人震惊! 还有那著名的陶瓷文化,创于唐、盛于宋元的吉州窑遗址(有24处),是目前中国保存最多、最完整的古名窑遗址。还有那远传东南亚许多国家的青原山禅宗文化,流传至今,信徒仍多。还有以玉笥山和武功山为代表的道教文化,源远流长,至今不衰。还有农文化、商文化、手工业文化、家族文化、民俗文化、古村文化等。

庐陵文化的这一切的历史形成有着许多的原因,如地理的、时代的等,其中之一的重要原因就是中原移民,由于中原移民及其后裔在开拓赣中区域时,将中原的文化不仅传承而且发扬光大,从而创造出了具有鲜明地域特征的庐陵文化。

二、中原移民及其后裔开拓赣中区域

赣中区域即上述的庐陵地区,这是一个非常适宜于人类生存发展的区域,东西有山为屏障,南向北倾斜形成带状盆地(即吉泰盆地),江西的主河流也即长江中下游的重要支流赣江贯穿全区南北,赣江的支流乌江、遂川河、蜀河、禾水、泸水等遍布全境,形成了庐陵地区水源丰富、耕地连片且肥沃、东西两侧植被茂密且盛产竹木,为江西的重点产粮区。古人在府县志中对该区总是赞口不绝,如同治十二年刊本的《庐陵县志》卷首《序》中说:"吉安为江右大郡,庐陵其负郭首邑也,上通闽粤,下达省垣,赣河贯其中,群山环其外,幅员六百余里,水陆交衢为通省腹心最要之区。"⑨光绪元年刊本《吉安府志》卷首《旧序》中说:"吉安据豫章上游,疆域之胜,户口之繁,生植之广,为江右最,而人文尤甲于他郡,自宋欧阳修文忠、文信国(文天祥)以节义文章彪炳宇内,嗣后英贤踵接,代不乏人。"⑩又:"尝阅江西通志及豫章书,见江右物产丰盈,人材之秀杰,有非他省所能及者,又阅江西郡县各志,见吉安一郡为通省望都,人物尤盛,以向慕者久之。"⑪

正因为这里有优越的自然条件,早在商代,赣中北区域即已有了灿烂的奴隶制文明:1989年新干大洋洲出土了大量青铜和玉器,使考古界和史学界为之震惊！在一向被人认为夏商西周时期还处于落后状态的南方地区，竟然也出土了如此成规模的大量的青铜器！且制作精美，器形多，艺术成就高。这就使得学术界不得不重新审视和估测夏商西周时期长江流域的社会经济和文化的发展；学术界至少认识到，在商代，在长江流域的江西中北部，存在着一个社会经济和文化都很发达的奴隶制地方政权，创造了很高的奴隶制文明。在此之前的 1975 年，考古工作者还在新干的界埠发现了四座大型的战国粮仓遗址，每座面积达 600 平方米左右，是我国迄今为止所发现的最大粮仓，由此证明，早在上古时期，江西的中部和北部的赣江两岸是一个盛产粮食的富庶之区。

然而，尽管赣中地区有发展社会经济和文化的地理条件，尽管早在商代赣中北地区已接受中原文化的影响：新干出土的青铜器中大部分礼器造型和纹饰风格和中原区域的青铜器相近，显示了早在商代中原区域的文化已对江西境域有一定的影响！然而，赣中地区人文蔚起还是在唐后期由于中原战乱[12]，中原移民已较多地进入了赣中区域之后。而晋末北方战乱时的北方移民所到达的最南边主要还是在长江两岸[13]，就江西而言，北方移民主要还停留在九江和南昌一带，东晋皇室曾在当时的寻阳郡（今九江区域）境内设置了西阳郡、新蔡郡、安丰郡、松滋郡、弘农郡等侨郡，安置南迁的士族和百姓。这些所谓的"侨民"，后来也逐渐土著化了，所谓"自尔渐久，人安其业，丘垅坟柏，皆已成行，虽无本邦之名，而有安土之实"[14]。在"土断"之后，即把侨民的户籍断入所在郡县之后，侨民就和本地人无异了。晋末的北人南迁对江南地区的社会经济文化的发展起了一定的促进作用，但对江西的影响主要还局限在赣北的南昌、九江一带。

唐后期的安史之乱和藩镇割据及唐末的黄巢起义和五代十国的战乱，中原士民又一次大规模南迁，其中有一定数量的中原士民进入了赣中的吉泰盆地开拓生存。

吴松弟先生在《中国移民史》第三卷表 9—3 中例举了唐后期五代南迁的北方移民进入江西的实例[15]，其中进入庐陵地区的实例有：

姓名	迁移时间	迁出地	今省	迁入地	今地	资料来源	备注
崔佑甫	安史乱时	寿安	河南	吉州	吉安	墓志汇编 1823/	大历举族北归
卢夫人崔严	安史乱初	洛阳	河南	吉州	吉安	墓志汇编/1769	弟佑甫。大历归
王蔼	五代	中原	?	吉州	吉安	舆地纪胜 31/	
李某	安史乱时	北方	?	吉州庐陵	吉安	全唐文 427/1926	
王氏	五代	东平	山东	吉州庐陵	吉安	卢溪集 42/(2)	
彭利用	显德五年	广陵	江苏	吉州庐陵	吉安	十国春秋 32/462	
王该	唐末	太原	山西	吉州庐陵	吉安	雪楼集 20/(3)	
张翃父亲	唐末	京兆	陕西	吉州庐陵	吉安	十国春秋 11/154	
张翃	唐末	京兆	陕西	吉州庐陵	吉安	十国春秋 11/155	后迁广陵
王叔雅祖先	唐末	太原	山西	吉州庐陵	吉安	诚斋集 127/	
吴志野	后梁初	浚仪	河南	吉州庐陵	吉安	十国春秋 29/129	
杨邦乂祖先	五代	中原	?	吉州庐陵	吉水	诚斋集 118/	
刘异祖先	唐末	洛阳	河南	吉州庐陵	安福	龙云集附墓志(4)	
张埴祖先	唐末	青州	山东	吉州永新	永新	道园学古录 18/(5)	

实际上,上述实例仅仅是很少的一部分,在宋元明时期庐陵文人的文集中的"族谱序"和"墓志铭"、《行状》等类文章中,还有许多记载了中原士民迁徙及迁到庐陵后繁衍分支与开拓赣中区域的状况。正是这些源自中原的、有深厚文化积淀的世宦之家迁入赣中区域开拓生存,不仅赣中区域的社会得到开发,中原文化也在这一区域传承与发展,形成了后来的庐陵文化。

三、中原文化在赣中区域的传承与发展形成了历史上的庐陵文化

中原文化是一种地域文化,即产生于中原区域的古今文化,又是一种国家文化,是我们国家传统的核心文化、主流文化,而河洛文化是中原文化的核心,从而河洛文化是中国传统文化核心中的核心。中原文化和河洛文化对中国各区域的辐射和影响是伴随着国家权力的伸展,伴随着中原移民到中国各地域的开拓并与中国各地域原住民的融合而展开的。庐陵文化的历史形成正是中原移民及其后裔在赣中区域传承与发扬光大中原文化的成果。

中原移民在赣中区域传承中原文化与创造具有地域特征的庐陵文化,表现在下列几个方面:

1. 对儒家文化的浓厚兴趣传续不断,形成了庐陵文化显著的儒学特征

儒家文化形成于中原,在汉武帝"罢黜百家,独尊儒术"之后,儒家文化成为了中国的国家文化、占统治地位的文化或者说中国的主流文化。汉王朝规定:要做官必须通经!利禄引导人们学习儒家文化。因而,东汉以后南迁的中原士民们大都有着儒家文化的家传积淀和传承不衰的儒学兴趣。而隋代开始的科举取士更是引导了人们的儒学兴趣和儒学的家学积累,从而,唐后期和唐末五代南迁的中原士民更是有着对儒学兴趣的传承。特别是唐末五代南迁庐陵的中原士民中,有许多是出身世宦之家,且始居吉州者有相当一些是为官吉州遇中原战乱而不愿北归,其本身是靠着业儒而走上仕途,因而,儒学的家风在庐陵总是世代不断,如同治十二年刊本《庐陵县志·风俗》所说:"衣冠所萃,艺文儒术斯之为盛,虽间阎贱力役之际吟咏不辍。"⑯宋明清时代,科举是进入仕途的主要渠道,国家也引导了人们的儒学兴趣。

除上述之外,庐陵这一地域还有着传承儒家文化的优越地理环境:平原沃野、水源丰沛、宜于稻作,从而易于生存;山水秀美、风景怡人,从而使人性情更易趋向温和,更能沉心于《诗》、《书》、《礼》、《易》等儒家经典,从而才能产生所谓"家诵诗书"的地域文化风气,许多具体的家族个案表明了这一文化特征:

以欧阳修家族为例,从欧阳修的远祖——仕汉的欧阳尚书,至仕晋的欧阳坚石,仕唐的欧阳询、欧阳通,为吉州刺史的欧阳琮,再至为安福县令的欧阳万,都是"以儒学知名"当世,且不少是儒学大家。至他的祖父欧阳偃,"少以文学著称南唐,耻从进士举,乃诣文学院上书献其所为文十余万言,召试为街院判官。"⑰至其父辈欧阳观、欧阳晔等四人都是以业儒而得入进士第。

以至于欧阳氏在庐陵的定居地原本称"文霸乡安德里",也改称为"儒林乡欧桂里"。欧阳修从小在其母亲的培养下也是以浓厚的兴趣学习儒学,积累了深厚的儒学功底。同样,欧阳修之后的欧阳氏族人仍然以业儒而仕进者多。儒学成就了欧阳氏家族,同样,欧阳氏家族传承和弘扬了儒学,产生了欧阳修这样的一代大儒。

吉水泥田周氏也是具有典型意义的世代传承儒学的家族。金幼孜在《赠周子宣还吉水序》中说:"吉水多故家,文献惟泥田周氏绵历数百年愈久而益盛,愈远而不替者,盖由其世笃诗书,累得积庆,而子孙之贤有以继承之耳。先大夫谕德尝言:今之故家饶于财赋者不足贵,惟能敦礼教以绍续先世之绪者乃为可贵。若泥田周氏其财富之胜,他族或可等,独文献忠厚之传至今不泯者则非他族所可及闻者。"⑱儒学就是这样在吉水周氏家族传续不断!

再以源于华阴人杨辂的吉水、泰和等地的杨氏为例,无论是吉水还是泰和的杨氏,都是世代传承着儒学的浓厚兴趣。杨万里在《宋故赠中大夫徽猷阁待制谥忠襄杨公行状》曾记载其吉水杨氏"以儒学相承"。杨士奇在《族弟仲穆墓表》⑲则记载了杨氏自吉水分支泰和以后的状况:分东城、西城两支,居西城者富,居东城者"田园才足给",但"其诗书行义与西城相高,而忠信之行,文学之华远近钦服,而以进士得官累累有闻焉"。元末的战争对吉安各地的世家大族都打击很大,"元季兵祸缪辏,数十年城邑荒隳,高门大第莽苍榛荆瓦砾中,人民幸存者百殆一二而流荡散处无宁居焉。逮际皇明混一之运,有能复其故业,盖千之十一。于时杨氏之后其仅存者皆退处山溪林谷间,虽不废诗书而自食其力,恬澹怡愉无外慕之心"。即使在艰难的岁月里,杨氏族人仍然以读诗书为乐!这已不是为了功利,而纯粹是儒学的魅力,是家族传承不断的儒学兴趣!

实际上,在古代的庐陵区域,大小家族都有这种"诵诗读书、惇本尚实"及"好学乐善、忠敬孝友、以圣贤之重自任"的传家风范,从而才有"衣冠而仕,前后相望"⑳的区域人文特征。这是形成庐陵文化的科举辉煌、名人文化辉煌、教育文化辉煌的基本原因。

2. 儒家的个人社会价值追求在庐陵得到强化

儒家文化塑造了中国文人"修身齐家治国平天下"的个人社会价值追

求,自唐以后,特别是宋明清时代,要实现这种个人的社会价值追求首先必须科举入仕,因而对科举入仕的追求也就成了宋明清时代实现儒家个人价值追求的代名词。这种通过科举来实现儒家的个人社会价值追求的取向,成为庐陵全区域突出的社会取向,望族也罢,非望族也罢,总是不遗余力地培养子弟科举入仕;富家的学子也罢,穷家的子弟也罢,也总是努力科举入仕。

仍以欧阳氏为例,不但在欧阳修之前家传着科举入仕的个人社会价值追求,在欧阳修之后仍然传承着以科举入仕的家族取向,在庐陵,欧阳氏家族"宋代登进士者有欧阳修等十七人,登乡举者有欧阳采等六十一人,元明清骤衰,原因莫卜"[21]。实际上并非欧阳氏家族元明清不科举仕进了,而是人口的分支迁移,特别是明后期有一次"江西填湖广"的人口大迁移,从吉安府迁走了不少人。而分支泰和的欧阳氏家族则反映了明清时期欧阳氏家族的科举仕进:"明代探花欧阳衢、进士欧阳和等十九人,乡举欧阳允坚等十七人;清代进士欧阳充铗、欧阳柱二人,乡举欧阳彦三人,宋明清三代均有科甲,称望族。"[22]

再仍以吉水、吉安、泰和等地的杨氏为例,自宋至清庐陵区域的杨氏共出了 22 位进士,56 位举人,入选为朝廷命官者 200 余人[23]。家族性的科举仕进的价值追求就是如此世代传承!

再如从庐陵永和徙泰和白沙的吴氏,"宋兴以来,衣冠蝉联,以经术而显者项背相望,至于今(明永乐时——作者)益蕃衍盛大,有若尚礼尚忠之笃厚著称于乡"[24]。庐陵曲山萧氏:"以诗书自力,以科第进身,仕于时者又卓然有善政可记,及时中遂以进士第一人翰林为侍从之臣又何其显之多也。"[25]泰和陈氏:"五季之乱由金陵徙泰和至今(明前期——引者注)四百余年之间,贵显相望而以科第进者不可胜数。"[26]安福瓜畲邓氏:"安成多大族而瓜畲之邓最盛……发科登仕连世有人。"[27]

正是这种以科举为实现儒家的个人社会价值追求已成为庐陵世代传续不断的家族性追求,成就了庐陵的科举辉煌!

3. 儒家的思想观念与精神和品格追求在庐陵得到强化

既然对儒家文化的浓厚兴趣传续不断,以及以科举为目标的儒家个人社会价值追求世代传续不断,并且成为庐陵区域整体的社会风尚,儒家的思想理念自然而然会浸染与熏陶整个区域的人们,加之庐陵还是一些大儒的过化之地,如大诗人杜甫的父亲杜审言、大书法家和大文学家颜真卿、理学大家程氏兄弟、一代大儒王阳明等都曾为官庐陵,大文豪苏轼也曾在庐陵停留并与文人兼农学家的曾安止有过很好的交往,从而有了"此州之君子人多儒雅"、"人怀慷慨"这样的区域人文性格。以吉安府所辖的万安县为例:"万安虽小邑,士生其间多敦厚明秀,沐教育之泽,歌鹿鸣而起者,内而词林颂台之任,外而郡守县令之寄,于时多有誉名。"㉘再如庐陵县:"庐陵吉之大县,地广而民众,家习诗书而人知礼节、重廉耻而有恩义。"㉙

　　除了区域的文风熏陶,更重要的还有家风的塑造,特别是庐陵区域唐宋开基的世家大族多,世代传承着儒家的伦理道德观念和精神与品格追求,所谓"率业诗书,履忠厚","其家尊卑内外,其行慈孝恭俭,其所务诗书礼法,其敬爱宾客如子弟之于父兄"㉚。欧阳修在《欧阳氏谱图序》中曾谈到欧阳氏家的传家风范:"传于家者以忠事君,以孝事亲,以廉为吏,以学立身",这正是庐陵区域家族的普遍传家风范。

　　由于儒家的忠孝节义培育一代又一代的庐陵人,从而一代又一代的忠孝节义之士产生于庐陵,从而使庐陵成为"忠孝节义之邦"!

　　4. 中原的宗族观念在庐陵得到传承与发展

　　家族观念源自于商周时期的中原,汉唐时期中原已有很根深蒂固的宗族观念,而南方的宗族是由于北人南迁而发展起来的,南方的宗族观念也是由北人南迁而明确和强化起来的。

　　泰和人王直在《泰和罗氏族谱序》中说:"隋唐之际最尚氏族,族必有谱,所以著其本而联其支,自祖宗以来至于子孙传之远,得以考其源流而不至迷谬,鲜有不务此者。"㉛王直所言实际上是不明确的,因为隋唐之际尚氏族还主要是在中原,其随后所言"族必有谱"等只是北宋以来庐陵的状况,也是南方北宋以来的普遍状况。就庐陵而言,家族观念是唐后期和唐末五代中原士民迁入后才明确与强化起来的。唐后期和唐末五代迁入的中原人口,经过一二百年的繁衍才可能成为一个有一定规模的家族。而发展到明代则有着非常强的宗族观念。自从欧阳修首创族谱范式,从宋至明,庐陵人修谱不断,基本上是家家有谱。所谓"故家胄族有谱,家必有祠,岁时祭祀必以礼,长幼之节疏不间亲贵"[32]。之所以修谱,不仅是因为谱牒可"奠系世、辨昭穆",还因为"谱牒之行以维持人心、纪纲、俗化,为世道之助"[33]。

明代泰和人李时勉(永乐二年进士)在《南冈李氏族谱序》[34]中的一段话代表了明代庐陵人的家族、家谱观念:

> 谱者记先世所自出与夫长幼尊卑、远近、亲疏之序,所以明昭穆而著彝伦之道也。善者记之,而不善者讳之,仕宦者书之,而隐处者不遗,所以存忠厚而示劝惩之义也,然则故家大族又岂可无谱哉!无谱则不惟无以考观前人之所遗而效法之,以尽承先裕后之道,且将无辨昭穆、别长幼而尽敦宗睦族之意。由是礼义不兴则恩意不通,而纷争陵犯之风起矣。……有志于尊祖敬宗而贻谋之道者诚不可不加意也!

家族的发展与壮大,使庐陵人的宗族观念不断理论化、体系化,源自中原的家族观念在庐陵不但得到了传承,且得到了强化与不断深化,从而也就成就了留存至今的庐陵古村文化。

上述仅仅是中原移民及其后裔在庐陵传承中原文化的几个突出方面,中原移民及其后裔们在庐陵传承中原文化还有许多方面,如生活方式、民俗习惯、宗教文化、瓷文化、农耕文化、手工业文化、商文化等,限于篇幅,另文再述。

四、简短结语

庐陵文化的历史形成,实际上也是整个江西历史文化,或者说赣文化,也或者说赣鄱文化历史形成的缩影。中原移民又何止进入赣中。自唐后期始,江西各地都有中原移民进入,或者是避乱,或者是为官留居,或者是从军,或者是谋生等,中原的移民们带着中原的文化积淀,在江西传承、开花结果,从而形成了赣文化儒学的显著特征。

注释：

① 据光绪《江西通志》卷 27，《选举志》统计，江西省社科院图书馆藏石印本。

② 台湾成文出版有限公司影印本，第 88—90 页。

③ 同治十二年刊本《庐陵县志》卷 16，《书院》，台湾成文出版有限公司影印本，第 1086 页。

④ 光绪元年刊本《吉安府志》卷 1，《地理·风土》，台湾成文出版有限公司影印本，第 88 页。

⑤ 周必大：《文忠集》卷 15，《题跋二·总跋自刻六一帖》，影印文渊阁四库全书第 518 册，上海古籍出版社，1987 年版（下同），第 139 页。

⑥ 雍正《江西通志》卷 159《杂记》在记到文体时说："文章各有体，六一公为一代冠冕。"罗大经在《鹤林玉露》卷 3 中也说："江西自欧阳子以古文起于庐陵，遂为一代冠冕。"分别见四库全书第 518 册，第 727 页及第 865 册，第 257 页。

⑦ 脱脱：《宋史》447，《忠义二·杨邦义》，四库全书第 288 册，第 298 页。

⑧ 雍正《江西通志》卷 75，《人物·吉安府》，四库全书第 515 册，第 585 页。

⑨ 台湾成文出版有限公司影印本第 1 页，李寅清：《重修庐陵县志序》。

⑩ 台湾成文出版有限公司影印本第 8 页，白定祥：《重修吉安府志序》。

⑪ 台湾成文出版有限公司影印本第 13 页，白德馨：《重修吉安府志序》。

⑫ 关于"中原"和"河洛"这两个概念及中原文化与河洛文化的关系已有很多的研究成果，本人赞同学术界较多人的共识，即：中原有广义和狭义之分，狭义的"中原"专指河南，广义的"中原"指包括河南省全部及河南周围的河北省南部、山西省南部、陕西省东部及山东省西部各一部分地区的黄河中下游地区，更广义的"中原"指整个黄河流域。"河洛"指以洛阳为中心的黄河中游、洛水流域这一地域。河洛区域是中原的核心，同样，河洛文化是中原文化的核心。

⑬ 参见葛剑雄：《中国移民史》第二卷，福建人民出版社，1994 年版，第 307—420 页。

⑭ 《晋书》卷 75，《范玉传》，四库全书第 256 册，第 249 页。

⑮ 参见葛剑雄：《中国移民史》第二卷，福建人民出版社，1994 年版，第 294 页。

⑯ 同治十二年刊本《庐陵县志》卷 15，《风俗》，台湾成文出版有限公司影印本，第 1205 页。

⑰ 欧阳修：《文忠集》卷 71，《外集二十一·欧阳氏图谱序》，四库全书第 1102 册，第 562 页。

⑱ 金幼孜:《金文靖集》卷 7,《序》,《赠周子宣还吉水序》,四库全书第 1240 册,第 712 页。

⑲ 杨士奇:《东里续集》卷 30,《墓表》,四库全书第 1239 册,第 54 页。

⑳ 王直:《抑庵文集》卷 5,《序》,《安成彭氏族谱序》,四库全书第 1241 册,第 97 页。

㉑ 吴宗慈:《江西通志稿》第 34 册,江西省图书馆藏线装本,第 51 页。

㉒ 吴宗慈:《江西通志稿》第 34 册,江西省图书馆藏线装本,第 62 页。

㉓ 转见谢文联、杨毅主编:《千年吉水》,新华出版社,2001 年版,第 293 页。

㉔ 金幼孜:《金文靖集》卷 7,《序》,《吴氏族谱序》,四库全书第 1240 册,第 745 页。

㉕ 梁潜:《泊庵集》卷 5,《序》,《庐陵曲山萧氏族谱序》,四库全书第 1237 册,第 257 页。

㉖ 杨士奇:《东里续集》卷 43,《传》,《止斋先生传》,四库全书第 1239 册,第 243 页。

㉗ 刘球:《两溪文集》卷 12,《序》,《瓜畲邓氏族谱序》,四库全书第 1243 册,第 586 页。

㉘ 杨士奇:《东里集》卷 3,《序》,《赠谢敬常刘彦达彭永新赴京序》,四库全书第 1238 册,第 31 页。

㉙ 李时勉:《古廉文集》卷 6,《序》,《送孙知县之任庐陵序》,四库全书第 1242 册,第 762 页。

㉚ 杨士奇《东里续集》卷 13,《序》,《凤冈萧氏族谱序》,四库全书第 1238 册,第 534 页。

㉛ 王直:《抑庵文集》卷 5,《序》,四库全书第 1241 册,第 101 页。

㉜ 同治十二年刊本《庐陵县志》卷 15,《风俗》,台湾成文出版有限公司影印本,第 1206 页。

㉝ 杨士奇:《东里集》卷 6,《刘氏庆源编序》,四库全书第 1238 册,第 67 页。

㉞ 李时勉:《古廉文集》卷 4,《序》,四库全书第 1242 册,第 273 页。

固始与闽台人物研究

关于开漳圣王陈元光的几个问题

任崇岳

任崇岳(1938—)男,汉族,河南临颍人。河南省社会科学院研究员。主要从事宋金元史、民族史研究,著有《庚申外史笺证》(获省社会科学三等奖)、《误国奸臣贾似道》、《宋徽宗传》、《谢安评传》、《韩愈传》、《中华姓氏谱——谢姓》、《中国社会通史·宋元卷》(获河南社会科学二等奖)、《中国文化通史·辽西夏金元卷》(获省社会科学一等奖)、《中原地区历史上的民族融合》(获省社会科学二等奖)、《中原移民简史》(获省社会科学三等奖)。主编《河南通史》第三卷、《河南古代史话》、《中原文化大典·人物卷》第三卷。撰写《宋代名臣言行录译注》、《漫话后妃》、《宋元宫廷秘史》、《李后主演义》等。另有论文170多篇。

当年平寇立殊勋,时不旌贤事弗闻。
康史无人修列传,漳江有庙祀将军。

这是宋代曾任漳浦(今福建云霄)知县吕题威惠庙(即陈元光庙)的一首诗。陈元光是唐代开发漳州的功臣,只因唐史无传,致使他的许多事迹湮没不彰,实为一大憾事。近年来有关陈元光的论文、书籍不断问世,有些问题已经澄清,而有些问题则扑朔迷离,还存在争议,这里只就几个有争议的问题略抒浅见,以就正于方家。

一、陈元光的籍贯

历史上有不少名人籍贯有争议,如墨子有河南鲁山与山东滕州之争;老子有河南鹿邑与安徽涡阳之争;庄子有河南民权与安徽蒙城之争;吕不韦有河南禹州与濮阳之争;范蠡有河南南阳宛城区与淅川之争,等等。造成这一情况的原因有三:一是记载歧异,两种说法都见于史籍,需要后人甄别;二是攀附名人,把名人收录在本县本邑,为桑梓增光;三是写作态度不严谨,捕风捉影,以讹传讹。陈元光是光州固始人,如今已是学者共识,但还有广东揭阳说、河东说、岭南土著说。揭阳说、岭南土著说是捕风捉影,以讹传讹,河东说则是指陈姓系舜帝后裔。

揭阳说见于明嘉靖《广东通志·陈元光传》。该传云:"陈元光,揭阳人,先世家颍川。祖洪,丞义安(今广东潮安),因留居焉。父政,以武功著,隶广州扬威府。元光明习韬略,善用兵,有父风,累官鹰扬卫将军。"又说:"永隆二年(681),盗起,攻南海边鄙……元光……提兵深入,伐山开道,潜袭寇垒,俘馘万计,岭表悉平。还军于漳,请置漳州。"这条史料有两处明显错误。第一,陈元光的祖父不叫陈洪,而是叫陈克耕。他也未在潮安任过县丞,更不曾在那里定居。与陈元光一起率兵入闽的大将许天正撰写的《开漳始祖行状》云:"公讳政,字一民,号忠肃,谥武烈……父威顺公克耕者,当隋季之乱,与阳羡(今江苏宜兴)人卫逊商游并,汾间,逊因与并(今山西太原)人沈勇,汾(今山西汾阳)人李义谋反,众推公为盟主以御乱。会唐秦王李世民击河西,公乃率精兵五万赴之,共取霍邑(今山西霍县)及临汾郡(今山西临汾),功成仕唐,为诸卫将军。"许天正与陈元光是同时代人,由他来写陈元光之父陈政的行状,绝对是准确的。陈元光的祖父名叫陈克耕,因帮助秦王李世民打天下,唐朝建立之后,被封为诸卫将军,这个官职比县丞大多了,陈克耕何必跑到唐代被视为瘴疠之乡的广东潮安任县丞呢? 既未任潮安县丞,自然也不会在那里定居了。

同样出于许天正之手撰写的《开国元勋陈克耕夫人魏氏墓志》云:"陈公府君夫人魏氏,汝宁(今河南汝南)名族,墓于此者。夫人年十八适陈克耕。"又说:"魏氏有三子,长子敏,封中郎将,孙元敞;次子敷,封右郎将,孙元扬;季子政,封左郎将,孙元光。"可见陈元光之父为陈政,祖为陈克耕,并非陈洪。

第二,漳州设郡年代不合。揭阳说认为漳州设郡于永隆二年(681),而实际上设于垂拱二年(686),治所在漳浦(今福建云霄),开元四年(716)移治李澳川(今福建漳州)。

岭南土著说也不能成立。宋人王象之《舆地纪胜·威惠庙集》云:"陈元光,河东人,家于漳之溪口。唐仪凤中,广之崖山盗起,潮泉皆应。王以布衣乞兵,遂平潮州。"这一段文字纰漏更多。据唐人欧阳詹撰的《忠毅文惠公行状》:"公讳元光,字廷炬,号龙湖,谥忠毅文惠……生于唐显庆二年(657)丁巳二月十六日子时。……总章二年(670)己巳,年十三,举光州乡荐第一,从父戍闽,父殁,以儒术代领其众,任玉钤卫翊府左郎将。仪凤二年丁丑(677),会广寇陈谦连结诸蛮苗自成,雷万兴等攻陷潮阳,守帅不能收复,公以轻骑平之。"陈元光讨平的是广东潮阳的贼寇,是从福建入粤的,《舆地纪胜》移花接木,张冠李戴,把陈元光率兵入粤当作是当地土著了。其时陈元光已在军中任职,并非布衣。所谓"王以布衣乞兵"之说几近儿戏,以一布衣乞兵,有司岂肯贸然发兵? 况且布衣之人甚多,为何唯独陈元光乞兵? 于情于理,这些说法都扞格不通。还有,若是陈元光是岭南土著,他的副将许天正是汝南人;卢如金、沈彪、丁儒是固始人;张伯纪是祥符(今开封)人;蔡长眉是申州济阳(今河南信阳)人;女婿戴君胄也是固始人。部将皆是河南人,唯有主帅一人是岭南土著,岂能令人相信!

河东说是指陈姓是舜帝的苗裔。许天正撰《开漳始祖行状》云:"公讳政,字一民,号忠肃,谥武烈。陈武皇帝霸先族侄孙,大宗正霸汉之曾孙,怀化将军一时之季弟也……系出河东,世居固始县浮光山。"南宋理宗嘉熙二年(1238)《重修威惠庙碑》云:"灵著顺应昭烈广济王,姓陈讳元光者,系出河东,父政仕唐,为归德将军,领兵戍闽。"唐代以后,泛指今山西全境为河东。因陈克耕曾在山西居住做官,而山西永济县蒲州镇一带又是舜及其后裔居住之地,因永济县在妫水之旁,舜的子孙就以妫为姓,永济也在河东的范围之内,陈姓是舜帝苗裔,舜居住的永济县蒲州镇也是河东的一部分,故称陈元光系出河东。这实际上是说陈元光系舜帝之后。

陈姓是舜帝的苗裔,说系出河东只是远祖居住在那里,并非陈元光的籍贯,陈元光的籍贯在光州固始。陈元光在《龙湖集·故国山川写景》中就说:"浮光昂岳望,固始秀民乡",两句诗就是明证。浮光指固始浮光山。《开漳史参考资料》一书把"岳望"注释为望族,殊牵强附会。昂是抬起头,岳是山岳,望是看,此句意为登上浮光山远望家乡,岳、望二字构不成词组。唐朝进士欧阳詹撰《忠毅文惠公行状》说陈元光"年十三,举光州乡荐第一",也说明陈元光为固始人。这两种说法最早。清代乾隆《光州志》及《颍川陈氏开漳族谱》均说陈元光为光州固始人,如今已无人怀疑陈元光的籍贯了。张耀堂先生的《陈元光籍贯身世考辨及其它》,许竞成先生的《陈元光籍贯——光州固始浮光山考》两文钩沉发微,论述甚详,我在这里不过是补苴罅漏而已。

二、陈元光平"蛮獠啸乱"的性质

陈元光开发漳州的功绩早应肯定,但在文革前有镇压少数民族起义的嫌疑,人们不敢论及。实际上并非所有少数民族反抗官府的战争都是揭竿起义,这要看情况而定。福建九龙江流域开发较晚,那里的居民分作两大部分,一部分是外地迁徙来的汉人,还有一部分是卜居于山林之间,为数甚多的原土著闽越族后裔和岭南一带迁入的"蛮獠族"。两者之间接触较多,但因语言、生活习惯上的差异,常产生矛盾,蛮獠族因文化程度较低,生产方式也不及汉人先进,因此动辄聚众起事,攻打官府。这里既有官府抚驭不力的因素,也有少数民族本身的原因,既不是揭竿起义,也不能称作叛乱,是由民族矛盾引起的武装械斗。唐朝初年统治者把精力放在了吐蕃、突厥、吐谷浑及高丽、百济等方面,疏于对蛮獠的管理,因而这种械斗经常发生,而且规模愈来愈大。其实不光是九龙江流域,整个有"蛮獠"居住之处都是如此。如唐高宗龙朔三年(663)五月"柳州蛮酋吴君解反,遣冀州长史刘伯英、右武卫将军冯士翙,发岭南兵讨之"(《资治通鉴》卷201,唐纪17)。乾封三年(668),"是岁,海南獠陷琼州",(同上)仪凤元年(676)"纳州(今四川叙永县西南)獠反"(《资治通鉴》卷202,唐纪18)。陈元光《请建州县表》说泉、湖两州的情况说:"兹镇地极士闽,境连百粤。右衽居椎髻之半,可耕乃火田之余。原始要终,流移本出于二州。""左衽居椎髻之半"一句透露出在九龙江流域,少数民族的人口占了一半。既然有一半人口,便有了与汉人对抗的实力,由于他们剽悍骁勇,在与汉人的冲突中往往占上风,因此动辄便举兵起事。"可耕乃火田之余"一句透露出唐代的漳州、潮州一带生产力低下,居民大多是刀耕火种,粮食产量不高,良田不多,因而少数民族与汉族常为争夺田地而发生械斗,规模越来越大,成了武装冲突,少数民族进而攻打官府,剽掠郡君,这都是常有的事。当地官府无法解决,只好请求中央政府出兵干预,这就是陈政、陈元光父子率兵入闽的原因。目前所能见到的有关记载,均出自汉人之后,称之为"蛮獠啸乱",当然只是一面之词,把罪过都推诿给少数民族肯定不对。因此,我认为蛮獠之乱既不是起义,也不能算作叛乱,只能说是因民族矛盾而引起的武装冲突。基于以上认识,陈政、陈元光父子入闽是为了恢复、稳定岭南的社会秩序,给百姓一个安定的生产、生活环境,其积极意义不可低估。唐朝统治者对少数民族的态度是恩威并用,并非一味镇压,唐太宗就说:"獠依山险,当拊以恩信。胁以兵威,岂人父母意也?"(《新唐书·南蛮传》)陈元光贯彻了朝廷的意图,他开漳置郡,教民稼穑;发展商贸,货畅其流;大兴文教,州县有学;汉蛮通婚,民族融合;边陲无警,长治久安,陈元光的历史功绩,无论如何评价,都是不过分的。

三、陈元光的世系

　　陈瑞松先生编著的《陈姓源流》一书中附有唐代元和进士、户部郎中潘存实撰写的《漳南陈氏世系记》,还录入一篇《唐开漳龙湖公宗谱总序》,综合

两文,陈元光的世系可从汉代的陈寔一直排列到清代嘉庆时期。今将《漳南陈氏世纪》一文迻录于后:

> 潘氏存实曰:漳南陈氏,乃河南光州固始之世家也,本舜子商均之胄。姚姓历夏殷四十五代为诸侯,食采于虞。殷之季,有虞幕裔孙曰遏父者,事周为陶正,妻武王元女太姬,生子满,封于宛丘,赐姓妫氏。俾奉舜祀,备为三恪(古代新的统治者封前代三个王朝的子孙,给王侯名号,称三恪),国号曰陈,卒谥胡公。传国二十四世,至闵公国灭。次子全温,奔晋而奉魏为大夫,邑于浚仪,别号陈留,改姓陈氏也。七传而至浚文子,魏灭失其官。浚子宪,宪子武,事汉祖封棘津。侯生成仲、成有,成有少子讳鱼字终化者,仕到临江太傅,生公望,治《春秋》,精于左氏。武帝时上书自鬻,得为春秋博士。生道源,任司隶校尉,领京兆。扶风、冯翊、弘农、河东、河内、河南七郡事。传若海,为陈留副尉。生顿昌,以冠军大将军领益州刺史。至干岳为蜀国都尉、日南太守。生子绶,征和间任尚书事、库部员外郎。绶生见深,以大中大夫授太子司。
>
> 绶有次子曰祁山,为高密相,入为太子詹事,出为高密太守。生子立贤,建武初,拔野王令……生希古,仕为武威军参谋祭酒。生孟琏,为固始侯相,死葬浮光山之麓,子孙因家焉。历宗、尧、康、晋,俱为豫章太守,世珍、天爵俱为河南督邮,至冲翘,为冀州刺史。子引奇为信都别驾。故德化大行于魏郡、清河、赵国、常山之间,恩威得着于河间。广平、巨鹿、真定之处,而信都则又超特者也(注:引奇公无子,家谱上以陈实为嗣)。别驾生实,为太丘长,不言而化,无为而治。故乡人曰:宁为刑罚所加,不为陈君所短。时中常侍张让葬父,名士无往,让耻之,公独吊焉。让感公恩,党锢多所全宥。太兵生元方,元方生群,为司空。群生泰,泰生准,准生诉,诉仕晋为太尉,生匡,匡生达。达永嘉南迁为太子洗马,出为长城令,悦其山水,遂家焉。八传至文赞,生霸始、霸先。
>
> 霸史受梁禅,为皇帝,国号陈。诉生,为梁州刺史。绶怀荒弊,甚有威惠,郡生潭,嘉平间为余抗尹,创高塘以积水利,凿石门以御水患,民德之而生祠立焉。河生钦、约,约生怀高,怀高生建丙,为泗水令。令生

琅，琅生肃，为东海功曹。肃先任，为徐州刺史。刺史生本昭，为临淮太守、虎牙将军。将军生时杰，事刘宋为公车司马，令职掌签奏。生景文，为汝南别驾。会太守常珍奇，欲以悬瓠降魏，泣谏不从，谋泄为珍奇所杀。别驾有子曰伯绍，任合浦太守。有惠政于民，民而祀之，即廉州陈王祠是也。王子霸权，为陈大宗正，生果仕，事隋为司徒判官、尚书户部度支事。先时常守嘉兴，白制司以雪冤狱者数十家，有欲造逆者，诲之几百，人皆率服。后以羡余，请减逋负，炀帝不从，泣谏以死，郡人立祠岁祀。咸通中，封为忠烈公。公生四子，克耕者事□□，为左卫铃玉大将军。传其子政，奉命戍闽，是为漳南望族，陈氏之始祖云。

根据这段文字，陈寔以前的谱系暂且不论，从陈寔起至陈元光世系清晰：

一世陈实，字仲弓，颍川许人，任太丘（今河南永城）长；

二世陈元方，官至太仆尚书；

三世陈群，为魏国司空；

四世陈泰，官冀州刺史，迁左仆射尚书；

五世陈准，仕晋，官太尉、中书郎；

六世陈诉，仕晋为太尉，生陈匡、陈；

七世陈?，任梁州刺史；

八世陈潭，嘉平间任余杭尹，因修渠御水，百姓为立生祠；

九世陈约；

十世陈怀高；

十一世陈建丙，泗水令；

十二世陈琅；

十三世陈肃，任东海功曹；

十四世陈任，徐州刺史；

十五世陈本昭，临淮太守，虎牙将军；

十六世陈时杰，事刘宋为公车司马；

十七世陈景文，汝南别驾；

十八世陈伯绍,合浦太守;

十九世陈霸汉,南朝陈大宗正,陈霸先的族弟;

二十世陈果仕,仕隋为司徒、尚书户部度支事;

二十一世陈克耕,唐代左玉钤卫大将军;

二十二世陈政,唐代奉命戍闽,陈氏入闽始祖;

二十三世陈元光。

《唐开漳龙湖公宗谱总序》则叙述了从陈政至清代嘉庆繁衍了 42 世,限于篇幅,这里不再赘述。以上世系不知与云霄、固始陈姓族谱契合否?

陈元光籍贯考辨

陈昌远　　陈隆文

陈昌远(1933—)男,汉族,重庆大足人。河南大学历史文化学院教授。1954 年毕业于四川大学历史系,主要从事中国古代史和历史地理的研究与教学工作。曾任河南大学先秦文化研究中心副主任、中国先秦史学会理事、中国农民战争史研究会理事、《中华人民共和国地名辞典·河南卷》副主编。主要著作有《中国历史地理简编》、《历史地理与先秦史研究》等。其中,《中国历史地理简编》获河南省教委优秀科研著作二等奖、开封市社会科学优秀科研著作一等奖;《历史地理与先秦史研究》获河南大学科研二等奖。发表论文百余篇。其中,《中国古代城市起源及其发展》获河南省城市研究会科研论文三等奖。

近年来在史志研究中,对陈元光的研究已成为一个热点。1990 年国内外学者和各地代表近 200 人在漳州召开陈元光国际学术讨论会,就有关问题进行了热烈讨论,并取得了一批具有较高研究水平的学术成果。会议组织者从提交的百篇论文中提出 57 篇,编辑成《陈元光国际学术讨论会论文集》,1993 年 11 月由厦门大学出版社出版。经过大家讨论对众多问题达成共识,但其中有一些问题仍然有不同的看法,从最近一些期刊发表有关陈元光的论文中也可以看出。陈元光,字廷炬,号龙湖,生于唐显庆二年(651),于显云二年(711)不幸逝世。陈元光籍贯在何处? 至今争论不休,有以下几种不同的看法。

一、广东揭阳说

谢重光先生认为:"陈元光先世为河东人,但从祖父一代起即居于潮州为广东揭阳人。"其主要根据是顺治《潮州府志·人物部·陈将军传》记载:"陈元光揭阳人,父政,屡立战功。元光善用兵,有父风,历官鹰扬卫将军。"《广东通志》卷 292《列传·陈元光》也记载:"唐陈元光,揭阳人……"这些省府志都言陈元光为揭阳人,但又说"祖洪,丞义安(潮州),因留居焉。"在这些记载里没有说明陈氏家族南迁的真正原因,只说广东潮州不是陈氏家族的世居之地。值得注意的是揭阳不是唐时的名称。古揭阳是秦戍五岭而得名。据乾隆《揭阳县志》记载:"始皇三十三年(公元前 214 年),发兵五十万命任嚣,赵佗南平百越,置揭阳为戍守区。"

秦亡,赵佗于公元前 204 年自立为南越王,任史定为揭阳县令。当时管理的范围,据贝闻喜先生的意见认为:"包括现在的汕头,潮州二市八县及程乡梅县地区各县。"①汉元鼎六年(公元前 111 年)武帝发兵 10 万平南越,仍置揭阳县,属南海郡。晋安帝义熙九年(413)以原揭阳地立为义安郡、辖五县。隋文帝开皇十一年(591)废义安郡置潮州。隋大业三年(601)罢潮州复义安郡。唐武德四年(621)再废义安复潮州。唐太宗贞观三年属江南道,明皇开元二十二年,隶福建经略使,又隶属岭南道。从以上史实看来,从秦置揭阳至晋义熙九年分揭阳置义安郡。前后经历 627 年之久。古揭阳早已废多时,虽然一些人仍然称陈元光为揭阳人,但其中有一个问题,揭阳是秦时的行政区划名,其间管辖的范围有如此之大,到底陈元光的籍贯在哪里,地理位置仍然没有准确的定位,所以此说地理位置模糊不清,经不起沿革历史的推敲,不可信从。

地方志所载陈元光为揭阳人,究竟指何处?唯有《丰顺县志》有详细记载,《丰顺县志·人物传》从陈元光的祖父陈洪记起,谓"隋,陈洪,八乡贵人村人。先世家颍川,隋任义安丞,因居留八乡贵人村,遂为揭阳人"。《揭阳县志》说他"先世家颍川"。《潮州府志》说他揭阳人,后《丰顺县志》又说陈元光的祖父"先世家颍川"后"因留居八乡贵人村遂为揭阳人"。很明显《丰顺县志》是根据陈姓那些想当然演绎出来的,为揭阳八乡贵人村人这是没有任何根据的,也没有任何材料证实。陈洪及陈政父子居住在八乡贵人村这个南北交通要道和险要关隘。一些人认为"陈洪作为一位担任保卫边塞职务之义安郡丞,长期镇守在这里,元光的父亲陈政兄弟可能就出生在这里并度过童年的"②。此说完全是无根据的想当然推论出来的说法,不足为据。

二、河东说

有的认为:"陈元光实为河东人。""陈元光是河东人"③。有的认为"陈元光先世为河东人"④。他们主张陈元光为河东人的主要根据是唐林宝《元和姓纂》的记载。林宝《元和姓纂》卷3"陈氏条"将陈元光列为诸郡陈氏谓"右鹰扬将军陈元光,河东人"。林宝是唐代著名史学家和谱牒学家,他编撰《元和姓纂》是奉朝廷命令:"按据经籍,穷究旧史,诸家图牒无不参详。"⑤林宝《元和姓纂》具有一定的权威性,此书的修撰是元和年间上距陈元光曾孙陈谟任漳州刺史的元年不过数年,自然对陈元光的家世是有所了解,其材料是有所根据的。但是在这里有一个问题就是对材料的引用应该全面的理解和引用,不能断章取义。为何有陈元光是河东人之说?据美国源流出版社1986年8月出版的《王启史志文集》记载"陈政父从唐太宗攻克临汾等郡,立有军功。陈政本人在唐高宗时也立有军功,官至广州扬威府玉钤卫归德将军"。据此可以知道陈洪是在隋末唐初时辅佐李世民平定天下,在今山西地区转战是有密切关系,所以光绪《漳浦县志》明确记载:"陈政尝经漳江谓父老曰:此水如上党之清漳,故漳州各郡漳浦各县,悉本诸此。"⑥《颍川陈氏开漳族谱》说她是"隋中书魏潜之女"。王启先说她是"魏征之妹",说她"足智多谋"⑦。再据台湾《光州陈氏始祖世系生卒之签》记"陈欲得,字果仁,子克勤(陈洪),当隋唐纷争交替时期,征战频仍,在晋南淮北之河东一带,征战经年,且传在漳河附近之曲城(今河北西部曲阳当初唐名相魏征家乡)配魏征之妹魏箴为妻,卒葬云霄半征山"⑧。由于陈政有这段戎马生活,于是构成河东之说的主要缘由。

值得注意"河东"一词最早出在司马迁《史记·货殖列传》书中说河东、河南、河内。夫三河天下之中,而唐代河东是一个区域名。唐代河东道为唐贞观十道,开元十五道之河东节度使设于唐开元十八年,可是林宝《元和姓纂》说"陈元光河东人"到底是指河东哪一个县呢? 没有明确的说明,模糊不清。唐代设河东道据《元和郡县图志》记载其中有"河东县本汉蒲坂县地","州城即蒲坂城也","故陶城在县北四十里","故尧城在县南二十八里"。一些人将陈元光河东人定位在今山西运城市,显然是错误的。

黄超云先生说:"陈政父子原居河东(山西运城古名'河东')。"⑨根据史为乐《中国历史地名大辞典(上)》说:运城清政司盐城置,属安邑县。即今山西运城市。《清一统志·解州》之运城在安邑县东南。元至正间建。本朝初设盐政及运司以下等官。乾隆五十七年裁。嘉庆十二年移河东道驻此,兼管盐务。958 年为运城县驻地⑩。从以上看来"山西运城名河东"是没有根据的。根据《元和郡县图志》唐置河东道,有河东县,曰"河东县,本仅蒲坂县地也,属河东郡,隋开皇三年罢郡,县仍属蒲州。十六年移蒲坂县于城东,仍于今理别置河东县,大业二年省蒲坂县入河东县"。据刘纬毅《山西历史地名通检》"蒲反县西汉置,属河东郡,新莽改名蒲城县,东汉称蒲坂县。故治在今永济县西二十五里蒲州老城"。《汉书·地理志》河东郡:"蒲反,有尧山,首山祠,雷首山在南,故曰蒲,秦更名,莽曰蒲城。"应劭曰:"秦始皇东巡见长城,故加反云。"孟康曰:"本蒲也,晋文公以赂秦,后秦人还蒲,魏人喜曰蒲反矣,谓秦名之,非也。"⑪《后汉书·郡国志》河东郡,有蒲反县。《隋书·地理志》河东郡:"河东,旧曰蒲坂县,以开皇十六年新置河东县,大业初并蒲坂入。"唐初魏王李泰《括地志》曰:"河东县南二里故蒲坂城,舜以都也。城中有舜庙,城外有舜井及二妃土台。"(《史记·五帝本纪》)"舜饬下二女于妫汭"(《正义》引)。再据史为乐《中国历史地名大辞典》,"蒲坂县,秦置,属河东郡。治所在今山西永济市西南蒲州镇。西汉改为蒲反县。东汉复为蒲坂县。北魏为河东郡及泰州治。北周为蒲州治。隋属蒲州,开皇十六年(596)移治蒲州镇东,大业二年(606)废"⑫。

从以上记载看来今运城市在古代根本就没有河东之名,而古河东县名是在今山西永济县，所以历史上山西运城古名河东之说可以说是错误的。由于河东地名是泛指，没有确切的地理位置，所以后来明万历《漳州府志·陈元光传》记载："陈元光其先为河东人，后家于光州固始县"。

三、固始县说

我们主张陈元光是固始人。在这里首先要解决一个问题就是一些反对此说的人认为："固始县都找不到有关的可靠证据。作为一方之全史的《固始县志》只详载比陈元光之后的王潮、王审知兄弟入闽的问题，而未记载陈元光的入闽事迹，故不能说他是固始人。"[13]此说是站不住脚的。《固始县志》明确记载"永嘉之乱，中原士族，张、黄、陈、郑四姓入闽，闽人称之为固始人"。在这里陈姓自然是包括有陈元光在内。这里还有一问题就是现在新旧《唐书》没有陈元光传所以使陈元光的籍贯产生很多问题，为何唐史不载陈元光传，宋洪迈《容斋随笔》卷1《唐平蛮碑》曰："南蛮大酋长染浪州刺史杨盛顺为边患，明皇遣内常侍高守信讨之，拔其九城，此事新旧《唐书》及野史皆不载。"在这里，黄超云先生说"可见边远州县，讯息不通。唐代羁縻都护府，都督府，州，县四级，共八百多个，其军事，政刑，官吏，新旧《唐书》阙载多矣，岂止陈元光，高守信其人其事哉"[14]？此说很正确，在这里我们还可以从现保存的《元和郡县图志》一书佐证此说。唐李吉甫《元和郡县图志》原有图和志共40卷，图的部分在唐时就亡佚了。大体上保存42卷之数。宋以后目录亡佚，又缺第19、20、23、24、35、36卷。今天传流下来的只有34卷了。从中华书局点校后的《元和郡县图志》看，其中岭南道有的全缺州而且其他州所保存所记的内容也都非常简略，可能是由于周边情况，因道路遥远，交通不便，信息不畅通，因此，陈元光在边区是一个刺史地方官，因此新旧《唐书》不立传那是很自然的，不能因此就否认陈元光不是固始人。

一些人又认为："明朝曾先后三次修纂《漳州府志》目前仅见万历志，万历《漳州府志》开始了伪造的过程，陈元光'其先河东人，后家于光州之固始，遂为固始人'。万历《漳州府志》仍保留了'其先河东人'尚不敢全盘否定前人的结论，但'后家于光州之固始，遂为固始人'之说已出笼，伪造郡望初露端倪,自万历始,经明末、清、至民国初,陈元光为河南光州固始人的伪造过程不仅完成,而且成了'信史'。倘置前之说于不顾,而信千百年后的伪造实乃本末倒置。"⑮

以上说法我们看一下唐代漳州人潘存实所编撰的《陈氏族谱·漳南陈氏世系纪》的记载,此著算是最早最详细的记载。曰:"漳南陈乃河南光州固始之世家也。……景文为汝南别驾……别驾有子曰伯绍,任合浦太守,有惠政于民,民像而祀之,即今廉陈王祠是也。……公生四子,克耕者事尧为左玉钤卫大将军,侍其子政,奉命戍闽,是为漳南望族陈氏之始祖。"唐欧阳詹撰《龙湖行状》曰:"公纬元光,字廷炬,号龙湖,行百五十三,光州固始人。"

潘存实其人,谢重光先生也承认是唐代人。他说:"所得唐代漳州登进士,明经科第者只有周匡业、周匡物、潘存实、谢翛数人。"⑯因此,潘存实所记述陈氏世系应该是比较可靠的。唐欧阳詹的记述也是真实的。从这里可以看出说陈元光是固始人的说法不是伪造的,明伪造说是根本站不住脚的。

关于陈政戍闽和陈元光事迹,康熙甲子(1684)重修《漳州府志·宦绩》曰:"陈政,字一民,光州固始人,父克耕,从唐太宗攻克临汾等郡。政以从征功拜玉钤卫翊府左郎将归德将军。高宗总章二年,泉潮间,蛮獠啸乱,民苦之,金乞镇帅,以靖边方。"又说:"陈元光字廷炬,政子也。……年十三领乡荐第一。总章二年随父政领军入闽,父卒代领其众。……进正仪大夫岭南行军总管。垂拱二年……伊建漳州……进中郎将右鹰扬卫率府怀化大将军,仍世守刺史。"明代何乔远所撰《闽书》叙陈元光及其父事迹略同,亦直书陈元光为"固始人"。

《颍川陈氏开漳族谱》已有陈克耕"世居光州固始县浮光山"及"陈元光十三岁领光州乡荐第一"的记载,而后《中国人名大辞典》和固始县志办公室编的《固始概况》均记陈元光为河南光州固始人。至今河南固始县的陈集乡还保留有陈将军祠,正堂上书"威镇闽粤尘净东南"。楹联:"开闽数十年烽火无惊称乐土,建漳千百载香烟不绝祀将军。"将军祠值得我们注意。跟随陈政入闽的府兵将中,表现较为突出的主要有许天正、李伯瑶、卢如玺、丁信等人,皆为固始人。

1. 许天正,字允心,号云峰,1938年刊《福建通志》总卷35《唐宦传》卷2记载为"汝南人"是不确切的。道光《福建通志》卷122《唐宦传》载为"固始人"应是正确的。

2. 卢如玺,固始人。入闽后兴建屯营于云霄修竹里,与陈元光、许天正等一起,开拓山林,为以后漳水之北建置漳州(治所在今福建云霄)奠定基础。

3. 丁信,固始人。通经术,喜吟咏诗,练达世务,陈政引为军咨祭酒。

4. 沈勇也是固始人。原名彪,字世纪,因作战勇敢唐高宗赐名勇,妇吴氏随行,初任军牒祭酒,漳州建置后,授司马分营将[17]。

5. 郑时中,固始人,妇史氏。初任府兵。据厦大图书馆《台湾马巷郑氏族谱》记载,称他为"大臣"并云:"陈将军(元光)趋闽,大臣郑时中随之,郑氏遂星布闽粤本。"《漳林郑氏族谱》手抄本,成于民国初期,原谱已失,后据原藏谱人郑仲章回忆整理[18]。

当时陈政率领了府兵3600多名,从征将副将许天正,营以下123员。陈元光以鹰卫将军身份,随同父亲陈政领军赴闽。根据康熙《漳浦县志》记载,当时跟从陈元光入闽的主要将士有"婿卢伯道,戴君胄,侄士李如刚,前锋将许天正,分营将马仁、李伯瑶、欧哲、张伯纪、沈世纪等五人,军咨祭酒等官黄世纪、林孔着、郑时中、魏有人、朱秉英等五人,府兵校尉卢如玺……十六人"[19]。以上列举的将领,很多都是固始人。在这里也可以证实陈元光也应是固始人,不然不会带这样多的固始人入闽。

四、河南潢川说

最近有人写文章表示赞同《福建史志》总39期发表肖林同志《陈元光籍贯窥探》一文所作的结论"认为陈元光确切的籍贯是在河南光州无疑"。又认为"光州——弋阳——潢川同为一地"得出结论认为陈元光原籍"在河南潢川县"。[20]此说值得研究讨论。

史为乐《中国历史地名大辞典》明确指出,光山县"隋开皇十八年(598)置,为光州治。治所即今河南光山县。大业初为弋阳郡治。唐武德三年

(620)为光州治。南宋绍兴二十八年(1158)改为期思县,寻复为光山县。南宋未废。元至元十二年(1272)复置。清属光州直隶州。民国初属河南汝阳道。1927年直属河南省"。

弋阳县,史为乐《中国历史地名大辞典》又指出曰:"西汉置,属汝南郡。治所在今河南潢川县西北十二里隆古集附近。三国魏为弋阳郡治。南朝梁普通八年(527)改为北弋阳县。东魏武定七年(549)复为弋阳县。治所移至今潢川县。北齐改为定城县。"可见弋阳县治所有很大变化,今潢川县地与古治所在今潢川县西北12里隆古集附近。

弋阳郡三国魏文帝置,属豫州。治所在今弋阳县(今潢川县西北12里隆古集附近)。辖境相当于今河南淮河以南,竹竿河以东,灌河以西地。南朝宋属南豫州。南齐属豫州。北魏属豫州。南朝梁普通八年(527)属光州。治北弋阳县(今潢川西)。东魏武定七年(549)治弋阳县(今潢川县)。北齐郡治弋阳县改名定城县。隋开皇初郡废。大业初复置移治光山县(今河南光山县)。唐武德三年(620)改为广州。太极元年(712)还治定城县(今潢川县)。天宝元年(742)复为弋阳郡,乾元元年(758)改为光州。

从以上所叙述的光州、弋阳、潢川三个地名的历史沿革及其演变的过程来看,光州、弋阳、潢川应为三地。光州在西,潢川在今光山东北。怎么能将光山、弋阳、潢川说成一地呢?其间隋大业初治光山县,后又武德改为光州,太极元年还治定城县(今潢川县),天宝复为弋阳郡,乾元年间改为光州,这是名称的演变,但不能说光山、弋阳、潢川为一地。

根据唐《元和郡县图志》记载光山是因境内有山为光山而得名。"光山,名弋山,在县西北八十里"。而"定城县,本汉弋阳县,属汝南郡,自汉至萧齐,常为弋阳城,武德三年置豫州,领定城一县,贞观元年省,定城属光州","黄国故城,在县西十二里,春秋时黄国,后为楚所灭"。"古黄国地处淮水南岸,当今河南省之潢川。汉代为弋阳县,属汝南郡。清时属河南汝宁府光州境。有黄水流经光州,黄因水得名"[21]。

嘉庆重修《一统志》也说:"黄故城在州西十二里,春秋时黄阳。""弋阳故城在州西本汉县属汝南郡"。"光城故城,光山县治,刘宋元嘉二十五年,以豫部蛮民立光城县"。又说"黄川故城,在光山县西南,后魏置黄川郡,治定安县,梁废入光州,《寰宇记》故黄州城在光山县南四十里,相传古黄国别都,以带黄水故名"。从以上看来,怎么能把光山、弋阳、潢川说成一地呢?其间名称虽然变迁,但是不能把光州、光山说成是潢川,一些人认为陈元光是光州人,是不很确切的,必须说是光州固始人。这样才是正确的。一些反对此说的人认为:"许多地方志都把陈的籍贯以光州和固始并提,实是不同的。"又认为:"光州,州名,南朝梁置,治所在今光城(今光山),唐太极元年(712)移治定城(潢川县),唐大业及天宝至德时曾改光州为弋阳郡,元复光州,1914 年改潢川县。"[②]在这里应值得注意贝先生把光州说是州名,这没有问题应是正确的,但是州下面还管有县。从《元和郡县图志》地理书上看光州辖县管县五"定城,殷城,固始,光山,仙居"。其中陈元光为固始人,不说陈元光为固始人,只说光州人,怎么能叫人了解陈元光的原籍是在河南哪里呢? 光州的治所在历史上有变迁,但 1914 年改为潢川县,恐怕不确切。据史为乐《中国历史地名大辞典》"潢川县 1913 年改光州置,属河南汝阳道,治所即今河南潢川县。1927 年直属河南府"。在此应注意两点,第一,年代是 1913 而不是 1914,改光州置潢川县,是废除州,而不是将光山县改为潢川县,光山县仍然存在,民国初属河南汝阳道,所以光山、潢川同属为河南道,是河南东南边上的两个重要交通枢纽,从来没有人把光山县叫潢川县的,光山县与皖、鄂邻省。历史上,把光山县与潢川混为一的说法是主张陈元光为潢川人的主要根据。潢川与光山历史沿革不同,光山从没有在历史上叫过潢川,潢川在历史上也没有叫过光山[③]。值得注意,潢川县武德年置弦州,乾元初为光州弋阳郡治定军。宋为光州弋阳郡光山军,南宋更名蒋州,寻复故,仍治定城,其治所在定城,并在今潢川县,因潢川县是 1913 年才设置的。

注释:

①　贝闻喜:《陈元光原籍考》,《韩山师专学报》1991 年第 1 期。

②　贝闻喜:《潮州历史文化的主要开拓者陈元光》,《岭南文史》1999 年第 4 期。

③　周贤成:《陈元光家世考》,《东南学术》1991 年 5 月。

④ 谢重光:《〈龙湖集〉的真伪与陈元光的家世和生平》,《福建论坛》(人文社会科学)1989 年第 5 期。

⑤ 《全唐文》卷 322。

⑥ 清光绪《漳浦县志》卷 14,《陈政传》。

⑦ 《颍川陈氏开漳族谱》原本,云霄山美藏本,清代编修。转引自卢继定:《唐代中原移民漳潮的组织者和带头人陈元光》,《韩山师专学报》1990 年第 8 期。

⑧ 转引自贝闻喜《陈元光原籍考》,《韩山师专学报》1991 年第 1 期。

⑨ 黄超云:《陈元光换姓新考》,《漳州职业大学学报》2003 年第 2 期。

⑩ 史为乐:《中国历史地名大辞典》,中国社会科学出版社,2005 年版,第 1175 页。

⑪ 刘纬毅:《山西历史地名通检》,山西人民出版,1990 年版,第 208 页。

⑫ 史为乐:《中国历史地名大辞典》,中国社会科学出版社,2005 年版,第 2658 页。

⑬ 贝闻喜:《陈元光原籍考》,《韩山师专学报》1991 年第 1 期。

⑭ 黄超云:《陈元光换姓新考》,《漳州职业大学学报》2003 年第 2 期。

⑮ 周贤成:《陈元光家世考》,《东南学术》1991 年第 5 期。

⑯ 谢重光:《〈龙湖集〉的真伪与陈元光的家世和生平》,《福建论坛》(人文社会科学)1989 年第 5 期。

⑰ 据泰国沈氏宗亲会编:《沈氏大宗祠一百周年纪念特刊》,《沈氏族谱》。

⑱ 以上材料均见卢继定:《唐代中原移民漳潮的组织者和带头人陈元光》,《韩山师专学报》(社会科学版)1990 年第 8 期。

⑲ 俞北鹏、陈智超:《陈元光与闽南开发》,《南京大学报》(社会科学版)1993 年第 3 期。

⑳ 贝闻喜:《陈元光原籍考》,《韩山师专学报》1991 年第 1 期。

㉑ 齐文心:《商殷时期古黄国初探》,《古文研究》(第十二辑),中华书局,1985 年版。

㉒ 贝闻喜:《陈元光原籍考》,《韩山师专学报》1991 年第 1 期。

㉓ 可见《河南新志》(上册)(民国十八年),河南省地方史志编纂委员会整理重印。

论陈元光安边治政思想

何　池

何池(1945—)男,汉族,福建漳州芗城区人。历史学教授,供职于中共漳州市委党校,福建省党校系统优秀教师。兼任漳州市闽南文化研究会副会长、漳州历史学会副会长、漳州市闽南文化生态保护实验区专家委员会委员、漳州市开漳圣王联谊会常务理事等职。研究方向:闽南地方史、闽台关系史。独立承担和完成国家基金课题、省社会科学规划项目各一项。出版《陈元光龙湖集校注与研究》、《这一方热土》、《翁泽生传》、《中国共产党指导台湾革命研究》等数本个人专著,多项科研成果得奖,其中曾连续两届获福建省社会科学优秀成果奖。

　　陈元光一生的最大贡献在于开漳建漳、传播中原文化到闽南的功绩。本文深入阐述陈元光在儒法两家思想的熏陶与影响下,在艰难的闽南平乱安边活动中实行"剿抚结合、恩威并济"的征战政策,在创建漳州前后实施"畿荒一德,用夏变夷"的民族政策,奉行"报国以忠,事亲以孝"的立身之本、"严己律己,清廉为政"的为政之道。他的身传言教,倡导了一代清廉勤政之良好社会风气,为初建时期的漳州地区在政治、经济、文化等方面的发展上作出了可贵的贡献,奠定了闽南文化的根基,受到了老百姓的肯定和怀念,把他从凡人提升到神,受到闽台和海内外广大信众的崇拜。而他在安边治政之中所倡导的这些立身为政之道,对我们今天的社会和谐与发展,不乏有益的启示与借鉴。

在漳州的开发史上,有一个人的名字与之紧紧连在一起,他就是陈元光。

唐高宗总章二年(669),闽南地区"蛮獠啸乱",唐王朝为了"靖边方",高宗派玉钤卫翊府左郎将陈政携妻司空氏带儿陈元光,率军入闽南平乱。自幼"博览群书,贯通子史"[①]、深受儒家思想熏陶的陈元光,在平乱的征战中目睹残酷的战争给人民生产生活带来的灾难。在父亲陈政逝世、继承父职之后,他总结了平乱中的经验教训,采取了与乃父不同的征战与民族政策,平定了战乱,征得了民心,并以政治家的眼光,从这一地区长治久安的战略高度考虑,向朝廷奏建漳州获准,由此翻开了漳州文明史的第一页。他开漳建漳、传播中原文明的历史功勋如日月经天,永垂青史,因此被人们尊奉为"开漳圣王",从凡人提升为神,其香火遍及闽南沿海,传到台湾,远播海外,信众达2000多万人。

综观陈元光的一生,最为突出之处是他的开漳建漳及传播中原文化活动,是这一活动开启了该地区迈进文明社会的大门,并走上了初步繁荣发展的道路,由此奠定了闽南文化的根基,成为今天闽南文化的最早源头。广大老百姓在其安边政策和创建漳州的活动中受益。而这一活动之所以能够成功,得益于他自幼所浸淫的以"仁政"为核心的儒家思想的熏陶与作用。

一、靖边战争的异常艰难与残酷

唐总章二年,陈政奉诏率领府兵3600名,将领123员,风尘仆仆从中原千里戍闽平乱,拉开了唐王朝绥靖与开发东南边陲战略部署的序幕。从这一年起,到永隆元年(680)八月陈元光最后在蒲葵关(今盘陀岭)消灭"蛮獠"部队主力,基本肃清动乱根源,前后共11年之久。平乱战争的残酷与艰难,唐军所遇到抵抗之顽强程度,所付出代价之惨重,所耗费时间之冗长,都是当时朝廷和戍闽将士所始料不及的,也是我们今天难以想象的。唐玄宗先天元年(712)赐予在景云二年(711)殉难的陈元光"忠毅文惠"谥号的诏书中说:"环甲缮兵,积三十四年之苦;建邦启土,垂二十五载之平。"[②]这些话既概括了陈元光从 677 年其父逝世继承父职到 686 年建漳、711 年阵亡之艰苦奋斗的一生,也是朝廷对陈氏父子开漳建漳非同寻常艰难过程的肯定。

从地方史料上的零星记载,其艰难程度也可窥之一二。陈政率领的唐军入闽后便开始与"蛮獠"队伍连续作战,在打了几个胜仗后,在来到"泉潮之交""绥安故地"的边缘、九龙江上游今华安与漳平交界之处,遇到了"蛮獠"联军的顽强阻击。地方史对此有一小段记载:"比至镇,百凡草创,备极劳瘁,群蛮来侵,自以众寡不敌,退保九龙山。"③屡屡受挫的十八洞"蛮獠"军队在此联合起来,利用这里无险可守、难守易攻的地形,以数倍于唐军的兵力妄图把唐军歼灭于此。此时,来路的北面已被截断,东南各处隘口也均被占据,"蛮獠"联军满山遍野地袭来,一场入闽后最残酷的恶战在这里打响。力量众寡相殊的唐军在陈政的指挥下退往东边山高林密的九龙山。在方圆数里的高山上,唐军靠野菜竹笋战马硬是苦苦支撑了两个多月,一直等到魏妈(陈政之母亲,陈元光的祖母)率领援军赶来,才解了围,走出大山,渡过北溪来到浦南地界,在这里辟村落、垦荒地,休整军士(实际上是戍闽唐军入闽后开辟的第一个根据地,这个地方后来因安置战争中流离失所的山民,并以唐朝的文化和生产技术教化他们,故被人们称为"唐化里")。而后才得以进军蒲葵关(今盘陀岭)。在百多里的路程中又打了无数次激烈的战斗,如平桃源(今华安汰内)诸洞,平扶窑寨、螟蛾洞、蝴蝶洞、飞鹅洞、娘子寨等"蛮獠"据点,还在蒲葵关下激战一场,才打开了蒲葵关天险,得以进军云霄,屯营火田(实际上是开辟第二个根据地)。这其中,战殁的将士难计其数,有史可查的将领就有陈元光的伯伯、中朗将陈敏、陈敷以及许天正的父亲分营将许陶等,甚至陈政也在无休止的征战中于仪凤二年(677)因"备极劳瘁"在火田屯营地逝世。

屈指一算,陈政率领中原府兵从总章二年南下千里戍闽越过闽北仙霞岭入闽开始,到闽南云霄火田屯营点,竟然整整走了 8 个年头!8 年间,唐军与"蛮獠"部队互有进退,中间唐军还有魏妈带来的援兵,到仪凤元年(676)才过了蒲葵关,到达绥安故地,这说明"蛮獠"实力雄厚,抵抗异常顽强,战斗异常频繁与残酷。陈元光在他的《龙湖诗》一些诗句中吟出了当时的这种情况:"龙湖三五夜,棨戟四回轮","诸军喜抵王师所,四顾伤为荆莽埛。群落妻奴凄泣声,俄然戎丑万交横","夜析重门防暴客,三更三点尚排衙","寇戎不测纷如雪,甲胄何时不出门"④。在他的《请建州县表》中也有对此情况的阐述:"元恶既诛,余凶复起,法随出而奸随生,功愈劳而效愈寡。"⑤这些诗文说明,唐军到达闽南之后,几乎每天都有大小战斗发生,而且熟悉地形的"蛮獠"部队大多乘夜间发动对唐军的进攻。战争的残酷、战斗的频繁、军需物资的缺乏,使唐军不仅减员严重,而且疲惫不堪,更严重的是这支孤军深入的部队似乎已经陷入了"蛮獠"联合部队的战争泥潭之中。

二、"剿抚结合、恩威并济"的征战政策

陈政逝世之后,艰苦的征战仍在持续,持续八年的苦战,已使戍闽唐军疲惫不堪,平乱战争虽然取得一些进展,但离胜利结束似乎还遥遥无期,每天都要经受的战斗使靖边征战像漫漫的长夜,让人们看不到一丝曙光和尽头。继承父职的陈元光,当时面临着的是比乃父在世时更加严峻的现实。但这位文武双全、已经历8年血雨腥风洗礼的年轻将军却早已胸有成竹,他总结了乃父军事政策的经验教训,调整了以往战争中存在的过多杀戮的倾向,吸取三国蜀汉诸葛亮征西南少数民族时攻心为上的军事思想,实行了"恩威并重、剿抚结合"的新政策,只用了三年的时间就完成了军事上三件具有决定性意义的重大行动。

一是继续在闽南地区不断征战,在征战中一手抓"剿"(在战斗中歼灭顽固的敌酋),一手抓"抚"(对大量俘获的"蛮獠"兵众采取宽大处理的办法),"宣威雄剑鼓,导化动琴樽"⑥的结果是有效地大量地瓦解了敌军。

二是奉檄到粤地潮州、循州(因被"洞蛮"部队先后攻陷)接连打了几次大胜战,打出了军威。据《揭阳县志》称:"元光入潮,伐山开道,大小百余战,俘馘万计,岭表以次就平。"粤地艰难征战的胜利具有决定性意义——彻底扫荡了威胁和制造闽南动乱的巢穴,对这次行动的结果,陈元光也十分满意,他在"晚春旋漳会酌"一诗中吟道:"士卒岭南驰,马啸腥风远。兵歌暖日怡,妖云驱屏迹。"又在"修文语士民"一诗中吟道:"三军歌安堵,万骑弛鸣

镰。虔岭顽民远,潮阳寇逆招。"⑦

三是回师闽南后,又在永隆元年(680)下半年在蒲葵关下消灭了"蛮獠"的最后主力,并对"愿附者抚而籍之"。在强大的军事攻势和政策攻势之下,其余的"蛮獠"散兵游勇和小部队"相率归附"。

综观这 11 年的平乱征战,以仪凤二年为界,可以看出前 8 年和后 3 年施行的是完全不同的征战政策。平乱战争打响以后,面对悍勇又善山地作战的"蛮獠"部队,面对着在九龙山受到的挫折和许多将士和亲人在战斗中的罹难,唐军的选择自然是更加勇猛地杀敌,以为父兄战友报仇雪恨,而这一不分首从、"以恨对狠"的结果当然是"为渊驱鱼"、"为丛驱雀",因而实际上只能使更多原本是被胁迫无奈参加到对抗朝廷的"蛮獠"队伍中的广大无辜贫苦山民站到了对立面。

陈元光代领父职之后,他痛感于入闽后多年来这片土地烽烟不息,"枕骸遍野,功不补过",生产力遭到破坏的无穷后患,注意吸取从实际征战中得出的经验,饱读书文、深受儒法两家思想熏陶的他,采取了"剿抚结合、恩威并济"的新征战政策。一是不滥施杀戮。"落剑惟戎首,游绳系胁从"⑧,即首恶从严,胁从从宽,孤立少数,团结多数的原则。二是实行"军屯"制度,在军队中推行"平居则搜狩,有役则战守"、"且耕且守"的耕战政策,基本上做到军饷自给,减轻老百姓的负担,唐军先后建立的两个根据地(浦南唐化里和云霄火田)就是这一制度的产物。三是"且战且招"的安抚政策,对愿意归降的"蛮獠"广大贫苦士卒,给予安抚,把他们编入户籍,创建"唐化里"村落,使他们结束颠沛流离的战争生活,开始正常的生产生活。对居住在深山老林,几乎与世隔绝的山民,陈元光派士兵开辟山路,让当地人说服他们,与他们互通贸易,让他们感受外面的新生活、新环境,使他们融入文明社会。

短短 3 年时间,战争的形势急转直下,动荡了 11 年的闽南地区首次迎来了"方数千里,无桴鼓之惊,号称乐土"⑨的和平安定局面,这就为陈元光下一步创建漳州奠定了坚实的社会基础。这一显著的成效,体现了陈元光调整安边政策的正确性。

陈元光"恩威并济、抚绥结合"安边政策实质是儒家的"仁政"思想的产物,也是我国古代"民本思想"在平乱战争中的体现,它适应了当时当地的实际情况和战争的内在规律,顺应了民众的要求,因此收到了事半功倍的效果。

三、"畿荒一德,用夏变夷"的民族政策

永淳元年(682),军事活动已基本结束,陈元光认为要使这一地区能够达到长治久安的效果,"其本则在创州县,其要则在兴庠序"⑩。因此,他开始筹划创建漳州的工作,也就在这一年八月,他向朝廷上书,请求在泉潮之间的漳江畔新建一州,以江名州,就叫"漳州"。这就是已收载于华文书局1961年出版的《全唐文》(卷164)中《请建州县表》奏章。他在这篇著名的奏章中提出了一个十分重要的思想,这就是"胡越百家,愈无罅隙,畿荒一德,更有何殊"? 这就是说,所实行的政策,要注意使汉族和边疆少数民族亲如一家,不要产生隔阂,要让皇恩德政不仅惠泽京畿附近的民众,还要惠泽遥远边疆的百姓。用今天的话来讲,就是实行"一视同仁、民族和睦"的政策,这也是儒家民本思想在民族政策上的充分体现,是唐王朝实施周边开明民族政策的一个缩影。然而,作为一个封建时代的武将,能从思想上高度注意民族和睦问题,能在制定政策时自觉注意这一关系社会民生、关系民族和睦、关系社会发展全局的大事,不仅在当时确实是难能可贵的,就是在今天也是我们所应予以肯定的。

在这一问题上,陈元光做了这么几件事。

其一,实行招抚感化政策。在战争后期,陈元光对广大山民采取招抚感化的办法,实行区域自治,对居住在偏僻山区的"西北山峒诸黎",他命人"开山取道,兴陶贩,通贸易,因土民诱而化之",于是"渐开西北诸山峒,拓地千里"⑪。他建置"唐化里"村落,安置战争中流离失所的土著民众。传播中原文化和先进农业生产技术。这一政策实施的结果是:当地土著部落相率归附,他们落后的生产方式和原始的生活习惯及许多陋俗也发生了变化,并加深了民族间的了解、交流与融合,促进了土著民族的封建化进程。陈元光的《龙湖集》诗:"海岳皆效灵,苗民悉循纪","归化服维新,皇朝重玄质","日

将山獠化编民"⑫等等,都反映出了这种情况。

其二,实行民族通婚政策。随着战争的结束,生活的安定,陈元光根据戍闽军伍中男多女少的情况,为了促进当地社会经济的稳定和发展,也为了进一步促进土著民族与汉族的融合,他积极鼓励士兵在当地落籍并与当地女子通婚,他的《龙湖集》诗句"男生女长通蕃息,五十八姓交为婚"反映了这种情况。据说,当唐军将士与土著民族女子通婚时,女方家人提出一个要求:为记念在战争中他们死去的父兄,允许她们在结婚时穿白色内衣内裤。陈元光同意了。因此结婚时穿白衣白裤就成为现在畲族的一种风俗习惯相沿下来。至今在闽南惠安山腰乡等地畲村仍完好保留这一习惯。陈元光的这一措施,即使是在当时实行比较开明民族政策的唐王朝也是罕见的。它打破了当地土著民族长期以来只在本民族间自相婚配、不与汉人通婚的习惯,大大改善汉族和少数民族间的联系,促进了民族的和谐,具有积极和深远的历史意义。

其三,对"蛮獠"实行多种优惠政策。一是不税不役,给他们免除赋税徭役,让他们有个休养生息的好环境;二是"用夏变夷",教会他们从事农业生产,传给他们中原的先进耕作方法,让他们改变"火田耕种无耕犊"的刀耕火种生产方式,告别随山迁徙的原始生活方式,开始过上新的村落定居生产生活,安居乐业;三是改变陋俗,教给他们文化礼仪,使他们告别许多不好的生活习俗。陈元光在职官中设"文学"一职,负责文化教育事业,还"兴庠序",让"文学"和饱学之士许天正等到学校讲学。"敦伦开野叟,勤学劝生儒"。经过教育,当地民俗有了可喜的变化:"民风移丑陋,土俗转酝醇"⑬,"山川顿改,人物更新,民心有系,土俗转淳,觉昨非而今是,必旧去而新更"⑭。陈元光的"畿荒一德,用夏变夷"政策是儒法两家民本思想在开漳治政中的体现,它有力地推动了"蛮獠"民族社会的进步,带来了社会安定、农业生产发展的结果。出现了百业兴旺、欣欣向荣的喜人局面:"农郊卜岁丰,帅阃和民悦","南熏阜物华,南獠俨庭实。野味散芳芬,海肴参茂密","海船近通盐"⑮。

这一切说明,经过平乱和开发,在陈元光开明民族政策的感召下,各族人民的和睦相处、辛勤耕耘,漳州地区开始走上初步发展的道路。

四、"为国以忠,事亲以孝"的立身之本

为国以忠,事亲以孝,这是儒法思想的精义所在。以孔子为代表的儒家首先提出"仁"与"礼"的治政思想,并由仁和礼延伸出"忠"和"孝"的个人道德行为规范。"为国以忠,事亲以孝"正是陈元光一生所致力奉行的行为规范,这一思想贯穿在他在戍闽开漳活动中继承父业、平定战乱、创建漳州的整个过程中。在残酷的征战中,他牢记"帝德符三极,皇风振四夷"的重任,决心要"边臣效芹说"(效法古代忠臣的"芹献"之举,奉献微薄之力),使朝廷"圣恩宏海陬",因此,他为平定战乱殚精竭虑,制定出一整套如前已述的符合战争规律、顺乎民心的政策,很快平定了动乱,做到了不辱使命。战争结束之后,照理说他已圆满完成任务,可以衣锦还乡,不必再留在这片瘴疠横生、生活不便的边荒海隅,但为使这片"泉潮之交"的"化外"之地能得到长治久安的治理,他以浓烈的责任心向朝廷提出了一个重大的决策——创建漳州郡治,并因此被朝廷认为是担任漳州刺史的最佳人选而永远留驻漳州。为此,他在《谢准请表》中诚惶诚恐地说道:"宠之以二政之隆,畀之以一州之重,人皆谓荣,臣独知惧。粉身未足报深恩,万死实难酬厚德。"

建州之后,他事必躬亲,鞠躬尽瘁,直至以身殉国。他用自己的艰苦奋斗、艰难创业的一生实践了"为国以忠"的思想,也成为万世景仰的"为国以忠"的典范。

俗话说:百德孝为先。陈元光也堪称"事亲以孝"的楷模。在父亲被唐高宗下诏派遣到闽南平乱之后,年方13的陈元光为了能在年迈的父亲身边侍奉,不顾自己刚取得"乡试第一"、功名在望的大好前景,毅然随父南下,"一从束发离京城,侍父寒暄经万程"[16],在千里戍闽的征途上为父亲照顾起居,嘘寒问暖,极尽人子之责。他的祖母魏太夫人是一位有谋有略的巾帼英雄,对陈元光的军政大计的筹措起了重要的辅助作用,而她的道德情操也对陈元光的一生影响很大,可以说,陈元光的成长和所取得的成功,与魏氏的教诲关系极大。因此,当95岁高龄的祖母阖然而逝,陈元光哀痛欲绝,以长孙承重,隆重举丧,葬祖母于云霄半径山下,把州事托付于别驾许天正,结庐

墓侧,为祖母守制三年,并写下了《半径庐居语父老》诗:"寒猿号岭表,添我哭声哀。极浦驱潮至,愁连拨不开"[17]等诗句,表达了他深沉的哀思。

五、"严已律己,清廉为政"的为政之道

"严已律己,清廉为政"的为政之道是儒法两家讲求的修身养性在执政中的体现,它与上述忠孝立身之本紧紧相连,是其在执政实践中的必然延伸。《礼记》说:"道也者,不可须臾离也;故君子慎其独也",又说:"傲不可长,欲不可从,志不可满,乐不可极。"因此,整个古代奉行的是如下谨慎操守:"德行宽裕者,守之以恭;土地广大者,守之以俭;禄位尊盛者,守之以卑;人众兵强者,守之以畏;聪明睿智者,守之以愚。"[18]

而陈元光在漳州刺史的任上更是躬行上述原则。他时刻牢记朝廷重托,"持清净以临民,守无私以奉国"[19]成为他一生所奉行的思想与行为准则。于是,他严格要求自己:"铜虎谨深悬,诰命常佩吟",做到"箴训要三拈,忠勤非一日","酒色难涸惑"。于是他在征战中能做到与士卒同甘共苦:"士友同仇裘共蔽","拍掌横弓槊,徘徊索酒卮"。创建漳州之后,为保境安民,他建行台于四境,亲自到各行台巡察。他崇尚廉政。自觉以汉代廉吏羊续"悬鱼"拒礼的典故自励,做到"饮露知蝉洁,出宰必悬鱼",以求得"万古清漳水,居官显孝廉"。他教育子女从小要"载笔沿儒习",不要"戏谑逐时空"、"勿坐鬓霜蓬"。他谆谆教诲部属幕僚:"由奢入俭宁,移孝为忠吉。败事诚因酒,增高必自陵。尊年须养老,使士要推诚。寅协无他式,清勤慎不矜。"[20]

他的身传言教,深深影响了僚属和子女,倡导了一代清廉勤政之良好社会风气,为初建时期的漳州地区在政治、经济、文化等方面的发展和良好社会风气的形成作出了可贵的贡献,受到了老百姓的肯定和怀念。陈元光的这些立身为政之道,对我们今天构建和谐社会、促进民族和睦仍不乏有益的启示与借鉴。

值得一说的是,陈元光在闽南漳州一带平乱安边活动中,以儒家思想大力实施上述五个方面措施,经历了其父亲陈政、陈元光及儿子陈珦、孙子陈酆、曾孙陈谟,共五代守漳,历时一个半世纪,安边政策的连续性,不仅开创

出漳州地区长治久安的局面,而且,这次平乱安边活动两批中原府兵连同家眷和能工巧匠约近万人所带来的中原先进文化及其习俗,如儒家学说、中原节俗、汉唐古音、汉文字、中原歌舞、曲艺、艺术等等,在这片"蛮荒之地"广为传播,在汉民族与山越族和洽相处共同劳动生活之中产生了碰撞与交融,奠定了闽南文化的根基,成为今天闽南文化的重要源头。而陈元光因开发漳州的丰功伟绩,人们把他奉为"开漳圣王",从人上升为神,受到人们的四时祭拜。明清时期,这些开漳将士的许多后裔越过海峡迁居台湾,促进了台湾的开发与发展,并把"开漳圣王"崇拜及闽南文化传播到台湾,使闽南文化成为今天台湾的主流文化。

注释:

① 陈祯祥编:《陈氏族谱·唐列祖传》,槟城缎罗申鸿文民国乙卯年石印本。

② 李文章主编:《陈元光开漳史篇》,漳浦县威惠庙 1990 年编印,第 3 页。

③ 光绪版《漳州府志》卷 24·宦绩一,1994 年漳州市地方志编委会缩印本,第 481 页。

④ 陈祯祥编:《陈氏族谱·龙湖集诗》,槟城缎罗申鸿文民国乙卯年石印本。

⑤ 光绪版《漳州府志》卷 42·艺文二,第 999 页。

⑥ 陈祯祥编:《陈氏族谱·龙湖集诗》,槟城缎罗申鸿文民国乙卯年石印本。

⑦ 陈祯祥编:《陈氏族谱·龙湖集诗》,槟城缎罗申鸿文民国乙卯年石印本。

⑧ 许天正:《和陈元光平潮寇诗》,载《全唐诗》第 2 册·卷 45,中华书局,1960 年版。

⑨ 光绪版《漳州府志》卷 24·宦绩一,第 482 页。

⑩ 陈元光:《请建州县表》,光绪版《漳州府志》卷 42·艺文二。

⑪ 漳州市地方志 1986 年 6 月复制本《白石丁氏古谱》。

⑫ 陈祯祥编:《陈氏族谱·龙湖集诗》,槟城缎罗申鸿文民国乙卯年石印本。

⑬ 陈祯祥编:《陈氏族谱·龙湖集诗》,槟城缎罗申鸿文民国乙卯年石印本。

⑭ 陈元光:《谢准请表》,光绪版《漳州府志》卷 42·艺文二。

⑮ 陈祯祥编:《陈氏族谱·龙湖集诗》,槟城缎罗申鸿文民国乙卯年石印本。

⑯ 陈祯祥编:《陈氏族谱·龙湖集诗》,槟城缎罗申鸿文民国乙卯年石印本。

⑰ 陈祯祥编:《陈氏族谱·龙湖集诗》,槟城缎罗申鸿文民国乙卯年石印本。

⑱　汉・韩婴:《韩诗外传》卷2。

⑲　陈元光:《谢准请表》,光绪版《漳州府志》卷42・艺文二。

⑳　上述诗句均载陈祯祥编:《陈氏族谱・龙湖集诗》,槟城缎罗申鸿文民国乙卯年石印本。

开闽"三王"流徽八闽

王维宜

王维宜(1935—)男,汉族,福建晋江人。1961 年毕业于上海华东师大中文系,分配到华侨大学中文系任教。后调任泉州师院中文系主任、副教授,从事中国现代文学史和作家作品教学与研究。先后参与编著《中国新文学简史》、《中国新文学》(上下册)等,为许多高校所采用。发表多篇现代作家作品研究的论文。曾任"福建五代闽国三王文物史迹修复保护委员会"办公室主任,发表有关"开闽三王"历史事迹的学术论文多篇。现主要从事地方文史研究和文物史迹修复与保护工作。

开闽"三王",即五代闽国的王潮、王审邦、王审知昆仲。他们于唐光启元年(885)率军入闽,先后攻克泉州、福州,统一全闽,建立闽国,采取了许多有利于发展经济、文教、商贸、海交的措施,为宋元时期福建的繁荣与发展奠定了基础。因此,历来合称"开闽三王"。考其功业,堪称载誉千古,流徽八闽。

王潮、王审邦、王审知祖籍琅琊。五代祖王晔为光州固始县令,定居固始。父王恁,务农为业,颇有资产。王潮生于唐会昌六年(846),沉勇有谋略,青年时就任固始县佐史。王审邦生于大中十二年(858),通《春秋》,喜儒术,善吏治。王审知生于咸通三年(862),状貌雄伟,方口隆准,常骑白马,号"白马三郎"。三兄弟文武兼备,材勇过人,深孚众望,人称王氏"三龙"。

　　唐末政治腐败,宦官跋扈,藩镇割据,兵祸连年,民不聊生,农民纷纷起义。唐僖宗乾符间,山东王仙芝、黄巢起义,席卷大半个中国,破洛阳、叩潼关、陷长安,僖宗逃往成都。中和元年(881),安徽寿州屠户王绪与妹夫刘行全聚众500,乘机攻占寿州,接着又攻陷光州固始,响应者万有余人。王潮与兄弟即于此时扶母参加义军,被任命为"军正",主管军粮财务,因廉洁守信,为将士所推崇。后王绪提光、寿两州军民依附蔡州节度使秦宗权,因筹备粮赋不能如期,惧被责罪,乃于光启元年命刘行全为先锋,王潮为副先锋,率军众5000南奔。义军略江淮、过浔阳、赣水,取汀州、下漳浦,于是年八月进入漳州。

　　王绪乃屠户出身,才不如人,又心胸狭窄。行至漳州,即以"道险粮少"影响行军为名,下令诛杀随军老孺,引起众怒。后又妄信会"望气"看相的术士的话,怀疑军中有"贵相"者,将来崭露头角,会危及他的地位,心怀猜忌,凡是身材魁梧富于勇略有才谋者,都被滥杀,连其妹夫刘行全也受到威胁。行军到达南安地界,王潮与刘行全设计,埋伏壮士数十人于篁竹间,等候王绪经过,乘机捉拿羁押。将士们欢呼雀跃,经刘行全提议,公推王潮为主将,王审知为副将。

　　由于部属众多,粮草短少,难以长期流动,王潮决定引兵北上回归光州。尽管处境艰难,王潮仍然严格约束部属,所到之处秋毫无犯。抵达沙县时,泉州士绅张延鲁因刺史廖彦若贪赃枉法,统治暴虐,百姓难以安生,又听说王潮统率的义军纪律严明,善于作战,于是带领着老耆奉牛酒赶到沙县,恳请王潮率军解救。王潮应命率军南下围攻泉州,于光启二年(886)八月,攻克泉州,诛杀暴吏廖彦若。从此,王潮昆仲以泉州为根据地,勤谨治政,招还、关怀因虐政和战乱而流离失所的百姓,平均税赋,减轻人民的负担,鼓励发展生产;又整顿军队,严肃军纪,使原来动荡的社会很快得到安定,深受吏民的欢迎与拥戴。

　　王潮在泉州的治绩与才干为当时福建观察使陈岩所赏识,表授王潮为泉州刺史。唐大顺二年(891),陈岩病重,派人召王潮赴福州,欲授以福建的军政大权。但王潮尚未到达,陈岩遽然去世。陈岩的妻弟护军都将范晖早有野心,怂恿亲信推己为"留后",妄图拒阻王潮赴任。范晖骄横侈奢,失去民心,许多旧将归奔王潮,建议王潮发兵捉拿范晖。于是王潮派从弟王彦复为都统,王审知为都监,出兵攻打福州,此举大得民心。据《资治通鉴》载:"民自请输米饷军,平湖洞及滨海诸蛮(指地方土著)皆以兵船相助。"但因福州城坚,弥年不克,范晖的姻亲浙江威胜军节度使董昌又发兵5000前来救援,前锋将恐腹背受敌,请求暂时退兵。王潮下定一鼓作气攻克福州的决心,命令道:"兵尽益兵,将尽益将,兵将尽,则吾至矣!"命令鼓舞了将士们的勇气和信心,攻城益猛。唐景福二年(893)五月,福州城内粮尽,军无斗志,范晖弃城仓皇出逃,援军遽退,王潮军队遂克福州。

王潮入福州后,身穿素服安葬陈岩,厚待其眷属,还嫁女于陈子延晦。从此,王潮兄弟声威远播,汀州刺史钟慕全,建州刺史徐归范先后举田亩户籍归顺听命,山岭海隅的地方土著武装也纷纷来降,王潮短期内尽有福、泉、漳、汀、建五州之地,统一全闽。是年九月,唐昭宗以王潮为福建观察使,王审知为副使。乾宁三年(896)九月,又提升王潮为威武军节度使。未久,王潮染病不起,嘱咐后事,授命王审知执掌军政大权。翌年,王潮卒,葬于惠安盘龙山。唐授审知为福建节度使,后加平章事,封琅琊王。王审知掌权后,全力以赴,继承和开拓王潮未竟的事业。天佑四年,唐亡,后梁立。梁太祖于开平三年(909)加拜审知为中书令,福州大都督长史,晋封闽王。王潮、王审知进军福州后,王审邽一直留守经营泉州这一根据地,巩固安定后方,发展经济,添兵运粮,致力于地方建设和后勤供应。天佑元年(904)二月卒,葬于泉州东郊皇绩山麓。王审知为建立和巩固闽国,勋绩卓著,劬劳一生,于后唐同光二年(925)病逝,终年66岁。初奉安于闽县灵岫凤池山,七年后,移葬福州北郊莲花山南麓。

自"三王"入闽至王审知逝世(885—825)共40年。"三王"治闽期间,励精图治,广施德政,政绩赫奕,为福建的稳定和发展创造了有利条件,其事迹史乘多有详载。概而言之,其历史经验,主要有五个方面,值得借鉴。

1. 尊奉中枢,交好邻道,息境安民。唐末五代,正当中国社会极为动荡不安时期,十国争雄,割据一方。"三王"善于审时度势,坚定地采取"保境安民"的基本政策。他们对内平息动乱、整顿吏治,安定政局,加强城防,扩大福州子城,加建南北月城,修建泉州子城及许多州县的城寨,力求长治久安。对外则奉中原政权唐、梁为正朔,始终称臣纳贡,凭借唐、梁的声威,使邻国找不到兴兵犯境的口实。同时又主动与邻邦修好,避免纷争。王审知命次子都指挥使王延钧迎娶南汉刘隐之女清远公主,又将第三女琅琊郡君出嫁吴越王钱镠之子先锋使钱向,以姻亲关系强化了邻邦的友好关系,消弭了祸端。接任威武军节度使后,许多僚属劝王审知称帝,王审知却虚心接受节度使推官黄滔的意见,权衡轻重,力排众议,断然说:"我宁为开门节度使,不做闭门天子。"因此,就为福建的繁荣与发展,营造了和平安定的环境。当时北方扰攘、周边动荡,而闽国却不知兵者亘数十年。

2. 以民为本,休养生息,致力发展经济。"三王"出生农家,饱经战乱,深知民间疾苦。入闽掌政之后,即以恢复发展经济为施政纲领,着意安定民生。王潮既得泉州,即"招怀离散,均赋缮兵",减轻徭役,鼓励生产。流民回籍者,借给耕牛,以供耕耘;流离失所者,为修庐舍,让其安居。攻克福州后,"还流亡,定租税,遣吏巡州县,劝课农桑"。鼓励山区垦荒造林,植茶种果,沿海围滩造田植稻,很快就出现了"男耕女织,岁屡丰稔"的喜人景象。当时"政荒民散"的归德场(今德化县)因派深知民瘼又富于才干的颜仁郁为场长,尽心劝农,于是"一年襁负至,二年田莱辟,三年民用足",民间歌谣真切地道出百姓的欢悦心情。为了发展农业,王氏昆仲还派民造堤营田,在各地兴修水利。如在福州疏浚西湖40里,溉田无数。此外,长乐、福清的海堤,连江东湖、晋江六里陂,南安自家陂、九溪18坝等,都是当时建造的著名水利设施。后人评论说:"民安土乐业,川源浸灌,田畴膏沃,无凶年之忧。"

除农业外,手工业也相当发达。王审知设"百工院",引进中原地区先进的手工业并加以推广。当时,泉州的丝绸纺织,德化和泉州碗窑的陶瓷,安溪、建州的茶叶,"冶城"福州和安溪的炼铁,尚卿的冶银,宁化铅场的铸铅,均已是特产,除供民用外,还是重要的出口商品和贡品。龙德二年(922),王审知还铸"开元通宝"大铁钱,又于宁化铸铅钱,与铜钱并行,弥补货币流通的不足,促进了商品经济的发展。

3. 开辟港口,招徕客商,发展海交贸易。福建濒临东海、南海,地理位置得天独厚。早在唐中后期,福州、泉州两港就已通商国内外,为东南重要港口,造船业也具相当基础。北抵渤海、新罗(今朝鲜)、日本,南达南洋群岛、印度、波斯、阿拉伯,已有福建船舶往来。"三王"利用福建这一优势,进一步开拓港口,发展对外商贸。王审知任命张睦领榷货务,制定合理的商贸政策,管理商贸往来,"招徕蛮夷商贾,敛不加暴,而国用日以富饶"。审邽长子延彬任泉州刺史期间,"复多发蛮舶,以资公用,惊涛狂飙,无有失坏,即藉之为利"。因此,被称为"招宝侍郎"。至宋元时代,泉州即发展成为东方大港。五代闽国对外出口的产品,大多为丝绸、陶瓷、茶叶、铜铁器等土特产,进口则为珠宝、珍珠、香料等。据《旧五代史·梁书》载,后梁开平二年(908)王审知给梁的贡品有"玳瑁、琉璃、犀象器并珍玩、香药、奇器、海味,色类良多,价累千万"。这些都是当时令人倾慕的舶来品。为进一步加强对外贸易,除疏浚河道、港口,充分发展福州、泉州港的潜力外,王审知还另辟新港黄崎港。史载:黄崎港旧有巨石屹立波间,"怪石惊涛,覆舟为害",王审知"祷于神,将刊之","一夕,风雨雷电震击,开以为港。闽人以为审知德政所致,号为'甘棠港'"(见《福建通志》)。撩开神话传说的面纱,可以窥见当年王审知指挥工匠开山炸石、拓宽航道的情景。港口的开拓,对外商贸的发展,既增强了闽国的经济实力,也促进了对外的友好往来和文化交流。

4. 招贤纳士,重教兴学,养成良好的民风和文风。福建原为海疆僻壤,较之中原、江南发达地区,文化教育相对滞后,中唐始有登科第者。贞元八年(792)泉州欧阳詹中进士,被称为"温陵甲第破天荒"。"三王"入闽,掀起了中原地区向福建移民的第三次高潮,既带来了先进的生产技术,也引进了先进的中原文化,并与福建原有的地方文化相嫁接,形成了富有特色的"闽文化"。

当时,中原"板荡",福建社会政治较为安定,经济有所发展,又奉中原政权为正朔,因此衣冠士族,纷纷入闽避难。《十国春秋》载:王审邽任泉州刺史,"中原乱,公卿多来依……遣子作招贤院礼之,振赋以财"。招贤院位于唐安乡修文里(今泉州西郊潘山镇),北有大小潘山,南临晋江下游黄龙溪,苍松翠竹,曲径台榭相映成趣,竹径石磴直达江边,便于散游吟唱,放舟垂钓。泉州刺史按时派人存问冷暖,接济财物,施医赠药,使其无衣食病痛之忧。当时来泉依附的公卿名士甚多,知名者如右省常侍李洵,翰林承旨制诰兵部侍郎韩偓,中书舍人王涤,右补阙崔道融,大司农王标,弘文馆直学士杨赞图,王倜,集贤殿校理归传懿等,主持院务的则是后来任威武军节度使推官的黄滔。这批名士云集于此,或讲学,或著述,或唱和,有的探讨学术,有的咨议政务,有的则被聘请到创办不久的"四门义学",以教导士子,诱掖童蒙。真是衣冠济济,文风习习,遂使闽荒海辄,蔚为"海滨邹鲁"。

王潮、王审知入福州后,也于州四门置"义学",免费招收学童入学。梁龙德元年(921),王审知接受梁谏议大夫翁承赞的倡议,于城南兴贤里置"四门学",进一步提升办学的层次,成为当时的高等学府。后又在九仙山(今于山)创办"鳌峰书院",以吴勗为大教授,选拔奖掖士之秀者。闽王还亲临阅卷,论才授职,铨叙任官。由于"三王"的倡导,影响所及,府有府学,县有县学,村有私塾,八闽五州掀起了兴学读书的潮流,民风骤变,人文之盛,几为十国之冠。

5. 廉洁自律,任人唯贤,赏罚分明。"开闽三王"崛起于动乱之秋,创业于艰难之时,掌权之时,仍能勤勉为政,廉洁自律,体会疾苦,俭约爱民。王潮、王审邦虽在位较短,但都以"省刑惜费"、"俭约爱民"而闻于世。王审知在位近30年,地位日升,却始终严以律己,谦以待人。据《十国春秋》载,王潮入主福州为观察使,审知虽为观察副使,"有过,辄加捶楚,不以为嫌,审知亦无怨色"。王潮正是看中其品格与才干,临终之时,舍其亲子而托审知以大事,"世咸服其知人"。审知果不负所望,继位后仍保持本色,"为人俭约,常衣袖绔败,乃取酒库酢袋而补之"。封闽王后他处身高位,仍一如既往,"常蹑麻履,府舍卑陋,未尝营茸。宽刑薄赋,公私富实,境内以安"。有一次,出使南方的官员回来,献给他一个珍玩玻璃瓶,审知审视沉思良久,掷瓶于地说,"爱好奇珍异宝,乃奢侈腐败的本源。我毁坏它,就是要避免后代玩物丧志,逐渐堕落"。王审知在世时,对子侄要求严格,赏罚分明。从子王延彬继父职刺泉17年,政绩显著,吏民安之。王审知很高兴,接梁授承制提升其为平卢节度使,以示嘉奖。但后来王延彬日益狂妄骄纵,野心膨胀,认为"平卢节度使"只是空衔,没有实职,心怀不满。后梁贞明六年(920)十一月,有人以所获白鹿和紫芝来献,僧人浩源认为是"王者"的征兆,与王延彬合谋,秘密派遣使者浮海纳贡于后梁,请求授以"泉州节度使",其实就是要与王审知平起平坐,分庭抗礼。这种闹独立、搞分裂的活动为王审知觉察,立即严惩浩源,罢王延彬的官,召回福州软禁反省。

王审知善于考察、识别人才,选贤任能,量才录用,不分亲疏。在位期间,亲自任用擢升了许多德才兼备的文官武将,都是闽国的栋梁之材。如任命黄滔为监察御史里行,威武军节度使推官,不但"中州名士,悉主于滔",而且在随侍中聆听了他许多有益的政见。黄滔就竟竭诚规劝王审知不要追求帝王的名分,保持节度使的官衔,以求闽国的长治久安,和那些以"劝进"求利己的小人不同。翁承赞两次受诏入闽册封,为王所赏识。后留闽依之,审知遂以为相,给予特殊的待遇。承赞劝审知建"四门学",以教闽之秀者,为闽国培养后继人才。张睦与审知同为光州固始人,在入闽的征程中共患难,审知看中他在"抢攘"(动乱)之际,仍能"雍客下士",温文尔雅待人,因而授以三品官,领榷货务,招徕蛮夷商贾,与外国客商打交道,可谓人尽其才。邹勇夫也是光州固始人,单骑随三王入闽,忠勇可靠,又敢于直言,常向审知"敷陈利害",如力谏奉梁为正朔,保持尊奉中枢的策略。审知授以仆射之职,后派往归化镇守边,防备南唐的寻衅和侵犯,邹勇夫招集流散百姓回乡,帮助完葺宅舍,安定生活,为边防构筑牢固的群众基础,使归化镇安如泰山。浦城人章仔均名不见经传,但为人富于谋略,深沉大度,晦迹(隐居)不仕,后见王审知眼界高远,治政有方,亲自登军门拜谒,献"战、攻、守"三策。王审知大喜,不计前嫌,奉为上宾,授为西北面行营招讨制置使,屯戎浦城西岩山。后章仔钧果以"坚守不战"的策略,抵御了南唐的突然袭击,立下战功。正是由于"三王"广施德政,深得人心,又招贤纳谏,知人善任,才使闽国拥有一批安邦定国名臣良将,为稳定发展奠定了基础。

但是,历史的车轮并没有按照"开闽三王"开辟的道路前进,而是走向歧途绝径。王审知逝后,尸骨未寒,其后继子侄即称王称帝,骄淫奢侈,你争我夺,互相残杀。争夺攻战的浩劫不但重陷人民于动乱的水火,失尽民心;也使"开闽三王"艰难竭蹶建立的政权分崩离析,丧尽国力。后晋开运二年(945),闽国终被南唐所灭。追溯历史,教训尤为深刻,千万不能忘记!

王审知入闽与闽台人光州固始之根

王大良

王大良(1963—)男,汉族,河南商丘人。史学博士,社会学博士后,教授。主要从事传统文化和姓名民俗研究,已出版相关著作近 50 种,发表论文近百篇,获奖多项。与中原移民有关的成果有《陈元光及豫闽台关系散论》(《信阳师范学院学报》1991 年第 3 期)、《从中原人口南迁看闽台姓氏源流》(《中州统战》1997 年第 3 期)、《客家与中原关系刍论》(《嘉应大学学报》1998 年第 1 期)等。现在中国青年政治学院工作。

王审知是五代十国时期的闽国开国之君,也是光州固始(今河南固始县)历史上的一位著名人物,更是在豫闽台关系史上占有重要位置的名人,至今还被人誉为"开闽第一"。尤为重要的是,他当年"悉举光、寿兵五千人"入闽之举[①],还被与晋末中原士族"八姓入闽"和唐初陈元光率 58 姓入闽之举相提并论,被认为是与光州固始有关的第三次入闽大移民,所率将士后来都成为闽国的栋梁之材,在八闽大地上生根开花,其所使用的姓氏也进一步与其他两次移民的姓氏一起发展成为闽台姓氏的主体,而光州固始也被闽台人公认为是自己的祖根渊源所在,对这种渊源关系的研究更成为学界关注的热点问题之一。事实上,与其他两次移民比起来,王审知的率众入闽更有意义,这不仅是因为这些移民在闽国立国时期由于"以桑梓故独优固始"[②],姓氏和家族都获得了充分发展,而且还由于与这些移民有关的资料较为完整，为我们的深入研究提供了更多的便利条件，与其他两次移民资料零散、扑朔迷离相比明显不同。因此，在对其他两次移民研究的基础上[③]，本文重点探讨王审知这次"开闽"与闽台人的"光州固始"之根，以此献给 2008"光州固始"与闽台历史渊源关系国际研讨会，并请方家批评指正。

一、王审知家族来源及其"固始世代"

众所周知，在整个王姓的发展史上，王审知所在的家族属于王姓的开闽王氏支派，其前身是固始王氏，与琅琊王氏、太原王氏和三槐王氏并称[④]。至于其家族来源，一般认为出自琅琊王氏，或者被认为出自琅琊王氏的分支固始王氏，其在由固始南迁福建以前也被称为其家族的"固始世代"。但固始王氏究竟怎样由琅琊王氏演变而来的，其间还有一个让人无法解开的疑团。较为客观的说法是，固始王氏是一个在唐代中叶以后兴起的王姓支派。

关于固始王氏或开闽王氏出自琅琊王氏的说法，大多出自其族人口耳相传或其家谱。而在至今可见的唐宋时期文献中，则多笼统认为与琅琊王氏有关。如在今福州市闽王庙中所立的唐天佑三年（906）《王审知德政碑》载："公名审知，姓王氏，琅琊人也。后以大祖就禄光州，因家于是郡焉。"另一通立于北宋开宝九年（976）的《重修王审知庙碑》也说："公名审知，字祥卿，姓王氏，本琅琊人，秦将翦三十四代孙。高祖晔，唐贞元中，为光州定城宰，有善政以及民，因迁家于是郡，遂为固始人矣。"以上两碑所记内容大致相同，都认为开闽王氏出自琅琊王氏。只是在《重修王审知庙碑》中增加了"秦将翦三十四代孙"一句。但在王审知与王翦之间究竟是指哪些人，早期文献并没有详细记载，倒是在后人编修的家谱中，不仅有王审知与王翦之间的世系，甚至还有从太子晋到王翦之间的世系。其中在述及太子晋和王翦之间的世系时，大意说太子晋之子宗敬得姓以后，生子凤，凤生覃、石二子。石子翊，世称"鬼谷先生"。覃生渠，渠二子：庄、丰。丰生芝，芝生亿，亿生错。错生贲，贲生渝，渝生息，息生恢。恢封伊阳君，生亢，亢生颐。亢、颐不就中大夫召，由琅琊隐居关中。颐生翦。至于王翦到王审知之间的世系，则是说王翦为秦始皇统一天下后告老回频阳，子王贲继承父业，被秦始皇封为

"通武侯"。王贲生子王离,统军时被项羽"破釜沉舟"击败后被俘,自殉谢世。王离有王元、王威二子,举家避难于琅琊,世称王元为"王氏琅琊祖"。王元传子王忠,孙王浑,浑三子:曜、晖、皎。曜字明德,西汉秦州牧,葬皋虞,二子:袭、舒。袭二子:广、吉。吉字子阳,仕于汉宣帝,官至博士谏大夫。吉子骏,官至御史大夫,封明义侯,二子:崇、游。崇字德礼,大司空,封扶平侯,生遵,字伯业,后汉中大夫,义乡侯。遵生二子:旹、音。音字少玄,生子仁,青州刺史。仁四子:谊、睿、典、融。融,南康尹,子祥、览。王览以下至王审知高祖王晔之间世系,则与《新唐书·宰相世系表》相同。上述两段世系的传承情况及其涉及各代名讳是否与《重修王审知庙碑》中所说的"三十四代"一致已无法确知,而同样的世系在不同的开闽王氏家谱中也存在着差别,说明要想理清其中的线索已经颇为困难了。

在不少开闽王氏的家谱中,还把王审知与唐武后宰相王方庆联系起来,说他是王方庆第五子王晔的玄孙。由于王方庆出自琅琊王氏,其家族自东汉以来的世系传承瓜瓞连绵,于史有证;东汉以前的世系也相传与"秦将翦"有关,这也大约就是《重修王审知庙碑》中所谓的"三十四代"中的一些了。但是,我们在此必须指出的一点是,今天许多开闽王氏家谱中所谓的王审知高祖王晔是唐武后宰相王方庆第五子的说法是令人怀疑的,因为它很难经得起推敲。在今天所见反映王方庆家族确切传衍情况的《新唐书·宰相世系表》里,于王方庆名下确实有个叫王晔的儿子,排行第五,并说他官至殿中侍御史,有子名僾。但在《新唐书·宰相世系表》里,他一则官至殿中侍御史,与《新唐书·王潮传》和许多开闽王氏家谱中所说的终于固始令不合;再则殿中侍御史官居从七品下,而固始县令为七品,二者的品级也不相合。更为重要的是,如果我们再翻阅两唐书《王方庆传》便可知道,王方庆是个大约生在唐太宗贞观末年又在武则天长安二年(702)去世的人,他的第五子王晔即使是他的遗腹子,也是唐代中叶以前人,不可能像前引《重修王审知庙碑》中所说的那样在"唐贞元中,为光州定城宰"。因为贞元是唐德宗年号,相当于公元785—804年,已是唐代中叶以后。由于生活时代并不一致,所以同为一人的可能性极小,王方庆第五子王晔与王审知高祖王晔不太可能是同一个人。

　　尽管开闽王氏与琅琊王氏的关系还存在一些疑点，但与琅琊王氏有关的说法仍基本得到了认同，即使是在闽国创建或立国时期，王审知等人从中原王朝那里获得的封爵名号也是"琅琊"，显然也是把他当作了琅琊王氏的传人。而在开闽王氏后裔中，更加认定是由琅琊王氏分衍而来的，一些家谱还说王审知是太子晋的第44代孙。此外，许多开闽王氏家谱中都有对琅琊王氏的追忆内容。如福建《岩岭王氏族谱》称，王氏为江左第一著姓，王导12世孙晔，光州定城令，因家于固始。这里提到的不是前述《重修王审知庙碑》中所说的"秦将翦"，而是琅琊王氏的代表人物东晋宰相王导，可见对琅琊王氏的认同更进一步了。

　　从王审知高祖王晔开始，开闽王氏的世系传承是清楚明白的，许多开闽王氏家谱也把王晔到王审知这段世系称作王姓的固始世代，或者称为固始王氏。对此，在王审知长兄王潮于《新唐书》的传记中，说"王潮，字信臣，光州固始人。五代祖晔为固始令，民爱其仁，留之，因家焉"，明确指出了固始王氏形成的原因。又如前引《王审知德政碑》和《重修王审知庙碑》，也说在王审知高祖王晔家于固始之后，王审知"曾祖友名，赠光禄卿。王父玉，赠秘书少监。父恁，赠光州刺史，继赠太尉。公即太尉之季子也"，或者说"曾祖友，赠光禄卿。祖蕴玉，赠秘书少监。父恁，累赠至太尉、光州刺史。公即太尉之季子也"，其中除王审知祖父的名字有异外，其余几乎完全相同。据此，我们大约可以这样描述固始王氏的历史是：王审知的高祖王晔在唐德宗时任职于光州定城（光州治所，今河南潢川）、固始（在潢川东）一带，因任职期间政绩颇佳，深得民心，期满后为民所请，留居当地，成为固始王氏开基祖。此后，王晔子王友、孙王玉、曾孙王恁生前都没获得功名，玄孙之一即王审知。这五代人生活的时代，是从唐玄宗开始直到唐代末年，固始王氏也因此是一个在唐代中叶以后出现的王姓支派。

二、王审知由光州固始南迁入闽

　　在开闽王氏前身固始王氏时期，由前引《王审知德政碑》和《重修王审知庙碑》便可知道还不贵显,《新唐书·王潮传》、《旧五代史·王审知传》、《新五代史·闽世家》等也明确记载他们"世以赀显"或"世为农"、"世为农民",说明固始王氏自王晔以后,最初四五代多衰微不振,无特别功名,到王恁时仍是一介农夫。王潮当初也仅为县吏或县佐,负责县中俗务,也说明其出身并不高贵。只是在传到王恁儿子这一辈,即王潮、王审邽、王审知兄弟三人时,由于固始一带爆发了农民起义,兄弟三人因"材勇"而参加农民军并逐渐坐大,向东南沿海发展,最终成为五代十国之一的闽国的建立者,固始王氏才迅速崛起,一跃成为名闻天下的望族。

为固始王氏崛起起了关键作用的人物,众所周知是王审知及其两位兄长王潮和王审邽,人称"王家三龙"。其中长兄王潮成名最早,三弟王审知名望最盛、功勋最巨。尤其是王审知,史称状貌雄伟,喜读书,好骑射,常乘白马,号称"白马三郎"。唐僖宗时,黄巢起义爆发,寿州人王绪与刘行全乘势聚众起兵,攻占寿州、光州。王绪在攻占固始县后,为争取固始人支持,任命"王家三龙"中的老大王潮为军正,而王审邽、王审知也随兄入伍。随后,王绪率领光、寿二州兵南下,"王家三龙"也率领固始王氏宗族和乡兵随军,并奉母前行。他们南下的方向先是江西、广东,从光启元年(885)开始又从闽西的汀州一带进入福建,以后也在福建发展,成为"开闽"之人。至于王绪和"王家三龙"为何会有这样的军事行动,究竟是事先的深思熟虑还是见机行事,后人对此颇多争议。但通过争论,也越来越揭示了事情的真相。

王绪和"王家三龙"南下入闽的原因其实很复杂。在此之前,王绪和"王家三龙"原只活动在"王家三龙"的故乡光州、寿州一带,《旧五代史·王潮别传》也说"黄巢犯阙,江、淮间群盗蜂起,有贼帅王绪者自称将军",时间是在广明元年(880)十月。当时的详情是黄巢率起义军从岭南还师北上,途经王绪和"王家三龙"所在的江淮一带,然后向京师长安进发。由于势如破竹,江淮民间乘时蜂起,时在寿州任屠夫的王绪就是在这时与妹夫刘行全一起聚众起兵的,王绪还攻占了霍邱县,自称镇使。次年三月,王绪攻占寿州,杀寿州刺史颜璋,起义军"有众万余"。同年九月,王绪又攻占了光州,并在境内招兵买马,扩充军队,于是才有王潮三兄弟在这时加入进来。当然,三兄弟的加入还另有隐情。据《王审知德政碑》记载，王潮当时在光州已经有了一定的名声，他"志尚谦恭，誉蔼乡曲，善于和众，士多归之"，是个颇有威望的人。王绪要在当地站稳脚跟，不可能不借助他的威名。于是，《闽国史事编年》称王绪"闻潮名，乃召徕署为军正，使典货粮，阅士率，颇信用之。并其二弟亦召置军中"。当时，在光州以北的蔡州是奉国节度使秦宗权势力范围，秦宗权也已经自称皇帝，补署官吏，"恃势侵凌四境"，王绪自知不是他的对手，便派人投靠秦宗权，以求一时平安。秦宗权欣然答应，封王绪为光州刺史。但不久之后，亦即在光启元年（881），秦宗权突然向王绪发难，迫使王绪另谋出路，从而才引出此后的南下和入闽。

对于秦宗权这次逼迫王绪并引出他和"王家三龙"南下入闽的原因，历史上主要有以下三种说法：

其一，根据《资治通鉴》的记载，秦宗权在光启元年正月"责租赋于光州刺史王绪，绪不能给。宗权怒，发兵击之"。王绪由于被逼无奈，只好离开光州，向位于秦宗权军队相反方向的南方发展，最后才在遇到机会时进入福建。这一切都有不得已的因素，看不出任何深思熟虑的色彩。对此，《重修王审知庙碑》也说王绪当时的处境是"及秦宗权窃弄五兵，遍侵四境。绪内乏婴城之计，外无善邻之助，遂率众以作窜，欲辟地而偷安"，不得已的因素十分明显。

其二，根据《闽国史事编年》记载，"秦宗权召王绪击黄巢，绪迟留不前"，因此"宗权发兵攻绪"。其实，这种说法是与事实不合的。因为早在此以前，黄巢农民军早已离开了江淮地区，引兵向关中，秦宗权已不可能再召王绪发兵击黄巢军。这里的"宗权发兵攻绪"，原因远不如《资治通鉴》所谓"责租不给"可信。当然，尽管这一动机还不足取信，但带来的"发兵攻绪"后果却是一致的，王绪也同样不得不离开光州南下。

其三，根据《王审知墓志铭》记载："时秦宗权居淮西以利啖四境，而固陵不从。宗权势不可遏，席卷五陵，三龙于是奉版而南下。"意思是说，王绪和"王家三龙"的南下是"奉版"而为，有受朝廷派遣、奉命南下的味道。其实，这是后来的御用文人为王绪等人的美誉饰词，更加不足采信。因为当时天下早已大乱,各地封疆大吏拥兵自重,朝廷所能控制的地方不过是河西、山南、剑南、岭南西道等数十州,而在淮南有高骈占地为王,宣、歙有秦彦拥兵自重,浙东有刘汉宏独霸一方,东南地区早已不在朝廷的控制之下,完全没有派他们"奉版南下"、去统治远在千里之外的福建的可能。

由上可见,王绪和"王家三龙"的南下完全是在秦宗权逼迫下的无奈之举,是不得已而为之,并没有明确的目的性。加上要"率光、寿兵五千人,并携吏民南奔",也不是一件容易的事,许多将士都像"王家三龙"一样举家随军,或与父母一道,或拖儿带女,或"违坟墓,捐妻子,羁族外乡为盗",一点也没有"奉版南下"的轻松和惬意。况且在离开光州以后,王绪的军队进军目的十分明确,也就是尽快摆脱秦宗权从北面而来的追击,快速向军阀割据相对薄弱的南方一带寻求生机。为此,他们迅速离开江淮地区,由江州(今江西九江)指向洪州(今江西南昌),试图假道洪州进入福建,但由于洪州节度使时钟传认为"王绪若得福建,境土相接,必为己患,阴欲除之",派兵加以阻拦,王绪军只得继续南行,到达吉州(今江西吉安),一度占领虔州(今江西赣州)。在入虔州后,虔州所属的南康县民潭全播起兵"破王潮之众,入据虔州",王绪只好引兵东向,"自南康入临汀(今福建长汀)",进入福建,从而才使入闽成为事实。

在王绪和"王家三龙"由光州南下到由长汀进入福建的过程中,王审知的身影还不像后来那么清晰,这也是我们不必讳言的。直到王绪被杀、王潮去世以后,王审知才正式登上历史舞台,而这时已是乾宁四年(897),即他们由光州南下的17年以后。在这17年中,特别是他们进入福建以后,这批农民军先后在王绪、王潮率领下转战于八闽各地,逐步奠定了闽国建国的基础。加上王潮又远奉朝廷,被朝廷任命为福建观察使、威武军节度使,加检校尚书左仆射,成为今福建一带官位最高的人。同时,王审知的个人才能也是在这17年中逐渐表现出来的,加以出力最多,功劳最大,因此在当朝廷任命王潮为福州观察使、威武军节度使时,他都被任命为副使,成了地位仅次于王潮的人。以后王潮去世,他也顺理成章地接替了王潮的职务。此后不久,朝廷为他加官同中书门下平章事、检校太保,封琅琊王,成为闽中最高当权者。至唐朝灭亡、后梁建立后,梁太祖于开平三年(909)册封他为闽王,加拜中书令。后世称他为"闽王"、"开闽王"或"开闽第一",便是由此而来的。当然,由于这些问题溢出了本文探讨的范围,不再赘言。

三、随王审知入闽将士考

在王审知入闽时,跟随他前来的将士大约有 5000 人,也就是史书所谓"光、寿兵五千人"。加上同时前来的"吏民"以及他们的家属,据估计应不少于万人。这些人也分别属于不同的姓氏,按照传统的说法,当时有"十八姓入闽"或"十八姓随王"之说。不过,随着研究的越来越深入,人们发现当时入闽的姓氏远远不止 18 个,"十八姓入闽"之说仅是一个流行的说法和最低数目,真正数量实际上并不限于这些。根据笔者的初步统计,至少还有 24 姓说、25 姓说、27 姓说、34 姓说、40 姓说、46 姓说、50 姓说、60 姓说等多种。其中,18 姓说作为一种传统的说法,所指姓氏尚还不见确切所指,大抵包括陈、张、李、王、吴、蔡、杨、郑、谢、郭、曹、周、廖、庄、苏、何、高、詹等姓氏。24 姓说一说是指王审知部将张睦带来的姓氏,25 姓说见于福建《柘荣溪坪谢氏族谱》的记载,称当时有吴、萧、卓、林、陈、周、何、刘、郑、孙、黄、缪、姚、阮、郭、赵、李、高、程、杨、詹、朱、薛、施、谢等姓随他们入闽。27 姓说出自《台湾省通志·人民志》,所指姓氏有陈、张、李、王、吴、蔡、杨、郑、谢、郭、曾、周、寥、庄、苏、何、高、詹、沈、施、卢、孙、傅、马、董、薛、韩等。34 姓说见于新修《固始县志》,所指姓氏即王、陈、李、张、吴、蔡、杨、郑、谢、郭、曾、周、廖、庄、苏、何、高、詹、林、沈、施、卢、孙、傅、马、董、薛、韩、骆、蒋、黄、包、袁、赖等。40 姓说出自福建一些学者的考证,其所涉及姓氏除"27 姓说"中的姓氏以外,又从新旧《五代史》、《八闽通志》、《闽书》、《福建通志》、《泉州府志》等书以及姓氏谱牒中考证出严、邓、柯、吕、湛、虞、庾、邹、孟、许、戴、连、释等 13 姓。46 姓说出自河南一些学者的考证,所指姓氏有王、尤、邓、丘、卢、刘、吕、孙、庄、许、余、吴、张、李、杨、沈、苏、连、邹、陈、周、林、郑、侯、施、柯、洪、涂、郭、高、商、康、曹、黄、龚、傅、彭、曾、游、董、谢、詹、赖、廖、蔡、戴等。50 姓说也是福建学者的研究成果,所指姓氏即王、陈、林、刘、郭、谢、吴、张、黄、周、许、杨、苏、邹、詹、薛、姚、朱、李、郑、程、严、董、吕、孟、连、湛、虞、庾、戴、蔡、庄、邓、柯、沈、萧、卓、何、孙、缪、赵、高、施、曾、卢、廖、马、傅、韩、释等。60姓说见于福建学者的一些研究成果中,所指姓氏是王、林、陈、刘、张、郑、郭、程、周、黄、朱、连、李、谢、吴、杨、许、苏、邹、詹、薛、姚、严、董、留、吕、孟、虞、叶、戴、蔡、邓、柯、沈、释、庄、湛、庾、韩、翁、萧、卓、何、孙、缪、赵、高、施、曾、卢、廖、马、傅、路、蒋、包、袁、赖、徐、汪等。综合各家之说,涉及姓氏多寡的原因大约是所见不同所致,并且随研究的不断深入而呈现逐渐增加的趋势。对于这些说法中哪一种说法更接近事实,我们可以暂且不论,但至少有一点可以肯定,那就是传统的"十八姓入闽"或"十八姓随王"之说远远没能包括当时入闽的姓氏数量,即使另外所流行的"十八姓随王"、"五十姓随军"之说,也无法作为当年随军将士及其家属姓氏的确切数字。

在随王审知入闽的人中,较有影响的是"十八将随王"一说。这种说法的大意是说,在王审知入闽及后来的建国过程中,于所率领的5000人中涌现了18姓的功臣,其中陈、林、黄、张、刘、严、郭、唐、郑、宋等姓的功臣都各有建树。各将在王审知建国后大多被派往州县要地,子孙在各地繁衍生息,发展成为望族,如今则多是闽台大姓。当然,当年随王潮兄弟入闽的人,为人所知者当然不只是上述这些"十八将随王"的人,除此之外还有多人多姓见于记载。不过,当时从王审知入闽的5000多名将佐兵士、缙绅平民究竟有多少姓氏,目前实际上已经很难查考,除了以上这些以外是否还有其他姓氏,还需要学界进一步研究。

四、从王审知入闽看闽台人光州固始之根

综合上述可知,王审知当年率领上万人进入福建,的确对福建产生了深远影响。不仅如此,即使在王审知建立闽国、安定闽中以后,仍然有大批的中原移民迁来,史书也称"中土士族以闽峤僻左右,可以避世,故多依焉。衣冠之胄与编户杂处"。加以在王审知建立闽国后又推行优待固始人的政策,"以桑梓故独优固始",更使更多的人投奔到这里。另外,在《崇正同人系谱》、《台湾省志·人民志》等书中,也都有关于固始人迁入福建的明确记载。

又如南宋史学家郑樵在其《家谱后序》中也说,"夫闽人称祖皆曰自光州固始来,实由王潮兄弟以固始之众从王绪入闽,王审知因其众克定闽中,以桑梓故独优固始人,故闽人至今言氏族者皆云固始"。清顺治《光州志》中也记载,王审知当年"乘唐末之乱割据闽中,其后兵多光州人,今福州人多能言其上世出于光州者"。这些记载都是说,由于固始人当年的大移民,这些移民成为当今闽台人的祖先,因此固始作为祖籍地也获得了广泛认同。在其认同中,更为重要的还是对由王审知这次移民的认同,这种认同实际上也是闽台人对"根"的认同。

当然,福建、台湾一带的居民之所以认为根在光州固始,在家谱中写上"祖先为河南光州固始人",或者把固始当作朝宗祖地,并不仅仅与王审知入闽有关,还有陈元光父子在唐代初年由固始南迁等因素,但王审知这次入闽的影响依然是不容忽视的。更为重要的是,这些移民的后代后来还发展成为今天闽台人的主体,这些姓氏也是今天闽台人的主要姓氏,以致在许多姓氏的家谱上至今都能看到他们家于光州固始的记载。如福建流传至今的80%以上的族谱上,都明确记载着他们的根在光州固始。另外在福建出版的《闽台关系族谱资料选编》一书中,提到先祖来自光州固始的族谱也有多部,居住地区分别在晋江、泉州、南安、安溪、永春、漳州、龙海、诏安、仙游、长乐等地。另在福建平和《朱姓族谱》上,更明确记载他们的先祖来自固始朱皋镇。甚至连收复台湾的民族英雄郑成功,其先祖也是"自光州固始县入闽"的[⑤]。另据 1946 年福建云霄县的人口统计,当时全县有 81 姓、11 万多人,而其中 9 万多人的姓氏都与固始有关,占人口总数的 80% 多。而在台湾陈、黄、丘、宋、林等 18 部大姓族谱上,都记载着"其先为光州固始人"。据 1953 年台湾的人口统计资料,当时户数在 500 个以上的大姓有 100 个,其中有 63 姓族谱上明确记载是从固始迁往闽中、然后又在明清时期由闽中迁往台湾的。这 63 姓计有 67 万户,约占全部户数的 81%。当然,由于一些家谱上仅仅笼统说祖先来自光州固始,而没有载明究竟是否随王审知南迁,以致使我们还无法确知当时随王审知南迁的光州固始人究竟有多少,但如果认为他们大都来自光州固始,应该没有大的问题。

当然,社会上流传的闽台人"根"在固始一说,还有一个移民入台的过程,但追本溯源仍与固始有关。这是因为上述固始移民的后裔,在明末清初又随郑成功大量进入台湾。据考,现在台湾的2300多万人口中,有80%的人都是郑成功所率部众的后代。仅在台湾家谱中有史可查者,明确记载祖籍固始的就有出自18个姓氏的家族,即清源陈氏、虎丘林氏、台湾黄氏、深坑黄氏、台北张氏、清溪张氏、台南李氏、板桥王氏、台湾吴氏、新庄蔡氏、永安谢氏、蓬岛郭氏、清源曾氏、土城丘氏、武功周氏、台湾庄氏、土城何氏、佛耳山詹氏。另据1953年台湾人口普查资料显示,在500户以上的100种大姓中,有63姓的族谱记载其先祖是在历史上由中原地区迁往福建,占台湾总户数的80.9%,其中大部分都来自固始。由此可见,说闽台人根在固始,同样有充分的事实依据。

总之,由于王审知及其所率将士由固始入闽,与当地人民共同开发福建,推动了当地经济、文化发展,也因此受到当地人的尊崇和爱戴。同时,我们从王审知入闽的历史事实中,也可见固始与闽台关系源远流长。近年来,福建、台湾、香港、东南亚等地常有人到固始寻根问祖、投资兴业,也是在传承这种自古以来血肉相连的关系。

注释:

① 《资治通鉴》卷256唐光启元年。

② 郑樵:《荥阳郑氏家谱序》,见《莆田南湖郑氏家乘》。

③ 参见王大良:《陈元光及豫闽台关系散论》,《信阳师范学院学报》1991年第3期。该文原为1990年12月在漳州召开的"陈元光与漳州开发国际学术讨论会"论文。

④ 参见王大良:《中华姓氏通史·王姓》,东方出版社,2001年版。

⑤ 《郑氏附葬祖父墓志》,拓片藏厦门鼓浪屿郑成功纪念馆。

王审知与闽台关系的研究

陈榕三

陈榕三(1952—)男,汉族,台湾台南人。福建省社会科学院现代台湾研究所研究员。1973 年 9 月—1976 年 7 月就读于厦门大学汉语言文学专业。1989 年 8 月毕业于中国社会科学院研究生院新闻学研究专业。主要从事闽台历史文化、台湾经济政治、两岸"三通"、"海峡西岸经济区"等研究。尤其是在台湾问题对策研究方面有一定深度和广度。科研成果合计总字数58.65 万字以上(其中著作 10 万字)。公开发表论著 30 万字;主要调研报告18.65 万字。《源远流长的闽台交通关系》、《历史上闽台往来运载工具考略》等文章先后刊发于《台湾研究》。

唐末的王审知兄弟率义军入闽,用中原河洛文化,建设和谐闽疆,使军阀割据、盗贼四起的八闽大地,成为富甲天下,一境宴然的"海滨邹鲁"。研究好王审知与固始的人文精神,对巩固固始根亲文化历史地位,丰富河洛文化研究成果,扩大中原文化的影响,继承中华优秀传统文化,弘扬和培育民族精神具有重大的理论和学术价值。

一、王审知移民闽台的历史创举

在河洛儿女南迁及赴台的过程中,根亲文化也深深地扎根于福建和台湾。这种祖根文化,在维系海峡两岸同胞亲情乡谊和民族感情上成为重要的精神纽带,在民族认同、民族复兴中一直发挥着巨大的作用。

河南与台湾在历史上有着同宗同祖、同根同源的紧密联系,据估算,全台湾人中汉族占98%,其中80%是由福建去台湾的"河洛人"。而台湾的"河洛郎",是历史上三次大迁徙中由河南经福建再到台湾的。1953年台湾官方的户籍统计,每五户台湾居民中有四户先民来自"光州固始"。

"台湾有名谚语叫'陈林半天下,黄郑排满街',这'陈林黄郑'四大姓追本溯源,根都在河南。有人曾形象地说,台湾之根五百年前在福建,一千年前在河南,台、闽、豫一千年前是一家"①。

固始城东60华里外,分水亭乡王堂村。

史书记载:这里是五代十国时期"闽王"王审知的旧居。在陈元光之后200多年,王审知又进行了一场更大规模的固始入闽运动。

当地据传:王审知少时在村中常骑一白马,有"白马三郎"之称。这一美称跟随在他此后的戎马生涯中。唐朝末年,在黄巢起义的影响下,王审知与其兄王潮率众起事,领固始义兵数万人转战安徽、浙江等地,后在福建创建闽国,同子孙经营福建达50余年。

到了此时,福建人口上升到46万多户,王审知被尊为"王氏闽台祖"。后闽国内讧,王氏子孙为避祸,纷纷改姓叶、游、沈。王又被推为闽台叶、游、沈始祖。

史载:随王审知入闽者有陈、张、李、王、吴、蔡、杨、郑、谢、郭、曹、周、廖、庄、苏、何、高、沈、卢、孙、付、黄、薛、韩等27姓,台湾流传家谱中写明源于"固始"的有18姓。

其中"苏"姓为都统军使固始人苏益,福建厦门同安文管处资料显示,元朝时,苏氏后裔被官府追杀,族人为避祸,改姓连、许,或从外祖姓周。苏益又被连、许、周、苏共推为始祖②。

固始籍民定向南迁入闽,历史事件是其形成的原因。据《史记·越王勾践世家》载:"越王勾践,其先禹之苗,而夏后帝少康之庶子,封于会稽,以奉守禹之祀。"从此开始有了越国之称。春秋之时,于越之后领有七闽之地,这反映了中原及北方氏族向闽越流向的支系和源头。

到了西汉时期,闽地土著居民开始强盛,不断围攻东瓯七闽之地,于是汉武帝于建元三年(公元前138)、元鼎元年(公元前116)、元封元年(公元前110)三次将闽粤汉民迁徙到"江淮之间"。固始历史属地因有孙叔敖兴修的"百里不求天灌区",农业生产条件优越,当然成为北迁闽人的首选之地。地处数千里之外的闽粤从此与固始联系到了一起,这就为以后的中原士民南迁特别是固始属地士民定向徙闽创造了先导条件。

西晋武帝之后,中原"五胡乱华",晋怀帝永嘉年间尤甚,大量中原士民纷纷南迁,其中固始属地士民入闽者最为显著。《三山志》载:"爰自永嘉之末,南渡者率入闽,陈、郑、林、黄、詹、丘、何、胡。"《闽中记》载:"永嘉之乱,中原士族林、黄、陈、郑四姓先入闽,今闽人皆称固始人。"

唐初,陈政兄弟相继率将校123员、府兵3600名及"58姓"军校、士兵、眷属等8000余人入闽,唐末王审知三兄弟又先后率近万义军及乡民入闽,两次移民约有两万多人。经过数代繁衍,其后裔不断播迁到港、澳、台及海外,他们的族谱大多数都有记载,河南光州固始是其祖根。在两宋之季,每逢中原动乱,固始士民都因循入闽;闽地动乱,南迁后裔又会回到祖居地。由于南迁多为衣冠士族,与当地山民相比,都具有较高的生产技能和文化素质,加快了闽地的发展。闽地发展为移民开发台湾做好了人口和文化等方面的准备,其功劳更为后人所重视,也是历史固始对闽台开发和台湾最终进入中华版图所作出的贡献③。

闽台自古一家:

南宋,泉州于澎湖列岛设戍,已有中原士民后裔进入该地区。元代中央政权正式经营台湾,福建沿海漳、泉等州地居民开始大规模入台,至明代已达数10万人。郑成功收台与施琅复台,又有数万中原后裔进入台湾。到清光绪十三年(1887)台湾建省,人口达到230万。据有关材料,现在台湾的2300多万人口中,80%以上是明清时期福建及广东北部移民后裔,他们之中的大多数又是晋唐及宋代来自光州固始先民的后裔。

福建简称"闽"。据《说文解字》:"闽,为东南越蛇种。"福建地处亚热带,自古多蛇,史前时期这里的先住民以蛇为图腾崇拜。闽侯县昙石山、庄边山遗址及清流狐狸洞遗址等清楚地表明,原始社会时期已有人类在福建这块土地上繁衍生息。春秋战国时的福建被称为"东越"。秦末汉初,东越王无诸佐汉灭秦有功,被封为"闽王",其国称为"闽越国",福建自此称"闽"。唐开元年间,由于"闽越国"境内设有福、建、泉、漳、汀五州,而重要的州为福州("闽越国"都)和建州(闽北,福建通中原的必经之路),因而各取其头一个字称闽越为"福建"。由于开发得较晚,在唐以前的正史中,有关福建的记载较少。而自东晋"五胡乱华"始,中原华胄南迁,福建得到开发。唐末,河南固始的王潮、王审知携族南下,据有福建,福建得到进一步发展。

在王审知年间,于兢在《琅琊王德政碑》中有过这样的描述"草莱尽辟,鸡犬相闻,时和年丰,家给人足",这首诗是对闽王王审知歌功颂德的溢美之词,可见福建在王审知管辖内,当时的人民安居乐业,温饱无虞。

文人韩偓留居福建时,在《南安寓止》也有诗云:"此地三年偶寄家,织篱茅屋共桑麻,蝶矜翅暖徐窥草,逢倚身轻凝看花。"都说明从中原来的文人名士,对王审知统治下的福建乐土,很有感情,也都乐于在八闽大地久居④。

从这些诗句都可看出王审知移民闽台的历史创举,王审知的时代,不仅饱含对国家的热爱,更多的是包含着一种坚毅的时代步伐精神。

闽王祠,正是1100多年前开发福建有功的闽王王审知的纪念堂,在福州市鼓楼区庆城寺左侧。据悉五代后晋开运三年(946),闽国灭。吴越国王钱俶下令将闽王王审知故第改为庙,以纪念闽王对八闽大地的贡献。这是建祠庙之始。历代皆重修,现存建筑为清代所建,后又经过多次的重修。

有许多记载与传说涉及福建人到台湾下南洋,如南宋洪迈的《夷坚志》。明、清之际,大批福建人移居台湾,与台湾先住民一道开发台湾,台湾因而日渐繁荣。现在的台湾"本省人"其实多为福建人分脉而去,他们到福建来追根寻祖,绝大多数都可认到老家。

据史载,闽王王审知与其兄王潮、王审邽合称"开闽三王"。其中王审知还被尊为"八闽人祖"和"开闽王"。目前,闽台和海内外"三王"子孙宗亲共有200多万人,其中台湾岛内有50万人,金门当地有1万余人。

据福建《忠懿王氏族谱》,公元885年义军由王潮、审邽、审知三兄弟等率领入闽,至公元909年建立闽国,其三兄弟中的王审知为开闽王。后于公元927年开闽三王之子王思义兄弟10人卜居于晋江青阳的杏厝王,是为晋江王氏开基始祖。

以王思义兄弟10人为杏厝王一世祖,于八世四郎移居罗山镇杏田村。十一世有礼从杏田迁居金井镇洲村。杏厝王的十七世王崎山迁至青阳莲屿的沿塘,明末清初沿塘的王佰荣迁居青阳的高岑(高霞)。王审邦派下二十世王质文于元朝至正年间开基安海大山后村,十八世王国和开基车厝。二十世的王安明居大山后,至十七世孙宽宏、宽正兄弟徙居小布尔。

据谱牒所载,晋江王氏迁衍路线:晋江—泉州—龙海—漳州;晋江—泉州—惠安—莆田—仙游;晋江—石狮—南安—金门—同安。

进入晋江后王姓发展较快,目前晋江市王姓聚族而居的主要村落为:金井镇洲、钞岱、金井街太原堂。深沪镇大埯、东埯堡。龙湖镇大埔、火辉埔。英林镇后头、伍堡等10多个乡镇的近200个村落。上述村落王姓分堂号均为开闽传芳。

上述村居不断有族人向外地播迁:青阳杏厝王四世王德顺于清代咸丰年间,迁居台湾的台南,如今已传至十三至十四世,已是枝荣叶茂,其成村落。1928年青阳镇杏厝王的王维汾曾往台南探亲。

据《罗山沙塘族谱》记载:王毅轩于明代咸化(1471)移居龙岩;王横山于清末迁居于福州;王亦昌于抗战期间迁居龙海;王若亏、王秋庚于民国期间迁居石狮;王国祯等于清代末年移居菲律宾;王思夺等于民国期间迁往香港、澳门;王厨当等于民国期间到美国、墨西哥谋发展。目前沙塘已有万余人口,迁往石狮有200多人;迁居龙岩有1000多人;移居龙海有100多人;移居香港、九龙有近千人,居住于澳门的有100左右人。

明代永乐(1417)郑和第五次下西洋,经泉州征用民工,晋江各姓不少人被征之。清康熙二十二年(1683)复界,开海禁后于道光二十三年(1821)沙塘王姓不少人到新加坡。

晋江王氏在唐、五代、宋、元、明、清科举中有文科进士110人(唐、五代1人,宋代77人,明代23人,清代9人),武科进士6人(宋代1人,明代2人,清代3人),文武进士共计116人。考中文科举人140人(明代68人,清代72人),考中武科举人32人(明代19人,清代13人),共计文武科举人172人。还有清及清以前21人以荫补官(文职),清及清以前以荫补官23人(武职)。历代较有声望名流,明嘉靖五年龚用卿榜的王慎中官至河南参政,时人称"嘉靖八才子"之榜首。明代隆庆二年,罗万化榜的王用汲官至南京刑部尚书⑤。

二、王审知建设闽台的历史贡献

"沿江、临海、依山"是福建地域经济和文化的一大特色。据考古(距今5000多年的闽侯县昙石山史前古人类遗址)研究:由于地理优越,史前的福建就有闽越族土族居民繁衍生息。先秦时期就逐渐形成人口聚集之城;秦代属"七闽地"。秦统一中国后,推行封建郡县制,福建属"闽中郡",建制东冶。汉灭秦后,福建正式成为汉朝在福建推行的第一个县份——即冶城。此时,北方汉族开始大量入闽,与当地闽越族融合同化带来了黄河流域的先进耕作和冶炼等技术,促进了该地区的社会发展。汉末,福建设侯官县。两晋以来,由于中原内乱,大量北方人口南移入闽,史称"衣冠南渡"。此时,福建人口大增,商贸云集,已逐渐发展成我国东南沿海经济社会比较发达的地区。其时,造船业、海运业居全国领先地位。据《三国志·吴书》记载:当时,福建设"典船校尉";两晋时设"典船都尉",已与夷州(今台湾),菲律宾等地有海运往来。唐末五代,闽王王审知在福建建立闽国。此时又有"十八姓从王"大规模的人口南迁,使得福州荟集了中原众多文人贤士。王审知治闽有方,前后历时29年(897—925)。这一时期,福建"时和年丰,实给人足",出现了空前的经济、社会、文化大发展的好时期。历史上,福州城垣数经扩建,晋代建有"子城";唐代建"罗城";闽王王审知又有两度拓宽城池。

福州作为历史文化名城,全兴时期始于王审知治闽。闽王重仕兴教,"延揽中原文学之士";采劝保境息民,开辟甘棠港,发展海运贸易。经济的繁荣也促进了文化发展,为以后各个时期英才辈出打下良好基础。唐、宋、明、清以来,福州籍进士达3600多人,其中,文状元16人,武状元7人,位居全国各城市的前列⑥。

闽国是五代时十国之一。王审知所建。

王审知字信通,乾宁初期原为福建观察副使。"潮病,命审知权知军府事。及潮殁,让其仲弟泉州刺史审邽,审邽以审知有功,不受。审知乃自称福建后,表于朝"⑦。

光化元年(898)春,唐以审知充威武军留后,检校刑部尚书。同年冬,授金紫光禄大夫、右仆射、本军节度使。开佑元年(904)夏四月,唐遣右拾遗翁承赞加审知检校太保,封琅琊王。就这样一步步升至闽国之主——开平三年(909)四月梁加王审知为中书令、福州大都督长史,晋封为闽王。

《中国通史简编》第三编里说:"唐末和梁、唐、晋、汉四朝,黄河南北广大地区遭受严重的战争破坏。唐末杨行密割据淮南,阻止北方的战乱波及长江流域,南方诸国得以稳定内部,发展经济,虽仍不免也有战争和暴君,比起北方来,却显得较为安宁。"当时在经济上,南方的繁荣和北方的萧条贫困形成鲜明的对照。

闽国的环境也与此相似。它在地理上有自己的独立性——可凭借武夷山脉和高耸的仙霞岭以及广阔的闽江作为天然屏障来巩固国防。五代末年,全国户数共 200 余万,仅仅是唐玄宗开元时代的 1/3 强。其中以江西、浙江、福建三省人口较密。如果社会不安定,人民不拥护,闽国是很难统治的。同时,还必须在经济上自成一个单位。十国中以吴与南唐势力最强,他们对中原之五代朝廷,始终采取敌视态度,对四邻亦怀有兼并的企图。这样的形势,不能不使王审知防患吴、南唐之入侵而宁愿臣服于中原五代,以谋抗制。于是王审知就开辟位于闽江口的甘棠港,便于对外通商、发展贸易,并将贡品通过海道献给中央统治者。但在当时条件下,海道通航是危险的事业。每岁出闽江口渡大洋,然后经山东登莱入贡汴京,"没溺者有什四五"。关于这一点,台湾民间报纸登了一篇文章,题目是:《开门揖盗王审知》,文章(大意)说:"因闽国左右邻都是强大的割据势力,王氏不容易受中原政权的领导,所以不惜以财宝付与日本海盗,借助其力量,使得日本人后来长期骚扰中国沿海地区有了基础。"这事尚须深入研究,才能分析透彻。

五代时,北方战火纷飞,生活不安宁,人民群众则相率逃亡南方。传说河南固始有黄、陈、林等八姓随员来闽,因为"毛锥子"没用了。《五代史》载:"张肇曰:安朝迁,定祸乱,直须大剑长枪。若毛锥子奚用哉?"毛锥子,谓笔也。

王审知重视人才、兴学、刻书、传播中国文化。天祐二年夏,唐学士韩偓挈族来奔,审知接纳之。韩偓族来闽。还有一些中原社会人士为避乱来到福州,也为审知所留。甚至唐朝公卿子弟多依以仕宦。这样,在他身边辅佐的人就多了,因此后人都称赞王审知"礼贤下士,选贤任能"。有了一批文化人,文化也得到发展了。闽国诗人陈陶以战争为题材,写过四道《陇西行》(七绝),其中第二首:"拆扫匈奴不顾身,五千貂锦丧胡尘。可怜无定河边骨,犹是青闺梦里人。"至今尚脍炙人口,当代评论者认为:在闽国,有杨忆、柳永的诗词,郑樵、袁枢的史学——这是闽中文化之花,不能不归功于王审知兄弟的尽心培植和扶持的基础。

但王审知也不是完人,天祐二年九月间,"淮南遣使来修好,因使者倨慢,审知斩之"。并上其书于后梁,淮南自此与闽绝交。原来他是害怕得罪朱温,为取得朱的信任才出此下策。有人劝王审知做皇帝,审知也是基于这个原因而不同意。后来,淮南并于吴国,吴国势力大振。它的统治地区东临海,西至夏口(今汉口),南至大庾,东南临太湖,北滨淮水,占有今江苏、安徽大部、江西全境及湖北之一部。像吴国割据这么大的地域,王审知是有后顾之忧的[⑧]。

天祐二年,王审知开始修筑福州南北夹城。南北夹城又"谓之南北月城,合大城而为三,周二十六里四千八百丈。大城之门八,曰福安门、清平门、清远门、安善门、通远门、通津门、济川门、善化门。南月城之二,曰登庸门、道清门;北月城之门二,曰道泰门、严胜门"。这是一个很大的城池,后来在抵抗南唐军的进攻中起了积极作用。

王审知自身生活俭朴。《十国春秋》载:"王虽遽有一方,府舍卑陋,未常葺居,恒常蹑麻屦,宽弄薄赋,公私富实,境内以安。"又说:"太祖虽起盗贼,而为人俭约,常衣袖袴败,乃取酒库酢袋而补之。"内政方针方面,他提倡廉政。因此他属下的官吏也多清廉。这些,也是值得后人敬仰的。

王潮、王审知原来打算向西进军,跋涉到蜀地去保护唐朝皇帝,还没等出兵,便被当地百姓拦住了。当时的泉州刺史廖彦若横征暴敛,残忍无道,百姓将士不堪忍受,但无人敢反抗。在王潮领兵经过泉州辖境时,军民派张彦鲁为代表,找到王潮,请求他带兵驱逐廖彦若,救泉州军民于水火之中。泉州的父老乡亲也拦在路中,带来犒军的牛和酒,流着眼泪恳求王潮为他们除去一害。

泉州当时是福建的一座大城,而且是个良好的港口,海上贸易发达,当地很富庶,见百姓这样恳求,王潮便答应了。他顺应百姓意愿,打出了替天行道的旗号,领兵包围了泉州城。

泉州城墙坚固,加上廖彦若死守,一时难以攻下,但王潮有泉州百姓的支持,粮草供应充足,天时加上人和,围困一年之后,王潮终于占领了泉州,处死了廖彦若。福建的观察使陈岩也顺应民意,任命王潮为泉州刺史。打下泉州后,王潮收编了泉州守军,扩充了军队。他又减轻原来的赋税,受到军民的拥戴。

王审知又让他的侄子王延彬治理泉州,使海上贸易发达兴旺起来,被人们尊称为“招宝侍郎”。这为泉州今后经营台澎奠定了基础。

王审知对福建的发展作出了贡献,在当时的乱世,他治理30年,使福建有了世外桃源之称。在用人方面,他对士人极其恭敬,大加重用。唐朝宰相王溥之子王淡和杨涉之弟杨沂都被他招进幕府,参与军政事务。

王审知还注意发展当地的文化教育,大力兴办学校,培养福建有才学的人。

王审知的节俭最让人钦佩,他为属下做出了表率,一次,他的衣服破了,就拿酒库中的旧袋子来补,继续穿在身上。有使者从南方回来,献给他一个玻璃瓶,王审知玩了一会儿,就把瓶子摔碎了,他说:“喜欢奇异之物,这是奢侈之本,现在我摔了它,免得后代染上坏毛病!”

王审知立国后,提倡与民休息,省刑罚,减赋役,建立学校,开辟海港,招徕外国商人,发展贸易,使闽国得以偏安一隅,经济文化开始发展起来。

王审知,在福州执掌福建军政大权前后达 29 年,堪称五代十国时期一位明智的政治家,他一生以史为鉴,以民为本,轻徭薄赋,省刑惜费,鼓励垦荒,倡修水利,兴办学校,发展海外贸易,招纳中原名士,使福建成为当时全国比较稳定繁荣的地方,被誉为"文儒之乡"。因此他也被后世称为"开疆闽王",深受百姓爱戴。

王审知一直没有称帝,有人劝他,他说:"我宁为开门节度使,也不做闭门天子。"百姓很喜欢他,有一次,雷电将海边劈出一个优良港口,百姓们纷纷说这是王审知的仁政感动了上苍⑩。

三、王审知与固始的人文精神永续闽台

地处江淮间的河南信阳、固始,是历代中原南迁的肇始地和集散地,据史料记载和初步考证,在当今汉族 100 个大姓中,就有黄、潘、赖、罗、廖、孙、蒋、白、傅等十多个姓氏源于信阳或有一支源头在信阳。在漫长的历史岁月变迁中,源于信阳的诸姓族人因各种不同的原因,不断向外播迁,广及全国,进而又远徙海外,遍布世界各地。其中,迁徙人口最多,持续时间最长的则是南迁,尤以移居闽、粤、台、港、澳和东南亚地区最多。"光州固始"因其特殊的地理位置、自然条件、历史因缘,在由晋唐至明清的漫长岁月里,籍民南迁不计其次,难计其数,在信阳和河南省移民史上占有重要位置,影响极为深远,固始因此成为众多闽粤台港澳同胞和海外华人华侨的祖根地之一,成为独树一帜的"中原侨乡、唐人故里"。

徙居南国的固始籍民,带去了先进的中原文化、生产技术、农耕文明,加速了中国东南边陲人类社会的发展进程,其历史贡献与影响,令史册生辉。经历代蕃衍播迁,移居闽地的固始籍后裔渐次遍布闽、浙、粤、港、澳、台等地及日、新、马、菲、加、美等国家,无数闽台同胞、海外侨胞、世界客属,由古至今谱载口授,代不失传:牢记乡关祖地,勿忘"光州固始"。据台湾 1953 年户籍统计,当时户数在 500 户以上的 100 个大姓中,有 63 个姓氏族谱上均记载其先祖来自河南光州固始。这 63 个姓氏共 67000 余户,占台湾总户数82000 余户的 80.9%,如果加上 500 户以下的姓氏祖根在固始的居民,固始

籍台胞所占比例更大。资料考证,陈水扁和连战的祖根地亦在固始。

现在侨居国外的华人和华侨后裔,无论是早期移居台湾和东南亚的,还是后期移民欧美及世界他地的,大多数是唐初、唐末固始籍移民的后裔,他们自称为"唐人",聚居的街区称为"唐人街"或"唐人町"⑩。

王氏兄弟率义军南北转战,历时 9 年,自此平定了闽疆,统一了全闽,结束了地方割据、盗贼四起的局面。

治闽兴闽,造福八闽:唐前,福建经济、文化落后,及至五代、宋,却经济繁荣、社会安定、人文荟萃。尤其福州,一派盛世景象,号称"海滨邹鲁"。福建迈向文明之邦的历史大转折,始于王氏三兄弟率义军入闽,平定闽疆;其关键人物是五代时期闽国的创始人王审知。

王氏兄弟不仅是智勇双全的出色将领,也是颇具谋略和才能,治闽兴闽、造福闽疆的功臣。《十国春秋·司空世家》称:审知之兄王潮(846—698),"志尚谦恭,誉蔼乡曲,善于和众,士多归之"。平定、统一全闽后,王潮主政 10 余年间,"乃创四门义学,还流亡,定租税,遣吏巡州县,劝课农桑,交好邻道,保境息民,人皆安焉"。明代河南副使、泉州人苏茂相曾赋诗赞颂王潮功绩:"鼙鼓中原沸似波,将军闽峤还横戈","事定千年无战伐,时清万户有弦歌"⑪。

《新唐书》载:审知仲兄审邽(858—904)为泉州刺史,检校司徒。喜儒术,善吏治。器宇宏宽,仁厚爱民。流民还乡者借给牛犁,助其耕作;帮修庐舍,助其安居;修桥筑路,方便行旅;惠农惠工,奖励生产;兴办义学,授业童蒙;革新制度,移风易俗。中原动乱,公卿士人多来投奔,审邽遣子延彬设招贤院,一一接纳,以礼相待。如杨承休、韩偓、归传懿、杨赞图、郑戬等这些李唐朝廷官员、一代名士,在李唐灭亡前后举家归闽,皆受到礼遇和重用,因之无比感激,悉心参政议政,建言献策,成为王审邽治政兴邦的智囊团。由此可见王审邽兄弟招贤纳士,以图大业的胸襟。审邽、审知偕处理政期间,"铲其讹弊,整其章条,三军无哗,万姓有奉"。"至则积恶者屏去,为善者获安"。王审邽协助王潮治理泉州,后其父子相继任泉州刺史,前后历 44 载,在泉州发展史上树起了一座光前裕后的里程碑。泉州与宋元时代成为世界最大海港城市,审邦兄弟、父子奠基之功伟哉大焉。

王审知(860—925)治闽,更是勋劳卓显,因而代颂其功,史不绝书。政治上,一是尊奉中央,维护统一;一是实行"睦邻保境,轻徭薄赋,与民生息"的政治方略,巩固边疆海防,使福建免遭战乱之灾,百姓免受繁役苛赋之苦。尤其是在"四方窃据",民富兵强,左右纷纷劝其称帝时,他力排众议,拒不称帝,始终不渝地坚持"宁为开门节度使,不作闭门天子"。真心实意地尊奉拥有中央政权的唐王朝和后梁王朝,"致君愈勤,述职无怠。万里输贡,川陆不系其赊;一心尊戴,风雨不改其志"。同时整顿吏治,广纳贤才,以巩固政权。在福州、泉州等地设"招贤馆",接纳中原各地避乱的知识分子,或委重任,或做幕僚,或使以执教。在其当政的30余年里,正值群雄纷争、武力割据的五代十国初期。而福建从未对外邦用兵,也未受外邦侵侮,境内一片升平,成为全国经济社会发展最快、变化最大、最为安宁的地区。经济上,重视和鼓励发展生产。比如,劝农兴修水利,发展农业。亲自主持兴建或扩建了福清、长乐沿海大堤,泉州6里陂、9溪18坝,连江东湖,晋江40余华里灌渠,疏浚了受益幅员可达25平方公里的福州西湖等一大批骨干水利工程。同时围海造田,扩大耕地。在平原推广双季稻;在武夷山区开垦茶园,种植茶树,达1000余处;因地制宜发展纺织、陶瓷、冶金、铸造等工业生产。在传播中原文明上,倡导文教,兴办学堂,培养人才,教化黎民,达到了府有府学,县有县学,乡间有私塾,使闽地成了学校层出,"童蒙来求,雅道靡靡,儒风优优"的礼仪之邦。迨至宋代,闽省已成文风昌盛之地,才俊辈出之乡,状元亚魁、进士及第超于中原,名臣贤相、科学巨擘、仁人志士层出不穷。《十国春秋》称:此乃审知兴教之功也。在发展商业和海外贸易上,可谓前无古人。免除杂税,奖励通商。躬身踏察海湾,修建码头,辟建港口。疏通百余里的闽江水道,制造出可载六七百人的大船。两度扩展福州城区,使之7倍于老城。使福州、泉州由此成为我国东南沿海的重要港口,也是当时中国最大的两个港口。海上航线北至新罗(今朝鲜),南至南海诸岛,以及印度和阿拉伯地区。泉州城市规模也一再扩大,吸引很多阿拉伯商人和伊斯兰教徒来此经商或定居。到宋、元时代,泉州成为与亚历山大港齐名的世界一流大港,其功归审知兄弟,当之无愧。活跃的海外贸易,为福建经济文化繁荣和社会进步注入了巨大活力⑫。

历史是人类文明的记录,每一个民族无不珍视其历史文化,否则人类将永久留在蛮荒,而无以文明。中华民族有五千年历史,文明光芒四射,成为亚洲各民族的文化泉源,尤其与台湾的历史渊源更为直接密切。进而言之,闽台文明又始于中原,仍是所有闽台人民所必需珍视的。

台湾族群的历史源流,连横在《台湾通史》记载:"历经五代,终及两宋,中原板荡,战争未息,漳、泉边民,渐来台湾;而以北港为互市之口。故《台湾旧志》,有台湾亦名北港之语。……蒙古倔起,侵减女真,金人泛海避乱,漂入台湾。宋零丁洋之败,残兵义士,亦有至者,故各为部落,自耕自瞻,同族相扶,以资捍卫。"绝大多数台湾人根在闽粤,源在河南。唯在台湾,因政治上统独意识强烈分歧,导致台湾人族源认同也产生偏差,这是两岸迈向和平的重要课题。

固始移民入闽,有其显著的特点:一是有组织有计划的一次向南方的大移民,而且目的十分明确,在平定"蛮獠啸乱"的同时,要"相视山原,开屯建堡",作长期扎根的准备。二是人数众多。两批合计 87 姓,总人数数万人。三是有坚强的领导核心,入闽者始终是在统一指挥之下的。正是有唐一代,在承平的气氛中,形成了闽南文化的主要特色⑬。

语言学家在论及方言的形成时,曾经提出几种重要的条件:一是大规模的人口迁徙,到新的居住地形成了优势的地位。二是地理位置比较偏僻,如山川阻隔、交通不便。三是政治上的强大影响力。初唐的这批中原移民,正具备了这样的条件。因而认为,闽南方言,就是在唐代中叶定型的。

固始民众入闽,在平定"啸乱"的同时,尤其特别注重对原住地的"蛮獠"实行教化。以正统强势中原文化来教化边陲的民众,辅之以政治上的力量,使之得以顺利推行,原本人口不多且处于弱势的闽越文化、吴楚文化便退居次要地位,或消失,或融化于中原文化之中,乃是顺理成章之事。2007 年国家建立闽南文化生态保护实验区,肯定其比较完整地保存了古汉文化,固始移民入闽,其功甚伟,绝不可等闲视之。研究好王审知与固始的人文精神,对巩固固始根亲文化历史地位,丰富河洛文化研究成果,扩大中原文化的影响,继承中华优秀传统文化,弘扬和培育民族精神具有重大的理论和学术价值。

注释:

① 《台海网》2007 年 4 月 17 日文。

② 见《新五代史·闽世家》。

③ 见《福建省历史地图册》。

④ 见《五代史补》。

⑤ 见《重修忠懿王庙碑》。

⑥ 见《福州地方志》。

⑦ 见《闽书·王潮传》。

⑧ 见《十国春秋》。

⑨ 见王审知第八世孙王继光《复闽祀祖记》。

⑩ 《固始网》历史文化篇。

⑪ 见《五代史补》。

⑫ 见《闽国史事编年》,第 342 页。

⑬ 见《漳州师范学院学报》2008 年第 3 期汤漳平文。

唐末王审知与范晖福州之战考

孙继民　陈　艳

孙继民(1955—)男,汉族,河北省邯郸市人。1985 年毕业于武汉大学,获历史学硕士学位,2001 年获历史学博士学位。现任河北省社会科学院副院长,河北省历史学会会长,河北师范大学特聘教授。主要从事隋唐史和敦煌吐鲁番文书、战国秦汉时期的赵文化和地方史研究。先后主持 4 项国家社科基金课题,专著有《唐代行军制度研究》、《敦煌吐鲁番所出唐代军事文书初探》和《唐代瀚海军文书研究》等书,合著有《先秦两汉赵文化研究》、《河北新发现石刻题记与隋唐史研究》等书。发表学术论文近百篇。

　　在王氏闽国政权历史上,王审知与范晖福州之战是攸关王氏闽国政权能否建立的关键之战,称得上是五代十国时期的一次重要战役。但是现存史籍有关这次战役的记载非常混乱,存在许多自相矛盾之处,而史学界长期以来一直缺乏对这些问题的关注,更缺乏相关的专门研究。本文力图通过汇集有关史料,对诸如福州之战的开始时间和结束时间,福建观察使陈岩的继任者范晖究竟是陈岩子婿还是妻弟等问题展开讨论,力图厘清有关史料记载的混乱,澄清历史事实,从而为研究王氏闽国政权的历史提供可靠的史实基础。

一、福州之战的时间

关于王审知与范晖福州之战开始的时间,主要有大顺年间说和景福元年说两种。大顺年间说主要见于《册府元龟》,《册府元龟》卷219和223均称"唐僖宗光启二年(886),福建观察使陈岩表潮为泉州刺史。昭宗大顺中岩卒,子婿范晖自称留后,潮遣审知将兵攻之,斩晖而降,繇是尽有闽岭五州之地"①。景福元年说主要见于《资治通鉴》、《新唐书》、《新五代史》和《南唐书》等书。《资治通鉴》卷259昭宗景福元年(892)二月条称:"范晖骄侈失众心,王潮以从弟彦复为都统,弟审知为都监,将兵攻福州。民自请输米饷军,平湖洞及滨海蛮夷皆以兵船助之。"②《新唐书》卷10《昭宗纪》则系此事于景福元年(892)三月,"丙寅,福建观察使陈岩卒,护闽都将范晖自称留后。庚午,泉州刺史王潮寇福州"③。《新五代史》卷68《闽世家第八·王审知》:"景福元年岩卒,其婿范晖自称留后。"④宋马令《南唐书》卷28《灭国传上·闽国》:"景福元年岩卒,其婿范晖自称留后,潮遣审知攻晖杀之,唐即以潮为福州观察使,潮以审知为副使。"⑤《资治通鉴》、《新唐书》一说其为景福元年二月,一说为景福元年三月,而《新五代史》和《南唐书》则笼统地说是在景福元年。此外,《续通志》卷17、卷601等也均认为是在景福元年⑥。

有关王审知与范晖福州之战开始的时间除了以上说法之外,实际上还有一种未明言的潜说,见于胡三省的《资治通鉴音注》。今中华书局点校本《通鉴》卷259昭宗景福二年(893)五月条在记述范晖"为将士被杀"之后有《音注》追述的一句话,称:"文德二年,范晖据福州。"⑦文德是唐僖宗的最后一个年号,在昭宗景福年号之前,文德二年应是公元889年。但问题是唐僖宗文德年号只使用了一年,《音注》所谓"文德二年,范晖据福州"不知从何而来,且与诸书记载差异过大,显然有误,此说可以略而不论。

关于王审知与范晖福州之战结束的时间,《新唐书》卷10《昭宗纪》景福二年(893)称"五月庚子,王潮陷福州,范晖死之,潮自称留后"⑧。宋梁克家撰《淳熙三山志》卷1称:"光启二年(886)王潮据泉州,岩表为刺史。岩卒,其妇弟范晖自称留后,骄暴失众心,众道潮以来,潮遣弟审知攻之。景福二

年,入福州。"均认为福州之战的结束时间景福二年(893),《新唐书》卷10
《昭宗纪》并具体到了月日,即五月庚子。除了认为福州之战结束的时间是
景福二年之外,也有认为是景福元年的,宋钱俨撰《吴越备史》卷1景福元年
六月即称,"是月,泉州王潮攻陷福州杀范晖而有其地"⑨。认为范晖败亡的
时间亦即福州之战结束的时间是景福元年的六月。

　　以上有关福州之战时间的各种说法,文德二年说实际上不存在,可以不
论;有关福州之战结束时间的景福元年六月说,也有明显的漏洞。诸书多载
景福元年是福州之战的开始时间,景福二年是福州之战的结束时间,且《册
府元龟》卷223称王审知包围福州城后,"逾年城中食尽,乃斩晖而降"⑩,钱
昱《忠懿王庙碑》也说王审知在围城之战中"身临矢石,一年而围□□□□,
□年,而坚壁遂陷",这都说明福州之战的持续时间至少在一年以上,所以福
州之战结束时间在景福元年之说同样不能成立,福州之战结束于景福二年
五月应该没有疑问。存在问题和争议的实际上只有福州之战开始时间究竟
是大顺年间还是景福元年这一点。那么,究竟是哪种说法正确呢? 或者如
何才能解决大顺年间抑或景福元年两种说法的矛盾呢? 笔者以为《石刻史
料新编》第17册所收冯登府《闽中金石志》可以帮助我们解决这一疑问。

　　《闽中金石志》卷2第20页载有陈岩墓志,志题为《唐故福建观察使检
校司徒兼御史大夫颍川郡陈府君墓志铭》,称陈岩卒于"大顺三年正月二十
九日"⑪。按唐昭宗大顺年号只使用了两年,据《旧唐书》卷20上《昭宗纪》
称:"景福元年春正月丙午朔,上御武德殿受朝贺,大赦,改元景福。"⑫是指大
顺二年(891)的次年正月初一即改元景福元年(892),根本就没有大顺三年
一说。那为什么作为记载陈岩卒年第一手资料的墓志却使用了大顺三年的
年序呢? 笔者推测这与福州距京师长安地理遥远而年号改元信息的传递需
要时日相关。据《通典》卷182《州郡十二》记载,福州"去西京五千七百三十
三里,去东京四千九百三十三里"⑬。福州距西京长安的距离是"五千七百三
十三里",这样一个遥远的里距,在当时的技术条件下朝廷改元政令的下达
必然需要相当长的时间。史籍没有留下长安政令下达到福州所需时间的直
接资料,但我们不妨比照唐代西州到长安西京所需时间的资料间接推算。

史籍有唐代驿骑从焉耆到长安的时间记载,在吐鲁番所出唐代文书还有当时从洛阳寄往西州(今新疆吐鲁番)的家信,笔者曾对焉耆至长安的官方驿骑和西州至洛阳的民间书信在路途传递的时间加以考察,发现官方驿骑紧急公文传递的时间不足一个月,普通民间书信费时不足三个月⑭。据《通典》卷174《州郡四》,西州"去西京五千三百六十五里,去东京六千二百一十五里"⑮,由此可见,福州距京师长安的里程"五千七百三十三里"比西州距长安的里程"五千二百六十五里"还要远,长安政令下达到福州的时间肯定超过到西州的时间⑯。又,年号的改易不应属于紧急公文,至多算一般公文,从长安至福州传递的时间很有可能在两个月左右,不会少于一个半月。因此,陈岩墓志所书"大顺三年正月二十九日"并不奇怪,这说明陈岩死亡之时,长安改元的消息尚未传递到福州,因而才有了墓志"大顺三年"一说。我们也由此可以推知,"大顺三年"实际上就是景福元年(892),所谓陈岩卒于"大顺中"一说盖由此而来。至此,我们可以得出这样的结论,"大顺三年正月二十九日"亦即景福元年(892)正月二十九日,陈岩卒世的时间应是景福元年(892)正月二十九日,《资治通鉴》所记陈岩卒于景福元年(892)"二月",《新唐书·昭宗纪》所记卒于景福元年(892)"三月",均应是"正月"之误⑰。所谓福州之战开始的时间,准确地说不早于景福元年(892)正月二十九日陈岩之卒,不晚于景福二年(893)五月或六月范晖被杀之日。

二、范晖与陈岩的姻亲关系

关于范晖与陈岩的姻亲关系,史籍记载不一,一说范晖为福建观察使陈岩的女婿,如《旧五代史》卷134、《新唐书》卷10和卷190、《新五代史》卷68、《续通志》卷601、《马氏南唐书》卷28、四库本《福建通志》卷65、《五代史补》卷2、《册府元龟》卷219、卷223、《吴越备史》卷1均称范晖为陈岩子婿。另一说则称范晖为陈岩妻弟,如《资治通鉴》卷258、《通鉴纪事本末》卷39上、《十国春秋》卷90、卷94、《淳熙三山志》卷1均持此说。对于后说,中华书局标点本《资治通鉴》卷258并引《考异》作为依据,称:"蒋文怿《闽中实录》云:'大顺中,岩薨。'《十国纪年》在大顺二年。《昭宗实录》在明年三月:

恐约奏到。今从《闽中录》、《十国纪年》。又薛《史》、《闽中录》、《闽书》皆云范晖岩婿,余书皆云妻弟。林仁志《王氏启运图》载监军程克谕表云妻弟。此最得实,今从之"[18]《资治通鉴》所依据的材料比较原始,应该说比较准确。这一点从《闽中金石志》所记载的陈岩墓志同样可以得到证实。陈岩墓志称其"夫人钱塘范氏而出自令门"[19],有子六人,"有女二人,长适事口判荣阳公口口口适于太子正字董承和"[20]。《闽中金石志》编者跋语认为:"志云夫人钱塘范氏,有女二人,一适郑,一适董,足证《新唐书》、薛《史》、《闽书》、《闽中录》以范晖为岩婿之误,林仁志《王氏启运》载监军程克谕表云晖为岩妻弟,《十国春秋》据此。惜未见此志也。"[21]陈岩夫人为范氏,其二女一嫁郑氏,一嫁董氏,这说明范晖不可能是陈岩的女婿而只能是妻弟。墓志作为反映范晖与陈岩姻亲关系的第一手资料,确凿无疑地证实范晖的确是陈岩妻弟而非子婿,诸书记载的分歧由此得以最终厘清。

　　以上我们考察了唐末王审知与范晖福州之战的时间以及范晖与陈岩的姻亲关系,得出了福州之战的时间段在景福元年(892)正月陈岩逝世之后至景福二年(893)五、六月之间和范晖是陈岩妻弟的结论。这两个结论对于我们认识王氏闽国政权建立的历史背景和王氏闽国政权的阶层构成具有重要的学术意义。我们知道,朱雷先生《唐末光州人入闽史实考》一文曾考察过唐末光州刺史王绪在秦宗权逼迫下将光州军民南徙,以军事行动方式战斗千里,最终占据漳、泉之地后为王潮、王审知所杀,随之建立闽政权的原因、经过,并指出"唐末北人之南徙,其中规模最大,且最终占据地盘,建立政权,影响巨大者,则非光州之人莫属"[22],对初由王绪继由王潮、王审知率领的光州移民集团建立闽国政权和在唐末移民史上的历史地位给予了较高的评价。在光州移民集团流转迁移和建立政权的过程中,福州之战无疑具有特殊的意义,它是光州移民集团由流转迁移到定居土著的转折点,也是由清一色移民武装集团向建立包括土著士人、地方军将在内的地方政权转折的关节点,可以这样说,对福州之战的深入探讨必将推进有关唐末五代初期闽国政权历史的研究。

注释：

① 王钦若：《册府元龟》卷 219，中华书局，1960 年版，第 2628 页。

② 司马光：《资治通鉴》卷 259，中华书局，1956 年版，第 8427 页。

③ 欧阳修、宋祁：《新唐书》卷 10，中华书局，1975 年版，第 287—288 页。

④ 欧阳修：《新五代史》卷 68，中华书局，1974 年版，第 846 页。

⑤ 马令：《南唐书》卷 28，《丛书集成初编》第 3852 册，商务印书馆，1935 年版，第 179 页。

⑥ 《续通志》卷 17《唐纪十七》景福元年三月："丙寅福建观察使陈岩卒，其将范晖自称留后。庚午，泉州刺史王潮攻福州。"《续通志》卷 601《载纪八·王审知》："景福元年岩卒，其婿范晖自称留后。岩旧将多归潮言晖可取状，潮遣审知攻晖。久不克，审知请班师，潮不许，又请潮自临军且益兵，潮报曰：'兵与将俱尽，当自往。'审知惧，乃亲督士卒攻破之，晖见杀。是岁，唐以潮为福建观察使，潮以审知为副使。"分别见《续通志》，浙江古籍出版社，1988 年版，志 3336 和志 6591。

⑦ 司马光：《资治通鉴》卷 259，第 8444 页。

⑧ 《新唐书》卷 10，第 289 页。

⑨ 钱俨：《吴越备史》卷 1，《丛书集成初编》第 3846 册，中华书局，1991 年版，第 55 页。

⑩ 王钦若：《册府元龟》卷 223，《僭伪部·勋伐三》，第 2672 页。

⑪ 冯登府辑：《闽中金石志》卷 2，《司徒观察陈岩墓志》，《石刻史料新编》第 17 册，新文丰出版公司，1982 年版，第 12681 页。

⑫ 刘昫等：《旧唐书》卷 20（上），《昭宗纪》，中华书局，1975 年版，第 747 页。

⑬ 杜佑：《通典》卷 182，中华书局，1984 年版，典 968。

⑭ 见拙文《跋〈唐垂拱四年（公元 688 年）队佐张玄泰牒为通当队队陪事〉》，《敦煌吐鲁番文书初探二编》，武汉大学出版社，1990 年版。

⑮ 《通典》卷 174，《州郡四》，典 923。

⑯ 西州距长安的里程，《元和郡县志》卷 40 所记是"东南至上都五千三十里"。福州距长安的里程，《元和郡县志》卷 29 所记是"西北至上都五千二百九十五里"。《元和郡县志》所记里程虽与《通典》不同，但福州远于西州并无不同。

⑰ 《闽中金石志》编者在陈岩墓志的跋语中已经指出此点。

⑱ 司马光：《资治通鉴》卷 258"昭宗大顺二年"，第 8423 页。

⑲ 《闽中金石志》卷 2，《石刻史料新编》第 17 册，第 12682 页。

⑳　《闽中金石志》卷2,《石刻史料新编》第17册,第12683页。

㉑　《闽中金石志》卷2,《石刻史料新编》第17册,第12682页。《闽中金石志》编者之所以认定陈岩长女嫁为郑氏,是因为"荥阳"是郑姓的郡望。这一推断应该可信。

㉒　见《魏晋南北朝隋唐史资料》第16辑,1998年。

王审知创建的福州鼓山涌泉寺
与台湾佛教

何绵山

何绵山(1954—)男,汉族,河南固始人。1982年2月毕业于福建师范大学中文系,现为福建广播电视大学闽文化研究所所长、教授。长期从事闽台文化研究,主持国家十五社会科学规划项目《台湾佛教与台湾社会的变迁》、国家十五艺术科学规划项目《闽台文化艺术源流》、福建省社科规划项目《闽台"五缘"文化研究》等科研课题20余项,在《近代史研究》、《世界宗教研究》、《文史哲》及《香港中文大学中国文化研究所学报》、《淡江史学》等海峡两岸三地发表各类文章1200余篇,独撰《闽文化概论》(北京大学出版社)等书16本,主编《闽台区域文化》等书15本。

王审知(862—925),字信通,河南光州固始人,号"白马三郎",是唐末五代时期有作为的统治者之一。唐景福二年(893),其兄王潮雄踞福建,尽拥五州,唐昭宗只好封他为节度使、福建管内观察使,王审知则为观察副使。乾宁三年(896),王潮死,王审知继任,唐昭宗封其为威武军(福州)节度使,累迁同中书门下平章事,封琅琊王。唐亡后,梁太祖于后梁开平三年(909)加拜王审知为中书令,封为闽王。

王审知统治期间,闽国政治安定,经济发展,一片欣欣向荣。五代闽国,福建"佛法独盛于其时"[①]。其主要原因是统治者的重视和提倡。闽王王审知"雅重佛法"[②],全力扶持佛教。光化三年(900),王审知在福州乾元寺开坛,度僧2000人。天复二年(902),他在福州开元寺建戒坛,度僧3000人。
天佑三年(906),他在福州开元寺铸丈六高铜佛像一座、丈三尺高菩萨二座;
越年,又设20万人斋于开元寺,号曰"无遮"。同光元年(923),为庆祝后唐
庄宗李存勖灭梁,王审知建太平寺,铸释迦弥勒像,又作金银字四藏经,各
5048卷。王审知还特地命令浮海运木到泉州建造仁寿塔(西塔)。闽国王氏
家族对佛教也极为热衷,王审知子王延钧于天成三年(928)在福州太平寺开
坛,度僧2万人。南宋人黄干在《勉斋集》卷37中记道:"王氏入闽,崇奉释
氏尤甚,故闽中塔庙之盛甲于天下。"当时福建僧人猛增,据《三山志》载,仅
福州一府的僧尼就达6万多人,福州鼓山涌泉寺、怡山长庆寺、闽侯雪峰崇圣
寺的僧人均多达一二千人。当时高僧云集,僧人地位空前提高,王审知在唐
末任威武军节度使时,就皈依了雪峰义存法师,并把义存法师和他的弟子玄
沙师备法师,皆奉为其师,雪峰义存法师常被迎进节度使府为僚属官将说
法,官府斋僧建寺都谘请他决定。会昌灭法期间,王审知并没有认真执行灭
法令,而且在废诏一退,立即自己出钱,把福州和清源一带或存或毁的寺院
全都修复起来。据《王审知德政碑》载:"天佑元年,是岁建报恩定光多宝塔
于福州。天佑二年夏四月,王藏佛经于寿山,凡五百四十一函,总五千四十
八卷。三年七月,铸金像、铜佛像,高丈有六尺,铸菩萨像二,高有三尺。即
碑所云,奉大雄之教,崇上善之因,虹梁雕拱,重新忉利之宫;钿轴牙签,更演
毗尼之藏。盛兴宝塔,多舍净财,日丽飞甍,霞攒彩槛者是也。"王氏在经济
上对佛教也大力支持,如福州鼓山涌泉寺,王审知"所施膳僧之田多至八万
四千亩"③。统治者还以法定的方式,使寺院占有肥沃土地。当时一些贵族
和富豪也带舍田入寺,"是时膏腴田尽入寺观,民间仅得其硗窄者,如王延
彬、陈洪进诸多舍田入寺。顾窃檀施之名,多推产米于寺,而以轻产遗子孙,
故寺田产米比民业独重"④。莆田、仙游两县许多大姓争施财产,造佛舍为香
火院,多至500余区。由于王审知及其家人的崇佛,闽国佛教兴盛一时。

　　王审知对福建佛教兴盛的最大贡献,是将遭毁灭的福州鼓山涌泉寺重
建,并延请雪峰义存法师法嗣神晏法师住持,使鼓山由此长盛不衰,成为东
南名寺。据《鼓山志》记:"鼓山白云峰涌泉寺,在山之半。其先为潭,毒龙居

之。唐建中四年,从事裴胄请灵峤入山诵《华严》于潭旁,龙遂去不为害,因奏建华严寺。会昌中,汰僧徒,鞠为蓁莽七十年。梁开平二年,闽王审知填其潭为寺,请神晏居之。"⑤《增校鼓山列祖联芳集》在"朱梁第一代兴圣国师神晏"下载:"神晏,大梁李氏子,嗣雪峰义存禅师。朱梁开平二年戊辰,王审知镇无诸,就龙潭址夷平为寺,具香花百戏迎师于雪峰住持之。乾化二年,奏赐紫衣,赐号定慧大师。"从以上记载,可得知:福州鼓山涌泉寺早先是水潭,据称有毒龙作怪。后裴胄请僧人灵峤入山在潭边诵《华严经》,毒龙始遁去不再为害。闽王王审知填平龙潭,建为寺院,并礼请雪峰义存法师法嗣神晏法师来寺任住持。从 908 年王审知礼请的鼓山涌泉寺第一任住持神晏法师至今,鼓山涌泉寺已历经 135 代,历代高僧辈出,已成为福建第一名刹。令人关注的是:鼓山涌泉寺与台湾佛教界极为密切,正如台湾"中国佛教会"会长净良法师在率鼓山在台法系朝礼团抵福州回山参礼时所说:"台湾佛教大多传承来自福建,尤以鼓山法脉,更是台湾佛教之源。""台湾光复前的佛教,大多以鼓山的传承为主,其法脉分布几已遍及全岛。例如日治时期,虽受日本佛教的影响,但是台湾佛教仍然来自鼓山传承的系统"。"台湾有为之青年僧众纷纷前往鼓山投师或受戒,甚至邀请鼓山僧众来台弘法或住持寺院,形成一时之风潮。而且当时的台湾僧众,必须具有僧人身份,才能获得信众的崇敬和护持,因此都前往鼓山受戒,取得戒牒,具有僧人身份之后,才可从事佛教的各种工作。就因为有这样的缘故,因此,鼓山就成为台湾佛教的传承根源。所以,鼓山在台的法脉,特别发达"⑥。

福州鼓山涌泉寺与台湾佛教的密切关系,可从以下几个方面来看:

1. 鼓山涌泉寺僧人到台湾创建寺庙。如早在 300 年前,约清康熙四十年间(1707),鼓山涌泉寺高僧参彻法师游化台湾,至白河镇,见山川壮丽,故结茅安居,经村民帮助,建成大仙寺。后又于枕头山建成碧云寺。

2. 鼓山涌泉寺僧人到台湾传法。如鼓山第 126 代传人妙莲法师、第 130 代传人虚云法师、第 131 代传人圆瑛法师等都曾赴台游化,现仅以圆瑛法师为例。圆瑛法师 1923 年到台湾参与传戒和讲法,于 1924 年 2 月底返回闽南,前后达四个月之久。圆瑛法师在台湾的行程,可谓遍布台北、台中、台南等重要道场；圆瑛法师在台湾的活动，主要有两个方面的内容，一是参加授戒会，二是进行演讲。圆瑛法师在台湾主要参加了两个授戒法会，一个是参加基隆月眉山灵泉寺授戒法会；另一个是参加台北观音山凌云寺的菩萨戒会。以后一个传戒为例，据《台湾日日新报》所刊有关内容可知：第一，这场四众戒坛是台湾北部首次举行的，因此举办者极为慎重，事先有告示，对各个环节均做了周密安排。第二，发起者无论僧俗皆为当时名人。第三，参与戒坛法事的有圆瑛法师、圣恩法师、本圆法师、善慧法师、觉力法师，皆出自福州鼓山涌泉寺法脉。第四，时间有七天，活动的内容除了为求戒者授戒、为善士祈福、为死者超拔外，还祈祷世界和平、为关东地方震灾死亡者开追悼会，最后开诗会，由圆瑛法师与各诗社吟咏。第五，参加者有来自全岛的数百名信徒，岛内一些绅士和岛内日本一些高层人士也参加。圆瑛法师在台湾的演讲活动，台湾的《台湾日日新报》也作了系列报导，我们对圆瑛法师在台湾演讲的行程和情况的轮廓有一个初步的了解。第一，圆瑛法师在台湾演讲的地点如基隆、台北、新竹、台南、新竹等。第二，邀请圆瑛法师演讲者和单位，主要有三种，一是本地有声望的出家人，二是本地绅商各界名士，三是各种佛教团体。第三，听者较为踊跃，有的多达数百人之多。第四，演讲过程安排较为周密，大都事先做好准备，在报刊上发出告示。第五，演讲中还有其他活动，如替死者超度、参加诗会等。圆瑛法师在台湾游化时间虽然仅四个月，却产生了积极的影响。明旸法师在《圆瑛大师年谱》的《前言》中写道："早在一九二三年，大师对处于日本帝国主义铁蹄统治下的台湾人民关怀备至，曾先后两度（按：此记有误，圆瑛法师是两次受邀，但仅一次赴台）亲赴台湾宣化探访骨肉同胞，与台湾佛教界建立联系。表达了大陆佛门弟子对台湾同胞未曾一日忘怀的心情，并促进了海峡两岸中华各族同胞的团结，加深了彼此对祖国的热爱。"⑦如 19 岁到福州鼓山涌泉寺出家的虚云法师曾于 1906 年参观台湾灵泉寺。

　　3. 鼓山涌泉寺传法台湾佛教四大法脉。20 世纪 50 年代前，台湾正统佛教有四大法系，即大岗山、观音山、大湖山和月眉山。这四大法系基本垄断了台湾的佛教资源，在台湾佛教史上占有举足轻重的地位。而这四大系统的开山法师或中兴法师,都在福州鼓山受过戒,皆为福州鼓山法脉。大岗山的开山义敏法师曾于 1896 年于福州鼓山涌泉寺受戒,1908 年与弟子永定法师一起开发大岗山创建超峰寺。清同治十一年(1872),福州鼓山涌泉寺僧理明在台北创建凌云寺,为台湾观音山派的大本山,后由在福州鼓山受过戒的本圆法师、如净法师等继往开来。民国元年(1912)福州鼓山涌泉寺僧觉力到台湾苗栗大湖乡创建法云寺,为大湖山派的大本山,之后由在福州鼓山受过戒的妙果法师承其衣钵,重振山门。民国十二年(1923),福州鼓山涌泉寺僧善智、妙密在台湾基隆月眉山谷创建灵泉寺,为台湾月眉山派大本山,后由在福州鼓山受过戒的善慧法师发扬光大。

4. 鼓山涌泉寺传法台湾其他法派。如台湾台南的开元寺派曾一度为台湾佛教改革的重镇,中兴开元寺的法师大多在鼓山受过戒,如清同治年间任开元寺住持的荣芳法师,曾往鼓山涌泉寺受戒;1903 年 2 任开元寺住持的玄精法师,曾在鼓山涌泉寺受过戒;1913 年任开元寺住持的传芳法师,曾于 1881 年投鼓山涌泉寺维修法师出家;1921 年任开元寺住持的得圆法师,曾于 1906 年赴鼓山涌泉寺受戒。再以其他寺院为例,如台南竹溪寺住持捷圆法师、台南龙湖岩住持修来法师、台北龙云寺住持贤顿法师、狮头山金刚寺首座智性法师、宜兰雷音寺住持微宗法师、新竹法源寺觉心法师等,都到鼓山涌泉寺受过戒。

5. 鼓山涌泉寺法脉与台湾四大系统关系。20 世纪 50 年代后,台湾佛教主要有四大系统,即 1. "中佛会"(即"中国佛教会")白圣系统,也称北派;2. 佛光山星云系统,也称南派;3. 第三势力系统,也称"元宿派";4. 印顺系统,以佛学研究为主。这四种系统与福州鼓山涌泉寺也有不同程度的关系。如"中佛会"理事长白圣法师,为福建古田人圆瑛法师弟子。圆瑛出家于福州鼓山涌泉寺,曾任鼓山涌泉寺第 131 代传人。佛光山开山星云法师 1949 年渡台后落脚于中坜圆光寺,收留星云法师的圆光寺开山长老妙果老和尚属福州鼓山涌泉寺法脉,曾到福州鼓山涌泉寺受戒,亲近福州鼓山良达法师多年,并于 1948 年 10 月邀请在南洋弘法的圆瑛法师的弟子、福建建宁人慈航法师到圆光寺开办佛学院,收留了 1949 年渡台的祖国大陆学僧,对星云法师等来自祖国大陆的学僧产生了巨大影响,正如于凌波在《慈航法师与台湾佛学院》中所言:"也亏当年慈老在台,'抢救'了那一批祖国大陆学僧,不然,他们走投无门,很可能为生活所迫,走上还俗之途,那将是佛门重大损失,因为那些学僧,以后都是佛门柱石,为佛教做了重大贡献。"印顺法师23岁时依圆瑛法师受具足戒,后又任教福州鼓山佛学院,1953年抵台受聘为善导寺导师。

6. 鼓山涌泉寺法脉与台湾四大山头关系。台湾解严后,佛教界的"四大山头"迅速崛起。这"四大山头",是指位于南部星云法师的佛光山、位于东部证严法师的慈济功德会、位于北部圣严法师的法鼓山和位于中部惟觉法师的中台禅寺。四大道场以发展佛教为中心,本着"人间佛教"的精神,从寺院走向社会,服务社会。四大道场已经成为台湾佛教发展的主流,四大道场掌握了全台湾佛教界的大部分社会资源,包括捐款、人力、物力与媒体报导等,已成台湾佛教发展的方向。它们的发展已超越台湾本土,走向海外,东南亚各国、地区,以及美国、欧洲、非洲各地,都有其分支组织,也拥有其僧众和信徒。这是中国佛教历史上所未曾出现过的盛况。这"四大山头",也与福州鼓山涌泉寺有着密切的关系。佛光山开山星云法师与鼓山法脉关系,已如上文所陈述。中台山开山惟觉法师父为灵源法师,而灵源法师于1932年在福州鼓山涌泉寺出家,属虚云法脉,虚云法师出生于泉州,于光绪九年(1883)在福州鼓山涌泉寺任住持。慈济功德会创会者证严法师是印顺法师的徒弟,而印顺法师则是圆瑛法师徒弟。法鼓山开山圣严法师属圆瑛法脉,正如圣严法师于2002年10月13日访问福州西禅寺时对西禅寺住持赵雄法师所言:"赵雄法师的师傅是明旸长老,我的师傅是白圣长老,明旸长老和白圣长老的师傅都是圆瑛法师,所以我和赵雄法师是师兄弟。"

7. 鼓山佛教文化对台湾佛教文化的影响。福州鼓山佛教文化对台湾佛教文化的影响,主要表现在仪礼、音乐(梵呗)、壁画、木雕、建筑等方面,现仅以音乐为例。台湾佛教音乐,基本上以声乐为主。这种声乐,广义来说包括佛教平时礼佛课诵和法会仪式上赞颂佛陀的"梵呗",朗诵佛教经文的转头及宣讲佛法的"唱导"。狭义则指"梵呗"。台湾佛教的梵呗,随着佛教的传入而传入。早期传入的是"龙华音",后则有"鼓山音"、"海潮音"的传入,目前多属后者两种音系。海潮音属北方系统,为大陆北方传入,国民党退到台湾,随之到台的僧人所传的唱腔多为海潮音。鼓山音属南方系统,传自福州鼓山涌泉寺,故名。日据前后,台湾僧人以到鼓山涌泉寺受戒为荣,他们回台后也将在鼓山所学的唱腔带回,故也称"鼓山调"。正如英国伦敦大学陈慧珊在《佛光山梵呗源流与中国大陆佛教之关系》中指出:"台湾最早期的出家人,许多同出福州鼓山涌泉寺法派,这一法系的梵呗唱腔随着传入了台湾,被广称为'鼓山调'。"陈省身在《台湾焰口施食演法变化与战后中国佛教会迁台的关系》中也指出:"这些本土法脉的和尚们并透过去鼓山同涌泉寺受戒时,学习了以鼓山系为主的佛门经忏礼仪唱诵,其中包括了焰口施食法会的完整演法及唱诵;他们回到台湾后开始教授门生,广传鼓山系统的焰口科仪。"简上仁在《台湾民谣》中认为:"台湾的佛教音乐大体可分成两个系统:一为大陆北方系的海潮音庄重而严肃。另一为大陆南方系的鼓山音,唱法和祥舒缓,也是目前台湾寺院大多使用的宗派。"鼓山音多用闽南语发音,曲调拍子进行平稳流畅,唱法缓慢,在旋律中装饰音和加花音较少。在伴奏方面,海潮音仅以击乐器伴奏,鼓山音除击乐器伴奏之外,在经忏法会上常加入旋律乐器作为伴奏。必须看到,当年在福建各大丛林中的出家人并不都是福建人,有许多是从外省来福建出家的;此外,即使都是福建人,八闽各地的方言音调也不一样,因此从祖地福建传入台湾的"鼓山音"就不可能都是很地道的闽南音;再加上传入台湾后又受各方面影响,而佛教音乐过去大都口传心授,"鼓山音"与台湾其他的佛教音乐交汇在所难免,在唱腔上有不同程度的差异是不足为奇的。

8. 鼓山在台湾法系的礼祖活动。台湾解严后,许多鼓山在台法脉的法师纷纷前往礼祖,现仅以人数最多、代表性最广的 2006 年 5 月在福州举办的鼓山法系佛教文化交流活动为例,这次活动是半个多世纪以来,规模最为宏大、代表性最为广泛的两岸佛教交流活动,由曾受戒于鼓山的台湾"中国佛教会"理事长净良法师率领,来自台湾佛教界的鼓山在台法系参访团有 25 个县市约 600 名诸山长老、大德法师借此善缘得以回山参礼祖庭,马来西亚槟城极乐寺等国外鼓山法系的代表亦组团以及全国各地僧众共1500多人参加了此次活动。鼓山在台法系参访团名誉团长为净心法师,总团长为净良法师,副总团长为圆宗法师、会光法师,顾问为真光法师、晴虚法师、心田法师,共分为21个团。在交流中,还结合其他活动而进行学术研讨和交流。如祈福法会的当天下午就举行了海峡两岸佛教学术研讨会,两岸佛教专家学者以及鼓山法脉的高僧大德共400余人欢聚一堂,共同探讨鼓山法系的渊源与发展、闽台佛教的法脉传承与现状,会中围绕"闽台佛教宗派和法派"、"鼓山涌泉寺禅宗传承"、"福州涌泉寺与台湾佛教月眉山派关系"等方面,进行深入探讨。研讨会还就福州鼓山涌泉寺与台湾佛教福州鼓山法系的传承关系,进行了详细论述,并指出曾驻锡福州鼓山涌泉寺的太虚法师、圆瑛法师等大德的佛教思想,对台湾佛教产生巨大影响,以及台湾佛教的基隆月眉山派、苗栗大湖法云寺派及台南开元寺派与福建佛教的关系,表明台湾佛教与福州鼓山涌泉寺的渊源。同时还在福州香格里拉大酒店举行海峡两岸鼓山法系圆桌会议,两岸法师500多人参加交流并共同签署了《促进两岸佛教文化交流福州倡议书》,随后举行了新闻说明会,就此次两岸鼓山法系佛教文化交流活动的宗旨、签署《倡议书》的意义等回答了有关新闻媒体记者的提问;并在福州于山白塔寺举办海峡两岸书画展,共展出两岸法师、书画家作品150多幅;晚上在福建会堂举行"鼓山之光"文艺晚会,共演出"和谐安康"、"心手相连"、"鼓韵传芳"三个篇章。鼓山在台法系回山朝礼团的500多人,还对福州怡山西禅寺、福州芝山开元寺、福州旗山万福寺、漳州南山寺、厦门南普陀寺等福建多家大丛林进行了参访。这次活动大大激发了两岸佛教界有识之士的共鸣。在海峡两岸鼓山法系圆桌会议上,500多两岸高僧深情地回忆了福州鼓山涌泉寺的历史,一致认为,台湾佛教,源自大陆;闽台佛教,亲同祖孙。尽管台湾佛教开枝散叶,宗派繁茂,但究其本原,多在鼓山。饮水思源,不忘本来;法乳深恩,泽被万代。今天,国运昌隆,佛法兴盛,海峡两岸的鼓山法系弟子聚会一堂,共扬护国弘教、利乐有情大业,正当团结一心,全力承担,献大智能、放大光明、作大贡献。为此,向两岸福州鼓山法系弟子们发出了以下倡议:一是建立海峡两岸鼓山法系联谊机制。二是编辑鼓山法系丛书,系统收集、整理反映鼓山法系特点的各种史料、文物。三是鼓山法系适时联合召开海峡两岸佛教学术会议。四是联合举办海峡两岸相关慈善活动。五是编辑《鼓山法系通讯》,及时报道鼓山法系相关动态,成为联系法系弟子的园地和纽带。六是编辑出版期刊,旨在进一步促进海峡两岸鼓山法系弟子间的学术交流。《倡议书》中表示,纵观世界,局部战争和地区冲突此起彼伏;国际恐怖势力、民族分裂势力、宗教极端势力在一些地区还相当活跃;贫穷和饥饿仍在不少国家肆虐,生态日益恶化。为求两岸和平,每一个爱好和平的佛弟子,对此都充满信心。希望通过海峡两岸鼓山法系弟子间的联络与交流活动,搭建一个沟通对话的平台,提供一个献策出力的管道。

"两岸共烧一炷香",有着悠久绵长法脉的福州鼓山涌泉寺与台湾佛教界,定将再续前缘,再谱新曲。

注释:

① 《鼓山志》卷7,《艺文·碑序》。

② 《十国春秋》卷91,《闽一·世家》。

③ 《鼓山志》卷5,《田赋》。

④ 乾隆《泉州府志》卷21,《田赋》。

⑤ 《中国佛教名山胜地寺志》,佛光文化事业有限公司,1999年版,第209页。

⑥ 《鼓山在台法系参访团行前记》,鼓山在台法系参访团,2006年5月编印,第9—10页。

⑦ 明旸主编,照诚校订:《重订圆瑛大师年谱》,中华书局,2004年版,第5页。

蓝色海洋的骄子

陈　洋

陈洋(1962—)男,汉族,福建金门人。厦门大学历史系历史专业毕业,现任厦门市郑成功纪念馆副馆长、厦门市郑成功研究会副会长、文博研究员。曾参与创建厦门博物馆,后调入厦门郑成功纪念馆工作,任业务部主任,主管文物征集、文物保护、陈列布展,并从事郑成功历史研究。参与厦门郑成功研究会会务工作及编辑《郑成功研究通讯》。在郑成功纪念馆历次陈列改版中,均担负陈列大纲等重要的文字撰写工作,并参与考证研制用于辅助陈列的历史场景、雕塑和战船模型。现负责对台文化交流及对馆内专业人员的业务培训。先后发表《郑成功——纵横于蓝色海洋的民族英雄》、《郑成功文物史迹》、《郑成功任将用人得失读》、《郑成功复台对台湾文化的深远影响》、《两件有关郑氏史事墓志所提供的重要启示》、《思考朱成功》等学术论文。

我国明末清初伟大的民族英雄郑成功,先世原居中原,唐末方自河南光州固始逐渐南迁入闽,定居于紧邻大海的南安石井乡,后来成为敢于冲破禁锢,精于贩海经商的家族。

郑成功因父亲早年至日本经商,出生于该国平户海滨,幼年深受海上岛国文化习俗熏染。但当他七岁返回祖国之后,接受正统儒学教育,很快树立了忠君报国、尊王攘夷的思想体系,所以当南明隆武政权覆亡之后,他坚决不随父亲降清,而是毅然举义反抗,扬帆入海。

郑成功起兵初期,兵少船寡,缺乏立足之地,但他深信利用闽南的崇山峻岭与浩瀚无际的海洋,完全可能与精于骑射的满清铁骑相抗衡,故他号召整合父亲旧部,以水师为主要力量,海陆配合,灵活出击,坚持转战沿海,数度攻略闽南漳、泉诸府县。由于清军不习舟楫,短于海战,只能固守内陆地区,时常听任郑军在沿海岛屿间纵横驰骋,攻城略地而无可奈何。郑成功正是依靠一只由海上健儿组成的精锐水师,据金门、厦门两岛为基地,与西南李定国抗清武装东西声援,独立撑持东南抗清局面近 17 年,为了购置粮饷、供养士卒,郑成功根据自己的“以商养战,通洋裕国”的战略思想,继承父亲开拓的海上贸易网络,积极发展东西洋海上通商。郑氏以善行大洋的福船为基本力量,海船大舰通贩日本与东南亚诸国,从而积累巨额经济利润,使郑军的粮食给养与军事物资的供应源源不断,显示了中国海商在南太平洋海域的强大竞争力。1659 年北伐南京失败之后,郑成功再次运用海战优势与火攻战法,取得了厦门保卫战的胜利。为了建立一个巩固的后方基地,解决与荷兰殖民者的海上贸易争端,郑成功决计出师东征,夺取台湾。1661 年农历三月二十三日,郑成功亲率东征大军 2 万余人,战船 400 余艘,从金门料罗湾出发,迎着台湾海峡的惊涛骇浪与暴风骤雨,利用每年农历三、四月间的天文大潮,于农历四月初一日午间,突入荷兰人疏于防范的鹿耳门港道,前锋在禾寮港登岸后顺利包围荷军城堡普罗文查。次日中午,郑军水师与荷舰展开激战,郑军以满载硫磺、焰硝和干柴的火船逼近敌舰,仍使用扣锁前桅、引火烧帆的传统战法,终于炸沉荷军主力战舰“赫克托号”,取得海战初捷,为日后攻取台湾,驱逐荷兰殖民者奠定了坚实的基础。

郑成功作为中原河洛族群移迁闽南的后世之孙,成为驰骋于蓝色海洋的一代英雄,他收复台湾的历史壮举,改变了东西方海权竞逐的格局,使“国姓爷”的威名远播于欧洲船海国家。荥阳郑氏的播迁历史,也成为内陆农耕文化向海洋文化转向的一个族群现象,这是很值得进一步探讨的。

谈施琅与郑成功的关系及其历史评价问题

徐　勇

徐勇(1959—)男,汉族,广东海丰人。天津师范大学历史系本科毕业,南开大学历史系研究生学历。1984年至1998年在天津《历史教学》杂志社先后任助理编辑、编辑、副编审。1998年至2001年在天津古籍出版社任副总编辑。2001年至今,在天津市地方志办公室先后任市志指导处副处长,处长,编审。主要社会兼职有:中国先秦文学会理事、中国孙子兵法研究会理事、天津市历史学会常务理事、副秘书长、天津孙子兵法与古代文化研究专业委员会副会长兼秘书长等。自1981年以来,共出版著作21部(含主编、合著),发表文章300多篇,计约200万字。先后主持国家级或省市级项目5个,曾9次获省市级以上优秀成果奖。

施琅是我国明清之际一位杰出的军事人才,他与郑成功的关系直接影响到当时全国政治军事形势特别是南方战局的演变。过去,史学界对郑成功抵抗清兵和收复台湾已有详尽论述和高度评价。而对施琅的历史作用及其与郑氏的微妙关系则讨论得似乎不够细致和深入,特别是对施琅的历史评价存在着一些针锋相对的歧见。本文对此试作简要探讨。

施琅,生于明天启元年(1621),卒于清康熙三十五年(1696),字尊侯,号琢公,原名施郎,福建省晋江龙湖镇衙口村人,祖籍是河南省固始县方集镇。换言之,施琅是固始人的后裔。深厚的文化底蕴从小就对施琅影响颇大,早在青年时代,他即显示出卓越的军事才能。但时逢乱世,这位军事人才初期未能得到明主的赏识、没有引起足够的重视,其雄才大略难以有用武之地。

据记载,施琅17岁即投郑芝龙"作贼",后南明隆武政权建立,他成为首席大学士黄道周部下。1645年7月,黄道周出征援赣州,他跟随黄充当偏裨。当时黄道周手下仅招募了3000余人,其本人又缺乏实际作战经验。施琅以军事家的眼光预见到此去迎击清军必败,因此他恳切建议黄道周率精干的小部队直入赣州,调遣各地将领,会师对敌。这是当时唯一正确的策略,但黄不听劝告,施琅只好离开他返回福建。隆武朝覆灭后,施琅随郑芝龙降清,拨归李成栋指挥,李成栋进攻两广时利用施琅等郑芝龙旧部冲锋陷阵,而又处处排挤他们。1648年李成栋反正后,更是企图火并他们,施琅率所部"急拨众走饶平,踞守阅月突围出,且战且行,连日夜间关险阳",从粤闽交界的黄冈镇投入郑成功部下。1651年正月,郑成功拟率众攻取广东潮州和惠州,而由其叔父郑鸿逵带少量人马回守厦门。当时任左先锋的施琅认为郑军与清军兵力对比劣势,而郑鸿逵难保厦门不失,于是他恳请郑成功慎重出兵。但郑成功没有听从他的正确意见,反而认为他临阵胆怯,不利大战。下令将施琅的左先锋印和部队移交副将苏茂,让施琅随郑鸿逵回厦门。结果清军乘郑成功主力南下,于2月底偷袭攻占了厦门,使郑军家属、财物受到极大损失。在清军登上厦门、众将奔逃时,施琅独自带数十人勇敢奋战。郑成功后论功行赏,只奖给白银,却没恢复他左先锋的兵权。

施琅与郑成功的矛盾有一个逐步积累的过程,而两人最终决裂是曾德的被杀。曾德原为郑氏旧将,后归施琅节制,曾德看到施琅失去兵权,就投入郑成功营中充当亲随,施琅听说后大怒,不顾郑成功"驰令勿杀"而将曾德斩首,郑成功不能容忍他擅杀旧将,于是捕杀了施琅的父亲和弟弟,迫使施琅逃回大陆,再次降清。本来郑军长于水战,清军难以应对,由于施琅这位杰出将领的易帜,使整个战场形势发生了决定性变化。

在与施琅的关系问题上,郑成功的处理欠妥。施琅因父亲、弟弟被杀,自己也被追捕,不得不再次降清。过去有人以此批评他的操守,甚至指斥其为叛国汉奸，是不了解历史实际、不够公允的说法。

施琅以其军事才能，在清军中逐渐受到重视，历任副将、总兵，继而统领福建水军。在他的指挥下，清军的水战能力大为提高，清军水师已有能力与郑军抗衡，这对整个战局的发展具有重要意义。

1664年，施琅率兵攻取了厦门和金门，曾建议"进攻澎湖，直捣台湾"，使"四海归一，边民无患"。但当时限于主客观条件，施琅的建议未能立即被采纳。

1667年，清廷派孔元章赴台招抚失败后，施琅上《边患宜靖疏》，转年又上《尽陈所见疏》，指出"从来顺抚逆剿，大关国体"，认为把五省边海地方划为边界之外，使"赋税缺减，民困日蹙"，是错误的。应从速出兵征台，以免"养痈为患"。然后再裁减防兵，益广地方，增收赋税，达到"民生得宁，边疆永安"的目的。

施琅从军事上分析了双方的力量对比和征台应采取的策略，指出台湾"兵计不满二万之众，船兵大小不上二百号"，他之所以能占据台湾，实是依赖汪洋大海为之屏障。而当时的福建"水师官兵共一万有奇，经制陆师及投诚官兵为数不少"，从中精选劲旅二万，足以平台。在策略上他则力主剿抚兼施，以减少牺牲。

施琅的建议，被鳌拜为首的清廷保守势力以"海洋险远，风涛莫测，计难万全"为借口束之高阁，甚至裁其水师之职，着他留京宿卫，但施琅在京之日仍随时注视福建沿海动向，悉心研究风潮信候，"日夜磨心"，为复台做积极的准备工作，等待清廷的起用。

1682年（清康熙二十一年十月）清政府平定了"三藩"之乱后，收台重上议程，施琅也在李光地等的力荐下，任福建水师提督之职，加太子少保衔。他回到厦门后，便"日以继夜，废寝忘食，一面整船，一面练兵"，相关器械，均"躬亲挑选整搊"，经数月努力，使原来"全无头绪"的水师"船坚兵练，事事全备"。

1863年6月14日，收台行动正式开始，施琅率清军由铜山出发，很快就击败了郑氏集团刘国轩部，攻占了澎湖。在加紧军事部署的同时，利用有利态势对台湾郑氏集团进行招抚。

当时台湾的政局已十分动荡不安,郑成功之子郑经统治后期,陈永华（郑克臧岳父）与冯锡范（郑克塽岳父）争权内讧。病重的郑经选定长子郑克臧为继承人,但冯锡范将他毒死,而立年仅 11 岁的郑克塽为延平王,冯锡范专权贪腐,大失人心。

在大兵压境的形势下,郑克塽无奈地承认:"人则有变,士卒疮痍,战则难料。"他最终听从了劝告,决定请降,"以免将来追悔莫及"。

同年 8 月 13 日,施琅率水师到达台湾,刘国轩等文武官员前往迎接。施琅入台后即亲往祭拜郑成功,他对郑氏父子开辟台湾的历史功绩高度评价,"同安侯入台,台地始有居民。逮赐姓启土,世为岩疆,莫可谁何"。自称克台是为国为民尽职,"所以忠朝廷而报父兄之职分也",个人对郑成功毫无怨仇。他说:"独琅起卒伍,于赐姓有鱼水之欢,中间微嫌,酿成大戾……剪为仇敌,情犹臣主。芦中穷士,义所不为。公义私恩,如是则已。"祭毕,施琅热泪纵横,哽不成声,使台兵和台湾百姓深受感动,疑虑尽消。作为入台的清军最高统帅,施琅能这样以大局为重,冷静地处理公义私怨的关系,充分体现了他的胸襟宽阔,也有力地稳定了台湾的政治局势,为国家的统一和长治久安立下汗马功劳。

清政府恢复台湾后,由于许多官员对台湾地位的重要性认识不足,清廷内部对是否留台产生了一场争论。康熙帝自己就曾认为台湾是"弹丸之地。得之无所加,不得无所损",一些大臣也认为,台湾土地狭小,人口稀少,财赋无多,又远隔重洋,如派兵把守,不仅糜费粮饷,而且鞭长莫及。他们主张镇守澎湖,而对台湾则"宜迁其人,宜弃其地"。而施琅以一个政治家、军事家的战略眼光反对上述错误观点,他在给朝廷所上《陈台湾弃留利害疏》中,详述台湾与东南海防的重要关系,对弃守论的种种错误说法一一加以批驳,"一行徙弃,安土重迁,失业流离,殊费经营,实非长策","臣思弃之必酿大祸,留之诚永固边疆"。施琅站在维护祖国统一和保卫国家海洋权益的高度,力主保留台湾、守卫台湾,吁请清廷在台湾屯兵镇守、设府管理。

在分管兵部的东阁大学士黄锡衮的支持帮助下,施琅的真知灼见终于打动了康熙帝君臣,清廷决定在台湾设府县管理,屯兵戍守。此后台湾永远地回到了祖国的怀抱。

连结中州与台湾纽带的历史
英雄人物——施琅大将军

施性山

施性山（1952—）男，汉族，福建石狮人。石狮市第三届中华诗词学会会长，市文联常委。福建省作家协会会员，中华诗词文化研究所研究员，中华诗词学会会员，福建省诗词学会会员，石狮市施琅学术研究会会长。主编《古今临濮诗词选》等八部诗文集。著有《伴松轩诗草》（延边大学出版社）、《海内外石狮人著述资料汇编·湖海诗杰施性山卷》（香港人民出版社）。传略入编《中国当代诗词艺术家大辞典》、《世界名人录》等数十部辞书。

翻开中华民族 5000 年璀璨亮丽的文明史，儒家学派无疑是贯穿整个历史文化的主体。其"大一统"、"德治"和"仁政"等伦理道德教育，激励着一代又一代的仁人志士，为祖国版图的完整和人居环境的和谐安定，呕心吐胆，不懈努力。他（她）们如同闪烁明亮的群星，在各个不同的历史星空，迸发出同样彪炳青史的光芒。他（她）们是中华民族的脊梁，是华夏之英、民族之魂，他（她）们精神不灭、丰碑长在。际兹"大一统"这个亘古不变的主旋律中，清初的靖海将军靖海侯施琅，就是其中最为突出的代表人物之一。

施琅（1621—1696）字尊侯，号琢公，福建晋江人。先世由河南省光州府固始县入闽。据《浔海施氏族谱·建祠告成碑文》（十六世施琅勒石）载："祖自唐代由光州固始入闽，迨宗输公始分居于晋江之南浔乡，三传而至菊逸公始大蕃衍。"另据《福清县志》载:"施氏始祖貊公,于唐僖宗光启三年(887)随王潮入闽,居建阳。其裔施宗泽,宋宣和时任福建都盐转运使,巡查龙田场而居时和里。宗泽公之孙讳炳(宋大理寺评事、晋江浔海派施氏尊评事公为始祖。按:宗输公乃浔海系二世祖,亦即炳公之子)建望楼以志思考,称为高楼施氏。"是以浔海系施氏望出福清高楼,缘于此也。

吾入闽施氏开族始祖,号曰施父,即《左传》所云施父者也。据《浔海施氏族谱序》:"施氏之先,出自周姬姓。至鲁惠公生三子,曰:隐公、威公、恒公,恒为门下丁公府椽,流誉他方,四国归仁,遂以二字合为一文,为施姓,食采于鲍,封为施国。"施氏八世祖施之常公,孔子弟子,为世大儒,鲁国人,孔门七十二贤人之一。是故施氏家世重儒风。施琅出生于耕读世家,自幼受到儒家思想文化的熏陶,关心民瘼,同情民间疾苦,特别是"大一统"观念根深蒂固,不可动摇。其"扫数十年不庭之巨寇,扩数千里未辟之遐封(康熙皇帝谕祭施琅第一次文)。良有以也"。

施琅生活的年代,正值兵荒马乱,政权迭更之秋。明朝统治者腐败无能,搜刮无度,农民起义军席卷中原,势如破竹。当是时,倭寇、海盗残害沿海生灵,剽掠地方数十载,百姓朝不保夕,十室九空。更有甚者,随着局势的变化,海峡已成天堑,宝岛台湾正散播着"横绝大海、启国东宁"的嚣氛。天下安危,系于一线。台湾底定,则东南门户巩固,而京畿亦将稳如磐石。唯个中三昧,独施琅洞若观火。由是五次上疏,请旨专征。一战而澎湖克捷,继之网开四面,招抚郑氏集团。其上为国、下为民的胸襟抱负,诚堪表率万世也。

台湾弃留问题,当时朝臣意见不一,煞是花费一番口舌。施琅以其超越同僚几百年的战略眼光,上《恭陈台湾弃留疏》,终于说服康熙皇帝,收台湾入版图。从此闽台一体,两岸唇齿相依。台湾的特殊地理位置和战略意义,及其治乱始末,今日已为人们所熟知,但仍然有极个别"台独"堕落分子,为满足一己之私欲,不顾黎民生死,贪财使坏,挖空心思地贬低、毁谤施琅将军。不难想象,在版图归属意识模糊的300多年前,施琅孤身孤胆,上疏廷争的场面,是何等的惊心动魄。其上为国、下为民的肺腑之言,再一次用实际行动加以证明,所谓言出必践,始终不渝者也。

历史上几次移民大潮中,入闽先驱者把中原先进的传统文化带进了八闽大地。施琅平台后,海禁遽开,福建居民大批涌入台湾,台湾汉人人口数从郑氏治台末期(1682)12 万左右发展到嘉庆十六年(1811)的 1945000 人。汉文字与闽南方言也迅速地在台湾传播,并逐渐形成了优秀的闽台文化。盛世重文章,在民俗文化、宗教信仰尤其是妈祖文化的传承、发扬诸方面,施琅是直接参与者和有力鼓吹者。论者谓妈祖文化是两岸一家亲的重要体现,信不我欺也。台湾鹿港天后宫妈祖神像是清康熙二十二年(1683)由施琅将军恭迎到台湾岛的,是到台湾开基妈祖的六尊妈祖的第二尊,叫"二妈",在台湾各妈祖庙中的地位极高,信徒极多。受其影响,鹿港的风土人情、生活习惯、语言等与福建泉州极其相似,因此被称为"小泉州"。2008 年9 月 5 日至 10 日,鹿港天后宫妈祖到泉州天后宫谒祖进香,受到两岸无数善男信女的膜拜跪接,各媒体均冠以"鹿港妈祖首次回到施琅将军故里"的标题作报导。鹿港天后宫管委会主委张伟东表示:"能恭迎妈祖神像来到施琅将军的故乡,我们觉得非常荣幸。"两岸的认同,是闽台文化迅速融入中华民族优秀的传统文化中的关键所在。

澎湖一战,施琅不仅仅是在军事上和政治上取得决定性的胜利,更是在促进闽台文化的形成与发展,起到了无可替代的作用。国清才子贵,台湾教育事业的崛起以及科举制度的健全乃至周礼、仪礼等一切民风民俗的推广、流行,都是正式列入清廷建制、恢复正常生活秩序、社会治安好转的必然结果。历史将永远铭记这一点。

历史丰碑　根亲纽带

——陈元光家族和王审知兄弟的伟大功绩及历史影响

陈学文

陈学文（1943——）男，汉族，河南省固始县人。曾任固始县政协副主席。曾兼任固始县陈元光开漳历史文化研究会会长等职。现为信阳市根亲文化研究会副会长、固始根亲文化研究会会长。2004年创办《寻根文化》（现更名为《根亲文化》）。撰写或发表有关"开漳圣王"陈元光、闽王王审知、民族英雄郑成功、靖海侯施琅、爱国华侨陈嘉庚等研究文章数十篇。

在由晋唐至明清的漫长岁月里，地处江淮间豫皖结合部的"光州固始"，因其特殊的地理区位、自然条件、历史因缘，成为历代中原河洛人南迁的肇始地和集散地，在河南移民史上有着显著地位和重要影响。血缘、文缘、史缘、地缘关系"编织"的特殊精神纽带，穿越历史时空，将闽台同胞，海外侨胞，客家民系，同祖地固始紧紧地连在一起。徙居闽粤的固始籍民，为当地带去了先进的中原文化、生产技术、农耕文明，加速了我国东南边陲人类社会的发展进程，其历史贡献与影响，将永远辉映于史册。渐次播迁海外、旅居世界各地的华人华侨，客家群体，创业异国他乡，传播华夏文明，为世界的文明进步作出了宝贵贡献，赢得国际社会的广泛赞誉。由古至今，千百年来，他们谱载口授，世代相传：牢记乡关祖地，勿忘"光州固始"。固始因此成为蜚声海内外的中原侨乡，"唐人"故里，客家之根，闽台祖地，成为"天下固始人"心目中永远的"大槐树"。近30年来，海内外研究移民历史、寻根文化的专家学者和大众媒体,也随之将热情的目光投向固始,考察、研究、传播固始根亲文化现象。尤其是以唐初陈元光、唐末王审知为代表的移民文化与根亲情结,成为备受关注的热点。

一、戍闽开漳篇

在公元 7 世纪中期的我国唐代历史上,从中原河洛地区的"光州固始",走出一个造福南疆、饮誉朝廷的家族;这个家族中有一位献身八闽百粤,感动海峡两岸,功耀古今、名播海外的将军。这位将军就是唐初奉朝廷之命,戍守闽粤,平抚"啸乱",创建漳州,传播中原文化和农耕文明的"开漳圣王"陈元光。

陈光元,字廷炬,号龙湖,河南"光州固始"人。世居江淮之间的大别山北麓浮光山下。唐显庆二年(657)出生于颍川望族、开唐功臣门弟、将军世家。少怀大志,崇文尚武,13 岁领"乡荐"第一。祖父陈犊,字克耕,曾以 5 万精兵助唐灭隋,被唐廷封为开国元勋,任玉钤卫翊府中郎将怀化将军。祖母魏敬,世称魏妈,字玉珏,号云霄,隋中书魏潜之女,唐相魏征堂妹。幼习诗书,尤喜战阵、骑射之术。曾和丈夫陈克耕为助唐灭隋并驾齐驱,逐鹿疆场,被封为唐开国元勋夫人。父陈政,青年时随父母驰马河洛,刚果有为,被唐太宗任为左郎将。两位伯父陈敏、陈敷,分别在朝中任中郎将怀远将军、右郎将云麾将军。

穿过历史的隧道,回望当年的烽烟,陈元光举家奉诏南下,缘起于唐初的一次武装移民。

时间:总章二年至咸亨元年,即公元 669—670 年;

屯师目标:泉州与潮州之间闽粤赣结合部"方数千里""蛮荒之地";

廷命任务:平息少数民族动乱,开发建设东南疆域。

南国烽烟 隋唐以前,泉州与潮州之间广大地区的原住民(时称"南蛮"或"蛮獠")尚处于氏族公社社会阶段,没有本民族的文字,或随山洞而住,或编荻架茅而居。其俗"断发纹身,好相攻讨"。除狩猎之外,也"刀耕火耨","去瘠就膹",不断占领新的地盘,因而和安居务农的汉族群众时有冲突。到了唐初,这一肇始于汉代延续了近八百年的汉蛮矛盾激化升级。公元 669 年,潮州与泉州之间终于爆发了一次大规模的"蛮獠啸乱",啸乱武装由打家劫舍,发展到陷城略地。生灵涂炭,苦不堪言。

奉诏南下　告急文书驰入朝廷,唐高宗遂于总章二年(669)诏命陈元光之父——玉钤卫翊府左郎将归德将军陈政为朝议大夫、统领岭南行军总管事,率府兵 3600 名,营将 123 员,由中原出征,入闽平乱。因众寡悬殊,交战失利,陈政退守九龙山,奏请朝廷增援。于是朝廷命陈政兄陈敏、陈敷率 58 姓"光州固始"子弟赴闽增援。时年 72 岁的陈元光祖母魏氏夫人见国家危难当头,毅然随军南征。援军行至须江(今浙江江山县境),陈敏、陈敷二位将军相继染疫病逝;至汉兴(今福建浦城),陈敏之子元敬、陈敷之子元�也不幸夭折。魏氏夫人不顾失子丧孙之痛,代子领兵,继续南下。

两军会师后,"结筏渡江",采取招抚多数,"围剿元恶"的战略方针,突破围追阻截,打通前进道路,得以进屯梁山之外的云霄火田一带建宅落居。

元光受命　陈政不负朝廷厚望,出生入死,历尽艰辛,"靖寇患于炎荒,奠皇恩于绝域"。镇守闽粤之吭,泽被泉潮之野。历时 9 年,积劳成疾,于仪凤二年(677)病故于军中。

陈元光时年 21 岁,奉诏代理父职。13 岁随家南征的陈元光,此时已经历了 8 年的戎马生涯。由于家庭熏陶,疆场历练和中原文化的滋养,使陈元光逐渐成长为集文韬武略于一身的政治家、思想家、军事家和诗人。他统军主政后,先后平息了潮州、循州、惠州一带的"啸乱",闽南、岭南社会由此得以安定。事闻于朝,于永淳二年(683)进阶陈元光为正议大夫、岭南行军总管。

建漳置郡　是年(683),陈元光奏请在泉、潮间建州设县,以巩固东南边陲,实现长治久安(唐时所指"泉、潮间",为今天福州到潮汕之间包括漳、泉、厦、莆、仙等广大地区)。他在表疏中指出:"兹镇地极七闽,境连百粤",其区位和战略地位十分重要。但由于"职方久废,学校不兴",所以人们"所习者暴横为尚","抚绥未易,治理诚难"。因此,"其本则在创州县,其要则在兴庠序",此"诚为救时之急务"!垂拱二年(686)武后颁诏允准于原绥安地域建置漳州,并新设漳浦、怀恩(今诏安)两县,任陈元光为漳州刺史兼漳浦县令。

开漳业绩 一是陈元光身体力行、持之不渝地用德礼教化民心,移风易俗,改造社会。对于啸乱流寇,实行招抚为主、威德并用的方针,孤立、惩处首恶,教化团结多数。对于归顺者,划区安置,引导其自我管理。提倡各民族一律平等,并积极主张和鼓励部下与山越人等少数民族和亲通婚,山越人由此逐渐汉化,实现了民族融合。二是注重用中原的先进文化和生产技术,从政治上、经济上、文化上、风俗上改造闽粤间这一蛮荒落后地区。具体表现在:(1)政治上,廉政奉国,开科选士,任用贤能,广开才路。比如对"宅心正大、处己无私"的许天正,忠直骁勇的马仁,"谋国竭忠"的林孔著,"处己方严、临事果断"的李伯瑶、林章,"用意精深、勤于职事"的卢如金、涂本顺、戴汝孙,"性多慈仁、急于爱民"的张伯纪,"奉公惟谨、事上能恭"的赵伯恭、郑业等随属部将和地方贤达,都能按其德才委以重任,因而军政岗位人才济济,同心同德,上令下行。(2)经济上,一是劝农务本,鼓励耕织,兴修水利,改善农耕。比如在漳江两畔"障海为田"、"辟地置屯",在漳江上游修建军陂(即水坝)和水渠,使荒原旱野有了灌溉之利。三是扶持工商,发展手工业和行商走贩。近海民户则晒盐、造船,内地居民则制陶、制茶,手工业渐成规模。工商行业启兴成市,商业中心蓬勃兴起,商品集散地星罗棋布,农产品、畜产品、手工业品等货物齐全,市场活跃。四是寓兵于农,积极屯田。以火田一带为军垦基地,发动部众开展大规模生产建设活动,既减轻了长期处于战乱中的当地贫困百姓的负担,保障了入闽府兵的粮饷供给,又促进了地方经济的发展。五是大力推行均田制,招徕流亡,建宅垦荒。将六朝以来古绥安、兰水一带的荒地、无主地,按丁口分到户耕种。动员民户垦荒,自垦自种。六是轻徭薄赋,善政养民。对于归附的山越"流移",实行"不役不税",扶持生产。七是广泛推广应用中原农业生产技术,仿制农具,改进耕作。平原地区推广了双季稻,荔枝、香蕉等经济作物广为种植。由于多措并施,使该地区社会经济实现了历史性的进步,跨越性的发展。(3)在文教上,办庠序,兴书院,施教化,移风俗。州署(今云霄西林村)设有专管教育的行政机构,松州书院和各地书院相继创立,兴办社学、义学蔚成风尚,使漳州大地实现了"民风移丑陋,土俗转温醇"的巨大变革。(4)在军事上,实行府兵制,规定一定年龄的男子服兵役,参加军训。并于辖区置堡36处,作为军事绥靖和教化之所;四境设立"行台",布岗巡逻,以保安宁。

以身殉国 唐睿宗景云二年(711)十一月初五日,销声匿迹近30年的啸乱酋领蓝奉高等妄图死灰复燃,东山再起,率领残部潜入郡治附近的岳山发起突袭,陈元光亲阵御敌,保境安民,不幸血染疆场,以身殉职,时年55岁。噩耗传来,苍山垂首,江海悲咽。漳州父老悲恸欲绝,泉潮百姓哀泣遍野。纷纷"肖其像",设灵堂,缅怀其功绩,感念其恩德,寄托无尽的哀思……当朝和之后历代朝廷,对陈元光累有旌表追封,其中以宋朝追封的"开漳圣王"影响最为深广。

前仆后继 陈元光殉难后,其子陈珦奉诏代领州事,率部击垮了蛮酋蓝奉高等残余势力,彻底肃清了漳州及潮汕地区社会动乱根源。陈珦在任27年,安民惠民,卓有政声。陈珦退隐后,其子陈酆"使居祖职(漳州刺史)","恢拓先业","锄强救灾","历任二十九年,一州安晏"。陈酆辞世后,其次子陈谟又"以平广寇功授中郎将兼漳州刺史"。元和十四年(819),陈谟卒于任上,为造福漳州百姓献出了毕生精力。从陈政起,上自其母魏敬夫人,下至陈元光等儿孙后辈,祖孙六代戎马闽粤,励精图治,历150余载,可谓满门忠烈,遗爱万民,岁月悠悠,丰碑长存。

突出贡献 今天,我们用历史唯物主义的观点来评价陈元光戍闽开漳的历史贡献,最重要、最突出的,是他奠定了泉、潮间闽中闽南地区政治、经济、文化的三大基石。即:政治上,少数民族与汉族间的长期武装对抗,转化为蛮汉融合,结束了泉潮地区由西汉至唐初长达八百年的社会动乱,开创了民族团结和睦,社会稳定和谐的历史新局面,为这一地区的全面开发建设奠定了安定的政治基石。经济上,中原农耕文明的广泛深入传播和工商业的兴起与发展,为泉潮经济带和闽南经济区的形成奠定了基石。文化上,教育的普及,文风的日盛,为泉潮文化带,尤其是以漳州为中心的闽中、闽南区域文化圈的形成奠定了基石。

历史影响 其一,戍闽开漳,加速了我国东南边陲人类社会的历史发展进程,使蛮荒之地的少数民族归顺了朝廷,巩固了大唐王朝的中央政权。使昔日蛮荒之地,渐成文明之邦,政治、经济、文化、军事、社会风俗等开始融入中华民族大家庭,居民的血统、心理素质和民族意识自此与中原息息相通,源远流长的华夏文化在闽粤之域得以发扬光大。此后千余年来,闽南一带未出现与中央政权相对抗的割据政权和势力,并对后世产生重大影响。因此可以说,其历史意义和影响是划时代的。

其二,陈元光不仅是一位卓越的将军,还是一位具有远见卓识的封建社会的政治家,同时也是一位满腹经纶的儒教学者、颇有成就的诗人。作为儒家政教思想的实践者和中原文化的传播者,陈元光重教兴文,德礼施政,使闽粤赣结合部"方数千里"实现了"偃武修文,四夷自服"的社会变革。对漳、泉、潮、汕诸州日后成为饮誉海内外的历史文化名城,其属地成为民风淳厚、才俊辈出的礼仪之邦,无疑起了文化拓荒、文明奠基的作用。

其三,生产力的发展,社会的进步,极大地改善了人们的生存、生活条件,实现了各民族的和睦相处和安居乐业。这同时又大大增加了人口的生产,使七闽(后为八闽)、百粤之地人口总量显著上升。先后两批入闽开漳的87 姓、近万名将士及其家眷,就地安家落籍后,世代蕃衍,生生不息,其后裔成为漳泉潮汕地区主要人口成分,并呈扇形源源不断地向台、琼、港、澳和东南亚及欧美诸地流徙,这就历史地造就了"漳江思源怀固始,唐人访祖到闽南"的"根文化"现象——当年开发闽粤,落籍南疆的大唐将士,成为中原汉人入闽入粤及其渡台后裔的开基祖,成为由闽台再渐次播迁东南亚的华人华侨的"根",成为欧美各地"唐人街"的血缘与历史源头,成为联系闽台同胞、海外侨胞和世界客属的亲情和精神纽带……

其四,陈元光祖孙六代戍闽开漳功绩,为闽粤台同胞和海外"唐人"世代景仰,广为传颂,人们一向尊奉陈元光为"开漳圣王",纷纷立庙祭祀,至今香火如昔。漳州和潮、汕地区民间供奉"开漳圣王"的威惠庙、燕翼宫、州主庙遍布城乡。目前在台湾奉祀陈圣王的威惠庙、昭惠庙等有 300 多座,其中富丽堂皇、宏伟壮观的超过 50 座,全岛以宜兰、桃园、台北庙宇数量、香火为最。在东南亚各地陈圣王庙也随处可见。2006 年 10 月,2007 年 3 月,新加坡陈元光纪念堂——保赤宫管委会和中国福建省漳州市云霄县,先后举办了国际开漳圣王文化联谊大会和开漳圣王文化节,数千名闽台同胞、海外侨胞欢聚一堂,畅忆开漳伟业,缅怀宗功祖德,祈祷国家统一,民族振兴,其情其景感人至深。2008 年 5 月,这一盛大根亲文化活动又在台湾隆重举行。

故乡情长　在陈元光将军的故里——河南省固始县陈集乡,有为徙居海内外的开漳将士后裔们一心向往的陈将军祖祠,祠之东南隅有陈氏祖茔"七星拱月墓"。2004 年,在纪念陈元光家族奉诏入闽 1335 周年之际,固始县修葺了陈氏将军祠,在浮光山恢复重建了祭祀魏敬夫人的"奶奶庙"和纪念陈元光祖父陈克耕将军的"望漳亭"。并在县城中心位置辟建了占地百亩的陈元光广场,安放了由福建省云霄县县委、县政府和全县人民赠送的陈元光将军大型石雕像。固始县酝酿已久的创建"历史名人园"的构想如能实现,开漳圣王祖孙六代及其部将,将首期"入驻"名人园。

根亲纽带　据 1953 年台湾户籍统计资料显示,当时台湾全省户数在 500 户以上的 100 个大姓中,有 63 个姓氏的族谱上均记载其先祖来自河南光州固始。这 63 个姓氏共 670512 户,占当时台湾总户数 828804 户的 80.9%,他们当中,绝大部分的开台祖来自于闽南,而这些人的开闽始祖大多就是唐初跟随陈元光父子入闽开漳的中原将士、固始子弟——"河洛郎"。这些入徙台湾的开漳河洛郎后裔,在开发建设台湾的活动中,形成具有血缘或籍缘关系的同宗、同乡聚落,并把祖籍地的生产技术、地方语言、文化艺术、风俗习惯、民间信仰等带入了台湾。而且在入台聚落之地都建有祠庙,奉祠他们共同的祖王——开漳圣王陈元光。

故园有祠,闽台有庙,一脉相承,相呼相应,历经沧桑而香火不绝。对开漳圣王的这种虔诚的祭祀活动,成了人们敬祖溯根、思乡怀亲的一种精神载体,也是民族感情的一种外化,中华民族巨大凝聚力的一个标志。近 30 年来,海外华人华侨和台港澳同胞,源源不断地专程到漳州云霄威惠庙和河南省固始县陈氏将军祠、奶奶庙寻根谒祖,缅怀先贤,献上心香一瓣,以了却他们的最大心愿。

功垂后世　2007 年,是"开漳圣王"陈元光诞辰 1350 周年,也是(福建)

漳州——(河南)信阳,固始——云霄分别缔结友好市、县 20 周年。此间,两地分别举行了座谈会、研讨会、陈元光诗歌朗诵会等多种形式的纪念活动,人们追思陈元光家族及其部众的戍边历史,缅怀先贤们为建设闽粤和谐社会、促进民族融合,维护国家统一而创建的丰功伟绩,激励爱国报国的情志,焕发建设美好家园的热情,决心为增强民族凝聚力,促进祖国统一大业,实现中华民族伟大复兴,做出应有的贡献。

辉煌的开漳历史,内涵丰富的开漳文化,及其在特定的时代背景和历史条件下,所孕育、形成的开漳精神,具有时空的穿透力和无限的生命力。为什么千百年来,闽台同胞、海外侨胞对开漳先贤的追思与怀念,从未因岁月流逝而淡化,也未因山隔水阻而疏断? 历史回答曰:因为他们是文明之师,仁义之师。他们不是讨伐者、征服者;相反,他们是闽粤蛮荒之地的开发者、开拓者,是各族人民新生活、新家园、新时代的建设者,和平与安宁的守护者,是中原文化和农耕文明的传播者。

历史告诉我们,推动历史前进的人将永远被历史所铭记;造福于人民的人,将永远为人民所怀念,所敬仰。陈元光等开漳先贤们正是推动历史前进的人,造福于人民的人,所以历史铭记他们,人民厚爱他们。

精神永存 我们凭吊先贤,是为了弘扬先贤的崇高精神。戍闽开漳先贤们在戎马生涯和开发建设实践中所创造、所形成的团队精神,集中体现为元光精神,即开漳精神,这是极为宝贵的精神财富。比如,壮士们万里赴戎机,不顾征途艰辛、环境险恶,慷慨赴征,义无反顾,那种以国家江山社稷为重,以民族大义为重的崇高精神;那种烧荒屯垦,辟地扎营,披荆斩棘,勇往直前的开拓进取精神;为了"靖寇患于炎荒,奠皇恩于绝域",赴汤蹈火,在所不惜的牺牲精神;那种集思广益,群策群力,众志成城的团结协作精神,等等等等,至今令我们备受感动,受益无穷。陈元光坚持奉行的"兵革徒威于外,礼让乃格其心"的德治思想和以人为本的理念;奖励耕织,优工惠商的古老发展观;教育兴州,人才兴邦的战略思想;正确的平乱方针和斗争艺术等这些闪耀着智慧光芒的思想和策略,仍然值得当代学习和借鉴。

缅怀陈元光及其家族与部众非凡的戍边平乱历史和开发闽粤的辉煌业

绩,令人百感交集。陈元光由人到神,千百年来受到人们敬奉膜拜的文化现象启迪我们,致力于民族融合,维护国家和民族统一,乃天人一愿,其思想精神永垂不朽。今天我们弘扬开漳精神文化,即是弘扬中华民族的统一思想精神,并为实现这一愿望,完成祖国统一大业而努力奋斗!

二、八闽一统篇

历史厚爱英贤,人民感念功臣,古今中外,莫不如此。固始骄子、八闽功臣王审知弟兄,就是为历史所垂爱、人民所感念的人。

翻开新、旧《唐书》、《资治通鉴》等古代文献典籍,河南"光州固始"人、闽王王审知兄弟治闽兴邦的辉煌业绩赫然有载,字里行间闪耀着他们治军理政、治世安邦的文韬武略之光,维护国家统一的民族大义之光,民为邦本的爱民恤民之光,克己自省的清正廉明之光,礼贤下士的尊贤重才之光,善谋福祉的德政惠民之光……

唐末,朝政腐败,民生凋敝,农民起义风云激荡。僖宗光启元年(885),安徽寿州人王绪率农民义军攻陷光州(治所今潢川),固始东乡人王潮、王审邽、王审知三兄弟率5000余众从义军入闽,继唐初陈政、陈元光之后,揭开了河南"光州固始"人改写福建历史的又一恢弘篇章,在东南沿海发展史上树起了又一座丰碑,也架起了福建与固始的又一座亲情桥梁。

入闽平闽,除暴安民　据《新唐书》与《十国春秋》载王氏兄弟,本琅琊人,出身名门望族,秦将王翦34代孙。其五代祖王晔为固始令,善政多多,民爱其仁,倾情勉留之,因迁家于此,遂世为固始人。王潮,字信臣,"沉勇有智略";弟审邽,字次都,"喜儒术,善吏治";审知,字信通,号详卿,状貌雄伟,方口隆准,喜读书,好骑射,常乘白马,号称"白马三郎"。其时,"四海尽疲于征战","中原正苦于伤残"。审知"蓄慷慨之气,负纵横之才",每或抚髀暗惊,弯弧自誓曰:"大丈夫不能安民济物,岂劳虚生乎!"唐末,黄巢义军之寿州人王绪聚众万余,攻取光州,纳收士民,以广队伍。王潮时为固始县佐史,与弟审邽、审知,以材气知名,邑人号曰"三龙"。王绪为网络人才,施计使王氏兄弟率5000乡民从军,并任王潮为军正,主廪庾。王绪率部众辗转至赣境,略浔阳、赣水;入闽地,取汀州、陷漳浦,但皆未能据之。王绪嫉妒贤能,"猜刻不仁",军中人人自危,因而激起兵变,为部将所逼自杀,众推王潮为主。王潮治军有法,军纪严明。泉州百姓深受刺史廖彦若贪暴之害,喜闻义师南下,奉牛酒迎潮。王潮乃引兵拔泉州,并受任刺史。"潮既得泉州,招怀离散,均赋缮兵,吏民悦之"。唐昭宗大顺二年(891),潮乃以从弟彦复为都统,弟审知为都监,围攻福州。义军颇得民心,各界捐粮筹船,劳军助战。《通鉴》云:"民自请输米饷军,平湖洞及滨海诸蛮,皆以兵船助潮"。景福二年(893)五月,"潮入福州,自称留后"。"建州人徐归范以州应潮","汀州刺史钟全慕举籍听命,岭海间群盗二十余辈皆降溃,潮乃尽有五州之地"。乾宁初(894),黄连洞二万蛮众围汀州,王潮遣将举兵破之,闽地遂定。

王氏兄弟率义军南北转战,历时9年,终于平定了闽疆,统一了全闽,结束了地方割据,盗贼四起的局面。昭宗在福州建威武军,任王潮为威武军节度使、福建观察史,审知为副使。乾宁四年(897)底,王潮去世,追封秦国公。开平时,为潮立庙,称曰:"水西大王"。次年,朝廷任审知为威武军节度使。

治闽兴闽,造福黎民 唐前,福建经济、文化落后,及至五代、宋,却经济繁荣,社会安定,人文荟萃。尤其福州,一派盛世景象,号称"海滨邹鲁"。福建迈向文明之邦的历史大转折,始于王氏三兄弟率义军入闽,平定闽疆。

《十国春秋·司空世家》称:审知之兄王潮(846—898),"志尚谦恭,誉蔼乡曲,善于和众,士多归之"。平定、统一全闽后,王潮主政十余年间,"乃创四门义学,还流亡,定租税,遣吏巡州县,劝课农桑,交好邻道,保境息民,人皆安焉"。明代河南副使、泉州人苏茂相曾赋诗赞颂王潮功绩:"鼙鼓中原沸似波,将军闽峤还横戈","事定千年无战伐,时清万户有弦歌"。

《新唐书》载:审知仲兄审邽(858—904)为泉州刺史,检校司徒。器宇宏宽,仁厚爱民。流民还乡者借给牛犁,助其耕作;帮修庐舍,助其安居;修桥筑路,方便行旅;惠农惠工,奖励生产;兴办义学,授业童蒙;革新制度,移风易俗。中原动乱,公卿士人多来投奔,审邽遣子延彬设招贤院,一一接纳,以礼相待。如杨承休、韩偓、归传懿、杨赞图、郑戬等众多李唐朝廷官员、当代名士,在李唐灭亡前后举家归闽,皆受到礼遇和重用,因怀感激之情,悉心参政议政,建言献策,成为王审邦治政兴邦的智囊团。审邦、审知偕处理政期间,"铲其讹弊,整其章条,三军无哗,万姓有奉"。"至则积恶者摒去,为善者获安"。王审邦协助王潮治理泉州,后其父子相继任泉州刺史,前后历44载,在泉州发展史上树起了一座光前裕后的里程碑。

王审知(860—925)开闽治闽,勋劳卓显,因而代颂其功,史不绝书。政治上,一是尊奉中央,维护统一;一是实行"睦邻保境,轻徭薄赋,与民生息"的政治方略,巩固边疆海防,使福建免遭战乱之灾,百姓免受繁役苛赋之苦。尤其是在"四方窃据",民富兵强,左右数度劝其称帝时,他力排众议,拒不称帝,始终不渝地坚持"宁为开门节度使,不作闭门天子"。真心实意地尊奉拥有中央政权的唐王朝和后梁王朝,"致君愈勤,述职无怠。万里输贡,川陆不系其赊;一心尊戴,风雨不改其志"。同时整顿吏治,广纳贤才,以巩固政权。在福州、泉州等地设"招贤馆",接纳中原各地避乱的知识分子,或委重任,或做幕僚,或使以执教。在其当政的30余年里,正置群雄纷争、武力割据的五代十国初期。而福建从未对外邦用兵,也未受外邦侵扰,境内一片升平,成为全国最为安宁的地区。经济上,重视和鼓励发展生产。比如,劝农兴修水利,发展农业。亲自主持兴建或扩建了福清、长乐沿海大堤,泉州6里陂、9溪18坝,连江东湖,晋江40余华里灌渠,疏浚了受益幅员可达25平方公里的福州西湖等一大批骨干水利工程。同时围海造田,扩大耕地。在平原推广双季稻;在武夷山区开垦茶园,种植茶树;因地制宜发展纺织、陶瓷、冶金、铸造等工业生产。在传播中原文明上,倡导文教,兴办学堂,培养人才,教化黎民,达到了府有府学,县有县学,乡间有私塾。迨至宋代,闽省已成文风昌盛之地,才俊辈出之乡,状元亚魁、进士及第超于中原,名臣贤相、仁人志士层出不穷。《十国春秋》称:此乃审知兴教之功也。在发展商业和海外贸易上,免除杂税,奖励通商。躬身踏察海湾,修建码头,辟建港口。疏通闽江水道,扩展福州城区。福州、泉州由此成为我国东南沿海的重要港口,也是当时中国最大的两个港口。海上航线北至新罗(今朝鲜),南至南海诸岛,以及印度和阿拉伯地区。泉州城市规模也一再扩大,吸引很多阿拉伯商人和伊斯兰教徒来此经商或定居。到宋、元时代,泉州成为与亚历山大港齐名的世界一流大港。活跃的海外贸易,为福建经济文化繁荣和社会进步注入了巨大活力。

审知弟兄理政兴闽,福泽闽邦,使"强者抑而弱者抚,老者安而少者怀","一年而足食足兵,再岁而知礼知义。方隅之内,仰止攸同","鸡犬相闻,时和年丰,家给人足,版图既倍"。

新、旧《唐书》和《资治通鉴》,对王审知治闽"用仁信以御下,行慈惠以恤民",宾贤礼士,节俭自处,选任良吏,省刑惜费,轻徭薄赋,息兵养民等多有记述,评价甚高。如称颂审知"常衣袖袴败,乃取酢袋而补之"。一次,有使者献一玩物,审知自掷于地,谓左右曰:"好奇尚异,乃奢侈之本"。据《十国春秋》载:钱昱《忠懿王庙》碑文,盛赞王审知当政治闽有"五善":"外涵大度,内用小心,慎刑既及于精详,举事悉从于简略,犯则不赦,令比秋霜之严;恩本无私,惠如冬日之暖。惟民教化,吏以法绳",此可称善为政。"非正词不入于聪,非公事不宣于口,居无声色之乐,平生以礼义自守。念十家之产者,躬行节俭……"此可称善立身。"兴崇儒道,好尚文艺,建学校以训诲","独振古风,郁更旧俗",此可称善教化。"怀尊贤之志,宏爱客之道,四方名士,万里咸来",此可称善招纳。"尊天事地,奉道飨神","事非为己,愿乃庇民","三十年间,一境宴然",此可称善谋福。"功惟理乱,志在尽忠;安不忘危,常为持险之诚;小当事大,罔违与国之道……",此可称善守位。王审知"传册封者四五世,遗爱铭于人口,忠节出于国史。臣子之盛,不亦大乎"!

天复元年(901),昭宗封王审知为琅琊王。梁开平三年(909),梁太祖封王审知为闽王,闽国正式建立。唐庄宗同光三年(925)十二月,王审知病殁,皇上赐谥忠懿。后人为追念闽王之功德,将其生前宅第改建成闽王祠,祠前立有功德碑——唐《恩赐琅琊郡王德政碑》,碑文记述了王审知家世及其生平事迹。祠内供有王审知塑像,祠堂门额上悬挂着一块四字镏金大匾:"功垂闽峤"。建于泉州市的"五代闽国三王文物史迹陈列馆",向海内外观瞻者集中展示了三王家史、生平和开闽业绩。廊柱上赫然写着这样的楹联:"太原望族源三晋,固始义军靖八闽","望出太原立德千载,支分固始流徽八闽"。

一千多年前,王审知三弟兄由"光州固始"率领80余姓义军挥师南下,拜剑开疆,一统全闽。他们用中原河洛文化、农耕文明和"修齐治平"的仁风德政与治世方略,改写了福建这一乱世蛮荒之域军阀割据、流民塞道的历史,开创了闽地的历史新纪元,使之成为社会稳定和谐,人民安居乐业,经济繁荣昌盛,文风蜚声四海的"海滨邹鲁"。时至今日,福建人民乃至台湾人民,依然还在享受着王审知兄弟励精图治的物质与精神成果。因此,千百年来,人们用不同方式,追思他们的业绩,缅怀他们的功德,弘扬他们的精神,代代相传,历世不辍。在一街一巷都铭记着王审知兄弟丰功伟绩的历史文化名城福州市市区,安放有闽王塑像,供市民和海内外游人瞻仰;市区内古老的闽王宅第,业经修缮,兼作王审知纪念馆与爱国主义教育基地;分别坐落于惠安盘龙山、泉州皇绩山和福州莲花山的王潮、王审邽、王审知墓园,受到国家和民间极为妥善的保护。每年都有成千上万的闽台和海外王氏族亲、义军后裔和各界人士前来扫墓凭吊,祭奠英灵。明代由福州仓山迁居闽南龙海境内白礁村的开闽三王后裔,于永乐十年建立家庙,奉祀开闽先人。祠联云:"唐末开闽,光辉北地;明初分巷,派衍南台。""分支来自固始,到白礁腾浪万里;创业本在同安,振乌巷长享千秋。"正堂楣语:"开闽第一家。"在王审知弟兄入闽1122周年之际,白礁村王氏族人和各界人士隆重举行了纪念活动。台湾王金平先生特意委托兄长王祝庆由台北率36位宗亲赴白礁家庙祭拜先人。据福建新闻网消息,2008年元月9日至12日,应金门王氏宗亲的盛情邀请,闽王王审知金身塑像在以王大盛先生为团长的福州王氏宗亲访问团78位成员护送下,由厦门直赴金门巡安。金门王氏族人和各界人士,以祥狮献瑞、鼓吹吉乐、神舆旌旗等五个规模庞大的"阵头"迎驾,并依照唐礼古制举行盛大仪式,共祭闽王。另据福建王审知研究会王衍前副会长提供的消息:时隔百日,由台北、澎湖、金门、马祖150位王氏族人组成的祭祖恳亲团,于同年4月18日启程,唐装盛仪,回访大陆,与当地王氏宗亲2000余众欢聚于福州郊区莲花山下的王审知陵园,举行隆重的祭祀活动。由此可见,闽台人民对开闽三王有着共同的无比爱戴之情。

在闽王故里——河南省固始县,乡亲们十分怀念、敬仰三位中原骄子、治闽功臣,特意在县城命名一条王审知大道,以表永志纪念。位于该县分水亭乡王堂村毁于战乱的闽王祖宅,在县、乡两级的共同努力下,复建规划已经出台,吁请闽台同胞、海外侨胞慷慨资助,共襄盛举。工程告竣后,将作为"三王"开闽事迹展馆、豫闽台同胞恳亲会馆和文化交流场馆对外开放。这正是闽台港澳和旅居东南亚及欧美等地的王氏族亲、"义军"后人的一致心愿,共同期盼。近30年来,他们或规模组团,或三五结伴,专程赴固始寻根访亲,观光考察,身在异乡,情系祖地……据悉,由固始籍剧作者执笔,旨在再现开闽历史的三十集电视连续剧已经完成首稿,波澜壮阔的开闽历史画卷,不久将在荧屏上展开。

王审知兄弟以实现国家富强统一、社会和谐安定、民族团结幸福为己任,鞠躬尽瘁,死而后已的煌煌大节,耿耿丹心,天地可鉴,河山为证。他们堪称古代治世理政、构建和谐的一面旗帜,一部教材。对于我们今天建设社会主义物质文明、精神文明与和谐社会,仍具有一定的借鉴价值和实践意义。

施琅与闽台关系

——从施琅的海防思想谈起

施伟青

　　施伟青(1948—)男,汉族,福建云霄人。厦门大学教授、博士生导师。长期从事中国古代史的教学和研究。已出版专著《施琅评传》、《施琅年谱考略》、《中国古代史论丛》、《施琅将军传》等;在《历史研究》、《中国史研究》、《人民日报》、《光明日报》等报刊上发表论文百余篇。同时主编出版编著《闽南区域发展史》、教学参考书《中国古代史教学参考资料》(第一册)和《施琅研究》、《施琅与台湾》等多部论文集。曾应邀赴台湾中正大学等高校从事为期半年的学术交流活动。

　　在国内政权鼎革、国外西方殖民者纷纷东来的明清之际,中国东南沿海激烈动荡,狼烟迭起,充满内忧外患。先人来自"光州固始"、生长于福建晋江沿海南浔乡(今衙口村)的施琅对此不仅目睹耳闻,而且有深切的体验,加之他一生多活动于海上,又坚持读史,勤于思考,因而逐渐酿就了其独具特色的海防思想。他还在力所能及的范围内将之付诸实践,身体力行,为宁海靖疆,统一台湾,密切闽台关系,推动两岸社会的进步,作出了重大的贡献。本文拟围绕这个问题进行探讨。

一、主张采取"因剿寓抚"方略,平定台湾郑氏政权,以巩固海防

　　康熙二年(1663),郑军不仅据有台湾,而且占有厦门、金门等岛屿,与大陆近在咫尺,大陆东南直接暴露在郑军的锋芒之下。时任福建水师提督的施琅上疏吁请清廷尽快出兵攻取厦门诸岛。首先,他提出:"臣悉心详查海贼情形,今非昔比,郑成功已死,而郑经乃一顽童,难于成事,惟恃周全斌、黄廷、洪旭、何义等辈为心腹,得以苟延。伪官兵等各怀二心,未必顺从。……同安、海澄二地,乃厦门之咽喉,今右路总兵官杜永和已先扼踞其咽喉。自臣抵海澄之后,已整饬各地兵备,隘卡星罗棋布,并昼夜派船袭扰贼巢,致使奸贼力竭穷蹙,每闻风声,慌乱不堪,惊魂不定。此乃天心厌乱,促其败亡者矣。若不趁此良机而取之,致失机缘,必将贻误谋略非浅。"接着,他提出了攻打厦门、金门两岛的方案,并汇报了他备战的情况:"我师渡海直捣贼穴,亟须备有十二桨快船,方可于浅海内行驶迅便,于攻战大有裨益。臣据厦门沿海水域宽窄深浅情形,宜于何处渡海,何处截击之处,再四思维,已有成见。业已将微臣之见禀明靖南王、总督等,荣膺赞许,想王等已经奏闻。臣于同安自筹工料建造快船六十只。……又臣新募兵丁三千名,勤于操练,皆已熟谙征战。……拟于今秋前后,先用十二桨快船大举进兵,捣毁逆贼巢穴,彼时众贼定然逃窜,臣则率大船相继出洋阻截,南北夹击,贼必魂飞魄散,犹如瓮中之鳖,无处藏身。"最后,施琅表示其"已将兵马整备就绪",只要皇上批准其方案,他"甘心为国捐躯","必身先士卒,誓将二岛顷刻扫清,以慰皇上南顾之忧"[①]。

经清廷允准后,十月二十一日,施琅会同各路清军进攻厦门。他待退潮时才顺流扬帆进击,郑军前提督黄廷迎战失利,施琅趁胜迅速夺取厦门。他不给郑军予喘息之机,挑选漳州、泉州两路水师精锐,于二十四日攻取浯屿,二十六日攻夺金门[②]。

郑军退回台湾后,为翦除后患,永固海疆,施琅建议及时进兵台湾。史籍记载,康熙三年六月,"水师提督施琅以'郑经遁台湾,若不早为扑灭,使其生聚教训,而两岛必复为窃踞。当乘其民心未固,军情尚虚,进攻澎湖,直捣台湾。庶四海归一,边民无患'详请耿继茂(靖南王——引者注)、李率泰(福建总督——引者注)"。耿、李两人见施琅"详议妥确,筹画有方","遂合疏题请进剿"[③]。七月十八日,清廷颁下敕谕,加授施琅靖海将军,命其统领舟师征台，"务期殄灭逆孽"④。十一月，施琅率舟师横渡台湾海峡，"行至洋面，骤起飓风，难于逆进而还"。施琅并不气馁，而是"加紧整治战船，以图灭贼而后快"。康熙四年（1665）三月十八日，施琅率舟师驶往蓼罗，二十六日从蓼罗向外洋进发，因风潮不顺而被迫返棹。二十九日再度出洋，又因逆风而还。四月初八日，施琅又率舟师向东南进发，因风浪阻逆，被迫驶返金门。十六日从金门出海，次日进入澎湖海面，突然遭遇狂风暴雨，波涛汹涌，白雾茫茫，舟师顿时被风飘散。康熙三、四年间的二度渡海东征，皆因阻于风涛而未果⑤。尽管施琅百折不挠，舟师将士皆"能奋勉效力"，但因其时所用战舰都是借助风力行驶的木帆船，且难于准确预测台澎风汛，故而"终难免风涛之险"⑥。

东征舟师二度阻风后，清廷内部主和派意见抬头，并占据了主导决策的地位，最迟至康熙五年（1666）一月，清廷的对台政策作出了重大调整，决定专事招抚，放弃武力进取。而原属主战派的一些人也转变态度，支持主和派的意见，如福建总督李率泰在康熙五年初上疏称："闽海余氛，远窜台湾，奉旨撤兵，洵为至计。"⑦

康熙六年（1667）五月，清廷派往台湾招抚郑氏集团的在京候补总兵孔元章抵闽，他先遣道官刘尔贡、知州马星带着他和郑经舅父董班舍的书信入台议抚，但遭到郑经的拒绝。郑经复函孔元章称："东宁远在海外，非属版图之中，东连日本，南蹴吕宋，人民辐辏，商贾流通。王侯之贵，固吾所自有，万世之基已立于不拔。"⑧复董班舍的信称："今日东宁，版图之外另辟乾坤，幅员数千里，粮食数十年，四夷效顺，百货流通，生聚教训，足以自强。又何慕于藩封？何羡于中土哉？倘清朝以海滨为虞，苍生为念，能以外国之礼见待，互市通好，息兵安民，则甥亦不惮听从；不然未有定说，恐徒费往返矣。"⑨郑经态度的狂妄和认识上的谬误是显而易见的，不过，他的确非常坦率地告诉了清廷：希冀通过仅凭口舌的谈判就使其就抚，那是不可能的。

事实确是如此，是年八月，孔元章本人赴台招抚，照样是碰壁而还。夏琳《闽海纪要》卷上载："（清廷）遣总兵孔元章至东宁招抚。时议以沿海地方与郑经通商，欲其称臣奉贡，并遣子入京为质等三事。经曰：'和议之事不可久,先王之志不可坠。'即令舟人渡元章还。"江日升《台湾外记》卷 6 载:孔元章至台,"(郑)经厚待元章,以'台湾远在海外,非中国版图,先王在日,亦只差剃发二字。若照朝鲜事例则可'。元章还"。以上所载郑经的态度和此前复孔元章、董班舍的书信相同,且在此后,也不见郑氏政权有任何愿意就抚的意思表示和行动,所以这两则史料应是可信的。然而,孔元章于十月返回厦门后,却谎称:"本镇亲诣台湾,仰仗朝廷威福,业取逆等允从确据。"福建总督祖泽溥信以为真,把它具疏上奏⑩。这种谎言只能充当主和派暂时的安慰剂而已。

　　而施琅对清廷的这类招抚活动很不以为然,他始终持有清醒的头脑。由于职责所系,先后渡台的刘尔贡、马星和孔元章,都是由施琅派遣福建水师的官兵护送的,他密嘱押船官林功勋侦探郑氏对招抚的态度,而了解到的情况和孔元章所言不同。施琅担心此类议抚活动可能会延误平台的时日,大陆沿海终不得安宁。出于强烈的责任感,他于十一月题呈了《边患宜靖疏》⑪,指出:"探贼中情形,未必有归诚实意。使果倾心向化,则海靖边宁,无庸计论,今使命两次到彼,并无的当伪员同来输诚。唯听口传,岂可凭信?……为今之计,顺则抚之,逆则剿之。若恣其生聚教训,恐养痈为患。……万一蠢动,属费驱除。"施琅提醒清廷,"数年以来,沿边江、浙、闽、粤多设水陆官兵,布置钱粮,动费倍增,皆为残孽未靖之故"。"如台湾一平",则"边疆永安"。换言之,只要敌视清王朝的台湾郑氏政权继续存在下去,大陆东南沿海的安宁就没有保障。因此,施琅"满腔血诚"地请求清廷允其"乘便进取,以杜后患"。这里须说明的是施琅并非反对招抚,而是主张招抚必须以军事进攻或强大的武力威慑为前提,他认为军事上的胜利或强大的武力威慑,是招抚有可能奏效的必备条件。所以他在是疏中提出了"剿抚并用"的主张,即进征台湾,应先攻取澎湖,"若据澎岛以扼其吭,大兵压近,贼胆必寒,遣员先宣朝廷德意,如大憝势穷,革心归命,抑党羽离散,望风趋附,则善为渡过安插,可不劳而定。倘执迷不悔,甘自殄绝,乃提师进发,次第攻克,端可鼓收全局矣"。

　　清廷在收悉《边患宜靖疏》后,谕令施琅进京当面"奏明所见,以便定夺"⑫。康熙七年(1668)四月,施琅启程入京前夕,由于心切进剿,又题呈了《尽陈所见疏》⑬,他重申郑经"未见实意归诚",指出清廷用迁界对付郑氏是不明智之举,"伏思天下一统,胡为一郑经残孽盘踞绝岛而拆五省边海地方画为界外以避其患? 自古帝王致治,得一土则守一土,安可以既得之封疆而复割弃"? 而且这也达不到巩固海防的目的,"万一有惧罪弁兵及冒死穷民以为逃逋之窟,遗害叵测"。尤其当时西方殖民者纷纷东来,若郑氏"收拾党类,结连外国",是"终为后患"的。在是疏中施琅在"剿抚并用"主张的基础上提出了"因剿寓抚"的方略,进一步阐述了先攻占澎湖再行招抚的理由:"郑经得驭数万之众,非有威德制服,实赖汪洋大海为之禁锢。如专一意差官往招,则操纵之权,在乎郑经一人,恐无率众归诚之日。若用大师压境,则去就之机,在乎贼众,郑经安能自主? 是为因剿寓抚之法。"他不厌其烦地强调"台湾一平,则边疆宁靖,百姓得享升平,国家获增饷税",可谓利国利民,亟望清廷能采纳其意见。

遗憾的是其时清廷正热衷于遣人赴台招抚,以为它是解决郑氏政权问题的唯一有效的途径,已听不进任何不同的意见。接着,清廷还裁撤水师,调施琅入京任内大臣,对其中的缘由,史籍多有记载。《清史列传》卷9《施琅传》载:施琅疏奏后,"事下部议,以风涛莫测,难必制胜,寝其奏,于是裁水师提督,授琅内大臣,隶镶黄旗汉军"。《八旗通志》卷174《施琅传》亦载:"朝议循于招抚,不事轻剿,乃撤水师提督,授内大臣,晋伯爵,从容丹禁者十余载。"陈万策《施襄壮公家传》⑭记载较详细:"公屡密陈征台湾之计。有旨召至京师,面询方略。先是提督马得功泛海东征,遭风覆没。北方将帅不习舟楫,行兵者多失利,廷议惩于既往,佥谓台湾悬绝海外,鹿耳天险,可抚而决不可征。于是撤水师提督,以公为内大臣,封伯爵,奉朝请。"与施琅同朝为官的晋江同乡富鸿基还提到清廷如此决策,和当时"边疆宁谧"有关⑮。这是值得注意的,因为实际情况并非如此。郑军虽已于康熙三年(1664)撤往台湾,但并未放弃对大陆沿海的骚扰。如康熙五年,其战船就在潮州附近海面"飘忽靡定","敢与官兵向敌"。清军千总杨国柱与其相遇于南澳海面,因遭其攻击而"失船伤兵"⑯。康熙十年(1671)八月,福建总督刘斗上疏称:

"海寇自撤水师之后,帆樯出没,侵犯靡常,甚至在各岛屿盖造房舍。"⑰这说明迁界禁海未能收到遏阻郑军进扰的效果。不仅如此,由于迁界禁海导致沿海广大人民流离失所,生活难以维持,从而严重地妨害了大陆东南的社会秩序。湖广道御史李芝芳指出:沿海移民,"逼处内地,无家可依,无粮可食,饥寒逼而奸邪生,不为海寇,即为山贼,一夫持竿,四方响应"⑱。时人还记载:被徙之民,"百千为群,骚扰城乡。……未久而食空财竭,恶迹愈横,凌轹土著,瞋目语'难动我迁民也'。相率入田园,掠稻掠麦,摘果实,缚鸡豚,居民悄悄侧目,不可奈何。一有死亡,则藉尸居奇,呼群搬抢,始本家,继邻居,继同铺,远近无一免者。如长庚之一村俱烬,朱氏之一姓皆瘁,可叹也"⑲。清廷实行迁界禁海,是为了断绝沿海人民和郑军的贸易往来,但驻防官兵为谋私利,却往往私自卖放,使这一政策的效果大打折扣。所谓"界内之人,兵导之出;界外之货,兵导之入";"每一换汛,营弁钻求,赂百四五十金",就是这个情况的反映⑳。如此,海疆何能宁靖? 海防何能巩固? 通过以上阐述,不难发现,施琅反对迁界禁海,认为此举无益于巩固海防,确是真知灼见。

康熙八年(1669),玄烨擒治辅政大臣鳌拜,亲裁大政后,派大臣明珠、蔡毓荣至福建招抚台湾郑氏,并指示他们,只要郑氏肯剃发归顺,"即台湾之地,亦从彼意,允其居住"。但郑经坚持照朝鲜事例,要求清廷待之以外国之礼。康熙帝明确指出:"至于比朝鲜不剃发、愿进贡投诚之说,不便允从。朝鲜系从来所有之外国,郑经乃中国之人。若因居住台湾,不行剃发,则归顺恂诚,以何为据?"㉑招抚遂告失败。

康熙十二年(1673)十一月,平西王吴三桂在西南举兵叛乱,次年靖南王耿精忠在闽叛应吴三桂,郑经趁机率兵进入大陆作战。东南沿海狼烟迭起,人民涂炭。清廷调兵遣将,用了六年的时间,花费了九牛二虎之力,直至康熙十九年(1680)才将郑军逐出大陆沿海。实践证明,施琅所言郑经无"实意归诚","若恣其生聚教训,恐养痈为患","万一蠢动,属费驱除"的看法,是有先见之明的。

施琅自于康熙七年(1668)入京为内大臣后,由于"逆知鲸穴未捣,终当为边患,寝食燕处,未尝一日忘歼贼也"。他积极谋划平台的战略战术,准备一旦被重新起用为将帅,即可为国效力。在京师的福建同乡曾向施琅请教"平海方略",施琅"指画明悉,凡征战机宜,以及绝岛巨浸、险阻阨塞之处,如列诸掌"[22]。这反映了施琅无时不以歼敌靖边、巩固海防为念。施琅还为争取复出进行了不懈的努力,他向同僚们广泛宣传其主张,介绍其才能,以争取人们的理解和支持。如他向时任内阁学士的同乡李光地介绍自己的本事,祈请李光地荐举其为将以平定海氛,经深入的交谈,终于使李光地既打消了对于用兵台湾的疑虑,又了解了他的文韬武略,对其深为佩服。李光地遂于康熙二十年(1681)七月,保举施琅为统兵征台的将领,被康熙帝采纳,施琅得以复出,实现其抱负。施琅得以复出的原因较多,他本人的孜孜追求是其中的一大因素[23]。而他能够如此执着,则与其心系海防、关注大陆东南的安危密切相关。

施琅复任福建水师提督后,清政府内部从中央到地方出现了一片反对用兵台湾的叫嚷声。由于在"专征"和"同征"问题上,施琅和福建总督姚启圣之间发生了争执,导致两人之间尖锐的矛盾冲突。施琅取得专征权以后,姚启圣从力主征台转而变为反对进兵台湾,他和历来反对攻台的福建陆路提督万正色联名上疏,提出反对用兵台湾的理由:"一曰,十年生聚,十年教养,况于数十年之积寇乎;二曰,汪洋万顷之隔,波涛不测之险;三曰,彼船只坚牢,水务精熟。"[24]姚启圣还贿通朝臣给事中孙蕙,要其奏阻征台,于是孙蕙条奏进取台湾"宜缓"[25]。尚书梁清标奏称:"今天下太平,凡事不宜开端,当以安静为主。"[26]左都御史徐元文则借口"百姓供应军需极为困难",而奏请"暂行停止征台"[27]。面对这种情况,施琅不免忧愤交加,他担心康熙帝听信这些意见而放弃征台计划,遂先后题呈了《决计进剿疏》、《海逆形势疏》和《海逆日蹙疏》[28],全面深入地阐述了进征台湾的可行性、必要性和迫切性。针对汪洋大海难以横渡的说法,施琅指出,他上任后曾派"赶缯快船二十三只""前往澎湖瞭探贼息",快船于"六月初四日午刻",从漳浦"古雷州开船,至初五日未时,到澎湖猫屿"。初六日"由虎井过狮屿头,瞭见刘国轩贼艘,尽俱泊娘妈宫"。"初八日到厦门归汛"。"据此,则此行遣发巡哨船只,来去无阻,见有明据矣。若决乘南风进取,岂不可见成效乎"?针对郑军不易战胜的论调,施琅分析了郑军人心不定的情形,认为存在着靖台的有利时机。他说:"昔之伪镇营蚁附胁从皆受郑成功、郑经父子结恩旧人,笼络相依。今刘国轩暴戾操权,动辄杀戮,以威制人,谁肯甘为几肉?是我舟师未到澎湖,权犹在刘国轩一人之主持。我舟师若抵澎湖,势难遏各伪镇伪卒之变乱。则踞守澎湖逆贼,纵有万余,内多思叛。驱万贼万心之众,以抗我精练勇往之师,何足比数?虽刘国轩轻命死敌,于人心猜忌之际,靡不自溃。则可破可剿之机,又无如于是。"㉙针对其他各种反对征台的言论,施琅一针见血地指出:"臣素知海逆始终虚实,初时犹然疥癣,皆因彼时当道泛忽姑息,不亟攻治,养成痈疽溃坏,负抗四十余载,荼毒数省,致烦圣虑,屡动大兵征讨,糜饷不计。今若再一宽纵,又蹈前辙。"㉚简言之,长痛不如短痛,所以应抓住战机,及时出兵。施琅深为忧虑的是,若再拖延数年,平台计划就有可能变成为泡影,他说:"臣丁年六十有二,血气未衰,尚堪报称。今不使臣乘机扑灭,再加数年,将老无能为,后恐更无担当之臣,敢肩渡海灭贼之任。是以臣鳃鳃必灭此朝食。"㉛强烈的责任感和急切的心情溢于言表。为坚定康熙帝用兵台湾的决心和信心,施琅甚至不惜立下军令状,他表示:"事若不效,治臣之罪。"㉜这决不是目中无人,狂傲自大,笔者早已指出:"施琅的杰出之处,恰恰就在于他敢于以六十三岁的高龄,去冒波涛之险、炮火之猛、生命之危……施琅敢于言他人之不敢言,敢于为他人之不敢为,这就是他高于同时代其他人之所在。当然,其时主张平台者还有一些人,但是敢于身膺专征重任而挥师渡海者则仅他一人。"㉝后来舟师能顺利成行,完成靖台安边的任务,是和施琅以上表现分不开的。

二、力主留台卫台,把大陆东南的海防线延伸到台湾岛以东

施琅平台后,清廷内部对于台湾的弃留存在分歧意见,有人认为台湾是"海外凡泥,不足为中国加广;裸体文身之番,不足与共守;月费天府金钱于无益,不若徙其人而空其地"㉞。有人主张"空其地,任夷人居之,而纳款通贡。即为贺(荷)兰有,亦听之"㉟。连康熙帝也曾说:"台湾仅弹丸之地,得之无所加,不得无所损。"㊱在闽的侍郎苏拜和福建的大吏讨论台湾弃留问题

时,没能形成一致的意见,"众以留恐无益,弃虞有害,各议不一"^㉚。

而施琅决意主留,他于康熙二十二年十二月二十二日上疏吁请留台,观其疏,主要是从巩固、加强海防的需要着眼来阐明留台卫台的重要性的。他指出:台湾"北连吴会,南接粤峤,延袤数千里,山川峻峭,港道纡回,乃江、浙、闽、粤四省之左护"。这句话包含了两方面的意思:一是台湾并非"丸泥"之地,而是面积颇大的海岛,且地势险要,港道曲折,在那以木帆船作为战舰的时代,可谓易守难攻。一是从台湾的地理位置来看,它东临浩瀚的太平洋,可以成为江、浙、闽、粤四省的屏障,具有重要的战略地位。施琅在其早年题呈的《边患宜靖疏》中谈到郑氏占有台湾,大陆沿海数省的防戍任务因之变得繁重:"数年以来,沿边江、浙、闽、粤多设水陆官兵,布置钱粮,动费倍增,皆为残孽未靖之故。""如台湾一平",则"边疆永安"。这说明其时施琅对台湾重要的战略地位已有所认识。而今郑氏集团虽已降清,但是并非万事大吉,如果放弃台湾,就势必"种祸后来"。因为"该地之深山穷谷,窜伏潜匿者,实繁有徒,和同土番,从而啸聚,假以内地之逃军闪民,急则走险,纠党为祟,造船制器,剽掠滨海。此所谓借寇兵而赍盗粮,固昭然较著者"。更须引起警惕的是,"此地原为红毛(即荷兰人——引者注)住处,无时不在涎贪,亦必乘隙以图,一为红毛所有,则彼性狡黠,所到之处,善能蛊惑人心。重以夹板船只精壮坚大,从来乃海外所不敌。未有土地可以托足,尚无伎俩,若以此既得数千里之膏腴复付依泊,必合党伙窃窥边场,迫近门庭。此乃种祸后来,沿海诸省断难晏然无虞"。当时有人主张仅守澎湖,放弃台湾。施琅指出,那将导致澎湖受制于台湾的后果,因此实际上是行不通的。他说:"如仅守澎湖,而弃台湾,则澎湖孤悬汪洋之中,土地单薄,界于台湾,远隔金厦,岂不受制于彼而能一朝居哉?是守台湾则所以固澎湖,台湾、澎湖一守兼之。"施琅希望清廷从维护国家安全的大局出发,排除干扰,采纳其意见。他强调指出,"台湾一地,虽属外岛,实关四省之要害",所以"勿谓彼中耕种,尤能少资兵食,固当议留",即使是"不毛荒壤,必藉内地挽运,亦断断乎其不可弃"!因为"弃之必酿成大祸,留之诚永固边圉"^㉝。

正是这个看法打动了康熙帝和朝中重臣。大学士李霨、王熙在奏报关于台湾弃留的意见时说:"据施琅奏内称,台湾有地数千里,人民十万,则其地甚要,弃之必为外国所踞,奸宄之徒窜匿其中,亦未可料,臣等以为守之便。"康熙帝当即表示:"台湾弃取所关甚大","弃而不守,尤为不可"③。清廷最终决定将台湾收入版图,在台屯兵戍守,设府管理。中国大陆东南的海防线,终于从沿海延伸至台湾岛以东。八闽绅士盛赞施琅力主留台卫台是"为沿海计万全,为朝廷图治安,诚深且远也"④,并非过誉。

如果拿施琅所阐述的留台理由和同样疏请留台的福建总督姚启圣的意见作一番比较,就更能看清以上评价是中肯的。姚启圣也主要是从巩固海防的角度提出留台主张的,他说:"查台湾地方,自汉唐以及宋明,历代俱未入版图,地原系荷兰之地,人即住荷兰之人,自应听其住居方外,岂可劳师远涉以开边衅? 一自郑贼占踞之后,即有浸浸不安思图内犯之势,其地即已不同当日荷兰之台湾矣。曩时见不及此,姑为一时暂安之策,弃金厦而不守,置台湾而不问,以至耿逆变乱,郑逆即鼓棹相应,占夺惠、潮、漳、泉、兴、汀七府,燎原之势几不可制。……今幸克取台湾矣,若弃而不守,势必仍作贼巢,旷日持久之后,万一蔓延再如郑贼者,不又大费天心乎? 故臣以为台湾若未窃作贼巢,则剿亦不应剿,守亦不必守,此自然之理也。今既窃作贼巢矣,则剿固不可少,而守亦不可迟,此相因而至之势,亦自然之理也。"④值得注意的是,姚启圣是于康熙二十二年(1683)八月十七日题呈是疏的,而前述的康熙帝对台湾弃留问题的糊涂看法,是在五十多天后才提出来的。这说明姚启圣的意见未能引起康熙帝的重视。是在施琅疏请留台之后,康熙帝才改变看法,认为不能弃台。姚启圣、施琅的疏稿为何会产生如此迥异的效果呢? 这固然与其时康熙帝对施琅甚为信任有关,但主要原因应是施琅主张留台的见解精到,不是姚启圣所能企及的。众所周知,17世纪,世界已进入大航海时代,西方殖民者纷纷东来,他们叩关犯境,把侵略魔爪伸向古老的中国,对台湾虎视眈眈,垂涎三尺。著名史家傅衣凌先生指出:"台湾的地理位置,处于东南亚和日本之间,在台湾被西、荷殖民者窃占之前,西班牙已经占领了菲律宾,荷兰则以占据巴达维亚(今印度尼西亚雅加达)为据点,进而窃据台湾,控制海上贸易路线,暴露出西方殖民者继续东进的企图。"④荷兰殖民者虽已被郑成功逐出台湾,但时刻梦想卷土重来,这个企图早在康熙初年就已暴露无遗。康熙二年(1663),荷兰兵舰以帮助清廷攻打占据厦门、金门的郑军为名驶抵福建。靖南王耿继茂和福建总督李率泰联名上疏称:"外夷禀性贪利,察其来意,一则欲取台湾,二则以图通商。"④若此,清廷一旦弃台,荷兰殖民者势必乘虚而入,再度窃据台湾。因此,是否将台湾收入版图,屯兵戍守,就成了能否阻遏西方殖民者继续东进的关键。施琅能够清醒地认识到这一点,提醒清廷警惕来自外部的威胁,这在当时是多么难能可贵。而姚启圣能够看到国内"海贼"占据台湾对大陆沿海所造成的危害,因之主张留台,也是值得肯定的。然而,他毕竟未能从国际的高度来认识台湾的重要性,没能看到西方殖民者东来的图谋,所以他也就不可能去关注台湾在防御外敌、藩屏大陆方面的积极作用。这导致他对于留台主张的阐述不够全面深入。他的疏请不能引起康熙帝的重视,理应是出于这个原因。

由之不难看出施琅对台湾战略地位重要性的认识是远高于同时代人的。随着时间的推移,人们对台湾与海防的关系,对施琅力主留台所作出的贡献,有了更清楚的认识和深刻的感受,如生活于康熙雍正年间、到过台湾的漳浦人蓝鼎元指出:"台湾虽绝岛,半壁为藩篱。沿海六七省,口岸密相依。台安一方乐,台动天下疑。未雨不绸缪,悔予适噬脐。……荷兰与日本,眈眈共朵颐。王者大无外,何畏此繁蚩? 政教消颇僻,千年拱京师。"④此诗充分地肯定了台湾对于大陆沿海的拱卫作用,赞誉施琅当年疏请留台,是"未雨绸缪",有先见之明。认为把台湾收入版图,对于防止荷兰、日本等外国势力窃取台湾,巩固海防,维护国家的统一,具有重大的意义。生活于嘉庆道光年间、曾掌教于厦门鹭江紫阳书院的高澎然指出:"我国家拊有台湾,化獉辟莽,海道大通。比内郡东南数千里,声息顺风数日可达。台湾无事,则内郡晏然。而粤之潮州、浙之定海、江南之上海,俱寝戈息戎,同乐太平……是台湾扼东南四省之要。"⑤《同治续修台湾府志》的作者余文仪也认为,东南"版图式廓,海波不扬,江、浙、闽、粤四省数十年鲸鲵久靖,琅之功为多"⑯。这些都是符合实情的公允之论。

三、深知靖边必须安民,关心国计民生,努力推动两岸社会经济文化的恢复发展

施琅在出师台湾前所撰《师泉井记》[47]一文中说:"在《易》,地中有水曰'师'。师之行于天下,犹水之行于地中,既着容民蓄众之义,必协行险而顺之德。是知师以众正,乃克副大君讨贰抚顺、怀柔万邦之命。"既然有此认识,施琅自然会善待降清的澎台军民。当他攻取澎湖后,遂颁布《晓谕澎湖安民示》[48],告知澎湖百姓:"此今幸大师荡平,此日王土王民,悉隶版图,宜加轸恤,以培生机。……尔等既脱邪氛,咸登乐土,各宜安意生业,耕渔是事。本提督悯念疲瘵之余,当为蠲三年徭税差役,遂其培养也。"入台受抚时施琅颁布《谕台湾安民生示》[49],表示"念土地既入版图,则人民皆属赤子,保乂抚绥,倍常加意。……随征官兵粮饷,船只载运,足给兵食有余。镇营日用蔬菜,市肆买办,照依民价无亏,断不许借称官办应用一丝一毫侵取民间。……今岁应纳租谷,十分酌减其四。……其一切保务叠派、什项差徭,尽行蠲免。……年内正供,当为从轻酌定具题。其官兵人民去住,听从其便。各宜乐业,无事惊心。收成在迩,农务毋荒。贸易如常,垄登有禁。官兵违犯,法在必行。人民安生,事勿自缓"。又颁布《严禁犒师示》[50],宣布:"本提督居心如水,视民如伤;提师至此,政期绥安,痛诚烦扰。如有该乡社各保甲长敢借端派办犒劳之费者,许即指禀,定行严拿,重究不贷!"

施琅的以上表态,都是其真实的意思表示,而非用来欺骗台澎军民以博取他们好感的谎言,他对其所作出的承诺,是力争兑现的。如后来他认为侍郎苏拜所议定的台湾赋额太重,便上疏反对。当然,他是以靖边必须安民为由来阐述其意见的,他说:"彼夫遐陬初化之人,非孝子顺孙,万或以繁重为苦,输将不前,保无酿成地方之祸阶乎?"他重申其主张留台,本来即"非以因其地而可以加赋也",而是由于"该地属在东南险远海外之区,关系数省地方安危",在海防上战略地位十分重要[51]。他祈望清廷权衡利弊,不要因小失大。史载:"圣祖可其奏,乃减其旧额赋十之四。"[52]

连横《台湾通史》卷11《教育志》记载:"施琅克台之后,以台地肥沃,土

旷人稀,奏设官庄,召民垦辟。"其时清廷把台湾大片土地赐给施琅及随其征台的将领,他们由于具有较优越的经济、政治条件,都成为开发台湾的"有力者"。施琅及其族人,拥有雄厚的资金、丰富的生产经验和较强的组织能力,在施琅获得勋业地后,晋江施氏族人纷纷渡台,加入建设台湾的行列,他们为开发台湾作出了重要的贡献。日本"台湾史研究会"会长森田明教授经研究后指出:"福建晋江的施氏在清初台湾开发上扮演先驱者的角色,对全岛开发的进展作出划时代的贡献。"[53]施琅族侄施世榜对台湾中部彰化地区的开发是典型的事例,他开凿了大规模的水利设施"八堡圳",此举"成为全岛开发与发展的重要关键"[54]。当时台湾官府鼓励人们认垦荒地,"有力之家,视其势高而近溪涧淡水者,赴县呈明四至,请给垦单,召佃开垦"[55]。大陆人民纷纷渡台参与台湾的开发。统台之初,台湾仅有汉人人口六、七万人[56],而到了嘉庆十六年(1811),台湾汉人人口已达 1945000 人[57],康熙六十一年(1722),台湾总兵蓝廷珍指出:"国家初设郡县,管辖不过百余里。距今未四十年,而开垦流移之众,延袤二千余里,糖谷之利甲天下。"[58]随着农业的进步,台湾商业也日臻兴盛,台湾大商人"各拥巨资,以操胜算。南至南洋,北及天津、牛庄、烟台、上海,舳舻相望,络绎于道"[59]。在此基础上,文化教育也发达起来,"开垦日进,人民富庶,士之讲经习史者,足与直省相埒"[60]。与此同时,大陆文化尤其是闽南文化——传统思想、风俗习惯、宗教信仰,随着大陆人民尤其是泉、漳两地人民的大量徙台,而广泛地传播到台湾各地。而这一切对于改善和提高台湾人民的生活水平,加强两岸之间的文化认同,增进两岸人民的感情,稳定台海地区的统一局面,具有重要的意义。

清廷为对付台湾郑氏政权,曾在大陆沿海长期实行迁界禁海,导致大量沿海人民背井离乡,"尽失故业,展转沟壑"[61]。人们"无业可安,无生可求,颠沛流离,至此已极"[62]。加上其时福建驻扎重兵,他们借住民房,造成许多百姓丧失住所,"无枝可栖"[63];他们驱民服役,百姓难以应付,"疲于奔命"[64]。前已述及,施琅是反对实施迁界禁海政策的,统一台湾后,他即奏请展界还民,开放海禁。时人陈迁鹤记载:"将军(即施琅——引者注)荡定台湾,请于朝,迁民悉复其业。"[65]王之春《国朝柔远记》卷 2 载:"时沿海居民虽复业,尚禁商舶出洋互市,施琅等屡以为言。"魏源《圣武纪》卷8《康熙勘定台湾记》亦载:"台湾已服,尚禁商舶出洋互市,则施琅、蓝鼎元等屡议而开之。"周凯《道光厦门志》卷8《番市略》所载最为详细:"闽南濒海诸郡,田多斥卤,地瘠民稠,不敷所食。故将军施琅有开洋之请……所以裕民生者非细,富者挟资贩海,或得捆载而归。贫者为佣,亦博升斗自给。"沿海人民在返回故里从事农耕、重建家园的同时,又能出洋贸易采捕,"民内有耕桑之乐,外有鱼盐之资"、贸易之利,"耄倪欢悦,喜见太平,可谓极一时之盛矣"⑥。

不仅如此,由于福建泉、漳等地,人多地少,本地所产粮食,即使是丰年也远未能满足食用之需,而台湾则盛产粮食,除供应台湾军民食用外,还有大量剩余,所以可大批运粜闽南地区。如雍正九年(1731)运粜泉、漳等地的大米就有120287石⑥。这对于解决闽南等地人民的食粮问题,发挥了重要的作用。

值得一提的是,施琅之所以主张开海,是因为知其可以"恤民裕课"。但是,作为了解国内外形势的福建水师提督,施琅比一般人站得高,看得远。他认为必须制定相应的规章制度,实行适当的措施,对出海船只进行必要的限制和有条不紊的管理。因为他敏锐地看到"天下东南之形势在海而不在陆,陆地之为患也有形,易于消弭;海外之藏奸也莫测,当思杜渐"。"更考历代以来,备防外国,甚为严密"。"故安不忘危,利当思害,苟视已安已治,无事防范,窃恐前此海疆之患,复见不远"。实际上施琅考虑的是要处理好三个方面的关系,即开海与管理的关系,谋取海洋权益与巩固海防的关系,短期利益与长远利益的关系。这三个关系处理好了,海疆即会保持宁靖,清廷就不会恢复海禁,"则民可以遂其生,国可以佐其用,祸患无自而萌,疆圉永以宁谧,诚为图治长久之至计"⑥。应当认为施琅的这些主张是值得称道的。

四、疏请清廷妥善处理归诚郑军官兵的安置和选拔任用问题,以安反侧

郑氏政权就抚后,清廷决定把"明朝后裔及伪官人等,安插直隶、河南等省",不让他们留在福建⑩。在闽的侍郎苏拜、福建巡抚金铉"未悉其详,不敢置议",也可能是"知而未必敢言",所以只能承旨办事。而施琅则不然,他以

强烈的责任感对此举提出异议,指出不宜把投诚官弁移徙外省安置,而应安插于福建原籍,其理由有三个方面:一、郑克塽及其亲族和郑氏政权的重要人物刘国轩、冯锡范等已奉调入京,留在福建的投诚官兵可谓群龙无首。何况,"台湾各伪官,蒙我皇上赦其前愆,莫不仰戴浩荡,鼓舞于光天化日之下,毫不怀贰"。所以"不若广开仁恩,将此项伪官,俯就福建本省安插,尤见皇上推心置腹,使各遂其生",可以进一步收到抚慰之实效。二、投诚人员移徙外省,一路上需有"人夫之搬送,口粮之供给",还将导致"民房田舍之动扰,牛种农具之冒破"等不良后果。三、"远涉长途,不堪艰瘁,逃匿生患,所不能无"。对此施琅深为忧虑。他表示其"现膺重寄,欲计长治,不得不据实入告"[⑳]。显而易见,施琅的目的在于防止地方上出现不安定因素,以利于稳定封疆。据笔者考证,施琅的意见被清廷部分采纳[㉑]。

康熙二十四年(1685)初,施琅接悉部咨,谓凡康熙十三年(1674)以后投诚者,若"功加未至八等",一律"追札归农"。施琅认为这一决定极不合理,且关系地方社会秩序匪轻,遂上疏抗争。指出,康熙十三年以后投诚者,有已在福建担任游、守、千、把等职务而"有著绩者";也有从征澎台,建有军功者;就是在台湾被平定后才降清的"新附人员,亦有勇敢历练者。一旦弃置之,未免屈其已效之力,而辜其归命之心"。因此他主张对这些投诚者区别对待,"果老弱病废、无一技之长,原系有经任游、守、千、把者,准其原品致仕;未经任事者,听其原籍安插归农。果系年力精壮、胆气勇敢、历练战斗者,酌定衔札,量给俸饷,令随督、抚、提标下效劳,许以遇缺保题一二补用"。施琅强调,根据功名能否达到"八等"而取舍人,会使一些人材被埋没。更重要的是,如何对待这些投诚人员,关系到社会秩序能否稳定的问题。他说,"惟择其精练勇敢者而蓄之",才能使他们无异志。不然,"见今裁兵之际,更多游手游食穷窘无藉之辈,负戴营生,非其素志,不能尽保其无异念。视此巨擘者皆为我罗而养之,则若辈之碌碌因人成事者,终无足有为,即为亦无济,此实笼络人材,罗其尤而众心自戢者也"。最后施琅表白他题呈此疏,是"为封疆筹奠安至计,非敢为投诚人员市私恩"[㉒]。这是画龙点睛之笔,说明其目的是为了稳定封疆,巩固海防。

通观是疏,施琅对投诚人员的评价是符合实际的,而他的担心也不无道理。就前者而言,投诚人员中确有勇敢历练、颇具才干者,如何应元,于康熙十六年(1677)降清,后任水师提督施琅标下前营游击。康熙二十二年六月二十二日,他和平阳镇总兵朱天贵一起率领一股战船进攻郑军,他们"奋勇争先","击死伪左虎卫江钦、伪宣毅镇邱辉、伪援剿后镇陈起明等贼首,贼众甚多落水"[73]。由此可知何应元是英勇善战,立有军功的。再如何佑,于康熙二十二年投诚。他原是郑氏政权的高级将领"左武卫将军",于康熙二十四年奉旨率在闽的台湾投诚的藤牌兵进征雅克萨,反击沙俄入侵,大获全胜。康熙帝承认何佑"著有劳绩",并谕命"何佑着以副将用"[74]。大学士明珠曾对康熙帝谈到,台湾郑氏集团降清后,"投诚人内,人才健壮可用者颇多"[75]。可见施琅所言不虚。就后者来说,投诚人员大多深谙海上风汛,惯于海上活动,倘清廷对他们处置失妥,引起其不满,他们就有可能再度遁迹海上,危害海疆。康熙二十四年(1685),施琅在上疏中提到,当时"南之柬埔寨尚有伪镇杨彦迪下余孽黄进聚艘百余号,北之浙江乌洋尚有房锡鹏残党,及抚而复叛之刘会集艘数十只游移海洋"[76]。若归诚人员投奔他们,岂不是壮大了其力量,对海防的威胁不就更大了吗?

施琅一生戎马生涯数十年,深知军心如何,关系甚大。所言被裁之兵"不能尽保其无异念",很可能是通过悉心观察、调查研究后而得出的结论。施琅题奏此疏三年后,在湖北就发生了以湖广督抚兵夏逢龙为首的数千被裁兵,因对裁兵不满而群起武装反抗的事件。这些被裁兵本来都是征滇的劲卒,他们起事后攻陷不少州县,清廷花了不少的气力才将其镇压下去。这一事件从侧面反映出施琅的看法是相当敏锐、富有远见的。

五、在与外国人接触、交涉时,始终坚持以维护闽台的安全、国家的统一为原则

荷兰殖民者被赶出台湾后,曾数次遣使与清方谈判,谋求联合攻台,以图重新窃据台湾。康熙二年(1664),荷兰巴达维亚总督马俄德士伊基克尔派提督巴尔特率战舰 16 艘、海陆官兵 2600 余名前来福建,以争期实现其企图。靖南王耿继茂、福建总督李率泰与其签定了协约,共有 10 个条款。其中第四条为"攻敌远征队,由双方出兵组织之";第九条为"克服金厦两岛后,联军应驰往台湾。攻取此岛后,清军应将该岛以及一切城堡对象交与荷人,以供荷人居住"[77]。耿、李对这两个条款并无异议。其时施琅担任福建水师提督,从职务上说,他必须受耿、李的节制,但是他不愿意把台湾送给荷兰人,因此他想方设法拒绝和荷人联合攻台。首先,早在康熙二年(1663)他就提醒耿继茂、李率泰"红毛国夷人,言不可信"[78],希望他们对荷兰人保持应有的警惕性。其次,他明确告诉荷将,他"可以独自进取台湾"[79]。其用意显而易见,即欲使荷人丧失复据台湾的前提条件——必须和清军联合攻台。最后,施琅采用拖延的办法,使荷军失去耐心而撤离,最终未能联合出兵。《清圣祖实录》卷 12 记载:康熙三年七月十八日,"敕福建提督水师总兵官施琅等曰:'海寇虽已荡平,逆贼郑经尚窜台湾。率以尔施琅素谙海务、矢志立功,特命尔为靖海将军,以承恩伯周全斌、太子少师左都督杨富为副,以左都督林顺、何义等为佐,统领水师,前往征剿'"。荷人对此事反映极快,在不到一个月的时间里就派荷舰抵闽,拟和清军组成征台舰队。《清圣祖实录》卷 13 记载:康熙三年十月初八日,靖南王耿继茂疏报:"荷兰国出海王于八月十六日带领番船十只、番兵千人抵闽安镇,约九月二十日至围头取齐,于十月初旬往澎湖攻贼巢,候风便进取台湾。"关于此事,彭孙贻《靖海志》卷 3 记载略同:"靖南王耿继茂奏:'荷兰出海王于八月十六日带番船十只、番兵一千抵闽安镇外,臣等会同延请至公衙门,优礼款待,约定九月二十便开驾至围头取齐,于十月初旬往澎湖攻打贼巢,候风便进取台湾。理合奏闻。'"然而,荷舰却没有按照约定的时间"取齐"和进征澎湖。其中的缘由是什么呢?江日升《台湾外记》卷 6 记载:"(荷兰)撰一王守候无期,仍率夹板尽上浙江。顺次普陀,登山入寺。见观音菩萨、罗汉金相,诧曰:'鬼也!'开拔所佩剑砍坏,群居于内。十月,撰一王引诸夹板欲去舟山。船将出港,忽天昏地黑,雷电闪烁,暴风震雨,波涛澎湃,海中突出'铁莲花',将荷兰所有夹板剌沉于海,死无遗类。十一月,部文到,允水师提督施琅统诸投诚官郑鸣骏、郑缵绪、黄廷、周全斌、杨富、陈蟒、杨来嘉、林顺等进攻澎湖。琅差快哨,于海外寻撰一王夹板为先锋。……(康熙四年正月)侦哨回复施琅云:'夹板因上普陀山,获戾观音菩萨,菩萨显圣,于出港日突发铁莲花刺沉夹板,尽没于海。'琅闻,嗟异之。遂在泉州、海澄二港,修造船只,择日兴师。"以上记载,可疑、不实之处颇多:

第一,荷兰揆一王既然已于八月十六日与靖南王耿继茂约定了和清军会合及进攻澎湖的日期,即不能说"守候无期"。倘谓其北上浙江是确有其事,那只能认为是别有原因。

第二,揆一王既然已与耿继茂约定于九月二十日在泉州围头会合,十月初旬往攻澎湖,就不应至十月才欲离开舟山。若此记载属实,同样理应出于其他原因。

第三,所谓"铁莲花"刺沉荷兰夹板船的说法,纯属神话,不足信。

第四,据前述荷兰文献记载,施琅是不愿意和荷人联兵攻台的,他怎么会"差快哨,于海外寻揆一王夹板为先锋"呢?

第五,施琅于康熙四年(1665)五月上疏说:"窃臣于去年八月间,奉命会同承恩伯周全斌、太子少师左都督杨富、左都督林顺、何义等,约定征剿日期,于去年十一月间,统领众伯、总兵官等各官兵船只,进发台湾。舟师行至洋面,骤起飓风,难于逆进而还。"⑩可见于十一月东征是施琅与随征将领的意见,所谓"十一月,部文到,允水师提督施琅统诸投诚官……进攻澎湖",是兵部批准施琅等人议定的征台时间,而不是由兵部提出并决定这个时间。可见施琅是采用拖延出征时日的办法,以使拟"于十月初旬往澎湖攻打贼巢"的约定落空。不过,从荷方文献来看,后来清荷双方还是组成了联军的,"联军于1664年12月17日自厦门出发。未久,施琅即以浪大回师,至月底再出发,但12月24日施琅又以风恶浪大回师。荷将对施琅一再拖延,一再中途而废,很是不满,认为清方'疯癫胡闹'(bacchanals and theatricale),毫无诚意"⑪。而荷人有一支舰队已于1664年(康熙三年)阳历8月27日占领台湾鸡笼,"其后西人在鸡笼锐意经营,雄心未死,奈以清方对荷人收复台湾之计划袖手旁观,加以该港贸易不能尽如荷人之理想,在此情形下,巴达维亚政权,乃于一六六八年(康熙七年、永历二十二年)六月五日决定撤兵"⑫。由此看来,康熙四年(1665)三、四月间,施琅第二次率师征台,似未与荷人再度联兵,这从施琅的相关奏疏中也可寻出蛛丝马迹。在该疏中施琅说:"(臣)于本年(康熙四年——引者注)三月二十六日会同众伯、总兵官等,率领所有舟师开驾,驶入外洋。时因风轻浪平,驶行三昼夜,尚难于前行。二十八日,暂且依山泊船汲水。二十九日,再行开驾,又遇东风迎面扑来,迫于无奈,返回蓼罗。业已将此缘由呈报王、总督在案。自四月初一至初八日,连日朔风呼啸,乃于初八日夜,复向东南进发。海上浪翻潮涌,船难泊于蓼罗,仍率舟师驶返金门,暂避风浪。本月(四月——引者注)十六日,天时晴霁,臣又会同众伯、总兵官等,率领舟师开驾,进发台湾。十七日午时,臣等驶入澎湖口,骤遇狂风大作,暴雨倾注,波涛汹涌,白雾茫茫,眼前一片迷漫。我舟师不及撤回,皆被巨浪凌空拍击,人仰船倾,悲号之声,犹如水中发出,情势十分危急。臣所乘战船,亦飘流至南方,于十八日巳时,方驶至广东省潮州府属表卫,三更时分驶入南澳,于悬钟、铜山、陆鳌等处海域收回散落各船,二十六日返回厦门。查此次东征大小各船,幸而损失无多,仅有小艍船二只于风浪中沉没,船上有左都督杨富标下守备鲁明及兵丁六名、水手十名。其余各船,或船身击破,或桅樯、船舵断折,其情不一。"[⑧]施琅向清廷详细地汇报了第二次东征的经过和骤遇狂风的情形及其损失,却只字无提到荷舰,这恐非疏忽,而应是荷舰并未同征的反映。

　　靖南王耿继茂和福建总督李率泰向清廷密报舟师此次东征遇风的情形时,详引了众多将领的报告后总结说:"该征剿台湾官兵,海上行驶日久,顶风顶流,难于逆进,虽能奋勉效力,终难免于风涛之险。据报,此次被风,大小各船有沉没者,亦有损坏者。将军施琅一船,被风飘散无踪,经多日遍寻,方自潮州返回。此次出海远征,皆赖于圣主之洪福,得以转危为安。各标船只,其损伤情形不一,亟需大修,俟经确查详实,另行疏题。"[⑧]是疏同样只字无言及荷舰。须知,耿继茂、李率泰是和荷人签定协议的当事人,若荷舰曾同征,他们无论如何是不能避而不提的。大概是因为在康熙三年第一次清荷联兵东征期间,荷人已看出施琅无与其合作的诚意,和施琅所统率的福建水师难以组成步调一致的征台联合舰队,因此当施琅再度率师渡海时,荷人没有同行。不过,荷人始终没有放弃和清军联合攻台的企图,直至康熙二十二年(1683),"一再有清荷联合攻台之议,但终未实现"⑧。其阻力当主要来自施琅。因为施琅是康熙三、四年间和康熙二十二年征台清军的统帅,他既然不愿让台湾复陷于荷人手中,自然就会利用其自身既有的条件,千方百计地阻止荷军参与清军对台的军事行动。台湾学者赖永祥先生说:清军不愿助荷人恢复台湾,"恐亦有不作拒虎进狼策之意。战事平定后施琅坚主必留台湾,奏有著名之《恭陈台湾弃留疏》。其中充分表露其对荷兰之警戒"⑧。总而言之,施琅为防止荷兰殖民者重新窃据台湾作出了重要的贡献。

据英人记载,康熙二十二年八月施琅入台后,曾与英国东印度公司驻台商馆工作人员有过接触。其时郑氏就抚,清军进台,英驻台商馆唯恐其人员和财产受到侵害,又担心在台的贸易无法继续开展,所以派人以公司名义请求施琅保护其人员和财产,允许其继续从事贸易。而施琅则答复:"我方之军队难保不再有越轨之行为,或侵犯贵公司之财产,为预防起见,可将余之命令贴于商行之门外,非得贵方之许可,任何人不得擅入。至于贵方之其它要求,碍难受理,请暂勿出售任何货物。"施琅还责令英商馆报告"现有之全部财物"。不久,施琅了解到英商馆近十几年来曾出售"步枪"、"火药"、"黄铜炮"等"战争物资"给台湾郑氏政权。当郑军趁"三藩"叛乱而进入大陆沿海作战时,英商馆还派人到郑军驻地指导他们"如何使用大炮",以便打击清军。施琅不免十分愤怒,斥责英商馆"与台湾之匪徒勾结,以火药、枪械及其它武器供给之,违反一切国家之惯例及平等之原则",是"满清皇帝之阴险敌人"。若英商馆工作人员"不是外国人,则即使不杀戮,亦必予以拘禁也"。施琅责令英商馆对"上述之罪行"作出答辩,弄得他们"甚为惶恐,不知应如何应付"。

清廷和郑氏政权之间的矛盾斗争,是属于中华民族内部的冲突。而英商馆为谋取其商业利益而插手这场斗争,以武器弹药供应郑氏政权,并对其提供技术援助,这在客观上加大了清廷把郑军逐出大陆东南的难度,因而理所当然要遭到施琅的痛斥。

施琅对英商馆要求通商问题,始终持谨慎态度。这是由于其时清廷尚未开放海禁,施琅不能在清廷尚未对既定政策作出调整时即表态答应外商前来贸易。而且,这还关系到海防和国家安全问题,在采取相应的措施以前,也是不能贸然应允的。所以施琅开始时表示"碍难受理",后来答应以英商馆的名义向清廷题呈一篇奏章。由于这篇奏章的内容不见于记载,故而不知其详。不过,从英商馆指责该文"所言无非是人人所能反驳之狂语,不适于奏陈或供皇帝之阅读","若以如此可憎而显明之狂语向皇帝奏陈,甚为危险"⑩云云来看,施琅对与英人通商问题所持态度,显然是不符英商馆的意愿的。前已述及,施琅是既反对迁界禁海,又主张对海上活动进行必要的管理的。统一台湾后,他奏请复界开海,设立海关,都得到清廷的采纳而付诸实施。到了那时开海贸易和巩固海防才能并举而不悖,也只有到那时与外商洽谈贸易问题才是合适的。可见施琅在此时对英商馆所持的态度是谨慎、稳妥的。

综上所述,施琅在处理问题时,往往既能以国计民生为念,又能从巩固海防、维护国家统一和安全的大局出发,悉心斟酌,以求万全。这既表现了他的耿耿忠心,也反映了他的爱国主义的情怀,同时又显示了他的海防思想已具有一定的体系,是同时代其他人所望尘莫及的。

六、施琅海防思想的渊源

施琅的海防思想是如何形成的? 这当有主客观两方面的原因。首先,从客观方面来说,明代以来,随着外患的出现,海防思想逐渐萌发。明代后期,生活或任职于沿海地区的有识之士,已提出了一些值得重视的海防主张。如万历进士、曾任浙江巡海道等职的蔡献臣就很重视海防,他反对把海防线撤至大陆,而力主在海岛驻兵,御敌于海上。在谈到福建东南的海防时,蔡献臣说:"凡夷贼之由泉而南、由漳而北者,必取水而维舟焉。其澳最平深,于北风尤隐而登岸尤便者,曰'料罗'。……本澳有客厅,有妈宫。妈宫之前……近左起一小阜,其下二盘石,并入海,大各四五丈。又左则一石如虹,直亘海中。甲子夏,议建铳台于盘石上。予谓三山横亘海外,澎湖、闽南之界石,浯洲、嘉禾、泉南之捍门也。曩时诸夷风帆犹在旬月之外,自倭奴潜贩东山,而红夷城台湾,寇贼奸宄渊薮,往来共指同安、海澄间,信宿耳!嘉禾、澎湖设将宿兵,贼未敢遽窥。独浯易而无备,实启戎心。急而图之,不已晚乎?则料罗之城,讵非百年硕画哉?"⑧据史籍记载:"料罗澳,在担屿门外,金门极东,一望汪洋。澳平深,为厦门哨船、商船渡洋往来停泊候风要地。"⑨蔡献臣建议在直面太平洋的料罗澳上建城置铳,以防范日本、荷兰等外寇的进犯,这反映了他御敌于外海的海防主张。蔡献臣还认为,为保护大陆的安全,有效地抵御外敌的入侵,不仅须严守海岛,还应使用战船主动袭击来犯之敌,逼其撤离。他举保卫同安为例以阐明其主张:"中左者(厦门岛——引者注),同安之外户;而鼓浪屿者,中左之辅车,安危共之。……又夷舟之泊,必浯屿、大担,而其入必普照、会官澳及鼓浪之左右。故此三处,必分兵守之,而以大小铳付之。又必各以小舟数只佐之,方得水陆俱宜。纵无奈彼巨舟,何独不可歼其小艇乎?至攻夷法,惟火与铳。火攻必须上风乘潮。然茫茫大海,吾能烧,彼亦能避,岂可必其遂入中哉?不佞谓夷所畏者,铳耳。若黑夜用小舟几只,载巨铳数挠之,则夷舟必且损坏,即未损坏,必大惊扰。出必以夜,防其见了;舟必以小,避其铳也。夷夜泊则不安,昼掠则有备,其势必饥而逃。是制夷之上策也。"⑩蔡献臣所言可谓海上游击战,是为配合岛上防守而采取的海上主动进攻,其看法是可取的。再如生活于明代后期的厦门人池显方在给南安知县阙士琦的信中,谈到尽管其时"海波稍静,山寇可虞",也仍必须重视海防,认为应从实际出发布署水陆官兵,做到山海兼顾,万无一失。他说:"窃惟同安最冲者中左所,次冲者石浔也。……合无将选锋营兵(陆营——引者注)移守石浔,如遇海警,则水师守门户,选锋守咽喉。或值山警,则选锋为前矛,乡兵为后劲。……第舟一日不在汛,则起萑苻之窥;总一日不在舟,则生哨捕之玩。今二游总皆驻中左,逢汛暂出,虽历难周。若寇过洋,既乏狼烟之报,及舟驰救,徒为马腹之鞭。合无令左游收汛驻旧浯屿,出汛巡浯洲等处;右游收汛驻刘五店,出汛巡金山官澳等处;游击驻中左,带泉标游一枝稽察两路,庶外洋之声息易通,内地之藩篱益固矣。"⑪池显方强调了加强海岛戍守、海上巡逻和水陆驻军密切配合对于巩固海防的重要性,这无疑是正确的。又如明代抗倭名将、晋江人俞大猷,在海防问题上也具有卓识,他主张拒敌于海上而非陆上,指出:"倭贼之来必由海,海舟防之海,其首务也。"㉜蔡献臣、池显方和俞大猷都力主与敌抗争于海上,迫使其知难而退。显然他们都认识到"若曰'待其登陆而拒之',则彼无所不攻,我无所不守,而任彼晏然游夷于风波之中,即不必勾倭通贼,而沿海居民,必被其荼毒。此所谓养虎为患也"㉝。可见他们对其时明政府把海防线从海上向内陆收缩的愚蠢举措是不满的。

施琅生长于东南海滨,很重视海疆的形势,历史上关于海防的思想主张不可能不对他发生影响。施琅早年就疏请出兵平定台湾,而反对"拆五省边海地方,画为界外",认为采用迁界禁海手段以对付郑氏并非明智之举㉞。这与上述御敌于大陆之外的主张若合符节,其中的传承关系不难发现。施琅在任 13 年内大臣期间,悉心研习历史,"鉴古今成败乃名臣言行可法者,一一具志诸胸中"㉟。对于中国历史上的海防问题当有一个比较深入的了解和思考。他力主留台卫台,强调台湾对大陆沿海的屏卫作用,应与此有关。可以认为施琅的海防思想是在继承前人海防主张的基础上逐渐发展形成的,而非无根之论。

其次,就主观方面而言,一则施琅留心于西方国家的政治经济文化状况,并悉心探究,所以能够看透他们东来的企图,认识到西方殖民者对中国海防所构成的威胁。前已述及,施琅和荷人、英人都有过接触,这是他洞悉西人居心的重要途径。英驻台商馆工作人员托玛斯·恩基尔和托玛斯·沃罗豪斯记载施琅堂兄 Gimea 告诉他们施琅"颇知欧洲人之风俗习惯"㊱,并非溢美之词。施琅能从国际惯例和国家之间关系的高度,斥责英商馆和台湾郑氏政权的军火买卖,是"违反一切国家惯例及平等之原则"㊲,亦即源于此。二则施琅对外氛造成的灾难有深刻的感受体会。日本学者森田明教授指出:"明末嘉靖年间的倭寇入侵,给包括施氏在内的晋江地区的民众带来多大的危害是很清楚的。据记载:'不意嘉靖戊午,倭冠入闽,初犯蚶江,人不安生,瞭望烟火,晨夕警惧。己未庚申岁,则侵吾地,然犹逃遁边城,性命多获安全。至辛酉岁,倭寇住寨海滨,蟠踞不散,九月念九,破深沪司,而掳杀过半。壬戌二月初八日,攻陷永宁卫,而举族少遗,呼号挺刀之下,宛转刀剑之间,生者赎命,死者赎尸,尸骸盈野,房屋煨烬。……斯时也,子孙数十,而一旦遽绝者,或至亲骨肉,身死他乡,而莫知死所者;或年少弱冠,及三尺儿童,被掳胡地,而未知生死者。……'在纷至沓来的侵犯中,确实有像嘉靖四十一年永宁陷落时那样的悲剧。家破人亡的很多,不少人被掳走。如《祖叔集吾公行述》(侄孙世骙谨撰)记载:'公年十三时,遭倭乱,与母蔡氏逃难永宁,为倭所掳,母子离别,生死罔知,……公在倭三十九年,日夜思亲哭泣不置。后值泉航匿归。……访之族中,鲜有识者,抑又危矣。盖年幼被掳,故老无存,同时弟昆莫辨状貌。惟其姐适许氏者,知公肋下痣,询之得实,乃相与抱哭庭中。爰指其父葬处,谓被掳时,母亲已殁于永宁矣。'可见施氏十三世长昆(集吾)也是永宁陷落时被掳的一人。"⑱施琅系晋江浔海施氏之第16世,施集吾乃其前辈族亲。值得注意的是,《祖叔集吾公行述》是施琅第五子施世骙所撰,且收于康熙五十四年所刊《浔海施氏族谱》中⑲。而此谱系施琅所倡修。施琅本人曾提及此事:"岁癸亥,余谬膺特简,底定海疆……间以军旅之暇,集诸宗老,咨诹大宗谱牒,窃惶然而滋感也。夫大宗谱系,支分派别,久之而亲者疏,又久而疏者远,亦势使然也。矧当播迁之余,彼分此析,统系阙焉。其不肩摩座燕相视茫然者有几? 则谱之修于平盛之日,固不容待;而修于更变之后,较为孔棘也。……'今修谱'一循前人旧例,不敢以臆见妄为纂易;增修序;传文从其质。尤严且慎。而本于开支,所以长长;标其命爵,所以贵贵;系以实纪,所以贤贤。是役也,经始于癸亥年正月,嘱叔德馨董正其事,命侄韬参校,以付剞劂。"⑳施琅族叔施德馨也说:"兹幸十六世孙靖海侯琅复建牙全闽,虽军务倥偬之中,每惓惓谱牒,谓口亟修,爰捐己赀,会鸠族众,共成斯举。嘱德馨及肇勋宗其事,以道亨收掌谱稿。"㉑而据施琅第六子施世骠的记载,施琅次子施世纶和第五子施世骙也都参与了修谱的工作:"世骠以驰驱王事,风尘南北,独渐弗预厥修。深喜先大人纂修求竟之绪,得浔江(世纶之号——引者注)仲兄续之于前,继之平园(世骙之号——引者注)五兄成之于后。""自戊子孟夏迄己丑仲夏而谱告成"㉒。

综上可知,《浔海施氏族谱》经施琅倡修并捐资作为经费后,有施琅的多位子侄族亲参与其事。该谱起修于康熙癸亥(二十二年,1683)完成于康熙仲夏(四十八年,1709),历时 26 年之久。而就在该谱中多处言及倭患,如《学韦施公传》记载:"乙卯倭警荐闻,公佥千夫长,朝夕纠众,兴事不务曒曒炫暴之行。"[⑩]嘉靖乙卯(三十四年,1555),受到倭寇威胁的乡邻族人在千夫长施学韦的带领下团结一致、同仇敌忾,日夜警戒防范。又如《南津子自叙》记载:"吾年近艾时,倭馅永宁,揭家束手投泉,岁值大饥,疠遘骨肉,颠沛狼狈,命悬须臾。……倭乱之后,豪强肆害,混诬新民,剥其膏脂,手足莫措。"[⑩]倭寇入侵不仅直接给沿海人民造成灾难,而且导致了事后地方豪强趁民众穷窘之机对其大肆敲诈勒索的后果。令人触目惊心的倭祸对于世人自有其警醒作用,《浔海施氏族谱》载有这些史料,反映了直至康熙年间人们对之仍难以忘怀。而这对于关心乡族、"虑子姓之颠连"[⑩]、重视国计民生的施琅来说,无疑更是值得吸取的历史教训。因而如何巩固海防,以俾海疆宁靖,理应成为他经常思考的问题。三则施琅具有强烈的爱国主义思想,它主要表现为希望国家统一安定,人民安居乐业。自先秦以来,大一统思想和关心民瘼,就是爱国主义的重要内容。《诗·小雅·北山》说:"普天之下,莫非王土;率土之滨,莫非王臣。"这是在周代已有大一统思想的反映。其时统治者提出了"敬天保民"的思想主张,说明了他们对民生是不敢漠视的。一部《左传》载有不少这方面的议论,如,"邾文公卜迁于绎。史曰:'利于民,不利于君。'邾子曰:'苟利于民,孤之利也。天生民而树之君,以利之也;民既利矣,孤必与焉。'"[⑩]秦始皇扫平六国,统一天下,群臣称颂其功,说:"六合之内,皇帝之土。""人亦所至,无不臣者"[⑩]。赞誉秦始皇实现了大一统。秦朝因实施暴政统治而短夭后,继起的西汉政权在维护大一统局面的同时,注意与民休息,轻徭薄赋,"从民欲而不扰乱,是以衣食滋殖,刑罚用稀"[⑩],终于出现"文景之治"的盛世。秦汉以降,虽然亦曾出现分裂局面,但统一始终是主流,且开明的统治者总是能够关心民生,以力求其政权的长治久安,维护国家的稳定。施琅既然曾研读"二十一史"[⑩],自然了解这些史实并不难从中获得启迪。事实也确是如此,施琅率师夺取澎湖后,就于《晓谕澎湖安民示》[⑩]中表示:"此日王土王民,悉隶版图,宜加轸惜,以培生机。"在《祭澎湖后土文》[⑩]中也说:"地土人民,今已非昨。朝廷版籍,山川丘壑。以佃以渔,以耕以获。

惟神之灵,辟疆弥扩,永赖奠安,黔庶熙若。"在招抚台湾郑氏政权时,他提出必须把台湾"人民土地悉入版图"[112]。郑氏政权降清后,施琅表示:"幅巾员(员)既入舆图兮,版籍已登庙堂。""抚兹土以安民辑众兮,祈士马乎宁平"[113]。"念土地既入版图,则人民皆属赤子,保乂抚绥,倍常加意"[114]。值得注意的是,施琅的以上表态,是在清廷作出把台湾收入版图的决定之前,也是在施琅上疏明确提出留台主张之前。然而据上述他所颁布的安民告示和祭文可知,他早就把台澎视为清朝的辖地,把台澎人民看作清朝的"赤子"了[115]。而当清廷讨论台湾弃留问题时,施琅所阐述的留台理由就包含了巩固大一统的政治目的,他说:"皇上建极以来,仁风遐扬,威声远播,四海宾贡,万国咸宁;日月所照,霜露所坠,凡有血气,莫不臣服。以斯方拓之土,奚难设守,以为东南数省之藩篱。"[116]前已指出,而当台湾归入版图后,施琅又疏请减轻台民的赋税负担,表现了其对民生的重视。就是到了临终之前,施琅一息尚存,"丹心未泯",他向康熙帝疏荐守边人才,以期海疆永靖,国泰民安[117]。以上表现无不显示施琅的爱国主义思想。"爱国主义就是千百年来固定下来的对自己的祖国的一种最深厚的感情"[118]。这种感情是施琅的海防主张日臻完善并力求付诸实践的思想根源和动力。

综上所知,施琅的海防思想是多种因素促成的,值得高度评价。而施琅能够在闽台关系史上占有重要的地位,则是和他具有相当超前的海防思想密切相关的。

注释:

① 《明安达礼等题复施琅密陈进攻厦门事本》,厦门大学台湾研究所、中国第一历史档案馆编辑部编:《康熙统一台湾档案史料选辑》,福建人民出版社,1983年版。

② 此事史籍多有记载,可见《清圣祖实录》卷10、计六奇:《明季南略》卷11《厦门大捷》、彭孙贻:《靖海志》卷3、江日升:《台湾外记》卷6、施德馨:《襄壮公传》(见施琅:《靖海纪事》)、施士伟:《靖海汇纪·襄壮施公传》、陈万策:《施襄壮公家传》(见吴曾祺:《涵芬楼古今文钞》卷61)、陶元藻:《靖海侯施琅传》(见钱仪吉:《碑传集》卷15《康熙朝功臣下》)、李元度:《国朝先正事略》卷11《施琅传》、《八旗通志》卷174《施琅传》、《清史稿》卷260《施琅传》、《清史列传》卷9《施琅传》等。

③　江日升:《台湾外记》卷 6。

④　《清圣祖实录》卷 12。

⑤　《施琅题为舟师进攻台湾途次被风飘散拟克期复征事本》,《康熙统一台湾档案史料选辑》,福建人民出版社,1983 年版。

⑥　《耿继茂题为密报进攻台湾舟师被风事本》,《康熙统一台湾档案史料选辑》,福建人民出版社,1983 年版。

⑦　《清圣祖实录》卷 18。

⑧　《郑经复孔元章书》,《康熙统一台湾档案史料选辑》,福建人民出版社,1983 年版。

⑨　《郑经复董班舍书》,《康熙统一台湾档案史料选辑》,福建人民出版社,1983 年版。

⑩　《祖泽溥题为孔元章出洋已回业经查验回船事本》,《康熙统一台湾档案史料选辑》,福建人民出版社,1983 年版。

⑪　施琅:《靖海纪事》卷上。

⑫　施琅:《靖海纪事》卷上,《边患宜靖疏》后附。

⑬　施琅:《靖海纪事》卷上。

⑭　吴曾祺:《涵芬楼古今文钞》卷 61。

⑮　康熙五十四年《浔海施氏族谱》元本,志铭,富鸿基:《皇清诰赠光禄大夫达一施公暨配累赠一品太夫人洪氏合葬墓志铭》。

⑯　《两广总督卢兴祖题为台湾船艘飘突现督舟师追击事本》,《康熙统一台湾档案史料选辑》,福建人民出版社,1983 年版。

⑰　《清圣祖实录》卷 36。

⑱　江日升:《台湾外记》卷 5。

⑲　余飏:《莆变纪事》(抄本)。

⑳　余飏:《莆变纪事》(抄本)。

㉑　《敕谕明珠蔡毓荣》,《明清史料丁编》,第 3 本第 272 页。

㉒　施琅:《靖海纪事·曾炳序》。

㉓　请参见拙作《关于施琅复出前夕的若干问题》,(《台湾研究集刊》1997 年第 3 期)、拙著《施琅年谱考略》(岳麓书社,1998 年版),第 362—410 页。

㉔　江日升:《台湾外记》卷 9。

㉕　《康熙起居注》,第 2 册,中华书局,1984 年版,第 845 页,二十一年五月二十一

日条。

㉖ 《清圣祖实录》卷104。

㉗ 《康熙起居注》,第2册,中华书局,1984年版,第873页,二十一年七月二十八日条。

㉘ 施琅:《靖海纪事》卷上。

㉙ 施琅:《靖海纪事》卷上,《决计进剿疏》。

㉚ 施琅:《靖海纪事》卷上,《海逆形势疏》。

㉛ 施琅:《靖海纪事》卷上,《决计进剿疏》。

㉜ 施琅:《靖海纪事》卷上,《决计进剿疏》。

㉝ 拙作《施琅评传》,厦门大学出版社,1987年版,第194页。

㉞ 郁永河:《裨海纪游》。

㉟ 李光地:《榕村语录续集》卷11,《本朝时事》。

㊱ 《康熙起居注》,第2册,中华书局,1984年版,第1078页,二十二年十月十一日条。

㊲ 江日升:《台湾外记》卷10。

㊳ 施琅:《靖海纪事》卷下,《恭陈台湾弃留疏》。

㊴ 《康熙起居注》,第2册,中华书局,1984年版,第1127页,二十三年正月二十一日条。

㊵ 施琅:《靖海纪事》卷下,《恭陈台湾弃留疏》"附录八闽绅士公刊原评"。

㊶ 《忧畏轩奏疏》,康熙二十二年八月十七日姚启圣题。

㊷ 傅衣凌:《关于郑成功研究的若干问题》,《郑成功研究论文选》续集,福建人民出版社,1985年版。

㊸ 《耿继茂等题报荷兰船助攻出力并窥伺台湾事本》,《康熙统一台湾档案史料选辑》,福建人民出版社,1983年版。

㊹ 台湾省文献委员会:《台湾省通志》卷6,《学艺志·文征篇》第四章,《诗》。

㊺ 周凯:《道光厦门志·高澎然序》。

㊻ 余文仪:《同治续修台湾府志·序》。

㊼ 施琅:《靖海纪事》卷上。

㊽ 施琅:《靖海纪事》卷上。

㊾ 施琅:《靖海纪事》卷下。

㊿ 施琅:《靖海纪事》卷下。

(51) 施琅:《靖海纪事》卷下,《壤地初辟疏》。

(52) 《八旗通志》卷174,《施琅传》。

(53) 森田明:《第四十二次台湾研究研讨会:台湾开发势力的诸前提——福建晋江的施氏家世》,(台)《台湾风物》第36卷第1期。

(54) 森田明著、施伟青译:《明末清初的福建晋江施氏》、《福建晋江施氏与台湾八堡圳》,施伟青:《施琅评传》"附录二",厦门大学出版社,1987年版。

(55) 陈培桂:《淡水厅志》"附录一",《文征上》,尹秦:《台湾田粮利弊疏》。

(56) 对这个问题,笔者作过考证,请参见《施琅评传》,厦门大学出版社,1987年版,第255页。

(57) 台湾省文献委员会:《台湾省通志》卷21,《人民志·人口篇》。

(58) 余文仪:《同治续修台湾府志》卷21,《艺文·书》。

(59) 连横:《台湾通史》卷25,《商务志》。

(60) 连横:《台湾通史》卷11,《教育志》。

(61) 《忧畏轩奏疏》,康熙二十二年八月十七日姚启圣题。

(62) 贺长龄:《皇朝经世文编》卷84,范承谟:《条陈闽省利害疏》。

(63) 《忧畏轩奏疏》,康熙二十二年八月十七日姚启圣题。

(64) 全祖望:《鲒埼亭集》卷15,《姚公神道第二碑铭》。

(65) 施琅:《靖海纪事·陈迁鹤叙》。

(66) 姜宸英:《湛园未定稿·海防》。

(67) 连横:《台湾通史》卷27,《农业志》。

(68) 施琅:《靖海纪事》卷下,《海疆底定疏》。

(69) 《康熙起居注》,第2册,中华书局,1984年版,第1129页,二十三年正月二十七日条。

(70) 施琅:《靖海纪事》卷下,《移动不如安静疏》。

(71) 请参见拙作《施琅年谱考略》,岳麓书社,1998年版,第667—668页。

(72) 施琅:《靖海纪事》卷下,《收用人材疏》。

(73) 《忧畏轩奏疏》,康熙二十二年闰六月(缺日期)姚启圣题。

(74) 《康熙起居注》,第2册,中华书局,1984年版,第1365页,二十四年九月二十八日条。

(75) 《康熙起居注》,第2册,中华书局,1984年版,第1297页,二十四年三月初三日条。

⑦ 施琅:《靖海纪事》卷下,《海疆底定疏》。

⑦ 以上史料译自荷兰文献,见赖永祥:《清荷征郑始末》,(台)《台湾风物》第4卷第2期;林子候:《清荷联军谋取台湾之始末》,(台)《台湾风物》第26卷第4期。

⑦ 《耿继茂等题报筹防沿海各地并进兵铜山事宜事本》,《康熙统一台湾档案史料选辑》,福建人民出版社,1983年版。

⑦ 转引自汪荣祖:《施琅与台湾》,(台)《国立中央图书馆馆刊》第18卷第2期。

⑧ 《施琅题为舟师进攻台湾途次被风飘散拟克期复征事本》,《康熙统一台湾档案史料选辑》,福建人民出版社,1983年版。

⑧ 林子候:《清荷联军谋取台湾之始末》,(台)《台湾风物》第26卷第4期。

⑧ 赖永祥:《清荷征郑始末》,(台)《台湾风物》第4卷第2期。

⑧ 《题为舟师进攻台湾途次被风飘散拟克期复征事本》,《康熙统一台湾档案史料选辑》,福建人民出版社,1983年版。

⑧ 《耿继茂题为密报进攻台湾舟师被风事本》,《康熙统一台湾档案史料选辑》,福建人民出版社,1983年版。

⑧ 林子候:《清荷联军谋取台湾之始末》,(台)《台湾风物》第26卷第4期。

⑧ 赖永祥:《清荷征郑始末》,(台)《台湾风物》第4卷第2期。

⑧ 本处所引英商馆所载材料,均见台湾银行经济研究室编印:《十七世纪台湾英国贸易史料》,《台湾文献丛刊》第57种,1959年版,第42—62页。

⑧ 周凯:《道光厦门志》卷9,《艺文略》,蔡献臣:《浯洲建料罗城及二铳议》。

⑧ 周凯:《道光厦门志》卷4,《防海略》。

⑨ 周凯:《道光厦门志》卷9,《艺文略》,蔡献臣:《与徐心霍都督书》。

⑨ 周凯:《道光厦门志》卷9,《艺文略》,池显方:《与阙褐公书》。

⑨ 俞大猷:《正气堂集》卷7,《论水陆战备事宜》。

⑨ 周凯:《道光厦门志》卷9,《艺文略》,蔡献臣:《与徐心霍都督书》。

⑨ 施琅:《靖海纪事》卷上,《尽陈所见疏》。

⑨ 施德馨:《襄壮公传》,施琅:《靖海纪事》。

⑨ 台湾银行经济研究室编印:《十七世纪台湾英国贸易史料》,《台湾文献丛刊》第57种,1959年版,第44页。

⑨ 台湾银行经济研究室编印:《十七世纪台湾英国贸易史料》,《台湾文献丛刊》第57种,1959年版,第44页。

⑨ 森田明著、施伟青译:《明末清初的福建晋江施氏》,施伟青:《施琅评传》"附录

二",厦门大学出版社,1987年版。

㊾　康熙五十四年《浔海施氏族谱》卷31,《万安公二房三五世孙洒乐公支派》。

⑩　康熙五十四年《浔海施氏族谱》天本,施琅:《重修家谱序》。

⑩　康熙五十四年《浔海施氏族谱》天本,施德馨:《重修族谱告庙祝引》。

⑩　康熙五十四年《浔海施氏族谱》天本,施世骠:《序》。

⑩　康熙五十四年《浔海施氏族谱》荒本,卷23。

⑩　康熙五十四年《浔海施氏族谱》辰本,卷48。

⑩　康熙五十四年《浔海施氏族谱》天本,施应枢等:《将军诞辰特祭小引》。

⑩　《左传》文公十三年。

⑩　《史记》卷6,《秦始皇本纪》。

⑩　《汉书》卷23,《刑罚志》。

⑩　施德馨:《襄壮公传》,施琅:《靖海纪事》。

⑩　施琅:《靖海纪事》卷上。

⑪　施琅:《靖海纪事》卷上。

⑫　施琅:《靖海纪事》卷下,《赍书求抚疏》。

⑬　施琅:《靖海纪事》卷下,《祭台湾山川后土文》。

⑭　施琅:《靖海纪事》卷下,《谕台湾安民生示》。

⑮　对这个问题,多年前笔者即已作了阐述,请参见拙作《施琅评传》,厦门大学出版社,1987年版,第244—247页;《施琅年谱考略》,岳麓书社,1998年版,第652—655页。

⑯　施琅:《靖海纪事》卷下,《恭陈台湾弃留疏》。

⑰　施琅:《靖海纪事》卷下,《君恩深重疏》。

⑱　列宁:《皮梯利姆·索罗金的宝贵自供》,《列宁选集》,人民出版社,1972年版,第608页。

固始与闽台姓氏研究

中国姓氏的历史和文化寻根现象

袁义达

袁义达(1947—)男,汉族,浙江奉化人。毕业于北京大学。历任中国科学院遗传所室主任,遗传发育所的研究组和创新前沿项目负责人,现任中华伏羲文化研究会副会长,中国人类学民族学研究会常务理事,华夏姓氏源流研究中心主任、研究员。长期从事姓氏群体遗传学的研究,曾在美国斯坦福大学学习和工作,参加或主持过多项中国科学院、国家自然科学基金以及国际合作项目,发表了50余篇论文和多部专著,包括《中华姓氏大辞典》,以及当代百家姓排列的成果,发现了中国人姓氏分布的规律,创建了中国姓氏群体遗传学学科。

一、中国人姓氏的历史

人类的姓氏在世界各地出现的时间相差很大,而且,其产生的过程和文化背景均不相同。最早使用姓氏的国家是中国,大约发生在 7000—8000 年前的传说历史伏羲氏时期,也就是中国北方地区开始出现父系社会的时期。

随后在4000—5000年之前的炎黄和尧舜时期,那是一个没有文字的社会,这一时期的有关姓氏的说法均属于后人在有了文字之后的回忆记载,传说并带有神奇的色彩。有关姓氏的内容相对很少,谈到姓氏时多以父系的方式传递,也附带了一些有关来自母系传递的说法。

进入3000—4000年前的夏商西周时期,由于中国文字和材料的发展,在甲骨文、陶文、岩文、青铜器上留下了世界上最古老的中文姓氏记录,这是真正记录了当时有关姓氏的历史,所以中国人有文字记载的姓氏历史应有4000年。这是值得我们全体中国人自豪的姓氏的信史历史。

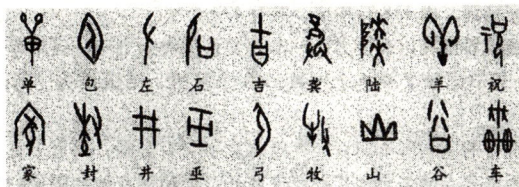

到2000—3000年前的春秋战国时期,当时的中原大地上人们已经普遍使用了姓氏,姓氏两分,并以父传子的方式一代一代地传递着,这一时期已经出现了家谱,这种血脉传递的记录从此没有中断过。《孔子家谱》就诞生在那个时期,到宋朝时改为《孔子世家谱》,至今已有2500多年的历史。特别要提到的是在战国末年成书的《世本》,它是先秦史官们记录和保存的三皇五帝至春秋时期的帝王诸侯的姓氏历史档案,是中国最早的姓氏专著,极为珍贵。

2000年前,进入秦汉时,中国人的姓氏制度发生了重大变革,姓和氏合二为一,统称为姓氏,以父系方式稳定地世代传递,至今一直没有中断过。

当今的中国人和世界上的华人均是2000年前创建了这些古老姓氏的先祖们的直系后裔。

而在世界其他地区,当地人的姓氏的产生时间比中国要晚得多。比如,欧洲大陆的姓氏的产生大约在1000年前,从姓氏的产生到普遍使用姓氏,这个过程大约延续了600年。因此,在欧洲大陆普遍使用姓氏的历史只有400

年。有些地区直到 20 世纪,姓氏的使用尚未普遍。比如,到 1935 年土耳其人才以法律的形式规定使用姓氏。犹太人很晚才使用姓氏,而且经常处于被迫。美洲大陆的姓氏历史也只有 200 多年,是欧洲移民所带去的。谁也想不到,与我国隔水相望的日本,其文化一直受到中国文化的熏陶和影响,但是直到 1875 年日本国民才有了真正意义上的姓氏。

二、中国姓氏的概况和分布

中国大陆和世界其他国家的华人,他们的宗族观念根深蒂固,同姓同宗是一种很强的联系纽带。实际上自西周春秋三千年以来,在宗法制度下,中国人是以父系为中心,来论亲属的亲疏远近的。父系家族的延续被认为是至关重要的事。祭祀祖宗,不断香火,被认为是每个家庭的头等大事,无后被认为是最大的不孝。古代的国家观念,也与家族观念相联系,所谓一家一姓的天下,实际是父系家族观念的无限扩大。在这种宗法制度和宗族观念的几千年中,华人十分重视姓氏,养成了同姓聚居的习俗,很多地区流传着修谱联宗的现象,在中国大陆和世界其他地区,尤其大陆东南地区和东南亚华人比较集中地区形成了无数群大小不等的同姓人群和宗亲联盟。所以,华人姓氏和宗亲联盟是华人团体的重要社会基础。认识华人社会的这一现象,正确引导和利用这一关系,是十分有利于国家或地区的人气凝聚、社会稳定和经济发展的。

中国人有过多少种姓氏呢?从来没有人统计过。西汉史游《急就篇》列出了 130 个姓氏,唐朝林宝《元和姓纂》收录了 1232 个姓氏,流传最广的宋朝《百家姓》收录了 442 个姓氏,宋朝郑樵《通志·氏族略》收录了 2255 个姓氏,元朝马端临《文献通考》收录了 3736 个姓氏,明朝王圻《续文献通考》收录了 4657 个姓氏,近代台湾的王素存《中华姓府》收录了 7720 个姓氏。20 世纪 90 年代出版的袁义达《中华姓氏大辞典》收录了华人姓氏 15105 个,这是至今收录中国人姓氏最多的一部姓氏专著。但是,到底中国 5000 年来出现过多少姓氏?仍然无法作出回答。但有一点可以肯定,中国人 5000 年来可以收录到的汉族和少数民族的姓氏的总数远远不止这些。目前,我们继续在收集和整理中国人姓氏,今年年底将要出版的《中国姓氏大辞典》收录了华人姓氏已经超过了24000个。但是,至今天全国仅剩不足4000种姓氏,大部分已经消失了。

当今华人中姓氏分布情况如何?有人说,国家只要在人口普查时调查一下不就全有了吗?这个问题其实并不这么简单。最近,我们华夏姓氏源流研究中心与国家公安部有关部门合作,对2007年全国31个省级行政区的在籍户籍登记姓名,以及香港和澳门的相关数据,台湾地区民政部门提供的2007年全台地区人口姓氏进行联合汇总,共计涉及大约127800万中国人。不分民族和性别的统计,目前全中国排在前20位的大姓是:王,李,张,刘,陈,杨,黄,赵,吴,周,徐,孙,马,朱,胡,郭,何,高,林,罗。王、李、张为人口最多的三大姓,王、李两姓的人口已经超出9000万,而张姓人口逼近9000万,它们分别占人口的比例是7.3%、7.2%、6.8%,它们是世界上最大的同姓人群。前20个大姓的总人口已占全国人口的54%强。人口最多的100位大姓的总人口已经占了全国人口的85%。

中国人姓氏的分布有明显的特征,100个常见姓氏人口实际上反映了各地人群血缘组成的主要因素,也反映了中国历史上人口的大迁移的主流人群,而一般的和稀有的姓氏人群则更表现出地域性特色和相对隔离的现象。

三、姓氏的科学价值

中国科学院在20世纪80年代中提出了研究有关中国人姓氏的课题,这是很出人意料的,当时的媒体特别关注这方面研究的动向。这是为什么?因为,中国人姓氏有几千年的历史,自始至终与血统、封建和家族联系在一起的。在中国,研究和探讨姓氏一直属于社会科学范畴的内容。姓氏与自然科学相联系,自然让人要问为什么?姓氏是"遗传"的,这是自然科学家的回答。

在中国,姓氏是父传子代代相传的。如果这种传递有规律,而且不中断的话,那么,通过中国历代的户籍登记和文献中姓名的记录,我们就能获得几百年、甚至上千年的有价值的"遗传学"资源。这一点,在30年以前,拥有

5000年文明和姓氏历史的中国人并不清楚,而是才拥有几百年姓氏历史的欧洲人和美国人早在130多年前,已经开始从自然科学方面研究姓氏了。在1875年,英国人乔治·达尔文医生通过英国人在教堂中登记结婚人名册中,发现姓氏可以研究医学中的近亲现象,这是科学家第一次利用姓氏揭示生命科学中的一些问题。

在1875年,世界上还发生了一件与姓氏有关的重大事件,那就是日本国的明治维新。为了强国富民,日本新政府首先是调查日本的国情,人口调查是其中一项。但是日本人的名字重复的太严重了,于是政府要求每一位日本人必须给自己找一姓,以区别与他人的不同,因为日本人在这之前是没有姓的。于是乎,在短短的时间内日本人就出现了三万多个姓,多数是以地名、河川和环境特征为姓,什么井上、河边、松下、田中等等。这是姓氏在国家重大政策中的应用,姓氏成了重要的国情资源之一。随后,世界各地对姓氏的研究和应用迅速扩大到了人口迁移、民族融合、人群结构、经济发展、疾病分布和家族遗传病等等领域之中。所以,姓氏是一种文化,也是一门科学。

姓氏的传递本质是什么呢?大家都知道,每一代的子女的遗传物质一半来自父亲,一半来自母亲,经过10代后,后裔中的血液的遗传物质在理论上只有1/1024与第一始祖相同。所以,社会上大家对姓氏寻根的科学性一直持以怀疑的,甚至不屑一顾的态度。恰恰就在这一非常通俗常识上,大家忽略了一个生物进化上的重要现象(决定男性的遗传物质)Y染色体的遗传!Y染色体的遗传几乎是世代不变的,只有拥有Y染色体精子的受精卵才能发育成男孩。这是人类进化中的一条永恒的法则,谁也改变不了的。

我们定位姓氏作为生物学中的一种可以研究"材料"的原则就是:姓氏是父传子的,其传递方式类似Y染色体遗传的表现。所以把姓氏看成人类Y染色体上的一个特殊遗传"位点",每一种姓氏则相当于这个遗传"位点"上的一种等位基因,我们称其为"姓氏基因"。这就是姓氏的传递本质。所以,在中国通过姓氏进行寻根问祖的活动、家谱研究是有科学依据的。

四、文化寻根现象

1987 年和 2006 年中国科学院先后两次的"新百家姓排序"的发表,在社会反映的程度和社会意义大大超过了姓氏生物学研究科学本身的意义,它推动了姓氏文化寻根活动和姓氏文化的产业化步伐。姓氏文化研究在社会上自觉地兴起,科学家都不用太费力气就把科学研究的中间成果转化为社会活动中的某个环节,这就是中国人姓氏文化市场的特色,这也是我们为什么关注研究姓氏的原因之一。近几十年来,尤其大陆改革开放 30 年中,海内外华人的寻根活动一直没有中断过,据粗略统计,近几年来大陆寻根谒祖的姓氏已有 100 多个,涉及全国 20 多个省市的数百个市、县乡镇,囊括了中国大部分地区和几乎所有的大姓。

目前,姓氏寻根和修纂各姓族谱时出现最具争议的问题是:大陆地区实行简化字后,有的姓氏被不规范地改为了另一个字的姓。最具代表性的是傅和付、萧和肖、阎和闫等姓,其实他们之间原本互为不同的姓,也不存在后者为前者的简体字的关系。但是,人们历来习惯于以简代繁,以少替多的习俗,假简化字的途径,它们在全国早已流通起来了。有的姓在大陆地区流行的最新版本《新华字典》中也作了肯定的注释,在书报杂志中、甚至在身份证中也使用了。最近几年由于寻根问祖活动的兴起,各地修谱也空前地活跃,同姓族中出现了强烈要求统一规范原来姓氏的写法。但是,姓氏字形变化了几十年的人们遇到了难题,首先是身份证上姓氏变动的法律问题和由此带来的不便和麻烦;其次是遇到了很多族人不愿意再改回原来笔画繁多的姓的社会阻力。实际上,傅和付、萧和肖、阎和闫等姓已经出现了同时并存的局面,甚至同为同父母的亲兄弟,出现一个姓傅,而另一个姓付的奇怪现象,这应引起大家的注意。这种现象也是中国姓氏演化的一个侧面,一个笔画繁多的姓将演化出多种同音的笔画简单的姓。

关于姓氏形成的多源和始祖问题,也是研究中国人姓氏时经常遇到争论的焦点。中国人常见姓氏往往起源是多源的,而且往往与历史上周边民族之间的融合和同化有关。所以,人数越多的姓氏,往往源头也多,如王、李、张等大姓,其源头都在几十处以上。因此,就会出现谁是某一姓氏的开姓始祖的争论问题。其实,中国姓氏的产生是与其出现的历史背景有关,西周、春秋和战国时期是中国姓氏产生的重要时期,是以封地血统的继承为其基础的,一个姓氏出现的始祖应是这一符号姓氏的开姓祖,开姓祖只有一位。在以后漫长的历史中,不管是集体或者是个人改掉自己原有的姓氏,采用某一正在使用的姓氏,实际上就是以放弃了原姓的血缘关系,改认别姓的开姓祖为其先祖作为代价的。比如,大家公认丘姓的开姓始祖是姜太公的三子穆公,到了南北朝时华北地区的鲜卑人中的丘敦氏全部改姓了丘映,实际上是他们选择了姜太公的三子穆公作为他们的新始祖。经过几代后,这些丘姓鲜卑人已经忘记了自己原有的历史,只记得姜太公是他们的先祖了,并引以自豪。只是后来的史学家们在研究历史时旧事重提,并把当时改姓的历史记录在史书之中。

中国民间修谱的时间是在宋朝以后,大规模普及是在明清时期,谱系断层是无法回避的,加上民间修谱的不规范和伪作,这是中国家谱中的普遍现象。所以,家谱可研究的价值和应摈弃的糟粕是显而易见的。所以,各姓修谱时对宋朝以前始祖和祖源的争议是没有必要的。因为中国人姓氏的历史问题的探索是一种科学研究过程,而家族修谱中的历史对接和始祖问题是中华民族传统的血统思想延续的反映,实际上是一种文化寻根现象,两者是有区别的。当今的各位你们如何来甄别自己真正的姓氏身世呢?按中国人血统和家族继承原则,一种姓氏的开姓祖只有一位,以最早创建这一姓氏的先祖为是。

从总体上看,华人寻根的起点是海外,中转站是福建、广东、浙江等沿海地区,终点是地处黄河中下游的河南省。因为河南是中华文明主要发祥地,拥有众多姓氏之根的河南,理所当然成为海内外华人子孙姓氏寻根的集中地。海外各地的华人不远万里回到祖国大陆寻根祭祖,进而带动各地的寻根热潮,这表面上是一种文化或血缘上的认同现象,实质上却是中华民族凝聚力的一种直观表现。这种寻根所寻觅的是华人共同的民族文化之根,由此带来了姓氏文化的繁荣,这对弘扬中华民族优秀文化和增强民族凝聚力,促进世界华人地区与大陆的经济贸易无疑是具有积极意义的。

　　通过了解中华民族的姓氏文化,深入探讨姓氏寻根现象,我们更加增强了全民族的凝聚力和民族自豪感、认同感。俗话说:"树高千丈,落叶归根",姓氏寻根也是海内外华人了解自己文化背景和文化源泉的重要桥梁和纽带。由于他们所追寻的是本姓之根和血脉之缘,这对形成全民族的文化认同具有不容忽视的作用。开展寻根祭祖活动,就是要让大家都知道,自己的根在何处,源在哪里! 这也有利于促进海内外华人的团结和社会的和谐,有利于地区之间、中国与华人所在国之间的经济贸易活动,有利于祖国的和平统一大业。

豫闽台姓氏源流概述

刘翔南

刘翔南(1948—)男,汉族,湖南长沙人。1982 年郑州大学历史系毕业,到河南省方志办工作,历任编辑、副处长、副总编等,职称副编审。1992 年发起成立中原姓氏历史文化研究会,发动全省各地大力开展姓氏文化研究和姓氏寻根活动,编著或撰写《源于河南千家姓》、《中国大姓寻根与取名》、《周口姓氏考》及刘、蔡、江姓等姓氏书 10 余部,发表姓氏论文 50 余篇。曾参加中央电视台《百家姓》节目的撰稿和录制工作。现为河南省中原姓氏历史文化研究会常务副会长、学会法人。

地处黄河中下游的中原地区,从夏商至唐宋时期一直是全国的政治、经济和文化中心,自古为兵家必争之地,几乎每次改朝换代,这里都有战事发生,致使中原大地屡遭洗劫,生灵涂炭,社会动荡不安,经济遭受严重破坏。为避战祸,中原百姓曾多次被迫向四外迁徙,主要是向南方长江流域移徙。其中规模较大的迁徙活动有六次,其他因天灾、戍边以及避仇、贬官、流放等原因而流落他乡者更是不计其数。由于中原地区是中华姓氏的主要发源地,中原百姓的不断外迁,也造成了华夏姓氏的大播迁。

一、唐代及其以前中原百姓南迁对福建姓氏家族的形成影响深远

在历代由北而南的人口大播迁浪潮中,闽越一带曾经是中原难民的主

要归宿地;与福建隔海相望的台湾岛,则是我国东南沿海一带外出拓荒者的目的地。因此,河南、福建、台湾三省在历史上有着密不可分的亲缘、地缘和文化等方面的渊源关系。在这种关系中,今天的河南固始县(唐代属光州)起着独特的枢纽作用。固始县位于河南省东南端,南依大别山,北临淮河,地处由中原经淮南下扬州的水路通道之咽喉部位,是魏晋隋唐时期北方百姓向江南移徙的重要集散地和出发地之一。如今,由于年深日久,中原移民的后代经辗转分迁,已经难于确知其先祖世系及籍贯之所在,他们往往把祖先们南迁的出发地视作自己的故乡,并手传口授,记入家谱之中,于是,这些地方就成为南方各姓氏家族朝宗祭祖的圣地和祖籍纪念地了。

福建是明清以来北方移民后裔由大陆向台湾转迁的主要输出地和中转站。据史书记载,西汉时,汉武帝平定闽越王国反叛之后,曾将今浙江中南部和福建地区的闽越人北迁于江淮地区,此后,我国东南沿海一带人烟稀少,再加上气候条件恶劣,因此被中原汉人视为"蛮荒之地"。东汉以后,由于中原地区天灾频发,战祸连年,人口不断外迁,闽越地区始有北方汉民零星迁入。西晋永嘉年间(307—312),皇室内讧,爆发"八王之乱",导致西北地区少数民族武装集团大量进入中原,晋都洛阳城毁于战火,西晋灭亡。为免遭屠戮和不愿意接受异族统治,中原汉人大量随晋室南渡,先后达上百万人,形成了中国历史上首次大规模的由北方向南方的移民潮。当时地处江淮腹地的固始县,是中原流民汇聚和南下的主要通道之一。后来,一些南下的难民为了寻求新的生活空间,又辗转向东南更边远地区移徙,最后进入福建,这就是史书上所说的"晋永嘉二年,中原板荡,衣冠始入闽者八族,林、黄、陈、郑、詹、丘、何、胡是也"。其实,晋代入闽的远不止这八个姓族,据后世闽、台的方志和谱牒追述,还有张、刘、杨、梁、钟、温、翁、卓等众多姓氏。晋代入闽的北方汉人虽然数量不太多,但他们把先进的中原文化传播到闽越之地,对该地区的社会文化发展起到了坚实的奠基作用,今福州之晋安河、泉州的晋江、洛阳桥等地名,都是这次移民留下的历史印痕。

自晋代永嘉大移民之后,历史上由中原向福建影响最大的移民活动发生在唐朝,主要有三次。

第一次移民活动是唐朝初期。唐高宗总章二年(669),泉州、潮州(治今广东潮安)一带发生"蛮獠啸乱",朝廷以固始人陈政为正议大夫、岭南行军总管,率府兵3600名,将校123员由光州固始南下,前往七闽百粤之界的绥安县地予以镇抚。当时皇帝诏曰:"莫辞病,病则朕医,莫辞死,死则朕埋。"陈政率部长驱直入绥安(今漳浦西南),初战告捷,后因将士不服水土,生病至死者日众,便退守九龙山(今九龙江中上游),奏请朝廷增兵。朝廷又命陈政之兄陈敏、陈敷率58姓军校增援,他们多带家眷同行。部队行军途中,陈敷、陈敏染疫相继病死,他们的母亲魏氏率众继续南下,终于与陈政会合,驻军于梁山之云霄镇。云霄镇边有一条河流,水清澈见底,陈政指着河水对当地父老说:"此水如上党之清漳",当地人遂名其水曰"漳河",后来的漳州名称也由此而来。

唐仪凤二年(677),陈政病逝,其子陈元光代父领兵。陈元光自幼敏异过人,博通经史,英勇善战,父亲死后率众历经大小百余战,终于平定了骚乱。此后他屯军于云霄,采取了一系列措施治理和开发闽南,并于武后垂拱二年(686)奏请朝廷在泉、潮二州之间设立漳州,被任命为州刺史。唐景云二年(711),广东潮州蛮复叛,进逼梁山。陈元光闻报,率轻骑前往迎击,大队人马在后行动少缓,结果陈元光寡不敌众,被蛮将蓝奉高刃伤而卒①。陈元光去世后,其子陈珦代领州事。他继承父业在漳州大力兴办教育、发展农桑,努力传播中原文化和农业生产技术。陈珦死后,他的儿子陈酆和孙子陈漠依次接任漳州刺史,这时中原地区正遭"安史之乱"荼毒,生灵涂炭,民不聊生,而地处东南边陲的闽越之地社会安定,于是又有许多北方百姓和固始乡亲陆续前来投奔陈氏政权,并在闽南一带定居下来。

唐初入闽的中原将士及其家属总共有多少人,史无确载。据康熙《漳浦县志》卷19追记,唐代随陈政入闽的将领有婿卢伯道、戴君胄、医士李始、前锋将许天正、分营将马仁、李伯瑶、欧哲、张伯纪、沈世纪、军谋祭酒等官黄世纪、林孔着、郑时中、魏有人、朱秉英、府兵校尉卢如金、刘举、涂本顺、欧真、沈天学、张光达、廖公远、汤智、郑平仲、涂光彦、吴贵、林章、李牛、周广德、戴仁、柳彦深等30人共计20个姓氏。《台湾省通志》记载,随陈氏入闽者有45

姓。新编《固始县志》(1994年6月出版)依据有关家谱资料统计,随陈氏入
闽的将士和眷属共有8000余人、84姓。结合前文所述陈敏、陈敷所率援军
"58姓军校",以及陈氏祖孙五代治闽近百年间由中原陆续前往投奔的百姓,
唐朝前期入闽的北方军民总数当达万人以上。陈元光父子及其所部将士入
闽,是福建自晋代永嘉之后出现的首次有一定规模的军事移民,揭开了中原
百姓由固始入闽的序幕。这些中原将士与当地人民共同开发闽南,极大地
促进了该地区经济和文化事业的发展,推动了福建社会发展的历史进程,因
此他们受到闽人的高度尊崇和爱戴。

　　第二次移民活动发生于唐朝中后期。唐朝天宝年间爆发的"安史之乱"
时间长达8年之久,给全国人口最稠密的中原地区带来极为惨重的破坏。其
间"河北一带首当其冲,'农桑井邑,靡获安居,骨肉室家,不能相保'。洛阳
以东至徐州一带尤为惨烈,'宫室焚烧,十不存一,百曹荒废,曾无尺椽。中
间畿内,不满千户,井邑榛棘,豺狼所嗥'……汴河沿岸,'百姓凋残,地阔人
稀'"。而当时的淮河以南地区战事较少,且南方物产丰富、土地丰裕,成为
人们躲避战乱的最好去处,于是北方百姓纷纷南逃,出现了"三川北虏乱如
麻,四海南奔似永嘉"的大迁徙情景②。"安史之乱"平息以后,我国北方藩镇
割据的局面没能得到根本改变,手握兵权的将领们还时常发动叛乱。另外,
吐蕃人的东侵更加剧了关中地区的混乱局面,因此仍有大批北方人民络绎
不绝地南迁,直到唐朝末年,北人的南迁活动几乎没有中止过,其中有相当
数量的民众迁到福建。这些民众入闽,也可以视作唐初陈氏父子开发闽南
之后移民活动的继续。

　　唐代中后期入闽的北方人大多数是平民百姓,因此能留下姓名和事迹
的不多。"安史之乱时,由于许远、张巡死守睢阳(今河南商丘南),淮南得以
保全。大批北方人民经此南下,一部分便在此居留下来","安史乱后,大批
北方移民进入福建。仅贞元四年(788),'奔闽之僧尼士庶'一次便达到
5000人。唐文学家徐颜伯的儿子徐务、宋代筑木兰陂的李宏的祖先、河南考
城人江文蔚等皆于此时避乱入闽"③。后世福建的江、方、汪、洪、翁、龚六姓
组建了"六桂联宗"宗亲组织,其族裔散布闽、台、粤各地,这六姓的祖先也多

是于唐朝中后期迁入福建的。

第三次移民活动发生于唐末五代时期。唐末黄巢农民大起义爆发,天下大乱,安徽寿州人王绪、刘行权等乘势揭竿而起,率众攻占了寿、光二州,光州固始人王潮、王审邽、王审知兄弟三人加入义军。唐光启元年(885),王绪为蔡州刺史秦宗权所败,于是率寿、光二州军民由固始南下,转战江南,经江西进入福建。后因王绪猜忌心重,"部将有材能者多因事杀之",王潮恐其害己,便联络前锋将士发动兵变,囚王绪于军中,王绪忿而自杀,众人共推王潮为首领。王潮等行至沙县时,地方士绅因泉州刺史廖彦若贪暴不仁,纷纷奉酒拦道,请他为民除害,王潮乃引军围攻泉州,杀廖彦若并进驻其地。不久,他被福建观察使陈岩命为泉州刺史。陈岩死后,王潮于景福二年(893)攻占福州,再经数战,尽有闽岭五州之地,统一了全闽。当时,处境危困的李唐王朝无力南顾,只好承认既成事实,任命王潮为福建观察使。

唐昭宗乾宁四年(897),王潮病故,其弟王审知继掌闽地军政大权,开始对福建进行大规模的治理开发。朝廷以福建为威武军,授王审知为节度使。不久李唐灭亡,后梁主朱温加封王审知为闽王。此时中原群雄并起,争战不休,王审知采取保境安民政策,使辖地社会安定,人民乐业。期间,他招抚流民,减轻赋役,兴修水利,还在泉州等地设立"招贤馆",接纳各地前来避难的士人(知识分子)。中原百姓及李唐旧臣纷纷前来投奔。如"王淡,唐相溥之子;杨沂,唐相涉从弟;徐寅,唐时知名进士,皆依审知仕宦","又建学四门,以教闽士之秀者。招来海中蛮夷商贾。海上黄崎,波涛为阻,一夕风雨雷电震击,开以为港,闽人以为审知德政所致,号为甘棠港"④。王审知治闽长达30年,于后唐同光三年(925)病逝于福州,享年64岁。王审知死后,其子孙皆无德才,为争夺权位而相互残杀。其次子王延钧继位后,于公元933年称帝,立国号曰"闽",正式跻身于五代十国之列。南闽国于公元946年被南唐所灭,王氏遗族被迁往金陵。

唐末随二王入闽的人数,据《新五代史·闽世家》记载:"(王)绪率众南奔,所至剽掠,自南康入临汀,陷漳浦,有众数万。"葛剑雄《中国移民史》也说:"唐光启元年正月,王绪、王潮率光州(治今潢川县)人约二三万,经江西进入福建。"《台湾省通志》统计:唐末五代随二王入闽的有陈、张、李、王、吴、蔡、杨、郑、谢、郭、曾、周、寥、庄、苏、何、高、詹、沈、施、卢、孙、傅、马、董、薛、韩等27姓,以固始人居多。另据闽台一带的族谱和县志资料显示,唐末入闽的还有萧、卓、林、刘、黄、缪、姚、阮、赵、程、朱、严、邓、柯、吕、湛、虞、庾、邹、孟、许、戴、连、释、余、骆、蒋、包、袁、赖等30余姓。

在唐代移民潮中,北方百姓除了由中原直接南下入闽的之外,还有不少六朝时定居江南的中原移民的后裔为避世乱而再次转迁入闽的。总的来看,唐朝中后期及唐末五代是北方汉人大量徙居福建的高峰期。这些人定居福建,使当地人口迅速增长,姓氏家族和姓氏种类不断增多,对福建社会经济的发展产生了极为深远的影响。至今许多福建和台湾人都称自己的祖先来自中原,把"光州固始"视作故乡,称固始人为"老乡",称福建为"唐山",可见唐代的中原移民活动对闽、台地区影响之深远。

二、宋代北方百姓向吴越大播迁,奠定了近代福建姓氏的基本格局

唐朝以后,中原百姓向南方的大移民活动还发生过多次,其中以两宋时期北方百姓向吴越大播迁活动对福建的影响最大,较为集中的有两次:

一次始于北宋靖康、建炎年间。宋钦宗靖康元年(1126),金兵铁骑南下,攻陷汴京(今开封),俘虏了大宋徽、钦二帝和后妃、皇子、将臣、百姓10余万人北去,北宋政权覆灭。次年,宋康王赵构在南京(今商丘)即皇帝位,改年号建炎,重建宋政权。不久,赵构为金兵所逼,率群臣逃往江南。金兵数次南下追击,赵构继续南奔,最后定都于临安(杭州)。靖康乱后,宋、金反复争夺中原,战火燃遍大江南北,北方百姓为避战祸而纷纷南迁。据估算,自宋建炎以来至绍兴十一年(1141)的15年中间,大约有500多万北方百姓迁徙江南。他们从江淮直至汉江各渡口相继南下,流落于江南各地,主要寓居于今天的江苏、浙江、皖南和江西等地。另有一部分人于建炎元年(1127)随隆祐太后南逃,流落于赣南。赵构定都临安后,隆祐太后及部分皇亲、臣僚自虔州前往投靠,其他没条件去临安的难民在动乱中继续南下,翻越大庾岭进入岭南。

南宋定都临安后,由于福建距宋都较近,故接纳的北方移民迅速增多。据《简明中国移民史》统计:"南宋嘉定十六年,福建户数比崇宁元年增加了50.6%,增幅仅次于广西路,居第二位。户数次于江西、两浙而居第三位。"建炎三年(1129),南宋管理宗室成员的西外、南外二宗正司分别迁到福州和泉州,当年迁入福建的皇室成员分别为180人和340余人。至南宋中期,仅泉州的宗属已达2300余人。皇族尚且如此,何况平民百姓。当时流徙至闽地的北方难民不计其数,他们多经今江西和浙江衢州一带进入福建。毗邻江西、浙江的邵武军(治今邵武市)、建宁府(今建瓯市)、汀州(今长汀县)以及福州、泉州等地,都是外来移民较多的州府。

一次是南宋末年。当时元军大举南下,临安失陷,宋臣陈宜中、张世杰、陆秀夫、文天祥等拥立年仅9岁的皇子赵昰为帝,从温州乘船奔往福州。元军进入福建后,宋军残部约50万人自福建分海、陆两路逃往广东。公元1279年,宋军在广东进行的最后抵抗失败,陆秀夫背着小皇帝赵昺(赵昰病死,张世杰等又拥立8岁的赵昺为帝)在海南厓山投海自尽,南宋灭亡。幸存的10余万人除少数流落海外或北归外,大部分隐匿于广东各地。与此同时,文天祥在福建召集南宋残军,号召收复江西,匡复宋室。江西百姓纷纷组织抗元义军起来响应。后来文天祥兵败,抗元义军有相当一部分由赣南逃入粤北。受战火波及,原居闽西、粤北的汉人又分批向更南的珠江流域迁徙。

宋建炎以来和宋元交替之际的北人南迁活动持续时间长,人数多,规模极为浩大,是为我国历史上汉人南迁的第三次高潮。这次北人南迁,使福建人口剧增,并奠定了近代福建、广东地区姓氏人口分布的基本格局。福州学者刘观海在《闽台同胞同宗同文初探》一文中考证说:"北宋元丰年间(1078—1085),福建人口达204.59万人。南宋嘉定年间(1208—1244),人口为324.06万人。宋末南下的姓氏约有50个,其中赵、简、游、范、杜、纪、程、姜、田、白、涂、袁、邵、童、骆、饶、华、凌、俞、钱等姓,是宋代以前从未入闽的。"⑤宋建炎以来南渡的北方人不仅有仕宦贵族,更多的是大量的普通百姓。他们到南方之后为寻求活路而不断移徙,历尽艰辛,特别是宋末元军南下时大肆洗劫,浙赣闽鄂湘一带战火熊熊,致使许多原已定居下来的北方移民及其后裔为避战祸而再次南迁,流入粤东北山区及岭南海隅,直到元朝统一全国之后这些人才逐渐定居下来,他们追根思源,均不忘自己的祖地在中原。月是故乡明,对于祖先的居地,这些中原移民一直抱有深深的眷恋和向往之情。

三、台湾汉族姓氏的源头均在祖国大陆

台湾同胞与祖国大陆人民本系同种同文同姓氏,都是炎黄子孙、龙的传人。大家都知道,明清时移民台湾的民众大部分人祖籍是福建,还有约20%是来自广东的客家人。而福、广两省居民,很多是历史上由黄河流域迁徙到江南的移民后裔,特别是南宋时期,福建、广东一带成为北方移民人口最集中的地区。由大陆向台湾最后一次大规模移民发生在20世纪40年代末。1949年国民党军退守台湾岛时,约有200多万人随往,这些人除了来自福建、广东之外,还有部分人来自国内其他省区。

如果我们仔细查阅闽台地区的姓氏族谱就会发现,绝大多数家谱中都赫然标注着"先世居河南光州固始";再对照族谱中的"世系图表",也会发现各姓氏的开基祖多半都是唐代以来由光州固始县辗转南下入闽的。1953年,台湾当局曾进行过一次户籍调查,结果是:台湾户数在500户以上的100个姓氏中,有63姓的族谱材料上记载了其祖先来自固始县。这63姓共计67.0512万户,占台湾总户数的80.9%。1988年,台湾出版了台湾族姓巨著《台湾族谱目录》,共收录200余姓一万多部家谱,其中所载之始迁祖的原籍绝大部分都可以追溯到中原。另外,台湾文献委员会曾对台湾十大姓的堂号源流进行考察,也发现大多数堂号名称都来源于中原地区。这充分说明,豫、闽、台三地的姓氏在历史上有着千丝万缕的血缘、地缘和文化方面的联系,闽、台地区绝大多数姓氏家族的祖源,都可以追溯到河南以及"光州固始"。

现在中国大陆常使用的姓氏约有4000个左右,台湾人口比大陆少,现有2300余万人,汉族约占98%,其中80%是闽南人,20%是客家人;原住民只

占台湾总人口的 2%。目前台湾使用的姓氏有近 2000 种⑥，人口最多的十大姓为陈、林、张、王、黄、李、吴、蔡、刘、杨（据 1989 年统计资料）。此外，许、郑、谢、郭、赖、曾、洪、邱（丘）、周、叶、廖、徐、庄、苏、江、何、萧、罗、吕、高、彭、朱、詹、胡、简、沈、施、柯、卢、余、翁、潘、游、魏、颜、梁、赵、范、方、孙、钟、戴、杜、连、宋、邓、曹、侯、温、傅、蓝、姜、冯、白、涂、蒋、姚、卓、唐、石、汤、马、巫、汪、纪、董、田、欧、康、邹、尤、古、薛、严、程、龚、丁、童、黎、金、韩、钱、夏、袁、倪、阮、柳、毛、骆、邵等 90 姓也人口众多，与上述十大姓合称为"台湾一百大姓"。

台湾各大姓氏的源头都在中国大陆。如台湾人口最多的十大姓：陈姓的起源地在河南淮阳；林姓在河南卫辉；张姓在河南濮阳和山西太原；王姓祖地在河南洛阳、卫辉等地；黄姓发源于河南潢川县，其地有春秋时黄国故城遗址；李姓的祖地在河南鹿邑县，该处是李氏先祖老子（李耳）的故乡；吴姓发源于江苏苏州；蔡姓发源于河南上蔡县；刘姓祖地在河南鲁山县（有刘累墓）和偃师市（刘国故城址）；杨姓发源于山西省洪洞县，其望族"弘农杨氏"发迹于陕西华阴和河南灵宝。台湾十个大姓人口众多，约占全台总人口的 50% 以上。正如台湾谚语所说："陈林半天下，黄郑排满街"，"陈林李许蔡，天下占一半"。在台湾的一些小姓，人口不多，有的至今只有三五户，这些小姓多半是 20 世纪 40 年代末才进入台湾的。

总之，台湾汉民的姓氏之根都在祖国大陆，海峡两岸人民历来就有割不断的血脉亲缘关系。"海内升明月，天涯共此时"。正因为如此，在 20 世纪 80 年代以来风靡世界的寻根活动中，台湾同胞也表现出极高的热情，他们冲破重重阻力和干扰，不断组团来大陆寻根谒祖，表达出对祖国和故土的深切思念及向往之情。现在台湾有些人搞什么"法理台独"，企图脱离祖国"独立"，这种数典忘祖的行径实在是不得人心。

注释：

① 以上内容参见《全唐诗》卷 45（中华书局 1960 年版）和清嘉庆十九年董诰、曹振镛等编《全唐文》卷 42、卷 164《陈元光》。

② 引自葛剑雄等《简明中国移民史》第四章第三节《汉人南下的第二次高潮》,福建人民出版社,1993 年版。

③ 葛剑雄等:《简明中国移民史》,福建人民出版社,1993 年版,第 245 页。

④ 引文见《新五代史·闽世家》。

⑤ 引自"首届海峡百姓论坛"组委会编印的《首届海峡百姓论坛文选》,2007 年版。

⑥ 据《台湾源流》第 32 期《社论》记载:2005 年台湾当局统计得姓 1989 个姓,其中单姓 1417 姓,二字姓 533 姓,三字姓 64 姓,四字姓 8 姓。

台湾百家姓固始探源

许明镇

许明镇(1949—)男,汉族,台湾彰化县人,祖籍福建同安。中国文化学院哲学系毕业,台湾师范大学社会教育研究所结业。曾任教台东县立长滨国中、大王国中与彰化县二林高中,2002 年退休。现任《台湾源流杂志》编辑,台湾省姓氏研究学会会员。平生喜爱中外文史哲学、西洋古典音乐,藏书上万册。著有《铭真文集》、《彰化县大城乡五间寮许氏族谱》、《姓氏探源——台湾百大姓源流》等书。

台湾百家姓的根源与祖地,在大陆的闽南与粤东两地,这是大家所熟知的;但进一步的根源与祖地又在哪里? 大家就模糊不清、不甚了解了! 其实考查历史,探究闽、粤人的来源,可以发现这进一步的根源,就在中国中原故地河南固始。有人说:"台湾百家姓五百年前的根在福建,一千多年前的根在河南固始。"[①]一语道尽台湾与闽南百家姓的根源问题。寻根探源、追溯祖宗是人类的本能、潜藏的基因。愈是能够探知家族来源的历史纵深,愈能巩固珍惜家族的传统与优点;就此而言,将自身、家族放大为种族、国家亦然。一个族群、一个国家愈能明了自身的历史纵深,则将愈能记取历史巨大的经验教训,以期长治久安、屹立于世。

一、中国历史五大移民潮,唐初与唐末为中原入闽的时机点

今信阳市固始县,为唐朝光州固始之故地,固始虽僻居河南之东南角

落,离洛阳与开封有四五百公里之遥,但它却是通往长江流域与闽、粤的要地。在由晋唐至明清的漫长岁月里,地处江淮豫皖边缘的河南省固始县,作为历代中原河洛人南迁的肇始地与集散地,在中华移民史上,和山西洪洞大槐树、福建宁华县石壁村、广东南雄县珠玑巷,同为中国最著名的移民潮集散地点[②],可以在历史上相辉映。

而河南固始更是福建与台湾一带移民后代的朝宗祖地,在今闽台一带的家谱中多有"祖先为河南光州固始人"的记载,这与唐初与唐末两次的福建大移民潮有关[③]。首次由固始向福建的移民潮,发生于唐高宗总章二年(669),闽南山民骚乱,朝廷命光州固始人陈政率府兵3600名、战将123员,入闽平乱。

起初战事不利,朝廷又命陈政之兄陈敷、陈敏率固始58姓军校增援,才告成功。仪凤二年(676)四月,陈政病故,21岁的陈元光代父领军,经过九年战斗,平定了局势,报请设置漳州郡。武则天垂拱二年(686)朝廷任命陈元光为漳州刺史兼漳浦令。陈元光遂在闽南漳州地区开疆拓土、兴修水利、建立庠序,使闽南成为当时的一方乐土,因而被后人尊为"开漳圣王"。

第二次由固始向福建的移民潮,则发生于唐末黄巢大动乱,当时固始东乡人王潮、王审邽、王审知三兄弟率乡民5000人投入义军。这一支义军,由固始挥军南下,转战江南,最后经江西进入福建。

898年王潮死,由其弟王审知继任威武军节度使,尽有今福建之地。909年,王审知被后梁封为闽王。他提倡节俭,减轻赋役,与民休息,境内安宁;又收用唐流亡人士为辅佐,建立学校,为开发和建设福建作了极大的贡献。在固始随同王潮、王审知入闽的共有27姓约5000人,遂全部在福建定居下来。

由史实证之,唐光州固始确为今日闽南人的原乡故地,闽南又为今日台湾人的原乡故地,豫闽台三地的根缘在历史上一脉相连,在文化上丝丝相扣,另在方言、习俗、宗教、伦理、生活、祭祀……各方面,均有其相通相洽、相濡相亲,情牵千万里、心通认祖源的深深因缘。

二、台湾前 100 大姓的根源在河南固始之历史文献探讨

台湾历史上姓氏的调查,一共有六次,前三次是抽样性的,后三次则是全面的调查④。1978 年首次以全部户籍资料之调查,当年台湾人口 1695 万,得姓 1694 姓;其中单姓 1611 姓、复姓 83 姓。当年台湾前十大姓依序为陈、林、黄、张、李、王、吴、刘、蔡、杨,前十大姓的人口数占有全台湾人口的52.51%,恰好超过全台人口的一半⑤。如果将前十大姓,增加到前 100 大姓,则前 100 大姓的人口数,占有全台湾人口的 96.42%,几乎快接近百分之百了。由此可见,台湾姓氏的特色之一,即人口集中于大姓的情形,极为明显。这 100 大姓,甚或前 1000 大姓几乎全部来自中国大陆,只有极少数(约占 2%)是台湾原住民特有的姓氏。此次调查资料为《台湾区姓氏堂号考》一书所完整引用,该书第四章并对"台湾区一百大姓"做了详细的文献整理,对台湾前 100 大姓的"姓氏渊源"、"历史播迁"、"来台始祖"等作了相当完整深入的介绍。

以下要探讨的台湾百家姓根源在河南固始的内容,主要的文献来源,即选自《台湾区姓氏堂号考》,兼及《台湾省通志·氏族篇》⑥和各著名大姓家族谱之所载。我们知道台湾人的祖先,大多来自闽、粤两省;而闽、粤两省的汉人则又大多来自中原,因此要追溯祖源、寻根究本,我们参考历史文献以及家族谱的记载,证知唐代光州固始,即是今日的河南省固始县,确为台湾人的原始故乡、祖地源头。

1. 陈姓。唐高宗总章二年(669),大将军陈政,原籍河南光州固始,偕其子陈元光(即开漳圣王)入闽开漳,其后子孙繁衍,成一大宗派⑦。

2. 林姓。《台湾省通志·氏族篇》载:《台北县虎丘林世族谱》谓:"先世固始人,祖有林一郎者仕唐,于光启乙巳,迁福建永春机源大杉林保。"

3. 黄姓。台湾黄氏大宗谱载:陆终后裔世居江夏郡,而后迁河南固始,至七十三世黄志,由信州迁福建邵武,后分居晋江。又据文水派黄氏族谱载:先世居河南固始,至晋,中原板荡,南迁入闽,黄元方仕晋,卜居侯官,是为黄氏入闽始祖。

4. 张姓。台湾张氏族谱源流纪略载：唐初，河南祥符人张伯纪，从陈元光入闽开漳，因家漳州。又据台北县张氏族谱载：世居光州固始，唐末，张延齐兄弟三人，随王潮入福建，居泉州之惠安、安溪，支派甚盛。

5. 李姓。李氏入福建，始自唐初。漳州府志载：高宗时河南光州固始人李伯瑶，随陈元光入闽开漳，"平蛮獠三十六寨，战功推为第一"，其子孙散龙溪、漳浦诸县。

6. 王姓。漳州府志载：(1)唐初，随陈元光开漳者，有王姓将佐三人(按系府兵队正，王华、王一中及王佑甫等)，其后分布漳、泉各地。(2)唐中和元年(881)，王绪据寿州，续陷光州，征固始人王潮、王审邽、王审知兄弟三人为军正，光启元年(885)，命随入闽。潮卒后，审知继任，后梁时封闽王。

7. 吴姓。吴氏宗族宝鉴载：吴氏南渡，除五代时，吴宥入福建外，唐僖宗中和四年(884)，吴祭偕其弟兄，由河南光州固始迁居闽州，王审知入闽时，吴祭再迁莆田，分传漳、泉及广东潮州各地。

8. 刘姓。唐末僖宗乾符二年(875)，黄巢乱起，翰林学士刘天锡弃官(原居河南洛阳)奉父翔(一作祥)，避居福建宁化石壁洞，号为东派。

9. 蔡姓。唐初，有府兵队正蔡或者，随陈元光入闽开漳。又琼林蔡氏族谱序载：先世自光州固始迁福建同安。

10. 杨姓。栖霞杨氏族谱载：其先为杨震之后，世居河南光州固始县，唐末，杨荣禄率子逸、肃及孙明珠，随王审知入闽。

11. 许姓。唐初，许纲十九世孙许陶、天正父子，随陈政、陈元光父子入闽开漳，子孙传衍，被奉为闽、粤始祖。又据石龟玉湖房许氏家谱载：唐末，左侍御史许爱(光州固始人)入闽，卜居晋江瑶林，继迁石龟，派衍漳、泉。

12. 郑姓。唐初，郑时中随陈元光入闽开漳，子孙亦散居闽、粤各地。唐僖宗光启二年(886)，光州固始人郑璘、郑戳随王潮兄弟入闽，据郑芝龙撰石井本宗族序载：南安石井郑氏之始祖，即此时自河南固始入闽。

13. 谢姓。清溪永安谢氏指南序载：先世河南光州固始人，唐末从王审知入闽，始迁安溪永安东。

14. 郭姓。唐初，陈元光入闽开漳时，将佐中有郭益者，随之入闽。据蓬岛郭氏家谱载:入闽始祖为郭子仪裔郭嵩,于唐咸通年间(860—873),自河南光州固始县,随王审知从弟王想入闽。

15. 洪姓。颍川开漳陈氏族谱载:唐初,府兵队正洪有道随陈元光入闽开漳,是其南迁,始于唐初。

16. 邱姓。丘氏,以丘穆为始祖,世居河南。五胡乱华,中原八族(丘、郑、何、胡、林、陈、黄、詹)相偕入闽。

17. 曾姓。武城曾氏族谱载:武城三十五世曾隐(按即曾珪之子)由江西吉阳迁居河南固始,其子曾延世于唐僖宗光启元年(885)率眷随其内兄弟王潮等,避黄巢乱,由固始入闽,定居晋江。

18. 廖姓。廖化另一裔孙廖圭,于唐初随陈元光入闽开漳,其五子廖义迁居诏安二都官坡,传至廖三九郎;唐初,另有张虎者随陈元光入闽,其七世张元子入赘廖三九郎家,曾誓曰:生当姓廖,死必归张。

19. 赖姓。侯卿赖氏族谱载:今德化县上涌乡赖氏之始祖赖开国,光州固始人,唐僖宗中和三年(882)随王审知入闽。

20. 徐姓。唐初,已有徐氏族人随陈元光入闽开漳。

21. 周姓。唐末,河南光州固始人苏益(后改姓周氏),因避黄巢之乱,随王潮入闽。

22. 叶姓。古瀬始祖叶谌,世居雍州(今陕西省),唐末避乱,举族流徙莫定,至宋卜居河南光州固始。传至叶炎曾,随宋室南渡,遂居仙游古瀬,后裔散处漳、泉二州。

23. 苏姓。隋时,苏威迁居河南固始,唐初,已有族人自固始随陈元光入闽开漳;唐末,苏益随王潮入闽,遂安居同安,称为苏氏入闽始祖。

24. 庄姓。台湾朱庄严氏大族谱载:唐末,河南光州固始人庄森随王审知入闽,卜居永春桃源里蓬莱山,是为庄氏入闽始祖。

25. 江姓。唐初陈元光入闽开漳时,有江氏将佐随其入闽。

26. 吕姓。据吕氏大宗谱载:唐末,吕竞尚由河南固始徙居福建晋江。

27. 何姓。唐初,河南光州固始人何嗣韩,随陈元光入闽开漳,是何氏入闽始祖。

28. 罗姓。晋永嘉乱后,族人散居各处。唐初,已有罗氏族人自河南固始随陈元光入闽开漳。

29. 高姓。唐初,陈元光开漳,随其入闽将佐中,亦有高氏者。高姓深安平高氏族谱志略载:其先河南光州固始人,唐僖宗时,高钢避黄巢之乱,南迁入福建,卜居福州怀安凤冈,为入闽始祖。

30. 萧姓。《台湾省通志·氏族篇》云:本省萧氏多谓:其先由光州固始入闽。

31. 潘姓。唐初,有潘节其人,随陈元光入闽开漳。台北县志氏族志载,该县石门、三芝二乡潘姓先世居河南光州固始,嗣迁福建漳州诏安五都。

32. 朱姓。

33. 简姓。

34. 钟姓。钟接定居河南颍川长社后,族人于五胡乱华之际南迁,晋元熙二年(420),钟会正渡江迁居赣州(今江西省),为赣、闽、粤钟氏共同始祖。

35. 彭姓。虹山彭氏族谱载:先祖于唐僖宗广明元年(880),由河南光州固始县迁闽之泉州。

36. 游姓。根据游氏族谱载:其先世于宋代,由汝南南渡江西,以宋儒游酢为远祖,以游二三郎迁居上杭者为始祖,后裔分徙闽南及粤东一带。

37. 詹姓。晋永嘉年间(307—312),五胡乱华,中原士族大举南迁,八族(林、黄、陈、郑、詹、丘、何、胡)入闽,詹氏为其中之一。唐末,复有詹氏入福建,据《台湾省通志》引泉州佛耳山詹氏族谱载:其先世居光州固始,詹缵从王潮入福建。

38. 胡姓。台北县胡氏族谱载:先世居于陈(今河南淮阳),西晋之末,五胡乱华,中原士族大举南迁,乃与林、黄、陈、郑、丘、何、曾等八族入闽。

39. 施姓。唐初,有施光缵者自河南光州随陈元光入闽开漳;昭宗时,秘书丞施典由河南光州固始,迁居福建晋江钱江乡开基。

40. 沈姓。唐初,沈彪随陈政父子入闽开漳,辟地教化,厥功甚伟,宋淳祐间追赠武德侯,是为沈氏闽粤远祖。

41. 余姓。《台湾省通志·氏族篇》:漳州府志载:陈元光开漳,已有固始余氏,随之入闽。

42. 赵姓。唐初,已有赵端者,随陈元光入闽开漳。

43. 卢姓。据漳州府志载:唐初,有卢如今者,随陈元光入闽开漳,其子孙散居福建龙溪、长泰一带。

44. 梁姓。梁邱于唐代由河南移居泉州惠安。

45. 颜姓。颜氏,发源于山东,唐初,已有族人随陈元光入闽开漳。

46. 柯姓。据台湾近编《柯蔡氏大宗谱》南塘派序载:其先于唐僖宗光启二年(886),自河南固始从王审知入闽。

47. 孙姓。乐安孙氏族谱又载:唐末,另有族人因避乱,由河南光州固始迁居福建泉州。

48. 魏姓。唐初,有魏氏族人随陈元光入闽开漳。福建通志载:魏氏,本唐郑国公魏征之后,于唐末入福建。

49. 翁姓。《六桂丛刊》载:唐代翁轩由河南入闽,居住于福建莆田,为翁氏入闽始祖。

50. 戴姓。漳州府志载:唐初,戴君胄父子随陈元光入闽开漳。

51. 范姓。范氏族谱载:河内(今河南沁阳)范坤举家徙居浙江杭州,再徙福建宁化黄竹,是为范氏入闽始祖。

52. 宋姓。唐末,宋璟玄孙宋骈,迁居福建莆田;骈弟宋臻,于五代梁时,自河南固始迁居福建侯官(今林森)镜江。

53. 方姓。西汉末,方纮避新莽之乱,自光州固始徙居歙州(今安徽),子孙传衍江南各处。

54. 邓姓。邓氏族谱载:西晋末年永嘉之乱时,南阳邓叔攸迁至福建宁化石壁乡,后又分支泉州等地。

55. 杜姓。唐末,山南节度使杜让能率同族人,随王绪平黄巢之乱,生杜光义、杜晓,定居越州山阴(今浙江绍兴)。

56. 傅姓。唐末,银青光禄大夫左仆射傅实,为避难,由河南固始迁居福建南安,是为傅氏闽粤始祖,生八子,散居福建各地,其后传衍广东。

57. 侯姓。南宋度宗时,汉关内侯侯霸之后,侯宗贵因避元兵,率子九人由河南固始迁居福建南安十八都,地以姓得名,因称侯安乡。

58. 曹姓。唐初,已有曹氏将佐随陈元光入闽开漳。台湾曹氏族谱载:南宋初,曹十五郎定居福建宁化,是曹氏闽、粤始祖。

59. 温姓。《台湾省通志·氏族篇》记载:晋代从中原迁入福建者共十三姓,其中有温姓。

60. 薛姓。东山薛氏重修族谱序载:唐高宗总章元年(668),河南光州固始人薛使,随其岳父陈政(陈元光之父)率军入闽,从此定居漳州。

61. 丁姓。唐初,有丁儒者,自光州固始随陈元光入闽开漳。

62. 马姓。

63. 蒋姓。唐初,陈元光入闽开漳,其将佐有蒋氏者。

64. 唐姓。漳州府志载:唐初,有唐氏将佐随陈元光入闽开漳。

65. 卓姓。崇正同人系谱卓氏条载:晋五胡之乱,中原望族,相率南奔,粤有卓姓者,为建安刺史,后因家焉。

66. 蓝姓。元末,蓝炯(原籍河南固始县)派下,蓝庆福迁居福建漳浦,蓝庆禄徙福建海澄,蓝庆寿分居广东大埔,各自立为当地始祖。

67. 冯姓。

68. 姚姓。据漳州府志,陈元光入闽开漳时,亦有姚氏将佐,足见唐初已有姚氏入闽者。

69. 石姓。唐初,有石氏族人自河南光州固始随陈元光入闽开漳。

70. 董姓。唐末,河南固始人董章随王审知入福建,子董思安卜居晋江,为董氏入福建始祖,据传董思安赴建州勤王,将其后裔附养杨家,后改杨氏。

71. 纪姓。

72. 欧姓。漳州府志载:唐初陈元光入闽开漳时,即有欧氏、欧阳氏族人随之入闽。

73. 程姓。台湾程氏族谱载:先世为河南开封府祥符县太宁坊人,元末,程文智因官入闽,为福清州知事,其弟文惠分居漳浦,封迪功郎,各立为开闽始祖。

74. 连姓。

75. 古姓。

76. 汪姓。

77. 汤姓。唐初,已有汤氏族人随陈元光入闽开漳。

78. 姜姓。

79. 田姓。

80. 康姓。桃源凤山康氏族谱载:今永春玉门镇桃源凤山康氏,其先祖于唐末由河南光州固始入闽。

81. 邹姓。唐初,陈元光率众开发漳州,已有邹氏将佐,随之入闽。

82. 白姓。

83. 涂姓。相卿涂氏族谱载:今德化县盖德乡上坑村涂氏,先祖涂建昌随王审知入闽。

84. 尤姓。尤氏先世播迁不详,唯王审知时已有尤沈氏族人入闽。

85. 巫姓。据巫氏迁徙源流简述载:西晋末年,五胡乱华巫暹随中原士族南渡,迁居福建剑津(今南平县东)。

86. 韩姓。《台湾通志·氏族篇》引《固始县志》谓:王审知时……乡人多来依之,如韩偓等人。可见唐末已有韩姓入闽。

87. 龚姓。沙提蓬莱龚氏家谱载:今石狮永宁镇沙提村龚氏,因王潮自固始入闽,遂卜居于龚山。

88. 严姓。福建侯官严几道年谱载:先世河南固始人,唐末,朝请大夫严仲杰,随王潮由中州入闽,家于侯官阳琦,为该支派入闽始祖。

89. 袁姓。

90. 钟姓。《台湾省通志·氏族篇》:漳州府志载,唐初陈元光开漳将佐,有钟法兴其人随之入闽。

91. 黎姓。

92. 金姓。

93. 阮姓。

94. 陆姓。

95. 倪姓。

96. 夏姓。

97. 童姓。

98. 邵姓。

99. 柳姓。唐初,有柳氏族人随陈元光入闽开漳。

100. 钱姓。据漳州府志,唐初陈元光入闽开漳,其将佐即有钱氏,可知至迟其时已有钱氏迁福建。

以上系依台湾前 100 大姓(1978 年之调查排序),历史文献明确记载其祖先来自河南光州固始者,一共有 44 姓,随陈元光从固始入闽者有 20 姓(洪、廖、徐、江、沉、赵、卢、颜、魏、戴、曹、蒋、唐、姚、欧、汤、邹、钟、柳、钱),随王绪、王审知入闽者有 4 姓(杜、涂、尤、严),另有 12 姓(刘、丘、钟、游、梁、翁、范、邓、温、卓、程、巫),则泛言来自河南光州或中原故地,以上合计共有 80 姓,其祖先先后于唐初与唐末从河南固始为集中地,出发入闽。现仅有 20 姓(朱、简、马、冯、纪、连、古、汪、姜、田、白、袁、黎、金、阮、陆、倪、夏、童、邵),尚未找到从河南与固始入闽的确切资料。但就此而言,台湾前 100 大姓当中,有 80 姓和中原故地河南光州紧密相关;更惊人的发现是竟有 44 姓和小小的一个"固始"大大有关联,这种极其稀有难得的现象,就是台湾人最为熟知的原乡泉州、漳州辖下各县等地,都还不一定如"固始"一地渊源之深、记载之详。

三、豫闽台三地文化血缘相继相承、何其相亲相似

我们已从中国历史文献当中,证明闽台人民的祖根在河南固始;从晋末唐初,一直到唐末的数波历史上的大移民潮中,移民的两大首领有"开漳圣王"之称的陈元光,以及"闽王"王审知,祖籍均在光州固始,他们率领军民数千、数万人,均在固始这个地方集结出发。此外,我们另从台湾的历史文献(主要是《台湾区姓氏堂号考》,以及《台湾省通志·氏族篇》和各著名大姓家族谱之记载),挖掘出台湾前 100 大姓中,竟有高达 80 姓的族谱记载其祖先源自河南光州、44 姓的族谱记载其祖先源自固始一地,诚然令人吃惊振奋不已。

豫闽台两岸三地其"历史因缘"如此密切关联,其"血缘地缘"也如此相近相亲,真有 500 年前、1000 多年前是一家人彼此深深的情缘。如果我们试再从彼此的方言口音、民间习俗、宗教信仰各方面,去寻找比对豫、闽、台三地人民之间,可以发现更多彼此密切渊源的关系。

我们从很多的文献记载以及专家学者的论述,可以发现豫闽台三地的方言语音、生活习俗、礼仪教化、伦理思想以及宗教信仰等,均有其共同相通、紧密的关系①;唯本论文因限于篇幅关系,无法再加以长篇大论。但从本论文的两大重点,我们已几乎可以证明豫闽台三地在历史根源、祖先根源、文化情感三方面紧密的关系、相通相同之处。从中国历史上五大移民潮中,找出唐初陈政、陈元光父子与唐末王潮、王审邦、王审知三兄弟的率军入闽,正是河南光州固始人入闽,以至千年之后再由闽迁台的关键时机点。再从台湾记载的历史文献资料丛中,由台湾 100 大姓的族谱记载中,反推证回到祖先的源头(原居地),又正是中原故地河南固始。

台湾文化的源头来自闽南,闽南文化的源头又来自河洛,河洛文化正是台湾与闽南文化的总源头。台湾文化承续着中原正统的汉族文化,再加上开荒拓土、冒险患难、追求自由和平的精神,融汇了中原灿烂的内陆文化与海洋广阔无际的思维。

历经千辛万苦以及横渡黑水沟的危险,台湾人 400 多年的移民历史,充满了理想的憧憬与奋发进取,绝对不是像那些有偏见的台独人士所说的那样:台湾人只是一群充满悲情奴役、无法自主的逃难者。台湾曾经一度遭受荷兰、日本等国的侵略和殖民统治,台湾同胞备受殖民强盗欺凌。如今终能抬头挺胸、自主营生;实在更应发挥包容开阔、奋发进取以及感恩追怀祖德的心情,去开创营造台湾自己未来光明、远大的前程,以免成为"数典忘祖"之辈。

注释:

① 宋效忠主编:《根在信阳》,湖北教育出版社,2006 年版,第 3 页。又见《河洛文化与台湾》,海峡学术出版社,2004 年版,第 48 页。

② 王大良主编:《中国的百家姓》,百花文艺出版社,2004 年版,第 337 页。

③ 陈美桂:《台湾区族谱目录》,台湾区姓谱研究社,1987 年,第 7 页。又见宋效忠主编:《根在信阳》,湖北教育出版社,2006 年版,第 24 页。

④ 林瑶棋:《请问贵姓?——溯源旧台湾》,太康出版社,2007 年版,第 101 页。

⑤ 杨绪贤编撰:《台湾区姓氏堂号考》,台湾省文献委员会,1979 年版,第 13 页。

⑥ 李汝和主修:《人民志·氏族篇》,《台湾省通志》(卷二),台湾省文献委员会,1969 年版。

⑦ 杨绪贤编撰:《台湾区姓氏堂号考》,台湾省文献委员会,1979 年版,第 178 页。又:以下 100 大姓,大多引用自《台湾区姓氏堂号考》一书,将不再一一注释。

⑧ 《河洛文化与台湾》,海峡学术出版社,2004 年版,第 146 页。

解读三地族姓渊源　感怀两岸骨肉亲情

杨静琦　杨　暍

杨静琦(1922—)女,汉族,河北顺平人。曾任河南省地方志编纂委员会总编辑室副主任、编审,中国地方志协会二届常务理事,河南省地方史志协会一、二、三届副会长,河南省中原姓氏历史文化研究会副会长,河南省杨氏工作委员会副会长。现为中国地方志协会学术委员,河南省中原姓氏历史文化研究会顾问,杨氏工作委员会首席顾问。

为解读豫闽台三地族姓渊源,首先应了解三地族姓概况。其次,在三地族姓传承历史的大背景下,以研究某一姓氏或某一族群的传承发展状况,迁徙路径,地缘血缘联系为具体切入点。从而直观地感怀两岸同胞的骨肉亲情,揭示中华族姓的传统价值,培养民族凝聚力,彰显文化穿透力,以促进两岸民间的友好交流与合作,推动两岸和平统一大业,为民族振兴,人类进步,社会和谐而贡献积极力量。下面重点研究三地的族姓概况及迁徙,以杨姓人、闽营人为切入点,具体解读两岸同胞的密切关系,感悟骨肉情怀。

一、豫地中原是中华族姓中心历代迁徙入闽

河南是中华儿女的摇篮,中华民族的重要发源地,河南为中国九州岛的中心之州,古称豫州,简称豫,且有中州、中原之称。全省东西长580公里,南北宽530公里,总面积16.7万平方公里,人口约9800万,有汉、回、蒙、满等

51 个民族,西汉置河南郡,唐置河南道,宋置河南府,元置行中书省,明初置行中书省,清和中华民国称河南省。河南是华夏民族早期的主要居住地,也是当今绝大部分中国人的祖根地。河南地理位置优越,自然资源丰富,河南是中华族姓历代聚居的乐土。河南是中国历史上绝大部分时间的政治、经济、文化中心,从中国历史上第一个王朝夏朝在河南建都起,先后有 20 多个朝代在此定都,有 5000 年的文明史,3000 多年的建都史。中国八大古都,其中四大古都在河南,分别是夏商古都郑州、殷商古都安阳、十三朝古都洛阳、七朝古都开封。

由于河南的地理特色,区位优势,在中国历史上长时期居于全国政治、经济、文化中心。因此,据河南省资深的姓氏文化专家谢钧祥先生研究的结果说明,河南是华夏文化的主要发祥地。具有得天独地厚的"得姓受氏"的优越条件,因此河南就是中华姓氏的摇篮。谢钧祥专家经过认真地考证源于河南的 1834 个姓氏,约占全国汉族人口的 85% 以上,又据 2007 年国家公安部户籍人口统计排出的我国 100 大姓进行分析,说明前 100 大姓人口占全国人口的 84.77%,其中,全起源于河南省的姓氏 39 个,部分源头在河南省的姓氏 44 个,合计源于河南的大姓 83 个。因此,可以毫不夸张地说,河南是姓氏资源第一大省,国内外华人的祖根大半在河南,这更是说明河南姓氏文化的历史源远流长。在中华民族发展历史上中原人几次大的外迁,尤其是向东南各省的迁徙更多。因此,河南的族姓与东南各省族姓的关系密切、深厚。闽台绝大部分人的祖先是中原人迁移过去的,所以有闽台人"根在中原"之说。

1. 西晋末八姓入闽

西晋末年,中原动荡,中原士族大批随晋室南迁,先后达上百万人,形成了中国历史上首次大规模由北向南迁移的高潮。这次南迁入闽的是陈、林、郑、黄、詹、丘、何、胡共八姓。

2. 唐初陈元光及其祖母魏敬率众入闽开创漳州

唐总章二年(669),泉州、漳州间有骚乱,唐高宗诏令归德将军陈政(陈元光之父)为岭南行军总管事,率府兵 3600 名将校 123 员,前往七闽百粤之界,治抚骚乱。初战获胜,后因将士不服水土,病死较多,作战失利,奏请朝廷派兵增援,朝廷命陈政兄陈敏、陈敷及其母魏敬(蓼国夫人)率固始"五十八姓"军校增援。军队行至浙、闽交界,陈敏、陈敷染病卒,其母魏敬(注:魏敬是盛唐太宗时的著名宰相魏征之妹,魏家兄妹为创建盛唐文韬武略都贡献极大。在战斗年间,魏敬与共同作战的南陈国小王子陈克耕,即陈政、陈敏、陈敷之父结婚成家。居住蓼邑,今固始县)率众与陈政会合。仪凤二年(677)陈政卒,陈政子元光代父领兵,在祖母魏敬指导下,请奏获准,开建漳州。3600名官兵和"五十八姓"军校在漳州地区落籍,合计入闽将士、眷属8000余名。共计84个姓氏。至今漳州人民尊称陈元光为开漳圣王。尊称魏敬为云霄奶奶。并多处建有"开漳圣王庙"和"云霄奶奶庙"。则天皇帝更加封魏敬为"昌文弘武茂德慈祥云霄娘娘"。

附:唐初入闽84姓氏:陈、许、卢、戴、李、欧、马、张、沈、黄、林、郑、魏、朱、刘、徐、廖、汤、涂、吴、周、柳、陆、苏、欧阳、司马、杨、詹、曾、萧、胡、赵、蔡、叶、颜、柯、潘、钱、余、姚、韩、王、方、孙、何、庄、唐、邹、邱、冯、江、石、郭、曹、高、钟、汪、洪、章、宋、丁、罗、施、翟、卜、尤、尹、韦、甘、宁、弘、各、阴、麦、邵、金、种、耿、谢、上官、司空、令孤、薛、蒋等姓。

3. 唐末王审知入闽

唐僖宗光启元年(885),河南固始县东乡人王潮、王审知等三兄弟,奉母董氏命率乡民5000人,参加农民起义军,随军入闽。唐昭宗大顺二年(891),王潮为福建节度使。光化元年(898)王审知为威武军节度使。后梁开平三年(909)王审知封为闽王。随王审知入闽的固始籍民有34姓,如有王、陈、李、张、关、蔡、杨、郑、谢、郭、曾、周、廖、庄、苏、何、高、詹、林、沈、施、卢、孙、傅、马、董、薛、韩、骆、蒋、黄、包、袁、赖等姓。

综合以上西晋、唐初、唐末三次迁入福建的河南籍姓氏,总计(减去重复记入的24姓)有94姓豫籍民入闽。

4. 北宋末年河南还有诸多姓氏入闽

北宋末年,钦宗朝廷迁到江南。固始籍民为躲避战乱,大部分南迁,其中有些人是寻亲访旧,追寻前几期入闽的乡亲和族人而散居各地,与当地人联系融合。随着岁月的流逝,历史的发展,原来福建住民中的闽越族人已很难见到,当今福建可以随处看到表明先祖来自中原固始的墓碑、墓志、家乘,在府、县志、家谱中也都记录着与中原族姓的渊源关系,特别是记录着同固始县族姓的渊源关系,占总人口比率90%以上。

二、闽台族姓迁徙融合情况

豫、闽、台三地族姓迁徙交流骨血情深。上述河南籍民四次迁徙入闽史实,对福建省的发展有极大的促进,特别是对人口的发展影响较大。福建省简称闽,地处祖国东南沿海,历史悠久,全省人口约3200万。福建有30多个少数民族,人口只占总人口的1.5%,汉族人占98.5%,其绝大部分居民属中原移民。据台湾有关部门统计,台湾的人口2300万,其中98%是汉族人,少数民族人口仅占2%,按照族姓追根溯源,80%可以在福建找到近祖,12%可以在广东找到近祖。由于福建、广东之人多来自中原,所以90%可以在中原找到远祖。台湾姓氏1694个,其中前10位是陈、林、黄、张、李、王、吴、刘、蔡、杨。

1. 中华民族历史上几千年人口迁徙到台湾史实

自春秋战国至秦汉时期生活在福建闽越族人曾浮海到台湾。隋唐至两宋,大陆沿海居民特别是福建泉州漳州一带的居民,为避战乱有的进入澎湖,有的到了台湾。

明末清初大陆居民开始大规模移民台湾,据历史记载"明天启元年,福建大旱粮食歉收,福建巡抚熊文灿,招饥民迁台垦荒"。

顺治十八年(1661)郑成功率部从荷兰帝国的统治下收复台湾,带去官兵眷属30万人,主要是福建人(原中原固始县人入闽后裔)。清政府收复台湾后,根据清廷规定实行招募迁界而治,福建沿海居民入台港长期垦田。据史学家估计,这次招募有20万人。

1945年,抗日战争胜利,日本战败投降,台湾与中国大陆各省正常往来,因而有人赴台谋生,经商求学。

1949年,中华人民共和国成立前夕,福建有10万军政公务人员随国民党赴台。福建人移居台湾,大多数人以姓氏宗族聚族而居,或同府同县同乡聚居一处,建立起血缘村落或同乡村落。因此都保留着祖居地的传统文化和生活习惯。

2. 中华民族几千年的历史,亦有台湾居民回迁大陆的史实

隋大业 6 年(610)隋炀帝派武黄郎将陈陵,朝清大夫张镇州率东阳兵 3 万余人入台,驻月余,回归福建,带回数千余人,安置在福庐山(今福清市回龙镇)一带定居。

清光绪二十一年(1895)台湾割让给日本,许多闽籍先民及台湾居民不愿接受日本奴役,纷纷西迁到福建。

3. 豫台居住的"闽营人"情况

南阳永安侯黄廷率部,于 1661 年与郑成功从荷兰帝国统治下收复台湾。1662 年,郑成功去世后,黄廷以民族大义为重,接受清廷调遣。1668 年,黄廷受诏命,自北京卢沟桥南下,沿途疏散将士屯垦,是年腊月二十四日,黄廷率五营亲兵 5600 余人抵邓州后,选自州城西北 45 里至冠军故城刁、湍二水间官道两侧肥沃土地,迁出原住民腾地,分设新店、茶店、曲河、黄渠、冠军五个行政官兵里,计 48 村,由垦兵定居屯田。冠军里居住台湾少数民族官兵,其余四里住汉族官兵。因垦兵多来自福建沿海,故地方俗称为"闽营人"。黄廷部下四大都督许胜、林超、陈魁、蒋钦,八大参将蔡元、郑艮、翁钟汉、郑儒宿、杨钟岫、洪良、吴篆、高文选分驻相应姓氏之村庄。黄廷后人及闽营诸将士均落户于邓州。黄廷当年在福建铜山岛(今漳州东山县),率众驻居之际,所有将士的眷属,都有一人或数人赴台湾垦居,共计有 1200 余人,由黄廷之子黄而道带领渡海赴台。分居台湾的将士兵丁眷属,同样被当地称为"闽营人"。

黄廷元帅,接受康熙皇帝封赏,受敕封慕义伯,其他部将概封原职。左都督许胜、右都督林超、前镇都督陈魁、后镇都督蒋钦,参将蔡元、郑艮、翁钟汉、郑儒宿、杨钟岫、洪亮、吴篆、高文选等封原职。台湾吐蕃族骠骑将军迪摩达奥周殿卿,昭勇将军林钟,游击将军安达依鲁黄揩山、骁骑将军奇瓦毛苏、义勇将军莫那瓦丹谢国禧等封原职。黄帅马夫依那思罗,嘉奖未封,安

笃斯旦蔡万通,尚在襁褓中,仅恤未封。

在台湾的闽营人大部分,居住半线平原,东至山麓之西侧,西迄海岸,则八卦台涌泉,数溪取水容易。黄廷儿子黄而道之族聚落大村乡福兴黄厝二村,子孙绕膝人丁兴旺,许胜胞弟许腾携眷聚居半线社头乡坢头村颇为富庶,陈魁、蔡元之眷分居二水陈蔡二村。余者,沿清水大肚台南乡延伸拓展,吴篆眷口居南投玉映村,郑艮之子聚居台南安平校前里,林超二弟居浊水下游四胡乡林东村,谢国禧长子住云林口乡谢厝村。高文选幼子居古坑高村,郑儒宿之族居台南大港里。郑子寮、洪善、杨钟岫之眷居赤嵌城经商,翁钟汉之族远居高雄大寮乡。土番族骠骑将军迪摩达奥周殿卿之弟迪摩达鲁以继任凤山西山布莫族恺感社酋长之职,因起汉名周殿白,故其二子皆以周为姓。

根据上述史料记载,估计豫台两地的"闽营人"后裔约有百万,涉及多族、多姓。每家人都是分居台湾、河南两地,三百多年了,家家人相思念念,期盼早日团聚。

通过对豫闽台三地的族姓研究分析,发现姓氏族群的迁移脉络,中原人迁福建,福建化的中原人又迁台湾,台湾化的福建人又回迁福建、河南。在这样循环往来的融合迁徙,再融合再迁徙的过程中,中华文化始终起着主导作用。90%多的人还保留着汉族的族属、姓氏及其文化传统。

三、豫闽台三地杨姓人

杨姓人口有五千万左右,国内排第六大姓,散居世界各地,不少杨氏英贤,为其居住区或工作地的国家或地区作出了积极贡献,也为人类的进步、社会的和谐做出自己的努力。但姓杨的人与豫闽台三地有什么关系呢? 关系非常密切,河南是杨姓的祖根地、发祥地、向外播迁地、牵挂地。福建是杨姓的创业地、屯垦地、走向世界的中转地。台湾是杨姓的拓荒地、建功立业地、回迁地。

1. 河南是杨姓的祖根地、发祥地、牵挂地

根据姓氏专家的研究表明,杨氏出自姬姓,是轩辕黄帝的直系,周王的

后裔。轩辕黄帝就诞生在河南郑州黄帝故里,黄帝制丹车,融炎帝、战蚩尤,统一中原,铸铜鼎,筑天坛,建都立国。杨姓主要的郡望,一是弘农,二是河内,这两地都在河南。古弘农郡治所在河南灵宝,河内郡治所现在河南武陟,海内外有"弘农杨氏遍天下,天下杨氏出弘农"之说。弘农为什么在全球杨姓人心中有这么高的地位呢? 关键在于东汉太尉杨震世居弘农,教书育人,修身养德,四知垂范,清白传家,创下"四世三公"的家族辉煌,杨震是被世人公认的公廉典范,所以杨氏以杨震为自豪。前国家主席杨尚昆就是杨震的后裔,清白传家匾额挂在家中代代相传,其故居被命名为"四知堂"。河南固始县是杨氏从中原迁向福建的播迁地,所以,有台胞讲,寻根的起点在福建,终点无疑在河南。这话用在台湾杨氏的身上也是非常贴切的。

2. 河南固始是迁闽杨姓的重要祖根地

杨永,字符杰,原籍河南光州固始县。唐高宗仪凤三年(678),陈政、陈元光父子,率领府兵70余家,杨永以府兵校尉前军左翼统领,领军80队,随陈元光由光州固始入闽。陈元光开屯于漳水,武后垂拱二年(686),奏置漳州,杨永留屯所,杂处漳潮之间,开田创地,以耕以息,杨永去世,葬于云霄县。今闽南杨姓多以杨永为入闽始祖,其子孙昌盛,分布于龙溪、海澄、云霄、漳浦以及泉州各县。

杨衡为东汉太尉杨震二十二世孙,字邦高。唐宪宗元和九年(814)由河南光州固始入闽,居福州官福唐巷,其后子孙散居莆田、仙游等县。另一支开基祖杨盈,为震公二十五世孙,杨华之子,字恒守,号南严,唐昭宗时,官至防御使,金紫光禄大夫,封辅国公,谥贞惠,其后唐昭宗大顺二年(891)同父太尉华从王潮,王审知兄弟入闽。初居福州福唐巷(今杨桥),后迁莆田壶公山之东,名其地为杨山。至四十三世植,从杨山迁到壶公山之南五里的杨城居住。

杨安号安隐,字干庵,唐末河南光州汝宁府固始县传庆乡海下里人。相传曾任开封府法曹属吏,唐荣禄大夫。后解职居家,慕先祖杨震美德,曾提厅联:"唯爱清白二字留人间,拒收黄金四知振家声"以见志。唐光启二年(886)安隐率长子杨逸、次子杨肃以及孙明珠,随王审知入闽,初寓居仙游县度尾剑山村,卒后葬于仙游县赵德山。杨逸迁泉郡南门外芙蓉里二十六都,为芙蓉里开基祖,杨逸子明珠,唐懿宗已丑科进士,官吏部少卿,厌市居,迁入安溪头巾石。杨肃与老母迁居南安高美乡(今水头郊尾镇),结庐崎髻清水岩,在寺中隐士世医,精能针灸,为闽王王审知夫人治疱病,立愈,唐昭宗封其为"太乙真人"。并改崎髻山为杨子山,自此,安隐及其子孙后裔成为仙游莆田和泉州所辖安溪、南安、晋江、石狮、同安等地的开基祖。

根据《漳州市志》记载,历史上中原人向南方的三次迁徙,都有杨姓入闽,属弘农杨震后裔。第一次晋"永嘉之乱",入闽的杨姓主要迁徙于今南平,福州一带。第二次是唐总章二年(669),随陈元光及祖母魏敬开漳,随行的84姓,其中有杨永、杨珍等府兵校尉。但是族谱记载是杨统及杨永。杨统为玉铃卫昭信校尉,辅佐陈元光、魏敬创建漳州。第三次是唐末王潮、王审知入闽,杨姓也随行。

上述事实足以说明河南杨姓人迁往福建突出有三个点,河南是固始,福建是漳州、泉州;豫闽杨姓人是一家,同根同源,再有福建迁往台湾的杨姓人都是同根同源、血脉相连的。

3. 闽台杨姓人之间的关系更加密切,更加直接

根据1978年6月台湾省人口普查结果,当时有居民1700万(现在2300万)人,使用姓氏1694个,其中位居前十位的是陈、林、黄、张、李、王、吴、刘、蔡、杨。杨姓排第十位,其中主要来自福建的漳州、泉州。杨姓占全台湾省人口的3%,主要分布在台南县、彰化县、台中县、屏东县等五县市,占台湾杨姓总人口的46%,其中台南县占11.6%,彰化县和台北市占10.9%及10.6%。福建杨姓入台大致有两种原因。一种是平民百姓做劳工,入台垦殖开发;一种是政府派遣官员、军队将士及学者教师等。明永乐十八年(1420)福建漳州龙溪人杨巷搞携家迁台湾大榔椰垦荒。清顺治十八年(1661),福建海澄人杨文科率族人随郑成功渡海入台。垦荒落籍彰化县西堡台北;南安人杨凤及杨子爵住台中清水。康熙三十年(1691)晋江人杨古垦荒于云林北港。康熙末年,同安人杨国扬入垦彰化。雍正初年,福建龙溪人杨盈择居台南大内,杨庆住台北士林,杨寝住台中,同安人杨德惠住苗栗

旋迁宜兰;雍正十二年(1734)杨肇画,杨明教参加文科垦荒;雍正末年福建平和人杨舜居台中乌日。乾隆初年,福建同安人杨慕成居高雄;乾隆十七、八年间,福建平和人杨国策、杨君略入垦台北士林,同乐人杨缵入居桃园八德;乾隆四十二年(1777)绍安人杨江率子二人住嘉义民雄;乾隆末年漳浦人杨炳入屏东新园,南安人杨士琬率族人入垦彰化溪湖。嘉庆七年(1820),福建杨中居宜兰;嘉庆末年,福建人杨盈怀等三人入垦彰化鹿港。

东山县杨油淬支系,清代杨姓三房十三世,一批杨氏后裔赴赴澎湖经商,开"顺美"号商行至十四世从澎湖列岛返回祖家美山兴建"大厝内";抗战胜利后,十八世杨成龙,十九世杨添国被派往台湾任职,并在台湾成家立业,传衍子孙,1949年杨姓仍有20余人赴台。龙海市杨天浩支脉有前往台湾和印度尼西亚、新加坡、马来西亚。

综上所述,从中华族姓在豫、闽、台三地源流分布,迁徙融合,进行研究分析,到具体族群闽营人,具体姓氏杨姓人的分布迁徙、交流、融合、同化情况,进行深入解读,直击地缘、血缘、文化认同神经,激发中华儿女爱家、爱族、爱乡、爱国热情,培育民族自豪感与自信心,增强民族凝聚力,从而为祖国的和平统一,民族伟大复兴贡献积极力量。

陈、林、黄、郑四姓的入闽
及其在闽台的兴盛

陈建魁

陈建魁(1965—)男,汉族,河南荥阳人。河南省社会科学院历史与考古研究所副研究员,史学硕士。主要研究中原文化、姓氏文化、名人文化。独著或参与编著有《中国姓氏文化》(中原农民出版社 2008 年版)、《中华林姓通史》(东方出版社 2002 年版)、《河南通鉴》(中州古籍出版社 2001 年版)、《源于河南千家姓》(河南人民出版社 1994 年版)、《根在河南》(中华书局 2002 年版)、《中原历史名人》(河南音像出版社 2005 年版)等著作 10 多部,2001 至 2004 年先后在《中国剪报》、《大河报》、《益寿文摘》、《吴忠日报》等多家报刊上辟有姓氏文化研究专栏。

一

陈、林、黄、郑四姓都是起源于河南的姓氏,但是在当今福建和台湾人口中,陈、林、黄、郑四姓的比例要高于全国,更高于河南。这种局面的形成与中原陈、林、黄、郑四姓人口在历史上最早南迁入闽有极大的关系。

历史上,中原士民曾四次大规模南迁,而陈、林、黄、郑四姓为每次南迁都包括的姓氏,且是最早入闽的一批姓氏。陈、林、黄、郑四姓经过这四次南迁入闽,对当今福建、台湾人口姓氏特点的形成起到了举足轻重的作用。

西晋末年,中原士民第一次大规模南迁。唐林谞《闽中记》载,永嘉之乱,中原仕族林、黄、陈、郑四姓先入闽。陈、林、黄、郑为最早入闽四姓。南宋泉州晋江人梁克家撰《淳熙三山志》记载:"爰自永嘉之末,南渡者率入闽,陈、郑、林、黄、詹、邱、何、胡,昔实先之……隋唐户口既蕃,衣冠始集。"其中也把陈、林、黄、郑列在最早入闽八姓的前列。乾隆《福州府志·外记》中引路振的《九国志》也有同样记载。今天中国大陆所形成的陈、林、黄、郑四姓在分布上南多北少的基本格局,其根源便是由此引起的。

唐总章年间,中原士民第二次大规模南迁。唐朝初期,陈政、陈元光父子带兵入闽平定"蛮獠啸乱",奉朝准建置漳州及属县。据统计,陈元光父子入闽所带府兵将士与眷属共有 84 个姓氏,其中包括陈、林、黄、郑四姓。

唐代末年,中原士民第三次大规模南迁。唐朝末年,中原动乱,固始人王潮、王审知兄弟带领乡民义军入闽,除暴安民。昭宗诏授王审知福建威武军节度使。后梁太祖进封王审知为闽王。随从"三王"入闽,开发建设闽地的光州固始籍民 5000 多人。据《八闽祠堂大全》等资料记载,随从"三王"入闽的姓氏有 83 个。陈、林、黄、郑四姓也均在其中。

北宋末年,金军占领开封,中原士民第四次大规模南迁。在这次著名的"宋室南渡"过程中,大批皇亲国戚、官吏、平民向今天的浙江、福建、江苏、江西、湖南、广东等地迁移。陈、林、黄、郑四姓为官者与家属及四姓其他平民许多人迁至福建。

陈、林、黄、郑四姓经过四次入闽,尤其是第一次入闽,对福建人口姓氏特点的形成起到了关键作用。唐代这四姓的两次入闽,又对这四姓人口在福建的持续增长创造了条件。明清以后,福建人许多渡海入台。现在的台湾人有 80% 来自福建,这也使福建的姓氏人口特点带到了台湾。在福建和台湾,陈、林、黄、郑四姓中,陈、林、黄三姓均排在姓氏人口的一、二、三位,只有郑姓略有差异,福建的郑姓排第 7,台湾的郑姓则排第 13 位。在福建和台湾,有"陈林半天下,黄郑排满街"之说,就是闽台姓氏人口特点的生动写照。而在陈、林、黄、郑四姓的起源地河南,这几个姓氏所占的人口比例则大大低于福建和台湾,这就是历史上中原人南迁带来的后果之一。

下面是福建及福建三个城市排名前 10 位的姓氏:

福建:陈、林、黄、张、吴、李、郑、王、刘、苏。

泉州:陈、林、黄、王、李、吴、张、郑、蔡、苏。

莆田:陈、林、黄、郑、吴、张、李、杨、刘、蔡。

福州:林、陈、黄、郑、王、张、李、吴、刘、杨。

而台湾十大姓是:陈、林、黄、张、李、王、吴、蔡、刘、杨。

请看下表:

	陈姓	林姓	黄姓	郑姓
全国人口排序及比例①	5(4.63%)	17(1.07%)	7(2.48%)	21(0.9%)
全国人口排序②	5	19	7	21
河南人口排序③	7	89	18	20
福建人口排序及比例一④	1(11.06%)	2(9.4%)	3(5.5%)	7(3.3%)
福建人口排序及比例二⑤	1(11.51%)	2(10.17%)	3(5.64%)	7(3.25%)
台湾人口排序及比例	1(11%)	2(8%)	3(6%)	13(2%)

　　因文章篇幅所限,本文不再对陈、林、黄、郑四姓的入闽及其在闽台的兴盛情况进行一一考证,而仅结合黄姓家谱所载,就历史上黄姓南迁及其在闽台的发展和兴盛情况略作考述⑥。

二

　　源于河南的黄姓是从中原较早南迁的姓氏之一。黄姓南迁之后,在福建获得了极大发展,并播迁台湾等地,使黄姓成为当今闽台名列前茅的大姓。

　　黄姓的主源有两支,均系以国为氏。一支出于金天氏少昊。上古时少昊的裔孙台骀被封在汾水(在今山西省汾水流域),其子孙后来分别建立了沈、黄等几个小国。其中的黄国在春秋时为晋所灭,黄国的子孙以国为姓,奉台骀为黄姓始祖。另外一支出于嬴姓伯益。伯益在虞舜时为东夷部落的首领,因帮助大禹治水有功,被舜赐姓嬴氏。相传伯益的后裔有 14 支,合称嬴姓十四氏。其中的黄氏在商末周初在今河南潢川建立黄国。有的姓氏书中说这支黄姓是陆终的后代。陆终也是嬴姓,陆终的后代,受封于黄(今河南潢川)。公元前648年黄国为楚所灭,子孙以国为氏。查考古书,伯益是颛顼的玄孙,陆终也是颛顼的玄孙。因此,无论这支黄姓出于伯益还是出于陆终,都是帝颛顼的后代,属以国为氏之姓。而据何光岳先生《东夷源流考》,出处山西的黄国为河南黄水迁水的,因此,黄姓之根在河南的潢川。

源出台骀的黄姓,起初主要分布于山西一带,许多人在晋国任职。公元前6世纪中叶,在晋国的一次宗族斗争中,这支黄姓的代表人物黄渊被杀,此后,这支黄氏日渐衰落,而源出河南潢川的黄姓却一直子孙兴盛,当今绝大多数黄姓人都是这支黄姓的后裔。今河南潢川发现春秋时期黄国多件带有铭文的青铜器,如黄君簋、黄父盘、叔单鼎等,说明当时黄国文化已经达到相当水平⑦。

三

黄国灭亡后,有一部分黄国遗民仍然留在潢川故地。他们由原黄国王族沦为楚国臣民后,经过300年痛苦中的挣扎,终于获得一种新生,开始以普通平民族姓的身份去生产和生活,通过征战、仕途、经商、讲学等方式,重振黄姓宗族的声威。其余多散居今湖北省境,并仕于楚国,今湖北的黄冈、黄陂、黄安、黄梅等地名,盖因黄姓人迁居而得名。战国晚期,在异军崛起的黄姓家族中,黄歇家族即是这种奋发进取的新黄姓宗族之代表。宋人邓铭世在《古今姓氏书辩证》中说:"楚灭黄,其族仕楚,春申君黄歇即其后。"元代黄姓著名文人黄溍在《族谱图序》中也说:"黄国为楚所灭,子孙仕楚者有黄歇。"各家黄姓族谱,也无不说黄歇是古黄国的后代,但关于黄歇的家世、生平、后裔情况,则各种传说不大相同。

太史公司马迁在《史记》中只说黄歇是楚国人,未指明到底在楚国什么地方。史称黄歇徙封江东,而故宅乃在黄,《广舆记》记载:"黄歇宅即光州治",清代于此设立春申镇。由此可见,黄歇是那支留居故地的黄国遗民后代。

黄歇最后挂印封侯,称雄诸侯,成为战国四君子之一。他官至楚相,封

春申君,封地原在黄国故地淮北 12 县。后来黄歇改封于江东吴国故墟,即今
江苏常州、苏州至上海一带。黄歇子孙众多,又散处各地,他们在政变后,确
实有大部分被满门抄斩灭族,但也应有许多幸存者,他们或逃于外,或隐姓
埋名,顽强地生存延续下来。据载,春申君的子孙,至少有五支幸存并传衍
下来:一支为东吴派,如吉安双井谱所记的黄歇之子黄堂。第二支避乱隐居
江夏县黄鹤乡,传说是黄歇长子黄尚的这一支,此支形成后来的江夏黄氏。
第三支即迁居黔中府。第四支传说迁往中原阳夏。第五支为楚王熊捍一
支,实为春申君的私生子。

有关黄歇的遗迹布于河南、安徽、上海、江苏、浙江、湖北等等。除前面
介绍的河南潢川春申君黄歇之墓外,湖北武汉有黄歇墓,安徽淮南有春申君
墓,上海有春申君祠,江苏苏州有春申君庙,江苏江阴有君山、黄山,江苏无
锡有春申涧,浙江湖州有下菰城遗址,湖北监利有黄歇口,湖北沙洋有黄歇
村,这些遗迹和地名都与春申君黄歇有关⑧。春申君黄歇死后,黄姓的发展
陷入低潮。但原黄国子民及春申君后裔一直在各地默默生存,至两汉时期,
多支黄姓大族竞相迸发,开启了黄姓发展史上新的时代。黄极忠、黄霸、黄
石、黄香、黄琼、黄盖、黄忠、黄宪、黄承彦等等,都是这些黄姓家族中的佼佼
之士。

两汉黄姓大族多出于江夏郡望和淮阳阳夏郡望,淮阳阳夏黄姓的代表
人物是"循吏"黄霸。

黄霸,字次公,淮阳阳夏(今河南太康)人。大多数黄姓家谱都认为黄霸
是春申君的直系后代,出自黄歇长子黄尚之子黄广。黄霸的后裔非常兴盛,
分支众多,第五子黄刘一支留居于淮阳阳夏,一支分居陕西云陵(今淳化),
另一支徙居杜陵县(今陕西西安东北),还有一支则在其封地建成侯国(今河
南永城市)居住,也有一部分居住在他的成名之地颍川(今河南长葛市)。史
载,黄霸"子孙为吏二千石者五六人",可见黄霸的后裔,不仅人丁兴旺,而且
家族荣显发达。东汉时期,汝南慎阳黄氏因出了个才倾天下的大才子黄宪
而名扬于世。据多种族谱记载,汝南黄宪家族是淮南黄霸的后裔分支,它出
自黄霸八个儿子中的第二子黄宏一支。

四

关于黄姓的郡望,魏晋门阀制度初兴之时,黄姓的郡望已有江夏、会稽、零陵、巴东、西郡、江陵、晋安等七八个之多。

隋唐时期,随着世家大族的衰落和门阀制度的变化,黄姓的郡望也有变化。总计自魏晋至宋代黄姓的郡望共有江夏郡、会稽郡、零陵郡、巴东郡、西郡、江陵郡、洛阳郡、晋安郡、濮阳郡、东阳郡、松阳郡、南安郡等12个。

在黄姓历史长河中,地位最尊,影响最大,族姓最繁的宗族,无可争辩地要推汉魏之世的江夏黄氏。这支黄姓宗族世居江夏安陆(今湖北云梦东南),代为冠族。至孝子黄香,才倾天下,黄琼、黄琬,位至三公,名震宇内。时人誉称"江夏黄氏,天下无双"。今天海内外数千万黄姓子孙,都无不追宗江夏,认江夏为黄姓的郡望与发源地。

江夏黄氏虽然在东汉时期即已形成,但江夏黄氏为天下所知还要归功于黄香,所以当今黄姓人多以黄香为江夏黄姓始祖。几乎所有的族谱不约而同地认为黄香的江夏黄氏是西汉丞相黄霸的后裔分支。黄香传记见于《后汉书》、《东观汉记》、《楚国先贤传》等书,他被尊为后世天下黄姓江夏大始祖。

五

随着江夏黄氏宗族的繁衍壮大,家族中一些富有开拓性的优秀子孙,便离开家园故土,到异地去另谋新的发展。汉魏之际的南阳黄氏,便是较早从江夏黄氏中分离出来的一支。

南阳黄氏的开基始祖为黄琼的长子黄守亮。邓名世《古今姓氏书辩证》称:黄子廉,名守亮,为尚书令黄香之孙。黄守亮官任南阳太守,他的家室也随迁至此,子孙落籍南阳,遂形成后来的南阳黄氏。

黄忠死后被追谥为"刚侯"。其子名叫黄叙,很早就去世了,因此没有后代。

黄忠弟弟黄贲生两子:长子和璞,次子自溟。黄自溟徙居豫章南昌县洗马池,临终时对诸子留下遗言,称丰城山水青秀,死后要葬在这里。黄贲死后,子孙果遵遗嘱将他葬在江西丰城,并徙居此地以守墓庐,后裔遂繁衍成今江西丰城黄氏的一支。黄贲长子黄和璞则继续留居南阳。黄和璞生一子黄觉,字先和。黄觉的子孙,在南北朝时的大动乱中也多迁居江南。

南阳黄氏是江夏黄氏最为著名的分支,由南阳黄氏产生出来了零陵黄氏,另外,淮南的黄祖家族也是南阳黄氏的分支之一。

今河南南阳有黄忠故里,位于河南南阳市宛城区新店乡夏响铺村,现有"季汉后将军刚侯黄忠故里"石碑一通,此外,还有演武厅、饮马池、灌花井等遗迹。

据《三国志·黄盖传》注引《吴书》:"(黄盖)故南阳太守黄子廉之后也,枝叶分离,自祖迁于零陵,遂家焉。"可见,黄盖是后汉南阳太守黄子廉之后,而黄子廉则是南阳黄氏开基始祖。这就说明,江夏黄氏分支南阳黄氏枝大叶茂,从中分出了零陵黄氏,而零陵黄氏的代表人物就是三国吴名将黄盖。

六

汉代以后,主要由于任官的原因,黄氏分别向大江南北迁徙,北迁至河南固始、南阳等地,南迁至江西、湖南、四川等地。西晋末年,是中原人南迁的一个高潮,由于"八王之乱"、"永嘉之乱"、"苏峻、祖约为乱于江淮",中原人结族南迁,到达闽、粤等地。

关于晋末黄姓人南迁,有这样一个传说。

五胡乱华,中原残破,干戈挠混,民不聊生。有黄姓弟兄数人,各自逃难时,分其祖产后,剩一大锅置于灶上,不宜分享,怎么办? 老大提议给幺兄弟,因其年幼,应予关顾。老幺不接受,并说大哥年高,维持家业,辛苦劳累,应该由老大享受。相互推让,一不小心,大锅掉地,"当"的一声,破成数块,众兄弟均叹惜不已。大哥感叹曰:"釜破不能复圆,正像我们兄弟逃难各奔东西一样,此乃天意。"虽成碎片,乃是先祖血汗之物,不能丢弃,各捡一块为纪念,有捡边者,有捡底者。故有得边者为"锅边黄",得底者为"锅底黄"之谣传。

黄氏也是从晋代开始大批入居福建。《闽中记》载:"永嘉之乱,中原士族林、黄、陈、郑四族先入闽。今闽人皆称固始人。"《闽书》载:"永嘉二年(308),中原板荡,衣冠始入闽者八族,所谓林、黄、陈、郑、詹、丘、何、胡是也。"关于"八姓入闽"的史实,台北县深坑乡《黄氏族谱》称:世居光州固始。至晋,中州板荡,南迁入闽,固始黄氏族人黄元方,为官晋安太守,后定居福建,成为福建历史上最早的黄氏望族——晋安黄氏。据说,后来的莆田黄氏、侯官黄氏等,都是黄元方晋安黄氏的后裔。谱志所载,不但与西晋末年中原士民南迁的史实相吻合,而且移民的时间与当时福建设置"晋安郡"的时间也是一致的。

还有黄姓族谱称:当时河南光州固始有个黄舜夫,其子叫黄道隆,为避乱由光州入闽,初居仙游,后居泉州。不久,北方稍为安定,道隆又回光州,后来动乱,他的孙子元方与大批游民入闽,居福州乌石山,即今日的黄巷。黄元方为开闽黄氏始祖。

当然,诸姓入闽并非始于永嘉之乱,而是在此之前。王充《论衡》云:"越在九夷……今皆夏服,褒衣履舄。"这就是说,在东汉时期,闽越人已经开始汉化。《三国志·吴书·贺齐传》记载,东吴第一次出兵闽中之时,福建豪强詹强、何雄的武装力量大到足以抵抗孙家军。其时福建居民结构已是汉越交融,以汉为主。地方志书也对永嘉之乱以前汉人入闽有详细记载。例如,《惠安县志》载:"锦田黄氏,泉之世家著姓。始祖隆公,为东汉会稽令。东汉末乱甚,于建安,弃职避世入闽。"又云:"黄兴,吴孙权将也,与妻曹氏入闽,居邑之凤山。"

莆田黄氏是黄姓中著名支系。黄氏族谱称,黄知运、黄元方父子是晋安黄氏和莆田黄氏的开基始祖。黄知运在两晋之际任永嘉(今浙江温州市永嘉县)太守,有子黄元方(即黄彦丰),任晋安(今福州)太守。因为当时中原战乱频繁,于是在晋怀帝永嘉二年(308),举家入闽,卜居侯官乌石山,黄知运也随子入闽。史称黄元方"历官廉明,政尚慈惠,封开国公",他"资质异人,轩秀魁梧,博览群籍,工草书,尝以道学倡闽,有万卷书楼在榴花洞"。黄氏在福州建万卷书楼,因号其楼曰"黄楼",号其巷曰"黄巷"(今福建省福州市东街口南后街)。黄元方(字彦丰)因此成为晋安黄氏入闽始祖。这支黄氏,到唐朝初年,又分出两大支:一支由黄元方第11世孙黄崖迁居泉州,后裔形成著名的泉州五安黄氏,又称紫云黄氏。这支黄氏在唐中期出了一个著名的人物,就是捐建福建开元寺的黄守恭。

黄元方后裔中的有人由福州迁泉州,至唐朝渐显。黄守恭为巨富,名闻遐迩,人称黄长者。他一生乐善好施,曾献桑园宅建开元寺。现在守恭子孙,都以开元寺中的檀越祠为祖字,"紫云"为堂号。相传黄守恭献宅建寺后,为了让子孙开拓发展,将五子分居五安:长经居南安,次纪居惠安,三纲居安溪,四伦居同安,五纬居诏安,称为"五安黄"。历经1300余年,如今紫云后裔,广播闽、浙、赣、粤、港、澳、台,并侨居海外新、马、泰、菲、印度尼西亚、欧美等地,瓜瓞绵长。

另一支由黄元方11世孙桂州刺史黄崖迁居莆田涵江区黄巷村,后裔形成著名的莆田黄氏。莆田黄氏为黄氏望族,自唐至清出有进士250余人,传下派系有前、后黄,东里黄,巩溪黄,广东南雄朱玑黄(岗州派)等,人口达数百万。莆田黄氏因产生了唐末著名学者黄璞、黄蟾、黄滔,而成为最早繁荣发达的福建黄氏宗支。莆田黄氏在宋元明清时期也十分辉煌,出现了黄公度、黄仕俊、黄凤翔、黄锡衮等名重一时的人物。

广东深圳最早的黄姓居民也是在晋代南迁的。据清代《新安县(即今宝安区)志》的记载,黄舒被奉为宝安黄姓始祖。黄舒之父辈在晋代时迁至宝安县。黄舒服侍双亲体贴入微。后双亲去世,黄舒守孝三年孝感天地。黄舒的孝名传出后,宝安县里的人将他比作春秋时孝子曾参,他居住的地方也称为"参里"(今沙井中学一带)。他的事迹经过当时的宝安县令上报朝廷,晋帝钦旌他为孝子,死后祀为乡贤。如此一来,黄舒成了古代深圳最早成名之人。

据资料记载,黄舒子孙众多,今深圳黄姓大都是他的后裔,黄姓也是目前见载最早开发深圳的姓氏之一。现在福田沙头上沙村、上默林村、福田村、南山北头村、宝安上合村等黄氏的历史都和黄舒有关。今广东东莞市有黄孝子特祠。黄孝子即晋朝黄舒。黄舒尽孝的事迹后来受到官府的旌表赞扬。后人建立祠庙,把黄孝子作为神来祭祀。明代大剧作家汤显祖还撰有《东莞县晋黄孝子特祠碑》。

七

唐代以后,由江夏黄氏分出的金华黄氏与邵武黄氏名震天下,开辟了黄姓历史的新篇章。

唐代期间,曾有两次中原人口大规模南迁。一次是高宗总章年间,陈政、陈元光父子入闽。

据学者研究,随陈政、陈元光父子入闽者有中原将士及家属近万人,分属84个姓氏,黄氏即为其中之一。台湾《紫云黄氏历代世系表》亦有这方面的记载:有名黄守恭者,于唐高宗总章年间随陈政、陈元光入闽,垦荒致富,其子孙蕃昌兴旺,成为闽南大族。

一次是唐末王潮、王审知入闽。唐僖宗光启元年(885),寿州人王绪率农民军攻陷光州,固始东乡人王潮、王审知奉母董氏率乡民5000人从义军入闽。据《台湾省通志》,这数万人有27姓(后人考证为34姓),其中有黄姓。中原黄姓特别是固始黄氏纷纷渡江南下入闽,前往投奔。如宋人黄椿,其祖先"光州固始人也,五季之乱,从王审知入闽为判官,因家焉。后析而为三:一居福清之嗒林,一寓闽邑之黄巷,一居长乐北乡之黄垅"。再如黄振龙,"九世祖自光州固始从王氏入闽,因仕焉居,言路有直声,后迁至中丞"。据宋人何澹《黄公(永存)墓志铭》记载,福建邵武峭山派始祖黄惟淡,也是唐末从光州固始徙邵武的。河南光州固始,是黄氏入闽的一个重要"源头"或途径。唐末,洛阳人黄子棱随父入福建,事后梁太祖朱全忠义子,累官侍御史,后避乱居于建阳之东。今福建建阳西南有考亭。相传为五代南唐时黄子棱所筑,以望其父(考)墓,因名望考亭,简称考亭。南宋朱熹晚年居此,建沧州精舍。宋理宗为崇祀朱熹,于淳祐四年(1244)赐名考亭书院。此后因以"考亭"称朱熹。

魏晋隋唐时期,黄姓给人的总印象是处于运动之中,经过这一时期的蛰伏之后,将是黄姓的繁荣,后来极为荣耀的金华黄氏与邵武黄氏都与这一时期黄姓的南迁有关。

金华黄氏的开基祖是东晋人黄苾,黄香第 10 代孙。

江夏黄氏自始祖黄香之后,传到第九世时,有黄积者,曾任新安太守,在晋室南迁之时从江夏迁至新安郡歙县黄家墩(今安徽省歙县黄墩)。东晋初年,新安始迁祖黄积的次子黄苾又徙居婺州金华府浦阳县开基,后裔形成江夏黄氏的最大分支之一金华黄氏。金华黄氏的主要散播地为浙江、江西一带,而邵武黄氏则广播福建各地。

八

邵武黄氏根在固始。邵武黄氏是与金华黄氏齐名的黄姓巨族。邵武黄氏有许多支,最初都是由江夏北迁至中原光州固始,然后再折而向东,于晋末及隋唐之时再迁居于福建邵武。

如果说东汉时期黄道隆入闽只是黄姓入闽的开始,那么两晋之际则是中原,特别是固始黄姓迁入福建的第一个高潮。据记载,这次中原士族入闽浪潮中,有多支黄氏入闽,而其中落籍邵武的也有黄裳一支。

黄裳,字以绣,号锡传,是固始始祖黄侃 7 世孙。黄琬之子黄侃自湖北江夏迁入固始。黄侃 6 世孙黄必福在晋室东渡后,亲自进京献策,请求恢复社稷之计。得到晋元帝赏识,被任命为江州刺史,后屡建战功,死后封为平远侯。他育有三子,即裳、张、聪。黄裳,于两晋之际为避战乱,率领家族迁入福建邵武县和平乡鹳薮林(即邵武市和平镇坎头林黄家林),成为福建邵武禾坪黄氏的一支开基始祖。据说后世峭山派就是其后裔。

邵武黄氏发展至第 22 世孙时,出了中国黄姓历史上最富有传奇色彩而至今仍为黄氏族姓家喻户晓的大始祖黄峭山公。今日,无论是台湾、港澳、国外还是大陆各地的黄姓,绝大多数都自称是峭山公的后裔。

九

在唐代,从河南固始进入福建邵武的主要有两支:一为黄惟淡后裔峭山派(禾坪黄氏),一即黄膺派(邵武仁泽派)。黄惟淡原籍河南光州固始,后带领家族随王潮、王审知兄弟迁徙至福建,初居建州浦城(今福建浦城),不久迁居邵武,占籍邵武平洒乡(今邵武市水北乡旧县村),成为后世闻名的邵武黄氏一派始祖。邵武黄峭派《禾坪黄氏大成宗谱》载,为海内外黄姓万派共宗的邵武黄氏大显祖黄峭山,是邵武黄氏始祖黄惟淡之孙。

邵武仁泽派黄氏入闽始祖黄膺,也是与兄长黄敦一起随王潮、王审知兄弟领导的农民起义军入闽的。建立闽国后,兄长黄敦移居闽清盖平里凤栖山,成为虎丘黄氏入闽始祖,弟弟黄膺初居长乐青山,成为青山派黄氏入闽始祖,后迁居邵武仁泽,又成为邵武仁泽派黄氏入闽始祖。

唐朝末年(893),黄敦带着弟弟黄膺参加王潮、王审知领导的农民起义军进入福建。弟弟黄膺奉命率部镇守今邵武、顺昌断后,哥哥黄敦随王审知率领的一支农民起义军从河南一路南下,转战到福建,最后攻克福州并在福州建立闽国。后来人们把留在闽北的弟弟黄膺后裔这一支称作"江夏黄",将后来迁居到闽清的黄敦后裔这一支称作"六叶黄"。闽国建立后,黄敦辞官归隐,隐居在闽清县塔庄镇秀环村凤栖山,结庐躬耕,生有六子:黄宗、黄礼、黄凝、黄勃、黄启、黄余,世称"六叶"。闽清六叶祠就是六叶后裔为缅怀入闽先祖黄敦"筚路蓝缕、奠定基业"伟绩所立,该祠位于闽清县坂东镇干上村松柏林下。

由于战乱、经商、致仕等原因,六叶后裔从唐末五代十国始,就开始从闽清纷纷外迁全省和南方各省各地,有的还漂洋过海迁移到台湾、港澳、东南亚和世界各地。这在宋朝时尤为显赫,黄裳、黄洽等为其显者。近代民主主义革命家黄乃裳,甲午海战中牺牲的民族英雄、"致远"号副乐带黄乃模等,也是六叶后裔。

黄峭山,为海内外黄姓万派共宗的邵武黄氏大显祖。其名,其事,虽不见于经传史志,但在黄氏族人中、在黄氏家乘中,他事迹独特,名望尊显,流传久远,几乎无人不知,无人不晓。

据禾坪谱,黄峭山是唐末五代人,是邵武黄氏始祖黄惟淡之孙。黄惟淡学富五车,传说他以五经教子,五子各通一经,时人因称他为"黄五经"。其第三子黄知良由邵武平洒乡分居邵武和坪乡(今邵武市和平镇坎头村),成为邵武黄氏和坪分支的始祖。黄知良曾任贵溪县令(今属江西),生有五个儿子,长子就是黄峭山。黄峭山名黄峭,字峭山,又名岳,字实登,号十郎。

而据宝安坪山谱和鹳薮谱记载,黄峭山是固始入闽始祖黄裳的第22世孙,父黄锡,祖父黄贵华。黄峭山,名狱,字仁静,号青岗,又名峭,号峭山。

黄峭山于唐懿宗咸通十三(871)农历四月十五日生于邵武禾坪里鹳薮,卒于后周广顺三年十一月初十日(953),享年82岁。

黄峭山娶妻三位,三位夫人各生七子,其后繁衍出100个孙子,13个孙女,334个曾孙,116个曾孙女。随着邵武黄氏黄峭山公家族的迅速发展壮大和人口的急剧繁殖增长,分家逐渐提到议事日程。

五代后周广顺元年(951)正月初二日,正处在新春佳节的喜庆之时,年已80岁的黄峭山公置酒备席,广邀亲友,大宴宾客。席间,黄峭山公将21房子孙召集齐全,并当众宣布了一个重大的决定:将黄家数十代积累的祖产——铜钱80万贯,金银800余两,一并均分为21份,除官、吴、郑三位夫人名下各留长子一房奉养老母外,其余18房子孙,不许恋此一方故土,令其各自信步天下,择木而栖。今黄峭山21房子孙徙居之地遍及福建,也有在江西等地者。

邵武黄氏有许多著名分支,宁化客家黄氏即是其一。

宁化客家黄氏是黄峭山的支裔,其开基始祖是黄峭山的第九子黄化。嘉应州即今天广东省的梅州市一带,是全国著名的侨乡,也是当今客家人最为集中的地区,被誉为客家之乡。据黄氏族谱记载,嘉应客家黄氏是宁化客家黄氏的一个重要分支。

嘉应州黄氏自始祖黄僚传十余代到明朝末年,有裔孙名叫黄文蔚,又从梅州分出,定居于嘉应州城东攀桂房,称为攀桂房人,以别于嘉应州黄氏。攀桂房黄氏后来出了一位非常杰出的人物,他就是中国近代史上著名的诗人、思想家和外交家黄遵宪。

明代有大儒黄道周,是宁化客家黄氏开基祖黄化的后裔。黄遵宪是宁化客家黄氏分支攀桂房黄氏始祖黄文蔚的第8世裔孙。

十

北宋末年,中原人随高宗南迁者众多,其中也有黄姓大族。

据民国《川沙县志》卷2《户口志》记载,川沙黄氏始祖黄彦,字符一,宋南渡时为康王府侍卫亲军,随驾至浙江临安。致仕后,黄彦隐居嘉定之滕阳,再迁青浦县。历六世至黄文明,昆仲三人,文明居长,今高行宗祠即奉其为始祖。又八传而至黄学禄,与兄侍泉同迁上海高行镇。黄文明18世孙黄典谟,即黄炎培的祖父,清光绪初年迁居川沙城厢"内史第",是为黄氏川沙城厢支始祖。居今川沙高行镇东北的一支,为黄文明19世孙黄琮的后裔。黄氏另有一支则迁居九团。

黄氏今已发展成为上海市的大姓,居全市第8位。浦东新区(即川沙县)黄氏为第4大姓,以黄姓为地名的有黄家浜、黄家宅、黄家湾、黄家楼、黄家竹园等等。现浦东高桥地区,黄姓人数居首位。民国时期民主人士黄炎培就是川沙黄氏后裔。

十一

黄姓由闽入台多在明清时期。

今台湾台北有黄氏大宗祠,位于台北淡水潘湖渡头村。据福建《金墩黄氏宗谱》记载,晋江黄姓系唐开国公黄岸之裔。黄岸裔孙黄光渊等于清康熙年间到台北淡水潘湖渡头定居,被认为是该地黄姓之始祖。在康熙到嘉庆的158年间,晋江潘湖黄姓就有3万人迁居台湾。

福建石狮市宝盖镇塘后村是有名的黄姓村落,塘后黄姓为唐代黄守恭的后裔,号称"紫云衍派",约在南宋时期就迁居此地。清代,石狮先民大量迁居开发台湾,据《黄氏家谱》记载,早在300多年前的清康熙年间,塘后村黄姓中一位名叫黄钟的先祖就是其中的移民之一;此外在台湾经商并定居的还有生于1733年的黄廷佛、生于1742年的黄廷文等支派,他们主要聚居在台南、彰化、淡水、新竹等地。在清代正式开放与鹿港对渡后,更多人迁居台湾,他们不仅保留祖籍地使用的"辈分排行",还把老家敬奉的"集福堂"信仰文化带入台湾,并集资在台南建造庙宇。为了表明一本同源之情,直接使用老家"集福堂"的名称,即现在的"集福宫"前身。集福宫位于台南市西区信义街83号。

台湾移民大部分从闽迁出,《福建省志·人口志》指出:"宋代以前,以北方人口迁入为主,宋代以后逐渐变为向国外和台湾省迁出人口为主。"1953年台湾户籍统计,户数在500户以上的100个大姓中,有63个姓氏族谱记载其先祖来自河南固始,其人口共670512户,占当年台湾总户数828804户的80.9%。1955年台湾史学家陈绍馨在《台湾的人口变迁与社会变迁》中指出:"福建移民多以菲马与台湾为其目的地,故至今台湾与菲马之华人百分之八十籍贯属福建省。"1979年台湾公布,全台1740万人中汉族共1710万人,占98%,其中80%是由福建去台湾的河洛人。

黄姓今已遍布台湾各个地方,目前,台湾的黄姓人接近180万人,约占台湾人口总数的6%,是岛内仅次于陈姓(占11%)和林姓(8%)的第三大姓。与福建黄姓占其总人口的比例(5.5%)近似。

注释:

① 此为袁义达2006年版《百家姓》排列顺序及比例。

② 此为2007年4月公安部治安管理局根据对全国户籍人口的一项统计分析,排列出的新的《百家姓》中的数据。

③ 此为2007年4月公安部治安管理局根据对河南户籍人口的一项统计分析,排列出的河南《百家姓》中的数据。

④ 此为袁义达对福建45个县市进行抽样统计得出的数据。

⑤ 此为2006年3月21日《福建日报》报道的根据2005年福建1%人口抽样调查资料统计得出的数据。

⑥ 关于林姓自中原南迁的情况,可参看陈建魁、王大良著:《中华林姓通史》,东方出版社,2002年版。

⑦ 刘佑平:《中华黄姓通史》,东方出版社,2000年版。

⑧ 陈建魁:《中国姓氏文化》,中原农民出版社,2008年版。

陈林两姓人口在闽台
"半天下"的历史成因初探

林学勤

林学勤(1945—)男,江西宁都人。历任中共南昌市委宣传组副组长、江西科技师范学院中文系主任、总支书,江西人民出版社社长、总编辑,华夏姓氏源流研究中心副主任。享受国务院津贴专家,全国百佳优秀出版工作者,教授,编审,作家。主要代表作《中国有个毛泽东》获中宣部"五个一工程一本好书奖"、中国图书奖、中国优秀青年读物一等奖;《筑起我们新的长城》获中宣部"五个一工程一本好书奖"、中国优秀青年读物一等奖。策划主持了《中华姓氏文化系列丛书》的编写与出版,主持了《世界历史》48 卷本、《江西通史》11 卷本的编辑出版。主编出版了《写作通论辞典》、《汉语写作大辞典》。总计出版著作、发表论文、散文、诗歌等作品 400 多万字。

陈林两姓在当今中国都是名列前 20 位的大姓,按 2006 年中国人口统计排序,陈姓名列第五,人口 5800 万;林姓名列第十七,人口 1400 多万①。这两姓人口,很长一段时间以来,最集中的居住地是福建、台湾。所以民间素有闽台两地"陈林半天下"之说,意思是说,这两个姓的人口数加起来,占了这两地人口的一半。

陈林两姓人口在福建台湾两地的居住人口为什么会如此集中呢?纵观我国 5000 年的人口迁移史,我们发现人口的迁移是一个非常复杂的历史现象,但透过这些现象,人口迁移规律清晰可寻。历史上林林总总的人口迁移,我们归纳起来主要有三大类型:一是生存型;二是强制型;三是发展型。生存型是为了生存不得不迁,不迁就可能不得生存,像天灾的洪水、干旱、地震、瘟疫,人祸的战乱、暴政、苛税、族杀等等。这些都必须躲避,躲避就要迁移,不躲不迁,就有害生存。强制型是指统治者的政令、军令,为了戍边,为了拓疆,为了平叛,强制人口迁入定居;另一种强制迁移,则更为野蛮,实际上是掳掠,把人口当作战利品、商品掳掠,削弱对方的人力资源,壮大自己人口实力,这在民族交战、诸侯割据的时代是常用的迁移类型。发展型是为了物质精神生活状况的改善,有条件迁入更舒适的地区生活,这种移民不是原住地的推力,而更多的是迁入地的吸引力。像边远迁中心、迁都市,落后地区迁发达地区,农村迁城市,牧区迁农区,官员升迁,学子求学,商人发财移居等等。总的说来,历史上的移民都离不开这三大类。但历史上移民次数多,规模大的还是第一和第二种。特别是在朝代更替、战乱不已、社会动荡的情况下,这两种移民更为经常、更为普遍。陈林两姓,在历史上都是中原大姓,授姓祖地都在河南。春秋时期,两国都有封国食邑。历史演变到后来,东南沿海的福建,海峡对岸的台湾,成了这两姓的主要聚居地,有没有特殊的原因? 没有,他们的变迁同样脱离不了中国 5000 年人口移动的历史大趋势,脱离不了中国国家疆域的变迁和发展,脱离不了我们上面所归纳的三种移民类型,只是在具体的迁移过程中,在迁移的时机、方向、地点、方法的选择上有所不同而已。

一、西晋末年的"永嘉之乱",北方人口首次大规模南迁时,陈林两姓人口率先迁入闽地

秦灭六国统一中原后,公元前 214 年秦征战百越,在付出了重大代价和牺牲的情况下,才算平定了百越。秦分天下为 36 郡,福建设闽中郡。但是秦朝统治的时间太短,对百越地区的管辖实际上没有完全确立,秦王朝就垮台了。西汉前期,百越地区形势错综复杂,南越、闽越、东海三个王国虽然接受了汉朝的册封,向汉通使称臣,但实际上是割据一方,汉王朝采用羁縻政策,笼络尤加,使南疆稳定。到汉武帝时,依靠 70 余年积累起来的强盛国力,对百越予以狠狠打击,南越王赵建德被抓获处死,闽越国随之灭亡。为了防止百越的反叛,汉武帝曾下令将闽越人口内迁,闽中各地实际人口极为稀少,到东汉末年,闽中郡只设东冶一县,当时县的建制,不以土地面积计算,而以人口多寡为计,一郡一县,反映人口少得可怜②。此后,虽经三国魏晋,闽地的人口仍然稀少。

晋末永嘉年间,晋朝淮河以北的土地,全部处在匈奴等北方少数民族的控制下,在传统的“夷夏之辨”和“异族入侵”的残酷杀戮下,不仅汉族统治阶级闻风丧胆,一般民众也仓皇出逃。永嘉之乱,长达百年,战争惨烈,流民遍地,北民南迁之规模前所未有。《晋书》载:“洛京倾覆,中州仕女,避乱江左者十之六七。”③中原移民南迁路线大致相同,主要有东西二线:东线循淮河流域东南向支流向东南迁移,聚落地点,主要在苏南、南京、镇江、常州一带,移民主要是山东、苏北人口;河南中州人多向东南迁入安徽,江西、湖北、湖南迁入移民较少,只在设置侨县侨邑之地有移民迁入记载④。但是,在永嘉之乱的南迁中,中原仕族的陈林郭黄等大姓的一些仕族却把迁徙地选择在福建。唐人林谞的《闽中记》写道:“永嘉之乱,中原仕族林、黄、陈、郭四姓先入闽。”⑤晋末林姓入闽始祖林禄,永嘉南迁时,历任黄门侍郎,招远将军,合浦、晋安太守,后率族人定居晋安(福州),晋安林姓族谱中都有此记载。明朝时编纂的《陈氏大成宗谱》由明朝南京兵部尚书兼都御史王守仁(王阳明)作序,序中他写到永嘉江淮大乱,分南北两朝,南陈朝武帝的祖上陈遗“悦长城(今浙南长兴)山水”,迁长城定居,而陈遗之堂兄弟陈润、陈谭宗族人口则“迁莆田”“居莆田为多,泉(州)、福(州),建安之境次之”⑥。这些文献资料说明,永嘉之乱,北方人口大规模南迁时,选择福建,迁入闽地最早的宗族就有陈林两姓。由于当时的户籍统计只限于设侨的州县,闽地不设侨地,当时人烟稀少,官方无统计,也无法统计,但陈林两姓自己族谱的记录,却明确无误地记叙了他们的祖上是最早迁入闽地的。

二、福建是陈林两姓最看好的避难之地

在历史的长河里,陈林两姓都有兴衰之时,兴时建国称帝封王,衰时国

破家败人亡。晋灭至南北朝时,上文中我们说到的陈逵,其十一世裔孙生陈霸先,557 年,陈霸先取南国梁朝而代之,以姓为国,建立陈朝,都金陵,号陈武王,传三世五帝,共 33 年,被隋所灭。陈朝 33 年陈姓家族显赫发展,武王封陈姓王占尽南国膏腴之地,王守仁在《陈氏大成宗谱序》中详细介绍了陈姓王分封之地数十处:"有曰新安者,则柏固之受封","有曰宜都者,则叔明之受封","有曰湘东者,则叔本之受封","殆如断丝散绳,诚不可以头绪计也"⑦,说明陈姓宗族封地不计其数。到隋文帝开皇九年(589),隋灭陈,陈姓王室人员反抗者大批被诛杀,陈后主及王公百司数万人迁长安等西北之地,封地陈姓宗人纷纷迁逃,其中很大一批陈氏子孙迁入闽地,原因是武王祖上的另一房陈氏子孙早在永嘉之乱时就已定居闽地,陈朝灭亡,闽地成了陈姓看好的避难之地。

无独有偶,时隔十来年,隋仁寿元年(601),天下大乱,农民起义军风起云涌,江西鄱阳的林士弘率领的农民起义军声势浩大,发展成了 10 万余人的大部队,617 年,林率军一举攻下虔州(赣州)、饶州(波阳),从江西九江到广东的广州大片地盘在其控制下,林士弘自立"楚国"在赣州称帝。林士弘是林姓晋末入闽始祖林禄(晋安林姓)的十二世孙,是中国历史上第一个林姓皇帝,称帝时间不长,其"内不和",其"外不御",在群雄并起的情况下,最后选择归附了起义反隋的李渊、李世民军事集团,李渊统一中国建立唐朝后,林士弘宗族后裔,为避祸害,由赣州、鄱阳等地迁回福建晋安、莆田祖地,另有一支改姓匿名迁往浙江武林县隐居,自立"柴姓武林派脉"⑧。到五代后周时,这一派脉的柴荣,乃林士弘十二世后裔,他以后周开国皇帝郭威义子之名义继嗣后周王位,成了历史上有名的周世宗,世人也称其为柴世宗,实际上是历史上林姓的第二个皇帝,世宗 34 岁即帝位,很有一番抱负,大力整肃吏治,均定田赋,加强军事,革除旧时弊政,致力国家统一,率兵南征北战,夺取淮南 14 州 60 县,瀛、莫、宁州 17 县,因劳累过度,发病班师回朝,于显德六年病逝。周世宗当了五年皇帝,时间不长,但在历史上却留下了"五代第一君"的美誉。他逝世后,7 岁的儿子恭帝继位。翌年,赵匡胤发动"陈桥兵变",黄袍加身,成为宋朝的开国皇帝,在赵匡胤的逼迫下,柴家孤儿寡母只好"禅让"。柴世宗弟弟柴穆不满,率柴氏族人和一班将士讨伐赵匡胤,终因寡不敌众而失败。为避追杀,柴穆族人索性恢复先祖之林姓,这支林姓宗脉大部分从赣州迁移到福建汀州三县(上杭、武平、长汀)⑨。福建同样是林姓子弟看好的避难之地。

三、固始林姓协两陈创漳州、协两王建闽国,是陈林两姓在福建的一次大发展

陈林两姓迁入闽地的高潮是在唐朝,初唐、晚唐(安史之乱)、唐末五代期间,总共三次,致使福建人口倍增。到宋朝时,福建人口与土地的矛盾突显,福建人口输出,一部分移民进入浙南温州一带,一部分进入广东潮汕地区,少部分移居台湾及海外。

唐朝移民福建最有影响、史有记载的是唐初高宗总章二年(669),福建南部、广东东部"蛮僚"起兵反唐,河南光州固始人陈政奉命率将士123员,府兵3600名进入闽南平叛。后来,其母和兄弟又带领58姓的军校前来支援。同是固始人的林孔着将军文武兼备,随陈政将军在闽粤征战,屡立战功,朝廷封为军谘祭酒,陈政以第九女嫁林孔着为妻。陈政在闽粤征战9年,操劳过度病逝。其子陈元光21岁获军拥戴继统率地位,林孔着大力辅佐妻弟,建议在潮州与泉州之间增设漳州,陈元光向朝庭奏请获准,由陈元光任漳州刺史,林孔着协管漳州军政事务,功勋卓著,被封为经略都护、嘉议大夫,逝世后追封为谋国将军⑩。陈元光创建漳州,是漳州开山之祖,后人称陈元光为"开漳圣王",祖孙四代一直任漳州地方行政长官。林孔着被漳州百姓称为"林光爷"。为纪念他们开漳之功,民间塑像奉祀不已。此时,陈林宗族迁闽定居人口甚多,漳州、泉州、福州、莆田、广东的潮汕都成了林陈两姓人口的聚居地,陈林两姓很自然成了福建的望族。

唐朝另一次规模大、影响大、史有记载的移民也是在河南固始人的带领下进行的。那是在唐末僖宗光启元年(885),黄巢农民起义,唐王朝处于风雨飘摇之中,河南光州刺史王绪率领5000精兵渡过长江南下追剿农民起义军,经江西到福建,先后攻克洪州、虔州、汀州、漳州等城。次年正月,部队发生兵变,军士拥立王潮为主帅,在此种情势下,唐僖宗听从福建观察史陈岩的保荐,命王潮为福建泉州刺史。陈岩死后,唐昭宗又把王潮提升为福建观察使。数年后,王潮病故,其弟王审知继任福建观察史,威武军节度使,琅琊郡王,到五代时,后梁太祖执政,又封王审知为闽王,割据福建。王潮、王审知部众以光州固始人为多,史载"光人相保聚,南徙闽中",光州固始许多宗族为避唐末五代之乱,随二王入闽地。其中,光州林姓的许多知名人士,为两王招募,如林廷甲,固始永庄人,17岁应试捷登武第,还有林穆、林硕德、林阳泰、林元祯、林陶、林靖等知名人士。他们协助二王治闽,功业显著,受到封赏。林廷甲授予"骠骑兵马司",请求解甲归田后,允其在晋江凤山择地建宅垦田,后裔繁盛,形成了福全后安林姓一支主要派脉。至近现代这一支派侨居菲律宾和迁居港澳等地的人不少。林穆官至左朝奉大夫,他们后裔世居闽侯县尚干镇等地,世称"陶江林姓"。林硕德在王审知受封闽王时,他受封为"威武军都统使"、"开闽都统使",赐以食邑古侯官县(今福州市)。忠烈侯林阳泰、中顺大夫林元祯他们的后裔都定居在福建长乐县丰饶之地。林陶选闽清县潭口定居。林靖封忠烈侯,后裔定居长乐南乡小址村[⑪]。林姓宗族这次随两王治闽、建闽国为林姓在闽地的繁衍发展获得了更大的机遇和空间,为林姓在福建发展成大姓进一步打下了坚实的基础。与此同时,大批光州、固始陈姓和同乡移民,在福建也获得了一次大的发展机会,陈姓此时已成为东南地区的第一大姓。

四、福建成移民重地,陈林两姓在闽已昌盛繁茂并开始移民台湾、海外

历史上又一次北民南迁高潮是在北宋靖康之难时,金兵攻破北宋京城汴京,肆虐于河南、河北、两湖、江东、江西,独未进入福建、两广和四川,福建成了移民重地,逃难者之乐园。到南宋时,南宋京城临安已很不安全,建炎三年(1129),管理皇族成员的西外、南外两宗正司分别将皇室宗属2300余人迁至福州、泉州[⑫]。黎民百姓经江西东南、浙江衢州进入福建,尔后顺闽江河谷分布在邵武、建瓯、长汀、泉州、漳州。福建人口倍增。仅陈林两姓的人口增长率就高达20%。陈姓已成为全国第6位大姓,57%的陈姓人口居闽,

林姓成为全国第 19 位大姓,58% 的林姓人口居闽,福建同时成为陈林两姓的第一大省。

福建成为全国移民重地,土地和人口的矛盾突显出来,到南宋末年,元朝蒙古军也进入福建,为了解决地少人多的矛盾和躲避战乱,福建沿海居民向台湾、向海外移民的人口在增加。

到明、清两朝,海上交通更加发达,郑和多次下西洋,使沿海人民的眼界更加开阔,福建、广东、海南人口向海外移民显得更加经常和普遍,史载规模较大的移民次数也较多。

明末清初,忠于明王朝的郑成功在大陆抗清失利后,在漳、泉两州紧急招募 2 万余人,乘船 200 多艘开进台湾。漳、泉两州,陈林两姓为大,入台人员中,陈林两姓人口自然较多。

清康熙平定"三藩"之乱后,全力对付和解决忠于明朝的郑氏政权。开始时,实行"禁海"政策,以阻隔台湾郑氏政权与大陆的往来。严厉的禁海政策也迫使部分沿海人口抛弃家园,移居海外或台湾。施琅平台时,施琅招募的水兵,主要是漳、泉两州人员,至今漳州街头里巷说书人讲施琅十虎将平台,十虎将中,亦多是陈林两姓人氏。施琅平台后,漳州、泉州人又一次大量迁入台湾。

清王朝平定台湾后,生怕台湾再次成为反清基地,曾多次重申严禁偷渡,实际上流于文牍。雍、乾年间,闽地人口压力越来越大,直到乾隆二十五年(1760),移民台湾才被承认合法。

福建迁台移民,形成了三大方阵:一是泉州人,林姓居多,陈姓次之;二是漳州人,陈姓居多,林姓次之;三是客家人,各姓都有。泉州、漳州人(即闽南人)占整个移民人口的 83%,客家人占 15% 左右[13]。所以在台湾的闽南人多,闽南人中陈林两姓的人口又居多,台湾和福建一样成了陈林两姓"半天下"的地区。

在移居海外的侨民中,陈林两姓的人口也较多。代表人物有毛泽东赞誉的"华侨旗帜,民族光辉"的侨界领袖陈家庚,有南洋橡胶大王之称的陈六使,他们的祖籍地都在漳州同安。世界著名的休闲博彩巨子马来西亚的林梧桐,我国现代生理学的奠基人新加坡的林可胜,1983 年被评为世界十二大银行家之一的印度尼西亚华侨林绍良的祖籍地分别是福建安溪、龙海、福清。

陈林两姓发源于中原,昌盛在福建,繁衍于世界。非两姓人氏刻意而为之,乃时势造就,历史使然。这两姓子民,不论生在何时,身在何处,贵在何方,他们的族谱上都记载着河南的淮阳、颍川、卫辉、光州、固始……这些授姓发源之地,都记载着福建的福州、漳州、泉州、莆田、长乐……这些聚集繁盛之地。这就是中国人特有的良好传统,这就是中国国脉永远不衰的根。

注释:

① 袁义达、邱家儒:《中国姓氏·三百大姓》,华东师范大学出版社,2007 年版,第17、65 页。

② 陈星主编:《江西通史·秦汉卷》,江西人民出版社,2008 年版,第 98 页。

③ 刘清泉:《林姓史话》,江西人民出版社,2001 年版,第 34 页。

④ 葛剑雄、曹树基、吴松弟:《简明中国移民史》,福建人民出版社,1993 年版,第148 页。

⑤ 刘清泉:《林姓史话》,江西人民出版社,2001 年版,第 34 页。

⑥ 陈月海:《义门陈文史考》,江西人民出版社,2006 年版,第 244 页。

⑦ 陈月海:《义门陈文史考》,江西人民出版社,2006 年版,第 245 页。

⑧ 刘清泉:《林姓史话》,江西人民出版社,2001 年版,第 55、88、89 页。

⑨ 刘清泉:《林姓史话》,江西人民出版社,2001 年版,第 89、90 页。

⑩ 刘清泉:《林姓史话》,江西人民出版社,2001 年版,第 40 页。

⑪ 刘清泉:《林姓史话》,江西人民出版社,2001 年版,第 41、53 页。

⑫ 葛剑雄、曹树基、吴松弟:《简明中国移民史》,福建人民出版社,1993 年版,第299 页。

⑬ 葛剑雄、曹树基、吴松弟:《简明中国移民史》,福建人民出版社,1993 年版,第431、432 页。

随"三王"入闽诸姓考

杨清江

杨清江(1946—)男,汉族,福建泉州人。1966年高中毕业,编辑,《泉州文库》办公室副主任。热心泉州地方史志研究,编著、执行编辑《泉州方舆辑要》、《晋江市人物志》、《二十五史董杨童人物传》、《闽台萧氏缙绅录》、《厦门市佛教志》、《丰泽区姓氏志》、《晋江市军事志》、《丰泽区军事志》、《清源山志》、《泉州风俗资料汇编》、《泉州人物传稿》、《闽国史汇》、《泉州古城踏勘》诸书。

明何乔远《闽书》记载,南朝梁(502—557)时一个名叫王霸的道士云游闽中,居晋安郡侯官县之怡山(一名云山,又名城山),在山麓皂荚树下筑坛修炼,预言:"吾之子孙,当有王于此者。"并作"树枯不用伐,坛坏不须结。不满一千年,自有系孙列","后来是三王,潮水荡祸殃,岩逢二乍间,不免有销亡。子孙依吾道,代代封闽疆"谶语二则藏之于地。果不其然,300多年后,其裔孙河南光州固始人王潮、王审邽、王审知"三王"率领光、寿二州兵勇5000余人,浩浩荡荡地由固始南下入闽,真的"王于此方",在福建"封闽疆",建立闽王国。

跟从"三王"入闽的将佐、军校、兵士、眷属、民众究竟有多少姓,历来说法不一。

明嘉靖《固始县志》"隐逸"载称18姓,后来闽台一些王氏族谱多沿此说。

清福建《柘荣溪坪谢氏族谱》记载,有名讳可考的有吴、萧、卓、林、陈、周、何、刘、郑、孙、黄、缪、姚、阮、郭、赵、李、高、程、杨、詹、朱、薛、施、谢等25姓。

连横《台湾通志》记载,有陈、张、李、王、吴、蔡、杨、郑、谢、郭、曾、周、廖、庄、苏、何、高、詹、沈、施、卢、孙、傅、马、董、薛、韩等27姓。

新编《固始县志》据现存族谱与其他资料统计,则有王、陈、李、张、关、蔡、杨、郑、谢、郭、曾、周、廖、庄、苏、何、高、詹、林、沈、施、卢、孙、傅、马、董、薛、韩、骆、蒋、黄、包、袁、赖等34姓。

另据《旧五代史》、《新五代史》、《八闽通志》、《闽书》、《福建通志》、《十国春秋》、《泉州府志》、《大清一统志》、《八闽掌故·姓氏》、《福建族谱》、《豫闽台姓氏源流》、《中华寻根》、《中国文化大博览》、《泉州姓氏堂号》、《南安姓氏志》、《安溪姓氏大全》、《鲤城姓氏资料》、《丰泽姓氏志稿》诸书以及其他氏谱牒,唐末随"三王"入闽的姓氏尚有严、邓、柯、吕、湛、虞、庚、邹、孟、许、戴、连、余、侯、方、雷、蓝、钟、洪、彭、唐、康、江等23姓。

今将随"三王"入闽诸姓胪列考订如下:

王:王彦英,"三王"族兄。据固始《奉常王氏族谱》载,"三王"入闽时随军扈从。其裔孙王彬在闽国灭亡后又迁回固始,居县中临泉村,后仕宋历官太常寺少卿。卒葬固始东乡梅家井。王彦复,王潮从弟。唐末追随"三王"入闽,福建观察使陈岩卒,其妻弟范晖拥兵自称留后。王彦复受命将兵攻打福州,年余攻克,追斩范晖于海上,后任泉州刺史,卒于官。王想,王审知从弟。唐末随"三王"入闽,积功以银青光禄大夫、上柱国摄福州长乐县令。颇负干材,县事以治。王廷简,"三王"族人。王审知当政时被署为安远使,有劳烈于闽国。后其裔居留侯官。入宋,其子王甲、王平相继举进士。王平累官侍御史,后移居颍州。

陈:古灵陈氏,其始祖陈檄官太尉,唐末随王潮入闽,子孙仕于王审知,多显达。陈檄长子陈令镕,字仲化,位大中大夫,补阙上柱国,封颍川郡开国伯;次子陈令图,字仲维,位客省使、金紫光禄大夫,历检校司空、尚书左仆射,封颍川郡开国子。原赐第福州城内,后迁侯官古灵村,称"古灵陈氏"。今福州地区多其裔。南阳陈氏,始祖陈夔随"三王"入闽,居福清县南阳乡新丰里,称"南阳陈氏",后分派闽县、长乐等地。浯州陈氏,据族谱记载,其"始祖五代时,从王潮入闽"。陈师先,"三王"属下先锋。据《闽书》记载,王审知入闽时,陈师先追"贼"至连江县西白塔岭,马失前蹄身亡。县尉程成之立庙以祀。陈豹,据《柘荣溪坪谢氏族谱》记载,唐末随王氏入闽。陈勇,据许氏族谱记载,唐末与姐夫许十一随"三王"入闽。龙纪元年(889)陈许两家入永泰,过闽清渔坑灵洞,开山架屋,营置田地,后移居溪源。见载族谱记载同时期随"三王"入闽的尚有营田陈氏始祖陈图、文峰陈氏始祖陈勋、晋江社店陈氏始祖陈钦、安溪东衡陈氏始祖陈潼。

林:濂江林氏,入闽始祖名讳不详,光州固始人。唐末随王氏入闽。卜居福州南台岛北,其乡之浦因称"林浦",岐称"林岐",桥称"林桥"。明代其后裔有"三代五尚书,七科八进士"和"国师三祭酒"之盛。控鹤林氏,入闽始祖林延皓,字仁寿,安徽寿州人,因与王审知友好,追随入闽,后以攻克福州战役立功,拜威武军节度副使、控鹤指挥使。肇基闽侯。王审知受封闽王后,林延皓任拱辰都指挥使。陶江林氏,入闽始祖林穆,光州固始人。唐末随王氏入闽,官左朝奉大夫。林穆先居枕峰,后徙永庆里(今尚干,以林穆13世孙林津龙举进士官尚书干办,遂以官名乡)。陶江林氏世代簪缨,近代中华民国国民政府主席林森和著名的"二七"京汉铁路大罢工的工人运动领袖林祥谦均为其裔。林揆,闽王延政时为永顺场官,南唐升场为顺昌县,擢为县令。时当乱世,政尚简易,县人德之。子林特,少年即为南唐校书郎,入宋累官至工、刑二部尚书,翰林侍读学士。后安林氏,泉州晋江福全后安林氏始祖林延甲,固始县永丰庄人。唐僖宗乾符五年(878)戊戌科武进士,以军功授指挥使,守固始。后随"三王"入闽,镇守晋南(今金井一带)。卜宅凤山,招徕流民开垦荒地,子孙世守。上街六桥林氏,始祖林硕德,字邦定,号天复,固始人。智勇双全,为"三王"义军前锋将,位居军中十八姓之长,人呼"十八翁"。以功累迁至威武军都统使。后居福州大屿头东南麓,在周围建造六座桥梁,其派因称"六桥林氏"。阳泰林氏,始祖林靖,号阳泰。唐末入闽,官后军都统,封"忠烈侯"。其派裔分布长乐松下、营前、金峰三镇,以林靖之号为名,称"阳泰林氏"。元祯林氏,始祖林元祯,字有祥。河南人。因避黄巢之乱随"三王"入闽。初居福州,身后三子林舜文、林舜武、林舜全相继迁居长乐鹤上。派裔以始祖名讳称"元祯林氏"。林嵩,据《柘荣溪坪谢氏族谱》记载,唐末随王氏入闽。

刘:刘行全,江淮寿春人,邑屠户王绪之妹夫。唐广明元年(880),僖宗西奔入蜀,天下大乱。王绪与刘行全拥众据寿州,自称将军,复取光州,以二州依附奉国军防御使秦宗权,后因未能如期缴纳赋税,受到秦宗权严词切责,遂举众南奔。路次南安,以王绪诸多疑忌,部将有出己右者皆以事诛之,遂与王潮合谋囚禁王绪,逼迫自裁。其后事迹未详。凤岗刘氏,始祖刘存,光州固始人,其子刘昌祖为王潮部将,父子从王氏入闽。刘昌祖官司马参军,殁于王事,赐葬莲花峰,从祀城隍庙东庑。后卜居凤岗,因称"凤岗刘氏"。其后裔科第联翩,前后相望,"自李唐以来,宴赐琼林,常饫红绫之饼;朝归袍笏,平堆翡翠之床"(《凤岗刘氏族谱》)。刘山甫,闽王审知时判官。王审知欲开黄崎港以通海运,祈祷海灵。传说夜梦金甲神,自称吴安王,许助开凿。刘山甫受命往祭,至中祭时,海上灵怪毕出。刘山甫凭高观察,只见海上风雷暴兴,仿佛中有一物,非鱼非龙,鳞黄鬣赤。凡三昼夜,风雷始息,已开一港。刘琼,光州固始人,王氏部将。天德初(934)为永平镇将,南唐入侵建州,刘琼统兵赴援。师至镛州(今将乐一带),闻王延政已降南唐,众兵欲推为王,刘琼不肯,自刎死。部将收其尸葬山麓。乡人建祠祀之。刘恕,据《柘荣溪坪谢氏族谱》记载,唐末随王氏入闽。

李:李相,寿州人,与王绪同乡为刎颈交。入闽后从军居闽县。李仁遇,父李敏,官同平章事。仁遇闽王曦外甥,官泉州刺史。李仁达,光州人。父祖随"三王"入闽。仁达仕惠宗为元从都指挥使。一生阴阳反复,所至称臣。后推僧岩明为闽主,已而杀岩明自立,终为吴越所杀。李辅官,字弘弼,唐宗室。据同安彭口李氏族谱记载,乾符元年(874),秦宗权僭乱蔡州,辅官遂从王审知兄弟入闽,家于泉州。李寿,据《柘荣溪坪谢氏族谱》记载,唐末随王氏入闽。

吴:吴祭,字孝先,光州固始人。唐末与堂从兄弟6人一起随王氏入闽。后人称他们为吴氏六祖。后裔起初分居福州、泉州之间,以后散布全省各地。吴英,闽王国内枢密使。尝主闽兵,得其军士心,后受诬被杀。渤海吴氏,据《崇正同人系谱》记载,初散处中州,其后随王潮入闽。吴询,光州固始人。光启元年(885),率僮仆家人随王氏南下入闽,以善箭,作战勇敢,被称"双箭大王",后与先期入闽避乱的父叔兄弟吴旷、吴玲、吴碇、吴融等人团聚,定居延平桔溪(今名吉溪),开辟荆棘,造田建屋,世代繁衍。吴文贤,据《柘荣溪坪谢氏族谱》记载,唐末随王氏入闽。

郭:郭显忠,光州固始人,王氏部将。闽王延政时为西镛州刺史。政尚清简,以德化民。凡丧不能举者,捐俸赙之。岁歉,发廪赈货,民不知饥。及卒,州人立祠祀之。郭嵩,字维太,唐汾阳王、太尉中书令郭子仪子孙。唐末自光州固始随"三王"入闽(据《郭氏源流考略》称是为"王审知移固始之民而邑于闽"),定居于长乐芝山,是地后名郭坑。其后裔分布晋江、南安、德化、仙游、莆田、兴化、闽县、侯官、建瓯、连江等地。郭镕,唐郭子仪第四子,郭嵩叔。唐末与侄郭嵩同时入闽,定居同安郭山锣鼓山下。郭珏,据《柘荣溪坪谢氏族谱》记载,唐末随王氏入闽。

谢:谢文乐,字季远,光州固始人,唐末挈家随王氏入闽。王审知为闽王,辟为王府长史。后移居邵武禾坪鹳树下,再徙建州黄连镇。其子谢望(字汝标)、孙谢彦斌相继为黄连镇将。谢彦斌,黑面长须,以功累官招讨使。后裔分布闽西、江西、广东等地。谢彦时,字正一,光州固始人,唐末随王氏入闽,后定居柘荣溪坪。东皋谢氏,始祖名讳失考,为光州固始人,从"三王"入闽,定居泉州小溪杨(今安溪县)永安里东皋。石壁谢氏,始祖名讳不详,与东皋谢氏同时入闽,定居宁化县石壁村。

郑:郑湘,王氏将佐,以军功历任建州刺史。郑光远,光州固始人。唐末随"三王"入闽。郑某,名讳失考,光州固始人,明民族英雄郑成功先祖。唐光启元年(885)随"三王"入闽。后世子孙分派莆田、漳州、泉州、潮州各地。郑韶,据《柘荣溪坪谢氏族谱》记载,唐末随王氏入闽。

周:周某,名讳不详,王审知友,其子周彦深过继王审知为子,即建州刺史王延禀。王延禀与王审知长子王延翰不协。王延翰为闽王,王延禀与泉州刺史王延钧合谋,弑杀王延翰,拥立王延钧,旋被王延钧所杀。周启文,闽王审知时管城丞。任内于闽都外筑罗城40里,复筑南北夹城,即南、北月城,使福州城"若鳌之负,如瓯之置,轩轩然,翼翼然,天设之府,神开之地也"。明东阁大学士周如盘《族谱世系考》称,其入闽始祖周颐(号默林)为王潮昆仲同乡,私交甚厚,曾在乡里连结御寇。光启元年(885),携子周靖跟随南下,授宅于仙游东乡。周生,据《柘荣溪坪谢氏族谱》记载,唐末随王氏入闽。

张:张睦,光州固始人,从王氏入闽。及王审知封琅琊王,授张睦三品官,领榷货务。尽忠辅佐王审知,能于抢攘之际,雍容下士,招求蛮夷商贾,敛不加暴,国库充盈,被封梁国公。闽人绘像奉祀。宋开宝中(968—976)配祀忠懿王祠。其长子张居仁,孝友谦抑,仕闽为殿中侍御史,甚有风裁。及王氏政衰,谢事退居古田之梅溪。张延齐,世居光州固始,唐末兄弟3人随"三王"入闽,后定居宁化。今福建上杭、南靖,广东蕉岭多其裔。张清溪,光州固始人,王氏部将。唐光启元年入闽居守漳州,南唐为漳州刺史。据明泉州解元李光缙《景璧集》记载,其后裔有一支分派泉州笋江。

黄:义山黄氏,始祖黄敦,光州人。唐末偕弟黄膺奉父黄霸从王氏入闽。初居清流梓潭村,不久黄霸病逝,葬当地白塔桥头。光化元年(689),黄敦请地,徙居梅溪场(今闽清县)盖平里凤楼山,兴创庐舍,垦辟田亩。生六子,后称"黄氏六叶",裔传闽清、永泰、闽县、宁德等地。客家黄氏,据《崇正同人系谱》载:"五代时,自光州固始从王潮入闽,家于邵武。"黄梧,据《柘荣溪坪谢氏族谱》记载,唐末随王氏入闽。

许:许十一,光州固始人。王氏校佐,授武骑尉。唐末携子许十二与妻弟陈勇随王氏入闽。龙纪元年(889)入永泰,过闽清渔坑灵洞,开山架屋,营置田地。光化元年(899)卒。其子捐所居屋创灵洞寺,移居贵湖,另辟基业。许弘钦,王氏将领,以军功历任汀州刺史。许文缜,王氏将领,以军功历任汀州刺史。

杨:杨安,光州固始人,王氏随军郎中。入闽后定居南安高田。其子杨肃随父习医,精岐黄,远近闻名。王审知夫人病疮,遣使往聘。以夫人不面诊,系线察疮,治之立愈。王审知大加爵赏,辞不受,请为里人浚陂七里,通九溪以溉农田。杨猛,据《柘荣溪坪谢氏族谱》记载,唐末随王氏入闽。

苏:苏益,字利用,光州固始人。乾符中(874—879)为隰州刺史。光启元年(885)随王氏入闽,居泉州大同场(今同安县)葫芦山下。其子苏光海与散指挥使留从效计杀叛将黄绍颇有功,留从效表为漳州刺史,为副兵马使陈洪进所阻。后历左卫将军,封武陵侯。四世孙苏颂为宋名相。苏益子孙累世贵盛,簪缨不绝,蔚为泉南名族。苏某,光州固始人,曾祖苏奕,本武功人,唐宪宗朝(806—820)为光州刺史,后定居固始。唐末中原丧乱,苏某随"三王"入闽,为泉州押衙都统,遂定居泉州,其后裔遍布闽南。

邹:邹勇夫,光州固始人。王氏部将,单骑从王氏入闽。王审知称闽王,迁仆射,因劝说王审知奉梁正朔,拂王审知意。时南唐有窥视吞并闽国之意。归化镇(后升为泰宁县)适当要冲,王审知即遣邹勇夫前往镇戍。当时归化地方荒僻,满目荆榛,烟火仅百家。邹勇夫于是招集流亡,葺理宅舍。民负襁至,人口渐蕃。五代干戈相寻,战争不息,独归化一地如世外桃源,乃邹勇夫之功。邹馨,光州固始人。王氏部将。奉命平定汀州地方武装割据势力,镇守雁石有功。后人在龙岩县城大封山建邹公庙奉祀。

詹:詹缵,世居光州固始,仕唐官至金紫光禄大夫、前锋检点使。唐末从王氏入闽,既而谢事,隐于仙游之植德。其孙詹敦仁,值闽王乱政,兵革攘扰,依清源军节使留从效,命为小溪场长,任上请求建县,从之,遂为首任清溪(今安溪)令。后举王审知孙王直道自代,退隐崇信里佛耳山,咏月嘲风,眠云漱石,遂定居。今泉南詹氏多为其裔。詹环,据《柘荣溪坪谢氏族谱》记载,唐末随王氏入闽。

薛:薛文杰,原为中军使。张睦卒,擢升国计使。专以私察民间阴事,致富人以罪,而籍没其资财。闽人皆怨。薛从仁,据《柘荣溪坪谢氏族谱》记载,唐末随王氏入闽。

姚:姚建,五代闽国盐铁副使,勘择长溪松源洞(今属福安县)采矿冶炼。其洞旧有巨木香炉,相传神人居之,人莫敢近。姚建移香炉于溪旁,见洞中有大蛇沿流而出,众疑顿释,炉矿遂举。姚源,据《柘荣溪坪谢氏族谱》记载,唐末随王氏入闽。

董:董思安,光州固始人,唐末随其父董章扈从王氏入闽,定居晋江,遂为晋江人。董思安身长九尺,勇冠一时。后晋天福六年(941),朱文进杀闽王曦,自立为王,署其党黄绍颇为泉州刺史。董思安与留从效、王忠顺等闽旧部合谋兴复王氏政权,奉建州王延政为主。后南唐攻建州,董思安与王忠顺率兵援建,战不利,有人劝说董、王撤退以自保。董思安不从,说:"吾辈世为王氏臣,危而去之,天下有容我者乎!"众感其言,无有叛者。后城陷,王忠顺战死,王延政出降,董思安收拾残部回泉州。南唐时为漳州刺史,以其父名章故,改漳州为南州。子董兴以武功仕宋累进为太尉、上柱国。董氏,王审知母,唐末由"三王"昆仲扶持,崎岖从军入闽。累封秦国夫人,后追崇太夫人,入祀闽国五庙。

沈:据《崇正同人系谱》记载,唐季沈氏有从"三王"入闽居汀州者。王审知称闽王,沈姓人为避"审"之讳,改沈为尤,故有沈尤同宗之说,民间至今仍有沈尤两姓不通婚之俗。沈思礼,其先光州固始人。据《尤氏族谱》记载,"唐僖宗光启二年,同光州德胜将军王审知公入闽,托始之基自此始也。……后审知公统五州,以其女配吾祖思礼公为驸马都尉,至唐季世,公以沈与审同音,因避讳去水为尤,而尤之姓所自来也"。

程:程斌,王氏部将,以军功历官建州刺史。程贵,据《柘荣溪坪谢氏族谱》记载,唐末随王氏入闽。

严:岐阳严氏,始祖严怀英,号仲杰,光州固始人,唐末随王氏入闽,以军功官朝请大夫,其后传衍福清、闽清、莆田、连江等地。著名思想家、翻译家严复即其27世孙。严迅,王氏军将,南唐保大四年(946)为泉州开元寺建造陀罗尼经幢捐铜钱一千文。

柯:闽侯柯氏,入闽始祖柯裕,光州固始人。唐末随王氏入闽,定居闽侯。泉州柯氏,据柯氏《济阳宗谱》记载,其始祖柯延熙唐僖宗光启中随"三王"入闽,家于泉之玄妙观西水沟巷。北宋龙图阁学士柯述、近代菲律宾国父黎刹·扶西均其派裔。

高:高曦,王氏部将。其后三子广东肇庆府司法参军高钦居长乐,漳州知录高旴居莆田,荆州府尹史高晴居侯官。高贤,据《柘荣溪坪谢氏族谱》记载,唐末随王氏入闽。

卢:卢皓,河南光州人。据《福州府志》记载,从王氏入闽。居平潭小练岛,后蔚为福州巨族。卢简能,字从易,唐谏议大夫。光启元年(885),跟随王潮昆仲入闽。择泉南西埔构屋而居。后其子卢多逊、卢多贞,孙卢文统、卢文纪相率入安溪,寻访邑令詹敦仁,定居还集里上第侯邦(今祥东村)。

蔡:据李光缙《景璧集》记载,明处士蔡祚"先光州固始人,从王绪入闽,由兴(兴化)徙泉(泉州),为泉人"。蔡祚入闽始祖名讳不详。据《南安姓氏志·蔡姓》记载:"唐末僖宗光启年间,即公元885年,蔡彦礼之子蔡用元、蔡用明随王审知入闽,举家南迁,入居仙游县赤湖蕉坑,故灯号称为'莆阳'。蔡用明自莆田迁居青阳,故灯号为'青阳',实为济阳一派。"

萧:萧曦,字德卿,梁武帝萧衍第八世孙。唐末,随"三王"兄弟入闽,先为推官,后迁刺史,致仕定居长乐前清里大鳌坑(今长乐漳港村),堂号"凤翼"。八闽萧氏奉为始祖。谱称"数传而分于永福,散于福州,迁于莆阳,而星罗错处者莫非入闽始祖一脉"。萧宝,据《柘荣溪坪谢氏族谱》记载,唐末随王氏入闽。

施:据日本森田明《明末清初的福建晋江施氏》称,晋江施氏"钱江派是唐末昭宗(889—904)末年,以秘书中丞典公为始祖,从河南固始县南迁福建,在泉州晋江南门外的钱江乡开基的"。泉州晋江《钱江施氏族谱》记载,开基始祖施典与长子施敬敷、次子施敬承于唐光启年间随王潮入闽,择晋南海滨定居。施文仪,据《柘荣溪坪谢氏族谱》记载,唐末随王氏入闽。

吕:吕占,字竟茂,唐相吕湮之后。唐末由光州固始佐"三王"入闽,相传王军有"吕李主帅","吕"即吕占也。吕占入闽,定居泉州郡城桂香坊(今相公巷),为福建吕氏入闽始祖,其后迁居晋江七都曾埭草庵(今属晋江市安海镇,易名西安),复徙南安泰丰山昆仑安(今南安水头镇朴兜)。入宋,吕占八世孙吕惠卿历官参知政事,参与王安石变法。有宋一代,吕氏科第不辍,盛极一时。

孟:孟威,一作孟咸,王氏部将,由都押衙擢升都指挥,唐天佑中(904—

907)为建州刺史。任内增筑南罗城,多施善政,有德于民。宋开宝二年(969),吴越钱氏为王审知立祠,以孟威与榷货务张睦等26人配祀忠懿王庙。

连:连重遇,光山人,王氏部将,历控鹤都将。后晋天福四年(939)拥立闽王曦,与拱宸都将朱文进联姻自固。六年三月,指使马步使钱达弑闽王曦,掖朱文进升殿,率百官北面称臣。朱文进以连重遇判六军诸卫事,残杀王氏子弟在福州者。开运元年(944)为南廊承旨林仁翰所杀。

湛:湛温,光州人。事闽王延翰,官御史大夫、国子祭酒。王审知养子王延禀镇守建州,与闽王延翰有隙,派遣使者打探消息。闽王延翰指派湛温为饯行,酒中下毒鸩杀使者。湛温不满闽王延翰淫暴,送使者至侯官县高安山岭下,饮鸩自毙。时人哀而葬之,遂以"祭酒"名是岭。

虞:虞雄,闽王审知麾下牙将,战殁于福清渔溪。后人于其地建昭应庙以祀之。

庚:庚某,名讳失考,从王氏入闽,为奋威将军,奉命戍守桃林场(今永春县),年80卒。传说卒后犹显其灵,捍卫乡井。乡人于永春乐山东台建祠奉祀。

袁:袁昭,王氏部将。奉命镇守桃林场马岭,众服其恩威。及卒,乡人即其地立祠祀之。

戴:戴九郎,光州固始戴家巷人。唐末与其两弟随王氏入闽,因爱南安诗山锦坂(今称大庭,属码头镇)山水佳美,遂卜居焉。仲弟居惠安,季弟居永泰。700多年后,其22世孙戴廷诏(明万历二十三年进士,累官江西布政使司布政使)因宦游燕都,顺路到光州固始寻根谒祖,过石壁潭,历览祖先遗迹,见戴家巷文物蕃盛,祠宇壮丽,仕林世耀,慨然流恋不忍离去,并与故土父兄相与道古述旧。九郎派裔散居八闽及台湾、安徽、浙江等地。

庄:桃源庄氏,入闽始祖名讳失考,光州固始人,唐光启中(885—888)随"三王"入闽,居泉州桃林场(今永春县)桃源里,后复分派泉州郡城、晋江青阳、惠安三地。泉州一派有庄夏者,为宋淳熙八年(1181)进士,历官兵部侍郎,宋宁宗赐第泉州郡城,其地因名"庄府巷"。明万历四十七年(1619)状元庄际昌,晋江人,亦衍自永春桃源。

邓:乌佩邓氏,入闽始祖邓璩,光州固始人,唐末随王氏入闽,后为邵武驻军首领,子孙遂家光泽之乌佩。

方:方廷范,光州固始人。据固始《金紫方氏宗谱》记载,唐末随王审知入闽,择居莆田刺桐巷。

侯:侯阵昌,王氏部将。据南安《侯埯侯氏族谱》记载,唐末"审知兄弟陷泉州……阵昌皆与有力。后审知封闽王,辟阵昌节度判官,卜家于泉"。

余:余章,光州固始人。据《中国文化大博览》记载,唐末随王潮入闽,后裔遍及全闽。

雷:据《雷氏族谱》称:"唐光启二年,盘、蓝、雷、钟四姓有三百六十余丁口,从闽王审知为乡导官,分乘五大船由宁波渡洋入闽,船在洋中遭风阻,仍靠连江马鼻登岸。……盘玉碧一船被风飘流,不知去向,故盘姓于今无传焉。"

蓝:据《雷氏族谱》记载,唐光启二年(886)与雷、钟、盘等姓为王审知乡导官,由海上入闽。

钟:据《雷氏族谱》记载,唐光启二年(886)与雷、蓝、盘等姓为王审知乡导官,由海上入闽。

洪:据泉州《田庵洪氏房谱》记载,其入闽始祖十四朝奉公(名讳失考)"河南光州固始县人,缘黄巢、王仙芝作乱,唐昭宗乾宁三年丙辰,钱镠光复越州,时王审知自称福建留后,因以将军扈闽。越四年丁巳,偕二子从王审知入闽来泉,初居晋邑十四都湖北英厝,即符卿郭冠山墓前。……旋而移居厝迹前殊……三迁而肇基英林。是为英林洪氏之始祖"。

唐:唐末,河南光州固始人唐绮随王潮兄弟南下入闽,参赞戎机。闽国建立后,居福州鳌峰坊。其六世孙唐知心,字性天,号儒林,徙居泉州郡城之西,后迁晋江三都樟林。

曾:曾延世,字良祚。曾子曾参第三十六世裔孙。据泉州龙头山《曾氏族谱》记载,曾延世在唐朝末年自河南入闽:"唐僖宗光启年间,王潮由光州固始入闽,中原士民避难者皆徙以从。曾氏亦随迁于漳、泉、福、兴之间,晋江之曾始祖延世,为光州刺史也。"又一说,曾延世与王氏兄弟为姻亲(曾延世称王潮为内兄、王审邽、王审知为内弟),官团练副使、光州刺史,携眷随"三王"入闽,居泉州郡城西(今新华路南段一带)。

康:泉州丰泽清源中堡康氏开闽始祖名讳不详,为唐末随"三王"入闽的将士,最初开基漳州龙海康厝,后分派龙海安山、同安禾山、莆田砺山、南安崧山、永春凤山。中堡一派由永春迁惠安螺城,再迁南安西林,三迁中堡。

彭:泉州《虹山彭氏族谱》记载,其先祖唐广明年间(880—881)随王潮兄弟入闽克泉,始居城北,宅近梅石,以后数次迁徙,至北宋乃定居虹山(今属洛江区)。因早期世次失真,温陵彭氏乃尊徙迁虹山的彭枨为一世祖。郡望"陇西",堂号"梅石"。

江:《泉州姓氏堂号》记载,唐末王审知兄弟带兵入闽,江氏族人随同南下,其中一部分落居德化碧霞村,其后繁衍水口祥光村及永泰、闽清。

卓:唐末,随王氏入闽的卓氏族人有卓禄、卓长清、卓长静等。据《柘荣溪坪谢氏族谱》记载,卓禄定居闽北;又据《鲤城姓氏资料》记载,卓长清、卓长静定居同安。

马:据《安溪姓氏大全·马姓》记载,唐光启年间,有河南马氏随王潮昆仲入闽,而后在福建安家落户,流转迁徙,而至漳郡。安溪新墩马氏,即由漳州龙溪二十五都义招乡后坑保迁入。

何:何现,据《柘荣溪坪谢氏族谱》记载,唐末随王氏入闽。

孙:孙叔,据《柘荣溪坪谢氏族谱》记载,唐末随王氏入闽。

缪:缪济,据《柘荣溪坪谢氏族谱》记载,唐末随王氏入闽。

阮:阮佐,据《柘荣溪坪谢氏族谱》记载,唐末随王氏入闽。

赵:赵杰,据《柘荣溪坪谢氏族谱》记载,唐末随王氏入闽。

朱:朱帘,据《柘荣溪坪谢氏族谱》记载,唐末随王氏入闽。

此外,据《台湾通志》记载,唐末随"三王"入闽27姓之中,尚有廖、傅、韩3姓;据新编《固始县志》统计34姓之中,尚有赖、包、蒋、关、骆5姓。

综上所述,据各种有关资料初步考订,唐末随"三王"入闽有王、陈、林、刘、李、吴、郭、谢、郑、周、张、黄、许、杨、苏、邹、詹、薛、姚、董、沈、程、严、柯、高、卢、蔡、萧、施、吕、孟、连、湛、虞、庾、袁、戴、庄、邓、方、侯、余、雷、蓝、钟、洪、唐、曾、康、彭、江、卓、马、何、孙、缪、阮、赵、朱、廖、傅、韩、赖、包、蒋、关、骆等 67 姓。比以前 18 姓、25 姓、27 姓、34 姓四说都推进了一大步,是否正确、准确,仍有待进一步考订。

清顺治《光州志》王潮本传有一段话:"(三王)兄弟乘唐末之乱割据闽中,其后兵多光州人。今福州人多能言其上世出于浮光(按:光州雅号,犹福州之号三山,泉州之称温陵)者。"

福建莆田人、南宋史学家郑樵在其《家谱后序》则有另一番议论:"夫闽人称祖皆曰自光州固始来,实由王潮兄弟以固始之众从王绪入闽,王审知因其众克定闽中,以桑梓故,独优固始人,故闽人至今言氏族者,皆云固始,以当审知之时贵固始也,其实滥谬。"

泉州《何氏族谱》记云:"(王)潮因众定闽,惧众不亲附,求固始人从,凡仕籍中有自光州固始来者,皆得美官迁,且不次其旧姓附就其谱,以希不次之恩。"

说法各有偏颇。是非曲直,留与公断。但笔者要说,秦汉以来,中土士族以闽峤僻处海隅,可以避世,每有天灾人祸,便向闽中作定向迁徙,并与当地闽越族人和谐相处,和合交融。因此,八闽大地几乎每个氏族都有中原的血统血脉血缘,都有中州的历史人际背景。"言氏族者,皆云固始",其实不滥不谬。对固始的认同,对光州的认同,对河南的认同,从某种意义上是闽台人民对"根"的认同,对"源"的认同,对"摇篮"的认同,也是对中华民族的认同。这一点非常重要,不可否认,也无可非议。

唐末随王由光州固始
入闽各姓氏中的名门望族

林伟功

林伟功(1947—)男,汉族,福建闽侯尚干人。曾任福州市地方志编委会人物志主编,编审。现为民革福建省委副处长、祖国统一促进委员会副主任。社会兼职有福建省姓氏源流研究会副会长兼林氏会长,中华伏羲文化研究会华夏姓氏研究中心副主任、中国辛亥革命研究会理事、中国现代史人物研究会副秘书长、民革中央孙中山学会理事、中国书画研究会副会长、福建省历史名人研究会学术委员等。发表论文近百篇,出版《林森传略》、《孙中山与林森》、《中国狮文化源流初探》等 10 多部编著。先后承担了琉球国"闽人三十六姓"之根、日本空手道刚柔流中国祖师、圆珍和尚唐代入闽行止处所查证等一系列中日关系史课题。2007 年,被中国专家学者协会评选为"和谐中国之星——最具社会责任感的十大杰出新闻人物"。

福建省人口至今已逾 3400 万,掀开数以万计的福建各姓氏族谱,可发现大部分姓氏源于中原,称为河南光州固始者颇多,但所占比例却不及 20%。回首史学记载,南宋莆田人方大琮曾指称:"王氏初建国,武夫悍卒气焰逼人,闽人战栗自危,谩称乡人,冀其怜悯,或犹冀其拔用。后世承袭其说,世(纪)邈绵,遂与其初而忘之尔,此闽人谱牒所以多称固始也"[①];同为莆田人的著名史学家郑樵也有"今闽人称祖者,皆光州固始。实由王绪举光、寿二州,以附秦宗权。王潮兄弟以固始之众从之。后绪与宗权有隙,遂拔二州之众入闽。王审知因其众以定闽中,以桑梓故,独优固始。故闽人至今言氏谱者,皆云固始。其实谬滥云"②。现当代史学界如朱维干、陈支平、林国平等教授皆缘此说。其实,由现存各姓氏谱牒细研,除去不同时代入闽的诸多姓氏外,许多当代研究者多注意于随陈(政、元光父子)、随王(绪及潮、审知兄弟)各有多少姓氏。事实上,当年两次大规模军事行动移民中,有的姓氏蕃衍播迁,有的无后代早已消亡,有的再迁徙异地,千余年能瓜瓞绵延而有幸存于闽者实属有限,研究这些一息尚存者及与迁台、徙国有关系者方有现实意义。值得注意的是各姓氏由闽迁台湾者几近 1900 万,迁东南亚及世界各国者已近千万,至于迁港、澳、粤、赣、琼、浙、鄂、湘、徽、川、渝、桂、黔……全国各地者则难以枚举。

笔者有幸于 1986 年作为全国首位由官方授命(福建省人民政府)为外国(日本冲绳"闽人三十六姓")在中国寻根总查证人,所查证姓氏的祖先中就不乏随王入闽者。随着海外、台湾寻根热的兴起,笔者接受了大量的姓氏以及其他文化寻根课题,并在武术、信仰、海军、狮文化、医学源流等方面取得成果。1989 年在这些工作基础上参与发起组建了福建省姓氏源流研究会,并忝任副会长兼秘书长,主持会务达 17 年,成果颇丰。多次赴东南亚、日本诸国,三次赴台作学术交流,1994 年习近平就曾为笔者的成果专门写过贺信,多次接见并予肯定,且于 1998 年批示调民革省委为主持省姓氏源流会会务。同年 11—12 月,笔者又受福建省台办之命,作为大陆首次主持赴台办族谱展务者,组织全省 50 部珍贵族谱赴台展出,为出席开幕典礼的连战等寻览,并举办《福建省名门望族族谱现况》讲座,接受包括美国之音在内的海内外 40 多家新闻媒体专访,影响深远。2006 年又受命为连战寻根做了许多工作。为此与台湾知名人士连战、萧万长、郁慕明、辜振甫、林清江、游锡堃、林正杰、叶金凤、蔡仁坚、沈庆京、连行健、蔡锋、林濂藩、陈鹏仁、费鸿泰、黄义交、李新、罗宗胜……均见面或交往,其中会面三次以上的有萧万长、郁慕明、林正杰、叶金凤、蔡仁坚、沈庆京、连行健等等。据不完全统计,接待会面台胞数逾 5000 多人次,为促进两岸交流产生特殊且无法替代的作用。开展姓氏源流研究对促进祖国统一添砖加瓦的作用可见一斑。其有益于民族团结的意义同样深远！习近平在闽、沪工作期间对此项工作非常赞赏与认可，曾多次接见与勉励。河南固始组织召开学术会议，非常有意义，有幸受邀，拟就长期所关注各姓氏由固始入闽的问题，并就所见谈点浅见，请方家不吝赐教。

本文的主题是"随王入闽"的"名门望族"，其实源于三点思路：一者，未见人较全面做过，自己恰有20多年工作与研究基础；二者，根据现有传人、祠庙族谱，利于调查探讨，进行学术性研究，可跳避不必要的争议；三者，有益于历史研究，补史志之不足，以及有助于海外寻根谒祖，促进和平统一。当然，要达此目标，必须在最大限度地掌握福建省各姓氏族谱的基础上：一明族源；二查记载；三定标准；四行甄别；五作归纳；六找问题。其他问题都好办，名门望族的评判标准，笔者因曾在地方志编委会工作，主持了人物志编纂整整12年，故自拟对名门望族的评判为主，注重于功名、业绩、贡献、影响等诸方面。

目前，就笔者所知，能符本人评判标准的"随王入闽"的"名门望族"有40多家族，稍作不完全统计，自五代至今，这些不同姓氏的家族在福建省的影响是值得重视的，大有深入研究的必要。粗略归纳：这些"随王入闽"的"名门望族"合计历宋元明清，在科举上共有进士逾千人，其中文武状元10多位，巍科（状元、榜眼、探花）几近50人；官达尚书、督抚、部长者超过百人，将军不下150人，院士10多位，教授级各界学者专家数千人；还有国家元首、宰辅、新加坡总统、菲律宾国父及杰出思想家、科学家、翻译家……著名英烈……而随王者的后人多分布在福州、泉州、莆田、漳州、宁德沿海一带各地区，内陆也有部分分布。由于在写本文时，搜集资料涉及众多不同时期由固始入闽者，还有随王入闽而未纳入名门望族之列者，实在舍不得遗弃而存遗憾，只好在本文中保留章节，以飨读者。

历代非随陈、随王入闽的光州固始人

据现存福建各姓氏谱牒资料记载，现有后裔、当年非随陈、随王而由河南光州固始来福建的先人的确不少，稍尽所知简要摘录如下：

周公宫,西汉元封元年(公元前 110 年),官徐州伯,从河南光州固始入闽,为凰山周氏始祖。(《凰山周氏族谱》)

黄道隆,河南光州固始人,东汉建安年间(196—219),弃官避地入闽,初居仙游大小尖山之间,后改迁桐城(今泉州)西郊。(《锦田黄氏大宗族谱》)

陈实,东汉时由河南光州固始入闽。为螺江陈氏入闽始祖。(《螺江陈氏族谱》)

陈润,原居河南光州固始,永嘉入闽。(《南阳陈氏族谱》)

胡琮,固始人,晋代子孙迁闽。(《胡氏族谱》)

丘杰秀,晋永嘉二年(308)由固始入闽。为八姓入闽之一。(《丘氏族谱》)

危京,晋永嘉三年(309)从光州固始县率乡民避乱到建州任刺史,其乡人后均落籍建安。(新编《建阳县志》第三篇《人口》,群众出版社 1994 年版)

张?,晋建兴二年(314),张氏始祖由河南固始入闽,居大田县广平镇元沙村,遂称为元沙张氏。(《大田元沙张氏族谱》)

叶忠显,固始人,避五胡乱入闽居建州,为玉山叶氏始祖。(《玉山叶氏族谱》)

黄允,"世居河南光州固始,至晋,中州板荡,南迁入闽,始祖黄允公仕晋,卜居侯官"(台北县《深坑乡黄氏族谱》);"固始人,随晋南渡,辗转入闽,居侯官。"

黄彦丰,西晋末年,"五胡乱华",晋元帝南渡,中原八姓衣冠入闽,其中黄姓为黄彦丰,从河南光州固始入闽,官任晋安太守,卜居福州乌石山地号黄巷。(《莆阳黄氏族谱》)

何?,晋末由固始入闽,居邵武小溪。(《邵武卢阳何氏族谱》)

黄元方,晋代由河南光州固始入闽。(另说元方亦名元芳,即彦丰)

余青,南朝大通二年(530)由河南固始而宰建阳……是为入闽鼻祖也。(《福建余氏族谱》)

黄鞠,隋大业九年(613),因遭隋炀帝残害,弃官自河南光州固始入闽,

定居长溪县霍童石桥(今属宁德),为石桥黄氏始祖。(《石桥黄氏族谱》)

黄春,唐乾符六年(879),避乱从河南光州固始入闽,居侯官(今福州)黄巷。孙黄深迁宁德七都峬源。有礼部尚书黄衡等九进士,三万多人。(《宁德七都黄氏族谱》)

张翯,唐由河南固始迁南平,翯公七子十六世纂公居顺昌。(《顺昌张氏族谱》)

陈邕,唐汉中节度使,太子少保。中宗时(705—710),由光州固始入闽,为连江山兜陈氏祖。其子陈夷则、陈夷行。(《连江山兜陈氏族谱》)

张大琅,唐玄宗时(712—756)由河南固始入闽,居南平峡阳。(《南平峡阳百忍堂族谱》)

冯?,祖籍河南固始,自唐入闽,其后冯成江卜居永安小陶。(《小陶冯氏族谱》)

黄鼎,唐谏议大夫,上元元年(760),自河南光州固始避乱入闽,卜居浦城县永兴乡永康里溪东。有名臣黄畯、黄严、黄匡镒……(《浦城黄氏族谱》)

魏进隆,原系河南汝宁府固始县人,魏征五世孙魏谟之后,仕唐朝户部侍郎,谪江南,生七子,黄巢乱兴,六、七子来闽。(《柳城魏氏族谱》)

田本盛,唐开元二年(714),由河南固始迁入大田县默林。(《默林田氏族谱》)

张开先,唐开元二年(714),从河南固始护送越王入闽,卜居永安贡川巫峡。(《贡川张氏族谱》)

黄鼎,唐肃宗上元元年(760),因刘展之乱,自光州固始县举家入闽,卜居浦城县永兴乡永康里之溪东。(《浦城黄氏族谱》)

杨衡,唐元和九年(814),由固始入闽。吴乐遂,唐开成五年(840),从河南固始入闽居南平。(《剑津吴氏族谱》)

刘韶,唐固始人,入闽任泉州别驾,子孙定居莆田。(《莆阳刘氏族谱》)

张威、张感、张咸,唐广平(明)间(880—881),张威偕兄感、弟咸由固始入闽,威居建阳,感居三山,咸居浦城。威孙义赘于本邑令仙里……遂留居于此,其子孙散处于下梅吴屯及大浑之西山。(民国《崇安县新志》卷4《氏

族》）

曹朋，河南光州固始人，唐中和间（881—885），以汀州司录兼管沙县县事，生六子，定居沙县。（《沙邑曹氏族谱》）

连恺，河南光州固始人，官常州府，唐中和间（881—885）避乱入闽，卜居闽县开化里濂浦。台湾连横、连战为其后裔。（《闽邑连氏族谱》）

杨海，唐文德元年（888），朝廷诰封河南弘农郡光州固始县人杨海为南安县武胜场大使（后称武胜公），升场为长泰县，居长泰后庵。

方廷范，唐大顺二年（891）进士，祖籍河南固始，历宰闽长溪、古田、长乐三邑……时中原割据，卜居莆之刺桐巷，生六子，号称六桂。（《六桂方氏族谱》）

孙敏，唐昭宗景福元年（892），御史中丞孙敏（字永亨），由河南固始入闽，迁连江土坎高洋。（《连江陈氏族谱》）

施承，唐中叶任秘书郎，由河南光州迁徙入闽，定居于泉州钱江乡。（《钱江施氏族谱》）

陈苏，河南光州固始人，生于唐大和五年（831），唐末避乱，举家南迁，定居罗源县中房镇曹湾，后建陈太尉宫以祀。（《罗川陈氏族谱》）

宋骈，丞相宋璟后裔，因居官携弟宋臻从河北南和迁河南固始。唐干符三年（876），骈充福建观察推官入闽，致仕居莆田，为莆田宋氏始祖。（《闽侯镜江宋氏族谱》）

陈勋，唐僖宗进士，河南固始万善乡人，唐天复间（901—904）入闽，三兄弟迁居福州南营。（《琅岐衙前陈氏族谱》）

詹君泽，光州固始人，五代避乱入闽，隐安溪植德山下。（明黄仲昭《八闽通志》，第606页）

郑体恭，南唐驸马都尉，原籍河南光州固始。迨南唐归宋后，避地入闽，居盖山光化里，为龙峰郑氏始祖。（《龙峰郑氏族谱》）

丘三五郎，后唐清泰元年（934），由河南固始迁居宁化石壁乡，遂为客家丘氏始祖，其后迁上杭。（《石壁丘氏族谱》）

刘翔，光州固始人，避乱入闽居汀州宁化，后入永春，称章内刘氏始祖。

(《章内刘氏族谱》)

王思翼,宋初由河南固始迁来,居厦门新店镇欧厝村。(《厦门新店王氏族谱》)

张镜斋,宋初由河南固始迁来,居晋江磁灶镇张林村。(《晋江张氏族谱》)

叶炎会,宋卜居光州固始,随宋南迁,卜家仙游之古濑。(《仙游古濑叶氏族谱》)

洪十九郎,宋时任武荣(今南安)令,邀兄十六、十七、十八郎由光州固始入闽,蕃播闽南地区,世称四人为蓬壶洪氏四公祖。(《武荣蓬壶洪氏族谱》)

梁宗,宋天禧三年(1019),梁周翰之子梁宗,从光州固始入闽,为闽县主簿,秩满不归,居鼓岭茶洋,五共孙汝嘉分迁闽县永盛燕山。(《永盛梁氏族谱》)

陈文广,河南光州固始人,宋熙宁、元丰间(1068—1085)携弟文振避乱入闽,与陈家人分桥南北而行,到连江定居,遂称桥南陈氏。文振迁居县郊儒洋中房村。(《连江桥南陈氏族谱》)

李裕规,宋政和间(1111—1118),自河南光州固始入闽省,居北乡魁山。(《长乐仙富李氏族谱》)

何万,字一之,南宋隆兴元年(1163)进士,累官漳州太守。乾道元年(1165),举家从河南光州固始县迁入福清崇德乡(南上隅)和里牛田(龙田)。(《龙田庐江何氏族谱》)

吴孟仲季,沪江吴氏支祖,生于宋隆兴癸未(1163),由河南固始来,定居于晋江深沪镇东埯村上堡岑前。(《沪江吴氏支谱》)

谢乃章,宋从固始乌衣巷迁来同安大嶝镇浔崛村。(《大嶝谢氏族谱》)

邵子厚,河南光州人,宋乾道八年(1172)进士,官节度使入闽,定居泉州晋江永和镇邵厝村。(《晋江邵氏族谱》)

何梦登,宋咸淳七年(1271),河南固始魏陵乡铁井槛何梦登携眷南迁入闽,为福清前宅何氏祖。(《福清前宅何氏族谱》)

孙?,玉塘孙氏始祖系宋代由河南光州固始县乐安里迁晋江塘市乡。

（《晋江玉塘孙氏族谱》）

吴日新，名德广，宋末随父大全、叔大良自河南光州固始县入闽卜居长乐，后入赘定居螺洲吴厝，遂为螺江吴氏始祖。（《螺江吴氏族谱》）

据上所述，河南光州固始与福建的确有着奇特的渊源关系，上自西汉，下截至宋末，不同时期都有固始先人因不同的原因入闽定居。若再加上随陈、随王部分大规模军事移民，千余年来，许多固始入闽先人历经朝代更迭的沧桑，能还有后人繁衍播迁，实在非易，其中随王入闽者中，出现了众多令人瞩目的名门望族，颇值得深入研究。随王入闽的光州固始人及在闽繁衍成为名门望族者以及随陈入闽者多在福建漳州一带繁衍生息，许多后裔东渡台湾。当代竟出现台湾都是祖籍漳州者代表不同党派争夺领导人位子的角逐现象。由于篇幅限制，仍围绕主题继续介绍随王者及已在闽成为名门望族的家族（按福建各姓氏人口数排列）。

其中繁衍为福建名门望族者

随王入闽的光州固始人，定居在福建各地，繁衍播迁，有的后裔成为能人志士，为国家的繁荣，民族的昌盛作出杰出贡献，或者产生一定的历史影响。为此就笔者所知，且以该家族历史上的功名、业绩、影响、贡献等粗拟称得上福建名门望族者名单供方家参考：

林穆，字然佑，系济南汉谏议大夫林希旦之后，林卫之子。河南光州固始人，随王潮、审知兄弟入闽，任左朝奉大夫，光启三年（887）卜居闽县归义里枕峰，后迁永庆里繁衍发族，人丁兴旺，以所傍河流名称陶江林氏，有文武十八进士，其中宋有御射状元林壮行、清有甲申抗法民族英雄、武探花林培基，现当代有辛亥革命著名元老、孙中山挚友、民国开国参议院议长、国府主席林森、二七烈士林祥谦、马来西亚共产党创始人林仲、新加坡总统王鼎昌夫人林秀梅及近百举人，十多个将军等等。（《陶江林氏族谱》）

林硕德，唐中和四年（884）随王入闽，以军功升前锋先锋、开闽都统使。卜居侯官县治，建六桥以利六通，人丁兴旺，播迁海内外，遂称"六桥林氏"。宋有同知枢密院事、兼理参知政事林安宅等等。（《闽侯六桥林氏族谱》）

林延皓,唐光启二年(886),携弟林仁翰、从弟林延遇、林守亮自固始淮阳,随王潮、王审知入闽,历官拱宸控鹤都使,卜居闽县吴山,后代繁衍,世称"控鹤林氏"。(《控鹤林氏族谱》)

林?,光州固始人,于五代随王入闽,卜居闽县开化里濂浦,前后十一世名讳因回禄之灾而佚,后裔至明代功名显赫,遂称为"濂江林氏",尚书林瀚及子孙"三代五尚书"史无前例。(《濂江林氏族谱》)

林阳泰,名靖,河南光州固始县西园人,唐乾宁四年(897),随王审知入闽,官都统留后监军,后封忠烈侯。后衍首祉、五龙林氏。宋有淳化进士林玑,历官谏议大夫、给事中。(《五龙林氏族谱》)

陈檄,仕唐官太尉,为避"广明之乱"于唐光启元年(885),自颍川郡光州固始县随王绪入闽,后仕闽王王审知,赐第福州石井巷,子陈令镕、陈令图分衍荣绣、古灵陈氏均成名门望族。前者于明代四世九进士,官职显赫,世称"九条金带",其中陈达曾任山西巡抚兼雁门关总兵,世称"文武八座"(《荣绣大义陈氏族谱》);古灵陈氏有陈襄等名士,现当代则有抗日名将、民国海军部长陈绍宽、著名数学家陈景润等。(《古灵陈氏族谱》、《庐峰陈氏族谱》)

陈图,河南光州固始人,梁开平二年(908)入闽,先居侯官古灵,旋迁石门,为长乐营前始祖。后有状元陈谨。(《营前陈氏族谱》)

陈夔、陈参父子祖居河南光州固始,于唐末随王审知入闽。后举家隐福清县新丰里南阳村,后裔蕃衍,遂称"南阳陈氏"。陈参曾孙陈泰于北宋初迁长乐江田。人丁兴旺,簪缨不绝。(《南阳陈氏族谱》)

张睦,唐开封刺史,河南光州固始县魏陵乡祥符里人,唐末随王审知入闽,领榷货务,辅佐闽王功勋卓著,历官尚书右仆射、梁国公。子孙蕃衍,世称"凤池张氏",播迁海内外,据不完全统计,福建境内其后裔近百万人,算是随王入闽者中后代人丁最兴旺之家族。自宋代始就有著名词人张元干,张肩孟父子兄弟四进士,户部、工部两尚书,奉天巡抚张元奇、抗战英烈张敬将军……。(《凤池张氏族谱》)

黄敦,河南光州固始人,光启元年(885),随王审知入闽,隐于梅溪场(今闽清县)凤栖山盖平里,称虎丘黄氏,生六子,号六叶。人丁兴旺,名人辈出,后裔有名臣黄洽、黄龟年、黄师雍、黄德邵、黄豫、黄淮等等,著名侨领黄乃裳、黄依娇……。(《虎丘六叶黄氏总谱》)

黄膺,河南光州固始城东阳泉乡人,光启元年(885),随王审知兄弟入闽,隐于邵武军(今邵武市)故县仁泽乡,子孙繁衍,簪缨相继。有监察房、少师房、秘书房、仆射房、鸣凤房、庐峰房六大支系。历代名人有黄干、黄槐、黄榆、黄履、黄伯思、黄中、黄潜善、黄愿、黄正纲、黄英……民国开国海军总长黄钟瑛等等。(《黄文肃世家宗谱》)

黄惟淡,河南光州固始人,从王潮入闽,家邵武,以五经教子皆登科,世号"五经先生"。后人人丁兴旺(据研究,三妻廿一子的黄峭为其后裔),功名不少。(《邵武府志·宦绩》)

黄翁,唐末随王审知由河南光州固始入闽,居福安城关,世称"察阳黄氏",后有著名理学名家黄干。(《察阳黄氏族谱》)

黄俊,"五代时人,仕闽,自光州固始从王氏入闽,因仕焉。其子讳碣公,居言路有直声,后迁御史中丞兼节度副使"。(《十国春秋》卷69)

黄琼,河南光州固始人,唐景福元年(892),随王审知入闽,官闽清县令,后隐居连江官坂下庸村。裔分三房(含透堡黄氏孟季房),宋有13名进士,近万人口。(《连江官坂黄氏族谱》)

郑摄,唐宣议郎,光州固始人,光启元年(885),与叔郑杰、兄郑琼、弟郑链随王审知入闽,卜居长乐北湖,人丁兴旺,功名显赫,历代有49位进士,世称"福湖郑氏"。有状元郑性之、郑邦彦、郑世威、郑章……当代郑振铎、郑天挺、郑作新、陈怀恺、陈凯歌等等。(《福湖郑氏族谱》)

郑诚,龙骧大将军,光州固始人,唐光启间随王入闽,为闽县桂阳郑氏始祖。有名士郑穆、船政大员郑清濂、辛亥革命元老郑烈。(《闽县桂阳郑氏族谱》)

宋臻,字彦明,五代后梁开平二年(908),由固始随王审知兄弟避乱入闽,先居雪峰后迁徙于侯官镜江,为镜江宋氏始祖。后裔宋鸿图为清武状元。(《闽侯镜江宋氏族谱》)

程彦，河南光州固始县君子乡兴贤里人，唐末随王潮、王审知兄弟入闽，历官司马、漳州刺史，殁于任。四子繁衍播迁海内外。（《闽侯甘蔗程氏族谱》）

李？，象峰李氏先祖，自甘肃陇西迁河南固始县调元乡秉钧里，唐末随王审知入闽，居福州南门。裔李祥于宋景佑元年（1034 年），迁长乐沙堤象山。人丁兴旺，功名显赫。世称"象峰李氏"。有明永乐状元李骐及名人李兆珍……。（《象峰李氏族谱》）

章仔钧和章仔钊，"（前者）仕王氏官至太傅，（后者）为泉州团练副使，兄弟俱有功于闽"！（杨时《龟山集》卷 35《章瑞叔墓志铭》；卷 37《枢密郑公墓志铭》）

刘存，河南光州固始人，唐末随王审知入闽，卜居福州凤岗，成为凤岗忠贤刘氏始祖。后人人丁兴旺，播迁海内外，名人辈出。民国尤以海军总长刘冠雄、船政大员刘懋勋、轮机总监刘冠南等四兄弟称著。（刘冠雄主修《凤岗忠贤刘氏族谱》）

严怀英，河南光州固始人，唐末随王审知入闽，卜居侯官（今福州仓山）阳岐，为岐阳严氏始祖。后裔有近代著名思想家严复等。（《侯官岐阳严氏族谱》）

施？，福清龙田高楼施氏始祖，于唐僖宗间自河南光州固始，随王审知入闽。清靖海侯施琅属其裔孙。（《龙田高楼施氏族谱》）

金衡，唐探花，光州固始人氏，随舅王审知入闽，卜居长乐，十一世孙金景文成进士，任浙江金华府推官，徙居兰溪。后堂兄弟金履丰为殿前大将军携子归隐福州璧团洲，成为璧团金氏始祖，裔孙金瑛于明初移居琉球国，为"闽人三十六姓"金姓始祖，子孙繁衍成为琉球贵族；金履祥则为著名理学家，世称"仁山先生"，仍居兰溪。（《璧团金氏族谱》）

茅亹，唐末由光州随王潮参军入闽，官节度使，为莆田蓝溪茅氏始祖。（《莆阳蓝溪茅氏族谱》）

吴十一郎，先祖吴潜，唐累官至大司马兼兵部尚书，五季时居河南光州固始县。吴十一郎随王绪入闽，居福州南台、兴化黄石塘下，六世进士公（讳

阙)于后梁开平二年(908)移居晋江龟湖象畔嘉埭卜址,遂为象畔吴氏始祖。(《晋江象畔吴氏族谱》)

庄森,字文盛,河南光州固始人,唐光启二年(886)随母舅王审知入闽,居永春桃源里,为青阳庄氏始祖,后裔功名显赫,有文状元庄际昌、榜眼庄奇显,武状元庄有恭,世称"霞张庄"。(《青阳庄氏族谱》)

叶洙,唐龙纪元年(889),随王审知入闽,卜居同安南郊佛子冈岭下。人丁兴旺,播迁海内外很多,世称佛岭叶氏、郡马府叶氏。有明东阁大学士叶向高、武探花叶时茂等等。(《南洋佛岭叶氏族谱》)

张修竹,河南光州固始人,随闽王南下守泉州,任知府……娶董氏生八子,随天意择居,人丁兴旺。世称赤蒲张氏(今福鼎管阳镇七蒲口庄)。(《赤蒲张氏族谱》)

萧华,系河南光州固始县用儒乡进贤里竹洲村人。光启元年(885),挈家130余口随王审知入闽,伯叔兄弟各寻栖隐之地。其中华公子萧丙二,自怀安迁长溪、周宁,后定居萌源。世称萌源萧氏。(《萌源萧氏族谱》)

孙小二,唐平章,为孙权40世孙。从河南光州固始县"随王闽地统三军"。(《萌源萧氏族谱》)

欧?,系河南光州固始县永丰前村人氏,唐末随闽王入闽,家于福州侯官之洪塘。后欧光官至户部尚书。九世孙迁南溪,为兰溪欧氏祖。(《侯官欧氏族谱》)

应世哲,唐光启元年(885),从河南光州固始随王审知入闽,卜居南平峡阳,为峡阳应氏始祖,后裔有宋状元应珍。(《峡阳应氏族谱》)

邓兴,唐末从河南光州固始随王审知入闽,卜居闽县竹屿,后有名士邓原岳及院士邓叔群、邓拓兄弟、邓昌黎,台湾音乐大师邓昌国等。(《竹屿邓氏族谱》)

邓光布,河南光州固始人,唐僖宗授殿中侍御史,随王潮入闽,为剑州路将军,定居沙县。后裔人丁兴旺,播迁海内外。(《沙邑邓氏族谱》)

苏益,任泉州押卫都族军使赠上将军武安侯,唐光启元年(885)由固始迁来,为同安大同洗墨池路芦山堂始祖,有名相苏颂等先贤!(《芦山苏氏族

谱》)

阮少盛,894 年随王审知从固始入闽,官御史大夫居宁德,后迁古田邹洋,裔阮孔彰迁周宁县李墩镇阮家洞村。遂成李墩阮氏始祖。(《李墩阮氏族谱》)

周举元,携子孙从河南固始县阴德乡魏侯里依王绪、王审知南下,景福元年(892)定居福州。孙周导于后晋开运三年(946)迁居宁德洋中镇,其长子周霆官户部尚书。(《西乡周氏族谱》)

唐绮,唐末随王审知从河南固始入闽,卜居福州鳌峰坊,元皇庆二年(1313)后裔迁侯官(今闽侯)南屿垚沙,人丁兴旺,名人辈出,现有父女双院士唐仲璋、唐崇惕。(《垚沙唐氏族谱》)

许陶,字尧夫,号十一公,随王审知兄弟从河南固始入闽,定居闽清,后迁侯官(今闽侯)上街都巡。今有许居衍院士。(《都巡许氏族谱》)

许令骥,为东汉许邵后裔,世居河南固始,唐僖宗乾符四年(877),随王绪队伍入闽,居闽清为文定许氏始祖。后有宋状元许将等。(《文定许氏族谱》)

尤宗,字思礼,唐光启二年(886)随王审知从固始入闽,王招为郡马,肇居泉州。人丁兴旺,簪缨不绝。后有名尤大成、尤大公、尤袤等。(《吴兴尤氏族谱》)

董思安,光州固始人,唐末随其父董章扈从王氏入闽,定居晋江。南唐时为漳州刺史,以避其父讳,曾改漳州为南州。子董兴以武功仕宋,累晋为太尉、上柱国。(《晋江董氏族谱》)

柯延熙,光州固始人,唐僖宗光启中随王入闽,家于泉之玄妙观西水沟巷。后有北宋龙图阁学士柯述、近代菲律宾国父黎刹·扶西等。(《济阳柯氏族谱》)

吕占,字竟茂,唐相吕湮之后。唐末由光州固始随王入闽,定居泉州郡城桂香坊(今相公巷),后迁晋江、南安等地。其八世孙吕惠卿历官宋参知政事,参与王安石变法。有宋一朝吕氏科第不辍。(《南安吕氏族谱》)

其他随王入闽的光州固始人

林淘,唐末同长兄林涉、次兄林济,由河南固始随王审知入闽,择闽清溪潭口乡越溪之北而居,遂为闽清人氏祖。(《闽清林氏族谱》)

林廷甲和林廷第兄弟系河南光州固始县永丰庄人,唐中和四年(884),随王绪入闽,授骠骑兵马司,携眷定居凤山,后代衍八房,称"福全后安林氏"。(《福全后安林氏族谱》)

林元祯,字有祥,河南光州人,随王潮入闽,历官朝散郎、太守、中顺大夫。后迁长乐鹤上。(《鹤上林氏族谱》)

林源,河南光州固始人。唐中和四年(884),随王绪南下入闽,定居福城凤池后街登俊里,后迁永福文波梅山。(《永福凤池林氏族谱》)

林襖,唐大顺元年(890),随王由固始入闽,为侍卫有功封忠烈侯,居福清鹫岭。(《音西林氏族谱》)

陈孟德,唐末随王审知由光州固始入闽,卜居福清江阴垕。(《江阴垕山陈氏族谱》)

黄讽,唐光启间由光州固始入闽,仕王昶为谏议大夫,黜居侯官(今闽侯)南屿水西黄岸。(《侯官水西黄氏族谱》)

郑毅,字致刚,"其先光州固始人,唐僖宗时避乱,从王潮入闽,居建城南乡之龙池,故今为建州人。(杨时《龟山集》卷35《章瑞叔墓志铭》;卷37《枢密郑公墓志铭》)

邓璩,"自光州随闽王入闽……掌兵邵武,子孙家光泽之乌佩"。(元·刘将孙《养吾斋集》卷31《邓乌山墓志铭》)

丘祯、丘祥、丘福"唐僖宗时……兄弟三人由固始随王潮入闽,居崇安之黎阳"。(《崇安县新志·氏族志》)

叶四翁,河南光州固始人。唐末随王审知入闽,居甘州白石,为甘州白石叶氏始祖。(《甘州白石叶氏族谱》)

吴文卿,河南光州固始人,唐末随王审知入闽,卜居福州新店,为西园吴氏始祖。(《西园吴氏族谱》)

曹安,河南光州固始人,唐光启二年(886)随王审知入闽,为厚福曹氏始祖。(《厚福曹氏族谱》)

彭?,原居河南光州固始县,唐僖宗时随王潮入闽,始居泉州,后迁晋江虹山,为晋江虹山彭氏始祖。(《晋江虹山彭氏族谱》)

李?,相传先世系河南光州固始人,唐末偕王潮入闽,传至李默斋(列为一世祖)居此永春,遂为青阳李氏始祖。(《青阳李氏族谱》)

谢十六郎,唐乾宁四年(897),从王审知入闽,定居泉州清浦,为畲里谢氏始祖。(《畲里谢氏族谱》)

柯?,唐僖宗光启二年(886),昔祖从王绪入闽,初居晋江水沟头,后晋天福元年(936),五世祖宝公徙莆之武盛里,后迁安乐里柯山。世称美阳柯氏。(《美阳柯氏族谱》)

吕竞茂,唐僖宗光启二年(886),由河南光州固始县随王绪入闽,居泉州相公巷,旋徙晋江曾埭,后屡迁浯江、同安。(《吕厝吕氏族谱》)

刘显斋,于唐僖宗年间,由河南光州固始县避乱入闽,居建阳麻沙、崇安五夫里。世称沙埕刘氏,并分东西二刘。(《沙埕刘氏族谱》)

周举元,唐末(892)随王审知入闽,定居福州,后迁宁德县青田乡东洋里(周墩),后置为周宁县治,遂为"狮城周氏始祖"。(《狮城周氏族谱》)

袁璞,河南光州固始人,唐末避黄巢乱,随王潮入闽,徙居柘荣富溪天井里。(《富溪袁氏族谱》)

游瑸,源于河南光州固始,于唐末随王审知入闽,任建阳令。后裔游时于宋初迁居柏峰,遂为柘荣开基祖。(《柘荣游氏族谱》)

范大三,河南光州固始县人,为避战乱随节度使王审知入闽,卜居南平峡阳,为峡阳范氏始祖,取堂号为高平堂。(《峡阳范氏族谱》)

骆万安,河南光州固始县人,仍"初唐四杰"骆宾王之后。唐末随闽王王审知平叛黄巢之乱而入闽,居峡阳,遂成峡阳骆氏始祖。(《峡阳骆氏族谱》)

朱古傃,世居亳州之永城,后迁河南光州固始,李唐季随王审知入闽,任节度判官,家于福唐(今福清),后迁南平大坝、永安。(《沛国朱氏族谱》)

江阶,自光州固始从王审知入闽,居三山西门。为长乐云路江氏始祖。

(《云路江氏族谱》)

纪?,五代时,纪氏祖先由河南光州固始县,肇迁闽泉州惠安居住,一支迁同安。(《惠安纪氏族谱》)

詹敦仁,五代后周从固始随王审知入闽,卜居于安溪县祥华乡美西村。(《美更疌氏族谱》)

杨安,号安隐,唐光启元年(885),由固始入闽。遂成为晋安罗山镇后洋村芙蓉杨氏始祖。(《芙蓉杨氏族谱》)

甘仙游,唐光启元年(885),由固始入闽。13世裔茂隆光复旧业,号龙海东国镇顶房社中兴始祖。(《龙海东国甘氏族谱》)

江天明,唐随王审知从光州固始入闽居福州,后裔于元皇庆元年(1312)迁侯官(今闽侯)白沙上寨。世称阜宅江氏。(《阜宅江氏族谱》)

曾延世,唐光启元年(885),由固始入闽,居泉州龙山,后迁惠安獭窟岛,世称獭江曾氏。(《獭江曾氏族谱》)

陈孟德,唐随王审知从光州固始迁来,居福清江阴垦山,世称江阴垦山陈氏。(《江阴垦山陈氏族谱》)

庄锐,唐末僖宗广明元年(880),由固始随王审知入闽,居福清沙塘,后称沙塘庄氏。(《沙塘庄氏族谱》)

吴祭,河南光州固始人,唐中和四年(884)随王审知兄弟入闽,堂从六人分居福州泉州之间,播迁各地,世称吴氏六祖。(《闽清龙井吴氏族谱》)

郭嵩,字惟大,郭子仪四世孙,唐末由固始随王审知入闽,为长乐郭坑、福清江境玉桂郭氏始祖。(《玉桂郭氏族谱》)

何安抚,唐光启二年(886),由固始随王审知入闽,定居惠安。(《惠安何氏族谱》)

施典,由固始随王审知入闽,定居晋江前港村,为闽南钱江施氏始祖。(《钱江施氏族谱》)

卢珖、卢皓,唐僖宗广明元年(880),由固始随王审知入闽。后裔分布各地。(《范阳卢氏族谱》)

高钢,中和间由固始入闽,居凤岗高宅洋,王审知召为从政郎,成为入闽

始祖。(《高宅高氏族谱》)

非常特殊的五姓随王现象

在福建闽清有一非常特殊的五姓随王共建宗祠现象,祠在坂东镇塘坂村,祠名塘边聚庆五姓祠堂。祠联:"同源固始,蕃衍福地,五姓千家亲兄弟;共建凤池,开拓前程,十村继代乐舜尧。"甚为奇妙,录此共赏。下录随王五姓始祖名单:黄应茂、许实、陈隆兴、卢崇鸣、刘鼎。

除上所述,另据许伙努、杨清江先生《随"三王"入闽诸姓考》所考订名单,再行甄别,属真正由固始随王入闽并有后裔的人员还有:

王彦英、王彦复、王廷简;陈豹、陈勇;林嵩;刘恕;郭嵩、郭镕、郭珏;谢文乐、谢彦时、谢?(定居泉州安溪永安里东皋)、谢?(定居宁化石壁);吴询、吴文贤;张延齐、张清溪;黄梧(全省黄氏调查,未见其裔);周生;许十一、许弘钦、许文缜;杨安、杨猛;苏?;邹勇夫、邹馨;詹缵、詹环;薛文杰、薛从仁;姚建、姚源;朱文进、朱爷;李仁遇、李寿;郑湘、郑韶;程斌、程贵;严迅;孟威;庾?;戴九郎;蔡?;柯?;萧宝;卓禄;何现;孙叔?;缪济;赵杰;高贤、施文仪等等。

综上所述,河南固始与福建省的历史渊源关系真是源远流长。随王入闽的各姓氏先人努力奋斗,其中出现了不少名门望族,他们的族彦在历史上有很杰出的贡献,其中不乏名著国际,誉满全球之人,再由福建而至台港澳地区及世界各地的各家族蕃衍播迁,若再给予研究发掘,其所具有的历史与现实意义更是颇值重视,且很值得利用与发扬光大。

注释:

① 郑岳:《莆阳文献》卷7,《跋方诗境叙长官迁莆田事始》(方大琮撰)。
② 莆田《南湖郑氏家乘·荥阳郑氏家谱》。

随王审知入闽固始将士姓氏补遗

穆朝庆

穆朝庆(1954—)男,汉族,河南滑县人。河南省社会科学院历史与考古研究所副所长,副研究员。长期从事中国古代史研究,主要研究方向为宋代政治制度史、经济史、科举史和思想史。先后在《历史研究》、《史学月刊》、《中州学刊》等学术刊物上公开发表论文近30篇。

近年来,海峡两岸及华侨学者从姓氏与根亲文化入手,在对河南固始→闽→台及异国他乡的迁徙史研究中取得令人欣慰的成果。在宋代以前的民族迁徙中,尤以唐末王审知一行的规模最大,在闽的建树最大,其影响也较深远,不过随着王氏割据政权的覆灭,加上历史的时空已跨过千年之余,当年从王审知三兄弟入闽的固始籍将士的姓氏到底几何,恐难得确证。

一、可见记叙的差异

1. 元人称为"百八姓"

元人在描述随王审知入闽将士姓氏时称:"……唐季王潮昆第者,挟百八姓自固始转战入闽,据其地,传国数世。"

在元代之前的史籍中,笔者尚未发现有超过"108"这个总数字的记载。

2. 明人称为"十八姓"

此据明嘉靖所修《固始县志》。

3. 1994 年版《固始县志》称为"二十七姓"

4. 福建许伙努、杨清江等考证为"五十姓"

5. 固始县志办新编《开闽王审知》合为"七十八姓"

元人所收的 108 姓即必有遗漏,而至今按最多认定的"七十八姓"计,尚有遗姓 30。

二、两姓补遗

1."潘姓"

宋代,潘君,其世祖曾从王审知"自光州固始入闽,家于福州怀安县之水南"。明代潘荣,南京户部尚书致仕,其墓志铭载:"其先出河南固始,唐末从王审知入闽。"

2."方姓"

宋代,方信孺,曾为淮南路判官,其行状称:"先祖自固始迁莆田",至信孺已八世,推时间上限即在五代。同时,信孺后裔孙方梅叔是个不得志读书人,他的墓志铭亦称"方氏自光之固始来十有四代……遂为莆人"。

补遗随王审知入闽固始籍将士的姓氏,就历史意义而言是对当年曾浴血杀场,为辟闽作出过贡献,而又被历史遗忘的英雄的一种慰藉;就现实意义而言,藉对当年入闽姓氏的考察,勾画出固始 - 闽 - 台及海外同种、同姓枝脉关系,从而联结族缘,升华亲情,同谋未来。

移民万众与根着光州固始

——述王审知入闽从众属籍

许竞成

许竞成(1941—)男,汉族,河南固始人。1964 年毕业于郑州大学中文系。曾任固始县史志研究室副编审。中国汉民族学会会员。主要从事民族融合与姓氏研究。出版了《固始与闽台》等著作,编辑了《历史姓氏》等书,撰写了《炎黄氏族华夏多民族的源头》等学术论文 10 多篇。

唐朝末期僖宗朝,皇帝昏庸,朝政腐败,社会动乱,民众罹难无处求救。王仙芝、黄巢起义没有正确的纲领,所到之处剽掠无度,乱杀无辜,黎民百姓难以生存。寿州霍邱县屠户王绪聚众占领光州,蔡州节度使秦宗权表其为光州刺史;光州固始县县佐王潮被裹胁,任为光州军正。光州军兵受蔡州节度使秦宗权所控制。秦宗权忽为朝廷命官节度使,忽为朝廷"叛逆"、"盗贼"黄巢的同伙;光州军兵忽为官兵,忽为"盗贼",飘忽不定。其军兵与眷属希望离开黄巢危害惨重的中原,到远方谋求安身之处;王潮代表光州父老的心愿,力主军兵摆脱黄巢、秦宗权南下过江。军兵过江入闽,开辟了一块较为安宁的新区。王审知奉唐,被授为福建威武军节度使;继而奉梁,梁太祖封其为闽王,原光州军兵之骨干为福建威武军将校及州县官吏。随从王氏入闽的中原万众,成为福建籍民。王审知带众入闽,实际上是一次万众大移民。

从义万众入闽属籍

王绪于唐僖宗中和年间（881—885）占领光州，蔡州节度使秦宗权表朝授光州刺史，王潮为军正，史载时有军兵"万众"。这万众军兵属籍，有属寿州，有属光州；属寿州者多属寿州霍邱县，属光州者多属光州之固始县。

寿州，《新唐书·地理志》记载：淮南道之"寿州寿春郡"，领县五：寿春、安丰、盛唐、霍邱、霍山。宋仁宗年间（1023—1064），欧阳修等撰《新唐书》，其"列传一百一十五王潮"中记载："僖宗入蜀，盗兴江淮，寿春亡命王绪、刘行全合群盗据寿州。未几，众万余，自称将军，复取光州。"以此记载，王绪为寿州治地寿春县人，占据寿州不久就有万人。而宋太祖开宝五至六年（972—973），薛居正监修《旧五代史》，其"卷一百三十四王审知"中记载：唐僖宗"广明（880—881）中，黄巢犯阙（攻长安），江淮盗贼峰起，有贼师王绪者，自称将军，陷固始。审知兄潮，时为县佐，绪署为军正。"薛居正等所记载，王绪"自称将军"，遂"陷固始县"，未讲王绪属籍及陷固始时军籍人数。至宋神宗（1068—1085）朝，司马光撰《资治通鉴》，其"唐纪"中记载："寿州屠者王绪与妹夫刘行全聚众五百，盗据本州岛，月余，复陷光州，自称将军，有众万余人，秦宗权表为光州刺史"，"绪以潮为军正"。此记较为具体，记王绪是"寿州屠者"屠户，初聚众"五百"人，占据"本州岛"寿州，"复陷光州"。若仅此而无其他资料鉴比，王绪即为寿州寿春人，其众五百也为寿春人，因寿春是当时寿州治地；然而此记不为独有，还有宋开宝七年（974），福州守吴越王宗室钱昱撰《忠懿王庙碑记》，记中言及王绪则称："凭巢寇之戈矛，盗霍邱之土宇"，"复收士民，以广队伍"，以至于陷固始，王审知兄弟附焉。钱昱碑文所记，与薛居正《旧五代史》所记大体一致，而更具体到王绪属籍寿州之霍邱县。碑文、《旧五代史》，与《资治通鉴》也不矛盾，只是司马光从大处记载，与其他史书记载人物有些一样，往往只记至州郡，不具体到县。钱昱者，吴越王钱镠之曾孙；王审知与钱镠"交好临道"，钱昱较为了解闽南历史，记之为详。寿春，淮河中西部之南北要冲，"聚众五百"实难占据。实际则是寿州霍邱县王绪与妹夫刘行全聚众五百，占据寿州霍邱，自称将军。今河南省社会科学院李乔撰《固始与闽台》，也考证诸史料，王绪"据霍邱县自为镇使"。所据《新唐书·僖宗本纪》：中和元年(881)，"是岁，霍丘镇使王绪陷寿、光二州"。王绪占寿州霍邱月余，又陷固始，再陷光州治地，有众万余，秦宗权表为光州刺史。霍邱与固始虽分属二州，而土地则交错相连，霍邱在东，固始在西，两县城池相距100多华里；西固始有王氏"三龙"，东霍邱可以闻到，王绪想要壮益兵，自然会想到固始王氏"三龙"，便轻易入境以至占据固始县城。光州治所定城即今潢川县，又在固始之西，两县城池相距也仅百多华里，很快又陷光州定城。

王绪领兵入固始县境，即由寿州之境入了光州之境。由占据霍邱，到占据固始，再占据光州定城，军兵迅速壮大，由五百发展到万众。从王绪扩军路线来看，这万众军兵主要来至霍邱、固始、定城三县境。其间到固始，王绪挟持王氏"三龙"之母董氏，就是要挟其子"三龙"招兵从义。"三龙"招兵，主要是在固始招集同乡。王氏"三龙"承祖德家风（其五世祖王晔为固始县令），在民间有良好影响；王潮时为县佐，有一定的影响力，在乡民求生走投无路的情况下，一呼则应；在很短的时间里，能招众数千，致使王绪陷光州"有众万余"。因为王氏"三龙"招集兵将多，王绪才署"三龙"长兄王潮为军正。自中和元年(881)历经三年多以后，兵众有些脱离，《资治通鉴》记载，于光启元年(885)，王绪带领"5000军兵"离开光州南下入闽，这"五千军兵"大多数是军正王潮的坚实力量，是光州固始籍民，因为离开故土远行要依靠可以信赖的首领；入闽以后，王氏"三龙"能左右军兵，囚禁王绪，遂众推王潮为首领，也表明了入闽军兵大体属籍。王潮为首领后，又领将兵回光州固始，约招乡民从属，壮大队伍，以便在闽地扎根。纵观王潮入闽，纪律严明，没有在途中裹胁百姓。首次随王绪及"三王"入闽的五千多军兵，大多数为固始籍民，少数为定城、霍邱县籍民。《资治通鉴》记载，王潮入闽后又回光州固始"约其众"，这两次招众入闽，其众是为固始籍民。

从"三王"入闽士族属籍

唐僖宗光启元年，即公元885年春及秋，王潮、王审邦、王审知兄弟往返两次带领光州与寿州籍民、固始乡众万人徙居闽地,其后王潮、王审知渐领闽地,以至五代梁太祖封王审知为闽王,至王审知卒历时 30 余年;此间,中原豪强仍争战不息,故里固始与中原河洛士族不断往闽,寻求安身之地。

唐僖宗文德元年(888)三月,僖宗崩,昭宗立;当时局势如《资治通鉴》五月条所记:"朱全忠既得洛、孟,无西顾之忧,乃大发兵击秦宗权。"朱全忠、杨行密等诸方镇,"皆欲迎天子,挟之以令诸侯"。时局既是如此,一些士族、官吏报朝无望,只得从善而行,不断入闽,投靠王潮、王审知兄弟,愿从王氏仁政,建设闽地。此期结伙入闽从王氏者,有士族蔡氏蔡炉、谢氏谢文乐可为代表。

福建建阳《庐峰蔡氏族谱》记载:始祖蔡炉,字迁器,"弋阳郡光州固始人",于唐昭宗乾宁四年(897),与"妹夫刘翱暨河西节度使翁郜率领五十三姓入闽"。"蔡炉入闽为建阳县令"。建阳"县令",显然是福建威武军节度使王潮表授。"五十三姓",惜未载具体姓氏名称。

闽北松溪县《谢氏族谱》记载:"始祖文乐公,字季远,左学士登幼子也,世居河南光州固始县。唐僖宗时,公兄弟自大梁徙居杭州,再投金陵,任威武节度使。唐末,王审知闻公博学多才,奏辟为判官。公携家随王审知入闽。审知后为闽王,令文乐为王府长史。初寓居邵武禾坪鹳树下,后徙建州黄连。"该谱记载,反映出唐谢文乐是官吏仕族,王审知"奏辟为判官",时在王审知任节度使时;闽王授其为王府长史之职,时在五代。闽北宁德柘荣县溪坪《谢氏族谱》记载,同谢氏从王审知入闽的有 23 姓,并记有姓氏人名,记如:谢彦时、陈豹、林崇、刘如、郭珏、黄梧、周生、吴文贤、杨猛、詹环、薛从仁、姚源、朱帘、李寿、郑韶、程贵、萧宝、卓禄、何现、缪济、赵杰、高贤、施文仪等。

唐末及五代零散陆续入闽投靠王潮、王审邦、王审知兄弟的还有周、孙、宋、唐、黄、方、柯、姚、张、邹、施、严、李、雷、林、卢、刘、陈等姓氏士民,属籍多称"光州固始"。

周氏,莆田周氏先祖从雅翁公,固始人,"唐末盗起,与王潮兄弟同里闬,厚相结纳,保障乡里。尝栅默林以扼盗冲,翁料事多中,潮因呼为'默林独识'。及潮得泉州刺史,翁谋依潮。筮之吉,乃以光启三年(887)入闽。潮见翁,喜授宅里于泉州仙游县之东乡"。

宋氏,永春《儒林宋氏族谱》记载,唐末有宋骈者,于唐昭宗时入闽,王潮授为福建观察使,骈为福建观察使判官。骈为玄宗朝右丞相宋璟六世孙。

唐氏,福州《马尾区志》记载:南兜唐氏出自"光州固始"县之魏陵乡怡山境,始祖唐绮于唐昭宗景福元年(892)从王潮、王审知入闽。

孙氏,连江县〔富春孙氏宗祠〕述源:连江孙氏开基祖敏公,字永享,唐僖宗乾符、光启间御史中丞,景福二年(893),由固始入闽。其宗谱〔敏公传〕载:王审知"多用唐时故吏为官,乃以公为御史,同列者有太子宾客刘赞、御史林儒"。

方氏,固始《金紫方氏族谱》记载,盐州防御使方殷符子方廷范,唐昭宗大顺二年(891)进士,入闽为莆田县宰;廷范公六子仁逸、仁岳、仁瑞、仁逊、仁载、仁远,自乾宁四年(894)至天佑三年(906)皆"进士",多有入闽为王审知仕宦者。

黄氏,《虎丘义山黄氏世谱》记载,黄敦公于唐昭宗乾宁四年(897)与父霸公偕弟膺公自固始从王审知入闽。

柯氏,《鳌岱柯氏·重修鳌岱二房柯氏族谱》记载,今晋江英林镇埭边村柯氏始祖延公,于"唐僖宗丁巳(897)",由固始"从王审知入闽"。

姚氏,泉南〔桔里姚氏家庙〕述源:始祖姚天明,河南固始人,唐昭宗乾宁四年(897)进士,从王审知入闽。

张氏,泉州贤坂《张氏族谱》记载,唐末有张天觉者为剑南刺史,及朱温篡唐,便弃官避入闽。

邹氏,明代李贤《古穰集·邹安墓碣铭》:"唐季王审知称闽王,中原之士多归之,若河南固始邹勇夫一也。勇夫以仆射镇归化,因家焉。归化即今泰宁县,是后子孙繁衍,衣冠不乏。"

施氏,《钱江长房派石厦晋后分施氏家谱》记载:晋江龙湖镇石厦村施氏始祖典公,于"唐昭宗十六年(902)避乱入闽"。

严氏,闽侯《阳岐严氏宗系略纪》:唐昭宗天佑间(904),固始严怀英从王审知入闽,居于侯官阳岐乡。

　　李氏,《晋邑圳山李氏族谱》记载,先祖李晦翁,初居砀山,后因中原变故而居固始,唐末偕子李乐泉避兵入闽。

　　雷氏,五代时有讳鸾者,由光州固始迁建宁之建安(此雷氏与上周氏、邹氏转引自李乔《固始与闽台·固始入闽姓氏举略》)。

　　林氏,《平潭县志》记载,平潭县敖东镇桥锦头林氏始祖昕公,固始人,五代梁开平年间从王审知入闽,择居福州。

　　卢氏,《平潭县志》:"五代时,卢皓、林甲自河南光州从王审知入闽,隐居平潭小练岛。"

　　刘氏,建阳后山刘氏始祖幽公,"遭五季之乱,自光州固始迁焉,遂为建州后山人"。

　　陈氏,长乐〔石门营田陈氏宗祠〕述源:始祖陈图公,于梁开平二年(908)从固始入闽。又有宁德陈氏,"先祖陈春,五代中书舍人,因得罪梁太祖,携五子南渡宁德白鹤盐场"。

　　此外,直接从中原河洛区域入闽从王审知的唐末名宦还有唐相王溥之子王翙、唐相杨涉从弟杨沂、集贤殿校理归传懿、宏文馆直学士杨赞图、右省常侍李洵、中书舍人王滌、兵部侍郎韩偓、右补阙崔道融、大司农王标、吏部郎中夏侯淑、刑部员外郎杨承休、司勋员外郎王拯及王倜、韩颀、郑滔、郑璘、郑戬等。

　　如《新唐书·韩偓传》记:韩偓知朱全忠(后梁太祖)有篡唐之心,与昭宗意合欲抵制。及至"全忠至中书,欲召偓杀之。郑元规曰:'偓位侍郎,学士承旨,公无遽。'全忠乃止,贬濮州司马。帝执其手流涕曰:'我左右无人矣。'再贬荣懿尉,徙登州司马。天佑二年(905),复为学士,还故官。偓不敢入朝,挈其族南依王审知而卒"。

根着光州固始

　　万众迁徙,为着同一个原因,朝着同一个方向,到达共同的目的地;离开了老家,离开了出发地,在新的区域里开始了生活,瞬息之间失去了祖地根基。如此变迁,要记着哪里来哪里去,要记着促使变化的那段历史,以便后世子孙认识自身,记着文化、进步的过程。于是,他们及其后代在墓碑上,在族谱里,在祠堂的铭文中,都标记着祖籍地、出发地——"光州固始"。在危难中走出的带头人王审知,朝廷授为节度使、封为闽王,大家"洗刷了自身",跟着荣耀,在家史族史中开宗明义地写着:"随从王审知,由光州固始入闽",安家立业;多数族谱还明确记载着:"祖籍光州固始"。

光州固始籍民众多

入闽士民根着"光州固始",是因光州固始籍民众多。随从王审知入闽的万众移民,最初是由寿州霍邱县人王绪揭竿起义所引起。王绪初聚乡民500人,占据霍邱县城,本于世乱民饥。此步一旦迈出,就不可收回;为发展势力,王绪西进固始。霍邱、固始,土地接壤,边民交错,连带关系较多。王绪进入固始,队伍很快得到扩充。尤其是挟持董母,胁迫王审知兄弟招众从义,势力迅速壮大,占据光州治地定城,众达万人。《资治通鉴·唐纪》:僖宗中和元年(881)十月,王绪占光州,"有众万余"。这万余之众,有霍邱县籍民,也有光州治地定城县籍民,而地在东霍邱、西定城之间的固始籍民,是为多数。《通鉴》于僖宗光启元年(885)正月条记载:王绪"悉举光、寿兵五千,驱吏民渡江"。此条记载表明:入闽兵众"五千",另有官吏与眷属,总数是在"五千"以上。《通鉴》于此年八月条记载:王潮设法囚禁王绪以后,又"引兵还光州,约其属"。"约其属",不只是约邀同族亲属,同时还有在危难关头愿意另开新区的固始乡属。次年,王潮为泉州刺史以后至"五代",又有刘翱与翁郜率"五十三姓"、谢文乐与乡亲23姓,以及其他零散一些姓氏乡亲,不断入闽,投靠王氏兄弟。因此,随从王审知兄弟入闽的固始籍民数达万众。固始士民入闽居多,从史书人口记载上,也可以鉴识。《新唐书·地理志》记载:光州弋阳郡于开元二十八年(740),五县人口为198580人,固始一县人口按"五县"均数为39716人;寿州寿春郡于开元二十八年(740),五县人口为187587人,五县人口均算,霍邱一县人口为37515人。至北宋崇宁年间(1102—1106),据《宋史·地理志》记载:光州四县(殷城并入了固始),固始一县人口以四县平均数为39115人;寿春府四县,霍邱一县人口以四县平均数为 61595 人。历经 300 多年,固始又有殷城县并入,人口而无增有减,可知唐末入闽的人数何其众多！入闽姓氏族谱大多数记载:"祖籍光州固始",是历史事实的真实反映。

从王入闽祖根认同

随从王审知兄弟入闽的中原万众,不竟然全是光州固始人,其中少数也有寿州霍邱县籍民,史载王绪本于民饥初聚"五百人"占据霍邱县城,这"五百人"就是霍邱县人。不久王绪占领光州有众"万余",这"万余"之中应该有光州定城等县士民。后来王绪领军离开定城,兵员减少至"五千",减少者不竟然都是定城等县籍民。由此可知入闽万众,应该有少数的寿州霍邱等县人,和光州定城等县人;然而入闽若干年后,子孙在墓碑、谱牒等记载中,竟然不见随从王审知入闽者为霍邱、定城等县的明确记载,这是为什么？应该说这是因为随从王审知入闽由固始出发的缘故,是集体入闽少数对多数的认同感所致,是王审知"根"于固始而对固始的认同。这种认同,少数因素应该是认为霍邱、定城等土地阡陌相接,姓氏宗支相连,视固始也如同故里;然而其主要原因还在于对主帅王审知的认可,对先祖选择随从王审知数千里奔赴闽地的感戴;是要记住那段刻骨铭心的历史,黄巢为乱江淮,秦宗权残暴,王绪粗野。王审知兄弟仁爱、智慧,带领乡亲离开灾区故里,如救命恩人似地开发建设闽地,安家落户,建功立业。离开故里,"根地"遥远了,安定下来不免思念,思念那曾经温馨的鱼米之乡和那耕读生活;还有那对故里祖居、坟墓的一份血脉情思。因为大家都是从光州固始出发,对光州固始的印象、记忆特别深刻,祖根地标记光州固始,少数是为认同,也在情理之中。

入闽士民根着光州固始,其祖宗世系出自河洛,光州是"河洛奥区"。上古京师河洛之地,不仅是中华姓氏之部分的源出地,到了中古还是中华姓氏之部分的郡望地。汉晋至唐,京都西安与洛阳,其间黄河与洛河流域经济较为繁荣,居住一些仕宦家族、名门望族,其族人世代课读,谓之河洛士族。随着朝代兴衰,河洛士族还不断南迁。汉末、晋末,士族遭难南徙,徙至汝南,乃至淮南西部上古之扬州北域,水土风情与古豫之中部河洛区域并不一般,于是从河洛南来之人便称谓此区为"河洛奥区"。此区于南朝梁时建置光州,隋朝改称弋阳郡。《隋书·地理志》:弋阳郡,注"梁置光州"。《唐书·地理志》记载光州弋阳郡,领县五:定城(今潢川)、光山、仙居(今属光山县地)、殷城(今商城)、固始(括今淮滨县部分)。五县尽在今信阳市地区。清乾隆《光州志·附余卷之四·光州志略序》称光州:"北枕汝颍,东护淮风,南带齐安,西接申唐,盖河洛之奥区,战守之要壤。""河洛奥区"之称谓,来自久矣。汉晋之人,由河洛迁豫南,将豫南称之为河洛奥区,不忘他们的根地;唐朝之人,由河洛奥区光州迁入闽地,不忘他们的祖籍;河洛、光州、闽地,有一条血脉传承线,他们入闽后还称"河洛郎",出海后又称"唐人"。唐代南迁人的后裔,无怪他们在宗谱上记住"光州固始",勿忘唐代祖先之根固始、之源河洛。固始,河洛郎南迁祖地,唐人故里。

浅析闽台蒋姓的根与缘

蒋利人

蒋利人（1939—）男，汉族，中共党员，福建长乐人。1960 年毕业于福州市高等师范专科学校。先后任中小学教师、校长、党支部书记。连续八年被评为仓山区十佳校长、福州市中小学优秀校长、福建省先进教育工作者、全国名校校长、福州市劳动模范、福建省劳动模范。当选为仓山区第四届党代会代表、福州市十届人大代表。现为福建省蒋氏委员会副主任、会长，主要从事蒋氏源流、人物、文化研究工作。

两岸蒋姓同根共根共祖

1. 蒋姓的产生与始祖

追根溯源，蒋姓乃华夏炎黄子孙，周公后裔，姬伯龄为蒋姓始祖。据史书记载，自少典——大昊炎帝时姓姜（姜源氏），到轩辕黄帝时姓姬，炎黄为华夏始祖。黄帝以其惩罚邪恶，首次统一我中华民族的伟绩而载入史册，传到殷纣时天下淫乱，周武王姬发（周文王次子）伐纣，其弟周公姬旦（周文王四子）辅政，于公元前 1046 年 1 月 20 日，甲子灭商，建立周朝，武王在位四年卒，周成王年幼继位，周公姬旦摄政，七年后还政。周成王八年（公元前 1035 年），西周初实行的周朝贵族的内部层层大封侯中，周公姬旦因摄政有功，他的儿子均被封为国侯，周公的第三儿子姬伯龄分封为汉阳蒋地，做了诸侯王,建立期思蒋国(今河南省淮滨县期思集,1986 年河南省人民政府树碑"蒋国故城遗址"作为河南省级文物保护单位)。自此伯龄公为蒋姓始祖。

周平王十五年乙酉年,以周公历世有缵绪功,继封蒋氏十四世祖肆公为弋阳郡公,乃期思蒋国,祖封地由汉阳府扩大到河南汝宁府光州(唐天宝元年改为仙居县,1951 年由固始县析出,因此也有历史书上称蒋氏出于河南固始县)。到春秋时期,由于蒋国人民受不了楚国的欺凌、压迫,纷纷逃往外地,为记下这国难家仇,子孙遂以国名为姓,也就是以蒋为姓,以伯龄公为蒋姓的始祖。

据《左传》载,"凡、蒋、邢、茅、胙、祭、周公之胤也"。西晋初年学者杜预作注解《左传》中说:"蒋在弋阳期思县。"唐·《元和姓纂》曰:"周公第三儿子伯龄封于蒋,子孙氏焉,国在汝南期思县。"唐·《宰相世系》也有"蒋氏出自姬姓"之说,其他如《古今姓氏辨证》、《姓氏急就篇》以及《通志》等书均有近似记载,伯龄是蒋氏始祖,期思是蒋氏的祖根地。周公开创了分封制度,制礼作乐,奠定了中华民族的政治文化基础。孔子将周公思想发展,形成了数千年的儒学,成为中国社会最基本的文化传统。蒋氏人以自己是三千多年前的伟大元圣周公的后裔而备感自豪。

2. 蒋氏的繁衍与迁徙

蒋姓是我国历史悠久的姓氏之一,由于蒋姓产生较早,繁衍发展的时间较长,也是我国人口众多的 50 个大姓之一。蒋氏得姓迄今已有三四千年了,至少经历了 120 余代,宗支藩衍遍布五湖四海。在中华 4100 多个主要姓氏人口中,蒋姓人口排在第 43 位,据有关资料统计,蒋姓人口约占中国当代总人口的 0.48%,约 620 余万人。历史上是个比较典型的南方大姓,其中尤以江苏、浙江、湖南、四川、陕西等省人口众多,约占蒋姓总人口的半数以上,山西、河南、安徽、福建、云南、贵州、湖北、广东、河北、台湾、海南也不少,东北三省多为散居。总之蒋姓人口也与其他姓氏人口一样,遍布全国各地和世界五大洲。在《百家姓》中蒋姓排行列第 13 位,乃中华之大姓、望族。

据浙江东阳《泰里蒋氏宗谱》、江苏镇江《丹徒蒋氏宗谱》、江苏茗岭《蒋氏族谱》、四川省《丹徒蒋氏宗谱》和四川省《蒋氏通谱》载,蒋氏第一世始祖是蒋国公,即伯龄公。传至 23 世祖简轲时(春秋战乱),蒋国被楚国所并,其后子孙分散或仕于齐或家于乐安千乘(山东青州)或迁于江苏无锡一带,大都在黄河、长江一带休养生息,但为不忘国难家仇,纷纷皆以国为姓,自此蒋氏成为中华民族的一支精锐,似星星之火,由少到多,由小到大繁衍子孙播迁各地。蒋氏传至 47 世横公时,他从东汉光武帝讨赤眉,擢大将军,九江太尉,封逡遒侯。建武二年遭羌路之谮被诛。九子遭难离析而南奔扬维(今江苏扬州),八子渡江,居金陵之蒋山,其后分散各地,独稔公不渡江。横公罹难三日,帝乃觉悟,竟覆羌路之族,诏九子就地封侯。长子颖,封金华侯,为金华始祖;次子郑,封会稽侯,为越州会稽始祖;三子川,封临江侯,为润州丹徒始祖;四子辉,封镇湖侯,为湖州临湖始祖;五子渐,封临苏侯,为江苏吴县始祖;六子巡,封蒲亭侯,为杭州余杭始祖;七子稔,不渡江袭文爵封九江侯,为九江始祖;八子默,封云阳侯,为宜兴云阳始祖;九子澄,封亭侯,为宜兴亭始祖。自此,蒋氏名震东汉,仕宦而播迁繁衍于苏、皖、浙、赣四省,后再播衍各省。故谓"天下无二蒋,尽是九侯裔"。以上综述,全国蒋姓都出自姬姓祖根地期思,共同始祖都认定是伯龄公。这足以证明两岸蒋姓同根共祖。

闽台蒋姓一脉血缘

1. 闽台蒋姓源流亲情

福建蒋姓不是本土固有的姓氏,而是由中原、江苏、浙江、安徽、江西等省蒋氏先祖因仕宦奉旨入闽后,子孙因留念江南风光秀色和良好生活环境而留下定居或因各朝代战火天灾所至,蒋氏人避乱或避灾大规模南迁而遂渐移居到福建,千百年来在八闽大地繁衍生息,传宗接代至今,而宝岛台湾与福建隔海相望,台湾土地肥沃,气候适宜,很早就有福建人渡海到台湾开垦生活,而台湾的蒋氏绝大部分则是由福建迁徙而繁衍的。

据史料记载,唐代陈政、陈元光父子奉旨入闽平乱,先后有光州 64 姓和 44 姓子弟兵随从,其后在漳州,龙岩等地屯田开发而定居,这些子弟兵中就有蒋氏伯龄公的后裔。而据福建各地族谱载,大规模进入福建的蒋姓族人基本上查明,入闽蒋氏中发展、繁衍成族、成宗支的归纳为 11 支。其中唐朝入闽 2 支:是 33 世祖子慎公衍派,是 48 世祖云阳侯默公之血脉,其子孙主要生活在闽东十几个村落。第二支是高公衍派,是 48 世祖九江侯稔公之宗支,其子孙主要从仙游繁衍后代遍布德化、永春、大田、尤溪等地几十个村落并均有分支,后在闽西、闽北等地也有其后代繁衍。宋朝入闽 9 支:其中宋枢密直学士兼礼部侍郎堂公之五子渊公,任宋清源郡(今泉州)刺史,自江苏宜兴入闽,其六弟陆公侍兄定居仙游东蒋,至今莆仙境内蒋氏均为 48 世祖亭侯澄公的宗支;第二支海澄衍派,始祖进公宋朝入闽,今漳州、龙海、南靖、华安、厦门翔安、漳平、几十个村落居住地多是其后裔;第三支连城衍派,94 世祖十八郎公即亭侯的宗支,公于宋朝从江苏丹阳经江西入闽,今连城、长汀、龙岩都都有其分支;第四支屿头衍派吉公,公于宋末从南京凤阳府八角井迁入长乐三溪莲池,后又迁徙屿头而人口大发,是全省蒋氏人口最多、最集中的乡村,约有蒋姓族人 8000 多人,还不包括迁往福州、连江、闽东、闽北、上海、台湾等地的蒋姓族人;第五支是浦城宗支,92 世祖给公于宋朝从江西广丰迁入浦城,其后裔广播浦城各村落,给公是 48 世祖亭侯宗支;第六支德义支,公于宋元年间入闽后在福建、浙江辗转后在霞浦、福鼎等地村落繁衍;第七支为凤阳支,始祖范公、旺公,旺公由安徽凤阳奉旨入闽仕宦官至福全正千户,范公随侄到泉州择奇树定居,今晋江福全、泉州、厦门、惠安各村落均有蒋氏后裔,人口多达万余人;第八支钟英衍派,翠岗公于元明由漳州迁龙岩许多村落,漳州蒋氏有的则是由福州螺州迁徙而来,至今龙岩蒋姓分布许多村落繁衍成三个宗支。第九支为绍公衍派,公于明太祖时今吾将军,封万户侯于永乐二年奉旨自江苏金陵入闽,其分支只在永泰、闽侯几个村落,繁衍缓慢。

台湾的蒋氏族人更不是本岛上固有的。虽然台湾也有从江苏、浙江、广东以及其他省市蒋氏族人在不同年代迁徙台湾,但是迁往台湾最早,人数最多的公认为福建蒋氏族人。特别是闽南各地的蒋氏族人。

据《台湾人的祖籍与姓氏分布》认定台湾姓氏至少有 1027 个,而相对集中于 87 个大姓,其中闽南人、客家人最多。占台湾居民人口中的 85% 是来自福建,而且台湾盛行闽南语。在基隆、台中、台北、南投、云林、桃园几个县市的"大姓"几乎都在 87 个大姓中,而蒋姓也都有,人数也不少。据有关资料统计台湾蒋姓人口有 33000 多人,在全岛 87 个大姓中排行第 66 位,其地位显赫。蒋姓台湾的源头据台湾史书载为:"系承伯龄,望出蒋乡。"蒋姓族人迁台最早的是明永历三十七年(1698)。当时,有位跟随郑成功父子在台湾高举反清复明大旗的在郑氏军队中任副总的蒋毅庵(蒋毅庵死后葬于彰化市的八卦山麓)和郑成功军队中的一位蒋姓部属,定居台湾垦港东里西势庄。追随郑成功的蒋姓族人已被认为蒋姓迁徙台湾的始祖。《福建通史》记载,台湾的蒋氏主要来自福建泉州,而泉州的蒋氏始祖是南宋的大学士蒋邕(雍),他是莆田仙游人,在南宋绍兴年间由中原来泉州教书,后来定居下来,成为闽南蒋氏的开山祖。另据《福全蒋氏宗谱》载,泉州地区晋江市金井镇福全村有九世祖蒋学文迁居台湾(系君齐公、良材之次子),还有 15 世蒋彩应家庭迁徙台湾漳化县马芝遴保管事厝庄(系五房天应之子),还有四房素斋厅蒋城移居台湾,泉州福全蒋明俊随先祖迁徙台湾桃园。据厦门翔安澳头《蒋氏族谱》载,厦门翔安(原同安)澳头村蒋孟育,福全派下蒋旺后裔,孟育公是明万历十七年进士,授翰林院庶吉士,补国子监祭酒,南京吏部左侍郎,由澳头迁徙金门西山前社。后裔在 1958 年"8.23"炮战后,有 1000 多蒋氏族人迁入台湾居嘉义、高雄等地。金门至今仍有蒋姓后裔 300 多人,另据《同安县志》载,澳头迁台始祖有二人,即蒋土魏迁台北淡水,蒋本大居高雄,他们也成为台湾蒋氏的又一宗支。据莆田蒋姓史料载,在清末至民国年间莆田很多人赴台湾经营或开发,其中有不少蒋姓族人,如莆田秀屿区厝村蒋文瑛因仕宦居台北,有蒋亚欣兄弟、蒋九樵、蒋亚绍、蒋金龙等迁台湾,有莆田忠门半岛南部,面积不足 50 平方公里,自南宋至清末曾有蒋氏村落和居点 30 处之多,他们都是莆仙始祖渊公、陆公后裔,后来不少人迁徙台湾,所以与台湾蒋氏乃连理之枝。忠门半岛又是"海上和平女神"妈祖故乡。据漳州华安县《蒋氏宗谱》载,有蒋宗清《紫林》华安首任长官代县长,1931 年调省城任职后带其子女等均定居台湾。据尤溪《蒋氏族谱》载,台湾奉系蒋氏宗亲有尤溪族人。另据《闽连族谱》载,也有长汀蒋坊、蒋道训在台湾任官,长汀蒋承龙、蒋承为家人均居台北,蒋美兰、蒋美礅等居淡水。据长乐屿头《蒋氏族谱》载民国初期海军总司令蒋拯上将后裔蒋铭、蒋秀莹、蒋秀光等居台北、蒋亨灏带部分子女和蒋氏宗亲由上海迁台北,蒋开慧、蒋心德也居台北,连江蒋书告、蒋启弼等一家也住台北,他们都是屿头吉公子孙,48世祖稔公之后裔。在台湾的蒋姓还有从浙江迁去的蒋中正家族和其他蒋氏族人和江苏沭阳跟随蒋介石赴台的蒋志勇家族。在不同时期,赴台仕宦、经商、开发立基创业,千百年来传宗接代,塑成了今日宝岛之繁荣。以上足以证明闽台蒋氏不仅同根共祖,而且一脉亲情。

2. 寻根认祖一脉血缘

20世纪50年代后祖国大陆和平盛世,国富民强,到处一派欣欣向荣景象,80年代改革开放春风吹遍神州大地,台湾人民纷纷回大陆寻根认祖,我们蒋氏家人也随之潮流,千方百计绕道香港回乡寻根认祖。福建台湾一水之隔,亲人最多,从台湾回乡寻根探亲最热。这里略举几例。如80年代起就有在台北的蒋亨灏之妹蒋秀珠带侄儿、侄女回老家长乐屿头寻根认祖,他们与宗亲们谈及先祖义姑为抚侄终老不嫁的美德神话般故事,谈及在台北的福州蒋氏族人每年按家乡风俗举办春酒,宴请福州在台北的蒋氏家人足有10桌之多,以此来寄托血脉亲情;有迁徙台湾的蒋拯之孙女蒋秀莹与其夫代表在台湾的弟妹蒋铭、蒋秀榕家人回榕寻根认祖并拜谒祖父蒋拯之墓,并于2006年冬在长乐屿头村领导和宗亲们的支持下将蒋拯之墓迁回屿头,实现了先祖落叶归根之梦想,并且蒋铭因此将于明年率蒋氏族人组团回乡祭拜;有连江县蒋启弼、蒋书诰宗亲在回连江寻根认祖之际,蒋启弼宗亲还捐巨资建宗祠、修族谱、办企业;如泉州奇树在台湾蒋氏族人组团寻根认祖,成立明星集团董事会捐巨资修宗祠、办学校(明星华侨中学、明星小学),办明星华侨医院、办工厂为公益事业造福子孙后代,为家乡建设作出贡献;有晋江市福全蒋明俊等回乡寻根认祖时谈及在台湾桃园县有几千蒋氏宗亲,所以那里有条闻名台湾的"福全街",后来他还回大陆投资办企业,此后他都要带宗亲们回乡探亲;再如惠安、华安两地每年蒋氏宗亲回家乡烧香拜佛之际都来寻根探亲,他们还谈及台湾的竹制蒸笼就是先祖从惠安带过去的手工艺为经营生活之道,至今台湾家家户户用的蒸笼都是莆田传去的;再以浙江为例,2000年蒋经国之子蒋孝严第一次回浙江奉化溪口寻根问祖时,办了10

桌酒席并拜会了同宗支的蒋姓族人。据宗亲们回忆,他个头不高,人很随和,很有礼貌,临走时还到每桌敬酒与每个族人握手道别。终于寻到根的蒋孝严随着南来北往的探亲客流,再一次勾起中国人的寻根热,回台后他为闽台两岸三通作出了巨大贡献。台湾蒋氏族人的寻根问祖有力地证明了闽台两岸一脉血缘。

3. 共同信仰验证亲情

据华安《蒋氏宗谱》载,1998 年 2 月台湾嘉义市武当山北极玄天上帝管理委员会罗、赖两先生带领几十名蒋氏乡亲到华安仙都大地寻根认祖,到大地上帝殿进香并与上帝殿碑文校对,说明台湾的玄天上帝信仰和三信公信仰是由大地传承的。1990 年 2 月 28 日,台湾蒋氏族亲再次随团又来大地玄天上帝殿进香,并迎接玄天上帝三尊金身到台湾。据莆田史料载,莆田忠门半岛南部,面积不足 50 平方公里,自南宋至清末曾有蒋氏村落和居住地 30 多处,他们都是莆仙始祖蒋渊公、蒋陆公后裔与台湾有蒋氏乃连理宗支。忠门半岛又是"海上和平女神"妈祖之故乡,神话中妈祖林默渊源就在蒋氏居住地琼山,今台湾居民普遍信奉妈祖,并建有宫庙 3000 座,信徒达 1700 万之众。改革开放以来,来自台湾进香的旅游团络绎不绝,批次和人数逐年增加,2006 年旅游胜地眉洲岛接待海内外游客超 150 万人次。福州闽剧、泉州高甲戏、莆仙戏剧的闽音韵律还不时在阿里山上空唱响。事实证明海峡两岸蒋氏共同文化、共同信仰不难看出闽台蒋氏的血缘亲情。

两岸心声期盼统一

自蒋介石 1949 年 12 月 10 日,一行抵达台北,在大陆统治了 22 年的蒋介石,自此退缩到台湾偏安 26 年。他到台湾以后,尽量在台湾保持中国传统文化,不断灌输"台湾民众根在大陆"的理念。要求台湾学生对大陆省份地形倒背如流;在国文课本上,提供蒋母教诲自己的文章供学生背诵;成功地推行了两岸群众都能沟通的"国语"。另外,他在居所官邸及住馆,要求有类似浙江奉化的景致。他的思乡之情异常浓厚。他还坚决反对"台独",临死前曾想两岸谈判,1975 年春节,香港的报纸发表陈立夫的文章《假如我是毛泽东、周恩来》。陈在文章中欢迎毛泽东、周恩来访台,与蒋介石重开谈判,造福人民;呼请毛泽东"以大事小","不计前嫌",开创"第三次国共合作"的局面。据说,陈立夫的这个"意思"是受命于蒋。只惜两个月后,89岁的蒋介石病逝,此事未有"后话"。蒋介石病逝后,灵柩一直停放在"慈湖别墅"。"慈湖"在台北南60公里处,蒋介石生前曾常来此小住,并曾指示自己百年后暂厝于此。所谓"暂厝",意即日后还要送回大陆安葬。不久蒋经国亦病故。1996年7月8日,蒋纬国在国民党中央直属第六次会议上,提出蒋介石、蒋经国灵柩移大陆临时动议案,提议成立"移灵奉安委员会",以"安民心,促进和平统一",造成两岸间的震撼。现在,两蒋的灵柩由军队保护着。台湾本土人士称,平心而论,蒋介石对台湾并非没有贡献,和当今的"台独"不能相提并论,更何况他完完全全认同中国文化,认同自己的故乡,认同自己的根源。他要求返乡安葬,完全可以理解。据台湾一媒体1996年7月25日一篇文章吐露,1993年蒋纬国赴美为宋美龄祝寿时曾谈及蒋介石"入土为安"的彻底解决方案。宋美龄提出她的看法:"若蒋介石能归葬南京紫金山或是南京附近的方山、四明山等昔日蒋钟爱的名山大泽,则她在百年之后亦颇愿意归葬大陆,和她的母亲倪桂珍葬在一起。假使蒋介石不能归葬南京紫金山、四明山、方山等地,而能归葬浙江奉化老家,那么她百年之后,愿意和蒋遗骨一起归葬奉化溪口祖坟。"这篇文章还说,宋美龄表示,在两任"总统"归葬大陆前提下,她亦愿意"落叶归根"。

"落叶归根"是炎黄子孙的传统。就算经过时间、空间的阻隔,政治因素的分歧,还是能够打破任何对立的意识的藩篱。加上大陆繁荣昌盛,呈现出巨大商机,已潜移默化地消弭着两岸的分歧和对立,二蒋,不,三蒋(包括蒋纬国),不,还有宋美龄百年后,归葬大陆,回归故里,自在情理之中,有何不可呢!正因如此,"渡尽劫波兄弟在,相逢一笑泯恩仇"。这是十六大台湾团代表、浙江省政协副主席、浙江省台胞联谊会长陈昭典在接受记者采访时的一番感慨。

在大陆莆田有个小学生名叫蒋伟凡,他于2007年2月18日写信给胡锦涛主席,抒发了两岸亲情,讲述了台商子女们与大陆孩子们的骨肉至亲,大家头顶一片天,共命运,共同珍重"追本溯源"的优良美德。倡议炎黄子孙大联合、大团结,并成立"海峡青少年联谊会"。目前,不少台湾青少年来闽过夏令营生活,两岸中学生还在闽举行演讲比赛。连闽台青少年都发出内心的呼声:为振兴中华、富民强国而共同奋斗,携手共创祖国和平统一大业。然而,台湾陈水扁却不认祖宗,否认根祖在福建,还掀起一股"去蒋化"、"去中国化"的恶浪,宣扬什么"入联公投"等歪门邪论,这一切都遭到台湾人民的痛骂。骂阿扁搞"台独"是残害百姓,是痴心妄想,是决不可能得逞的。陈水扁一再想搞"台独"是与和平统一背道而驰的,必将自取灭亡,并将成为历史的罪人载入史册。

同根共祖,同一血脉,同一文化,同一信仰,共同心愿,把海峡两岸同胞兄弟的心紧紧连在一起,这是任何力量都无法阻挡的,祖国统一大业,一定会早日实现。

绝大多数闽台陈氏族人的根在固始

陈及霖　　陈大明

陈及霖(1939—)男,汉族,福建省晋江市人。1962年毕业于北京大学。先后任福建省计委、省旅游局科员、副处长、处长、民建福建省委会副主委、民建中央委员、省政协委员、全国政协委员、省政协提案委副主任等职。出版《福建经济地理》、《福建旅游地理》等专著,主编《福建国土资源》、《东南亚华人旅游市场开拓研究》、《福建陈氏源流考》等10多部,合著《振兴福建之路》等10多部。在国内外刊物上发表学术论文、研究报告近百篇。先后荣获全国地理科普优秀奖、福建省政府颁发的社会科学优秀成果二等奖2次。现为福建省经济研究中心和省社会科学院特邀、特约研究员,福建省文史馆馆员。

随着社会经济的发展和文化研究热潮的高涨,海内外闽籍陈氏宗亲的爱国、敬祖、寻根的意识空前活跃。每一位海内外闽籍陈氏宗亲都想知道自己是从哪里来的? 根在哪里? 为此,我们着重围绕福建陈氏的迁徙、发展、衍生、世系等问题进行探索,初步理清了如下几个问题:

一、福建陈氏的祖源

从搜集到的福建各地陈氏族谱来看,绝大多数的福建陈氏宗亲,都归宗于颍川汉太丘长陈实世系,也就是说都承认其先祖为颍川汉太丘长陈实。

经过细考陈氏的来龙去脉及其迁徙分布状况,可以确认陈氏统源为舜裔,按血缘关系,陈氏称舜帝为太始祖或血缘始祖是合情合理的。而妫满受封于陈地、爵陈侯,建陈国,以国为姓,死后谥胡公。从姓氏上来说,称妫满为陈氏始祖或得姓始祖,也是不可否认的史实。

陈国到了文公时,内乱开始,兄弟为争夺王位,相互残杀。厉公为夺王位,乘长兄桓公病危之时,把桓公的长子杀了,自己登上宝座,而桓公的次子陈跃又杀了厉公,夺回了王位。引发厉公的长子陈完出奔齐国,改陈姓田,其子孙在齐国历任权臣,后取而代之,自立为齐国君王。至齐王健时,于公元前221年为秦国所灭。齐王健的三子轸相于楚,封为颍川侯。因迁入颍川,复姓陈。是为去田复陈之颍川始祖。陈轸的十一世孙陈实,为福建陈氏宗亲公认的先祖。

在利公陈跃执政的陈国,传至闵公时,于公元前479年为楚国所灭,闵昭穆分明,一脉相承,绵延不绝,形成一部与时间并存的陈氏宗族的生命史。但是,陈实到底是属于陈国户牖派的后裔,还是属于田齐的后裔呢? 这关系绝大部分福建陈氏是属于户牖派陈衍的后裔,还是属于田齐派陈完的后裔。希望河南陈氏宗亲能多提供一些资料,以便进一步研究确定。

二、福建陈氏的根在哪里

1. 陈氏南迁入闽

通过研究,初步弄清了陈氏入闽,与中国人口逐渐由黄河流域向长江流域和岭南等南方拓展传播的规律相一致。陈氏先祖入闽的主要干、支世系有几十支,他们基本上与历史记载的中国四次大的人口南迁浪潮相符合。

第一次南迁入闽,是在魏晋南北朝时期。当时是我国历史上著名的动乱时期,受尽动乱苦难的中原人民,成批地向远离中原的福建等地迁移。如西晋"永嘉之乱",当时中原板荡,衣冠入闽者八族,其中历任西晋南海郡守陈润,于永嘉二年由河南光州固始县衣冠南渡入闽,寓居福州乌石山麓,为陈氏最早入闽的开基始祖。还有在西晋永嘉十年,陈野自光州固始县入闽,寓居龙岩新罗等地。

第二次南迁入闽,是在唐朝时期。当时闽粤交界地带,发生"蛮獠啸乱",唐高宗于总章二年派光州固始人陈政为岭南行军总管,率府兵 3600 人入闽征讨。后陈政病故,其子陈元光继任父职,代父统率兵众,平定闽粤边境,设置漳州郡,任漳州刺史,被称为"开漳圣王"。其子孙遍布闽台各地。

唐代由颍川迁居京兆的唐鄂国公陈忠,及其子太子太傅陈邕,因与宰相李林甫不协,于唐开元年间被谪入闽。以后子孙繁衍成为南院太傅派之入闽始祖。此外,还有唐玄宗开元二十九年,固始人陈雍自吴兴入闽,居永安贡川,为贡川陈氏开基始祖。

第三次南迁入闽,是在唐末五代时期。当时唐王朝腐败,连年战争,民不聊生,暴发多起农民起义。如河南固始人王潮、王审知兄弟率农民起义队伍数万人经江西入闽。史称"十八姓从王入闽"。其中同始县陈氏族人随王审知入闽的人很多。有陈鄙随王审知入闽后,初居泉州,后居仙游,其七世孙陈汝器成为"飞钱世系"始祖。陈檄随王审知入闽,寓居闽侯古灵,为占灵世系始祖。陈四翁随王审知入闽,居同安开基。陈苏入闽,居罗源开基。在五代时期还有陈启端兄弟自河南固始入闽,寓居建阳县开基。陈千郎自河南固始入闽,初居福州,后居闽侯。

第四次入闽,是在宋、元之际。当时民族矛盾尖锐,北宋末年康王南渡,皇室南迁临安(杭州),引起全国性动乱。随后在元兵追逼下,南宋皇帝南逃福建,导致前后两次北方人口大批南迁的浪潮。其中陈氏族人南迁入闽很多。如陈高士从河南固始南迁入闽,寓居福州台屿开基。陈魁、陈璋入闽,分别居长汀、宁化等地开基。陈舜仁经江西南迁入闽,居福清江阴等地开基。

2. 福建陈氏族人的根在固始

从陈氏族人南迁入闽的源流来看,绝大多数的福建陈氏宗亲均来自河南固始。他们既有直接从固始南迁入闽的,如陈润、陈元光、陈鄙、陈商士等人都是从固始直接迁入福建;又有间接南迁入闽的,如陈邕先从颍川迁往京兆,再由京兆被谪迁入福建;还有迁回南迁入闽的,他们入闽后其子孙因种种原因,又迁往外地,经过一段时间后,又二度南迁入闽。如陈邕入闽后,其长子陈夷行又返迁祖籍地河南颍川居住,其子孙陈闻偕长子陈显,次子陈勋再渡南迁入闽。继而三子陈黯也入闽寻亲,居同安开基。又如在唐玄宗开元二十四年,临海县令陈环南迁入闽,居仙游,后其曾孙陈旺迁徙江西德安县江州义门,成为义门派的开基始祖。至宋嘉奉佑八年,义门家族奉旨分成291庄,分别迁往全国16个省市所辖的125个县市,其中迁回福建各地的有20多支。如陈延英迁回兴化开基,陈延助迁回崇安(武夷山)开基,陈延盛迁回建宁开基等等。

从上可看出,福建陈氏不管是从河南固始县直接南迁入闽,或是间接南迁入闽,或是迁回南迁入闽,他们共同的迁徙出发地都是河南固始县,所以固始是绝大多数福建陈氏族人的祖籍地,也就是说绝大多数的福建陈氏族人的根在固始。

三、福建陈氏向台湾迁徙

1. 福建陈氏族人外迁原因

一是由于人口骤增。自西晋第一批北方人口大批入闽以来,至清末,福建人口几十倍、百倍地急增。仅以漳州地区为例(下同),在陈元光入闽时,漳州人口只有1.8万人,到了明弘治年间(1502)人口增至26.6万人,而耕地却没有多少增加,造成人均耕地日趋减少,加上历朝历代贪官污吏的剥削勒索,租税沉重,土地兼并日益加剧,陈氏族人与沿海百姓一样生计难以维持,为了活命,唯有向外迁徙。

二是因为灾害频繁。据史料记载,明永乐初年至清嘉庆年间的400多年,仅漳州地区几乎每4—5年就有一次较大的自然灾害,不是洪涝灾,就是旱灾,不是蝗虫灾,就是地震或瘟疫等,农作物连年歉收,甚至绝收,陈氏族人和沿海地区百姓为了生活,只得向外迁徙。

三是因为清初的"迁海"政策。清初朝廷与郑成功在闽南沿海长期对峙,清政府为了切断沿海人民与郑成功军队的联系与支持,采取"迁海"政策,强迫沿海居民内迁;同时纵兵放火焚烧房屋,造成沿海成为片物不留的新"无人区"。大批破产农民无业可安,无生可求,颠沛流离,导致一部分陈氏族人和沿海居民为了活命而冒险渡海到海外寻找活路。

2. 台湾成为福建陈氏族人外迁的首选地

在通常情况下,对有着深厚乡土观念和宗亲观念的泉、漳等沿海地区族人,只要老家尚有生活下去的可能,他们一般是不会弃土外迁的。但到了被迫非背井离乡时,他们就会就近迁往创业机会多,谋取土地机会多的待开发的台湾地区。

一是福建沿海距离台湾近。福建与台湾只一水之隔,舟楫相通,而且福建沿海港口码头众多,有泉州港、安海港、崇武港、厦门港、月港、铜陵港、以及涵江港、福州港等,迁往台湾具有海上便捷的交通条件。朝发夕至,符合就近迁徙的原则。

二是闽台自然条件相似。福建沿海地区,尤其是泉、漳地区的自然条件与台湾极为相似。从地缘关系看,台湾与泉、漳地区的自然环境相似,气候相宜,水土相服,因而漳、泉人外迁谋生之地,首选台湾是很自然的。

三是迁往台湾的谋生条件较易。谋生条件的难易,是确定外迁地的重要因素。当时待开发的台湾,比任何外迁地都更容易立足,特别是台湾地多人少,容易开垦出一片土地来,有了土地,就有了生存和发展的基础。

3. 福建陈氏族人迁往台湾的主要形式

其一,接受招募自愿迁台。福建陈氏族人与广大泉、漳地区族人一样,均因生活所迫,只好接受招募,渡海进岛谋生。据考证,福建族人成批迁徙入台大致有:一是明朝天启年间,荷兰人窃踞台湾,曾招募泉、漳、兴化沿海居民移台垦荒;二是明代郑芝龙设塞于台湾北港,也曾多次招募闽南沿海居民移台垦殖;三是明崇祯年间,郑芝龙归顺明朝后,又继续招募闽南沿海几万灾民移台开垦种植;四是清顺治年间,延平王郑成功驱荷复台,所带3万多士兵和眷属,全部留台垦荒务农。在郑成功治台期间,闽南等地去台人口约达15万人之多;五是清康熙年间,施琅率兵收复台湾后,闽南沿海又有几十万人迁往台湾。接着清政府放宽海禁,闽粤沿海又有大批族人迁徙台湾。

其二,接受邀约自愿迁台。随着台湾大规模垦拓的需要,则先到台湾谋生的人,返回故里,向同乡、同宗大肆宣传台湾谋生容易,什么"台湾好赚吃"、"台湾钱淹脚目"等宣传口号,进而呼朋唤友,以相邀的方法招约同乡、同宗相继去台湾谋生。而他们到台湾后,很快就融入先到台湾的闽南人群中,不存在有一段"入乡随俗"的适应过程,便可在短时间内安置好,还可最大限度保留祖家地的传统文化,沿用祖家地的一切风俗习惯、宗教信仰和家族制度。而且由于闽台自然条件相似,还可按祖家地的农业耕作制度安排各种农事活动。

4. 台湾陈氏族人的根在福建

综上可见,台湾陈氏族人绝大多数都来自福建的泉、漳等闽南地区。由于陈氏是福建的第一大姓,故在历次移民台湾的总人数中,陈姓均占相当大的比重。据 1997 年台湾当局统计公布:在台汉族人口达 1710 万人中,其祖籍地在福建的占 80% 以上,其中祖籍地在泉州的约占 42%,祖籍地在漳州的约占 38%。而全台陈姓人口有 185 万多人,占全台人口总数的 12%,为台湾第一大姓。可见台湾陈氏族人的根在福建。

总之,福建陈氏族人的根在固始,台湾陈氏族人的根在福建,其祖根当然就在固始。如今,闽台陈氏族人与祖籍地河南固始亲人,在血缘、文缘、史缘、地缘关系上,"织"成特殊的精神与情感纽带,穿越历史时空,将闽、台、豫三地的陈氏族人紧紧地连接在一起,形成紧密相依的"根"、"茎"、"枝叶"的关系。面对此情此景,我们闽台陈氏族人百感交集,激起无限的感慨。感情的波澜穿过历史的隧道。遥想当年一批批固始陈氏族人,因中原兵荒马乱,灾祸连连,而被迫南迁入闽,随后又再次被迫迁台谋生、发展。外迁的固始先人们靠着自己的勤劳,勇敢开拓奋进,在远离祖籍地的闽台开创基业,并扎根、开花、结果、传衍生息,光宗耀祖。

现今闽台陈氏族人与祖籍地——固始陈氏亲人,虽相隔遥远,天各一方,但是同根同源、一脉相承的亲情纽带,穿越千山万水,将我们紧紧联系在一起。让我们携起手来,齐心协力,团结一致,为加快建设繁荣富强的社会主义祖国,为促进祖国和平统一大业早日实现,为发扬光大陈氏文化而努力奋斗。

福客本是同根生：
以陈元光之裔孙族谱文献为证

廖庆六

廖庆六(1946—)男,汉族,台湾云林县人。毕业于辅仁大学图书馆资讯学系,获文学硕士学位。现任美国 The Generations Network 公司及中国家谱网(www. jiapu. com)家谱顾问,台湾姓氏研究学会资深顾问。主要从事图书馆学、族谱文献学和电脑资讯学研究。近年主要著作有:《族谱文献学》(台湾南天书局 2003 年版),《西庄陈氏族谱》(台湾南天书局 2007 年版),《浯洲问礼:金门家庙文化景观》(金门县文化局 2008 年版)。先后发表《论始迁祖:从胡适一篇谱序谈起》、《浅谈族谱编修整理与地缘寻根》等学术论文数十篇。

一、前言

福建与台湾因有密切的历史渊源关系,因此在姓氏、语言与民间习俗各方面,一直都有大同小异之文化背景。以地域性的方言为例,大多数以闽南话作为母语的福建人与台湾人,他们往往自认是讲"河洛话"的族群,因此常以"河洛郎"自称。"河洛"即指中原地带,也就是有黄河与洛水流经的地区。"河洛"一词,也有人以"福佬"或"鹤佬"称之。另外在姓氏人口方面,闽台地区同样有"陈林半天下"之盛况,也就是姓陈与姓林的人口,不但是当地占最多人口数的一群,据说他们的祖先,同样也都是来自中原光州一带。据闽粤台族谱文献记载，陈氏族人之姓氏渊源，以东汉陈实（104—187）为始祖者最为多见，并以郡望"颍川"作为他们的堂号。历史上的"颍川"郡，初设于秦朝，辖地就在河南境内，其郡治"阳翟"，就在后来的河南禹县等地。

在历史发展过程中，确曾发生过多次中原人士南渡之现象，在不同年代、不同区域，那些陆续迁居到福建与岭南地区的中原人士，又因使用不同的方言，而有不同民系区分之情况发生，并且慢慢形成不同族群之偏差观念。事实上，散居在闽南、闽西或粤东一带的后代子孙，虽然他们都以拥有汉族血统及传承中华文化而自豪，却明显有所谓福佬人与客家人之区分。本文拟以闽粤台地区所见到的陈元光裔孙族谱为证，试图考察他们上代祖先之渊源，分析彼此血缘之相互关系，以期解开福、客是否同根生之疑惑。

二、闽台陈氏之渊源

在探讨各姓氏之渊源时，我们必须兼顾到血缘与地缘的发展关系。查阅众多闽台地区的陈氏族谱文献，在他们追溯与叙述祖先的血缘与地缘发展关系时，都会提到陈实、陈元光等祖先，及颍川、光州固始之地名。在陈氏血脉渊源上，我们可以发现陈氏最大的一支，就是出自胡公满。根据族谱文献记载，当春秋末年时，陈国灭亡，而满公之后世子孙避迁各地，并以国为氏，从此也尊胡公满为陈姓太始祖。颍川始祖陈实公，则系胡公满的第48世裔孙（帝舜之第81世孙）。在时间与空间发展上，陈氏最先是望出中原的颍川郡，晋末永嘉之乱以后，子孙纷纷南渡避难，离开原乡光州，并于闽、粤等地方繁衍成族且在各地开基成派。

陈氏族谱记载，东汉时代曾任太丘长的陈实公，讳实、字仲弓，颍川郡许州人也。后来陈实公的子孙，有陈霸先者（帝舜之第89世孙），于南北朝时称帝，其众多子孙后来繁衍于江南及闽粤等处，他就是"南朝派"陈氏的始祖。另外在唐朝初年，有光州人陈政（帝舜之第92世孙），字一民、谥忠肃，唐高宗时敕镇闽，屯漳浦云霄，曾为岭南行军总管，他就是后来陈氏"将军派"之始祖。陈政子元光、字廷炬，高宗朝代以左玉钤卫翊府左郎戍闽，迁岭南行军总管①。陈氏族谱也记载，陈元光因开漳有功，唐封昭烈侯，宋封济王,又封灵著王,威惠王,明封开漳圣王②。另外入闽始祖陈邕公(帝舜之第95世孙),于唐朝赐进士,官太子太傅,他就成为"太傅派"陈氏之始祖。事实上,在福建、广东、台湾一带,皆有三派陈氏子孙,他们在血缘上同样都是源自于东汉的陈实公血脉,却因历史因素而定居于讲闽南话,或讲客家话的不同方言地域上。在漳州一带,太傅派亦称南陈派,而将军派别称北庙派,或称开漳圣王派。

另外在地缘发展方面,我们还可以发现自秦汉以来,大部分族人皆知"颍川"是陈氏郡望之地,以今日台湾陈氏族人的祖坟墓碑之题字为例,仍有不少是雕刻"颍川"两字。接着来到中世纪以后,族谱文献上出现了河南光州这个原乡之名,在陈氏族谱所见者,很多都记明祖先系来自光州固始。考河南光州之历史沿革,春秋时为黄国,汉置弋阳郡,北齐置定城,唐宋元明为光州,清代升光州为直隶州,民国二年改光州为潢川县。1949年1月31日潢川解放,设潢川专署,1952年并入信阳至今③。

然后中原社会环境发生多次动乱,因此祖先纷纷南迁福建、广东等地避难,而河南光州也就成为众多姓氏的原乡之地。经过数百年的发展,也有后代子孙再远渡台湾与南洋等地,以寻求更多更好的发展机会。

三、福、客族谱文献记载

唐朝陈元光之后世子孙,1300多年来传世已有50代,目前以居住在闽南、闽西、粤东、台湾等境内各县市之人数为最多,而这几处也是同时存有闽南话及客家话两种方言的地方。以下载录福建、台湾、广东各地刊印流传,并涵盖福、客民系的陈氏族谱文献,分别简记各族谱之有关内容,以供大家进一步考察与论证之用。

1. 浯阳陈氏家谱

这本属于金门阳翟陈氏家族的《浯阳陈氏家谱》,系清光绪二十五年(1899)撰修的手抄旧谱。2003年,曾由陈金城主编,陈氏宗亲会重新刊印新谱,以收录同安田洋、金门阳翟及庵前等地之宗亲谱系。依旧谱内容记载:五代后梁乾化三年(913),始祖陈达年方十六,因闽主王审知旁求元光之后,公与兄通同往,把通留在麾下,授节度使,加公承事郎,领父命,奏镇同安浯洲盐场,从之。始祖陈达公(898—933),奉命管理盐事,他卜居阳翟村,并成为金门"浯阳派"陈氏始祖。后来子孙又有迁居金门庵前及前水头者,以及内迁同安田洋、灌口阳翟等处之支派。据族谱记载,金门阳翟地名之由来,就是为了纪念中原的颍川祖地,而古时候的阳翟,就位在今日河南禹县境内。浯阳陈氏子孙都能饮水思源,后来有迁居同安之宗族,他们卜居之地,包括金门金沙、同安城南及灌口,竟然有三个聚落名称都叫"阳翟剑"④。浯阳陈氏乃是开漳圣王陈元光的后代子孙,属将军派第 5 世次房陈谟公之后,他们在同安与金门所居住的环境,都是福佬民系的主要分布地。

2. 浯江陈氏世谱

福建金门《陈氏世谱》共有 8 卷,清乾隆二十年(1755)陈起凤等纂修,民国二年(1913)新加坡翰墨堂手写重印石印本。2004 年,陈永禄重编一部《浯江下坑陈氏开支山外世谱》。依旧谱资料记载,陈六郎公之上代祖先,自河南光州迁入福建晋江。本谱各卷之内容:卷 1 谱引、序、记、志、启、引言、备考、凡例、便览、忠孝节义、名记、祝文、大略、自序、赞;卷 2 至卷 7 世系;卷 8 卒葬备考,配享。这一部旧版陈氏族谱,在卷 1 序文中已载明,祖先系来自河南光州固始,唐末入闽之泉,于陈卿之地居焉,其地在晋江瓮头的陈卿。元仁宗皇庆年间(1314)南渡之季,三郎公始由晋江陈卿入居浯洲,他生有三子:六郎、八郎、九郎;命其所居之地名为陈卿,或称浯卿。据新编族谱资料记载,始祖六郎公系属漳湖派的第 23 世裔孙,目前陈氏家族都认为,他们是属于陈元光的后代子孙,属将军派陈氏第 5 世次房陈谟公之后。在金门这个海滨小岛上,当地人所使用之方言只有闽南话,陈氏属于福佬民系。

3. (诏安太平)陈氏宗谱

福建诏安县太平镇白叶的陈氏宗谱,是一部编于 1917 年的手抄本,内有清乾隆丙午岁(1786),由第 34 世裔孙陈凤池所撰之序文一篇。这是一部属于诏安县二都客家民系的陈氏族谱,该族谱之世系内容,从开漳太始祖克耕公记起,始祖则为陈元光之父陈政公。后来有第 22 世祖元隆公,字天玉,授江西道左布政。当时因遭元末贼乱,他逃隐下葛林婆社下楼。据考订,元隆

公,一名子隆,享寿88岁,卒葬大坪巷,神主崇祀饶邑大宗家庙。公生五男:
长尾仔公,居大坪巷;次君禄公,原住下楼;三君寿公,居白叶;四歪仔公,择
大溪;五赤仔公,迁海阳石溪头樟溪。孙义,登进士,任广西巡按。太平白叶
陈氏家族,属第三房君寿公之后代。始迁祖天福公于明朝初年,卜居太平镇
白叶村。在白叶行政村辖下的星斗村,则建有小宗"七世祖祠"一间,奉七世
祖以下列祖列宗之神主牌位。七世祖进贤公(1624—1712),讳俊,华廷公第
三子。据族谱记载,太平陈氏属将军派第5世长房陈咏公之后,派系字辈列
有20代:尚和日居泰,兴朝茂成章。君恩原宠锡,咨尔永熙昌。

4. 银同碧湖陈氏族谱

陈宗炯编,1970年刊印本。

本族谱系据清雍正十三年,陈鼎丕撰修抄本重编;另有题名曰:《金门浯
江湖前碧湖颍川陈氏族谱》。陈氏之先于五季间,自光州固始迁居浯岛湖
前,始祖一郎公与上坑、下坑之祖六郎公、八郎公,据说是堂兄弟关系,都是
属于陈元光之曾孙、次房陈谟公之血脉裔孙。后代子孙有远渡台湾中州及
澎湖开支者,俱属于使用闽南方言的福佬民系。

5. 和宗公派下(陈氏)族谱

陈观泰撰序,撰者与年代皆不详,内有多篇谱序,记载陈氏大始祖陈政
公,原系汝宁府光州固始县籍也。本族谱所记陈氏,原属于金门浯阳派裔
孙,但其中有一支内迁长泰东门内。和宗公派之始祖陈丙公,字希迪,系监
湖公之五世孙,他自长泰迁居浯洲前水头,子孙多人再分居澎湖。据本族谱
记载,开澎始祖系内厅房九世祖、讳和宗公,昭穆则为:"希仲康至诚正修治
振弘霸钦延如君子万年保其家邦。"

6. 台湾陈氏大宗祠德星堂重修纪念特刊

陈绍馨主编,1958年刊本。

这本台湾陈氏宗族特刊之内容,以陈上达先生在1902年所编修的一篇:
"有虞衍派陈氏世系南朝、将军、太傅三源流",占最大分量。在这篇长文中,
作者将台湾地区陈氏族人的祖先渊源,概分成三大派系:君部南朝派、亲部
将军派、师部太傅派。这是将所有台湾地区之陈姓,但不合原住民改汉姓

者,依不同世系源流区分成三大派系之肇端。在将军派资料中,以陈政为第一世之始祖,而历代子孙世系表,记载至第 42 世。其中有一分派,是陈元光之曾孙、三房陈吁公之血脉裔孙,于清初迁居南投竹山开基。对于定居或迁居于岛内之闽南、客家方言区的子孙世系,资料虽有收录却未予以详述分类⑤。

7. 陈氏大族谱

陈建章主编,台中新远东出版,1961 年刊本。

这是一部属于综合性的台湾地区陈氏族谱汇编,在介绍陈氏血缘渊源方面,它网罗台湾地区主要的陈氏三大派系源流,包括南朝派、将军派及太傅派。再从各派之世系细分之,并以分居各地之始迁祖为基准,记载内容,则涵盖了陈坑派、漳湖派、浯阳派、霞宅派等,共 37 个不同的陈氏分派。其中漳湖派、沪江后山派、浯阳派、银同碧湖派、赤湖派,都以陈政公为始祖,他们也是属于陈元光的后代,子孙谅必有散居在讲闽南话及客家方言地区者,但谱中并无叙明。

8. 颍川鼎前公派下陈氏族谱

林添福编辑,1998 年刊印,嘉义鼎前公派下陈氏宗亲会发行。

本族谱封面题名《颍川陈氏族谱》,在编辑过程中,嘉义陈氏宗亲代表曾经组团,回到祖籍地漳州府平和县大溪店前石陂下寻根谒祖,并参阅《平和县大溪镇石陂下族谱》等世系资料。据族谱内容记载,嘉义中埔陈氏家族的原乡,就在福建平和县大溪镇石陂下,而大溪店前之分支祖肇征公,是始迁大溪祖君蚝公之孙。按店前支祖肇征公,是开漳圣王陈元光的第 25 世孙,他的第 9 世孙陈鼎前公,于清朝迁居台湾尖山陈历,也就是现在的嘉义中埔乡一带。此后两岸族人异地而居,因受限于不同的人文背景与时空环境之影响,遂形成两地族亲使用不同的方言:原乡仍属于客家方言地区,侨居地则是通行闽南话之地方。根据族谱记载,平和大溪陈氏属将军派第 5 世长房陈咏公之后,其昭穆字辈为:"尧舜禹汤文,景仕举大君。尚和日居泰,兴朝茂盛(成)章。君恩(郡英)原宠锡,咨尔永熙昌。"

9. 金门陈坑竹北东势八郎公宗派陈氏族谱

陈进兴主编,1998 年刊印本。

金门陈坑陈氏始迁祖八郎公，他也是属于始祖陈政公的后裔，后来子孙分居福建金门、台湾新竹等地。本族谱转录清嘉庆年间手抄本真迹，并记载祖先之血缘与地缘之发展，也印证八郎公是陈元光之曾孙、次房陈谟公之血脉裔孙。

10. 博罗瀛图陈氏族谱

陈萃孙主编，1998 年刊印本。

据本族谱之内容记载，广东博罗陈氏肇始祖懋迪公（1570—1610），原居福建漳州府龙溪县康山五房派，系将军派陈政公之 33 世孙。他于清初迁居广东惠州府博罗县瀛图乡，其子孙繁衍于广东博罗及香港、深圳等地。陈懋迪公亦属第 5 世次房陈谟公之后裔，此派与金门浯阳派陈氏之宗支较为相近。

11. 上陈陈氏宗谱

上陈村陈氏宗谱理事会编辑，2004 年刊印本。

据本族谱内容记载，上陈村距诏安城关仅六公里，历史上的上陈村，不但是久负盛名的鱼米之乡，同时也是诏安著名的风景胜地，上陈是属于福佬民系之地方。陈氏先祖于明朝从陈岱移居上陈村，追宗溯源，上于舜帝，下至开漳圣王。迁居上陈陈氏之始祖为鹤夫公，谱中记录历代祖宗名讳歌一首："唐政元光坰酆咏，章甫岳羽及彝行。陶重先云希亮恪，舜俞禹议及汤征。文晦景肃宰格泰，子纪则贤淑真承。习观干德至世奕，国珍鹤夫裔孙兴。"本诗从唐朝开漳第一世祖陈政公起，编至第 30 世祖鹤夫公止，它可帮助子孙记忆直系祖先之名讳。鹤夫公以后列祖，因名讳失传，故未能编入。据查鹤夫公是陈元光之曾孙、长房陈咏公之血脉裔孙，他由陈岱三房分衍诏安上陈村及陈历寨村，为上陈陈氏及陈厝寨开基一世祖。另外，族谱记载的世序字辈（1—21 世）为："继玺泽化承永存，尚和日居泰兴朝。茂成章君恩原宠，锡咨尔永熙昌。"

12. 溪南陈氏族谱

民国年间抄本，载于《台湾文献汇刊》第三辑第四册，2004 年重刊。

本谱记载开漳陈氏之世系资料，其中第 19 世陈景雍为溪南祖，属于第 5

世长房陈咏公之后代。本谱收录之昭穆:"尚和日枝[居]泰,兴条[朝]茂盛章。君恩恒[原]宠锡,诸(咨)尔忆希(永熙)昌。"族谱记载,溪南派陈氏属将军派第5世长房陈咏公之后,其世代辈分之用字,与客家民系之陈氏所用者较为近似。但谱中也有收录次房陈谟公,及三房陈吁公之裔孙世系资料。

四、福、客族谱文献考察

依据前述各种陈氏族谱文献之介绍与分析,对于论证陈元光裔孙分支,以及福、客民系间的血脉关系,约可归纳成下列三个考察重点:

1. 宗支

世系资料是族谱的核心内容,研读世系资料可以帮助理出各宗支派系之关系。考陈元光之众多后裔子孙中,因有福、客民系之区分,所以我们必须借助于历代世系资料,才能还原与认知祖先的血脉根源。从以下各个分派之世系简图中,我们可以发现,1—4世系单传,从第5世祖起,共分成三房。他们的后世子孙一定会有分居各地开基者,久而久之,自然就会形成不同民系之现象。从第5世三房之分派图中,已经可以清楚分辨出,目前属于客家民系者,大多是源自于长房陈咏公之血脉,另外二房及三房子孙,以分居在讲闽南方言的地区为主。

2. 字辈

字辈可以分辨尊卑,字辈也是家族寻根的血缘密码。本文收录各地所编印的陈氏族谱,谱中所记载的昭穆内容,可拿来对照前述的分派世系图,如此也可帮助了解闽、客之区分与使用字辈之不同。简录各谱之字辈内容如下:

1)浯阳派陈氏(19—39世):时志克卿允子　公侯伯仲延　笃庆丕先德昭穆衍袄贤

2)银同碧湖派陈氏:家宣仪扬正　昭显纲常　咸怀博伟　淳士式良

3)金门前水头、澎湖陈氏(1—22世):希仲康至　诚正修治　振弘霸钦延如君子　万年保其家邦

4)金门陈坑陈氏(5—21世):宗复从与修启善　仪阳质卿夫　可宪君

曰世

5）诏安太平陈氏：尚和日居泰　兴朝茂成章　君恩原宠锡　咨尔永熙昌

6）平和大溪陈氏（1—28世,禹字辈起算）：尧舜禹汤文　景仕举大君　尚和日居泰　兴朝茂盛章　君恩原宠锡　咨尔永熙昌

7）诏安上陈陈氏（1—21世）：继玺泽化承永存　尚和日居泰　兴朝茂成章　君恩原宠锡　咨尔永熙昌

8）南溪派陈氏：尚和日枝泰　兴条茂盛章　君恩恒宠锡　诸尔忆希昌

3.民系

1）福佬民系：族谱编号1,2,4,5,9,11。陈姓是闽台人口最多的姓氏,开漳圣王则是闽台民间信仰崇祀之神,在福建漳、泉所属各县市,金门、澎湖及台湾本岛各县市,都有陈元光之后裔,而这些地方,以使用闽南语系的福佬人为最多。

2）客家民系：族谱编号3,8。综观《（诏安太平）陈氏宗谱》,及《颍川鼎前公派下陈氏族谱》,这两部族谱都有记载他们的祖先是元隆公,祖姓吴氏。经考订相关族谱资料后发现,元隆公生五子,其中一子军蚨、号歪仔公,分居平和大溪；一子军寿,分居太平白叶。两地陈氏始祖同为子隆公,一名元隆,在他所生五男中,一子居诏安太平,开白叶祖；一子居平和大溪,开大溪店前祖。事实上,大溪镇与太平镇相距不远,这两个陈氏宗支派系,毫无疑问都是陈元光之后代子孙,且使用的昭穆字辈也大致相同,从古至今,大溪与太平之陈氏家族,都是归属于客家民系的地域范围。

3）福客并存：族谱编号8,11。比较《颍川鼎前公派下陈氏族谱》及《上陈陈氏宗谱》两部族谱,可以发现第18世景肃公,就是他们的共同祖先。按族谱资料记载,景肃公、姚宋氏,生有二子：肇公、宰公。在地域与方言上,福建平和大溪店前的陈氏是属客家民系,他们的开基祖军蚨公的父亲子隆公,就是肇公的曾孙；在福建诏安旧属三都的上陈村陈氏,到目前都是使用闽南话的福佬民系,他们的直系祖先是陈岱开基祖子纪公,而子纪公就是宰公之曾孙。两派血统非常接近,但生活地区与使用方言却截然不同,大溪店前陈

氏属客家,上陈陈氏则是属福佬。但引人关注的是,台湾《颍川鼎前公派下陈氏族谱》所记载的祖籍地,是在福建平和县大溪镇店前的陈氏家族,目前还是属于客家民系,但是迁居台湾嘉义中埔乡以后,陈氏子孙却已改用闽南方言了,他们似乎又回复到和上陈陈氏相同的福佬民系。

另外编号6,7号两部族谱,内容记载比较笼统庞杂,对于福、客属性并无明显迹象可循;编号10,12号两部族谱,却因内容记述比较简陋,一时无法清楚辨识他们的福、客属性。总而言之,以上12部来自不同地区的陈氏族谱文献,足可帮助我们认识与了解陈元光裔孙之世系渊源,对于过去受到历史、地理与文化等因素影响,因而形成福佬与客家民系之原因,也提供一个很好的线索。

五、结论

1. 福客同根生

对于居住在闽南、粤东及台湾等地的陈元光后裔子孙来说,若从历史学去考察发展过程,不管他们现在是福或客,祖先原本都是从中原光州固始南渡者;从民族学去考察血缘关系,他们都是系出同宗,一脉相承,同属宗支相连的汉民族;从人类学去考察民系属性,他们因迁居地及使用方言上的不同,因而有民系之区分;但从族谱学去考察历代祖先,始祖同样都是唐朝的陈政公,虽开基各地的始迁祖或有不同,但只要有族谱记载的世系字辈资料,即可找到各人的木本水源。福、客同根生之说,至少从陈氏族谱文献可以获得明证。俗话说,500年前是一家,将军派陈氏绝不是唯一的案例,在南朝陈霸先一派中,也可从客家人与非客家人之族谱资料中,得到本是同根生之论证,甚至在闽、粤一带的著姓大族,包括张姓、李姓、许姓……同样也有福、客同根生之存在事实。

2. 福客本一家

对族谱学与客家文化素有研究的罗香林教授,在1933年即提出"客家民系"这个汉族分支的新概念⑥。后来陈支平教授进一步指出,客家民系的形成及其源流,除了罗香林教授所描述的秉承着中原士族的血缘而逐渐迁

移到闽粤赣边界山区成为客家人这一类型外,至少还有四种类型。这就是:
一、客家人与非客家人南迁时原为同一祖先,后来分支各处,有的成为客家
人,有的成为非客家人;二、原为非客家人,迁入闽粤赣山区后,成为客家人;
三、原为客家人,迁入非客家区后,成为非客家人;四、客家人与非客家人交
相混杂,反复迁流⑦。

从本文所举陈氏族谱之血缘世系看来,福、客本一家并无悖理,同时以
陈元光裔孙之案例,也可以印证陈教授所提的各种类型是正确的。

注释:

① 清·阮元等修:《广东通志》官职表二。

② 陈建章等编:《陈氏大族谱》,(台中)新远东出版社,1961 年版,第 10 页。

③ 潢川县政府网站:Athttp://www.huangchuan.gov.cn./mlhc/

④ 陈金城:《浯阳陈氏家谱》,(同安)陈氏宗亲会,2003 年版,第 200 页。

⑤ 陈绍馨主编:《台湾陈氏大宗祠德星堂重修纪念特刊》,(台北)陈德星堂出版社,
1958 年版,第 128—161 页。

⑥ 罗香林:《客家研究导论》,(台北)众文图书出版社,1981 年版,第 1 页。

⑦ 陈支平:《福建族谱》,福建人民出版社,1996 年版,第 238 页。

源于固始的闽粤台高姓

高志超

高志超(1946—)男,汉族,福建省泉州市安溪人。现任安溪"三德大酒店"、"茶都大酒店"董事长,"安溪三德兴开发有限公司"董事、总经理。安溪县第九、十届政协常委,安溪县台属联谊会理事长。中华高姓历史文化研究会会长,厦门市姓氏源流研究会副会长,厦门市姓氏源流研究会烈山分会会长,厦门市安溪经济促进会副会长,北京时代学人文化研究院特聘研究员。

对闽粤高姓源流系统探讨,最早堪推高路加教授的《闽粤高姓源流述略》(1996 年首届豫闽台姓氏源流国际研讨会论文,载《广东史志》1997 年第 1 期)。本文仅就与河南固始相关的福建高姓及其迁徙略加阐述。

福建高姓世系清晰、人口众多的有五大支。较早进入福建的三支均于唐代迁入,其中两支来自河南固始。另外,跟随"开漳圣王"陈元光从固始来到福建的队伍中,据说也有高姓人士,但其后裔情况不明。

唐朝经过中期"安史之乱",后期"黄巢起义"两次重大变故后,战乱不止,社会动荡,中原望族纷纷南迁避难,其中一部分进入福建。最大规模的一次是光启元年(885),光州刺史王绪起义,率部属 5000 人自河南固始南下入闽。王绪入闽后攻陷汀、漳二州,自称汀州刺史。王绪对待百姓和部下均极为暴虐,激起公愤,被部将王潮擒杀。王潮继任首领,号称将军。乾宁三年(896),唐廷升福建为威武军,任命王潮为节度使。王潮于次年病亡,其弟王审知继任节度使,后被加封为琅邪郡王。公元909年,后梁封王审知为闽王,"闽"成为"五代十国"之一。

在王潮率领的义军中,有位名叫高曦的将军。高曦生三子:高钦、高旰、高晴。高钦任广东肇庆府司法参军,后居福建长乐。高旰任漳州府知录,居蒲县。高晴任荆州府尹史,居福州府侯官。高钦生二子:高全、高愈。高全迁泉州府同安。高愈长子高铜历任广东雷州府遂溪县尹、大理寺少卿、中书门下验证诸房事,生三子:高坦、高憬、高侃。高坦任太常寺丞,其子高一才居福建兴化府莆田县。高憬任永春县丞。高侃于宋皇祐元年(1049)中进士。高憬长子高广任太常寺协律,迁居漳州龙溪,生二子:高麟、高豸。高麟率家族迁莆田待贤里黄村。高豸为进士,官至兵部尚书。高豸曾孙高浇生三子:师孟、师曾、师孔。高师孟后裔居莆田凤谷里。师曾、师孔均于南宋时迁广东南雄保昌县沙水乡珠玑巷,后南迁珠江三角洲,成为广东广府民系高氏之祖[①]。

早在唐僖宗中和元年(881),淮南西路光州固始人、邑庠生高钢(字一清)为避黄巢起义的战乱,携带家眷迁入福唐郡(治今福州)怀安县凤冈,此地后得名"高宅洋"。高钢于后梁开平年间(907—911)被闽王王审知(王潮之弟)授予从政郎之职。高钢生于唐会昌四年(844),卒于后晋天福元年(936),享寿93。高钢5世孙高号(字德调)于后周显德年间(954—960)殉节泉州,赐葬晋江,后人迁居泉州安平,子孙散居于晋江永宁、霁江、南安埕边、同安高浦,以及龙下、高坪、诗山等地。元末,一支为避乱迁至安溪太平。高号之孙高惠连为北宋进士,官至巡抚广南诸路御史大夫、兵部尚书,生于开宝六年(973),卒于熙宁元年(1068),享寿96。安平谱中载有高惠连撰于宋庆历二年(1042)的《尚书公自叙迁闽事始》。高钢后裔人才济济,仅宋代就有进士58名,故南宋状元、龙图阁学士、泉州人王十朋说:"高家一门,胜于泉南一郡。"[②]

高姓迁至台湾是在清康熙二十二年(1683)郑成功之孙郑克爽归服清廷以后。当时福建太平各姓先后越海迁入台湾,在台北的淡水和文山(今新店)一带定居垦荒。康熙四十六年(1707),福建人高钟潭至台北县深坑乡垦荒;五十五年(1716),高块青由深坑迁往万顺寮,开垦发达埔、阿柔埔、麻竹埔、枫子埔;乾隆初年(1736),福建安溪人高培皤至今台北景美开垦;十一年(1746),福建泉州人高标印至台北木栅头廷村、安溪人高德意至今台北县平溪乡东势村、高飞至石底村、高峰至台北乌涂村开垦;乾隆四十五年(1780),监生高启辉募捐兴建新园里仙隆宫;嘉庆二年(1797),国安人高时荣在台南市开设"鼎美号"糖铺,发财致富。总之,台湾最早的高姓居民多自闽南、闽东迁入。台湾高姓可追溯的先祖有安平支派的高钢(1世)、埕边支派的高钢(1世)、平和大溪派的清(20世)、榕城支派的日(38世)、《开闽世序》的志(17世)。大体都是唐代入闽的高钢一系。后来,粤东客家高氏也陆续迁入台湾③。

可见,闽粤台高姓以唐代河南固始移民后裔为主体,闽粤台高姓和中原高姓同根同源。

注释:

①见广东花都《杨村高氏族谱》,明万历四十四年始修、清光绪二十三年重修。

②见福建《安平高氏族谱》,宋庆历二年始修、清康熙三十九年续修。

③见高路加:《高姓群体的历史与传统》,内蒙古大学出版社,1997年版,第294页。

李姓的起源及其向闽台地区的播迁与壮大

李龙海

李龙海(1973—)男,汉族,河南太康人。现供职于中原工学院人文学院讲师。历史学博士。主要从事法制史、民族史与中原文化的研究。已在《贵州民族研究》、《华夏考古》等国内核心期刊上发表论文 10 余篇,主持和参与河南省社科基金项目各一项,参与国家社科基金项目一项。出版专著《汉民族形成之研究》(科学出版社 2008 年版)、参与编纂《文鼎中原》(任副总纂,河南人民出版社 2008 年版)等著作。

一、前言

李姓是中国人口最多的姓氏之一[①]。同时也是客家第一大姓,全球华人第一大姓。目前李姓主要集中分布于我国的华北、西南、东北地区。另外,西北地区也有大量的李姓。从省别来看,李姓主要集中在河南、四川、山东,三省李姓人口分别占全国李姓总人口的 10.8%、10.1% 和 8.3%,其中河南李姓人口即占该省总人口的 10.2%;其次李姓还多分布于河北、广东、湖南、湖北,这四省李姓人口又分别占全国李姓总人口的 6.7%、5.8%、5.6%、4.9%。以上七省的李姓合计占全国李姓总人口的 52.2%。另外,东北三省的李姓人口也占了全国李姓总人口的 10%[②]。除以上分布集中地区外,全国其他地区也分布着相当多的李姓人口。由此可见,李姓不仅人口众多,而且在全国分布集中且又极其广泛。由大量的方志及各地李氏族谱的记载可知,李姓支系纷繁,但皆言出自陇西,其姓氏的起源又可追溯至中原地区③。这些分布在不同地区的李姓,其先辈们就是从中原走出,并在经过了一个相当长的历史时期后,辗转播迁至目前所生活的地方。所以,要全面研究李姓的播迁是一项宏大而又艰苦的工作,非一人之力亦非短时期内即可完成的。借固始与闽台渊源关系国际研讨会召开之际,本文仅对李姓的起源(包括唐以前李姓在中国北方的播迁)以及李姓族群向闽台地区的迁徙、发展与壮大作一探讨,以就教于方家。

二、李姓的起源及唐以前李姓在中国北方的播迁

学界关于李姓的起源主要有两种观点:一为李姓源于嬴姓说;一为李姓源于老姓(氏)说④。

1. 李姓源于嬴姓说

据《新唐书·宗室世系表》载:"李氏出自嬴姓,帝颛顼高阳氏生大业,大业生女华,女华生皋陶,字庭坚,为尧大理。皋陶生益,益生恩成,成虞夏商,世为大理,以官命族为理氏。"又据《史记正义》引《帝王世纪》云:"皋陶生于曲阜。曲阜,偃地,故帝(舜)因之,而以赐姓曰偃。"皋陶长子伯益"为舜主畜,多,故赐姓嬴氏"。《说文》:"嬴,帝少皞之姓也。"段玉裁《注》说:"伯翳嬴姓,其子皋陶偃姓。偃嬴语之转耳。"⑤郭沫若也指出:"皋陶是偃姓,伯益是嬴姓。偃、嬴,一声之转,是从两个近亲氏族部落发展下来的。"⑥嬴、偃通转,除段、郭二氏所举例证之外,近年出土的马王堆帛书和阜阳汉简又提供了力证。《诗·邶风·燕燕》中"燕燕于飞"之"燕",帛书《五行》引作"婴",阜阳汉简《诗经》作"匽",燕、匽、偃声韵俱同,燕、匽、婴通用,是偃、嬴通转的最好旁证,故偃、嬴同宗不同姓。若依《新唐书·宗室世系表》说,李姓起于皋陶,则源于偃姓才更符合历史的真实。

皋陶在尧舜时担任掌管刑狱的理官,其子孙世袭了"大理"职务,并以官为氏,称为"理氏"。而理氏改为李氏又有两种说法:一说是《新唐书·宗室世系表》的记载,商代末年,皋陶后代理征因直谏于纣,被赐死,其妻陈国契和氏带着儿子利贞逃难于伊侯之墟,当时又饥又渴,见一树李子,便采来充饥,为了报答李子的救命之恩,也为了不忘这段蒙难的历史,遂改氏名"理"为"李",李利贞从此就成了李姓的得姓始祖。一说李氏是始于李耳称姓的。据《姓氏略考》载,周之前未见有李氏,李耳为利贞的后裔,因祖上世代为理官,理、李两字古音相通,便也以李为氏。

2. 李姓源于老姓(氏)说

唐兰先生认为:"据当时人普通的称谓,老聃的老字是他的氏族的名称,因为当时称子的,像孔子、有子、曾子、阳子、墨子、孟子、庄子、惠子以及其余,都是氏族下面加子字的",又言:"老聃在古书中丝毫没有姓李的痕迹。"[⑦]高亨先生也说道:老、李一声之转,老子原姓老,后以音同变为李,非有二也。高亨从《老子》一书中引大量语句,证幽部、之部音韵通谐,并进一步指出:"老、李二字其声皆属来纽(即声母为 L),其韵又属一部,然则其音相同甚明,唯其音同,故由老而变为李。"[⑧]依唐兰、高亨等人的说法,李姓不是由理姓演化而来,而是源于老姓。另今鹿邑老子故里太清宫附近有老庄乡,村人多姓李,也可作李姓源于老姓(氏)的旁证[⑨]。

关于李姓起源的两种观点中,第二种说法较之第一种说法更侧重于学术方面的探讨,论证也更有说服力,但起源早且影响最大,并被李氏族谱所认可的则是第一种说法。不论李姓源于嬴姓还是老姓(氏),在李姓的起源地域上,两种观点均无歧义,都认为是源于中原,尤其是豫东的鹿邑。

据《古今图书集成》载,李利贞亦娶契和氏女,生昌祖,为陈大夫,家于苦县,生彤德。彤德曾孙硕宗,周康王赐采邑于苦县(今河南鹿邑)。又据《元和姓纂》,李利贞第 11 世孙就是道家学派的创始人老子——李耳,而李耳也出生在苦县[⑩]。可见商末至东周的 200 年间李氏一直居住在豫东。

据《李氏族谱》记载,李耳九世孙李昙生四子即崇、辨、昭、玑。李崇是秦时的陇西守,封南郑公,成为陇西房的始祖。后陇西房分为 39 房,李崇子孙以陇西为基地自此繁衍生息,建功立业,根深叶茂。四子玑为赵郡房,成为赵郡的始祖,赵郡房分为东、南、西三组,李玑的幼子李齐为辽东李氏始祖。

西汉时期,老子的后裔有一支已迁往今山东境[⑪]。另根据相关史料记载,大约自东汉开始,有李氏族人陆续徙居西南,分布于川、滇一带,其中有的融入白、苗、壮、彝、满、回、土家、纳西等民族中。魏晋南北朝时,李氏已是全国的大姓,李与崔、卢、郑并称中原四大名门望族。不过,综合史料来看,在唐以前李姓主要是在北方播迁、发展。

三、唐以降李姓由北方向闽地的迁徙

唐王朝建立后,李姓被奉为国姓,这是李姓的大发展时期,表现在李姓人口规模的急剧扩大,以及李姓人口或因分封或因北方战乱而向南方的迁徙。李氏入闽,即始于唐代。北方的李姓向闽地的迁徙大致可分四个阶段,时间跨度历经唐初至宋元时期。

第一个阶段是始于唐初太宗时期。唐朝宗室支系(唐高祖第二十子)李元祥一支为最早。李元祥10岁被封为"闽越江王"(贞观十一年,637),分派入闽。先入汀,徙状元崎。35岁(高宗龙翔二年,662)到永安大湖坑源开基,李元祥成为永安李姓的开基祖。今永安大湖坑源村存有"江王祠",祠堂大门对联书曰"祀开唐帝念一子,派衍闽邦亿万家"。元祥之子武阳袭爵为武阳王,后遭武则天所杀,武阳之子李皎袭封江王。到皎子李祖丛时,被武则天黜夺"武阳郡王"封爵,李祖丛在流放岭南途中落脚福建南安,卒葬南安德教乡超庭里皇平山天砚冢(今南安八都)。祖丛之子万康,名融,幼鞠养于南安县丞。李融于天宝十年(751)蒙敕申叙,得以恢复族人身份,授南安县丞,赠秘书监。李万康成为南安李姓的开基祖。万康生四子:楚盈、晁唐、晁嵩、晁丛(晁隆)。天宝十四年(755)安史之乱,楚盈率诸弟侄和子尚昊50余人勤王从军,授漳浦参军。甫宗乾元二年(759)封五州节度使,因破安禄山有功,升云麾大将军。代宗宝应元年(762)封陇西开国公,后卒于南安德教乡嘉禾里半林村(今南安洪梅镇仁宅村与东园村)。楚盈苗裔分布在德化英山、绣溪、沙堤。唐德宗建中四年(783)十月,李祖丛曾孙李尚昊从长安避难回福建,并定居剑州尤溪皇历村(今永安槐南乡皇历村)。其后,元祥后裔逐步向外徙居。如元祥14代裔孙李伯玉于北宋初年由南安县迁徙至莆田县白塘定居,成为"白塘李氏",其15代裔孙李圣于五代后汉戊申岁(948)由南安

县迁徙至仙游县永福里汾阳,成为"仙游李氏"始祖,又据永春县《官林李氏七修族谱》的记载,李元祥18代裔孙的一支于元末从沙县徙居永春县,后又于明初洪武初年,李祖友卜居永春官林村。

第二个阶段是始于唐初高宗时期。据《漳州府志》载:唐高宗总章二年(669),泉、潮间蛮獠啸乱,朝廷任命光州固始人陈政,掌管岭南军事,时有偏裨将领123员,随之入闽,而这些将领之中,就有唐开国名将卫国公李靖之孙李伯瑶(612—672)。《漳州府志》载:"李伯瑶者,固始人,随陈元光开漳州,平蛮獠三十六寨,战功推为第一。"《福建通志·唐宦绩篇》也载:李伯瑶(征闽中郎将),尝任开漳圣王陈元光之参军,因其佐政有功,赐号"辅信"。尔后,随开漳圣王征讨南蛮诸寨时,以骄兵之计,智擒贼酋,平三十六寨,遂奏封"司马"。又尝凿断鹅头山,平娘子峒诸寨,战功彪炳,卒谥"定远将军"。

据《开漳辅胜将军武侯公碑记》载,蛮獠啸乱平息后,李伯瑶及其十三子即随陈元光留守、开发漳州。李伯瑶成为李姓漳州开基祖,并成为闽南一大李姓宗系,其子孙散处福建漳州、龙溪、漳浦,广东潮汕等地。闽南的华安、渡东等地族谱,就直接写李伯瑶为其始祖。

因李伯瑶智勇双全,功居第一,又被称为"辅胜将军"、"辅胜公"、"李辅胜爷"。今漳浦县旧镇等地皆有辅胜将军庙,李伯瑶殿奉祀。云霄火田村李氏家庙有联曰:"辅国屯军曾此地,承家衍派永朝宗。"云霄县成惠庙李伯瑶殿联云:"竖柳为营操胜券,断鹅平洞扫妖氛。"古楼庙李怕瑶殿联曰:"辅佐玉钤军,一家父子资襄赞;顺搜金浦志,半壁山河赖转圆。"无不充满着后代子孙对李伯瑶的敬仰之情。除李氏视为家族保护神外,李伯瑶还多配祀于开漳圣王庙。

第三个阶段为唐末五代时期。这次南下的李姓主要包括两类人:一是河南固始人王潮、王审知率众南下,并在福建创建闽国。随王审知入闽的67个姓氏中,就有祖籍为固始的李姓[⑫]。这可有闽地李氏族谱之证。如浙江三江李氏的一支——蓝溪李氏房中,有裔孙李泌,字长源,封邺县侯。李泌房系中有光州刺史名杞,为避朱梁翦灭之祸,随王审知做官到福建,于是定居于福建长溪,成为长溪显姓。后人有秉义公,被送往福建江口服役筑堤,于是把家安在那里，江口李氏便自此始。再如南安市梅山镇《芙蓉李氏宗谱》载："远祖在五季初，随王潮南下，分居八闽各地。吾乡一世祖广世公，生于元泰定元年，原籍河南光州固始县，携眷定居武荣（南安市原名）芙蓉乡，繁衍生息。"另据明朝正德十一年丙子（1516）李良策撰写的《同安地山李氏家谱引序》⑬载："其始光州固始县人也，同闽王王审知入闽，遂卜于县南人（仁）德里地山保家焉。"清康熙六十年辛丑（1721）李挚中写的《重修地山李氏族谱序》亦言："惟吾地山一脉，相传始自光州固始县居民，当唐末梁初之时，随闽王王审知入闽，兄弟叔侄散处闽地，分居五山。始犹时相往来，一二世后遂不相闻，各就所处之地建立宗祠，自立谱系，后人不能稽核古迹，各以其始至者为祖。"又言："尝闻吾始祖之来此地山也，其始受命于太祖贞孚公曰：惟吾始至闽中，依山立家，后世子孙分居，勿忘山字。由是言之，凡以山为号者，皆吾宗人也。"⑭太祖贞孚公名君怀（1141—1207），君怀弟君选，居南安浮桥（今属泉州），君怀堂兄君达传安溪湖头。君怀传五子：汝淳、汝谨、汝海、汝谟、汝谦，繁衍于大盈雄山、同安南山、集美兑山、漳州海澄已山、南靖水头金山等漳泉五座名山，故号为"五山公"、"五山李"，君怀被奉为闽南金台李氏始祖。"五山李"后裔又进一步向外衍迁。南安兑山始祖李仲文为李君怀以下的第三代曾孙。"溯源光州固始县入闽，仲文开拓地山人丁旺"，兑山李氏孝祠堂这幅对联正说明李氏与绝大部分闽南人一样，是由河南固始县迁入福建。台北《李氏族谱》也载："先世光州固始人，唐末随王潮入闽。"

河南固始李姓族人随王氏兄弟入闽者，定居于莆田、晋江，后又分支宁化、上杭、邵武、清流等地。

另一类是南下的皇室宗系，即邵武开基祖唐哀帝李祝之子李熙照及其后裔南方大始祖李火德宗系。

如据《福建上杭县志》、上杭县官田村李火德公祠《李氏史记》、《永定县文史资料》、安溪县《湖头李氏族谱》、仙游县《东屏李氏族谱》与《中华姓氏丛书·李姓》载，唐末，哀帝子李熙照被其堂叔李开来救出，并带回福建邵武县定居，其子孙就在闽北繁衍生息。李熙照下传7世至两宋抗金名将李纲（1083—1140），南宋末，李纲的孙子李燔为躲避金兵南侵战乱之祸,携五子逃到江西赣州石城定居⑮,幼子李孟成家立业后,又携四子迁居到邻省福建宁化县石壁村定居,李孟次子李珠(又称李宝珠)生有五子:金德、木德、水德、火德、土德。金德留居宁化,木德、土德迁长汀河田,水德迁邵武,四子火德(1206—1292)迁福建上杭县定居,渐成望族,俗称福建上杭李氏⑯。李火德生有三子,长子朝文(三一郎)这一房,传至庆三郎,迁居福建永定,为湖坑开基祖,再传至孝梓,分居福建平和,其后人仲宗分传福建南靖;仲仪分传福建晋江;仲信分传福建诏安青龙山;仲文分传福建同安兑山,为兑山李氏开基祖;嘉龙分传福建安溪景仙,为景仙李氏开基祖,其后分传广西、江西等地。火德次子朝宗(三二郎)先移居福建长汀、连城,其后迁住广东嘉应州梅县、广西等地。火德三子朝美(三三郎),仍住上杭,后人迁往广东程乡、梅县、大埔和江西、浙江等地。由于李火德风范长存,裔孙众多,影响颇大,故被尊为南方陇西李氏的一大始祖,亦被称为闽台始祖。

第四个阶段是宋元时期。大规模的一次发生在宋代"靖康之变"、高宗南渡时期,其间有许多李姓官绅士民,及抗金义军中的李姓将士南迁。如李兴领导一支抗金义军万余人(其中不少李姓人),南渡归附南宋,及至流入福建、潮汕等地。

又据《燕楼派家谱》载,其先世唐时居燕京东角楼,宋元间,有李善浦到福建泉州做官,便把家安在同安(今属福建泉州),这就是燕楼派李氏。

四、明末以降李姓由闽粤向台湾的迁徙

在持续七八百年移民流入后,明清时代,福建山多田少,人口饱和现象很快突现,加上闽、台位置毗邻,从明末开始,闽、粤两地的李姓族人陆续移居台湾。明朝天启年间,颜思齐与福建南安人郑芝龙设寨于台湾的笨港(今北港),郑芝龙曾多次招徙福建漳州和泉州沿海的汉人到台湾垦荒。当时有李魁奇为郑芝龙守寨,这是入台最早的李姓人。

顺治辛丑(1661),沿海李氏族人大多因参加郑成功抗荷复台战斗和为反抗清朝"禁海迁界"的迫害,南安石井溪东李氏有数百人东渡台湾,涌现了

郑成功护驾左都督李启轩及李仕荣、仕华、学老、卿发、李富等18猛士,仕华、学老、卿发及其后裔参加郑氏父子在台湾的"开辟荆榛"⑰,除此之外,《台南市志·人物志》也载有不少随郑成功入台的李姓,如延平郡王府兵都事李胤、思明知州李景、右先锋镇李茂、守卫澎湖的右先锋镇领兵副总兵李锡、右冲镇李昂、为郑经袭位立有大功的李思忠、水师二镇先锋营副将李富、总理官李瑞、中提督下副将李芳、果毅中镇下部司李升、游兵镇中营守备李忠、游兵镇管炮守备李受等多人。又连横《台湾通史》等文献也记述明郑时期李氏的在台活动,如:永历十八年⑱,明朝遗臣李茂春随郑经入台,定居承天府永康里;永历二十二年,平和人李达入垦大糠榔西堡潭;永历三十七年,淡水通事李沧,获准前往卑南(今台东)采金⑲。这些迁台李氏及其后裔长期居留台南、高雄、嘉义、台中、澎湖等地。

　　清政府领有台湾后,于康熙二十三年(1684)置台湾府,不久,闽、粤李姓移民接踵拥至台湾中部;雍正、乾隆时入台人数日渐繁多,垦殖地不断扩展。同安兑山李氏族人于康熙末年始迁居台北芦州,在清代渡台者多达460人。据永春县《官林李氏七修族谱》载:官林李氏子孙到台湾去的甚多,分布凤山、彰化、淡水、新竹、鹿港等地。至民国十七年(1928)第七次修谱时,见载的赴台子孙已达200人左右。至清末,台湾的平原和盆地已经被开拓殆尽,入台的李姓人只好向山区求发展。300多年来,闽、粤李姓络绎不绝于台海道上,他们定居台湾后,披荆斩棘,凿山辟田,为开发和建设台湾作出了应有的贡献。又据台湾统计部门2005年2月底基于户籍的统计,在台湾李姓为第五大姓,占到其总人口的5.11%⑳。

　　台湾李姓支系众多,每个支系又以其来台的第一代作为始祖。并在族谱、郡望、堂号上与祖籍保持一致。这对实现两岸李姓的族谱对接,以及台湾李姓的寻根问祖提供了有力证据。据《高雄红毛港李氏家谱》记载,雍正年间,李远从泉州府渡海到台湾,当时同去的还有其三位兄长。最初,祖厝设落在"空地仔",也就在后来的高雄,李远成为红毛港李氏开基祖。近年,红毛港李氏族谱经过学者的努力,已与泉州石井溪东村成功对接㉑。

台湾同胞的祖根,500 年前在福建,1300 年前在河南。黄典诚先生在 20 世纪 80 年代初曾就豫闽台的关系作为一个评价,他说:"(台湾同胞)寻根的起点是闽南,终点无疑是河南。"②现仅以李姓向闽台地区的播迁即可看出此言可谓一语中的,而固始则在北方人口向包括福建等南方诸地的迁徙中无疑起着集散地与中转站的作用。

注释:

① 中国科学院遗传研究所研究员袁义达依据 1982 年第三次全国人口普查抽样资料统计,指出李姓是当时中国人口最多的姓氏,当时李姓人口已达 9500 余万,约占全国人口的 7.9%(详见袁著《中国姓氏:群体遗传和人口分布》,华东师范大学出版社,2002 年版,统计数据不包括少数民族)。2006 年,在国家自然科学基金姓氏研究项目的支持下,中国科学院遗传与发育生物学研究所与深圳市鼎昌实业有限公司历时两年对中国人姓氏进行了一次大规模调查,调查结果显示,李姓人口已超过 1 亿,占我国总人口的 7.4%。虽然在总人口中所占的比例有所下降,但是李姓仍为第一大姓,比第二位的王姓多 200 多万人。而 2007 年公安部治安管理局根据对全国户籍人口的统计分析后,公布的数据则是李姓是中国第二大姓,有 9207.4 万人,占全国人口总数的 7.19%,略低于第一人口大姓王姓。

② 参见袁义达:《中国姓氏:群体遗传和人口分布》,华东师范大学出版社,2002 年版。

③ 历史上还有李姓的其他起源,如少数民族改姓,三国时,诸葛亮平哀牢夷后,就曾赐当地一些少数民族为李姓,另后魏有代北鲜卑族复姓"叱李"氏,后改为汉字单姓"李"氏。又有赐姓,如唐朝,李姓为国姓,唐初的开国元勋诸将功臣多赐姓李。不过,这些观点均较李姓源于嬴姓说为晚,且影响小。同时,这些或改姓或赐姓后姓李的人群,他们在族源上也会攀附于正统的李姓源于嬴姓,起于中原的观点。

④ 严格说来,先秦时期(至迟在战国中晚期以前),姓与氏是两个截然不同的概念。姓强调的是血缘,氏可以地名、官职等命名,同一姓下可有诸多不同的氏,且男子是称氏不称姓的,所以,不论称"理"或"李"只能是氏,而非姓。秦汉以降,姓氏合称,但因后人不察,误将先秦时期的氏视为姓。

⑤ 伯翳乃为皋陶子,这是段氏的错误倒记。

⑥ 郭沫若:《中国史稿》(第一册),人民出版社,1976 年版,第 114 页。

⑦　唐兰:《老聃的姓名和时代考》,《古史辨》(第四册),上海古籍出版社,1982 年版,第 332、333 页。

⑧　高亨:《老子正诂》,《高亨著作集林》,清华大学出版社,2004 年版。

⑨　王剑:《李姓源起考索》,《寻根》2003 年第 3 期。

⑩　《史记·老子列传》:"老子,楚国苦县濑乡曲仁里人。"

⑪　《史记·老子列传》:"老子隐君子也。老子之子名宗,宗为魏将,封于段干;宗子宫;宫玄孙假,假仕于汉孝文帝;而假之子解为胶西王邛太傅,因家于齐焉。"

⑫　朱彩云:《福建省唐末随"三王入闽"姓氏已经增加到 67 个》,福州新闻网,2008 - 10 - 15。

⑬　"同安地山"现改为厦门集美区后溪兑山村。

⑭　陈支平:《福建族谱》,福建人民出版社,1996 年版,第 134 页。

⑮　《崇正同人系谱》卷 2《氏族·李氏》条称:"而南来之祖,则溯始于唐之末年。有宗室李孟,因避黄巢之乱,由长安迁于汴梁,继迁福建宁化石壁乡。"见邓迅之:《客家源流研究》,天明出版社,1982 年版,第 48—49 页。李孟为两宋之际的抗金名将李纲的三世孙,生于 1152 年,为南宋时期人。故《崇正系谱》记载有误。

⑯　李火德之前的世系,各家系谱记载较为混乱。除正文中记李火德为李熙照后裔外,又有世界李氏宗亲会于 1980 年出版的《李氏源流》的另一种说法,即李火德为李元祥之后裔。后汉乾祐元年(948),李元祥第十五世孙李其洪从皇历迁到沙县的崇仁里二十六都(今永安贡川镇双峰村)居住。李其洪又名"李大郎"。李大郎生有四个儿子,次子名李宏义;李宏义也有四子,老四曰"小廿三";小廿三有六个儿子,分别以"金、木、水、火、土"加"德"字命名。其中老四火德就是后来被李氏所尊崇的"入闽汀州始祖火德公"。二说都认可李火德为唐皇室宗系裔孙,不过,依据方志与族谱,当以李火德为熙照后裔更可靠。

⑰　郑成功诗作《复台》:"开辟荆榛逐荷夷,十年始克复先基;田横尚有三千客,茹苦间关不忍离。"

⑱　南明桂王朱由榔年号,始于 1647 年,郑成功及子经、孙克塽沿用至 1683 年。

⑲　连横:《台湾通史》(下),商务印书馆,1983 年版,第 109、13 页。

⑳　台湾另四大姓是陈、林、黄、张。占台湾总人口比例分别为 11.06%、8.28%、6.01%、5.26%。

㉑　《泉台族谱对接台湾红毛港李氏源于石井溪东》,李氏网,2008 - 9 - 19。

㉒　黄典诚:《寻根母语到中原》,《河南日报》,1981 - 4 - 22。

从固始到福建再到台湾和海外

——黄敦、黄膺兄弟移民南下个案研究

黄英湖

黄英湖(1954—)男,汉族,福建泉州人。硕士研究生学历,现为福建省社会科学院华商研究中心副主任,研究员。长期以来,一直从事华侨华人及台湾问题研究工作,参与7部专著、研究报告、辞典的撰写工作,并发表学术论文近百篇。成果中有4项获得省部级奖,2项获得国家级杂志奖。曾先后应邀到香港、丹麦、南非和法国参加国际学术研讨会。

　　福建原来的居民,都是东南百越中闽越族。西汉时期的元封元年(公元前110年),汉武帝派兵灭掉反叛的闽越国,迁其民于江淮之间后,北方汉人才不断南迁入闽,逐渐成为福建的主要民族。历史上,北方汉人向福建的大规模移民主要有三次:第一次是东、西晋之交,“五胡乱华”后的中州“八大姓入闽”;第二次是唐初受命入闽平叛,随后定居福建的陈政、陈元光父子所率的6000多中州官军及其眷属;第三次是唐末从河南光州辗转入闽,并在福建建立闽国的以闽王王审之兄弟为首的5000多农民军及其眷属。

　　所以,现在福建居民的祖先,大多是历朝历代从北方各省,尤其是河南省南迁入闽的移民。同样地,闽清县虎丘黄氏和长乐县青山黄氏的肇基祖黄敦、黄膺兄弟俩,也是唐朝末年从中州河南移民到福建的。经过1000多年的繁衍播迁,如今的黄氏兄弟已是枝繁叶茂,成为福建黄姓的两大主要衍派。

一、黄氏兄弟的南迁入闽

黄姓是我国的大姓之一,在全国的姓氏排名中位列第七。在福建和台湾,黄姓更是仅次于陈、林的第三大姓,所以,在福建就有"陈林半天下,黄郑排满街"(或"黄郑满街走")的说法;在台湾,也有"陈林半天下,黄郑排成山"的说辞。据《福建日报》2005年3月21日报道,福建的黄姓人口总数将近200万人,约占全省3500万人口总数的5.64%。

福建各地的黄姓虽然人数众多,但他们基本可分为几个大的衍派,都是由几个入闽始祖繁衍下来的子孙后裔。如闽清的虎丘黄(黄敦衍派),长乐的青山黄(黄膺衍派),莆田的金墩黄(黄岸衍派),泉州的紫云黄(黄守恭衍派),邵武的和平黄(黄峭衍派),以及宁德的黄鞠衍派,就是福建黄姓的几个主要衍派。

1. 王审知的入闽和黄氏兄弟的南迁

黄敦、黄膺兄弟俩祖籍河南光州固始县,都出生于唐宣宗大中年间(847—859)。时值唐朝末年,群雄并起,天下大乱。唐僖宗中和元年(881),淮河上游的屠者王绪也趁机而起,组织起一支农民军,占领了光、寿两州,但受制于唐蔡州防御史秦宗权,被授为光州刺史。光州固始人黄霸及其第五子黄敦、第六子黄膺父子兄弟三人,一起参加王绪的农民军。

唐僖宗光启元年(885),王绪的农民军受秦宗权逼迫,无法在河南立足,不得不渡江南下,经江西进入广东,再从广东到达福建。由于王绪暴虐猜忌,滥杀无辜,引起下属的不满和军心的不稳。王潮、王审邽和王审知三兄弟利用军中的这种不满情绪,在福建泉州的南安县发动兵变,夺取了领导权,并在当地士绅的支持下,于光启二年(886)攻占了泉州。唐昭宗景福元年(892),王氏兄弟又挥师北上攻占福州,进而夺取全省,建立了闽国,王审知也在五代的后梁(907—923)初被封为闽王。黄霸和黄敦、黄膺父子兄弟三人,也随王氏为首的农民军一起来到福建。

2. 虎丘黄氏的肇基繁衍

黄霸父子三人随光州农民军入闽来到福建后,先居于清流县泰宁乡梓潭村。其父黄霸逝世后,黄敦兄弟葬其父于清流县白塔桥。然后兄弟俩各奔东西,分头发展。黄敦"唐授官,辞不受","不荣以禄,有功不仕",而是决心归隐乡间,"志乐山林","请地"到福州下辖的闽清县梅溪坪盖平里凤栖山(今塔庄镇秀环村),"兴创庐舍,垦辟农田,积善积德,清居乐道"。

黄敦在闽清娶当地女陈氏为妻,传下宗、礼、凝、勃、启、余6个儿子。为了使子孙后裔和睦相处,黄敦作了一首《厅壁训子》诗:"六叶同开一样青,莫因微利便相争。一回相见一回老,能得几时为弟兄?"以后,宋哲宗皇帝也和一首诗予以赞誉:"六叶同开一样心,多生兄弟少相争。白马桥头旌御葬,穆然为尔永风声。"因此,黄敦的子孙后裔被誉为"六叶传芳",其宗祠也被称为"六叶祠"。

五代后梁乾化五年(911),黄敦卒于移居地闽清。据其宗族的《入闽谱志》中说:"初敦公晦德躬耕,登庐后峰览景,异其形胜,每徘徊其间,俄以寿终,因攒其地。夕有巨虎咆哮,发土培枢,迟明视之,殆若培冢,子孙惊异以为神,遂即宅兆,世传虎葬是也。"据其族谱中说,黄敦是因为登山览景,受野兽惊吓,倏然而逝的。其家人找到黄敦后,本想把他抬回家,但却抬不动他,只好就地安葬。其后有老虎不断为其坟培土,使坟逐渐增大增高,人们异为祥兆。因此,黄敦的子孙后裔号称"虎丘黄氏"。

3. 青山黄氏发展播迁

黄敦的弟弟黄膺入闽后,先与父、兄择居清流县泰宁乡,后迁邵武军武阳故县的仁泽乡,卒于后唐明宗天成三年(928)。据其宗族的《族谱》记载,黄膺与王审知友善,相交莫逆。他天资颖悟、学行俱优,而律赋自成一家,更以五经课子而显名于世,号五经先生。黄膺娶杨氏耀卿为妻,生茂材、茂哲两个儿子。以后,兄弟俩各自择地而居,分枝繁衍。

黄茂材于唐天佑年间(904—907)任秘书丞,特进光禄大夫、太子少师。他传下宾、推、悭、鸣凤四个儿子,黄茂哲也传下安、颇两个儿子。历经上千年的衍传,黄膺一脉至今也是子孙繁茂,后裔众多,并且英才辈出,与黄敦一脉交相辉映。其中较有名气的有监察房、少师房、秘书房、仆射房、鸣凤房、庐峰房,被称为黄膺衍派的六大望族。

黄茂材长子黄宾由太学出身,学优而登仕,后唐时任古田县令,后又兼知长乐县事。他到长乐上任后,奇其地风土淳厚,喜董奉高峰灵气,爱海滨鱼米之乡,就在离县城 15 里的青山下筑庐而居。其后裔子孙众多,名人辈出,成为福建黄姓中著名的"青山黄",也是黄膺衍派的代表。以后,黄茂哲的第二子黄颇也迁居长乐县芳桂乡炉峰境。

二、黄氏兄弟的向外发展

从唐僖宗光启元年(885)入闽始祖黄敦、黄膺南迁至今,黄氏兄弟及其后裔已在福建生息繁衍了 1100 多年。经过向国内外的不断分支衍派,如今黄氏兄弟的子孙后裔已嗣遍环宇,成为福建著名的宗族,也是福建黄姓的两个重要衍派。

1. 在大陆间的播迁

一千多年来,黄敦的虎丘黄氏已繁衍到 40 多代,如今其子孙后裔总人数已多达 200 余万人,遍及福建 9 个设区市中 8 个,在全省 80 多个县、市、区中,也有 30 多个分布有六叶祠的子孙后裔。在福州市,他们分布在城区和闽清、长乐、永泰、闽侯、连江、罗源和福清 7 个县、市;在莆田分布到莆田和仙游 2 个县;在龙岩分布到市区和龙岩、漳平两个市;在三明分布到市区和尤溪、沙县、建宁、明溪、宁化、清流、永定 7 个县;在南平分布到市区和顺昌、邵武、光泽、浦城 4 个县、市;在泉州分布到市区和晋江、德化 2 个县、市;在宁德分布到市区和古田、周宁、寿宁、福鼎、福安、霞浦 6 个县、市;在厦门,也分布着其子孙后裔。

以四叶黄勃的后裔迁居福州义序为例:其四世孙黄腾从闽清县迁往永福县的龙井。大约在南宋的宋高宗绍兴年间(1131—1162),其 12 世孙黄复又从龙井迁居福州近郊南台岛的义序,成为义序黄氏的始祖,至今已有 800 多年的历史。现在,其子孙后裔分为 15 房,总人口有 2 万人左右,成为当地一个著名的大宗族。

还有一些虎丘的子孙后裔迁居到外省,如江苏的镇江、广东的梅县、潮州,以及浙江的台州、乐清、平阳、苍南、黄岩等市、县。特别是四叶黄勃的九世孙黄龟年,从福建移居到湖南渠阳,共生了 10 个儿子,传下 56 个孙子,以后又分为 483 支。至今其子孙后裔已遍及湖南、湖北、贵州、四川、云南、广东、广西等省,总人口达数十万之多。

弟弟黄膺一脉也是不断地开枝蕃衍,子孙后裔繁荣昌盛,遍布省内外各地。如其衍派的六大望族中,监察房子孙就分布于福建的福州、长乐、连江、建阳、建瓯和广东的潮汕、化州等地;少师房子孙也分衍到福建的古田、罗源、连江和浙江的温州等地;秘书房之后裔,主要分衍于闽北、江西和浙江金华;仆射房也广播于闽粤各地;鸣凤房后裔分迁于福建的漳州、长泰、邵武、建宁、浦城、建阳、安溪等地;庐峰房则远播广东的潮州、汕头,江苏的南京,以及安徽和福建的诏安等地。

在黄膺一脉中,比较突出的是黄膺 14 世孙黄干(勉斋)的衍派:其子孙后裔经过 800 多年,30 多世的繁衍,如今瓜瓞绵延,总人数已达 30 多万,播迁到省内外各地。在省内的有福州市城区及其下属的长乐、连江、福清、永泰等县、市,南平市城区及其下属的建阳、武夷山、建瓯、浦城等县市,漳州市城区及其下属的漳浦、南靖等县,还有泉州市属的永春县,宁德市属的霞浦县,龙岩市属的连城县,以及厦门市等 20 多个县、市、区。其中仅在长乐市的就有 3 万多人,在建阳市的也有 2 万多人,在福清市的则有近万人。播迁省外各地的有:广东的潮阳、惠来、海丰、陆丰 4 个县共 4 万多人,化州市有 3 万多人。此外,还有北京、上海市和浙江、江西、广西、山西省和香港。

黄膺的 7 世孙黄程迁居广东澄海县后,子孙后裔也是发达旺盛,繁衍众多。他们广泛分布于广东的澄海、潮州市区、惠来、揭阳、潮阳、潮安、梅州、佛山、湛江等县、市,以及相邻的福建诏安县,还有一些人再播迁到江苏的南京、安徽等地。现在,黄程衍派的子孙后裔,仅在潮汕和惠州等地,人口就达 20 万以上。黄膺 10 世孙黄潜善的衍派更是枝繁叶茂,子孙后裔众多。宋高宗时曾任尚书左仆射兼门下中书侍郎的黄潜善传下久昌、久隆、久茂、久盛、久美、久养、久安、久康和久兴 9 个儿子,子孙后裔播迁到福建、广东等地,以及世界各大洲,人口不下百万。

2. 往台湾和海外的移民

除了在大陆间的播迁外,黄敦、黄膺兄弟的一些子孙后裔还跨洋过海,向海峡对岸的台湾以及海外的东南亚等地繁衍发展。

清康熙二十二年(1683),朝廷派施琅率水师攻打台湾,消灭了岛上的郑氏割据政权,把台湾纳入清王朝的统治版图。此后,许多福建人不顾清廷的渡台禁令,纷纷迁居当时地广人稀的台湾进行垦殖。尤其是乾隆二十五年(1760)清廷取消渡台禁令后,福建人民更是掀起举家迁台的热潮,使台湾的汉族人口急剧增加。黄敦、黄膺兄弟的一些子孙后裔也纷纷随着这股移民大潮,前往一水之隔的海峡彼岸开拓发展。经过300多年的繁衍发展,现在,黄氏兄弟的子孙后裔已分布到台北、基隆、台南和宜兰等南北各地的许多市、县。移居湖南渠阳的虎丘黄氏四叶黄勃的九世孙黄龟年衍派,也有一些子孙后裔迁往台湾发展。

另一方面,近代以后,随着中国人出国大潮的兴起,一些黄氏兄弟的子孙后裔也远涉重洋,迁居到海外各地。尤其是20世纪初,闽清许多虎丘黄氏的子孙后裔,在其族人黄乃裳的带领下,飘洋过海前往东南亚的沙捞越拉让河流域建立垦场,开辟"新福州"之举,更是为世人所赞誉。他们的垦殖地诗巫也得到很大发展,成为沙捞越最大的城市。以后,这些虎丘黄氏的子孙后裔逐渐从沙捞越分散到马来西亚各地,以及印度尼西亚、文莱、泰国、新加坡等东南亚国家。二战后,他们中的一些人又迁居到美国、加拿大、澳大利亚等世界各地。

同样地,福建沿海侨乡一些黄膺的子孙后裔也纷纷播迁到海外。如黄干这个衍派中,就有人移民到美国、日本和东南亚的新加坡、菲律宾、印度尼西亚、泰国这4个国家。黄潜善的子孙后裔也遍及世界各地,尤其是东南亚各国居多。迁居广东侨乡澄海县的黄膺7世孙黄程,也有许多子孙后裔移民到海外。特别是潮汕华侨最集中的泰国,更有不少他们的后裔。如泰国北榄府巨贾黄两镇,经营水产业致富后,担任北榄德善堂监事长、泰国黄氏宗亲总会副会长等职,荣获泰王陛下御赐勋章。泰国黄氏宗亲总会另一副会长黄志标则是黄干的后裔。

三、黄氏兄弟后裔英才辈出

1. 黄敦衍派英才辈出

虎丘黄氏的子孙后裔不仅人数众多,而且英才辈出。据不完全统计,在宋、元、明、清四个朝代,黄氏子孙后裔中状元及第者9人,登进士者389人,入相者3人,任京官,地方官者400多人。其中有3人被封侯,5人被封国公,4人曾担任尚书。此外,还有担任光禄大夫、监察御史、节度使等重要职务的。南宋端宗景炎二年(1277),时任太子少保、左丞相的民族英雄文天祥,曾为虎丘黄氏的族谱撰写了序言,盛赞黄氏子孙之贤达。

这些子孙后裔中的一些事迹突出者,还被史书所记载,留芳于后世。如黄敦第四子黄勃的九世孙黄龟年,在宋朝时担任监察御史,曾四次上奏皇帝,弹劾秦桧之专权奸佞。文天祥在为虎丘黄氏族谱撰写的序言中,曾赞誉"其奏章与日月争光"。十三世孙监察御史黄师雍,也多次上疏弹劾史嵩之奸恶凶残,文天祥也赞誉"其疏词与山川竞色"。

近代以后,有担任孙中山先生秘书的黄展云,1906年东渡日本,考入早稻田大学。在日期间,他参加孙中山先生的同盟会,担任福建支部负责人。在1911年11月上旬的福建反清起义中,他亲冒炮火与清军激战于福州于山,历三昼夜目不交睫,终于使革命取得成功。福建军政府成立后,他担任教育部长,一心为公,鞠躬尽瘁。还有担任孙中山先生高级顾问的黄乃裳,1898年"戊戌变法"期间,曾与梁启超及"六君子"讨论变法新政,八次上书痛陈兴革。变法失败后,他在清廷的追捕名单中被列为第11名。幸得友人相助,才得以脱离险境,离京回闽。1907年,他参与组织潮州的龙冈起义。"双十"武昌首义后,在11月上旬的福建反清起义中,时已62岁的黄乃裳带头组织学生炸弹队,为福建革命的成功立下汗马功劳。起义胜利后,他担任福建军政府交通部长兼筹饷局总办等职,向华侨募款70多万元,缓解了军政府的财政困难。民族英雄黄乃模在甲午中日大东沟海战中,协助管带邓世昌指挥"致远"号军舰与日舰激战,不幸军舰被鱼雷击中,以身殉国,名垂青史。

在中国现代史上,虎丘黄氏的众多子孙后裔中,也涌现出一些为人们所赞誉的英才。祖籍湖南省永兴县、1955 年被授以大将军衔、曾任中共第七届、第八届中央书记处书记、中央纪律检查委员会常务书记的黄克诚,也是虎丘黄氏四叶迁居湖南的子孙后裔。另一四叶子孙后裔、祖籍闽侯的黄春平研究员,曾担任 2002 年成功发射的"神舟号"火箭总指挥,为我国航天事业的发展作出了不小的贡献。

海外的虎丘黄氏子孙后裔也是英才辈出。祖籍闽清湖头的黄顺开,历任马来西亚人民联合党秘书长,沙捞越州副首席部长兼基本设施暨发展部长等要职,他为官清廉,在当地享有很高的声誉,曾荣获马来西亚国家元首颁赐的丹斯里拿督阿妈勋衔。另一虎丘黄氏后裔黄启晔也历任马来西亚国会上议员,还担任黄氏公会主席。解放前夕出国前往印度尼西亚的黄双安,现已成为该国的"木材大王",他的材源帝集团拥有 30 多家公司,3 万多名员工。据香港《FORBES 资本家》杂志 1995 年 6 月统计,其个人财富总额已达 20 亿美元,荣获马来西亚国家元首颁赐的高级拿督勋衔。福州义序竹榄村的黄依娇从家乡来到厦门,后移居台湾,再移居到南美洲的玻利维亚。以后她经商成功,成为该国华人的首富,还曾被玻利维亚总统委派为该国驻广州总领事,被人们誉称为"传奇夫人"。

2. 黄膺后裔人才济济

黄膺的后裔子孙也是人才济济。据不完全统计,仅黄膺衍派的监察房、少师房、秘书房、仆射房、鸣凤房、庐峰房这六大望族中,就至少有 130 多人考中进士,还有人高中状元、榜眼、探花这类皇帝钦赐的前三甲,他们分别是宋朝文状元黄朴,榜眼黄中,武进士、探花黄桂,清朝武状元黄仁勇。在黄干(勉斋)这一脉中,历代高中进士者就有 12 人;黄膺的 12 世孙黄执躬和胞弟黄惟则,一门五代登进士者 40 多人;榜眼黄中之后裔高中进士的也有 10 多人。

在古代,最为著名的也是理学大师朱熹的嫡传弟子黄干(1152—1221),他不仅担任过湖北汉阳、安徽安庆、广东潮州的知州,而且还拜朱熹为师,深得朱子理学之真传,是朱熹的四大弟子之一,成为朱子理学最重要的传人和南宋的大学问家。他著有《朱文公行状》、《勉斋先生文集》、《书传》、《易解》、《四书通释》等书,为朱子理学的形成和发展,确立其在当时思想界中的主导地位作出很大的贡献。他也深得朱熹的赏识,被嫁之以女,成为朱熹的爱婿。据谱志记载,他"秉承师志,存统卫道",为人"笃行直道",求知"志坚思苦",讲学"义理精传",为官万民载德。因此,黄干还被从祀圣庙,《宋史》中也辟有《黄干传》。

黄膺二儿子茂材的子孙后裔中,黄履在宋代进士出身,历任御史中丞、尚书右丞、大学士、资政殿学士,封会稽郡公,是一位德高望重的大臣。黄伯思也是进士出身,历任校书郎、秘书郎,为北宋后期杰出的书法家。黄中榜眼出身,曾任兵部尚书、端明殿大学士等职,封江夏郡开国侯,食邑 1500 户。他是南宋著名的主战派,极力反对秦桧的投降政策,深得国人的敬仰。黄中逝世后,朱熹为他撰写了墓志铭。这三人都是宋代名臣,俱入《宋史》"名臣传"。宋代另一名臣黄潜善,更是官至尚书左仆射兼门下中书侍郎,深得宋高宗的赏识。在明代,有曾任广东、浙江布政使的黄泽,还有明天启二年进士,历任礼部尚书、吏部尚书、兵部尚书的大儒黄道周,都是其中较为著名的英才。

近代以后,有中华民国首任海军总长兼海军总司令黄钟瑛。他参加过甲午中日海战,辛亥革命武昌首义后,他以临时舰队司令的身份率舰队驶至九江响应,救援武昌,为辛亥革命的成功立下汗马功劳。南京政府成立后,他被孙中山总统任命为中华民国海军部总长兼海军上将总司令。任职期间,他整顿海军,力促南北统一,为革命作出很大贡献。为此,他废寝忘食,竭心尽力,终因劳累过度,鞠躬尽瘁,年仅44岁。孙中山先生亲临主祭,并亲撰挽联吊唁:"尽力民国最多,缔造艰难,回首思南都旧侣;屈指将才有几,老成凋谢,伤心问东亚海权!"给他以很高的评价。

在当今,黄膺的 38 世孙黄如论先生是北京世纪金源投资集团董事局主席、总裁,福建金源实业集团董事局主席、总裁。他被评为全国十大企业家之一,也是中国地产三巨擘之一,在福建、浙江、江西、北京、吉林和香港、菲律宾等地有企业 40 多家,总投资达 100 亿人民币。他曾连续四年获得中国最大慈善家荣誉,总捐资额近5亿元人民币。他还以建筑设计学上的精深造诣和巨大成就,而被中国人民大学礼聘为客座教授。

在海外,担任英国剑桥大学副校长的澳洲大学博士黄嗣恩女士,担任新加坡大学校长的英国牛津大学博士黄兴件,担任新加坡政府福利部副部长的黄秀玉,也都是黄膺子孙后裔中的杰出英才。

注释:

① 虎丘黄氏宗史研究会编:《虎丘六叶黄氏宗谱》"总谱"。

② 虎丘义序黄氏谱志编纂理事会编:《虎丘义序黄氏世谱》。

③ 黄拔灼:"福建虎丘黄氏主源发展",载"首届海峡百姓论坛"组委会2007年9月编印:《首届海峡百姓论坛文选》。

④ 林耀华:《义序的宗族研究》,生活·读书·新知三联书店,2000年版。

⑤ 江夏入闽始祖黄膺公宗史研究会编:《正本清源,光辉历史》。

兴修水利　发展农桑　推动货殖　通商海外

——固始入闽黄氏对开发闽疆的贡献

黄意华

黄意华(1947—)男,汉族,福州长乐青山人。《福建侨报》社原副总编辑,福建省江夏黄氏源流研究会专家组成员,参与编纂《福建黄氏世谱·源流世系编》、《福建黄氏通史》等。福建省作家协会会员、福建省杂文学会理事、福建省民间文学家协会会员、全国新故事学会会员。发表作品50多万字,其中,散文体电视片《悠悠桑梓情》获《当代中国侨乡》系列片一等奖;散文《戈壁滩上》获中央广播电台征文一等奖。现任福建省江夏黄氏源流研究会《江夏心声》主编。

　　两晋之际,中国北方战乱不已,国祚破碎,百姓奔窜流离,这时,南方相对平静,衣冠仕族纷纷举家南迁。乾隆《福建通志》称:"永嘉二年,中州板荡,衣冠始入闽者八族:林、黄、陈、郑、詹、邱、何、胡是也。以中原多事,畏难怀居,无复北向。"《闽小记》也称:"五胡乱华,衣冠仕族黄、林、陈、郑四姓率先入闽。"

　　河南光州固始,因其特殊的地理区位、自然条件与历史因缘,成为两晋之际中原河洛地区向闽台一带移民的肇始地和集散地。中原固始黄姓迁入福建的第一个高潮也就始于这段时期。

　　隋唐时期,是中国政治文化影响力逐渐从中原地区向东南一带扩展时期。随着中央政府加强对江浙和福建的开发,北方黄氏宗族纷纷加入到开发福建的队伍中,他们中绝大部分来自光州固始。

隋唐时,福建还处于蛮荒年代,农耕技术落后,生产力低下,光州固始南迁移民的到来,带来了先进的中原文化和农耕技术,他们与福建原住民一道开荒造田,兴修水利,试种、推广从中原带来的优良品种。同时,还把中原民俗引入当地民间,丰富了当地的民俗文化,推动了民智开发。

光州固始南迁移民不仅精于农耕,还善于货殖,他们或兴办商号,诚信经营,促进流通,或兴建作坊,雇员招工,从事商品生产,增加社会供给,推动经济发展。

本文试就对固始南迁移民黄鞠肇基福建宁德霍童后,携家人与原住民一道兴修水利,发展农桑及固始南迁移民后裔黄守恭在泉州置桑田,养蚕纺丝,织出优质丝绸远销海外,开拓举世闻名的海上丝绸之路的论述,以彰显固始入闽黄氏开发闽疆的历史功绩。

一、黄鞠——中国兴修隧洞水利第一人

在福建黄氏世谱中,黄鞠是一个十分重要的人物。据宁德黄鞠派的各支黄氏族谱记载,其开基始祖黄鞠,是固始黄氏望族黄初的裔孙。黄初下传二十余代,历两晋南北朝,有个裔孙名叫黄隆,又名黄高,号硝山。隋文帝时官居内阁大学士。后来隋炀帝继位,残害忠良。黄隆忠言直谏,多次触犯炀帝。黄隆娶七妻,生21子,其中第10子名叫黄鞠,官谏议大夫,当时也以直言敢谏著称。黄隆、黄鞠父子以直谏犯忌,隋炀帝龙颜大怒,将黄隆下廷尉狱,拘禁天牢。黄隆见国家大势已去,大事不可为。为了保全家族,就在狱中与前来探视的儿子黄鞠商议:"自己为国尽忠,儿女们则逃避他疆,择地立业。"还赋诗8句,作为子孙他年相见会亲时的凭证:"骏马堂堂出外疆,任从随地立纲常,身居外境即吾境,志在他乡即故乡。早晚莫忘亲嘱语,晨昏须忆祖蒸尝,愿言托庇苍天福,三七男儿大吉昌。"不久,黄隆遇害,他的21个儿子纷纷遵父命逃往全国各地避难。

黄鞠(569—657),号玄甫,是黄隆第10子,生于北周武帝天和四年(569),隋代官至谏议大夫。黄鞠的父亲黄隆于隋大业九年(613)遇害后,他

遵父命弃官率五子:二八、二九、三一、二四、三六、二女:丹鸾、碧凤等一家自河南光州固始入闽避难,先居宁德七都浦源,后遇到先期入闽、肇居宁德霍童石桥的姻亲朱福。黄鞠喜爱石桥一带地域广袤、山清水秀,是理想中的桃源之地,可以大兴水利,广辟良田,遂与朱福商量"让地",朱福应允。从此,黄鞠一家便在洞天山下的石桥村开基,开始了在霍童的创业。

当年,石桥村田地很少,黄鞠经过踏勘后,发现村外有片三角地带"松岸洋",可开垦成千亩良田,但缺水灌溉。黄鞠精于水利,他又经过一番踏勘后,发现隔座山梁的大石溪水位高、水量充足,经开渠、凿洞后,可以引溪流灌溉"松岸洋"旱地。于是,他率领一家与当地百姓一起,挖掘水渠,当水渠拓至山腰时,遇到坚硬的花岗岩,当时有术士说:"这是龙腰,挖断龙腰,就断了子孙官贵。"鞠公正色道:"我不要一家官贵,要万家发达。"历三个春秋,终于凿通蝙蝠洞,引来潺潺流水,松岸洋一带旱地,成为水田,年年稻花飘香。

黄鞠为保千古安澜,还亲铸三头铁牛镇于中流以压水患,再建36墩,又造72家,以减缓水势,镇住"龙神"。石桥村自此旱涝无忧,丰年连连,百姓富庶一方。

黄鞠不仅精水利,还通易理,善于科学利用水源,发挥水力,做到一水多用。他利用龙腰水渠的落差,兴建了五级水碓,用水力碾米、磨麦、榨油等,节约了大量劳力。

黄鞠还引水进石桥村,在村头开挖日、月、星三个人工湖,在村中自己居所前挖砚池、金鱼池;在村尾挖罗星湖,这些湖、池的挖凿,可用于防旱、防火、防涝,又便于村民日常洗涤,洗涤后含有肥分的肥水,再用于农田灌溉。为防止引水渠道长期受水流冲刷而坍塌,黄鞠利用地形将水渠修成九曲,使水速减缓,并在渠上镇立三只石蛤蟆,以保护渠道(俗称三只蛤蟆九曲水)。一千多年来,黄鞠兴建的水利工程,一直发挥作用,造福一方百姓,至今完好。尤其是隧道水利工程,可谓"中国少有"。如今,黄鞠开凿的"龙腰水渠"和"蝙蝠隧洞",已被福建省政府公布为省级文物保护单位。

黄鞠兴修水利的功绩在"志"和"史"上多有记载,现今有的《水利志》中还提到他,称他是中国开凿隧洞水利的"第一人"。

黄鞠在兴修水利的同时,还引进了麦、荠苔、豆类等中原优良品种,亲手教当地百姓种植,使之很快在四方推广,霍童一带千百年一直得以繁荣、富庶。

黄鞠还把中原民俗文化引进宁德霍童民间。霍童民间农历正月初二迎神赛会,举行舞龙灯、舞狮、踏高跷、彩撬等,以及五年一次逢甲逢已,胪欢轮迎、敬酒,狂欢娱乐若干天等习俗,都始于黄鞠肇基霍童后。

黄鞠又与姻亲朱福把河南方言融入当地语言,使南起霍童北关成村、西达洪口一带,形成独特的霍童地方语言。

黄鞠卒于唐显庆元年(657),享年89岁。后人感其"凿龙腰、开霍地"的功绩,尊他为"开山黄公"、"土主神灵",为他塑金身、建宙宇。黄鞠的长女丹鸾,立志助父亲兴修水利,终身未嫁,乡民也感其恩德,为她建造宫宇,奉为神明,四时香火,春秋祭祀[①]。

二、黄守恭——海上丝绸之路开拓者

我国劳动先民创造的轻薄而华美的丝绸制品,很早就为外域人所喜爱,并远销欧洲,中国因此成为文明的丝绸之国。丝绸远销的路线,史称"丝绸之路"。唐代,泉州已是我国对外通商的四大港口之一,泉州出口货物又以丝绸为大宗,而这些丝绸又多是泉州生产的。当时泉州所产的绫罗绵绢及各种丝织棉布,品种多样,颜色华丽,质地精美,价格昂贵,是西方人喜爱而不易得到的贵重物品。据传,英国皇家博物馆藏有泉州唐代生产的"泉绢"和"泉缎"。

泉州唐代能大量生产"泉绢"和"泉缎"的是固始黄氏后裔黄守恭。

黄守恭(629—712)。《黄氏参山二房长族谱》载:黄守恭,字国材,号一翁,唐贞观三年(629)生,远祖黄元方,光州固始县人,仕晋入闽后隐居侯官(今福州)黄巷,常以道学倡闽,其数传裔孙黄崖,隋末自侯官迁南安,卜居县治泉州东南郊(今属泉州鲤城区),生守恭、守美。

黄守恭年轻时,随父亲做生意。其时泉州城内,水陆交通便捷,货殖荟萃,市场分为东西南北中5市,富商大贾朝夕盈门。黄守恭父子诚信经营,很

快发迹。这段时期,中原先进的农桑技术不断传入,蚕桑丝织业有一定的社会发展基础。黄守恭凭借雄厚的资金,承应州府鼓励百姓发展农工商的政策,先后投巨资垦置桑园580余亩及36座田庄,绵延7里,雇员百名,从事桑蚕生产,同时招工380人,从事缫丝纺织。宋人物传载:"黄守恭初时织纲五十综者五十蹑,六十综者六十蹑,工效低,易以十二蹑,故所织之花绫,花纹奇特,织物立感,并远销海外。"

史载表明,黄守恭在垦殖桑田同时,实行农工并举,发展丝织业,改革手工织机,同时加强管理,提高丝织产量及质量。还给农民以实惠,提高桑农收入,促进社会经济的发展,保障了社会安定。

《泉州府志》也说:"黄守恭殖桑养蚕,缫丝织绸,所织有纨、绮、缣、绨、绸、素、绫、绢等十数种,其质地有厚实挺括者,有面光滑者,有薄如蝉翼者,其品均不易粘灰尘,故泰丰织品输出波斯、天竺、大秦、勃流、苏缘、暹罗等国。每岁输帛数十万匹。于是,数十年后,资财百万。"

史载,唐代各州均有丝绸生产,而福建产的丝绸已属上乘,《唐六典》则云,福建的泉、建、闽生产的绢被列为全国第八等。《新唐书》也记有"泉州清源郡(泉州古称)土贡绵、丝、蕉、葛"织物品种。《闽书·上供》云,泉州"贡丝二百两"。可见泉州产的丝织品在质量上已达贡品要求。而黄守恭置"桑园七里,田三百六十庄",可见丝织业生产已有一定规模。

有趣的是,黄守恭的五个儿子又都以丝织业常用的字眼命名:经、纪、纲、纶、纬。经:为丝线。织丝时拎在机上的竖纱即织机上的直线;纪:为别理丝缕使不乱也;纲:为丝冈之总绳;纶:为粗于丝者,青丝授也;纬:为织布时被用梭穿织的横线。这足以说明黄守恭对丝绸纺织业的执着和大展宏图的决心,要不是后来发生了僧人游说黄守恭献出桑田房舍建寺,泉州丝织业或许在唐时会更加兴盛②。

五代时期,泉州地区蚕桑和丝织业一承唐代的昌盛,农村"妇营蚕织、绔繻之颂兴",城中则"千家罗绮管弦鸣"。宋时,泉州的蚕丝业,更在前朝的基础上乘时飞跃,与杭州并极一时之盛,苏颂咏泉州"绮罗不减蜀吴春"的诗句,便是当时丝织业兴盛的写照。

　　宋元是泉州海外交通的腾飞时期,也是"海上丝绸之路"的鼎盛时期,溯根追源,固始黄氏后裔黄守恭当是泉州"海上丝绸之路"的开拓者和奠基者。

　　注释:

　　①　参阅刘佑平:《黄姓溯源·中原黄姓入闽》,《福建黄氏世谱·源流世系编》等。

　　②　参阅黄炳元:《泉州紫云黄氏在海外文化交流中的作用》;黄世春:《浅淡黄守恭与海上丝绸之路》;《福建黄氏世谱·源流世系编·紫云黄守恭源流世系》等。

固始寻根资源开发与研究

一千年前是一家
——台闽豫祖根渊源初探

欧潭生

欧潭生(1945—)男,汉族,福建省福州市人。1963 年考入北京大学历史系考古专业。1968 年毕业后分配河南部队农场和大别山区农村锻炼,1976 年起在河南信阳地区文化局文化科任办事员、科员、文物科长、地区文管会副主任兼办公室主任(副处)。1988 年调福建省博物馆,2000 年至 2005 年任福建省文化厅直属的昙石山博物馆首任馆长、研究员。2006 年退休后被中共福州市委推荐为闽江学院考古学教授、被福建省政府特聘为省文史馆终身馆员。先后发表考古发掘报告和考古论文 100 多篇,出版专著《闽豫考古集》等。

1976 年,美国黑人作家阿历克斯·哈利写的《根》一书,轰动世界文坛,获得了美国普立兹文学奖。小说描写美国黑人祖先被阿拉伯奴隶贩子从非洲西部掠运到美洲,其子孙历尽千辛万苦寻找自己的祖根。这本书在台湾流行后,激起了台湾同胞的爱国热情,掀起了一股寻"根"追"源"的热潮。

　　台湾《青年战士报》从1978年10月16日开始,连续刊载《唐山过台湾的故事》,从台湾同胞的姓氏、宗族、文化、风俗等方面详细考察台湾与祖国大陆的骨肉关系。文章明确指出台湾的祖根在唐山,唐山就是祖国大陆,特别是福建、广东一带。紧接着,台湾中央图书馆于1978年下旬,举办了一个题为《根——台湾的过去和现在》的文物图片资料展览,展出文物图籍200多件,证明台湾的祖根在大陆。

　　台湾《中国时报》于1979年6月11日以《乡土·血统·根》为题发表文章,指出:"台湾是我们直接的根,而这根又嵌含在更大的根里,那便是中国。"

　　台湾黎明文化事业公司还出版了彭桂芳编著的《五百年前是一家》通俗历史丛书,对台湾祖根在大陆的问题,进行了详尽的考证。台湾著名学者、《中华民国史纲》的作者张其昀先生也在《台湾丛书序》中列举了大量历史事实,说明台湾同胞大部来自闽南与岭东,即今闽粤二省。他还深情地说:"血浓于水,台湾同胞终于投入祖国怀抱,这是中华民族碧血之所坚凝。"

　　台湾电影《源》是近年来台湾同胞"寻根热"发展到高潮的产物。这部电影耗资7000万台币,运用电影演员30000多人次,花了220天才拍摄完成。作者以"源"为片名,以开发台湾石油作为题材,描写大陆移民不畏艰险、开拓宝岛的事迹。影片使人们生动而又形象地看到了台湾与祖国大陆血肉相连的关系。

　　通过这几年的寻根活动,台胞已确认他们的祖根在福建一带,因而发出"五百年前是一家"的慨叹!但是,在中华民族的悠久历史中,五百年仅是短暂的一瞬。台湾和福建更早的祖根在哪里?在纷纭繁杂的历史现象中,在古朴独特的方言土语里,在似曾相识的地名风俗方面,我们找到了一些蛛丝马迹,奉献出来,求教于各方人士。

一、四次人口大交流

　　越王勾践的后代无诸,协助诸侯灭秦,后来又帮助刘邦消灭楚霸王项羽。因此,刘邦建立西汉王朝后,就册封无诸为闽越王。到了汉武帝建元年间(公元前 140 年),闽越不服管辖,曾经多次叛乱。至今,在闽北一带还残留着闽越对抗汉朝所修筑的古城遗址。后来汉武帝派兵镇压并采用迁徙政策,"尽徙其民于江淮间,以虚其地"(以上材料见《史记》和《福建通志》)。这是历史上福建与中原人口第一次大交流。说明早在汉武帝时,江淮间已有大批福建人居住。

晋代永嘉之乱,中原一代"衣冠如(入)闽者八族"(见《三山志》)。这八大族人家就是从河南避乱南迁至福建的官僚地主。大批中原人定居福建,在今天的地名上还保留着历史痕迹。福州有晋安河,泉州有晋江,这都是晋代中原人到福建后命名的。这是历史上中原与福建人口第二次大交流。

唐高宗总章二年,福建南部蛮獠叛乱,朝廷派河南固始人陈政、陈元光父子率 58 姓军校前去镇压,并开辟漳州郡(见福建《漳州志》和河南《光州志》)。这是历史上中原与福建人口的第三次大交流,也是对闽南和台湾影响最大的一次。至今,陈元光被尊为"开漳圣王",台湾各地的漳州移民,一直奉开漳圣王为守护神,当作菩萨顶礼膜拜。据调查,台湾现有 53 所陈圣王庙,备受台湾同胞的崇敬。

又据《五代史》记载,唐末五代河南光州固始人王潮、王审知兄弟,率领数万人起义,转战安徽、浙江、福建。最后在福建建立了"闽国"。闽王王审知经营福建 50 多年,使福建的经济、文化得到了很大的恢复和发展。这是历史上中原与福建人口的第四次大交流。闽王王审知及其数万起义部队对福建的影响是极其深远的。

综上所述,中原与福建人口的四次大交流都与河南有关,特别是唐朝的两次南迁人口最多、影响最大。因此,台湾、福建和海外侨胞称自己为"唐人",把故乡说成"唐山",把聚居的地方命名为"唐人街",这是有历史根据的。民间传说唐朝军队打进福建后,把闽越土著男子杀光。剩下的闽越土著姑娘与唐朝士兵结合,就地屯居,衍繁后代。所以,今天福建方言仍然通称男子为"唐部人"、"唐部仔",通称女子为"诸人人"、"诸人仔"(诸,就是闽越王无诸)。这种特殊称谓,是寻找福建祖先的有力证据。

值得注意的是,唐朝中叶开辟漳州的圣王陈元光是河南光州固始人。

唐末五代开发福建的闽王王审知也是河南光州固始人。甚至连收复台湾的民族英雄郑成功,其先祖也是"自光州固始县入闽"(见厦门鼓浪屿郑成功纪念馆拓片《郑氏附葬祖父墓志》)。这难道是历史的巧合吗? 不,树有根,水有源,寻根念祖渊源长。

二、开漳圣王陈元光

陈元光,字廷炬,河南光州固始人,生于唐朝显庆二年(657),卒于景云二年(711)。陈元光 13 岁就"领光州乡荐第一"。当时,他父亲陈政任岭南行军总管率兵镇压福建蛮獠啸乱。由于寡不敌众,陈政退守九龙山。朝廷命陈政的哥哥陈敏、陈敷率领军校 58 姓组成援兵。途中,陈敏、陈敷卒,其母"魏氏多智,代领其众入闽"。仪凤二年(677)四月,陈政卒,20 岁的陈元光代父领兵。经过九年平叛战争,于垂拱二年(686)报请朝廷批准,设置了漳州郡。陈元光"率众辟地置屯,招徕流亡,营农积粟,通商惠工",从而使漳州一带"方数千里无桴鼓之警"(见《漳州府志》)。

漳州是福建最大的平原地区,陈元光统帅的河南固始 58 姓军校及其士兵,开辟漳州,繁衍后代,对闽南的影响是十分深远的。闽南和台湾同胞都尊奉陈元光为"开漳圣王"。据《漳州府志》记载,漳州和漳江的命名,还与陈元光的祖母魏氏有关。魏氏"指江水谓父老曰:此水如上党之清漳"。这就说明,今天福建的漳州和漳江,是根据太行山的漳水而命名。

陈元光开辟漳州之后,"世领州事"。但他们并没有忘记祖籍固始。据河南《光州志》载:陈元光的孙子陈酆"在京见李林甫、杨国忠柄国,无意仕进。访弋阳(即光州)旧第,川原壮丽。再新而居之。数年,安禄山乱,漳州民诣福州观察使诉乞。遵先朝旧制,命陈酆领州事,以拯民生。朝是其请,酆至漳。荐学延师,锄强救灾,一如其祖守漳时"。由此可见,"开漳圣王"一家不仅"遵先朝旧制",世代领漳州事,而且在河南老家还保留着陈氏家族的根基,互相间来往频繁。陈元光的 36 世孙陈华来,还担任过南宋光州太守。光州(今河南潢川县)学宫旁边纪念开漳圣王陈元光的"广济王祠",就是陈华来当太守政绩昭昭,士绅百姓为颂其功德而捐款兴建的。

跟随陈元光开辟漳州的 58 姓军校,在闽南一带繁衍子孙,发展到今天,台湾和闽南一带陈、林、黄、郑四大姓占总人口的一半以上。群众中流传的"陈林半天下,黄郑排满街",就是这个意思。这些大姓的族谱上,都明确记载着他们先祖是河南光州固始人。福建平和县朱姓族谱上,更明确地记载着他们的先祖是河南固始朱皋镇人。五代时,福建泉州著名隐士詹敦仁,字君泽,号清隐先生,祖籍也是河南固始。

开漳圣王陈元光只活了 54 岁,但他和 58 姓军校对福建的历史产生了巨大的影响。

三、闽王王审知

无独有偶。事隔 200 多年后,对福建历史又一次产生巨大影响的人物——闽王王审知,也是河南光州固始人。《新五代史·闽世家》记载:"王审知字信通,光州固始人也。父恁(音嫩),世为农。兄潮,为县史。……寿州人王绪攻陷固始,绪闻潮兄弟材勇,召置军中,以潮为军校。……绪率众南奔……自南康入临汀,陷漳浦,有众数万。……唐即以潮为福建观察使,潮以审知为副使。审知为人状貌雄伟,隆準方口,常乘白马,军中号'白马三郎'。乾宁四年(897),潮卒,审知代立。唐以福州为威武军,拜审知节度使,累迁同中书门下平章事,封琅琊王。唐亡,梁太祖加拜审知中书令,封闽王,升福州为大都督府。"

闽王王审知及其子孙统治福建长达 55 年,对福建政治、经济和文化的稳定和发展起了重要作用。"审知起自陇亩,以至富贵,每以节俭自处,选任良吏,省刑惜费,轻徭薄敛,与民休息。三十年间,一境晏然"(《旧五代史》)。王审知奖掖农商、大兴水利。长乐县集数千民夫修筑海防大堤,设"斗门"十个,"旱潴水,雨泄水,堤旁皆成良田"。这是我国历史上较早的围海造田的范例。连江县开辟了一个东湖,周围 20 余里,能灌溉良田四万余顷。福州南湖经过疏浚,面积达 40 平方里。特别是福州、泉州两个海港的开凿,为海外交通打开了出路。王审知"又建学四门,以教闽士之秀者"。他本人"俭约自持,常着麻履,府舍卑陋,未尝营茸"。现在福州市鼓楼区有一座寺庙叫庆城寺,又叫"闽王庙"。寺前耸立着全国著名的大石碑,名为"王审知德政碑"。上面记载着王审知的生平事迹。

王审知带领河南固始一带的起义队伍数万人定居福建,必然把中原的文化、风俗和"乡音"传到福建。

四、关于郑成功墓的调查

众所周知,收复台湾的民族英雄郑成功是福建南安县石井乡人。今年是郑成功收复台湾320周年纪念。福建人民将在南安县重修郑成功墓。但是,河南固始县却流传着当地发现郑成功墓的传说。为此,我们专程到固始县汪棚公社邓大庙大队小营生产队进行了调查。据参加这座古墓挖掘的生产队长郑大成同志回忆,简记如下:

解放前这个坟堆有三、四米高,前有石人、石马、石香炉、石牌坊,还有一人多高的墓碑。解放后只剩下土坟堆,当地群众叫它"莽牛地"。1970年农业学大寨,我们大年初一开始在莽牛地平坟整地。清除封土后,发现"洋糖滑滑"(固始土语,即糯米拌石灰)。再下面是三指厚的石条。揭开石条后,见到棺椁(椁板至今还保留着一小块)。棺椁间一边插一对龙牌和虎牌。揭开棺盖,黄色的官服完好,头滚到一边,头上戴软帽。头特别大,牙也特别大。龙袍胸部绣着团龙,团龙上部绣着七个字——"土部丰府郑成功"(丰字疑为壬字)。字是黄色的,团龙是五彩刺绣。手上有黄色丝棉手套,脚下着厚底靴。棺底木板上刻着勺子星(即北斗星)。出土的七两多金叶子、银叶子让社员刘志义拿到合肥,被安徽省博物馆收走。还有一对铜球(直径约五公分)和一块护心镜(镜面有四个大字),连同其他墓出土的铜镜一起,拿到北边卖了。

根据以上材料分析,郑大成等人挖掘的古墓肯定是一座明清墓葬,而且墓主人生前地位较高。调查中,我们再三询问郑大成等人,对死者胸前的绣字是否辨认清楚?郑大成同志说:"这七个字连同团龙部分的绣袍,我专门撕下来保存了两年之久。我本人姓郑,周围一带也多是姓郑人家。蟒袍上的郑字是繁体字。郑成功三个字肯定不会错!"

　　这就给我们提出了两个问题:河南固始这座墓葬为什么出现绣有一"郑成功"字样的官服?墓主人是郑成功本人,还是郑成功的部下?带着这两个问题,我们到福建进行了一个多月的调查。我们在厦门鼓浪屿郑成功纪念馆内,见到一块《郑氏附葬祖父墓志》拓片。这块墓志是郑成功的孙子郑克塽、郑克举撰刻的。墓志铭叙述了他们祖父郑成功和父亲郑经的生平事迹,并说明从台湾迁葬祖父和父亲是康熙皇帝"特旨恩准"。但是,他们并没有在福建给郑成功、郑经单独树碑筑茔,而是"附葬于南安县康店乡乐斋公茔内",时间是"康熙三十八年五月廿二日卯时"。乐斋公是郑成功的七世祖。由于郑成功复明抗清,清兵破坏了郑氏祖坟,只剩下乐斋公等四位先祖的尸骨。现在我们见到的乐斋公墓茔是郑经修建的。郑克塽为什么没有给郑成功父子修墓树碑呢?虽然郑成功父子被清廷视为"叛逆之臣",但康熙时,郑克塽已被授为公爵,"隶汉军正红旗"(见《清史稿》)。而且,迁葬郑成功父子是康熙皇帝"特旨恩准",仪式隆重。这里,也给我们提出了两个问题:郑克塽、郑克举到台湾后是否真正找到了郑成功父子的尸骨?郑成功墓究竟在哪里?目前,我们掌握的证据不多,固始古墓又不是科学发掘的资料!因此,对于郑成功墓的问题,尚不能作出肯定的回答。

　　但是,河南固始明清墓葬出现的"郑成功"字样的官服,说明郑成功与河南固始有着某种特殊关系。在《郑氏附葬祖父墓志》上十分明确地写着:"成功字明俨,号大木、姓郑氏,先世自光州固始县入闽。"说明郑成功先祖的祖籍也在河南固始县。

五、祖根在河南固始

　　河南固始县历史悠久,春秋时期是蓼、蒋、黄三国地,后被楚国所灭,改称寝邱。楚庄王以其地封楚相孙叔敖子侨。吴王夫差曾经攻占此地,秦楚寝邱大战也发生在这里。东汉刘秀建武二年(26),封李通为固始侯。固始这个县名已沿用了1900多年。今天的固始县已经是100多万人口的大县,而历史上的固始县地域比现在还大(还包括今淮滨,商城的一部分)。

　　由于固始县僻处豫东南,当地方言中保留着许多中原古音。而这些古

音也在千里之外的福建方言中找到了历史的痕迹。这里只举出几个特殊读音的字为例,略见一斑:

"硬"(yìng)固始读成 èng,

"牛"(niú)固始读成 óu,

"丸"(wán)固始读成 yuán,

"六"(liù)固始读成 lù,

"白"(bái)固始读成 bé,

"龙"(lóng)固始读成 lióng,

"足"(zú)固始读成 jú,

"杏"(xìng)固始读成 hèng,

"居"(jū)固始读成 zū,

"削"(xuē)固始读成 sūo。

以上保留中古音的固始方言,与福建福州和闽南方言的读音基本相同。日常用语中把"起床"说成"爬起来",把"老头"说成"老货",把"老婆"说成"老马子",把"没有"说成"毛"等,固始和福建竟然完全相同。

再从地名和姓氏上对照,固始有"洛阳桥",闽南也有"洛阳桥"。淮滨"乌龙集"原属固始,福州有"乌龙江",两地都有"乌龙庙"。福建同安县有一个地方叫"杨宅",据当地陈姓老人说,他们都是河南固始杨集迁来的。福建和台湾的姓氏"陈林半天下,黄郑排满街",河南固始的陈、林、黄、郑等也是大姓人家。如果进一步考察两地的婚丧嫁娶、逢年过节风俗习惯,还可以找到许多共同之处。例如,固始一带的糍粑、挂面、鱼丸等是著名的土特产。这些土特产也随着历史的变迁传到了福建。糍粑变成了白粿,挂面变成线面,鱼丸里加进肉馅,演变成福建和台湾民间不可缺少的食品。

中国是一个多民族的国家。在数千年民族融合的历史中,要想寻找一个家族纯正的根,那是不可能的。但是,考察我国近500年来的历史变迁,得出台湾同胞来自闽南岭东的结论,已经不是十分困难的事情。如果进一步考察唐朝以来1300年的历史,从中找出一些线索,来论证台湾和福建的祖根在河南固始,也不是不可能的事情。我们的调查研究工作刚刚开始。我们希望河南、福建和台湾三省的社会科学工作者，能够联合起来，从历史学、考古学、地名学、方言学和民俗学等方面进行深入的综合调查研究。这也算我们对台湾同胞寻根念祖的一种响应。

固始移民与两岸三地寻根资源之整合

尹全海

　　尹全海(1963—)男,汉族,河南遂平人。信阳师范学院历史文化学院教授,历史学博士。研究方向为台湾史和中国移民史。2006年以来,出版专著《清代渡海巡台制度研究》(九州出版社2007年版);在《史学月刊》、《寻根》等刊物发表台湾史方面论文9篇,另有5篇论文在全国涉台学术会议上宣读,并收入论文集。近期正着力研究历史上中央政府对台湾的管辖制度和大陆移民与台湾的"内地化";主持在研项目三项;2008教育部社科规划项目"历史上中央政府对台湾的管辖方式研究",2007教育部古籍整理项目"清代巡台御史之巡台文献整理研究",2008河南省社科规划项目"清代巡台御史制度研究"。

　　世俗的而非学术的缘故,特别是历史学在其中的边缘化趋势,闽台移民之原乡被模糊或弱化,河洛、中原、固始之地域关系及其内涵界定出现了乱相——三源并出。原本独具特色的移民景观变得含糊不清,寻根资源之整合缺乏主线,豫闽台两岸三地都根据现存资源,采取各尽所有,各取所需之态度加以开发与利用,造成混乱和浪费。有鉴于此,本文从历史学出发,以历史上固始移民入闽迁台为主线,将豫闽台两岸三地寻根资源初步整合为移民资源、姓氏资源、信仰资源三类,在此基础上探讨其当代价值。

一、问题之提出

福建和台湾一样,历史上是移民社会,最具典型意义者如唐代光州固始人陈元光父子"开漳"、王审知兄弟"王闽",几乎是固始族群及其社会文化的整体"迁移",故"今闽人称祖者,皆曰光州固始"。宋、元以后,部分固始移民离开已世居之闽南,渡海迁台,并最终成为台湾移民社会的主体,"固始族群"亦随之落地生根,于是有"台湾寻根到漳泉,漳泉寻根到固始"之说。所不同的是此次移民迁台,时间更长,范围更广,原因也更复杂。也许固始移民入闽迁台是历史上北方士民南迁的一个分支,因其移出地为"光州固始",且有固定的移民方向,由此形成固始 – 福建 – 台湾两岸三地颇具特色的移民景观,奠定了当今两岸三地寻根活动的历史前提和文化基础,并由此产生或保存了丰富的寻根资源。所以,固始移民入闽迁台,应视为一个独立的历史单元加以研究①。

若视固始移民入闽迁台为独立的历史单元,需首先对中原、河洛、固始三者之地域关系及其内涵做出界定。河洛有广义狭义之分,广义的河洛是指今日豫西地区;狭义的河洛就是古代的洛阳一带。无论是广义还是狭义,河洛是中原之中心是没有疑义的②。尽管河洛文化圈有时超越河洛区域范围进入中原文化圈,甚至一定时期可能会出现交汇融合,但河洛文化并不能因此代替中原文化;在文化积累和演进进程上两者有着本质的区别。如此,地域上的河洛是以洛阳为中心中原的核心,狭于中原;文化上的河洛是中原文化的源头,先于中原文化。而中原之民与东南越闽地区的往来,最早可追溯至西汉武帝将闽越之民迁往江淮,以及魏晋时期中原之民第一次南下。显然此时的河洛文化不能完全涵盖中原文化,江淮区域也超出了广义河洛的地域空间。在此意义上,仅就闽台移民之寻根而言,称其根在中原是成立的,若谓根在河洛,以中原替代河洛,似言之笼统。

厘清中原与河洛的异同之后,还需进一步区隔中原与固始之地域及其文化关系。闽台移民,甚至更为广泛的周边地区对中原的认知是一个相对、动态的宽泛概念。其相对性表现为中原与边疆、中央与四周的关系。其动态性表现为空间与时间两个向度,时间意义上的中原并非前后重合,如先秦之中原与隋唐之中原、明清之中原与近代之中原均存在较大差异,甚至有边疆变中原之沧海桑田;空间意义上的中原则呈现为一种向四周扩散之趋势。闽台移民观念深处的"中原"是相对福建而言,这里的"中原"是对边疆的否定,即福建或台湾与"光州固始"之相对关系,当然还蕴涵有祖上来自中原,并非生为蛮夷之意。换言之,这里的"中原"具体所指就是移出地"光州固始";"在闽台人的心目中'光州固始'就是原乡,就是中原,就是他们永远的根"③。明乎此,便知闽台移民根在"光州固始",而不是河洛,至于根在中原则是一个相对模糊的称谓。事实上全球华人根都在中原——不仅闽台移民根在中原。当然,厘清或强调闽台移民根在固始,并不否认闽台文化与河洛文化、中原文化的渊源关系。

二、移民资源

移民资源,主要是移民史资源。历史上固始移民入闽迁台形成的移民资源,应包括以下几个方面:其一,固始移民出发地,即移民集散地的实物遗存;其二,迁移线路及其保存至今的历史遗迹或民间传说;其三,固始移民对闽台经济社会发展的贡献,特别是移民领袖的历史功绩;其四,移民群体融入当地社会生活形成新的文化景观。

固始移民入闽迁台史,在空间上,特指以固始为起点沿固定方向的外向型移民,即固始移民之入闽迁台,而不包括迁入或其他零星移民;在时间上,以陈元光父子率部入闽为起点,包括固始移民入闽及其后裔渡海迁台的全部过程,当然,其间可能会追溯到早期零星移民以及固始移民后裔迁台后的情况,但这不会成为研究主体。当下我们所能看到的移民史著作中,固始移民史被划定在不同的时空背景下进行割裂式描述,如在葛剑雄《中国移民史》、任崇岳《中原移民简史》中,固始移民史变成断代移民史;林国平《福建移民史》,虽然涵盖了"人口在不同地区空间移动"的全部内涵,既有汉唐以来北方汉族入闽,也有福建向台湾和海外移民的历史,包括了固始移民史之应有内容,但并非应有主题。总之,固始移民史是一部移民通史,只不过它由两个明显的阶段组成,即唐代固始移民入闽,以及此后固始移民渡海迁台或远播海外。

固始移民对闽台经济社会发展的贡献,包括所有固始移民及其后裔为开发福建、台湾作出重大贡献,因受现有史料所限,我们暂以陈元光父子及其部将属下开漳建漳的历史功绩、王审知兄弟王闽治闽的历史功绩为主要考察对象。

陈元光在闽42年,任漳州刺史26年,其开漳建漳之丰功伟业可概括为以下三个方面:"募民障海为田,泻卤成淡",围海造田,入闽将士们在火田溪段筑堰开渠,留下了至今依稀可见的"埭"和"火田军陂"等遗迹④。传承中原汉族农耕技术,种麦、兰草,养蜂取蜜,甚至还掌握了麦田中种蓝的套种技术⑤。鼓励通商,引进中原工匠来闽从事陶瓷和冶炼;与此同时,陈元光还依照中原传统发展文教,移风易俗,兴庠序,广教化,造福福建。龙溪乡学和松州书院,即为陈元光之子陈珦主持和开办⑥。陈元光之后,其子陈珦继承父业,任漳州刺史27年;陈元光之孙、陈珦之子陈酆掌漳州刺史达29年。陈氏五代及其部属为闽南开发与建设鞠躬尽瘁。

王审知于唐昭宗光化元年(898)三月被唐朝封为福州武威军节度留后、刑部尚书,十月,被正式任命为福州威武军节度使,直到后唐庄宗同光三年(925)故世,统治福建28年。福州威武军下辖的泉州、建州、汀州、漳州刺史一般都由固始王氏担任。如王潮、王彦复、王审邽、王延彬、王延钧、王继宗、王延美等先后担任泉州刺史;王延禀、王继雄、王延政、王延武等先后担任建州刺史;王延宗、王继业、王延喜等担任汀州刺史;王延红、王继休、王继琼等担任漳州刺史。即使偶有异姓刺史,也是与王氏有姻亲关系或固始乡里。总之,自王审知继任威武军节度使后,积极争取土著居民支持,使王闽政权本土化,同时整顿吏治,轻徭薄赋;外交上进贡中原王朝,奉行睦邻政策,保境安民。据史载王审知兄弟及其子孙治闽期间,福建四周烽火连天,民不聊生,而福建境内则"时平年半,家给人足"⑦,经济文化长足发展,逐步赶上中原发展水平。

至于移民集散地之实物遗存、移民线路遗迹及民间传说,以及移民群体融入当地社会生活形成新的文化景观,是当今固始移民和闽台寻根研究中的薄弱环节。就现有资料来看,固始移民第一个集散地当然是固始,至少包括陈元光故里和王审知故里两个集散地。另一移民集散地为福建的漳州和泉州,因为"台湾的开发经营,几乎全为闽南漳泉人与粤省客家人之功"⑧,大部分台湾人来自福建漳泉。移民线路也应分为三条,一是陈元光父子入闽平叛时的线路,另一是王审知兄弟的入闽线路,然后是固始移民后裔由福建渡海迁台的线路。移民期间发生的民间传说,如王潮兵变诛杀王绪后"拜剑选师"、福州闽王庙的"拜命台"等流传至今。固始移民群体融入当地社会生活形成新的移民景观,分散在社会生活的各个方面,如族群信仰,经济社会活动,衣食住行,歌舞图画,民俗方言等,兹不赘述。

三、姓氏资源

因姓氏迁移而发生的族源地、祖先居住地、祖籍纪念地、郡望、堂号,祠堂、家庙、墓葬遗迹(含墓志),族谱、族规和契约,以姓氏命名的村庄、集市,以及沟、塘、陂、湖、堰、坝、港等水利工程,成为姓氏资源的主要内容。虽然姓氏迁移与移民相伴生,移民线路是姓氏迁移的主要方向,但移民融入地方之后必然孕育新的族群或分支,因此,姓氏资源的挖掘和整理,需更多依据族谱从移入地反向追溯。所以,固始移民入闽迁台之姓氏资源,主要从闽台族谱中得到体现。

据今人统计,固始入闽之姓氏有:蔡、曹、陈、程、戴、邓、丁、董、范、方、冯、傅、高、龚、顾、郭、韩、何、和、洪、侯、胡、黄、江、金、康、柯、赖、雷、李、连、梁、廖、林、柳、刘、卢、吕、罗、骆、马、茅、倪、潘、彭、邱、商、邵、沈、施、宋、苏、孙、汤、唐、田、涂、汪、王、魏、翁、吴、萧、谢、许、薛、严、杨、姚、叶、应、尤、游、俞、余、袁、曾、詹、张、郑、周、危、朱、庄、桌、邹、共86姓。其中,据《开漳世谱》(槟城刊印)记载,唐初随陈元光父子入闽者有:许、马、李、朱、欧、张、沈、林、卢、刘、涂、廖、汤、郑、吴、周、戴、柳、陆、苏、欧阳、傅、司马、杨、詹、仲、萧、胡、赵、蔡、叶、颜、潘、钱、孙、魏、韩、王、梁、何、方、庄、唐、邹、丘、冯、江、石、郭、曹、高、钟、徐、汪、洪、章、宋、陈58姓,另有妻眷姓氏:司空、种、宁、翟、甘、姚,邵,尹,尤,阴,狐,金 12 姓,共计 70 姓(云霄志书之记载为 84 姓)。唐末随王审知兄弟入闽者有:王,陈,林,刘,郭,谢,吴,张,黄,周,许,杨,苏,邹,詹,薛,姚,朱,李,郑,程,严,董,吕,孟,连,湛,虞,庚,戴,蔡,庄,邓,柯,沈,萧,桌,何,孙,缪,赵,高,施,曾,卢,廖,马,傅,韩,释 50 姓(福建王氏族谱一般记载为"18 姓随闽三王入闽")。

据《台湾省通志·氏族篇》所列台湾之姓氏,多至 724 姓,其中"族大支繁,较为常见之姓",如陈,林,黄,张,李,王,吴,蔡,刘,杨,许,郑,谢,郭,赖,曾,洪,邱(丘),周,叶,廖,徐,庄,苏,江,何,萧,罗,吕,高,彭,朱,詹,胡,简,沈,施,柯,卢,余,翁,潘,游,魏,颜,梁,赵,范,方,孙,钟(种),戴,杜,连,宋,邓,曹,侯,温,傅,篮,姜,冯,白,涂,蒋,姚,桌,唐,石,汤,马,巫,汪,纪,董,田,欧(欧阳),康,邹,尤,古,薛,严,程,龙,丁,童,黎,金,韩,钱,夏,袁,倪,阮,柳,毛,骆,甘等 63 姓之姓源在光州固始。

上举福建之 86 姓,台湾之 63 姓(含与福建重复之姓氏),均由固始迁出,根在固始。其中绝大多数姓氏仍保存有自己的族谱和族规[9]。由于时代久远的关系或其他社会因素之干扰,固始境内的族源地、祖先居住地、祖籍纪念地已十分少见了,甚至许多姓氏根本就不明白本姓之郡望和堂号;遗存更多的是以姓氏命名的村庄、集市,以及沟、塘、陂、湖、堰、坝、港等水利工程[10]。

为祭祀而专设的祠堂、庙宇也是主要姓氏资源。根据《礼记·祭法》记载,祭祀可分为三,自然祭祀、伟人祭祀和祖先祭祀。对陈元光、王审知等移民领袖的祭祀显然属于祖先祭祀[11]。此类姓氏资源,就固始、福建、台湾两岸三地而言,河南对陈元光的奉祀集中在潢川、固始两地。如始建于明万历年间的潢川广济王祠、固始陈集乡的将军祠;固始县城东大山主峰浮光顶上的大山奶奶庙,主祀陈元光祖母魏敬。福建留下的奉祀庙宇就比较多,所谓"唐史无人修列传,漳江有庙祭将军"。唐睿宗景云二年(771)十一月五日,陈元光被袭殉职,葬于绥安大岷原,"百姓闻之,如丧考妣,相与制服哭之,画像祀之"。唐玄宗先天元年,诏令漳江建立祠庙,赐乐器、祭器。四年诏漳浦建陈将军祠,御书"盛德世祀坊",明正祀典,派地方官春秋二祭。明清时期,福建奉祀陈元光的庙宇,以云霄、漳浦、漳州三地之威惠庙最为著名,也最久远。云霄县境内就有开漳圣王庙一百多座,其中,威惠庙为闽台两地保存最久的开漳祠庙,有"开漳圣王第一庙"之誉。漳浦境内之绥安、盘陀、赤湖、金塘等乡镇分布开漳圣王庙宇近百座[12]。此外,龙溪、龙海、漳浦、长泰、平和、诏安、安溪、南靖、龙岩、海澄等县都建有威惠庙;惠安、仙游交界处建有灵著王庙;诏安县有九洛庙、将军庙、功臣祠、灵侯庙;海澄县有儒山庙、西峰庙、灵著王庙。台湾地区的陈元光祭祀祠堂或庙宇,因漳籍移民渡台时随身携带香火,落地奉祀;开漳圣王神像渡海来台,在各地建庙供奉。在台湾凡有漳州人的地方就有开漳圣王庙。周玺《彰化县志》卷5《祀典志·祠庙》"威惠王庙"记曰:"漳人礼之,渡台悉奉香火。乾隆二十六年,建庙与县城西。"[13]据统计,台湾现有祭祀或主祭开漳圣王的祠堂和庙宇71处,居豫闽台两岸三地之冠。

祭祀闽王王审知的祠堂、庙宇在闽台两地也很多。如位于福州市庆城路的闽王祠及恩赐琅琊郡王德政碑,系后晋开运三年(946),福建地方为纪念王审知治闽德政,将其故居改为祠庙,永久奉祀。祠内恩赐琅琊郡王德政碑一座,为唐天祐三年(906)于克撰文,王倜书写,碑文记述王审知家世及其治闽政绩。另有"重修中懿王庙碑"、"乞土胜地"碑等,均为北宋开宝年间立。始建于唐天祐元年(904)的报恩定光多宝塔,系王审知为其父母所建,传说开墓之时有珠宝一颗霞光万道,取名定光塔,时人黄滔作《报恩定光多宝塔碑记》,明嘉靖十三年(1534)被雷电击毁,二十七年重建。清光绪三十八年再修。解放后1957、1963年曾两度修建,1991年列为福建省文物保护单位,俗称白塔。

此外,在福建至今仍保存完整、有史可考的71座名祠、28姓氏之祠堂、家庙或纪念祠中,供奉着由"光州固始"入闽始祖50人。如陈姓祠14座,供奉入闽始祖9人;黄姓祠9座,祀始祖4人;张姓祠8座,祀始祖2人;吴姓祠6座,祀始祖4人;许姓祠3座,祀始祖3人;林姓祠4座,祀始祖2人;庄姓祠3座,祀始祖2人;王姓祠3座,祀始祖1人;刘、郑、何姓祠2座,祠始祖各2人;其他则一姓一祠,祀始祖1人[14]。台湾同样也有众多祭祀始祖来自"光州固始"的祠堂、家庙,与原乡固始现存祠堂、家庙共同形成独具特色的姓氏资源。

四、信仰资源

信仰资源,指移民后裔记载或流传的对移民始祖的敬仰与追思及其相关载体。一般表现为各种各样的祭祀活动和习惯传承等无形资源,如皇家封赠,民间祭祀活动(仪式、祭文),以及民间传说、方言等。它传达的是历史上寻根活动信息之积累及其影响。

皇家敕封,以陈元光为例,唐宋元明清五朝一千多年,皇家封赠21次,其中,唐玄宗先天元年(712)赐"豹韬卫镇军大将军"、"临漳侯"。开元四年(716)封陈元光为"颍川侯"。宋神宗宁熙八年(1075)封"忠应侯",徽宗政和三年封"忠泽公",赐庙额"威惠",此后陈元光庙通称"威惠庙"。南宋高宗以后,历代续有封赠或加封,如"英烈","英烈忠泽显佑康庇公","灵著王","顺应","昭烈"。孝宗乾道四年(1168)加封"灵著顺应昭烈广济王"。明太祖洪武二年(1169)封"昭烈侯",神宗万历七年(1579)封"威惠开漳陈圣王"。清高宗乾隆四年(1739)封"开漳圣王、高封祀典",陈元光父母,子嗣亦得追封。陈元光之父封"胙昌侯"、母封"厚德夫人"、妻封"恭懿夫人"、子封"昭贝兄侯",曾孙以后一一封侯,可惜有些庙额没能流传。

历代祠联,如宋漳浦知县书题"威惠庙",明翰林提学林偕春之"唐将军庙用韵",明四川按察使戴景之"陈集将军西庙楼",以及各地威惠庙主殿、配殿和分殿之楹联等。当代两岸知名人士为开漳圣王史迹题词,如连战先生为祖庙威惠庙的题词为"威灵惠民",还为将军山公园"御碑楼"题名。

民间祭祀较有影响者为圣王巡安和圣王文化节。圣王金身巡安,是闽台地区普遍流行的祭祀活动。漳浦一带,每逢陈元光诞辰(农历二月十五日)、封王日(农历四月初十日)和忌辰(农历十月初五日)及上元节、中秋节等,老百姓都要举行隆重祭典,迎神赛会,请戏班演出,或轮流祭祀,或家家请客,热闹非凡。[15]2006年3月15日,漳州蓝田檀林威惠庙的"开漳圣王"神像,应高雄道教协会之邀,入岛巡安53天,云霄威惠庙的"开漳圣王"神像也曾三次入岛巡安。2008 年 1 月 9 日,闽王王审知金身首度通过"小三通"巡安金门,4 天之中巡行 13 个王氏宗祠,台湾"立法院长"王金平及金门王氏族人盛大迎驾。

各类圣王文化节是近 30 年涌现的祭祀和寻根形式,闽台地区以"开漳圣王文化节"和"闽王文化节"最为红火。如 2007 年 3 月 29 日,"首届中国云霄国际'开漳圣王'文化节暨枇杷节"在云霄将军山公园举行,台湾开漳圣王庙 19 家宫庙 100 多位嘉宾和新加坡漳籍人士组成的进香团前来祭拜圣王。2008 年 3 月 28 日由福建省文化厅、福建省闽台交流协会主办的第二届中国云霄海峡两岸"开漳圣王"文化节在云霄县将军山公园隆重开幕。2008 年 4 月 18 日,"首届闽王文化节"在福州晋安开幕,台湾王氏宗亲 130 人,闽南王氏宗亲代表 200 人,福州王氏宗亲代表 500 人共祭闽王王审知。

五、结论

上述三种寻根资源,是历史上固始移民在豫闽台两岸三地遗存的最重要的历史文化资源。其中,移民资源是固始移民入闽迁台的历史见证,是两岸三地寻根活动的存在基础与认知前提,简言之,没有固始移民便没有今日丰富多彩的寻根资源和寻根活动。姓氏资源是一种历史传承,是两岸三地寻根活动的特殊符号,它所呈现的是固始移民景观以及与其他移民景观的区别。信仰资源则是寻根资源中最生动、最直接的表现形式,也是两岸三地寻根活动持续至今、永续发展的内在动力。

当然,整合移民资源之目的在于开新,那么如何才能开新呢? 对固始而言,首先要明确提出固始移民概念,如同固始寻根一样,突出其特殊内涵和独立存在的历史空间,以免与时下流行的中原移民或河洛寻根相混淆。为此,须鼓励和支持历史学者、民族学者、文化学者、民俗学者对历史上固始移民进行整体性、精细化研究,通过学术地位之确立,巩固和扩大固始移民在社会各界的影响。其次,移民原乡固始要有根可寻。所谓有根可寻,是指真实可现的移民遗迹或寻根标识。洛阳王城公园的"根在河洛"碑,1989 至 1995 年接待闽台寻根团体 120 多个,人数达 2 万人次,为成功之例。新落成的固始寻根博物馆也将成为闽台移民心目中的原乡祖根,前来祭祀朝拜。其三,闽台寻根反哺固始。固始可以修建闽台地区普遍存在的祠庙或祭祀场所,开展寻根活动。总之,通过豫闽台两岸三地合作开发寻根资源,实现共享共赢,体现寻根资源的当代价值和文化意义。

注释:

① 在一些学者的移民史著作中,往往把固始移民视为中原移民史之断代或区域,如葛剑雄、安介生:《四海同根——移民与中国传统文化》,山西人民出版社,2004 年版。

② 孟令俊:《河洛文化的几个问题》,《河洛文化与汉民族散论》,河南人民出版社,2006 年版,第 8 页。

③ 张新斌:《"光州固始"的历史文化解读》,《黄河文化》2008 年第 3 期。

④ 谢重光:《陈元光与漳州早期开发史研究》,文史哲出版社,1994 年版,第 110—112 页。

⑤ 傅宗文:《丁儒龙溪诗篇的年代、作者及历史价值》,《陈元光国际学术讨论会论文集》,厦门大学出版社,1993 年版,第 257 页。

⑥ 陈元光之子陈珦于通天元年举明经第,奉旨主管漳州文学,见陈元光:《示珦诗》。

⑦ 吴任臣:《十国春秋》,《四库全书·史部·地理类》卷 90。

⑧ 郭廷以:《台湾史事概说》,台湾正中书局,1969 年版,第 1 页。

⑨ 庄为玑、王连茂:《闽台关系族谱资料选编》,福建人民出版社,1985 年版。

⑩ 固始县史志研究室编:《根在固始》,第 70—71 页。

⑪ 徐晓望:《福建民间信仰源流》,福建教育出版社,1993 年版,第 594 页。

⑫ 陈秀惠:《台湾传统寺庙匾联研究——以桃源地区开漳圣王信仰为例》(新竹师范学院硕士论文)2004 年。

⑬ 周玺:《彰化县志》,《台湾文献丛刊》第 156 种,1962 年,第 157 页。

⑭ 胡仁甫:《福建名祠供奉的"固始人"及其后裔》,《寻根文化》2007 年第 7 期。

⑮ 林国平:《闽台民间信仰源流》,幼狮文化,1996 年版,第 99 页。

要扎实做好台湾人民工作必须
充分挖掘和科学运用姓氏文化资源

蔡干豪

蔡干豪(1948—)男,汉族,福建福安人。福建省社会主义学院学报常务副主编、福建省社会主义学院研究室主任、福建省姓氏源流研究会副秘书长兼蔡氏委员会会长。主要主编与参编著作有《中华蔡氏》、《妈祖千年史编·福州卷》、《求索集——统一战线五大关系理论思考》、《两岸同根 闽台一家——首届海峡百姓论坛与闽台族谱展画册》、《福建逸仙艺苑作品集》、《孙中山与福建》等书籍多部。参加过国家和省重点课题的研究与调研,撰写论文 60 多篇约 70 万字,多次获中央和省有关部门的奖励。

一、中华姓氏文化的历史与现状

1. 姓氏文化是中华"五缘"文化的基本因素

其一,姓氏文化是中华民族最古老的传统文化。我国现有常用姓氏 6362 个,新百家姓占全国总人口的 87%。中华姓氏宗族是在漫长的历史中形成的。原始社会后期是一个亲缘关系的氏族群,如马克思在其关于民族学的笔记中摘述的,是介于氏族(clan)和家族(family)之间的关于"组合家庭"(joint family),也就是"宗族公社"。中华姓氏家族是炎黄子孙的直系血亲,其产生至少可以追溯到我国原始社会的末期。姓氏共同体是氏族群的生存和发展的生活方式的产物。恩格斯指出,氏族的名称一开始就同氏族的权利联系在一起；在氏族社会中，同氏族的成员平等地享受有氏族内部的各种权利。特别是南方特殊的农业生产和社会发展的要求，融合了中华儒学与传统的宗法观念，又由宗族形成了独具中国南方特色的乡村。乡村是上承国家意志，下联宗族家庭的桥梁，是他们的亲缘性和地缘性紧密结合体。以福建的乡村为例，它们大多为血（地）缘村，首领由全体族人或各个家长选举产生，选举时要参考被选举人的财富、学识、家长权、强硬人格和社会权势、社会活动能力等。随着生产和生活斗争的需要，产生了亲缘组织——宗亲会，地缘组织——乡村及同乡会，学缘组织——乡学及书院，信仰组织——祠堂与家庙，以及后来的业缘组织——帮会（行会、商会）。闽粤和海外华人的多姓联宗，客家联堡聚居等是聚族生活的习俗化石。这些都打上以血缘为基础，血（地）缘为纽带的烙印。这种烙印影响和维系着中国的各个家族，也影响和维系着海外中华儿女。

其二，姓氏文化博大精深旁及各个传统领域。姓氏文化与宗教信仰一样是一种漫长的历史现象。中华各姓氏家族的崇拜也属于"宗教信仰"，是前宗教信仰。特别注重人本，注重人文精神。祖先的崇拜是特色，民族精英多被后人推崇为家族之神。他们都是人的化身，是人性格化的神，是海峡两岸民间交流的主要祭祀的神。保留了许多远古中古的传统文化习俗和民族礼仪，而且整个族群的民间信仰和风俗习惯比较统一。在家族聚居的地方，他们都有自己统一的族谱、宗庙、神庙和其他民间文化信仰的宫堂、寺院，形成一个家族的统一家族信仰、统一家族意识、统一家族文化，常常被称为"祠堂文化"。"祠堂文化"对台湾同胞和海外侨胞影响很大，"移垦先民们只要踏上台湾和海外的土地，还未及多喘息，便得立刻开始谋求生计。他们全部的家当可能只是一挑肩担，还有包袱巾里小心收藏的香灰包和祖宗牌位"。闽西籍的一个华侨，为了寻根耗费了 2000 多万元，才找到自己的祠堂和族系。他们把生后归灵祖庙，看成是人生的终结。

"五缘"文化以姓氏文化为基础，旁及中华民族文化各个传统文化领域。姓氏文化与血缘文化、地缘文化、神缘文化、商缘文化、法缘文化紧密相连，内涵丰富，博大精深，在海峡两岸民间交流中起着重要作用。马克思说过：

"人民最精致、最珍贵和看不见的精髓都集中在哲学思想里。"①各姓氏家族共同的心理素质正是这样。在5000多年的历史中,各姓家族继承了汉民族的优良文化传统,构成家族共同的心理素质和文化素质的主要特征。其核心是和谐与统一,追求家族的和谐统一,他们追求各个家族之间的和谐统一,民族的和谐统一,地方的和谐统一,国家的和谐统一。

2. 中华姓氏文化共同体在历史中的地位与作用不断发展也步履艰难

第一,"和合"理念使其成为中华社会基本单位。

中华姓氏文化是中华民族文化的土壤,姓氏文化共同体的思想基础是中国"和合",所以成为中华文化的重要与主要的依托,在中华民族发展史中为社会稳定民族独立起到过积极的作用,不论中国社会发生如何变革,他们都是维护正统政权,维护地方平安。中华姓氏共同体是中华民族凝聚力的重要载体与主要形式,马克思说过:"人民最精致、最珍贵和看不见的精髓都集中在哲学思想里。"②中华各姓氏家族共同的心理文化素质特别重视"天人合一"的"天道","政通人和"的大一统国家理念,"家和万事兴"家庭观念,强调"忠臣出于孝子之门"家庭与国家的联系与和谐。

第二,姓氏文化在民族矛盾抗争中不断发展。

姓氏文化在民族矛盾抗争中一波三折不断发展。中华姓氏文化共同体为维护大一统封建社会,为维护和平与安定做过长期努力。宋末元初大举抗击元军南侵,受到大屠杀的灭族重创。清初对不愿臣服的宗族共同体进行毁灭性的打击,再受重挫。到了康熙、雍正帝对中华姓氏文化共同体重新认识,才明确支持宗族共同体。雍正帝在《圣谕广训》中要求族人以同宗同祖相亲相爱,宁厚勿薄,宁亲勿疏,"立家庙以荐烝尝,设家塾以课子弟,置义田以赡贫乏,修族谱以联疏远",推动了宗族社会的完善,同时也受封建宗法制度的制约,产生了不少消极因素。国民党蒋介石集团也无法以强力割断姓氏宗亲的关系,最后只好采取利用的手段在各个宗亲会中派出"驻会干事"并做海外侨胞的工作。海外侨胞他们为了生存,都进行顽强抵抗,现在,海外的中华姓氏共同体多是以经济实体进行注册的,它们是海外侨胞同乡会和商会的基本构成单位,是紧密联系着海外侨胞的纽带与桥梁。实践证明,对这种前宗教的传统文化,用行政和暴力手段去消灭它,是不可能的。卢梭说过,"除了一切人所共同的准则而外,每个民族的自身都包含有某些原因,使它必须以特殊的方式来规划自己的秩序"③。

第三,姓氏文化对中国"和合"社会的历史功用。姓氏共同体一波三折没有消亡,在于其特殊社会功能。即经济功能、祭祀功能、扬善功能、社保功能、教育功能、管理功能。由于姓氏家族组织有一定的群众基础和社会基础,一直延续到中华人民共和国成立才被村民委员会制度所代替。

第四,姓氏文化共同体是长期共存的中华传统文化现象。姓氏文化是一个巨大而深厚的存量,它被特定的社会群体所选择、收纳、共享,受社会政治变动的影响,并经过时间的积淀、净化,得以绵延、传递,因而有着高度的稳定性、延续性和群体认同性。作为一种传承、积淀和整合了数千年的制度形态,姓氏共同体不会轻易灭亡的。马克思说:"社会经济形态的发展是一种自然历史过程,不管个人在主观上怎样超脱各种关系,他在社会意义上总是这些关系的产物。"④中华姓氏文化是前宗教信仰,也必然是长期存在的。只能按照历史发展规律,对它进行改造和提炼,消除其宗法形式,改造其思想形态,发扬其亲情的内核,弘扬中华民族大团结大联合的基本精神,使它与社会主义相适应。我们只要去其糟粕,弘扬其优秀传统,赋予其新的内涵,必将成为新时期的社会发展的精神支柱的强大动力。

3. 建国以来姓氏文化在海内外的发展情况

我们不能过分的夸大宗族作为传统组织的负面影响,而忽视了宗族组织在当代社会通过对组织自身的调适和整合展现出来的积极意义。在当前农村宗族组织作为一种公益性的民间团体存在,仍然可以发挥相当大的作用。宗族组织的存在又可以满足部分民众对祖先的认同感和归属感的追求,同时对于联系海外关系,吸引海外投资,促进两岸和平统一,无疑都具有积极的意义。"从主流来看,修谱有利于弘扬中华历史文化,有利于增强民族向心力,有利于和平统一大业的完成"。葛剑雄认为:家谱也为"社会学、人口学学者的研究提供了方便,并且为海内外同胞的寻根谒祖提供了便利"⑤。

福建虽然不是中华姓氏的发祥地,但是被海内外认为是中华各姓氏繁衍发展的最重要中转站。福建各姓氏的族谱记载根在中原在黄河流域。福建主要是在唐宋时期随着南方的开发才逐步繁荣。又随着几次的战乱和资本主义萌芽,福建大批人口南迁台湾和海外。全球客家 1 亿多人口、台湾600 万人口,大多认同根在闽西。台湾张氏有 105 万人口,90% 认同是上杭客家的裔孙。台湾 80% 的人口祖籍地在福建,闽南语成为台湾的重要语系。福建也是第二大侨乡,是海外 1000 多万华侨华人的祖籍地。如果加上族谱记载的祖籍地在福建的海外间接移民,福建在海外的人口比例将更显重要。姓氏文化把人和地域联系在一起的管理特色,形成独特的乡土观念:一是不论出生于何地,也不管有没有回过故乡,或者故乡有没有亲人,都要以祖籍地为籍贯;二是不论在何时何地,遇到同乡总感到特别亲切。其家族观念进一步加深了乡土观念。这种生活习俗使姓氏家族形成了统一的信仰、统一的宗教、统一的文化、完整的族规、系统的管理体系。同时又受到全民族全社会传统生活的影响,受到不同时期、不同地区、不同的生活环境的影响,呈现出各自不同的特色。所以,不论到哪里,只要是中华姓氏家族居住的地方,都能看到该姓氏族人的郡望和堂号。即使死后的墓葬,也要在墓碑上刻上郡望和堂号。灵位要送回祖籍地祠堂归宗。菲律宾柯蔡宗亲会的资料记载:"先辈基于异乡做客,为了守望相助,疾病相扶持,亦因血缘关系,奠下了家族胚基,于焉组成宗亲会。"改革开放以来,台湾和海外的各姓宗亲才纷纷转回大陆寻根谒祖。应台湾和海外寻根谒祖之期望,民间姓氏源流研究活动活跃。许多地方做到有"谱"可读,有"祠"可拜,有"墓"可祭,闽南闽西的一些县都建立族谱馆,仅上杭客家族谱馆收藏了 1400 部 12000 多册的族谱,成为海外侨胞寻根的热点。姓氏文化共同体——宗亲会组织在华东南西南以及内地地区都普遍存在,在福建、广东等南方省份较多。如黄氏在全省有宗祠 500 多个,多建立姓氏共同体组织,泉州魏姓就有 27 个祠堂管理委员会。漳州地区蔡姓有 36 个祠堂管理委员会,他们大多数与台湾的宗亲会建立密切交流。仅上杭一个"李氏大宗祠",改革开放后便有几万名台湾同胞和海外侨胞来寻根谒祖。

4. 姓氏文化在台湾发展情况

福建姓氏文化在构建和谐海峡中的作用。大陆移民台湾的历史悠久,
在唐宋以前就有,现在有据可查的是明清时期的大规模移民。主要是来自
福建和广东,最主要是福建闽南的泉州、漳州两府,在台湾多称"福佬人"、
"河洛人"。还有就是"客家人"在台湾多称"海陆客",多来自福建汀州和广
东潮州。因此,台湾人口中80%的人祖籍地在福建,闽南话成为台湾地方语
言(所谓"台语")。在台湾和海外宗乡社团中宗亲会一般占半壁江山,如新
加坡183家宗乡社团宗亲会占54%。台湾也一样,有300多个宗亲会,
20000多部族谱,宗亲文化成为台湾独特的社会文化。海外侨胞宗亲会为了
圆寻根梦,台湾在50年代成立了一批中华各姓氏的总宗祠,如:陈氏世界宗
亲总会、林氏世界宗亲总会、黄氏世界宗亲总会、施氏世界宗亲总会、庄严世
界宗亲总会、柯蔡世界宗亲总会等等,宗亲会首领多为在台湾的闽籍父老。
据台湾中国文化大学教授邵宗海介绍,"在台湾,特别是桃(园)、(新)竹、苗
(栗)地区,不管是哪个政党在这个地区提名,除了族群的因素之外,宗亲也
是一个影响巨大的因素。在这个地区,陈姓是一个大姓,所以在过去所有陈
姓的候选人在这个地区竞选时,基本上都会当选,最主要原因是宗亲的力
量。选民们都觉得以宗亲当选为首要,而把政党放在两旁。在台湾南部,宗
族戚友往往被视作自家人而加以支持,宗亲家族往往在地方政治中起着重
要作用"⑥。不论是台湾当局的蓝营还是绿营,不论是在什么时期、不论是在
什么地区,他们都很重视。福建省委统战部的老领导游嘉瑞到台湾的"世界
游氏宗亲会"拜访,民进党主席游锡堃也得应邀赶来出席座谈会,不敢以政
治理由缺席。福建的蔡氏以旅游方式去金门与金门蔡氏宗亲会进行交流,
金门的县长李炷烽带领政府官员到码头迎接,更直截了当地说:"我的选民
告诉我大陆贵宾来了,要求我到码头接你们,我就应该到码头迎接你们。"

姓氏文化具有强烈的民族认同感,对本土化思潮具有融合作用。台湾
地区的宗亲会是以台湾的草根阶层为基础,连接着台湾各行各业、各个阶
层、各个领域的重要组织。决定了台湾经济文化与大陆的千丝万缕关系。
目前台湾宗亲活动与闽台经济文化密切相关,特别是台湾南部的宗亲大多

来自闽南,多与闽南宗亲建立了联系,回来寻根谒祖,如台湾政要知名人士重要和主要祖籍地多在福建。有诏安县的陈水扁、游锡堃;南靖县的吕秀莲、萧万长;龙海市的连战、王金平;云霄县的江炳坤;永定县的李登辉、吴伯雄,加上漳浦县的林丰正等许许多多的人物。他们的祖籍地都在漳州山区、闽西南山区结合部,他们的姓氏源流都是从河南到福建,再从福建到台湾的。虽然遭到"文革"破坏,大多找到族谱,多能与台湾对接。已回来的谒祖的有连战、吴伯雄、吕秀莲、江炳坤、林丰正等。已派亲属来福建谒祖的有游锡堃、王金平、陈水扁、李登辉等。台胞祖籍地 80% 在福建,而大部分在漳州。这些人物有的已经自己回来或派人回来寻根谒祖,有的正准备回来。有的回来利用亲情关系搞台湾农业种植,通过宗亲交流尽快恢复闽南与台南的联系,这些都有利于遏制台独。

二、姓氏文化在民族凝聚力中的战略要求

1. 中华姓氏共同体是中华民族凝聚力的重要载体与主要形式

姓氏文化的核心理念。爱国爱乡的乡土性是中华姓氏文化的重要特性。《易传·坤》中我们的先民就认为,"至哉坤元,万物滋生,以顺承天"。以土地作为人们生存发展的基础、依托,人离开了土地就谈不上生存发展。

姓氏文化的一统化思想。中华大一统的思想理念是中华姓氏文化共同体活动的准则。中华姓氏家族的一统思想,首先是族谱明文规定只认同正统的合法政府,服从本民族合法政府管理。第二以忠、孝、廉、节为族人忠实政府的准则,历朝历代都鼓吹为当朝政府和乡民做最大的牺牲为光荣,族谱和祠堂成为褒扬爱国爱乡的载体。第三表现在对中华民族文化的认同和保存。

姓氏文化的凝聚力作用。中华姓氏是维系中华民族最重要的纽带。蔡北华在《海外华侨华人发展简史》中说:"虽然从总的发展趋势来说,东南亚华族有不少人已经融合或将要融合于当地民族之中,但就东南亚华族整体来说则是消亡不了的,华族在东南亚地区是属于先进民族,具有历史悠久的文化传统。华族在东南亚地区早已深深地扎下根来,加上华族善于接收外

来的先进事物,适应不同环境,华族的民族性格、民族意识是很强的。即使在长期的殖民统治下,在欧风美雨的冲击下,华族的民族特点和传统从来没有丧失过。由此可见,华族今后必将存在和发展,华人社会也将随之继续存在和发展。"⑦如华埠出现的社会活动和政治活动的团体,发扬海外华人的文化遗产,促进民族凝聚力。

2. 姓氏文化在做好台湾人民工作中的特殊优势与作用

其一,姓氏文化资源问题。福建姓氏文化在构建和谐海峡中的作用。1978年,台湾的《青年战士报》上开始连载一系列考证文章,从姓氏、宗族、堂号、郡望、家谱等方面详细描述了台湾与大陆的关系,刊出后引起很大反响,进而引发了寻根热潮。此后,台湾史迹源流研究会召开年会,对台湾的根源展开热烈讨论。台湾《中国时报》也发表题为"乡土、血统、根"的文章,指出"台湾是我们直接的根,而这根又嵌在更大的根里,那便是中国"。台湾黎明文化事业公司还出版"五百年前是一家历史丛书",从不同角度考证绝大多数台湾人的祖先是明清两代飘洋过海到台湾定居的闽南人和客家人。台湾《新生报》也发表署名文章说:"慎终追远是我们中国人固有的美德。唯因西风东渐,社会变迁,致使一些美德逐渐为人心所排斥、淡忘;更有些人数典忘祖,怀疑自己不是中国人。因此,追溯渊源,探寻自己的根,是一件刻不容缓的大事。"此外,台湾新闻界、史学界、文化出版界,以及文人学者都纷纷以"根"为主题,发表了一系列文章,从台湾的地理、历史、文化、风俗、宗教、姓氏等方面,考证台湾与祖国大陆的血脉渊源。台湾台中市还成立了台湾各姓氏渊源研究会,致力于收集整理族谱文献,研究台湾姓氏与祖国大陆的源流关系。在上述背景下,台湾当局又在1987年10月解除了公民赴大陆探亲的禁令,致使长久埋藏于台胞心底的思乡情结悄然迸发,归乡寻根欲望勃然兴起,并最终成为事实。据统计,在台湾开禁以后,从台湾飞经香港机场回乡寻根的人络绎不绝,从香港经深圳通道入境的人每天都排长队,其第一个月就有2.5万多人,1988年全年有45万人次,1989年达52万人次,1990年达90万人次,1991年突破100万人次,1992年更有将近150万人次。1992年以后,这种热潮仍在持续,如今早已成为经常性的活动。改革开放以来,台湾和海外的各姓宗亲才纷纷转回大陆寻根谒祖。应台湾和海外寻根谒祖之期望,民间姓氏源流研究活动活跃。许多地方做到有"谱"可读,有"祠"可拜,有"墓"可祭,闽南闽西的一些县都建立族谱馆,仅上杭客家族谱馆收藏了 1400 部 12000 多册的族谱,成为海外侨胞寻根的热点。

海峡两岸近 30 年来之所以形成姓氏、血缘、亲缘寻根现象,还有一个更为根本的原因,那就是两岸本为一家。这种关系表现在姓氏上,不仅台湾的姓氏与大陆尤其是福建有广泛一致性,同样流传着"陈林半天下,黄郑排满街"的说法;而且大多数家谱中都赫然写着"先世居光州固始(今河南固始县)"。也就是说,台湾姓氏的直接根源在福建一带,更远的根源在"光州固始",两岸姓氏原本是一家。

所谓"陈林半天下,黄郑排满街",本是海峡两岸关于姓氏的一种常见说法,意思是说陈、林、黄、郑等都是两岸的大姓。据最新资料表明,台湾共有姓氏 1694 个,目前台湾百家姓前十名为陈、林、黄、张、李、王、吴、刘、蔡、杨,这与泉州百家姓前十名(陈、林、黄、王、李、吴、张、郑、蔡、苏)的排列顺序十分接近,其中,陈、林、黄、王、吴、蔡姓居民主要由闽南泉漳两地移居⑧。而陈姓和林姓分别排在第一和第二位,黄姓排在第四位,郑姓排在第十二位,四姓的人口合在一起几乎占总人口的一半,显然与上述说法基本吻合。另外,台湾还有"陈林半天下,黄张排成山"、"陈林李许蔡,天下占一半"等说法,其中的张姓排在第三位,李姓排在第五位,许姓排在第十一位,蔡姓排在第八位,张、李、许、蔡也都是人数较多的大姓。上述这些大姓的分布范围大都很广泛,有些则形成了自己的聚居中心,其中如林姓在台北、台南,蔡姓在台南、嘉义,杨姓在台中、基隆,张姓在彰化,赖姓在台中,许姓在澎湖,等等,都有相对集中的分布。至于除这些大姓以外人口不多的小姓,有的只有三五户,甚至仅此一家,但也几乎与大陆姓氏完全一致,与大陆之间的关系斑斑可考。

闽台姓氏文化交流所取得的社会经济实效与对内地投资的扩散。1989年,应台湾同胞和海外侨胞寻根的需要,成立了福建省姓氏源流研究会,开展了为台湾同胞海外投资寻根服务工作。1996 年在福州举办闽台族谱展和姓氏源流研讨会,1987 年在河南召开"闽台豫姓氏源流研讨会",1998 年 11 月 22 日,在台湾历史博物馆举行"追根究底——台闽族谱暨家传文物特展"。2007 年举办了首届海峡百姓论坛与闽台族谱展。现在已与 40 多国及台港澳地区人士建立了交流合作,先后接待来访的学者专家及各界人士近 400 批,接触台湾海外人士 9000 多人次。直接和间接募集的数千万资金,做好古墓、古建筑等古迹的保护工作。最近正在筹办第一次海峡百姓论坛和闽台族谱展。为了准备台湾国民党名誉主席连战返乡寻根谒祖,应有关部门邀请主持连战祖地族谱的审定、编审《连横研究文集》等。在大陆的寻根热,带动了投资热。福建省江夏黄氏研究会一次就组织 300 多名台湾企业家到福建寻根谒族,到湖南考察投资洽谈,都带来了很大的政治和经济效应⑨。回福建投资的黄、林、陈、蔡氏等台湾同胞海外侨胞除了在省内投资外,还在河南、安徽祖籍召开世界祭祖大会,进行投资洽谈,不少已经立项投资。泉州地区的宗亲会与台湾的上百个宗亲会都保持着比较密切的联系⑩。

其二,有利于消除台湾皇民化遗毒,增强两岸民间理解。在过去的一个世纪间,大陆和台湾双方几乎没有自由交往的机会,大陆移民及其后裔与故乡基本处于隔绝状态。另一方面,在此期间双方都已发生了巨大的变化。台湾经历了日本的占据和国民党政权的统治,党禁开放后又进入了一个多党政治社会,这些都与大陆存在明显的差异。发展到今天,台湾与大陆在政治、经济、社会、文化的各方面的情况都已很不相同,他们对故乡的感情已远非昔日可比。如果仅仅因为台湾的民众绝大多数是大陆移民或其后裔,就无视他们在特殊条件下形成的文化形态和思想意识,当然就无法理解他们的要求。

姓氏文化具有强烈的民族认同感,对本土化思潮具有融化作用。台湾地区的宗亲会是以台湾的草根阶层为基础,连接着台湾各行各业、各个阶层、各个领域的重要组织,决定了台湾当局各个地区选民选票。不论是台湾当局的蓝营还是绿营,不论是在什么时期、不论是在什么地区,他们都很重视。陈水扁在两次"民选"中都充分利用,多次表示是"福建闽南诏安人",是"客家人"。

其三,福建姓氏文化在海西建设中的重要作用。在各个历史时期里,台湾同胞海外侨胞为中国、为中华民族都作出了重大贡献。他们有强烈意识,始终认为自己的根在中国,希望祖籍国强大,祖籍地富饶。故土观念更加升华,他们经常组织后代回到故土寻根,为故土的发展作出新的贡献。其特点是:一直接投资中国大陆的工商企业建设。1949—1978年,华侨投资约1亿美元。1979—2000年,来自东南亚主要国家的直接外商投资约243亿美元。有约1/3以上是来自华裔和华商的投资。为中国大陆的发展牵线搭桥,兴办和支持社会慈善事业。他们在增强统一的意识及发展与祖国大陆各种交流方面,对台湾人民有重要的影响。"一国两制"和平统一祖国成为引导族人回国寻根认祖的有力催化剂。曾经作为世界各宗族总会的台湾各个中华姓氏共同体地位正在发生动摇,中华民族摇篮的认同感日益增强。

3. 闽台姓氏文化交流的现状

海峡两岸近30年来之所以形成姓氏寻根现象。经历了一个从秘密——公开,从个体——组团,从表面——深入,从福建——中原及各地,从平静——狂热的过程。但是,由于我们大陆缺少对接机制,会导致"血缘、地缘、传统方面的联系又越来越趋于消失"。以客家部分族群而论,客家聚、散居以闽为重心,形成闽粤赣边区客家"大本营"。其组织依托是客家族谱、客家宗祠、客家古墓等。三者以血族、亲族、氏族为脉络,以文化形态为实体,这是民间生成的中华民族凝聚力载体。其方式的含义更广,包括载体和无形、有形的过程,零散的、聚合的行为,等等。如妈祖文化,20多年前,政府曾视之为迷信,未予置理,甚至有些工作人员对其采取敌视态度。一旦认识上得到澄清,政策对头,妈祖文化不是发展得很健康吗!相信宗亲、姓氏文化亦复如此。要尽力使这些载体适应两岸四地侨、台、港澳同胞的互动,为了密切两岸固有的民间联系,巩固中华民族的根本大业,特别是在福建先行先试,促进闽台民间交流,做台湾人民的工作。

对台湾同胞的影响,特别是对新一代台湾同胞的教育作用。在台湾人民中,老一代原始移民对故乡有强烈的归宿感,在台湾的中小学普遍都保留了中华文化的传统教育,定期不定期地带领学生到祠堂参观学习,给学生讲

"忠、孝、廉、节"、讲姓氏来源、讲中华古建筑风格等等。而且老一代台胞会来寻根,都带着子女一同回来,他们都不愿意自己的根被中断。

海峡姓氏文化交流的发展趋势以及闽台姓氏文化民间交往中急需解决的问题。近几年,世界中华姓氏宗亲总会纷纷希望回迁福建回迁大陆。但目前在国内不具备注册条件,有一部分只好改在香港注册了。也出现了不少姓氏已在大陆召开世界恳亲大会。预计今后将有更多的世界恳亲会在大陆召开。世界中华姓氏宗亲会回迁大陆问题已经成为当前政府必须考虑的问题。并且逐步向中原和两湖等地延伸与发展。

三、发挥其特殊优势与作用的对策建议

1. 提高对姓氏文化共同体认识,确立姓氏文化在推进祖国统一大业中的战略地位与作用。其实省委省政府领导对宗亲活动早有明确指示,但是由于没有红头文件,心有余悸,不敢大胆工作。我们党的基层组织在不断增强,基层政权不断巩固,只有我们把握住宗亲会,不会是宗亲会把握我们党和政权。海外宗亲社团组织回归祖国的呼声越来越大。因此,我们对宗亲会的政策也应该进行必要调整。

2. 姓氏文化研究工作应纳入党的领导,在统战部领导下开展工作。做好台湾人民工作的有关政策由中央统战部研究制定报中央审批。加强领导还要体现组织领导,有意识地帮助姓氏文化共同体整顿组织机构,物色代表任务,要注意从离退休的党员干部中去选拔好负责人保证宗亲会对台工作健康发展。

3. 要制定有关特殊政策,形成全党全社会千军万马一起做对台统战工作局面,特别赋予福建一些更加宽松而重要特殊政策,准许福建先行先试,或进行地方立法,对已经成立的具有对台意义的姓氏宗亲会依法登记。要充分发挥归属福建省委统战部领导的福建省姓氏源流研究会的对台作用。

4. 充分调动宗亲资源优势,加强对台湾人民的联系,大力支持台湾同胞寻根问祖的要求。大力支持福建创建百姓大观园,建立中华谱牒研究编撰中心,帮助和支持他们建立台湾代表人物的档案资料库,构建两岸姓氏文化

交流平台。

5. 重视海外宗亲社团组织的联络工作,克服过去只重视经济社团组织、忽视宗亲社团组织的倾向,特别是台湾宗亲社团组织许多是在海外宗亲社团组织的支持和帮助下恢复组织,开展活动的,许多世界宗亲会总部在台湾,但每年都在世界各地轮流召开历史会议,要应用大陆祖籍地的优势,主动参与,大力引导,邀请他们回到大陆召开世界大会。对世界各个姓氏宗亲会在福建活动应采取相应措施,充分发挥血缘在对台工作中的特殊优势与作用。

注释:

① 《马克思恩格斯全集》第一卷,人民出版社,1997 年版,第 120 页。

② 《马克思恩格斯全集》第一卷,人民出版社,1997 年版,第 120 页。

③ 钱穆:《现代中国学术论衡》,岳麓书社,1986 年版,第 212 页。

④ 钱穆:《现代中国学术论衡》,岳麓书社,1986 年版,第 212 页。

⑤ 葛剑雄:《中国移民史》,福建人民出版社,1997 年版。

⑥ 资料来源:中央电视台国际频道专题新闻《台湾选举面面观:影响选举的因素》。

⑦ 蔡北华主编:《海外华侨华人发展简史》,上海社会科学出版社,1991 年版。

⑧ 泉州林少川:《泉州百家姓源流》。

⑨ 《福建省姓氏源流研究会换届工作报告》。

⑩ 泉州市委统战部课题组:《泉台民间宗亲联系现状调查与政策建议》,《充分发挥统一战线优势,做好台湾人民工作》,第 51 页。

姓氏寻根中的祖地认同刍议

李立新

李立新(1967—)男,汉族,河南邓州市人。河南省社会科学院历史与考古研究所副所长、副研究员,史学博士。中国殷商文化学会副秘书长,黄河文化研究会副秘书长、《黄河文化》副主编,河南许由与许氏文化研究会副会长。主要从事甲骨文殷商史与中原文化研究,发表《河图洛书与汉字起源》、《甲骨文"贞"字新释》等数十篇论文,主持国家社科基金项目《商代宗教的原始记录——甲骨文中所见祭名研究》,出版《百家姓书库·徐》、《周口姓氏文化·李姓》,主编《许姓源流》、《中原文化解读》和《河南文化蓝皮书》等书。

一

说到寻根问祖,时下最为流行的说法是:"北有大槐树,南有石壁村",这句广泛流行的民谚的意思是说北方汉人的祖根系于山西洪洞大槐树,南方客家人的祖根系于福建宁化石壁村。

元末明初,由于中原地区战乱频繁,经过元末红巾军起义、明初"靖难之役"的蹂躏,加之黄淮流域不间断的水灾的洗劫,冀、鲁、豫、皖诸地深受其害,人口锐减,土地荒芜,十室九空,几乎成为无人之地。而在元末战乱中,蒙古地主武装察罕贴木儿父子统治的山西,却相对安定,风调雨顺,连年丰收,经济繁荣,人丁兴旺。据史料记载,当时河北、河南、山东三省加起来的总人口还不及山西一个省的人口多,所以明初的朱元璋就作出了决策:从山西向中原、河北地区大量移民。晋南是山西人口稠密之处,而洪洞又是当时晋南最大、人口最多的县。明朝时在洪洞城北有一座广济寺,寺院宏大,殿宇巍峨。寺旁有一棵树身数围,荫遮数亩的汉槐,车马大道从树荫下通过。老鸹在树上构窝筑巢,星罗棋布。明朝政府在广济寺设局驻员集中办理移民,大槐树下就成了移民集聚之地。从明初到永乐十五年的50年间,大规模的移民达18次之多,移民人数超过百万,所迁之民遍及山西51县,迁往之地多达十省。尽管迁往外省外地的移民并不局限于洪洞一县,但由于在广济寺前的汉植大槐树下集中开拨,所以迁往外埠的移民后裔只记住洪洞这棵大槐树是其故乡。传说当年移民时,官兵用刀在每人小趾甲上切一刀为记,至今凡大槐树移民后裔的小趾甲都是复形(两瓣)。于是,也就有了"问我祖先来何处,山西洪洞大槐树";"要知故乡叫什么,大槐树下老鹳窝";"谁是古槐迁来人,脱履足趾验甲形"这些广为流传的民谣。

民国初年,洪洞大槐树始由乡宦建碑亭、茶室等以志纪念。80年代初,洪洞县政府重修扩建了大槐树公园,并成立大槐树寻根祭祖园管理所。从90年代起,洪洞县委、县政府每年4月1日至10日举办"一节一会",即"寻根祭祖节暨物资文化交流会",现已连续举办10多届。近年来,他们以"中华根祖文化"为号召,修缮"祭祖堂",祭祖堂供奉着古槐后裔姓氏450姓的牌位,以便寻根祭拜,还兴建了"古槐寻根祭祖园",每年都有6万多人到这里祭奠祖先。并在10余家国内有影响的报刊、杂志以及互联网上大造声势,大槐树寻根祭祖园也取得了国际ISO9000质量标准体系认证,使年客流量达30万人次,形成良好的经济效益和社会效益,成为洪洞县对外宣传的形象窗口单位。

福建省宁化县石壁村,地处闽赣交界处,此处群山环抱,平坦开阔,气候温和,水土丰美,自古被视为"世外桃源"。此地是古代江西入闽和闽北南来的重要通道。自西晋永嘉年间至宋代末期,为逃避战乱和灾荒,大批中原先民陆续离开河洛祖地,举族南迁,他们翻越武夷山脉,来到宁化石壁繁衍生息,尔后播衍四面八方,现在居住在世界各地的绝大部分客属人当中,族谱上都记载着他们的祖先在福建的宁化石壁居住过。宁化石壁由于她在客家历史上的特殊地位,受到了客家后裔的仰慕,成为闻名遐迩的"客家祖地"。

1992年开始,宁化县政府为满足众多海内外客属乡亲的"寻根谒祖"要求,1991年成立客家联谊会;1992年成立客家研究会,举办客家民俗文化节,筹划"世界客属公祭"项目,并由县政府斥资与客家宗亲赞助,共耗资675万元之巨,历时三年,在石壁村兴建了一座仿古建筑群——"客家公祠",汇聚100多个客家诸姓的先祖牌位于一堂,成为全世界客家人的总家庙。自1995年客家公祠落成至今,每年都举办一届"世界客属石壁祖地祭祖大典",并将每年的10月份定为"祭祖月"。祭祖大典期间(每年阳历10月15日—17日),众多海内外客家人千里寻根,共聚石壁、虔诚谒祖,一起参加盛大的祭祖仪式,有祭诞、仪仗、乐舞、主事、仪式等五项程序,而后查阅族谱等史料,细品客家酒酿、石壁擂茶,欣赏客家山歌、舞蹈等艺术表演,祭祖大典庄严隆重、场面宏大、古典肃穆、民间文艺节目丰富多彩、客乡情结浓郁。从1995年到现在,每年都有大约二、三万人次海内外客家乡亲到此祭祖,1997年还举办了"福建省首届客家文化旅游节"活动。如今,随着海内外客寻根热的不断升温,前来石壁客家祖地寻根祭祖的海外客家人络绎不绝,石壁日益成为五洲四海客家人的朝圣中心,客家人心目中的"麦加"。同时,以宁化客家祖地为主要内容的"客家风情旅游专线"已列入福建省三大联合促销线路之一,"客家祖地"品牌亦成为三明旅游三大知名品牌之一。近年来,石壁客家公祠接纳了海内外人士数10万人次,其中包括美国、法国、英国、南非、菲律宾以及新、马、泰、港、澳、台100多个社团。台北市巫仁贞老先生邀聚台湾和泰国的巫氏宗亲回乡祭祖,并集资200余万元重建巫氏宗祠;新加坡张让生先生和泰国合艾市市长谢其昌先生在石壁祖地投资修建张氏家庙和谢氏家庙;马来西亚姚森良、姚美良兄弟捐资150余万元为客家公祠配套工程尽力;邵逸夫先生在祖地兴办教育。凡此种种,不胜枚举,效益显著。

洪洞一棵大槐树,宁化一个石壁村,岂可范围华夏诸姓,自名为祖地?再大一棵槐树,纵然"树身数围,荫遮数亩",怎么会是华北汉人的祖地?小小一个石壁村,现在也只有 400 户人家,2000 多人口,又怎么可能成为全世界 6000 余万客家人的祖地? 其实用历史的眼光来看,中华民族一直处于不断的流动迁徙之中,很多所谓的祖地,其实也就是先民在迁徙途中的一个个中转站,正如葛剑雄《山西移民史》序中云:"家山何止大槐树,麻城孝感乡、宁化石壁寨、江西瓦屑坝、苏州阊门外、南雄珠玑巷、山东枣临庄、南京杨柳巷、南昌筷子巷……无一不是千百万移民后裔梦魂萦绕的故园家山。"作为迁徙途中的中转站,这些地方均可视为移民的故园家山,然而真正可视为华夏诸姓祖地的也许只有一个,那就是中原地区。

二

学界一般认为,中原泛指黄河中下游,狭义指河洛地区,是中华民族的摇篮。司马迁在《史记》中说"昔三代之居,皆在河洛间",而夏、商、周三代正是中华主要姓氏形成的时期,据河南著名姓氏专家谢钧祥先生的考证,占汉族人口约 87% 的中国常见的 100 大姓中,起源于河南的就有约 80 姓左右。今天居于闽、台乃至海外的华人,追根溯源,十之八九来自中原。

中原地区作为中华文明的发源地,长期以来一直是我国历史上文化昌明、人口稠密的中心地带,作为政治、经济、文化中心,成为历代兵家必争之所,所谓"问鼎中原"、"逐鹿中原"、"得中原者得天下"。所以中原地区自有史以来便兵连祸结,战乱不断。加之黄河频繁决口泛滥,水旱灾害连绵不绝,迫使中原人口不断外迁。固始县位于豫东南豫皖两省交界处,南依大别山,北临淮河。自古以来就是中原腹地通向东南沿海的交通孔道,历史上中原向东南沿海的五次大规模的移民均与固始有关,是中原向闽台迁徙的重要出发地和集散地。特别是唐初"开漳圣王"陈元光、唐末五代时"闽王"王审知两次率将士一万多名及其眷属南下闽越,开漳定闽,历经数十代,其后裔遍及福建、广东、港、澳、台等地及日、新、马、菲等国。因此,固始和闽、台关系源远流长,素有"中原侨乡"之称。闽台和海外华人对固始具有极为强烈的祖根认同,因为在他们的族谱中均记载着祖上来自"光州固始"。中原向东南迁徙有一条重要的路线便是光州固始——闽——台。这一迁移持续

时间十分漫长,有规模可观者约略可分为以下五次:

第一次,两晋之际发生了"五胡乱华"、"八王之乱"、"永嘉之乱",中原地区长时期战乱不断,"中原板荡,衣冠南迁",中原士族开始大规模入闽,"衣冠入闽者八族"。

第二次,唐初漳潮间发生少数民族骚乱,朝廷先派陈政,后陈政之子陈元光继任,率府兵两批共 5600 名计 58 姓南下平乱及处理善后事宜。这批府兵大部分来自河南光州固始县。事态平息之后,按照朝廷旨意,陈元光及其所部全部在漳潮地方安家,大多成为开潮始祖。如饶平陈氏,多为陈元光派下后裔;潮汕许氏,多为陈元光部将许天正后裔;沈氏为陈元光部将沈勇后裔。陈元光被称为"开漳圣王",陈政被尊为"王爹公",据统计,截至 1996 年,闽南尚有 100 多座陈元光庙宇。台湾各地的漳州移民,一直供奉"开漳圣王"的陈元光为守护神,台湾现在仍存 60 余座陈圣王庙,备受台湾同胞的崇拜。

第三次,唐玄宗时安史之乱期间及其以后的南迁,持续八年的战乱使得"中原鼎沸,衣冠南走"。其中有居于福建者。安史之乱后,北方藩镇割据,动荡不安,中原人入闽避乱,如光州固始人宋易出任福建观察推官,其孙宋骈也随之入闽,寓居莆田。但宋骈父宋达仍居固始。后宋骈明经及第,任福建推官,始接其父达入闽,终老于莆田。宋骈之弟宋臻,久居固始,唐末天下大乱,才南徙落籍于福建侯官县镜江,成为镜江宋氏之始祖。

第四次,唐末五代初,河南光州固始人王潮、王审知兄弟聚众起兵,征战南下,入据福建。他的部下大部分也是河南光州固始籍。其中王氏兄弟对闽南的开发和影响很大。王潮曾被封福建观察使,后其弟王审知袭任福建观察使、威武军节度使,相继对福建进行大规模的开发和治理。五代后梁时期,王审知又被封为"闽王",被尊为"开闽第一"。宋太祖御赐"八闽人祖"匾额,受到闽人的顶礼膜拜,直到今天,福建还有许多"闽王祠"。闽王王审知家族经营福建 50 年,使福建的经济文化得到迅速发展。查阅闽台的家谱、祖谱,许多人祖先可以追溯到闽王王审知及其部将。闽王王审知及其数万人的起义部队对福建的历史影响是极其深远的。

第五次,继唐代移民后,宋代也有小规模的向闽地移民。著名爱国华侨、厦门大学创办人陈嘉庚的祖上,就是宋末由固始迁到福建的。这一时期对台湾开发贡献最大的是泉州南安人郑成功之父郑芝龙。台南的汉人中,以泉州人为多。总计明代郑成功统治期间,三代共 23 年,来台耕垦者约有 25 万人之众。其中大部分是闽南人。而郑成功的祖籍也是河南固始县。据《郑成功墓志》载:"义讳成功,字明严,号大林,姓郑氏,先世自光州固始县入闽。"

历次入闽的中原河洛人,大部分聚居在漳州、泉州、厦门等地区,再由这些地方迁居台湾。所以台湾人对闽南迁居台湾而祖籍河南的人称其为"河洛人"或"河洛郎"。客家人也均认为自己"根在河洛"。由于陈氏父子、王氏兄弟这两次入闽都在唐代,规模庞大,并是以唐朝军人的身份入闽的,其后代引以为荣,便以"唐人"自称,还把故乡称为"唐山",把聚居之地称为"唐人街"、"唐人町"。这便是今天海外华人以"唐"自称的原因。

1953 年,台湾进行了一次户口统计,户数在 500 户以上的 100 种姓氏,有 63 姓族谱材料上记载其祖先来自河南光州固始。这 63 姓共 67.0512 万户,占台湾总户数的 80.9%。1979 年台湾当局公布,全台湾 1740 万人中,汉族 1710 万,占全台人口的 92.7%,其中祖籍广东的客家人只占 20%,而 80% 是福建去台湾的河洛人。1988 年,台湾出版了台湾巨著《台湾族谱目录》,收录 200 多姓万余谱牒,探究这些家族开基祖,大部分来自中原河洛。

厦门大学著名方言专家黄典诚教授,在 1982 年 4 月 25 日的《河南日报》上著文指出:"台湾同胞的祖根,500 年前在福建,1300 年前在固始。福建与中原曾有四次人口大交流,许多固始人迁徙闽地,繁衍子孙。至今台湾及闽南一带,陈、林、黄、郑四大家族的族谱上,也都明确的记载,其先祖为河南光州固始人",台湾同胞"寻根的起点在闽南,终点无疑在河南"。这一观点是值得信从的。

三

其实山西大槐树移民发生在明代洪武年间,比起固始晋、唐、五代时期向东南的几次移民相当晚近；而福建宁化石壁村的移民则直接来源于固始，可以说固始才是源，而石壁村是流。此外，山西大槐树和宁化石壁村均为移民迁徙中转站，而固始起码有两次大规模的向外移民，即初唐的陈政、陈元光父子和唐末五代时的王潮、王审知兄弟向福建的移民，可以确认是移民的原始迁出地。"大槐树"和"石壁村"仅仅是华夏先民迁徙途中的两个中转站，何以作为姓氏寻根的祖地却得到广泛认同，寻根经济也搞得有声有色、红红火火；而华夏诸姓的真正祖地中原地区，特别是被中原向东南沿海移民后裔的众多家谱中所载的祖地"光州固始"，在寻根热潮中相比之下却相当冷寂，隐而不显。难道真是所谓的"历史和族性的整体失忆"？这是一个值得思考的问题。

"大槐树"和"石壁村"小，是其祖地论者的一块心病，找出各种理由来自圆其说，但终究是徒劳，因为这种论点是无法求证的。但何以人们对此盲目信从，如潮般地前往朝圣。原因同样是因为它们小，正因为其小，才更具象、直观、真切，更易于被物化和感性，也因此更易于被认同。反观"河洛"与"光州固始"，正因为其大，它们才符合作为华夏诸姓祖地的历史真实，也正因为大而宽泛，让人难以确定，寻根谒祖者无所适从，因此前来寻根问祖者虽然也不绝于途，比如1991年重阳节，一个来自欧洲的英、法、德、荷兰、比利时、卢森堡等国客属侨眷200余人的旅行团到达郑州，他们曾专程到洛阳市王城公园"根在河洛"纪念碑前举行隆重的寻根祭祖仪式；世界陈氏宗亲会曾多次组织许多国家和地区的陈氏后裔到固始、淮阳寻根祭祖等等，但因为缺乏明确的寻根谒祖目的地，因而总显得散乱无绪，终究难以形成显著的规模和效益。

王城公园"根在河洛"纪念碑无法与宁化石壁村庞大的客家公祠相比拟；族谱上的"光州固始"也没有洪洞的大槐树来的真切而富有魅力。借鉴石壁和大槐树的经验，我们是不是也可以在河洛交汇处花巨资建一座"客家祖庙"。而要开发固始丰富的姓氏资源，也应从大处着眼，小处着手，搞一些实实在在、看得见、摸得着的东西，抓住陈政、陈元光父子，王潮、王审知兄弟，郑芝龙、郑成功父子，将与之相关的遗迹、遗存保护好、修茸好、宣传出去。做一些看得见摸得着的东西,比如可以修葺扩建陈将军祠,将随陈氏父子入闽的 58 姓牌位供奉其中,以供拜祭;可以重修王审知庙,把随王氏兄弟入闽的姓氏牌位供奉其中,以供祭拜;修复郑成功陵园,将随郑成功入台的姓氏牌位供奉其中,以供祭拜。把存在于史书家谱和移民后裔心目中的"光州固始"变成触目可及、实实在在的诸姓寻根祭祖之所。达到能够满足闽、台、海外宗亲寻根谒祖的要求,通过定期举办祭祖大典、各种文化节、祖地旅游活动等,使海内外源出于固始的诸姓后裔愿意来固始、愿意再来,愿意年年来。固始的姓氏资源是固始所独有的,而且是特别丰厚的,这笔财富如果开发利用得当,固始的发展将不可限量。也许不久之后,在寻根问祖者中传诵的有关祖地的民谚将是"北有大槐树,南有石壁村,中有固始县"。

从开漳圣王探索固始原乡

林瑶棋

林瑶棋(1936—)男,汉族,台湾台中县人。龙井林家后裔。中山医学大学医科毕业。日本东京医大老年病研究所研究员,光田教学医院内科医师,龙井、大雅卫生所主任,平面媒体连载作家,广播媒体乡土文化节目主讲人,台湾姓氏研究学会理事长,中国人类学会名誉会长。现任台中县真生诊所院长,台湾姓氏研究学会常务理事,《台湾源流》杂志发行人,台湾乡土文化作家。著作有《西河青龙族谱》、《我走过了四个时代》、《透视医疗卡夫卡》、《医疗遇见民俗》、《思古有情》、《台湾路边茶》、《请问贵姓?——溯源旧台湾》。获奖全国好人好事代表荣誉奖(1977),国家后备军人楷模奖(1979),行政院卫生署医师绩优奖(1980),全国基层医师绩优奖(2007),医师医疗奉献奖(2007)。

一、前言

对固始这个地名,台湾人知道的恐怕不多,在台湾人的心目中,固始是一个缥缈而遥不可及的地方,原因是台湾人只知道原乡是在唐山,至于唐山人的原乡是固始,那就很少人去关心它了,因为从迁徙的历史来看,固始只能算是唐山人的原乡之一。

再说,自从清末乙未割台之后,加上半个世纪国共内战的对峙,实际上两岸已经隔离了 100 多年,因两岸同胞长期不互相往来,现在的台湾人连原乡的唐山地名也所知有限,更何况是遥不可及的固始。

　　尽管固始对台湾人是陌生的,但是仍然有少数学者或开漳圣王庙的神职人员,尚能知道开漳圣王陈元光的家乡就是中原光州固始,也许他们不知道固始在哪里,但起码他们知道有固始这个地名。

　　开漳圣王在台湾是信徒相当众多的神明,据估计超过 800 万人,开漳圣王之所以香火如此鼎盛,是因为信徒不只是那四成的漳州人,连许许多多的泉州人或其他地区的移民也一样是开漳圣王虔诚的信徒,因为台湾是一个移垦社会,任何地域来的移民都杂居在一起,经过三、四百年的族群融合,他们早已没有地域观念,已融合成为台湾的新兴汉人族群,并且也不再计较自己所膜拜的神明在唐山是什么地方神明。

　　在台湾主祀开漳圣王的庙宇有 380 多座之多,其他有副祀开漳圣王的庙宇更是不计其数。在这 300 多座主祀开漳圣王庙宇中,他们有的组成联谊会,这种联谊会除了互相交流联络感情之外,他们亦共同研究开漳圣王文化,使更多的台湾人能够进一步地认识开漳圣王开拓漳州的丰功伟绩,因而从饮水思源的内心中产生更虔诚的信仰,好让开漳圣王的香火更为旺盛。

二、台湾人信仰的开漳圣王

　　台湾人从开漳圣王庙的文化传播,得以了解开漳圣王平定蛮獠、建立漳州的丰功伟绩,台湾人之认识陈元光,开漳圣王庙宇的文化传播功不可没。

　　据传,开漳圣王姓陈名元光,字廷炬,号龙湖;唐初,光州固始人。出生于唐高宗显庆二年(657),逝世于唐睿宗景云二年(711),享年 55 岁。

　　唐高宗总章二年(669),陈元光随父归德将军陈政领 58 姓 7600 军民自光州固始入闽,剿伐蛮獠啸乱。高宗仪凤二年(677),其父逝世,弱冠即代父领兵众,厉兵秣马,显统御之才华。

　　唐重拱二年(686),陈请朝廷建漳州府于今漳浦县绥安。到唐中宗景龙二年(708)蛮獠畲族苗自成、雷万兴等,聚众劫舍,蛮横无比,陈元光率轻骑征讨,却不幸于景云二年(711)被畲族军首领蓝奉高所杀,为国殉职①。

陈元光死后,朝廷赠豹韬卫镇军大将军,临江侯,唐玄宗开元四年(716),追封颍川侯,宋高宗绍兴十三年(1143)又追封为开漳圣王。

最早为陈元光立庙奉祀是在唐开元四年(716),距他殉职仅仅五年而已,该庙立于今漳浦城西郊约一公里许的西宸岭,谓之威惠庙,俗称西庙,是为开漳圣王的开基祖庙②。可惜这座一千多年的祖庙,已在"文革"期间被破坏殆尽,直到近20多年来,两岸人民可互相往来,台湾的开漳圣王庙跨海到这座祖庙进香者络绎不绝,台湾的虔诚信徒们又把它重修,今天的威惠庙祖庙又是一座金碧辉煌,古色古香的大庙宇,只要你走进到这座大庙的山门,内心自然而然对开漳圣王肃然起敬。

三、陈元光对漳州地区的功绩

史料记载,潮、漳、泉一带自古以来,即是蛮獠的动荡地方,在唐人文集中,陈子昂写的《唐故循州司马申国公高君墓志》里③,颇有描述涉及畲族早期历史的情况,墓主高君就是高绽,是唐朝开国功臣高士廉的孙,在朝廷政治斗争中被贬为循州司马(今粤东、闽南),永隆二年(681)发生了岭南土著反抗朝廷,高绽受命平定这次反抗事件,在战事过程中遇疾卒于南海,由这篇墓志文献中可知在唐初,粤东、闽南还是一个南蛮的化外之地。

陈元光父子带领58姓7600人征剿今潮、漳地区,他们也从中原带来高水平的汉文化及先进的农业技术,使潮、漳地区落后的畲族人因而进入高水平的文明社会,他的功绩为后人所歌颂。

陈元光治理漳州时,在政治上,他于军事镇压时,是"落剑惟戎首,游绳系胁从",后继之以抚绥政策,教化为主,对投降者给予安置,对畲族人居住区,规划为"唐化里",给予自治权,禁止汉人侵犯④。

在经济上他奖励农耕,积粮备荒,对商贩活动给予优惠,并兴办陶瓷和炼铁及各种经济价值之生产。

在文化方面,他认为教化是安邦治国的根本,军事镇压只是一时的权宜措施。其本是在创州县,其要则在兴庠序,发展伦理法治的社会。他把设立学校看成与建立政权同样重要。据说,闽南的第一家书院——"松州书院",

就是陈元光开创漳州时期所兴建的。

自陈元光开漳后，这本是蛮獠落后之区，其人民的生活水平与文明程度，与中原的距离逐渐拉近，到宋元之后已与中原文化水平相等，俨然已成为已开发的汉人地区。

四、有关陈元光几个值得探讨的问题

1. 陈元光真有其人吗

笔者祖先是来自漳州府漳浦县，280年前祖先由唐山过台湾，所以对于自己原乡的神明特别感兴趣，尤其漳州人聚居的地方必有开漳圣王庙，可见我们漳州人非常崇拜陈元光。

陈元光这样有丰功伟绩的历史大人物，他的英名必留青史，可是为何新、旧《唐书》和《资治通鉴》都没有陈元光的名字呢？[⑤]

可是有关陈元光却有不少文献留在明、清之后的地方志或陈氏族谱中，例如：唐高宗李治的《诏陈政镇故绥安县地》载于清康熙版《漳州府志》、陈元光的《请建州县表》载于《全唐文》卷164、唐武则天的《勑陈元光建州县》载于《陈氏族谱》、唐玄宗李隆基的《赐故将军陈元光诏》载于民国版的《颍川陈氏开漳族谱》、陈元光的诗集……这些属于重要文献为何没有登载在国史上，而且是出现在近千年后的地方志或族谱上，无不令人费解。

平乱或建置州县，任何王朝都会认为是皇帝的丰功伟业，必然会大书特书于史书上歌功颂德一番，为何新旧《唐书》或《资治通鉴》都只字不提陈元光平定蛮獠？无不让后世的人对陈元光这个人的真实性感到怀疑。

2. 唐初，平定蛮獠，开发漳州的真实性

其一，我们从陈子昂写的《唐故循州司马申国公高君墓志》的文章中，有叙述到永隆二年(681)发生了南蛮土著人反抗朝廷事件，由这篇墓志可以证明与陈元光同一时间，唐朝确实在南蛮平乱，也就是说，唐初就已积极在开发漳潮地区。

其二，在《新唐书·南蛮传》有这一段记载："……大抵剑南诸獠，武德贞观间数寇暴州县者不一。巴州山獠王多馨反，梁州都督庞玉枭其首。又破

余党符阳、白石二县僚。其后眉州僚反,益州行台郭行方大破之。未几又破洪雅二州僚,俘男女五千口。是岁,益州僚亦反……贞观七年,东西玉峒僚反,以右屯卫大将军张士贵为龚州道行军总管平之,十二年,巫州僚反,菱州都督齐善行击破之,俘男女三千余口……",由这段记载文章中,足可证明在唐初就已积极经营南蛮地区。

其三,今天的闽南话还保留大量隋唐时期的中原古汉语,因此常有人说,闽南语是"古汉语的活化石",例如伊(他)、走(跑)、箸(筷)、卵(蛋)、困(睡)、拍(打)……这些古诗文用字还很多保留在闽南语词汇中,可见南蛮的开发确实是自唐朝即已积极在进行。

从以上几点的说明,足以证明在1300多年前的唐初,确实有平定蛮僚,开发漳州的历史纪录。

3. 旧例无改·新例无设

台湾人有句俗语:"旧例无改·新例无设",意思是台湾人的一切风俗习惯都沿用唐山的旧例,少有创设新例者。我们以坟墓或祖先牌位为例,唐山原乡的祖先并没有把中原原乡地名标示在墓碑或祖先牌位上,他们来到台湾后就无旧例可循,只好仅标示唐山的原乡地名。

一般来说,台湾人都是标示唐山原乡的县邑名,例如:同邑(同安)、晋邑(晋江)、诏邑(诏安)、金浦(漳浦)……,他们从来没有人标示中原原乡之地名。事实上,在台湾的闽、粤人后裔家族中,他们的墓碑或祖先牌位,都只标示祖籍地或郡望之名称,却从没有标示中原原乡县邑地名,当然更不会出现固始这个地名。

台湾确有部分的人在墓碑或祖先牌位上标示堂号,例如西河、扶风、清河、济阳……之类的地名,但那是隋唐时期的郡望名称,是中古时代的州郡地名,并非中原南渡前的原乡县名,其中也没有固始这个地名。通常台湾的原住民汉化后,他们也一样借用汉人的郡号,例如很多原住民改姓潘,他们的墓碑就标示荥阳,改姓洪的人就标示敦煌。

4. 闽粤人自称唐人

闽粤山岳绵延不尽,所以唐人住的地方叫唐山。一直以来,闽粤人喜爱到海外打拼,他们无论走到哪里(东南亚或欧美),都称自己是唐人。笔者在七、八年前,曾经到南太平洋的大溪地(Tahiti)观光,那里有一座规模不小的关帝爷庙,主持是一位约70岁的华妇,她只会讲法语和客家话,是第三代华侨,我问她是哪里人? 她说是唐人,我再问唐人从哪里来的? 她答是唐山来的,我再问唐山是否中国? 她答说不知道。

　　闽粤人何以自称唐人? 吾人认为有两个可能:一个是朝廷强迫蛮獠人是唐朝的子民,另一可能是自认文化水平低落的蛮獠人想高攀高文化水平的唐朝汉人,不管哪一种可能,从唐人这个称呼足可说明漳潮蛮獠地区确实在唐代开发的。

　　以上四点是我们研究开漳圣王文化值得探讨的地方,可是笔者多次到各地开漳圣王庙做田野调查,他们的神职人员多数没有做过这方面的探讨。

五、闽南人有关陈元光的野史传说

　　闽南人认为唐初开漳圣王陈元光征剿蛮獠,所指的蛮獠就是以畲族为主的百越族,这些畲族古代都是住在山洞或土寨里,所以在闽南地区有许多地名仍然沿用"坪"、"寮"、"洞"、"寨"。也因此迄今,仍有很多闽南人或客家人还认为自己是汉畲融合族群的后裔,因为他们还保留下许多畲族的残俗。

　　根据畲族人世代相传的一首叙述他们祖先历史的诗歌叫"高皇歌",该首歌记载畲族的祖先最早住在潮州(当时潮州属闽南蛮獠地区),并记载其迁徙经过:"兴化古田住久长,三姓开基在西乡(闽西),西乡难住三姓子(蓝、雷、钟),又搬罗源过连江。"⑥这首诗歌可以说明今日的潮州、漳浦、诏安、南靖、平和、华安、闽西等闽南地区都是他们的故乡,有三个汉姓是他们已经汉化后的畲族人,这首诗歌表示他们汉化后仍然有流离失所的无奈。

　　他们的无奈从闽南人一则畲俗就能说明。据说闽南人及台湾人的女人出嫁时,需要穿白布内衣裙,意思是说,当年陈元光所率汉人来到漳潮地区后,不但滥杀畲族无辜,还要霸占畲妇,畲妇为了对亡夫表示贞节,就穿着白内衣裙勉强嫁给汉人,婚后这套白内衣裙洗净后妥为保存,作为将来年老临死时穿用的"返祖衫"。所谓"返祖衫"的意思是穿着白内衣裙到阴间见亡夫,以表示对亡夫守贞节。台湾人这种"返祖衫"的习俗到三、四十年前还可见到,直到 20 世纪 60 年代台湾由农业社会转型为工商社会后,一般年轻人已难接受这种古老的风俗习惯,今天的台湾人可能已经没有这种习俗了。

六、结语

台湾人的原乡是唐山,唐山人的原乡是固始,所以固始对台湾人来说,那是祖先的原乡,是遥不可及的地方,所以台湾人除了部分学者之外,很少有人知道固始这个地方。

一千多年前,固始人陈元光开发漳州,建立州县,被漳州人奉为开漳圣王,三、四百年来,唐山人东渡来台,也把开漳圣王带到台湾来膜拜,其香火之鼎盛少有其他神明能出其右。台湾人透过开漳圣王文化的传播,不但认识了开漳圣王,认识了漳州人的原乡,更渐渐的知道了固始,让我们知道古时多次的汉人南迁,多数从中原光州的固始出发。吾人猜想,古时候的固始,一定是一个人口众多、工商业繁荣的县邑。所以台湾人在虔诚的膜拜开漳圣王之余,要有饮水思源,慎终追远的心情来纪念唐人的祖地——固始。

很感谢"2008 光州固始与闽台历史渊源关系国际研讨会"主办单位的邀请,让我们有这个机会来到固始,认识固始,更愿意把汉人南迁的这个圣地带回台湾,让更多的台湾人知道固始。

注释:

① 《畲族与台湾人》,《狮友杂志》第 3 卷第 3 期,1992 年 9 月,第 20 页。

② 林瑶棋:《开漳圣王》,《大雅狮子会特刊》1988 年 6 月,第 49 页。

③ 谢重光:《畲族与古越族关系》,《福建民族》1994 年 8 月,第 27 页。

④ 李文章:《闽南靖疆拓土元勋陈元光》,《漳浦文史资料》1986 年 10 月,第 4—5 页。

⑤ 陈易洲编:《开漳圣王文化》,海风出版社,2005 年版,第 5 页。

⑥ 《畲族与台湾人》,《狮友杂志》第 3 卷第 3 期,1992 年 9 月,第 19—20 页。

河洛文化与祖国和平统一

——光州固始思想起

王津平

王津平(1946—)男,汉族,台北市人。现为中国统一联盟主席。出身于抗日爱国家庭。自1975年从美国留学返台后,任教于淡江大学,并兼任世新大学教授。他曾组织首届"一国两制参访团"赴香港交流促进两岸和平统一,近年还创建了"中华基金会",经常往返两岸三地,致力推动两岸在各方面的广泛交流。

一、前言:思想起光州固始

"思想起"是一首非常优美的台湾民谣曲调,是一种有特别感染力的"恒春调"。它表达了"出外人"、"游子"思乡的深绵情怀。1975年夏天,在台湾还是风气不开的戒严时期,我从美国学成返台,一边在母校淡江大学教书,一边以校园民歌、乡土文学来带动70年代资讯还封闭的青年认识祖国大陆、认识祖国和平统一大业的意义。由于这样的因缘,从友人处得知当时备受关注的"民间艺人"陈达老先生贫病交迫,特别派人南下把他从南台湾搬请到台北来,就在美丽的淡江校园里开办了第一场校园民歌演唱会,轰动一时;这位被称为"活的思想起"的民间歌手紧接着又在云门舞集首演"渡海"(唐山过台湾),以他天然浑成的琴声与歌声把"渡台悲歌"的史诗场景诠释得淋漓尽致。

从小,我的父母亲常常闲适自在地教我们唱"思想起"这一类的歌谣,并且告诉我们说:我们都是"唐山"来的,连我出生之前已取好的名字昆峰(坤风)都要改为纪念我父亲台湾光复祖国壮行的"津平"(天津与北京)。

读小学时候,我们旧居整条街道几个爱好文化的小朋友都固定在月初跑到我家门口走廊下的长板凳与我分享厚厚的一本"学友"杂志——在那个年代唯一为青少年编写出版的刊物。我留美回来,钻研台湾文史略有根底,才知道那是文化抗日老前辈王诗琅先生呕心沥血为我们编写的"课外读物"。就在那刊物中,我第一次朦朦胧胧地认识了"河洛文化",也一知半解地初识了"光州固始"。

更进一步、深一层认识到中华民族伟大文化的凝聚力,也认识到那浓得化不开的祖根情缘,居然已是之后在建国中学的那六年了。何其有幸,我遇到了给我启蒙、影响我一生的好老师们。我还记得那位教我们地理的洪敏麟老师,他常常一边讲地理一边讲历史,就是他! 就是他告诉我们:找台湾的"根"! 就是他! 就是他教我们,唐诗中的"河洛语"有多么亲切,有多美、有多文雅! 也就是他,画龙点睛地告诉我们:郑成功接受荷兰人投降的谈判桌上用的就是"河洛语"! 也正是从洪老师那里学习到:从中原南下闽南"蛰居"数百年后的"中原"河洛文化,从此更东渡台湾,也好好地扎了根、也扩散开了。

二、从闽台情缘到豫闽台情缘——中华民族伟大文化的凝聚力

1994 年,参加在厦门举行的一场闽南方言学术研讨会,本人受益良多,会中特别吸引我的是原政协副主席,时任中华全国台湾同胞联谊会长的张克辉所发表的一篇文章:"台湾方言的故乡在中原"。我抓住机缘向张主席及与会专家请益,深受启发。那次的因缘际会,促成了在两年后的一次被评价为特别成功的深度交流:"闽南文化寻根之旅"——从北京而陕西,而河南,再奔向厦门而返台;中央电视台分四次播放全程。40 位来自台湾的青年人哭祭黄陵、寻根河洛以及两岸青年自发而热情地高歌"我的祖国"、"明天会更好"! 令祖国大陆主办单位的朋友们,个个感动得热泪盈眶,泪洒会场。

这次由我带团、全程圆满的"寻根之旅",也大大开阔了我个人的视野。我的"闽台情缘"从此扩展到"豫闽台情缘"。今年应邀到陕西拜祭黄陵,全程未完,便又专程赶到河南参加由中国和平统一促进会与河南省政协委员会及中华炎黄文化研究会共同主办的"黄帝故里拜祖大典"。细雨霏霏中那场庄严隆重的盛典,更让我深刻感受到作为中华儿女自小就在胸怀祖国、澎湃难抑的民族情怀。从"闽台情缘"拓展到"豫闽台情缘",我更深切了解到我们中华民族那伟大文化的凝聚力有多大!

三、"根在河洛"的深层意义与台湾同胞百年爱国主义传承

当我们说"根在河洛",我们要知道,既为"根",只要是活的根,必有树干,必有枝叶茂盛。当我们说:我们的"祖根"在河洛,在光州固始,或在这里,或在那里。我们期待的应该是整个中华民族的伟大振兴,而不是指哪一个姓、哪一个家族个别的"光宗耀祖"。

早在 1996 年首届"豫、闽、台姓氏源流研讨会"上,就取得许多宝贵的结论。会中黄典诚教授有此概括:"台湾同胞寻根的地点是闽南,终点无疑是河南。"并如此论断:"台湾同胞的祖根 500 年前在福建,1300 年前在固始。""落红不是无情物,化作春泥更护花。"寻祖根真正的意义在于承先启后、发扬光大,在于让祖根与时俱进。

1895 年,"甲午战败,马关割台",台湾不幸沦为殖民地,台湾同胞"义不臣倭"。先是前仆后继武装抗日,牺牲达 65 万人! 那可真是惊天地、泣鬼神! 又继之以保存、发扬中华文化的"非武装抗日",一波又一波。1945 年在内战格局中台湾光复,这期间正是因为这个爱国主义的传统有所传承,台湾同胞认识到"只有祖国强大,才能光复台湾";多少仁人志士"寻找祖国三千里",加入了保卫祖国的历史大洪流! 百年爱国主义传承教育熏陶下的台湾同胞都认识到"我们是台湾的中国人,也是中国的台湾人",认识到"只有中国的再统一,才是台湾的真光复"。

1995 年马关百年,海外"台独"在霸权主义的支持下班师返台,扬言要"告别中国"。继承了台湾同胞百年爱国主义传统的"中国统一联盟"义无反

顾、舍我其谁地串联各爱国团体,以"我是中国人"大游行正面回应,力挽狂澜。李登辉提出"两国论",陈水扁搞"一边一国论"前后长达20年,在台湾的我们,面对一波又一波"去中国化"的疯狂浪潮,虽已竭尽所能去拨乱反正,却不可不承认:它已产生极坏的影响。今天在台湾的年轻人对自己的"祖根"缺少认识,这使我们在岛内推动"反独促统"及"化独促统"的工作也面临了极大的挑战。我们认为:发扬"根在河洛"的深层意义,将有助于曾沦为殖民地的台湾的去殖民与"再中国化"。

四、新世纪"河洛文化"的创新与再生

"河洛文化"能够在历史上不断起了重大作用,是由于它包容性及融合性特别强,也因而凝聚力特别强。经历了上个世纪的风风雨雨,新世纪2008北京奥运及神州七号探月成功,都给了我们启示:中国人要集中力量办大事! ——办好大事!

新世纪"河洛文化"以及光州固始的发扬光大,必须有新世纪科技水平及文化水平的"创新",做好全方位规划,才能在新世纪与时俱进,开拓创新,也才能吸引祖国宝岛及海外的同胞前来寻根探祖,从而能自觉地投入中华民族的伟大复兴。

五、开创一个从"唐山过台湾"到"台湾返唐山"的新愿景

华侨领袖、科教兴国的先行者——其先祖来自光州固始的陈嘉庚先生,是个特别值得我们尊敬的典范:他一生奉献给祖国、建设包括厦门大学在内的集美园区,是一个能创新,也能"再生"的、一步一步完成的综合规划。缅怀陈嘉庚如何发扬先人的一切文化"遗产",使之"再生",并以祖国在新世纪完成和平统一的宏伟观照,也就是开创一个有持续动能的"回归祖国"新浪潮,值得吾人深思、并细细筹谋。"海峡两岸皆我祖乡",当年先人为了寻找出路而"唐山过台湾",现在我们要期许一个新愿景,那就是:为了祖国的和平统一,台湾返唐山!

六、结语

一代大儒钱穆先生对"中国"有很精辟的说法："我认为中国五千年来，传统相承所建立的和平统一的民族国家，这是人类所稀有的杰出的伟大贡献。"

对"文化中国"，我们不妨也参考一下这样的一种看法："从文化的意义来说，中国是不分裂的。从历史的眼光来看，中国在政治地域上的分割只是暂时的，而统一的中华文化是在历史上长久存在的。……历史事实也确是这样的。中国历史上有过多次政治地域上分裂的时期，但是中国在文化上始终是统一的。这种文化统一是促成中国政治统一的一个重要因素。这种历史的经验对于中国今天的现实至少是有启迪和借鉴意义的。"

有人这么说："河洛文化"作为中国文化从"早熟"到"成熟"，是具备中国全部历史上下五千年的缩影与历史。信然！

最后，我想引述葛剑雄先生值得深思的一段话："我们拥有一项举世无比的遗产——统一，历史悠久的统一；统一的国家、统一的文字、统一的纪年、统一的……甚至统一的思想。这是一项多少人曾经为之奋斗、为之牺牲、为之讴歌、为之自豪的伟大事业，也是现代中国人赖以安身立命且不得不接受的遗产。"也在这里，期许我们大家一起以祖国和平统一的大愿景、新思维来推动固始文化的发扬光大！

揩亮根标　开展联谊
为固始腾飞加油助力

陈瑞松

陈瑞松(1933—)男,汉族,河南长葛人。大学毕业后长期教书,80年后主要从事侨务工作。现任《舜裔春秋》杂志总编、河南陈氏文化研究会会长。在省级以上报刊发表《河南省籍华侨出国史考》等作品200多篇,其中散文《千枝一本话林氏》获84年全国(含海外侨胞)"月是故乡明"征文奖,论文《豫籍三胞是一支不可忽视的爱国力量》获88年省优秀论文奖。从90年起先后出版专著《百家姓溯源》、《颍川陈氏》、《太丘轶事》、《陈姓源流》、《钟姓通谱·世系纪事》,电视剧《四令公传奇》等。

　　"光州固始"出现在固始县城城门上方石匾上,它是历史上地域归属的标志;出现在固始与外省相邻的驿站古道旁,它起的作用是界牌路标。辛亥革命胜利后,随着行政区划的变迁,它完成了自己的历史使命,慢慢地被尘封起来了。但是,在大多数闽、台人的心目中,它永远是祖籍乡关的代名词,是世界上最圣洁的地方,魂牵梦绕,永远不会消失,更不允许任何人玷污它。一个人,不论走到哪里,不论持何种政治观点和信仰,都毫无例外地对自己家乡保持着最为浓烈、真挚的感情,而对自己"根"、"祖"的景仰,便是这种感情的集中表现。"葬我于高山之上兮,望我大陆。大陆不见兮,只有痛哭。天苍苍,野茫茫,山之上,国之殇。葬我于高山之山兮,望我故乡。故乡不见兮,永不能忘"!这是国民党元老之一的于右任先生在临终时写下的一首骚体诗,以其荡气回肠,沉郁悲怆的哀鸣,震撼了两岸人民。

> 千秋烟祀永在前,远可追,流可溯;
> 百世子引能继武,木有本,水有源。

这是台中市简家祠堂的一副对联,它表明"慎终追远,民德归厚"①是人的天性。

根标,它是一种历史文化资源。常言说,血浓于水,根脉相连。普天之下,永恒不变的就是亲情。"光州固始"这个闽、台人寻根问祖的标志,是固始得天独厚的历史文化资源,是固始人与闽、台人骨肉相连的亲情标志。揩亮"光州固始"这块根标。广泛开展与闽台各姓宗亲间的联谊活动,为正在腾飞的固始加油助力,这是固始人应做的分内事,也是多数闽、台人寻根谒祖,梦寐以求的心愿。

据1953年台湾人口统计资料表明:台湾共有82.9万户,737个姓氏,其中500户以上的大姓有100个,在100个大姓中,有63个族谱均记载其先祖自河南光州固始迁福建,再由福建迁台湾。以此作为基数,可以推知2300万台湾人中大多数人与光州固始有血缘关系。尤其是影响改变台湾历史的两个重要历史人物郑成功和施琅的出现,更加进一步的加强了这种关系,因为他们的祖籍都在固始,固始也因此成为闽、粤、台、港、澳同胞以及海外侨胞世代萦怀的乡关祖地和蜚声海内外的"中原侨乡"。

翻开历史地图,固始地处古扬州与豫州的衔接点,今河南省的东南边沿,鄂、豫、皖三省的交界处,是历史上中原人外迁的集结和出发地,所以被称为古代中原人走向东南沿海的乡关门户。常言说故土难舍,不论什么原因,人离开故土时总会有一种依依难舍的眷恋情结。所以对乡关门户的印象特别深。

固始是一块古老的土地,据考古发掘的古人类活动遗址可知,大约四、五千年前,我们的祖先就在这里繁衍生息。到了夏初,舜的后裔就分封在这里建番国,城墙至今屹立,是全国重点文物保护单位。此后,又有蓼(廖)、蒋、英、安、黄姓封邑于此。与此相关的还有娄、潘、甄、寝、沈、期等,他们大都以封地、封邑、封国为姓氏,合起来说,固始是这12姓的直接发祥地。随着历史的发展,社会的进步,来固始落籍谋生的人越来越多,目前已达 166 万人,计 560 个姓氏。我们知道成书于宋代的《百家姓》才收入 438 个姓氏,而固始一个县就有 560 个姓氏,这有力地说明:固始是众多姓氏和睦相处的乐园,是一块风水宝地。

俗语说得好,"镜子不揩不亮,亲戚不走不亲"。如何揩亮"光州固始"这块闽、台人寻根问祖的标志,开展多种形式的联谊活动,为固始的腾飞加油助力是一篇大文章。下面我从两个方面来叙述自己的观点,供固始参考,请到会专家学者指正。

一、重温历史,接续固始与闽、台的血缘关系

自解放战争开始至改革开放,几十年不来往走动,原来的关系已经疏远,要接续这种关系,就必须从重温历史开始做起。自西汉昭帝始元二年(公元前 85 年)在闽中设立行政机构之后,为北方汉人入闽创造了便利条件。中原士民大量迁入闽地始自西晋,先后在西晋的永嘉年间、唐初的高宗时期和五代时期形成三个高潮。

西晋末年,中原发生战乱,北方汉人为避乱南下,于是便有了"八姓入闽"的传说,史称"晋永嘉二年(308),中原板荡,衣冠始入闽者八姓,林、陈、黄、郑、詹、邱、何、胡是也"。南朝萧梁末年,发生了侯景之乱,江东遭到严重破坏,千里无人烟。未遭杀戮的民众,被迫四处逃难,福建地近江东,自然成为避乱之所。

唐初福建九江流域爆发了所谓"蛮獠"的"啸乱",高宗总章二年(669),派固始人陈政统率府兵 3600 人入闽平乱。陈元光以鹰扬卫将军的身份,随父陈政领军入闽。初战失利,朝廷又命令陈政的两位兄弟陈敏、陈敷再率府兵 3000 共 58 姓前往支持。平乱后,这些府兵将士及家属就在漳州一带定居,这是中原士民迁入闽的第二次高潮。

唐代后期,中原战乱纷扰,军阀各据一方,民不聊生,北方士民再次南迁,形成了汉民入闽的又一次高潮,其中以王潮、王审知兄弟部队入闽的数量为最大。王潮、王审知原为河南光州固始县的农民,乘黄巢起义之机组织乡兵渡江南下,光启元年(885)王氏进入闽西、闽南,次年8月占领泉州,景福二年(893)入占福州,后来审知被封为闽王,建都福州。闽王审知执政,保境安民,发展经济文化,众多北方的政客、文人、僧侣、商贾及一般平民入闽定居。

除这三次高潮外,从东汉至明清长达1000多年的历史中,北方士民入闽时有发生,特别是宋末、元末战乱之时,均有不少北方宗族迁入福建。他们既有来自河南地区,也有从两湖、江、浙、江西等地转徙而去。因此,从近现代福建的居民结构看,福建固有的土著居民完全被中原文明所融化,取而代之的是中原各地迁去的士民世家。

福建素有"三山一田"之称,耕地有限,随着北方士民的大量入闽,福建由地旷人稀、经济落后变为地狭人稠、经济发达的地区,宋代以后人地关系日趋紧张,人均耕地的减少,使他们难以为生,于是便开始转向外地移民,福建因此成为全国输出人口最多的地区之一。福建对外移民除东南亚各国外,更多的是迁移到台湾。

早在先秦时期,闽越族已经陆续移居台湾,成为台湾岛的先民。由于福建与台湾地理位置毗邻和关系密切及历时逾200年的闽台同省合治制度,形成台湾移民以福建居多的特殊状态。福建汉民移居澎湖、台湾始于宋代,而首次移民高潮,应是明天启年间,以颜思齐、郑芝龙为首的海上武装集团占据台湾北港时,适逢福建沿海旱灾,3000左右泉、漳府属贫民竞相投奔台湾。崇祯元年(1628),福建饥荒,郑芝龙在福建巡抚熊文灿的支持下,招徕沿海灾区饥民数万人移民台湾垦殖。这是第一次有组织的福建向台湾大移民。南明永历十五年(1661),郑成功收复台湾,郑氏军队眷属约3万多人,当时除命各军分区屯垦外,还大力招徕因清廷"迁界"而流离失所的大陆沿海民众,"不愿内徙者数十万人东流,以实台地",主体仍是福建沿海泉、漳各县居民。清代是福建民众移居台湾的重要时期。

康熙二十二年(1683),施琅率军收复台湾,全国政治统一,自康、雍始,至乾、嘉年间,福建民众相继赴台,导致台湾由南到北、由西向东的垦殖运动全面展开。尤其清政府于乾隆四十九年(1784)开放台湾鹿港与泉州蚶江港对渡,五十七年(1792)又开放淡水八里岔与蚶江及福州五虎门通航,推动了移民潮的高涨。至嘉庆十六年(1811),全台湾的汉族人口已达194.5万人。光绪元年(1875),钦差大臣沈葆桢的开禁建议得到清政府批准,历时200多年对台湾实行半封锁的政策宣告结束。为了更好地组织垦殖,清政府在厦门、福州、汕头、香港等东南沿海各地设招垦局,免费运送移民渡台,这样移居台湾的福建等地人民又有增加。至1895年全台人口已达370多万。

从前述福建民众移居台湾的简单情况可看出,光州固始(实际代表整个中原,以下同)与福建、台湾有十分密切的血缘关系。1926年,日本占领者当局对台湾汉族祖籍地进行调查,台湾在籍汉人达3751600人,其中祖籍地为福建省者3116400人,占人口总数的83.1%。从福建省籍移民的具体府县看,泉州府籍1681400人,占总人口数的44.8%;漳州府籍1319500人,占总人口数的35.2%;汀州府籍42500人,占总人口数的1.1%;其他福州府籍、永春州籍、龙岩州籍和兴化府籍则各占总人口数的0.7%、0.6%、0.4%和0.25%。这些具体数字充分反映出福建和台湾间血浓于水的血缘亲情,而大多数福建人又是中原人通过固始迁去的。由福建迁往台湾而祖籍"光州固始"人为台湾的开发和繁荣作出了不可磨灭的贡献。

据美国犹他家谱学会的调查,台湾民间存有新旧族谱20000多种,其中有10613种记载大陆24个省市251个姓氏向台湾移民开基祖的资料,祖籍福建的姓氏谱有4730部,其中多数是原籍"光州固始"。尽管海峡两岸已经面世或收集到的谱牒记载的向台湾移民开基祖仅是其中很少的一部分,但现有谱牒已是可以证明台湾和祖国大陆特别是和福建、光州固始之间血缘关系十分密切。下面举几则个案资料:

台湾谚语曰:"陈林半天下,黄郑排满街。"陈姓是台湾声名赫赫的第一大姓,有二三十个支派,如开漳圣王派、南朝派、漳浦派、浙江嵊县派等,其来源有两种情况:一是来自福建的泉州、同安;二是来自漳州所属的漳浦、南靖、平和等县。台北县《清源陈氏家乘叙》记载,"入台始祖"是跟随郑成功收复台湾的陈水华、陈泽,而他们的"入闽始祖"就是河南光州固始的陈政、陈元光父子。《武荣诗山霞宅陈氏族谱》上说:"我祖自颍川分派于河南光州固始,以抵入闽,至一郎公卜居武荣诗山霞宅。"陈姓自清初至民国300多年间,迁台人数仍为第一大族,散居于台湾各地。

开漳圣王、太傅、南朝三派,都是颍川陈寔的后裔,是台湾陈氏三大主要源流。

1930年31003户的调查资料表明,台湾共有193种不同的姓氏,陈姓占12%,居全省首位。

据1953—1954年台湾省文献会18个县(市、区)(不包括云林、台东、桃园、高雄4县)的调查资料统计,共有828804户,有737种不同的姓氏,其中陈氏共91375户,占11%强,仍居全省首位。陈氏在18个县市中,除台中市、花莲县居第二位,彰化县居第七外,其余各县市均居首位,列表1。

另据1956年台湾省第一次全省户口普查,利用户口普查卡系统抽样四分之一统计结果,共有样本2318574人,扣除姓氏不详者外,有效样本2316401人,陈姓占全省的11.3%,居全省第一位。其在各个县市陈姓的位次及比重,列表2。

表1　陈姓在18个县(市)的姓量及位次表

县(市)别	户数	位次	县(市)别	户数	位次
台北县	13331	1	南投县	7035	1
台北市	3860	1	彰化县	2958	7
基隆市	4624	1	嘉义县	10050	1
阳明山区	2077	1	台南县	16100	1
宜兰县	994	1	台南市	5200	1
新竹县	6235	1	高雄市	1234	1
苗栗县	4460	1	屏东县	2029	1
台中县	2698	1	花莲县	836	2
台中市	4048	2	澎湖县	3514	1

表2　陈姓在22个县(市)的位次及比重(1956年)

县(市)别	位次	比重%	县(市)别	位次	比重%
澎湖县	1	16.8	台东县	1	11.2
阳明山局	1	16	台南市	1	10.8
南投县	1	13.6	基隆县	1	10.7
台中县	1	13.6	花莲县	1	10.1
彰化县	1	12.9	新竹县	1	9.5
台南县	1	12.5	苗栗县	1	9.5
屏东县	1	12	高雄县	1	9.1
高雄市	1	11.8	桃园县	1	8.4
台北市	1	11.6	宜兰县	2	10.9
台北县	1	11.5	台中市	2	10.5
嘉义县	1	11.5	云林县	2	8.8

上表中陈姓在19个县(市)均居第一位,在3个县市居第二位。与其他姓氏比较,陈姓人口分布的普遍性及稳定性,在各姓中自属最高。

陈姓一直是台湾的第一大姓,约占全省汉人的1/9左右,开发台湾的巨大贡献可想而知。

台湾省包括台湾岛、澎湖列岛、钓鱼岛、赤尾屿、澎佳屿、兰屿、绿岛等岛屿。陈姓是澎湖十大姓之中的第一大姓,占居民的1/6,因地近金门,有七成以上的移民来自金门。浯阳派及银同碧湖派首先从金门移居湖西乡。陈振遥被称为"开澎始祖",子孙繁衍各地,在开发湖西乡、马公镇等地,作出了很大的贡献。

赤湖派集居的彰化、南投等县的一些乡镇,据1956年调查资料,陈姓住户很多,彰化二水有1141户,田中有2105户,田尾有979户,永靖有969户,北斗有901户,社头有727户。南投县的名间,陈姓比重高达41.5%;其他如台中县的大肚,亦占24%。这些台湾中部东南平原及丘陵地区带,主要是漳州移民开发的,如二水、社头、永靖、南投、名间等乡镇,几乎全部是漳州移民开发的,田中、田尾、溪州、大肚等乡镇,也主要由漳州移民所开发。以圣王派为主的颍川陈氏,与漳州移民一道共同开发这些地区,立下了大功。

霞宅派集居地的万丹乡,东槐派集居地的九如张,圣王派更与客家人一道,为开发屏东下淡水溪沿岸地区,作出了贡献。

银同普园派很多人移居台北三重市。三重自清初以来共有陈姓移民1340户,其中一半左右来自泉州,以圣王派为主的颍川陈氏,在开发三重及台北地区,也作出了很大的贡献。赤湖派也有不少人移民台北景美、士林等地。清末进士陈登元,即系赤湖派后裔,士林一带陈氏多属赤湖派。他们为开发士林、景美等地也作出了贡献。

漳浦默林派30余户后裔,在陈正直领导下,于嘉庆、道光年间,开垦宜兰员山复兴庄土地100余甲。同治年间被洪水冲毁后,默林社族人相继迁至嵌仔下及五结庄。陈正直且弃农从商,经营金漳兴水郊行。他们为开发宜兰,繁荣经济作出了贡献。漳浦赤湖派的陈辉煌,于咸丰十一年迁居宜兰后,领导当地先住民,组织19个结首,开辟三星乡,作出了很大贡献。辉煌还先后配合沈葆桢、刘铭传进行"开山抚番"事业,并参加抗法保台战斗,为开发宜兰保卫台湾建立了功勋。

圣王派讦房后裔岩山派下,迁台开垦竹山社寮及集集林尾,也为开发南投县作出了自己的贡献。

还应指出,圣王派的渡台人员中也有一些文人,如默林陈正直以游幕台湾府而定居农场兰;东槐陈儒生以"读书功名不就,往台湾";霞宅派十七世的宏棋、宏笃等,以"累困场屋","未获见售宗匠",而"功名念急,遂买棹东游"。他们渡台后对传播祖国文化曾起了一定作用。迁台的移民后裔,更是涌现出一批文人。如霞宅派十一世至十七世后裔中,有9名秀才,2名贡生,东槐派也有1名秀才。漳浦籍移民后裔陈望曾,同治十三年中进士,曾任多年广东雷州、韶州、广州知府,后升广东勤业道,为振兴广东实业,不遗余力,且曾密助民党革命。圣王派后裔陈登元,光绪十六年进士,乙未(1895)日人犯台,曾组织义勇500人抗日,失败后内渡。他们或为发展台湾文化事业,或为保卫台湾,或为支持大陆革命和建设,分别作出了有益的贡献。②

至于林姓,虽然在人数上不如陈姓多,但是在台湾开发史上贡献良多。著名的雾峰林家,祖籍是福建漳州府平和五寨乡,清代中期迁移到台湾之后,耕读传家,田产遍布台中地区,子弟陆续中举仕进,声名远播。台北板桥林家,祖籍是福建漳州府龙溪县,清代乾隆年间迁移台湾,家族事业得到迅速发展,成为清代后期台湾北部地区的首富。尤为难能可贵的是,当台湾遭受外敌侵犯之时,雾峰林家和板桥林家都能挺身而出,捐家抒国难。当日本占据台湾后,板桥林家的许多子弟纷纷内渡回福建,体现了台湾族人忠贞家国的可贵情怀。

李姓也是台湾的大姓之一。从厦门市集美镇兑山村迁移到台北芦州的李氏家族,筚路蓝缕,事业蒸蒸日上。光绪年间建造的祖厝,宏伟精致,至今成为台北地区的重要文化古迹之一。而当日本侵略者占据台湾之后,许多族人奔赴祖国抗日的最前线。著名的李友邦中将,在抗战中与中国共产党结成亲密的战友,成为抗战期间军阶最高的台湾人。李友邦将军的爱国主义精神,是海峡两岸人民的骄傲。

福建西北部山区的客家人,也是现在台湾居民的重要来源之一。再如李氏,其中一支是从福建永定迁去的。根据永定湖坑李氏族谱、奥香楼下李氏族谱和《楼下李氏家族史简表》:火德公的曾孙三五郎在元朝末年迁到永定湖坑镇开基,其曾孙李德玉(万九郎)移居湖坑奥香楼下村,成了楼下自然村的李氏一世祖。德玉公传下第 13 代李荣显,生于雍正辛亥年(1731),中年移居台湾淡水。其他如台湾浊水溪畔的诏安客属群落,分成七大部分,称为"七嵌"。据台湾学者调查,七嵌之所以要分为七块,是后代子孙谨遵祖训,事业发达,子孙繁衍日益增多,终于遍布于七嵌地方。

福建移民在台湾土地上繁衍生息,他们数典不忘祖,聚族而居,修祠建庙,对祖宗及故土迎来的神祇顶礼膜拜,蔚然成风。台湾学者尹章义先生说:在检阅的数千部族谱以及对台湾若干大族的研究报告中,都有记载与大陆家族的联系活动,有的家族与祖籍地祖祠的交往还十分密切。林其泉教授在《闽台六亲》一书中也谈到:"以前,凡大陆去台人员,每年清明节前后,多派人回祖籍与留在祖家的同族房的人一起到山上祭拜祖宗坟墓,在清代几乎都这样做。"

二、开展联谊活动，加浓血脉亲情，为固始腾飞加油助力

通过重温历史，可以确切知道光州固始是多数闽台人的故乡，彼此之间血脉相连。由光州固始迁闽，再由闽转台，一千多年来从无间断。这些广义范围内的光州固始人为开发闽、台立下了汗马功劳，为闽、台的建设和经济繁荣作出了巨大贡献。当他们得知祖籍故土光州固始正在腾飞，他们能不愿意为之加油助力吗？如何将闽台人的积极性调动起来，那就得看现在光州固始人运筹帷幄啦！怎么办？再点一把火，把各种形式的联谊活动开展起来，火候一到，一切问题就迎刃而解了。

要开展各种形式的联谊活动，把双方的关系再拉近一点，解决一些具体问题，就得使各个姓氏之间对接起来。从大的方面讲，这些活动属于外事的范围，外事没有小事。从小的方面说，这种活动所涉及的具体问题，政策性很强，而且非常敏感，处理不好，就会造成不良影响。笔者长期从事外事侨务和华侨历史研究工作，以自己的切身体会谈几点意见供参考。

1. 提高对族谱的认识。要接续双方的血缘关系，最主要的依据是双方的族谱资料。提到族谱一类资料，众所周知的原因，不少老同志还心有余悸。所以建议学习一下孙中山、毛泽东、邓小平和1984年11月文化部、国家教委、国家档案局和中国社会科学院联合下发的文件，提高认识，掌握原则。

2. 撰写资料一定要实事求是。这里所说的资料，是特指各个姓氏起源地、郡望祖根地、支派望族开基地撰写的对外宣传资料，其目的是招引居住在世界各地的华人、华侨、港澳台同胞来寻根谒祖、旅游观光，达到姓氏文化搭台，经贸唱戏，为振兴地方经济服务之目的。所以资料撰写必须做到以至孝之道弘扬中华文化，以笃亲精神促进民族团结，在充分占有资料的基础上，本着以正史为纲，族谱为轴，碑记为助，野史为补的原则，适当参考民间传说，再经过反复研讨，综合考证，去粗存精，去伪存真，力图展现历史的真面目。特别应指出的是：绝对不能为争地方私利，胡编乱造；对有争议的问题，更不能采取肯定自己，否定他方，弄得我们要请的客人疑云重重，莫衷一

是。很多例子证明这不仅达不到目的，而且会把事情办得更糟，永远被后人耻笑。

3. 在活动中不要强人所难。关系接续上以后，双方要经常走动，开展各种形式的联谊活动，加浓感情，建立牢固友谊。外事没小事，在每项具体活动开展前，要向党委和政府汇报，及时与统战、外事侨务、旅游等部门沟通情况，做好充分准备，使之达到预期目的。

活动中，要尽可能尊重对方的意愿。设身处地地想一想：华人、华侨、港澳台同胞千里迢迢，远涉重洋，目的是来寻根谒祖、旅游观光的。之所以能成行，是他们心目中相信当地政府，相信当地同姓宗亲；他们特别想看到的是古老的碑刻和文化遗存的保护；最终目的是来拜祭老祖爷的坟头，并同时观赏一下故地名胜古迹和自然风光。所以，在这几个方面都要一一做好准备，该整修的要适当整修。在接待方面，要周到、热情，但又不失原则，使对方感到真的回到了古老的故乡，见到了久违的亲人。能做到这一步，这就为以后的经贸活动奠定了基础。切记不可把他们不愿意参加的活动项目强加给他们，更不能急于求成。许许多多成功的例子和失败的教训都说明了这些问题。

4. 客人要求修坟举行祭祖庆典怎么办？感情由淡到浓时，他们会向政府提出修坟祭祖的要求。按照国务院侨务办公室和民政部联合下发的文件办事，原则上应答复同意。修坟祭祖是他们宗族内部的事，接待方只能提供方便和服务，不可具体参与。有人会说那是搞封建迷信。台湾师范大学曾仕强教授在《百家讲坛》上曾说过，祭祖不是迷信，他阐发的道理令人信服。

5. 续修族谱，与时俱进。族谱是一个家族内部的信史，是接续血脉关系的具体载体，这项活动能进一步拉近祖根地与现居地之间的距离。这是一个姓氏宗亲内部的具体事务，应由他们家族内部自己去做。接待方的任务是向他们说明时代不同了，过去陈腐的撰写格式和框框已经过时，修谱也要与时俱进，修出富有现代精神的新意。一是坚持嫡长与庶出平等，废除过去只续长门，其他不得入谱的框框；二是贯彻男、女平等的原则，废除重男轻女的陈腐观念；三是提倡亲生儿子与入赘女婿平等，依法都有继承权，同等入谱;四是恪守官民平等,凡是对社会有贡献的都应为其立传;五是废止文言八股文风,行文以现代汉语为主,做到人人看得懂,读得通。[3]

上面的工作都做好了,经贸唱戏的问题就水到渠成了——因为谁都想把自己的故乡建设好,谁都愿为故乡的腾飞加油助力!

注释:

① 李楠主编:《四书五经》,《论语·学而篇》,北京燕山出版社,2006 年版,第 273 页。

② 以上数字见拙作《陈姓源流》,黄河水利出版社,2002 年版,第 289—306 页。

③ 以上意见见拙作《陈姓源流》,黄河水利出版社,2002 年版,第 22—24 页。

从"尾牙"习俗看闽台民间民俗文化对中原传统文化的传承

吴英明

吴英明(1970—)女,汉族,福建南安人。泉州市鲤城区地方志编纂委员会编辑。福建师大地理系毕业,获地理学学士学位。先后从事中学教学,青年工作等。转任鲤城区方志委负责人以来,主要组织并参与《鲤城区志》、《鲤城年鉴》、《北门街史话》、《千年鲤城 100 问》等文献及地情普及读本的编纂出版,并致力于鲤城文史的研究与交流。

前言

民间民俗是传统文化的重要组成部分。当前"建设闽南生态文化保护实验区"以及福建省委、省政府关于"建设海峡西岸科学发展先行区、建设两岸人民交流合作先行区"的发展思路,都为当前闽台民间民俗文化研究提出新任务。

2008 年 8 月,泉州市鲤城区方志委接到"尾牙"节俗调研任务,同时也接到河南信阳关于"光州固始与闽台历史渊源国际研讨会"的邀请函,两个看似并无直接联系的研讨项目激发了笔者的想象:流散于华夏民间的形形色色民俗活动无疑是中华文化这棵参天大树的枝枝叶叶;而台湾民间民俗文化、闽南文化、固始中州文化一脉相承,都是中华文化巨树的枝桠。

调研构思之际,适逢中国人类学会名誉会长、台北"中央研究院"院士李亦园先生返里探亲,李老在紧张的行程安排中特为拨冗与故乡地方志工作者座谈,并建议地方志工作不妨适当借用人类学研究视角,增强对本土民间民俗文化的关注、收录。他以妈祖信仰的"割香"仪式为例,道出"不认祖庙,神灵亦不'灵圣'(指灵验的意思)"是最为普遍的民间信众心理(因此,李老坚信台湾的妈祖文化不会独立,亦不可能独立)。李老强调,民间民俗活动似乎难登大雅之堂,但通过学术研究与思考,就能帮助人们透过表相,认清楚"不忘祖"这一中华传统文化的基本原则。

"不忘祖"既然是中华传统文化的一个基本原则,那么台、闽、固始、中原在新世纪的文化发展与规划中又需要有怎样的一种自觉? 固本深根方能枝茂叶荣是源于自然,源于生活的常识。在这篇文章中,笔者尝试以流行于闽台的"尾牙"节俗为例,剖析其起源、演变、现状,探求引导民间民俗文化可持续发展的方向,以及构建和谐文化的具体措施;以文化发展的"固本深根"思维,论证保护、传承、研究闽台民间民俗文化的意义,不仅在于谋取海峡两岸的文化认同,更在于光大优秀的中华文化。

一、"尾牙"节俗的主要内容及现状

农历十二月十六"尾牙"是流行于东南沿海,尤其是闽台地区的独特岁时风俗。《中国风俗辞典》中"做尾"、"做尾牙"词条释意为:汉民族民间岁时风俗。流行于福建南部和台湾地区。夏历每月初二和十六,家家户户要祭祀厝之神及土地神,称"做牙"。十二月十六日,是一年中最后一次祭礼,故称。该日,各家均备牲醴祭土地神。因土地神为商家保护神,为求保佑新年利市,商家的"尾牙"酒席尤为丰盛,祭品中必用雄鸡,象征生意兴隆。是夜,摆宴酬谢店中伙友一年辛苦。旧时,此日为对店伙计决定去留的日子,席上有一全鸡,摆时鸡头对准谁,就表示谁将在下年被解雇,故俗称"吃耽心酒"。《泉州府志》卷20《风俗》载"腊月十六日商贾皆祭土地神,牲醴极丰"。《金门志》亦云:十二月十六日,商贾各丰其牲醴,以祀土地神,晚宴亲朋,谓之尾牙。

而后,海峡东岸台湾的"尾牙"节俗长期盛行,尤其是工商界对"尾牙"的重视与闽南同出一辙,并且活动形式也随社会经济文化发展与时俱进,活动内容日趋丰富,尾牙抽奖、尾牙烧烤、尾牙晚会、甚至是尾牙舞会等纷纷出炉,其核心就是企业年终的聚餐联谊。而海峡西岸的闽南则因经历了特定历史年代,节俗内容有一定演变起伏,新中国成立后至改革开放前,随着个体工商业改造,尤其"文革"破"四旧",节俗活动一度式微。改革开放以来,闽南一带民营企业发展如雨后春笋,"尾牙"习俗随之重新兴起:腊月十六,各公司企业纷纷举行"尾牙宴",还逐步地影响到政府机关、事业单位等。此外据说,在东北沈阳、西北宁夏的闽南企业家也年年举办"尾牙宴"。

比照"尾牙"节俗的历史演进,其中的变化首先表现为活动形式日趋丰富多样。其次是吃完"尾牙宴"的第二天多照常上班,工厂开工、商店营业,一切如故;不再像旧时代,吃完了"尾牙宴"就预示春节长假的开始(这应该是当代交通运输方式、社会生活方式变化所致)。其三是当代企业已不在"尾牙"日辞退员工了,所谓"吃耽心酒"已经不复存在。其四是"尾牙"宴请场所由原先只在自家作坊、商铺操办逐步改为在饭店、酒楼设席。第五,当前"尾牙"节俗还在伴随闽南人经济拓展的足迹继续向外传播。

二、"尾牙"节俗与中原文化的渊源

"尾牙"源于何时、源于何地、源于何因是需要考证的。笔者特别要纠正的是《咬文嚼字》2006 年第 12 期《〈何物是"尾牙"〉解疑》"所谓尾牙是台湾地区的流行用语……"的片面提法。事实上,"尾牙"是闽南移民带往台湾的。据笔者在调查访谈中所掌握的信息,当前宁夏、沈阳的"尾牙宴",都是闽南企业家在异地办企业,同时带去了故乡节俗风情,当然是否能"落地生根"尚难定论。但节俗随人口流动而传播是毋庸置疑的。泉州市民族民间文化保护研究会会长陈日升就认为"尾牙"即为"犒牙"之俗称,其中"牙"指"牙旗",即封建时代军中大旗,旧时大军出征前祭拜大旗,希望旗开得胜、一路平安,称之"犒牙"。陈会长认为,五代王潮兄弟率领固始农民义军入闽征途中必常行祭旗仪式,随着这支"耕垦兵团"的跋涉、演化,仪式从中原流传闽越,从军旅流传民间。这一说法固然仅是一种推测,却不失其合理性,当

然就学术研究而言,尚需要进一步作详细的考证。《同安县志》就有:"以三牲或五牲酒菜礼神,曰做祃……此后遇祃期(初二、十六)均礼神。"这"祃"字也令人联想"祃牙"仪式。

近期笔者曾于太行山区旅游考察,当地百姓亦称有逢初一、十五拜神的习俗,只似乎没有很明确的祭拜对象;相关的调研访问也曾在固始研讨会期间小范围开展;似乎固始并无"做牙"习俗。

据查清代、民国闽台一带的地方志,都有记载这一岁时节俗,但其源起则语焉不详。当前,人们多认为这一节俗与中华民族的土地神崇拜有关,也就是"人非土不立、非谷不食"的社稷崇拜,是随中原人士的历次迁徙传播闽南并且生根发展:当广大中土人士踏上异乡时便虔诚崇奉无所不在的土地神以求庇护,乡村街铺广建土地神庙,家家户户大厅中陈设与祖宗并祀的土地神,商铺作坊也均奉祀土地神;更由于泉州自唐代即为对外海交贸易城市,工商业兴盛,众多出外贸易航海人士为求外出平安、事业发达,也都崇奉土地神,于是"做牙"、"尾牙"的习俗有了愈来愈广泛而稳定的信众基础。此后又随闽南人的二次移民,流传台湾地区乃至东南亚的华人社会。

三、"尾牙"节俗积极意义的分析

广泛征询对"尾牙"节俗的意见,或以为是封建习俗,应该摈弃;或认为是民间节俗,可以延续;或以为是传统文化,理应继承……应该看到,随着历史的发展,"尾牙"节俗的核心内容已由祭祀土地之神转为宴饮娱乐,成为民间企业员工的年末狂欢。但由于"尾牙宴"一些人狂吃暴饮引发的交通事故、打架斗殴事件时有发生,以致近些年来,媒体对"尾牙"报导,多是整版整版的负面新闻:酒后车祸的惨状触目惊心、"醉鬼"、"麻龟"的丑态曝光引人哂笑……以至于不知源由的新新人类逐渐对"尾牙"嗤之以鼻,甚至深恶痛绝。

客观审视作为闽台民间民俗文化之一的"尾牙"节俗,它长期盛行于闽台两地,逾百年而不衰,必有其存在的合理性;认真分析"尾牙"的发展衍化,有益之处显而易见:

1.有助于促进和谐、敬业的企业文化建设

"尾牙"处于一年繁重劳动即将结束,宴饮狂欢提供了人们放松身心的机会;而且当企业主与企业员工同席共饮、欢度"尾牙",无疑是一次积极有效的沟通、互动,能改善劳资关系,能维系员工团结,有利于构建和谐用工环境。2007年,泉州市总工会、市劳动和社会保障局、泉州晚报社联合举办首届尾牙文化节,包括"关爱员工·畅通返乡路"、"感动员工"十佳民企评选、关爱员工优秀企业图片展、关爱员工优秀企业座谈会、"尾牙"联欢晚会等精彩活动,号召全社会关爱员工,构建政府、企业、员工之间的和谐关系……极好地服务了企业用工需求,赢得了社会各界的支持和好评,促进了城市形象的提升。

2.有助于打造特色文化品牌

泉州是闽南文化的发源区、富集区和核心区,活跃着众多原生态的民间民俗文化,每月两次的"做牙"仪式不失其中独具魅力的人文风景。追溯历史,这些民间节俗的根多在中原。但是,今日中原并无"尾牙"。"尾牙"只在闽南文化圈内生存,是区域性特色节俗,是建设闽南文化生态保护实验区最具广泛性的"抓手",是闽南文化特色品牌。

3.有助于增强区域文化的认同度

"尾牙"是泛闽南地区由来已久的民间民俗,是闽南文化赖以生存的载体之一。在闽南,没有一个节俗像"做牙"那样每月2次,并拥有广泛的群众基础。它既是区域性的节俗,又伴随闽南人的拓展足迹而传播。当前,分布大江南北的闽南实业家们在异地他乡都会不约而同地以"尾牙宴"促进企业和谐文化建设!可见,这种节俗已经成为闽南文化的标志性符号之一,成为维系、沟通乡情的纽带,成为海内外闽南人最为稳固的文化认同,成为构建精神家园不可或缺的组成部分——就如同"泼水节"之于傣族人民、"山歌节"之于客家民系;就如同"春节"、"清明"、"端午"、"七夕"、"重阳"等之于中华传统文化,"圣诞节"之于基督教文化,"古尔邦节"之于伊斯兰文化……

当前,"尾牙"节俗还是开展闽台文化交流的有效载体,以节俗作为台湾文化根源的历史印证和现实参照,对于挫败一部分"台独"分子"去中国化"

的分裂图谋,增进广大台湾民众对祖国大陆的认同感和向心力,促进两岸关系进一步发展具有十分重要的意义。

四、溯源固始、联谊台湾,促进闽南文化的再出发

古人云:国家元气,全在风俗;风俗之本,实系纲纪。建设闽南文化生态保护实验区,流传民间的节俗风情就是重点之一。

民间节俗的生命力就在于对生活的和谐、美好的追求与祈盼。还以闽南一带诸多民间民俗活动之一"尾牙"为例,在生产力落后、生活水平低陋的封建时代,人们以"尾牙"祭祀祈求获得超自然力量的庇佑,而后再以"打牙祭"来改善生活;伴随工商业发展,"尾牙"被赋予东家答谢伙计辛勤劳动的"宴饮"形式;当前,人们更希望"凝聚人心、汇聚力量"的"尾牙功效"充分发挥——

1. 趋利避害,提升企业凝聚力

突出和谐劳资关系主旋律。企业充分利用节俗活动倾注对员工的关爱,以健康积极的节俗活动替代单一的"尾牙"宴饮,建设和谐、敬业的企业文化。

2. 挖掘宣传,增强文化认同感

加强"尾牙"民间节俗文化的探讨,凸显闽南文化的独特魅力。开展多方文化交流,比照"两岸三地",乃至中原固始的节俗形式的异同,增进文化认同;创作生动活泼的文艺作品,丰富人文内涵,倾注人文关怀,赋予节俗新的时代精神;借助报纸、电视等种种媒体,开辟宣传专栏,跟踪报道节俗活动情况,引领更大范围的群众更多角度、更深层次地了解节俗、参与节俗、创新节俗,打造独具特色的地方文化品牌。

3. 继承发展,提升区域软实力

对于流行于民间的节俗文化,既要强调保护,又要引导节俗的创新。通过把"尾牙"节俗纳入非物质文化保护,广泛、持续开展"尾牙"活动的调查、跟踪,以科学有效的文化行政干预,唤醒民间的文化自觉——引导民众在参与节俗中思考,与时俱进,不断创造多彩多姿的节俗表达形式,让节俗活动

更充分地发挥娱乐、娱心的社会功能……实现在良好的文化生态土壤的基础上发挥文化资源优势,提升区域软实力。

固本深根方能枝荣叶茂是大自然固有的规律,"不忘祖"则是中华文化的基本原则。通过溯源固始,闽南民间节俗或能找到其雏形;联谊台湾,闽南节俗文化则能继续丰富、创新、繁衍……中原文化在漫长历史长河中发展演变的轨迹逐步清晰,闽南文化也好,闽台文化也罢,都是中华文化不可分割的组成部分。2003 年在泉州举办的第二届闽南文化研讨会上,李亦园教授《从"海滨邹鲁"到"海滨中原"——闽南文化的再出发》提出:我们要发扬"海滨邹鲁"的传承,但是也不能仅止于"海滨邹鲁"的理想而已……具有长久海洋经验与性格的闽南地区假如能体认情势、以大格局的思维努力企划、向全国知识文化推展的重镇目标迈进,不忘数百年前我们曾是世界最大交流港埠的荣景,我们也许可以做到不仅是"海滨邹鲁"的圣境,希望也可以成为全国知识文化思潮的中心,使闽南金三角成为一个新的"海滨中原"。

笔者以为,溯源固始、联谊台湾是闽南民间民俗文化再出发的起点,而其终极目标就在于对中华文化的传承和光大。

"两招"与"两引"

王人墨

王人墨(1943—)男,汉族,福建泉州人,"开闽三王"后裔。高级记者。从事新闻工作36年。曾在《福建日报》工商处、政军处等任编辑,1985年后任《福建日报》泉州记者站副站长、《海峡导报》泉州记者站站长,每年采写新闻、通讯、特写、内参等重点报道200多条。曾获福建省新闻工作者"双十佳"提名奖。有10多篇作品分别获得"中国新闻奖特等奖"、"华东地区、福建省新闻一、二等奖"。现为泉州开闽三王文物保护管理处副主任。参与发动海内外王氏后裔修复三王史迹,创办百万元文保基金会,创办"闽王文史通讯",开通"开闽三王网站"等。

1200多年前(公元885年),先祖王潮、王审邦、王审知三兄弟(史称"开闽三王")率60余姓万余义军从河南固始出发,统一闽疆,鼎建闽国,功勋卓著,永留青史。

2007年1月18日,日本国家电视台在泉州完成闽王王审知历史专题片的最后拍摄工作,这部长达43分钟专题片已于当年2月16日20时5分黄金时段在日本国家电视台播放。据悉,早在1000年前,日本也出了一个赫赫有名的藤原清恒君王,腾原的治国理念,相当多是早他200多年的闽王提出并实施的。日本媒体想通过来闽拍摄这部专题片,寻找历史渊源和答案,为现实服务,让日本国民从中得到更多的启迪和教育。由此可见,开闽三王的影响不仅在福建、在中国,而且它已经跨越国界,具有重要的国际意义！日本记者特意提及当年三王的"两招"与当今我国正在推行的"两引"(引进外资、引进人才)何其相似！我们的回答是这样的:这是历史的延续,又是祖宗留给子孙后代的一笔珍贵的历史遗产。炎黄子孙从来就是善于吸收、继承古今中外先进的文明,从"两招"到"两引"说明中国人一直不间断地在追求改革开放！

唐末福建的经济、文化、技术较之于中原,相对滞后。"三王"入闽治理福建总共41年,采取了保境安民等许多有利于安定社会民生,发展农业、手工业、文化教育,海外交通贸易的政策和措施,三王对内实行选任良吏、轻徭薄敛、与民休息的政策,鼓励农耕,兴修水利,开拓航道,发展商业,建立学堂,劝学向上,为当时和宋元时期福建的繁荣与发展奠定了基础。

最近的历史研究发现,"三王"治闽40余载,实施的德政和创建的业绩中最具借鉴意义的应是"两招":经济商贸方面的"招宝"和政治文化方面的"招贤"。

先说"招贤"。王审知倡导"怀尊贤之志,宏爱客之道"。三王治闽时懂得要使福建这样一个偏僻而落后的地区存在和发展,就必须拥有人才,最有效的就是起用从中原因战争而避难到此的知名人士和贤才,委以重任,借助他们的政治经验和支持。"招贤"即吸引、起用各种人才。三王在福州、泉州等地都设有招贤馆,诚纳入闽的中原公卿名士入院,不少人慕名来闽帮他治闽。如任翁承赞为相、黄滔任节度推官等。王审邽在泉州专门成立"招贤院",为文人贤士创造优越的生活环境,还施医赠药,接济财物,利用他们来传播文化知识。泉州至今仍保留有"招贤村"及招贤院遗址。

三王非常重视教育。王潮、王审知在福州四城门设置了"义学",实行幼童的启蒙教育,又于城南设置"四门学",在九仙山(于山)建鳌峰书院,成为当时的高等学府,培养高级文化人才。招贤院、鳌峰书院等文化、教育机构的设置,是泉州乃至福建历史文化发展的重要转折点,使"蛮荒海辄"发展成为"海滨邹鲁"。可以说,招贤院的创立是我国历史上尊重知识、尊重人才的里程碑式的举措;三王在世期间闽国是人才济济,且做到人尽其才,才尽其用。后代的福建人民,对此政绩无不津津乐道。

泉州由此文风鼎盛,因而科甲联登。唐代290年内,泉州进士及第者仅10人,五代十国54年间中进士者5人,而在宋代320年间即有进士741人,以此从某种程度说明了闽国设立招贤院及大兴教育对泉州科甲繁荣的促进作用是显而易见的。对泉州"海滨邹鲁"风气的形成是有极大促进作用的。

再说"招宝"。三王的"招宝"策略,其核心是发展经济,对内引进中原先进生产技术,对外开展海上贸易,"招来海中蛮夷商贾","尽弃苛什纵其交易"。

闽国时,福建的制瓷、矿冶、纺织、造纸、种桑、养蚕、制茶、产盐等都已经很发达。农业、茶果业、手工业的发展促使商品经济的发育,亟需寻找商品贸易的出路。三王利用福建海域宽广、良港众多的优越条件,开发了福州港、泉州港,新辟连江"甘棠港"等,发展对外通商贸易,并在泉州设立"榷利院"与"海路指挥使"和"转运使",承办蛮舶交易。王审邦的长子王延彬被称为"招宝侍郎"。当时,福建的海船北抵渤海、新罗(今朝鲜半岛)、日本,南达南洋群岛、印度、波斯、阿拉伯。福建出口多为丝绸、陶瓷、茶叶、铜铁器,进口则为珠宝、香料、海味、琉璃等。

泉州是海上丝绸之路的起点城市。宋元时期,曾被许多学者推定为泉州海上丝绸之路的始发期。但从目前的研究来看,它的始发期应该追溯到唐末五代的闽国时期,最早的推行开放政策的开创者就是三王。今天,对外贸易已经成为福建省和泉州市重要的经济支柱,这也是福建人民对历史优良传统的继承。

"三王"入闽后,掀起了中原地区向福建移民的高潮。据统计,当时有60多个姓氏移民入闽,成为后来许多姓氏的始祖。王审知专门设立"百工院",引进中原地区先进生产技术。移民带来先进江东犁、水车及先进耕作技术,加快发展养蚕、植桑、种茶等特色农业,拓展丝织业、陶瓷业、茶叶业、冶铸业、造船业。汉族文化、先进技术与原住民的结合,促使闽国经济的大发展,使其综合国力有了很大的提高。

据载,闽国的冶铸业已相当发达。当年泉州仅安溪一地就有冶铁场14

处,当时福建矿业也颇具规模,各种矿场多达 69 处,居全国首位。冶铸业的迅猛发展,促进了生产领域和生产规模的飞跃,开辟了造船向大型化发展和航海向远洋航行的新局面。五代时期在泉州建立了造船业和航海业雄厚的物质、技术生产基础,正因有了这个基础,泉州才能成为当时东方商贸第一大港,才能在泉州开启海上丝绸之路起点,出现泉州在宋元时期海外贸易的鼎盛。

五代闽国,从全国说,是一个乱世,但从闽国说,却是一个和平盛世。是福建极其繁荣飞跃发展的一个重要历史时期,大大地推进了福建历史发展的进程。认真研究"开闽三王"的这段历史具有很强的现实意义,可供我们借鉴的东西很多。以史为鉴,坚持以经济建设为中心,坚持发展才是硬道理,坚持以人为本,应是普世价值和放之四海而皆准的真理。而发展需要一个安定团结的和谐社会。需要一个得民心、有智慧的领路人。当今,引领中国改革开放、走向繁荣富强的主心骨和领路人是伟大光荣正确的中国共产党。

泉州,历史上曾经是三王鼎建闽国的重镇和根据地,如今是福建改革开放的排头兵和城头堡。泉州在改革开放中开拓性地执行党的方针政策,继承开闽三王的历史遗产,坚持以经济建为中心,坚持实施招商引资和引进人才的发展战略,走出一条"以市场调节为主,外向型经济为主,股份合作制为主,多种经济成分共同发展"的具有侨乡特色的经济建设路子。泉州成为全国 18 个改革开放典型地区之一。经过 30 年的拼搏,泉州发生了天翻地覆的变化。泉州经济的"成绩单"跃然纸上:在 2002 年地区生产总值在全省率先突破千亿元大关后,今年将突破 2000 亿元大关;经济总量由改革开放前全省第五位跃升为全省第一位,综合经济实力显著提高;2007 年全市完成工业总产值达 4225 亿元,是 1978 年的 315 倍,年均递增 22.7%,工业总量稳居全省首位;全市人均生产总值由 1978 年的 171 元增至 2007 年预计的 29444 元,年均递增 15.5%;截至 2007 年 12 月底,全市累计批准外商投资企业 12063 家,投资总额 349.25 亿美元,其中合同外资 236.17 亿美元,外商实际到资 137.93 亿美元,累计实现总产值 9342.21 亿元;2007 年,泉州市城镇居民人

均可支配收入达 18097 元,收入水平是 1990 年的 11.77 倍,年均递
增 15.6%。

　　改革开放 30 年,泉州经济彰显了无限的生机、活力,而人是发展的第一
要务。中原祖先的血脉,"冲风突浪,争利于海岛绝域之墟"的遗传基因,使
上千万海内外泉州人(国内 700 万人、祖籍泉州侨胞和台港澳同胞超 1500 万
人)具有一种特别强的地域性的群体精神和特别强的市场开拓意识。这就
是从中原走来的充满活力的固始游子,他们为福建的腾飞创造了奇迹。固
始与泉州无论是历史上还是现实的今天,都有着密不可分的关系,固始县
委、县政府于 2005 年泉州纪念开闽三王入闽 1115 周年时,赠给泉州三王祠
的一副对联:"人物出中原固邑三王功盖八闽,丰碑铸南国泉州一族名扬四
海"就充分体现了这种血缘关系,我们的根在固始,对固始的认同,就是对
"根"和"源"的认同,让我们永远牢记乡关祖地,勿忘"光州固始"。

弘扬"五缘文化" 促进海外联谊

游嘉瑞

游嘉瑞(1935—)男,汉族,福建永泰人。现为海峡书画研究院院长。兼职主要有福建省姓氏源流研究会会长、中国书法家协会会员、福建省书法家协会副主席、福建省对外文化交流协会副会长、闽台经济文化交流促进会副会长、福建地方志编纂委员会副主任、严复学术研究会名誉副会长、福建省海外联谊会顾问、福建省诗词学会常务副会长、人民日报《神州》书画院书画师、福州画院顾问,省人大常委常委,中国统战理论研究会理事。作品多次参加海内外书画展,并在美国、英国、香港、福州、永泰等地举办个人书法篆刻艺术展,在北京、台湾等地举办联展,享有"笔通神"之美称。

一

中华民族儿女共同创造的 5000 年灿烂文化,始终是维系全体中国人的精神纽带,也是实现和平统一的一个重要基础。中华民族历史悠久,中华文化博大精深。中国人喜欢讲缘分,亲缘、地缘、业缘、物缘、信缘"五缘文化说"是中华文化瑰宝的重要组成部分。"五缘文化说"是中国人如同金、木、水、火、土"五行"学说,对生生不息的自然现象的一种解释一样,对源远流长的社会现象的一种理论抽象。它是中国社会结构和人际网络的客观存在,是维护中华民族大团结、维护国家大统一、促进祖国繁荣昌盛的粘合剂。

改革开放以后,"五缘文化"在海峡两岸和海外华人、华裔之间迅速兴起。海外华人华裔为增强中华民族的凝聚力和自豪感,保障其合法权益,开展经贸和各种交流,在海外相继成立了不少社团组织,诸如同乡会、宗亲会、校友会、商会、同业公会等等,这些也都与"五缘文化"有缘,比如有了亲缘关系,就有了宗亲会、校友会等海外社团组织;有了地缘关系就有了同乡会等海外社团组织;有了业缘关系就有了商会、同业公会等海外社团组织;有了物缘关系就有了茶文化、酒文化、柑橘节、葡萄节、风筝节、信鸽协会等海外社团组织;有了信缘关系就有了佛教、道教、伊斯兰教、天主教、基督教等海外社团组织。这些社团组织覆盖面有的不仅仅是一个国家、一个地区的范畴,许多是带有世界性的,如世界福州十邑同乡会、世界姓氏宗亲会,沟通了华族、华人、华裔国家与国家、地区与地区的联谊。

目前,海外华人华侨总数达6000多万人,其中福建籍达2000多万人,分布在世界150多个国家和地区,海外华人华侨社团机构近达1000个。在加强华人团结、增强华人实力、提高华人地位以及推动祖国统一大业、增进中国与世界各国友好关系方面发挥了重要作用。除"三胞"直接投资外,海外华人华侨还利用自身的有利条件,促进居住国与我国在经济、文化、科技、教育、卫生、体育等各方面的交流与合作,促进了各国与我国的经济贸易往来。特别可喜的是海峡两岸关系从封闭、隔绝、对峙走向开放、接触、合作互利,直至高层联络,也是先由民间贸易开始,逐渐扩大到文化、科技、中医药领域,再到社会科学、影视、体育、教育、文化、新闻、法律等领域。海峡两岸之间经济联系日益密切,间接贸易总额持续增长,从某种意义上来说,这也是"五缘文化"牵线搭桥所表现的力量所在,从而证明"五缘文化"也是生产力。

二

福建与台湾一水之隔,80%的台湾同胞祖籍在福建,港澳同胞中有80万人是福建人,台湾政要绝大多数是福建籍。如永定县吴伯雄、李登辉;诏安县游锡堃、陈水扁;南靖县萧万长、吕秀莲;龙海县连战、王津平;平和县江丙坤;云霄县林丰正;东山县谢长廷。马英九也是五代前从连城县迁往湖南的。正所谓根同宗、血同缘、语同音、习同俗。福建与港澳台和海外华人华侨的"五缘"关系尤为密切，这是任何力量也摧毁不了的"万里长城"，具有特别重要的意义。

其一，这是改革开放、发展经济的需要。广大海外华人华侨身居海外，不忘根基，与祖国大陆有着千丝万缕的"五缘"情谊。只要我们加强联系，改善投资环境，认真做好各方面的工作，就可以直接从海外华人华侨那里引进投资，或者间接通过海外华人华侨牵线搭桥引入外资，支持祖国大陆的经济建设。

其二，这是做好新时期海外联谊工作的需要。新时期海外联谊工作要搞好"三个大团结大联合"：一是在祖国大陆要高举爱国主义、社会主义的旗帜，实现各族人民的大团结大联合；二是在港澳台地区同胞与大陆人民的大团结大联合；三是在海外华人华侨当中要高举中华民族复兴的旗帜，实现炎黄子孙的大团结大联合。通过弘扬"五缘文化说"，可以增强凝聚炎黄子孙向心力，推动大团结大联合。

其三，这是"和平统一、一国两制"的需要。在目前情况下，海外华人华侨有条件自由来往于海峡两岸，与台湾人民、台湾当局进行各方面、各界别、各层次、各阶层的往来和联系，他们可以运用"五缘文化"，在许多方面发挥中介、纽带、桥梁作用，有助于推动祖国和平统一的进程。

当前，在海峡姓氏源流文化交往中，弘扬宗缘文化要牵"五线"。一是祖国统一为主线，二是文化牵线，三是宗亲拉线，四是以情动人解线，五是经济为基线。

其四，这是维护世界和平的需要。实现我国的四个现代化，不仅需要国内有个安定团结的政治局面，而且需要有一个长期稳定的国际大环境。当今，和平与发展是世界的两大主流，有爱国心、希望中国强大的海外华人华侨，是中外和平友好的一支重要力量。"五缘文化"把分布在不同国家和地区、参加不同政治派别、有着不同的宗教信仰、从事不同行业的华人华侨都团结起来，聚拢起来，促进共同的发展和繁荣，为人类社会作出更大贡献，这对维护世界和平有着重大的意义。

三

做好海外华族华人华侨的联谊工作，促进经济发展任重道远。这也为

发挥"五缘文化"的优势开拓了一条新的路子。"五缘文化"的研究与改革开放、经济建设相结合,至少可以为"三个服务":

一是"五缘文化"可以为增强华族华人华侨的凝聚力服务。海外华人不论加入哪国国籍,海外华侨不论居住什么地方,不论老华人、老华侨,还是新华人、新华侨或是华裔的后代,不论是从大陆出去的,还是从港澳台出去的,都是我们海外联谊工作的对象,也是"五缘文化"联系的对象,都要在热爱故乡的基础上团结起来,团结的人越多,团结得越密越好。"五缘文化"是富有人情味的文化,是中国人的优良传统。只要是炎黄子孙,只要是中国人都能理解,都能接受,都会欢迎。我们要运用"五缘文化",深交海外老朋友,广交海外新朋友,扩大海外华人华侨的团结面,增强海外华人华侨的凝聚力、向心力,建立牢固的海外工作统一战线。

二是"五缘文化"可以推动海内外经济技术文化交流,文化牵线。旅游搭台,经贸唱戏,为改革开放,为经济建设服务。近年来,与"五缘"紧密相连的社团组织、民间机构积极开展海外联谊活动,取得很大成效:沟通了海外华人华侨的纽带,并带来丰硕的经贸成果。今后,要继续发挥海外的同乡会、商地、同业公会等民间协会的积极作用,放宽出国出境限制,为建立海内外华人华侨"民间外交"联络感情,增进友谊,加强合作作出贡献。

三是"五缘文化"可以促进"三通四流",为实现祖国和平统一大业服务。通过"五缘文化"五座桥梁,海峡两岸的民间交往日益加强,已形成不可逆转之势。直接通邮、通商、通航以及学术、文化、体育、科技的"三通四流"已成为台湾岛内外广大民众的共同心愿和强烈呼声。台湾当局在被动的情况下,对"三通四流"形成共识,这说明民众的力量是巨大的,"五缘"的威力是巨大的。两岸的"三通四流"不仅有利于双方经济的融合与发展,促进岛内统一力量的形成和发展,而且对抑制和打击"台独"势力也起到了很大作用。今后,我们仍然要以"五缘文化"这五座桥梁,加强全世界华族、华人、华裔的交流与合作,为实现两岸和平统一作出不懈的努力。

从"固始情结"看中华民族的凝聚力

卢美松

卢美松(1944—)男,汉族,福建福州市人。1968 年毕业于北京大学历史学系。曾先后任福建省财政厅人事教育处干部、福建财会管理干部学院教师、福建省地方志编委会副主任、编审。现为福建省文史研究馆馆长。主要从事福建地方历史文化与人物研究。兼任中国地方协会理事、福建省地方志学会副会长、福建省历史名人研究会会长、福建省考古博物馆学会副会长等。出版《中华卢氏源流》、《闽中稽古》、《福建北大人》、《中华姓氏谱·卢姓卷》、《闽台先民文化探源》、《福建历代状元》、《福州名园史影》等专著多部。主编《福建省志·人物志(上册)》、《福建省历史地图集》、《福建省志·武夷山志》、《严复翰墨》、《沈葆桢研究》等书。主持《福建省志》各分志编纂。主持国家课题《台湾族群迁徙地名研究》和福建省社科规划项目《全闽诗录》。

"固始情结",指移民的乡恋亲情。在闽台移民社会中,至今留传下来的诸多姓氏谱牒或史志记载,有不少关于"光州固始"移民入闽的内容。虽然事隔千年,人们仍然存在对于固始原乡的怀念与依恋之情。这种感情,来自两个方面的自然因素:一是血脉亲情,即由共祖同宗或同一姓氏而产生的血缘感情;一是由同乡共域、同一方言风俗而形成的乡域亲情。在当初移民过程中,由这些自然因素产生的人际亲情,加上在一路南进、一路奋战中所结成的生死与共、唇齿相依的友情,更加强化了这种"固始情结"。以致千载之下、万里之遥依然固结难释。

众所周知,中国是历史悠久的国度,中华民族是人口众多的族群,中国人民曾经经历过无数沧桑和曲折,才走到今天。别的不说,历史上光是重大的族群迁徙就曾发生过数次。其中从河南光州固始出发远征闽中的有两次,这是历史上著名且具典型意义的。分别发生在唐初和唐末的这两次固始移民,既有偶然性,也有必然性。偶然性,就在于唐初的陈政、陈元光父子率军入闽,是奉朝廷之命,南下入闽平定"蛮獠啸乱",是为边地的安宁而出师。事毕就地驻屯,镇抚并教化当地土著居民,这是当时安定绥靖边地的要着。唐末的王潮、王审邦、王审知三兄弟,率农民起义军入闽,是在天下动乱、中原难以立足的境遇中,南下另辟新地,以谋自立,是群体避难而亡命边徼,事出意外。入主闽邦后,落地生根并与当地土著融合。他们都不期而然地把北方的先进文化与生产技术带到闽地,移风易俗,以改造当地土著居民。

陈元光与王审知都以维持和平稳定,发展经济生产为目标。其治政理念值得称道者首先是"保境安民"。作为一方父母官,守土有责,以安民为务。故其政策设施都在发展经济,扩大贸易,兴办学校,繁荣文化,保存典籍,招揽人才,任用贤能,为福建经济、文化的全面、快速发展奠定基础。其次是奉行"宁为开门节度使,不作闭门天子"的外交策略,以争取中央王朝与周边地区的支持,互通往来,和平交往,有利于政治稳定、经济发展、通商贸易和人才的培养与招纳。闽王庙题匾称王审知"绍越开疆",正说明他继承闽越的土地、人口、资源及已有的社会建设成就,开放疆界,收纳各种文化、人才及有益资源。他的作为真正体现了前人所称:"有容乃大。"因此,随后福建的社会、经济、文化的发展十分迅速,进步也是长足的。

时过千年,海内外人士之所以对中原、对固始仍怀"根脉"情结与祖缘感情,主要出自以下几个方面的原因:

一是中国姓氏的永久恒定性。姓氏几千年不变,百世一系,这不仅方便人们寻根,而且令人油然产生深沉的历史牵挂与情感依归。

二是源于中华民族爱国爱乡的深沉情愫。《诗》曰："小草恋山,野人怀土。"怀念故土的情感,是历史感与亲情感的结合。它刻骨铭心,融化在人们的血液之中,终而形成道德规范与价值判断。由于根脉亲情与故土情结存在,难怪王审知在闽"独优固始籍人"。

三是忠孝观念的导向,忠于国家,孝于尊长,亲于兄弟戚友,这是伦理思想固化所产生的深刻影响,个人的成就与名望再大,仍不免要还乡祭祖、告慰先人,而且乡人、族亲对他报效方面的要求更甚,概莫能外(即不能"免俗")。

四是"光宗耀祖"、"崇德报功"思想的影响。"树方千丈,叶落归根"。个人成功不仅在显声扬名,更重要的在于显耀乡里、告慰宗族与先人。"富贵不还乡,犹衣锦而夜行"。这既出于告慰先人、显亲扬名的需要,更希冀克尽报效桑梓、报本还哺的义务。

基于这些原因,故万里之外、千年之远的时空间隔,也无法遮断人们思念故土、怀念亲人的神圣情感。因此,越是有成就地位的人,越是有文化修养的人,越是离得远、隔得久,人们寻根谒祖、思亲报本的感情就越加强烈。何况在历史上,来自河南光州固始的一批批先人,不仅有口耳相传的根系,亦有史志记载的依据,更有谱牒记述的佐证。所以,无论事实上有多少出入,人们都宁愿相信,历史上确曾发生过的事实和口耳相传的故事。这是根的感召力,这是历史的回归力。根脉情愫是华夏民族群体统一的感情诉求与目标指向,因而是向心力和凝聚力的表现。它超越道德与文化意涵,最终回归于朴素的情感与观念。

结　语　固始与闽台渊源关系研究的新收获

首先我想讲一下对这个会议的评价。这次固始与闽台渊源关系研讨会一共进行了一天半时间,有37位专家学者作了演讲,同时还举行了开幕式,参观了陈氏将军祠、安山奶奶庙等固始县一些主要的历史古迹,应该说这次研讨会开得非常的成功。如果对这次会议作一个评价的话,我想可以用三句话9个字来概括:

第一个评价就是"规格高"。这次会议,不管是主办单位还是协办单位,看到大会的会标大家就感觉到了,我们河南省所有的有关单位和部门,都作为这个会议的主办单位了,全国政协副主席罗豪才同志、河南省委书记徐光春同志都对会议发来了非常重要的、具有指导意义的贺信,信阳市委市政府四套班子和固始县委县政府四套班子对这次会议都非常重视,信阳市主要领导同志和固始县主要领导同志都自始至终参加了会议,所以我认为这次会议的规格是很高的。

第二个评价是"影响大"。为什么说这次会议影响大?因为我是深有体会的,刚才的介绍大家都知道了,我是中国河洛文化研究会的常务副会长,河洛文化研究会一共举办了三次活动,这三次会议都选在交通比较方便的地方,比如说在郑州、洛阳召开,但是参加会议的专家学者人数也没有超过这次在固始开会的人数,我们固始这次开会有350人。而且固始是距离省会最远的一个县,离郑州有500公里。大家到这里来开会,真不是很方便的。比如说,从合肥机场过来,要两个多小时;从武汉机场过来,也要两个多小时;从郑州机场过来,坐汽车就得 5 个多小时。在这样一个离郑州最远的地方,一个县城,召开这样的一次研讨会,还超过河洛文化研讨会的参加人数,参加的国家和地区众多,专家学者的水平也是非常高的了,所以我认为影响是很大的。

第三个评价是"研讨深"。在两天的演讲中,由于时间的关系,每一位专家学者讲得都比较短,但是我觉得在非常短的时间当中,仍然体会到了大家对这个题目的研究是很深的,是有水平的。所以我想用"规格高,影响大,研讨深"对这个会议作一个总体的评价。同时对这个会议还提出一个希望,就是应该把这个会议的成果作一个周到的安排,把这 70 多篇论文编印成书,而且应该是有书号的正式出版物。因为这样对我们诸位专家学者是非常重要的,论文编进了有书号的正式出版物,才会在大家今后的业务发展上、评职称等方面起到作用。我想这个建议一定会得到大家的赞同。这是我想讲的第一个方面。

第二个方面是到固始期间,希望大家记住固始什么。大家来了以后,都有很多感受,都感到很亲切,但是我希望不要只在固始讲这个话,要离开固始还讲这个话,五年、十年以后还能记住固始这个地方,这样固始就要做广告。固始用什么做广告最合适?昨天看文艺演出让我受到了启发,这就是"中原侨乡,唐人故里"。希望大家能够记住这 8 个字,记不住的画到你手心里存起来,好不好?固始已经有将近 2000 年的历史,还不算命名"固始"以前的"蓼县"、"寝县"建制的时候(固始有个"蓼城大道",就是因为它原来在夏、商的时候是蓼县)。固始这个名字的由来就是因为光武帝刘秀给他的妹婿大司农李通封"固始侯"的时候,送给他这样一句话:"欲善其事,先固其始"。我想这 8 个字对我们每一个人做好事情,也是非常重要的。就是说要做好一件事情,首先把开头要开好。所以我说,我们这次研讨会是开了一个好头,一定会像"固始"这个名字一样,以后搞得越来越好。

第三方面,我想说的就是我们这次研讨会的中心,或者说研讨会的内核、精髓是什么。我想就是一个字:"根"。万物都起源于根;对于中华民族来讲,"根",是一个非常重要的精神支柱。我们每一个人都要问:你从哪里来？你的根在哪里？知道了根，才知道尊重祖先，才能够承宗颂祖。因为知道了根，因为尊重了祖先，才会知道敬畏。因为有了这些，我们的中华民族才会有凝聚力。过去我们都读过很多历史书，许多学者也写过中国通史，但是由于在当时国家特定的情况下，有的很著名的学者写出的中国通史里面很多概念都会有点形式化，是加上了引号的东西，所以我一直想找到一本海峡两岸都能接受的历史书。最近我拜读了台湾柏杨先生写的《中国人史纲》一书，我非常有体会，我就有一种感觉：中国，从春秋战国开始大概已有2600多年的历史，在这2600多年历史中间，我们分裂的时间是相当多的，为什么在每一次分裂、大动乱以后都能走向统一？柏杨先生有一个理论，他说，方块字——汉字起了重大的作用。中国那么多地方，北方、南方，特别是南方，比如说福建一个省的各个县讲话大家就互相听不懂。他说如果中国是拼音文字的话，像是欧洲国家一样，是罗马字的话，中国分裂以后再想走向统一就很难。因为各个地域的人按照自己的讲话发音拼成不同的语言，就会像欧洲被分裂成很多个国家，而中国有了方块字——汉字，柏杨先生认为这就成了统一的基础。分裂以后，虽然各地讲话听不懂，但是文字一样，统一就很容易。我认为柏杨先生讲得非常有道理，这是其一。同时还有另外一个原因，我认为中国儒家文化的精髓就是要讲"孝"，要讲"尊祖"，要讲"根"。"根"是儒家文化的精髓，成为中华民族的精神支柱，方块字是中华民族的一个文字工具，正因为有这两个，才使中华民族历史虽然有不断的分裂和不断的动乱，但是最终都能走向大一统，都能走向一个统一的国家。我认为这就是我们目前来研究根亲文化，来讲"根"的重要性和召开这次会议的重要原因。

第四，我们想从这次会议得到些什么。我想，我们这次研讨会的召开，其关键的作用就是为大家"寻根"提供一个重要的平台。我们会议的参与者来自四面八方，大家可能有不同的目的，我觉得也是应该的。比如说，这次会议应该为海外的侨胞、海外的同胞提供一个寻根的渠道，应该为海峡两岸提供一个文化交流的平台，我们这个会议也应该为信阳市、为固始县提高他们的影响力。昨天晚上我也跟方波书记讲了我的观点，在这里我也坦白地说,我现在已经不大赞成提"文化搭台,经济唱戏"这样一个说法。我们也不要这样说"我们开这个会,就是要招商引资",我想讲了也没用,大家来的可能学者、专家多,"荷包"还不怎么鼓,也不会来这里投什么资。但是,通过这样的会议,提高了固始的知名度,就将会有更多的侨胞、同胞、台胞到固始来寻根问祖,知名度提高了,来的人多了,投资的机会自然会多。所以我觉得有时候不要太直截了当,太直截了当了,大家来这里就会有点压力。我们就把这个文化台搭好,越做越强,我觉得就会做得更好。

最后一个方面,也是我的建议,说说如何来做好研究工作。我想用 8 个字来概括一下,就是:"坚持、合作、严谨、普及"。

一是要坚持。就是要把固始与闽台渊源关系研讨坚持办下去,这次我们不是固始县来办的嘛,刚才不是讲了"欲善其事,先固其始"嘛。我们开头开得好,要坚持下去。方波书记昨天跟我讲,他是"新官上任三把火",先烧了这第一把,但我最怕的是什么呢?"一个将军一个令"。过两天方书记高升了,再来了一个李书记,他就说别搞这个了,我要搞别的。好了,这就完了。所以说方波书记的关键还不仅仅是要把这次会开好,而是要建立机制,使在后面的人,不好推翻。这就像我在郑州搞了"两个免费"一样,我在郑州当市长的时候,搞了 60 岁以上老人免费乘公交,搞了所有的人免费进公园,不要票。虽然我这个市长下台了,但这个事情惠及到 100 多万的老百姓,谁当市长都不敢说把陈义初的这"两个免费"去掉,因为去了就会挨骂!所以说,建立机制非常重要,机制健全了,我们就能够坚持下去,坚持就是胜利。

二是要合作。这样的研究,光靠固始搞不起来,刚才欧阳院长讲得非常好,一定要固始、福建、江西、广东,包括其他省区以及海峡对岸——我们的台湾省合作起来。因为这个研究会涉及到如语言、风俗、一些家谱等这些东西。可能固始很多人都不会讲客家话,怎样才能够把现在的固始方言和客家话再联系起来?必须靠几个地方的学者共同研究,才能够做好,如果大家单门独户的做,是做不好的,所以我希望大家加强合作。

三是要严谨。严谨才能提高。我们现在的学者;也受到整个社会的影响,大家都比较浮躁,都想赶快挣点钱,能够静下心来,能够坐冷板凳,很好地去研究的人太少。所以我们有时看到学者也是像歌星一样到处去走穴，参加个评审会，拿个红包，这样比较舒服一点。但是这样的话，我们的学问、我们的研究工作就受到了影响。我最近看过了一个资料，(我刚才也介绍了，我这个人是学工程的，如果有不对的地方请各位批评)我举两个例子，都是讲一个字的运用。我们都知道孔子讲的一句话，孔子讲："齐家、治国、平天下。"这个"家"字到底是什么意思？是不是和老婆搞好关系了就是"齐家"？我想中国人就是这样，80%的人认为这个"齐家"是和老婆搞好关系。但实际上，这句话中的"家"字，应该是指当时的诸侯分给他们的大夫所管的封地，不是指和老婆的关系。如果是指和老婆的关系的话，孔子的话就讲不明白了。"齐家"，首先要解决好，就像方书记这样的，解决好一个县的问题，然后再去做诸侯国，当时的诸侯国不是国家，是"省"，而后再是"天下"，"天下"是"周天下"，周天子的天下。我在这里讲《论语》中这个"家"的意思，只代表我的观点，和专家们商榷。另外还有一个例子，(投影显示："遥想公瑾当年，小乔初嫁了，雄姿英发"——苏东坡《念奴娇·赤壁怀古》)大家都知道苏东坡的一首非常重要的词《念奴娇·赤壁怀古》，下片中有这么几句话："遥想公瑾当年，小乔初嫁了，雄姿英发。"这个我从小学念起，念到现在，一直是这么念的，但是大家有没有研究过"念奴娇"这个词牌？在这一句上应不应该是"六五四"啊？在座有好多是学过中文的。我再举两首：(投影显示："而今我谓昆仑，不要这高，不要这多雪。"——毛泽东的《念奴娇·昆仑》；"休叹黄菊凋零，孤标应也，有梅花争发。"——辛弃疾《念奴娇·和东坡韵》)一首是毛主席的《念奴娇·昆仑》，一首是和苏东坡同时代的辛弃疾的《念奴娇·和东坡韵》，都是"六四五"，对不对？为什么苏东坡是"六五四"？这个苏东坡是不是搞错了？大家对这个问题，肯定会想到，苏东坡肯定不会搞错，特别是辛弃疾是"和"苏东坡的词，为什么韵家会搞错？我最近看了一个学者的文章，说苏东坡没有搞错，是我们断句断错了，它的断句应该是"遥想公瑾当年，小乔初嫁，了雄姿英发"。这个"了"不是一个语气词，而是一个副词，是表示"完全"的意思：完全地、非常地雄姿英发。所以说，在科学研究的过程中间，特别是在我们社会科学的研究过程中，有的时候就是要一个字一个字的去抠。如果现在都是从电脑中来一个"复制",再来一个"粘贴",拼拼凑凑就变成自己的论文的话,那我们学术研究就没有办法往前走了。我举这两个例子就是想证明,我们在社会科学研究中间,有的时候就要一个字一个字地抠,而不是像现在像歌星那样走个穴拿个红包,红包是可取的,我想钱也是重要的,没钱也不行,太多了也没用。但是作一篇好文章,不朽之著,却可以流芳百世。

最后一个,就是"普及"。这样的研究,我们一定不能让它停留在书斋里,而是要普及到普通大众。要让所有的老百姓,都知道"根"的问题,都知道客家人的根在固始,这个我觉得也是非常重要的。昨天固始县委、县政府搞的文艺晚会,不请歌星,不请大腕,让固始所有的老百姓,都能参加到这样的文艺晚会之中,也是普及的方法之一,我是非常赞成的。像昨天,他们录制了陈元光等人的电视连续剧、电影光盘,这些也是普及根亲文化的重要手段。所以我希望我们的专家学者不但要做好研究工作,提高工作,也要做好普及工作。

最后,我希望这样的研讨会能够开好头,而且能够坚持下去,卓有成效!谢谢各位。

(本文是九届河南省政协副主席、中国河洛文化研究会常务副会长陈义初在固始与闽台渊源关系研讨会闭幕式上的讲话)

2008 年 10 月 22 日

附录一　固始与闽台渊源关系研讨会纪要

2008 年 10 月 20—22 日,由河南海外联谊会、河南省人民政府台湾事务办公室、河南省归国华侨联合会、中国河洛文化研究会、信阳市人民政府主办,黄河文化研究会、河南省中原姓氏历史文化研究会、河南省社会科学院历史与考古研究所协办,信阳市人民政府台湾事务办公室、信阳市归国华侨联合会、固始县人民政府承办的"固始与闽台渊源关系研讨会"在河南固始县隆重召开。全国政协、民革中央、国台办、全国台联、中国侨联、海峡两岸关系协会、中共河南省委、河南省政协,以及河南省、信阳市、固始县等有关方面的领导出席了会议。十届全国政协副主席罗豪才,河南省委书记、省人大常委会主任徐光春向会议发来了贺电。新加坡、菲律宾、缅甸、加拿大、澳大利亚的专家学者以及北京、天津、江西、福建、河北、广东、海南、河南、香港和台湾海峡两岸的宗亲会、文教界、企业界、新闻界代表,共 300 余人出席了本次会议,会议共收到论文 70 余篇。

会议期间,与会代表参观了固始寻根博物馆、陈将军祠、安山奶奶庙、王审知故里等,并观看了"同根同宗一家亲"专题文艺晚会。

与会专家学者围绕固始与闽台文化、固始与闽台人物、固始与闽台姓氏、固始寻根资源开发与研究等方面的问题展开热烈的讨论,并达成以下共识:

一、在闽台地区被奉为神灵的人物中,有几位赫赫有名的英杰均来自河南固始或祖籍固始,他们是初唐的陈政、陈元光父子,唐末五代时的王潮、王审知兄弟,以及清初的郑成功和施琅等。其中,陈元光被奉为"开漳圣王",王审知被尊为"开闽圣王",他们对福建的开发作出了卓越的贡献。郑成功从荷兰人手中夺回了台湾,被称为民族英雄,施琅被颂为复台功臣。他们的丰功伟绩,将与天地共存,并日月同辉,是闽台和固始人心中永远的荣光。

二、固始与国内其他的移民中转站诸如山西洪洞大槐树、福建宁化石壁村不同,历史上的固始是实实在在的移民迁出地。从固始迁往闽、粤、台一带的移民,他们的原始迁出地就是固始。他们最初是作为陈政、陈元光的府兵和王潮、王审知的从众来到闽地,并从福建迁往广东以至台湾和海外的,在闽台一带众多族姓的家谱中均明确记载着先祖来自"光州固始"。所以,固始是当今大多数闽台人以至海外华人的祖根所系、故土家国。

三、历史上从固始迁往闽地的中原士民,不仅带去了中原成熟的生产技术,先进的工具和武器等物质文化,更带去了中原丰富多彩的风俗、礼仪、信仰、官制、典籍等精神文化。中原文化作为一种先进的强势文化,在千余年的历史中,和当地的土著文化不断碰撞、融合、发展,最终形成了今天独具特色的闽台文化和客家文化。在当今的闽台文化和客家文化中,处处可见流淌着的中原文化的血,搏动着的中原文化的脉。固始先民在中原文化的南传、闽台文化和客家文化的形成中起到了决定性的作用。

四、"台湾同胞的祖根,500年前在福建,1300年前在固始"。固始,不仅是台湾同胞的祖根,也是大多数闽粤人和海外侨胞的祖根地,是名副其实的"中原侨乡"、"唐人"故里。建议固始县加大对"光州固始"根亲文化的研究与宣传力度,加快寻根标志地的硬件建设,不仅要做好陈元光、王审知、郑成功、施琅等主要人物故里相关遗存的修葺与重建工作,也要重视跟随陈元光、王审知以及不同时期迁往福建的各个姓氏宗亲回归固始寻根的要求,为他们提供寻根谒祖的理想场所,从而使固始县成为闽台宗亲、海外华人寻根谒祖的圣地,投资兴业的热土。

2008年10月22日

附录二 "2008·光州固始与闽台 渊源关系研讨会"侧记

杨世利

　　2008 年 10 月 20—22 日,由河南海外联谊会、河南省人民政府台湾事务办公室、河南省归国华侨联合会、中国河洛文化研究会、信阳市人民政府主办,黄河文化研究会、河南省中原姓氏历史文化研究会、河南省社会科学院历史与考古研究所协办,信阳市人民政府台湾事务办公室、信阳市归国华侨联合会、固始县人民政府承办的"固始与闽台渊源关系研讨会"在河南固始县隆重召开。全国政协、民革中央、国台办、全国台联、中国侨联、海峡两岸关系协会、中共河南省委、河南省政协,以及河南省、信阳市、固始县等有关方面的领导出席了会议。十届全国政协副主席罗豪才,河南省委书记、省人大常委会主任徐光春向会议发来了贺信。新加坡、菲律宾、缅甸、加拿大、澳大利亚的专家学者以及北京、天津、江西、福建、河北、广东、海南、河南、香港和台湾海峡两岸的宗亲会、学术界、企业界、新闻界代表,共 300 余人出席了本次会议,会议共收到论文 70 余篇。

　　10 月 21 日上午 8 点 30 分,固始与闽台渊源关系研讨会举行开幕式。开幕式上,工作人员首先宣读了罗豪才副主席和徐光春书记的贺信。然后,信阳市委书记王铁致开幕词,河南省台办主任宋丽萍代表主办单位致辞,信阳市委常委、固始县委书记方波作县情报告,河南省委常委、统战部长刘怀廉和全国政协常委、民革中央副主席修福金分别作了讲话。开幕式结束后,与会人员参观了固始县的寻根博物馆和位于陈集乡的陈元光祖祠。21 日晚上,与会人员观看了"同根同宗一家亲"文艺晚会。

10 月 21 日下午和 22 日上午,在河南省社会科学院历史与古研究所所长张新斌和福建省文史研究馆终身馆员欧潭生的主持下,与会专家学者分别进行了学术交流。欧潭生、王津平、宋豫秦、袁义达、何光岳、林瑶棋、程有为、尹全海、汤漳平、王大良、陈昌远、薛瑞泽、李乔、李龙海、徐勇、林伟功、顾涛、吴英明、陈学文、陈宽成、张待德、林雪梅、游嘉瑞、林永安、任崇岳、龚国光、蓝博洲、何绵山、廖庆六、林学勤、郑镛、许明镇、何池、黄英湖、王维宜、许竞成等学者作了大会发言。大会交流主要围绕固始与闽台文化研究、固始与闽台人物研究、固始与闽台姓氏研究、固始寻根资源开发与研究等几个主题展开。

关于固始与闽台文化关系问题。张新斌研究员在《"光州固始"的历史文化解读》一文指出在闽台人的心目中,"光州固始"就是原乡,就是中原,就是他们永远的根。王津平先生提出,要开创一个从"唐山过台湾"到"台湾返唐山"的新愿景,以祖国和平统一的大愿景、新思维推动"固始文化"的发扬光大。新加坡保赤宫主席陈宽成先生指出,光辉灿烂的圣王文化,开拓奋进的圣王精神,是海外华人的精神支柱和感情桥梁。林瑶棋先生指出,在台湾主祀开漳圣王的庙宇有 380 多座之多,要让更多的台湾人认识开漳圣王开拓漳州的丰功伟绩,从而产生更虔诚的信仰。林永安先生指出,绝大多数台湾人根在闽粤,源在河南,是历史的事实。汤漳平教授在《再论唐初中原移民入闽与闽南文化之形成》中指出,唐以前为闽南文化的孕育期,有唐一代是闽南文化的形成期。薛瑞泽教授在《闽国建立与河洛文化南传》中指出,王潮兄弟传播了黄河流域的政治理念,发展了海外贸易,发展了当地的农业经济,并重视文化教育事业的发展。龚国光研究员在《"光州固始"的儒学精神与客家民系传承》中指出,"光州固始"儒学精神,带给客家民系的是一份极其珍贵的,用之不竭的精神财富。郑镛教授指出,从学缘上看,从洛学到闽学是中原文化播迁、演进的结果。学术上的道统经历代知识分子的传播、转型成为闽南族群的"族统"认同,并强化了中原地区与闽南地区的文化联系。李乔副研究员在《"闽祖光州"并非相传之谬》中,对质疑"闽人称祖皆曰自光州固始来"的观点进行了反驳,认为"闽祖光州"不是以讹传讹,应基本符合历史事实。程有为研究员在《"光州固始"与中原汉人的南迁》一文中,从"光州固始"的由来及其自然人文环境、"光州固始"在中原汉人南迁中的地位等方面,对"闽人称祖皆曰从光州固始来"这一现象作了分析。

关于固始与闽台人物关系问题。陈昌远教授在《陈元光籍贯考辨》一文中驳斥了陈元光籍贯河东说、揭阳说、潢川说,认为从唐代当时的材料记载来看陈元光应是河南固始人。任崇岳研究员在《关于"开漳圣王"陈元光的几个问题》中也认为陈元光的祖籍为固始。何池教授在《论陈元光安边治政思想》一文中指出,陈元光安边治政思想主要表现在4个方面。固始根亲文化研究会会长陈学文先生充分肯定了王审知弟兄治闽的伟大功绩与历史影响,并指出王氏弟兄堪称古代治世理政、构建和谐的一面旗帜,一部教材。王维宜副教授在《开闽"三王"流徽八闽》中从5个方面总结了王潮、王审邽、王审知弟兄治闽的历史贡献和经验。王大良教授在《王审知入闽与闽台人"光州固始"之根》一文中指出,随王审知入闽的应不少于万人,分别属于不同的姓氏,向有"十八姓入闽"或"十八将随王"之说。但当时入闽的姓氏远远不止18个,据研究至少有60个。何绵山教授在《王审知与闽国文化》一文中,以福建佛教和文学的兴盛为例,阐述了王审知对闽国文化繁荣的贡献。徐勇教授在《谈施琅与郑成功的关系及其历史评价问题》中,指出施琅与郑成功的矛盾有一个逐步积累的过程,两人最终决裂是曾德的被杀。施伟青教授在《施琅与闽台关系》中指出,施琅对统一台湾、密切两岸关系、促进闽台社会的进步都作出了重大的贡献。

关于固始与闽台姓氏关系问题。杨静琦和杨暍先生在《解读三地族姓渊源 感怀两岸骨肉亲情》中指出,河南是杨氏的祖根地、发祥地、向外播迁地、牵挂地,福建是杨姓的创业地、屯垦地,走向世界的中转地,台湾是杨姓的拓荒地、建功立业地、回迁地。豫闽杨姓人是一家,与福建迁往台湾的杨姓人同根同源、血脉相连。刘翔南研究员在《豫闽台姓氏源流概述》中指出,在历代由北而南的人口大播迁过程中,闽越一带曾经是中原移民的主要接受地,台湾岛则是闽、粤地区渡海拓荒者的主要目的地,因此河南、福建、台湾三省自古以来就有着密不可分的亲缘、地缘和文化等方面的渊源关系。

袁义达研究员在《中国姓氏的历史和文化寻根现象》中，揭示了姓氏的科学价值，高度评价了文化寻根的现实意义。指出，通过了解中华民族的姓氏文化，深入探讨姓氏寻根现象，能够增强全民族的凝聚力和民族自豪感、认同感。林伟功教授在《唐末随王由"光州固始"入闽各姓氏中的名门望族》一文中，把福建于唐末随王审知弟兄由光州固始入闽各姓氏中的名门望族的情况进行了汇总。固始根亲文化研究会许竞成先生在《移民万众与根着光州固始》中指出，唐末王审知带众入闽，实际上是一次万众大移民。李龙海博士在《李姓的起源及其向闽台地区的播迁与壮大》中指出，李姓向闽地的迁徙大致可分四个阶段，时间跨度历经唐初至宋元时期。黄英湖研究员在《从固始到福建再到台湾和海外》一文中，对闽清六叶祠黄氏宗族移民进行了探析。

关于固始寻根资源开发与研究问题。欧潭生教授在《闽台祖根在光州固始》一文中指出，由于唐初"开漳圣王"陈元光和唐末五代闽王王审知及他们的部属均来自光州固始，因此，福建男人血统来自中原，女人血统多为土著。李立新博士在《姓氏寻根中的祖地认同刍议》中指出，固始开发姓氏资源应抓住陈政、陈元光父子，王潮、王审知兄弟，郑芝龙、郑成功父子，做一些看得见摸得着的东西，把存在于史书家谱和移民后裔心目中的"光州固始"变成触目可及、实实在在的诸姓寻根祭祖之所。尹全海教授在《固始移民与两岸三地寻根资源之整合》中指出，移民资源是固始移民的历史见证，姓氏资源是固始移民的特殊标志，信仰资源是两岸三地寻根活动持续至今、永续发展的内在动力。游嘉瑞先生在《弘扬"五缘文化"促进海外联谊》中指出，中国人喜欢讲缘分，亲缘、地缘、业缘、物缘、信缘"五缘文化说"是中华文化瑰宝的重要组成部分。今后，弘扬"五缘文化"要进一步与改革开放、经济建设、构建和谐社会结合起来。蔡干豪先生在《充分挖掘和科学运用姓氏文化资源开展闽台民间交往》中，对做好对台民间交往提出了5点建议。

10月22日上午11时，固始与闽台渊源关系研讨会举行闭幕式。河南省中原姓氏历史文化研究会常务副会长刘翔南先生宣读《固始与闽台渊源关系研讨会纪要》。《纪要》指出，经过专家学者的热烈讨论，会议在以下几个方面达成共识：

第一,在闽台地区被奉为神灵的人物中,有几位赫赫有名的英杰均来自河南固始或祖籍固始,他们是初唐的陈政、陈元光父子,唐末五代时的王潮、王审邽王审知兄弟,以及明末清初的郑成功和施琅等。其中,陈元光被奉为"开漳圣王",王审知被尊为"开闽圣王",他们对福建的开发作出了卓越的贡献。郑成功从荷兰人手中夺回了台湾,被称为民族英雄,施琅被颂为复台功臣。他们的丰功伟绩,将与天地共存,与日月同辉,是闽台和固始人心中永远的荣光。

第二,固始与国内其他的移民中转站诸如山西洪洞大槐树、福建宁化石壁村不同,历史上的固始是实实在在的移民迁出地。从固始迁往闽、粤、台一带的移民,他们的原始迁出地就是固始。他们最初是作为陈政、陈元光的府兵和王潮、王审知的从众来到闽地,并从福建迁往广东以至台湾和海外的,在闽台一带众多族姓的家谱中均明确记载着先祖来自"光州固始"。所以,固始是当今大多数闽台人以至海外华人的祖根所系、故土家国。

第三,历史上从固始迁往闽地的中原士民,不仅带去了中原成熟的生产技术,先进的工具和武器等物质文化,更带去了中原丰富多彩的风俗、礼仪、信仰、官制、典籍等精神文化。中原文化作为一种先进的强势文化,在千余年的历史中,和当地的土著文化不断碰撞、融合、发展,最终形成了今天独具特色的闽台文化和客家文化。在当今的闽台文化和客家文化中,处处可见流淌着的中原文化的血,搏动着的中原文化的脉。固始先民在中原文化的南传、闽台文化和客家文化的形成中起到了决定性的作用。

第四,"台湾同胞的祖根,500 年前在福建,1300 年前在固始"。固始,不仅是台湾同胞的祖根,也是大多数闽粤人和海外侨胞的祖根地,是名副其实的"中原侨乡"、"唐人"故里。建议固始县加大对"光州固始"根亲文化的研究与宣传力度,加快寻根标志地的硬件建设,不仅要做好陈元光、王审知、郑成功、施琅等主要人物故里相关遗存的修葺与重建工作,也要重视跟随陈元光、王审知以及不同时期迁往福建的各个姓氏宗亲回归固始寻根的要求,为他们提供寻根谒祖的理想场所,从而使固始县成为闽台宗亲、海外华人寻根谒祖的圣地,投资兴业的热土。

在闭幕式上,九届河南省政协副主席陈义初先生发表了重要讲话。陈主席说,此次研讨会会址固始县距离中心城市虽很远,但会议却取得了圆满成功。会议有3个特点,规格高、影响大、研讨深。希望大家回去后,记住固始,宣传固始,让"中原侨乡,唐人故里"的口号深入人心。陈主席说,本次会议的核心或精髓是一个字——"根"。不忘根本,讲究孝道是儒家文化的精华。只有尊重祖先,才会懂得敬畏,我们的民族才会有凝聚力。历史上,中国经历过多次分裂,但最终总能走向统一。原因何在?儒家文化应当是一个重要因素。今天,要实现祖国的完全统一,仍然要大力弘扬寻根文化。这次会议的召开,为海外侨胞提供了一条寻根路径,为海峡两岸的文化交流提供了一个平台,为固始县提高影响力、知名度提供了一个契机。最后,陈主席提了几点建议。他希望固始县政府建立长效机制,把研讨会坚持不懈地办下去。希望固始县加强与福建、江西、广东、台湾等地的合作,从语言学、民俗学、家谱学、自然科学等多角度研究这个问题,共同研究,共同提高。专家学者要沉下心来,严谨治学,力戒浮躁,打牢基础,提高研究品质。另外,寻根活动要做好普及工作,只有做好普及才能扩大寻根活动的社会基础。这次会议中的文艺演出不请明星,让群众演员登台表演;拍摄电影《热血中原魂》,都属于普及工作。

闭幕式结束后,与会代表合影留念,然后是惜别午宴。固始与闽台渊源关系研讨会圆满结束。

(杨世利,历史学博士,河南省社会科学院历史与考古研究所助理研究员)